【法意文丛】

总主编　谢晖

思想的记录

——刘作翔法学演讲选

Records of Thoughts

—A Collection of Speeches of Liu Zuoxiang in Jurisprudence

◎刘作翔　著

厦门大学出版社
XIAMEN UNIVERSITY PRESS
国家一级出版社
全国百佳图书出版单位

总 序

在人世生活中寻求法意

——“法意文丛”总序

去岁中，周赟君来信告诉我，厦门大学出版社拟出版一套以法学理论和法律史学术论著为收录对象的学术文丛，问我有没有意向组织书稿、担任主编。我回信说容我思考数日再说。若干天后，他又来信询及此事，我回信说最好见过出版社相关人员后再作决定。去岁中秋期间，我亲赴厦门，和该社负责这套丛书的编辑甘世恒君详细磋商了有关细节，决定组织并编辑这套丛书，并把丛书命名为“法意文丛”。

之所以选择这一丛书名，一为遵循法理、法史探索之宗旨，二为倡导在生活意义中探寻法理意义。众所周知，自从严译《法意》以来，这个多少带有浪漫色彩、但又不乏中性温情的词汇，就在中国法律学人心中，有了其独特的地位——它一反法律就是专政工具、就是刑杀镇压一类“词的暴政”，而道出了法律以勾连交往行为中人们的日常生活为使命这一真谛。法律不是日常生活的外在之物，而是日常生活方式的规范提纯、精神萃取，从而成为日常生活的内在构成性因素。然而，验之以学术史，这种对法意的理解框架并非一以贯之。一方面，所谓神意论、自然精神论、理性论等等，都给法律涂抹了一层神圣的光环，从而使法律为什么有权威这样的现实考虑有了预设和保障。另一方面，所谓法律虚无论、阶级意志论、主权者命令说等等，又把法律从天庭拉到凡世，不仅如此，而且法律不过是实践人间既得利益者需要的工具，是当权者随其所需任意打扮的婢女，因之法律进入令文人不齿的境地，这不禁令人想起苏轼“读书不读律”的遗训。此种情形，为有人借机打破人间一切法律秩序，作好了前提性准备。

介于两者之间的，乃是把法律作为一种社会—政治契约。法律就是选民和选民、选民和政府间达成的社会—政治交往的契约，是社会—政治交往的规范构成要素，人类只要不能舍弃社会—政治交往，也就无法舍弃法律。所以，法律是社会构造的必要性和构成性因素，而非选择性和权宜性因素；法律是主体交往行为的规范根据，而非镂刻在精美石头上的装饰物；人因为法律所布置的交往路线和逻辑构图而显示其存在，显示其主体身份，取消了这一交往路线和逻辑构图，势必就模糊了人存在的意义，消隐了人的主体身份。这样，法律就摆脱了被置诸神界的虚无缥缈，也摆脱了被置诸魔界的面目狰狞。法律回到了它应有的生活场景——法律是人们日常生活不可或缺的构成性因素。所以，法律既是世俗的，它强调以清晰的概念表达“群己权界”；也是值得“信仰”的，因为人类离开法律，其交往就会事倍功半。

当下我国对法意的处理，一面是想方设法将其意识形态化，“依法治国，建设社会主义法治国家”的响亮口号，成功地从法学家的意识形态走向官方意识形态。不时自我表扬一番“我们是法治国家”，既是表扬者的时髦，也可以隐约看出其对法治的某种崇仰，或者至少在其看来，法律和法治不会是什么坏东西。于是乎，法治、法律之类，俨然再度显示出其神圣面貌。另一面却自觉不自觉地将其工具化，譬如广受学界质疑的所谓法治“五句话”，对世所公认的法治原则视而不见，转而以“权治”精神，解构法治理念，从而法律及法治又轻飘飘自天庭落入凡世。遗憾的是，此番落入凡世的法律，并非世人必须之交往规范，而只是强化一元化领导的一种可替代的手段。一旦公民利用这种手段从事“合法斗争”，便立马会遭到“依法办事，不是说几毛钱的纠纷也要诉诸法院”一类的无理指责！这样，法治这个标签就如同当年的人权一般，只剩下在国际社会对敌斗争的场合，偶露峥嵘。由此必然导致的结局是当年西北政法学院图书馆前的一幅雕塑所引发的、流传法学界已多年的那个隐语:“宪法顶个球”——法律虚无论又隐隐死灰复燃,教化意识形态和权术治理又想方设法,粉墨登场。

这一切,自然表达的也是一种“法意”,但和近代以来法学家心目中的法意以及法治实践中的法意大相径庭,也表明,按照日常生活之规范需要,对法意的继续探寻和深入钻研,依然是法学家任重道远的使命。如何按照世俗生活的要求,撷取法意,又以法意之内容,安排世俗生活,使世俗生活和法律精神相得益彰——以世俗生活彰显法律精神,以法律精神光照世俗生活,让人们生活在自治、自由、文明、有序的法律交往体系中,既是法学家的使命所在,也是全体公民之福祉所系。

本丛书即着眼于此种追求。书稿标准,唯学术是尚,不论大腕名流,抑或无名小卒,倘可提供自生活之活水源头,求索法意之学术作品,概可纳入计划。选题范围,可着眼宏大,可着手细微,宏则法治路线、法律传统,微则法条诠释,疑案精解,只要源于生活,富含法意,皆入选题范围。研究方法,可崇尚思辨,可奉行实证,无论逻辑辨驳,还是事实白描,但能反映生活,突出法意,尽在欢迎之列。期待相关有志者,能贡献一家之言;也期待作者、编者和出版者锲而不舍,能助窥天人之际。

是为序。

陇右天水学士 **谢 晖**

序于公元 2011 年 4 月 10 日

目　　录

建构开放型结构的法律渊源理论(代序言)
——对我国法律渊源理论的反思…………………………………………………… 1
关于权利平等的思考
——西南政法大学沙坪坝校区的演讲 ………………………………………… 27
中国司法地方保护主义批判
——西南政法大学渝北校区的演讲 …………………………………………… 57
中国法治进程中的权利冲突
——中国人民大学“法理学论坛”的演讲 …………………………………… 87
法理学前沿问题
——与苏州大学法理学专业师生的座谈记录 ………………………………… 97
公平问题和权利的平等保护
——中国社会科学院研究生院 2007 年“法学前沿”的演讲 …………… 119
权利的平等保护
——中国社会科学院研究生院 2008 年“法学前沿”的演讲 …………… 136
中国的案例指导制度
——上海师范大学的演讲……………………………………………………… 152
中国法治进程中的权利平等问题
——西藏大学的演讲…………………………………………………………… 163
习惯作为一种特殊条件下的法律渊源及其在司法中的适用
——南京大学的演讲…………………………………………………………… 182
中国法治进程中的权利平等保护问题
——甘肃政法学院的演讲……………………………………………………… 204
现代法律观念与法治国家建设
——中国社会科学院法学研究所廊坊研究生教学基地的演讲………… 225

司法规律及其相关问题
——河南法官学院的演讲 …… 265
传统的延续:习惯在现代中国法制中的地位和作用
——中国社会科学院法学研究所“研究员论坛”的演讲 …… 282
法治文化建设与社会管理创新
——南通市海安县“第八届法治文化节”的演讲 …… 310
中国的司法改革:问题与趋势
——中国浦东干部学院的演讲 …… 332
中国的司法改革和法律实施
——挪威人权中心的演讲 …… 364
中国特色社会主义法律体系的成果
——韩国驻中国大使馆的演讲 …… 374

后　记　读万卷书,行万里路 …… 378
附录一　《当代中国法学名家》一书中的“刘作翔”介绍 …… 382
附录二　刘作翔教授作品目录(1985—2013.5) …… 401

建构开放型结构的法律渊源理论

——对我国法律渊源理论的反思*

（代序言）

很高兴有机会再一次来到南京师范大学法学院，同各位做学术交流，感谢法学院领导的邀请，也感谢各位的光临！

我这次跟大家交流的是现在还没有定论的问题，是我最近在做研究的过程中思考的一个问题。因为最近几个月我受邀以专家顾问的身份参加了最高人民法院的一个重要课题，叫“多元纠纷解决机制”，是和欧盟合作的一个课题。在这个课题的研究过程中，大家重点关注的是多元纠纷解决方式问题。也就是说，在中国除了诉讼这样一个最重要的纠纷解决方式外，其他的非诉讼的纠纷解决方式，比如说像调解、仲裁等这样一些非诉讼的纠纷解决方式，其中在诉讼里面也包含不通过判决，而是通过调解解决案件、解决纠纷的方式。他们提出一个命题：法院主导下的 ADR，大家的焦点是放在纠纷解决方式或者解决程序的问题上的。在这个过程中，我发现在纠纷解决方式、机制等问题之外，还有与这样一个命题相关的另一个重要问题，就是纠纷解决的规范类型

---

* 《金陵法律评论》2009 年春季卷以《特殊条件下的法律渊源——关于习惯、政策、司法解释、国际条约（惯例）在法律中的地位以及对“非正式法律渊源”命题的反思》为题发表。现作为本书的代序言，以体现本书“思想的记录”的内容和特色。此文是作者于 2008 年 11 月 20 日上午应邀在南京师范大学法学院所做的演讲。演讲由副院长庞正教授主持，演讲稿由蔡琳博士录音并整理，后面的讨论问答部分由戈含锋博士整理，特此向他们表示感谢。作者对整理稿做了校正。——作者注

问题，我们在纠纷解决过程中所依据的规范类型也是我们应该关注的问题。上个星期五最高人民法院在北京召开了一个国际研讨会，会议主题是“多元纠纷解决机制国际研讨会”。在这次国际研讨会上，他们请了一位美国的法官——专门负责调解的一位法官，还有一位日本教授和一位德国专家，让他们介绍他们的经验。其中日本立命馆大学法学部教授出口雅久发言的主题是“日本法院主导下的民事调解制度”，他完整地介绍了日本的民事调解制度。我发现他的介绍中涉及了“道理”、“常理”作为民事调解的依据——即调解规范。除了法律以外——法律当然要作为重要的规范依据——还有“道理”、“常理”。他所用的“道理”、“常理”，用中国人的话讲就是“情理”，与今天中国人的观念相接近的一个概念就是“习惯”，就是我们的习惯、风俗问题。因此，多元纠纷解决机制的规范类型也是我们要考虑的问题，在法律之外还有没有其他的规范类型也是我们需要重视的问题。

围绕这个问题，再加上前期对习惯问题的一些思考，我就想到了我们经常提到的“非正式法律渊源”这样一个命题。这个命题到底合理不合理、科学不科学？因为这样一个命题是我们现在法理学界和法学教材里占主流的一个分类，即关于法律渊源的分类，把它分为正式的法律渊源和非正式的法律渊源。对这样的分类，我们一直没有怀疑，而且把它作为一个大家都达成共识、都接受的一个分类法。包括在早年写教材的时候，大多数人都用过这样的分类，即正式的法律渊源和非正式的法律渊源，后来就不用这样的分类了。当时实际上是一种朦胧的感觉，还不像现在这样有比较清晰的认识。

过去将法律渊源分为正式的法律渊源和非正式的法律渊源，其根据是什么？要说也是有根据的。所谓“正式的法律渊源”，是按照我们的《立法法》对法律的形式所作的规定。在中国，我们如果要找法律，到哪里去找呢？中国的法律形式有哪些呢？要到《立法法》中去找。离开《立法法》去谈法律就是离开了本。按照这样的分类，正式的法律渊源有哪些呢？我们根据《立法法》可以把它罗列为几点：比如在正式的法律渊源里我们会讲到首先是宪法，然后是法律。法律又分为两个层次：基本法律和基本法律以外的其他法律，这是宪法里的定位，在这个之下，有国务院的行政法规，政府部门的规章，然后再下面还有地方性法规、地方政府规章，还有民族自治地方的自治条例、单行条例等等。这是我国现行的《立法法》对我们法律渊源所作的一个规定。那么非正式法律渊源有哪些罗列？通常这样去确定：比如判例——先例或者案例都可以，它是一个非正式的法律渊源；比如习惯，我们把它作为一个非正式的法律渊源；还有政策，政策在我们国家被视为非正式的法律渊源；当然，法理也是一个非正式的法律渊源。我们多年来的法律渊源分类以及对分类里面的内容的确定没有变化过，可能有些教材还在沿用这样一种分类。

这个说法是怎么来的呢？这个说法是有来头的，这个来头我也考察了一下，是来自于美国法学家博登海默的《法理学——法律哲学与法律方法》。为什么来自于他呢？因为他的著作在1987年便由邓正来和姬敬武两位先生翻译，华夏出版社出版，这是比较早的。而1987年我们研究生刚毕业，在中国翻译的书是不多的。当时商务印书馆翻译了一些国外法学著作，但数量不是很大，而这种作为法理学或和法理学教材接近的著作当时是不多的。当时影响最大的有两本书，一本是刚才说的博登海默的书，还有一本就是达维德的《当代法律制度》——关于比较法的名著。所以，博登海默这本书对中国法学人的影响很大。在他的书里，他明确提出了一个正式渊源和非正式渊源的划分。我给大家念一下书里的一段话："将法律渊源划分为两大类型，亦即我们所称之为的正式渊源和非正式渊源，看来是恰当的和可行的。所谓正式渊源，我们意指那些可以从体现为权威性法律文件的明确文本形式中得到的渊源。"这是他对正式渊源的界定，用我们的话说就是法律中明确规定的和所确定的法律形式。这些正式的法律渊源有哪些呢？他举了些例子："宪法和法规、行政命令、行政法规、条例、自主和半自主机构和组织的章程与规章、条约与某些其他协议，以及司法先例。"这里面和我们是有区别的，他所讲的自主和半自主机构和组织的章程与规章在我们看来是非正式渊源，而条约与某些其他协议以及司法先例是正式渊源。英美法是判例法，判例是他们最重要的一个法律渊源。"所谓非正式渊源是指那些具有法律意义的资料和值得考虑的资料，而这些资料和值得考虑的资料尚未在正式法律文件中得到权威性的或至少是明文的阐述和体现。"[①]从他的内容来看，他的这个命题我们是接受的，但是这个内容我们并没有接受。因为制度背景不一样，他的制度背景是判例法背景，所以司法先例在他那里绝对是正式渊源，但是在中国到目前为止，案例还不能作为正式法律渊源——尽管大家知道，我们现在也在进行案例指导制度的研究，而且最高人民法院也将推出这项制度。但是尽管如此，案例还能不能作为正式的法律渊源目前仍然是没有依据的，至少在法律上是没有依据的。博登海默所讲的自主和半自主机构，就是我们所讲的自治机构，例如社团，社团章程在我们这里能成为正式渊源吗？显然不能。我们将社团章程命名为"自制规章"，这

① ［美］博登海默著：《法理学——法律哲学与法律方法》，邓正来译，中国政法大学出版社1999年版，第413～414页。

是我们的一个新的研究领域。自制规章有的有法律授权，有的没有法律授权。我前几年指导的一位博士后就是研究这个问题的，后来觉得难度太大，转而研究高等学校的自制规章，因为我们这个自制规章是一个非常庞大的存在，上至国家机关，下至村民委员会都有自制规章。国家机关制定的管理内部成员的制度就是自制规章，学校中像南京师范大学管理教师、学生的制度——如评职称、管理教师的一些规章制度，像我们法学研究所研究人员每年要完成的工作量等，都有一些规章制度。这样一些规章制度，我们就把它叫作自制规章。怎么区分呢？我们画一条横线：法律的和非法律的。所谓法律的就是按照《立法法》的规定有这样一个明确的范围，而在《立法法》之外——当然，这里还存在一个中间地带，我们先不说——凡是在进行管理活动过程中自己制定的规章制度，典型的就是社团章程，包括党的章程。党的章程也属于自制规章的范畴，现在尽管我们有"党规党法"这样的提法，但是这样的提法严格地从法治的理念来讲是不合适的。党规是指党的规章，还说得过去，但是"党法"的提法容易模糊政党规范和国家法律规范的界限。自制规章是一个庞大的存在，至少在我国不能成为正式的法律渊源。

所以，博登海默这样一种分类直接影响到了我们国家关于法律渊源的学说。到现在为止，我还没有看到有人对他的学说提出质疑。前些年，在一本法理学教材中，有个作者用了直接渊源和间接渊源的分类法，在间接渊源中他举的例子是判例，而且没有加任何前提性说明。但这是一本法理学教材，是讲普遍原理的，如果一位英美法系的法学家或者法官看到这个命题，他会提出反对的。他肯定不会同意你将判例界定为间接渊源，因为在他们国家，判例就是他们的直接渊源，也就是他们的正式渊源。所以把判例看作间接渊源或者非正式法律渊源，他肯定是不同意这样的观点的，除非在前面加上前提：当代中国的法律渊源，加上这个前提才能成立。如果不加这个前提，从法理学的角度来这样讲法律渊源肯定是有问题的，因而，后来我在写法理学教材"法律渊源"这个问题的时候，就直接用"当代中国的法律渊源"这个命题，直接介绍《立法法》的规定，然后附带对中国的一些非正式法律渊源作了简单列举。

但是近两年我发现了一个问题，就是习惯问题。促使我思考这个问题的起点是什么呢？就是 2007 年 3 月全国人大通过的《物权法》第 85 条规定："法律、法规对处理相邻关系有规定的，依照其规定；法律、法规没有规定的，可以按照当地习惯。"这个规定意味着：习惯在过去中国的法律体系中没有获得明确的一个地位，从这个法条开始，习惯在中国法律中获得了一个地位，尽管这个地位是一个特别的指向，只是在处理相邻关系时没有法律法规规定的情况下可以按照当地习惯，习惯被赋予了一个法律地位。在没有法律法规的情况下，习惯可以作为规范依据，因为它是作为规范依据提出来的。大家知道在此之前，习惯在中国的法律体系中也在好多地方出现，但大多数是在涉及民族自治问题以及处理相应的民族自治问题的过程中作为法律保护的对象。另外在经济法中涉及交易习惯的方面也出现了习惯的概念，但是将它作为规范依据，在现行的中国有效的法律体系中《物权法》是第一次。看到这个规定后，我觉得应该对习惯有新的考虑。过去我们对习惯的认识、判断以及习惯与法律的关系问题应该有一些新的思考。

由此，除了习惯，我还想到其他一些规范类型。除了《物权法》第 85 条，比较早的还有一个政策的问题。我今天给大家讲的主题是“特殊条件下的法律渊源”，副标题是“关于习惯、政策、司法解释、国际条约（惯例）在法律中的地位及其对‘非正式法律渊源’的反思”，这在我的逻辑思维中是一个完整的链条。习惯的问题在《物权法》第 85 条有了明确的规定；政策在法律中最主要的规定是什么？就是《民法通则》第 6 条的规定：“民事活动必须遵守法律，法律没有规定的，应当遵守国家政策。”这个条款我们应该非常熟悉，但是对这个条款我们从来没有从法律渊源的角度进行过认真思考。这个条款意味着什么呢？其实这就和《物权法》第 85 条一样，意味着在没有法律的情况下从事民事活动，国家政策就担负了法律的作用。如果我们把法律简单地理解为一种行为规范或行为依据的话，在这样一个前提下，政策起到了法律的作用。这就是《民法通则》的规定，这应该是很早的一个规定，因为《民法通则》是 1986 年颁布的，这就是关于政策的问题。第三个就是关于司法解释的问题。这个问题我需要讲一讲，司法解释为什么会成为我们考虑的问题呢？司法解释在现行的法律体系中并没有规定，但司法解释之所以可以作为法官判案的依据，是因为司法解释是被授权的。1981 年全国人大常委会关于法律解释的若干决定授予了最高人民法院、最高人民检察院对在法律适用过程中出现的问题可以进行解释的权力。后来在《立法法》颁布的时候，用了法律解释的概念，而且《立法法》对于法律解释有一个明确的条文，就是本法所指的法律解释是指全国人民代表大会常务委员会作出的解释，而且还讲了与法律有同样的效力。《立法法》只讲了这一种类型，也就是立法解释，这个立法解释也就是全国人大常委会的解释，这意味着什么？大家会有所怀疑，这是不是意味着司法解释不是法律解释？因为《立法法》讲得非常明确，其他的解释还有没有效？《立法法》颁布之后，1981 年的法律解释决定还有没有效力，这是一个问题。因为如果 1981 年的解释决定没有了效力，那么最高人民法院根据什么作出司法解释？最高人民法院作出的司法解释都成了无效的解释，这是非常可怕的事情。尽管《立法法》颁布了，但是我国并没有废除1981年的解释决定，所以1981年的解释决定仍然是有效的决定，最高人民法院也好、最高人民检察院也好、包括国务院才可以作司法解释和行政解释。而且到目前为止，司法解释一直不是个法律概念，而是个法学概念。不知道大家考虑过这个问题没有？“司法解释”的概念在法律文件中是找不到的，唯一的一次是全国人大在2006年底搞了两个备案审查制度，一个是关于法律法规的备案审查制度，一个是关于司法解释的备案审查制度，但是这两个备案审查制度还不能算作法律，因为这是委员长会议通过的。因此“司法解释”实际上是人们对1981年的解释决定所作出的一个学理上的概括，所以说是一个法学概念，大家从现行的法律中找不到司法解释这样一个概念，但是这并不影响我们使用司法解释这个概念，也不影响司法解释的合法性和权威依据。如果哪一年1981年解释决定被废除了，那么司法解释也就没有合法性依据了。

所以，司法解释之所以能够作为法官重要的裁判依据，是因为有1981年全国人大常委会解释决定的授权，同时，法官知道，同法律相比，司法解释可能与裁判的案件更加接近。因此司法解释对法官判案来说是一个非常重要的依据，它的地位甚至比规章还要高。在《立法法》中，规章分为两类：一类是中央政府规章，一类是地方政府规章，前一类叫国务院部门规章，后一类叫地方政府规章，这是《立法法》确认的法律形式。司法解释在《立法法》中没有，但是在司法裁决中比规章的地位高，因为规章只是作为参照，而司法解释是直接作为裁判依据的。这样一来，司法解释也成为和习惯、政策一样具有法律效力进入正式法律渊源的角色和地位。这是我讲的第三个问题。

第四类就是国际条约和国际惯例。国际条约和国际惯例在我国法律中规定了很多，但是作为裁判依据的法律根据主要就是《民法通则》和《民事诉讼法》。《民法通则》第142条规定：“中华人民共和国缔结或者参加的国际条约与中华人民共和国民事法律有不同规定的，适用国际条约的规定，但是中华人民共和国声明保留的条款除外。”这就是“国际条约优先原则”，也就是国际条约和我国的民事法律有不同规定的，要适用国际条约。《民法通则》第142条第3款还规定了一条：“中华人民共和国法律和中华人民共和国缔结或者参加的国际条约没有规定的，可以适用国际惯例。”前面是解决国际条约的优先适用问题，后面是解决没有国际条约的情况下，国际惯例的适用规定。当然《民法通则》还有第150条的规定：“依照本章规定适用外国法律或者国际惯例的，不得违背中华人民共和国的社会公共利益。”以上规定意味着什么？国际条约在国际法上是正式的法律渊源，这个应该充分肯定，但是为什么我在这里要将国际条约也提出来呢？因为《立法法》没有将国际条约作为法的渊源、法的形式的规定。《立法法》主要解决国内法问题，实际上国际条约如果与民法有冲突时要优先使用，国际条约还优先于我们的民事法律，有人概括为国际法优于国内法。国内法和国际法的关系问题是我们长期研究和争论不休的问题，而国际惯例过去是作为非正式法律渊源的，在条约没有规定的情况下可以适用国际惯例。

这样一些规定我们把它概括一下，法律为什么作这样的规定？过去我们把习惯、政策——当然司法解释不属于这个范围——惯例、法理作为非正式法律渊源对待，在没有法律规定的，这样对待是没有问题的，但是在法律作出了明确规定的情况下，我们还能不能把它们作为非正式的法律渊源？我想表达的意思是，既然法律规定了在处理相邻关系的时候，法律、法规没有规定的可以按照当地习惯，当地习惯还能是一种非正式法律渊源吗？这样，习惯和原先的理解可能是不一样的。其实我个人的理解是，在这种情况下，它已经“充当了”法律的作用，因此当这些前提和条件具备时——为什么我说是“特定条件下的法律渊源”，这个概念是我最近想到的——觉得这里可以挖掘出一些意义来，另外也能对过去的学说作出一些反思。“特殊条件”是什么意思呢？我们指的是当法律明确规定，在没有法律法规的时候可以按照当地习惯，没有法律法规的时候应当遵守国家政策时，原本法律之外的东西纳入法律里面来，等于给了它一种法律地位。这种法律地位的获得是法律授权的，也是必须要法律授权的，没有法律授权就不能说它“充当了”法律的作用了。

但是接下来出现什么问题了呢？大家可能会问到：法律渊源和裁判依据是什么关系？法律渊源和行为规范是什么关系？因为我们注意到两者在法律中的表述是不一样的，法律很大程度上是将规范类型作为行为依据去定位的，比如说我们分析一下《物权法》，“可以按照当地习惯”，这是对我们行为的一种指引，也是法院裁判的依据，甚至也是行政行为的一种指引。这样一来，“可以按照当地习惯”既含有行为规范的含义，也可以成为法官裁判案件的依据。另外，《民法通则》和《物权法》的表述不一样，《民法通则》的表述是“法律、法规没有规定的，应当遵守国家政策”，这和“可以按照当地习惯”有所不同。《民法通则》的规定是从行为规范的角度介入，指出了遵行的行为依据，这既是行为规范的指引，同时也为法官指出了裁判依据，即民事行为在法律没有规定的情况下要看国家政策怎么规定。

法律中的这样一些表述对原有的法律渊源的学说要做修正，要丰富其内容，这样一种正式和非正式的划分要被怀疑。法律明确规定在特定条件下可以依照的、遵守的和作为裁判依据的习惯、政策、司法解释、国际条约和惯例，这时候你还把它作为非正式的就不行了，这样，我所说的裁判依据和法律渊源在某种程度上可能是重合的。司法解释一旦作出一种规定，这个规定就是行为依据，这个行为依据在司法过程中对法官来说就是裁判依据，法官作出裁判的时候要按照这个裁判依据去做。这样，法律规范、裁判依据的分析角度不一样，在某种意义上是重合的。这个问题是我正在思考的问题，提出来供大家一起思考。为了把这个问题搞清楚，我让我的一个博士生把我们现行有效的所有法律中涉及习惯、政策、国际条约、国际惯例的规定搜了一下，搜出来的结果是，过去法律中的习惯概念不是作为规范依据来定位的，只是到《物权法》颁布才作为规范依据的，这和我们意识形态的变化以及在《物权法》制定过程中我们对习惯的认识有关。过去习惯只是在法律之外，直到作为调整内容的时候才被拿进来。现在把习惯上升到与法律一样对待的地步，只是给它增加了一个特殊条件——法律法规缺位的前提。这样一来，就丰富了我们对法律渊源这样一个内容的认识。

我顺便还想讲一讲这几年在中国很流行的一个理论："活法"理论，即国外法律社会学中关于活法的理论——living law 这个概念。这个"活法"和我们所说的"特殊条件下的法律渊源"是什么关系呢？我个人认为，它和我们研究的视角是不一样的。"特殊条件下的法律渊源"这个命题能不能成立大家可以批判。它的研究视角是一个国家法的视角，它是建立在一种规范依据上的，即只有在国家法律明确规定了某种社会规范类型在特定条件下成为一种行为规范，才可以说合法化，才有法律地位，这是典型的国家法的思维模式。国家法思维模式这几年大家批判得很厉害，有的说是国家霸权，有的说是国家本位，有的说一切都由国家说了算，等等，我不同意这样的说法。有的人把国家法思维理解为国家本位，这是不对的。作为法学家和法律人，在一个制定法国家，我们必须要有法治信念，对制定法的法律权威要有确认。今天说这个法不对，明天说那个法不对，我们完全可以研究这些问题。但是在这个法律没有被废除的情况下，我们必须认可这个法律的有效性，这是对法治的信念。如果我们轻易说这个法律不对，那个法律不对，离开法律来讨论问题就会越走越远。你可以对法律进行批判，但是这属于应然性研究，法律应该怎么修改，这个可以充分讨论和研究，但是在法律没有修改的情况下，我们还是要对法律有基本的维护。在制定法国家这是必须坚持的信念。国家法思维是指一切公权力行为和公民的私权利行为都必须有法律的参照，尤其对公权力行为，没有法律依据的公权力行为是无效行为。前几年我研究过公权力与私权利问题，对于公权力，我提出了一个命题：就是凡是公权力，法无明文授权的不得行之，公权力的行使必须有法律的授权；对于私权利，我也提出了一个命题：就是凡是私权利，法律没有禁止的不得惩罚，不能用法律惩罚它，这个命题是为了修正我们非常流行的"法不禁止即自由"的论点，这是西方自由主义的一个经典命题。这个命题是一个值得讨论的命题，这个命题需要一些前提。"法不禁止即自由"的意思是只要法律没有禁止，我们就可以行为。表面上看，这似乎是一个对公民行为非常宽容和有利的命题。但对于这个命题，如果我们认真思考一下，就会发现，它有一个前提条件，即法律把人类的一切行为类型和行为模式都穷尽了，只有符合这个前提，你才能说"法不禁止即自由"。但是我们知道在任何一个社会，法律再发达，没有任何一个国家能够做到法律把任何一种行为都穷尽了，没有这样一个前提。我们再往下推一下，就是"自由"意味着合法，等于说法不禁止的行为就是合法的行为。而我们知道一个社会中法律对行为的调整、对行为的规定只是人的行为的一部分，当然也是重要的一部分，法律不可能把所有的行为全部概括。在一个社会的规范类型中还有道德，还有我们说的习惯，还有政策和宗教等，这些都是社会规范类型。法律不可能通吃天下，把天下所有的事情都管到。法律只能管它管得到的领域。对于它管不到的领域，其他的规范类型可以去管。比如说政教分离的情况下，政治的归政治，宗教的归宗教。宗教只能在宗教范围内实行宗教教规，如果你的宗教教规中存在一些对人身、财产剥夺的内容，有的时候信徒是自愿奉献的，即便这样可能还是有问题的，因为有些宗教的教规里面有对财产的剥夺、对性的剥夺和其他的一些制度，如对教主的奉献。这些规定已经涉及了法律的内容，因此，对"法不禁止即自由"要进行修正，修正为"法律没有禁止的不能用法律去惩罚"，但是不能排除其他社会规范的调整，因为行为类型太复杂了。法不禁止的并不意味着这个行为在道德上是正当的，法律没有涉及的行为法律不能惩罚。

法律渊源的国家法思维，是坚持我们的行为依据有法律的授权，在授权之后就有合法性的地位，不然，习惯、政策作为行为依据和裁判依据的根据就不足。而"活法"的理论是什么视角？"活法"是典型的法律社会学视角，它把我们生活中凡是能够对人们的行为起到约束作用的规范类型都作为"活的法律"。这样一来，道德、习惯、宗教信仰等等对行为能起到约束作用的，包括自制规章，这些都可作为"活法"。这两个视角其实是有分别的，我所说的"特殊条件下的法律渊源"的命题是必须在法律中能找到根据的，找到根据后才能作为法律渊源，而"活法"的外延是非常广的，它将生活中起作用的，包括家庭中父母对子女的威严和管束也看成是实际上起作用的法。现在权力学研究中有的思想家认为权力无处不在，父母对子女的控制也是一种权力，它是从控制力、支配力去理解权力的。只要一方对另一方拥有控制力和支配力，就是权力。如福柯提出知识就是一种权力，这是权力泛化的一种现象和学说。只要有控制力、支配力——一种力量对另一种力量存在控制力或支配力的时候就存在权力，这是典型的社会学的视角。而政治学和法律学研究权力的时候一般是在规范意义上理解的，而不是从心理学、伦理学、社会学去理解权力的概念，如果权力概念泛化的话，那法律学就乱了，公权力的类型也包括家长的权力——这个对不对？好像也有道理，但是这不属于法律学、政治学中讲到的公权力概念的范围，因此不同的视角得出的结论不同。所以，“特殊条件下的法律渊源”是国家法律的视角，和“活法”理论、民间法视角是不同的。

以上就是我想同大家交流的主要问题。围绕这个问题，我想至少有四大类型的规范即习惯、政策、司法解释、国际条约（惯例），都可以作为纠纷解决过程中在特定条件下的规范类型，这等于扩充和丰富了我们关于法律渊源的学说，进而对原有的法律渊源学说尤其是“非正式法律渊源”的命题进行反思。下面，我想重点就这四种规范类型中最典型的习惯问题，同大家交换一下意见，分为以下几个问题：

第一个问题是习惯的历史和现代价值

习惯的历史价值主要描述的是古代社会，或者用马克思、恩格斯的观点就是原始社会中习惯的作用。习惯在古代社会是最主要的规范依据。恩格斯在《家庭、私有制和国家的起源》这本书里做了非常充分的阐释——当然有些人是不同意他的说法的。马克思主义国家观有它理论的逻辑：国家的产生是有前提条件的，国家是在原始社会基础上出现了私有制，私有制发展到一定阶段，国家产生，而国家产生的同时，法律也产生了，于是有这样一个结论：原始社会是没有法律的。但是后来有很多人类学家不同意这个说法，他们认为原始社会也有法，他们所指的法就是习惯、习俗。恩格斯有一句很有名的话：在原始社会，历来的习俗就把一切都解决了。习惯是古代社会、原始社会最主要的规范类型。按照这样一个逻辑，在国家产生的同时，法律也产生了，在法律产生之后，习惯逐渐让位于法律，法律就成了重要的人类的规范类型和规范依据。但是在这个过程中，习惯的让渡并不意味着习惯的消亡，习惯依然表现出其生命力：一方面是习惯在不停地流传下去，另一方面是新的习惯在生长，尤其是在现代社会。现代社会法律是主要的行为依据，但是在市民社会中以及在商业贸易交往过程中，形成了很多交易习惯，交易习惯也是为法律保护的内容。法律中也有大量要保护习惯的提法，这里面有很多学说，我们今天不作为主要的内容来展开。我想介绍一下英国一位法学家的观点，他主要讲的是习惯在社会转型中的作用，即由早期社会转化为国家的过程中习惯所发挥的作用。英国法学家詹姆斯在他的《法律原理》这本书中讲到："在一个法律体系的初创阶段，习惯往往对法律的发展起重要作用。在先进的法律体系中，习惯的重要性减弱了，现在已经不再是发展英国法的因素。然而不仅因为它在历史上的重要性，而且也在某些领域，它仍然是英国法的重要组成部分。"①他还进一步研究了习惯和法律的关系，他认为习惯与法律的联系是显而易见的，因为无论什么法律体系，人们总是遵循习惯，因为它体现着公正的思想，而且在处理人与人之间的关系时被认为是很有用的。在现代社会，习惯也被作为一个法律的重要渊源，习惯是法律制定时作为参考的重要因素。我们现在的法律在制定过程中要考虑到当地民族的习惯问题，我想关于习惯的历史和现代价值就不过多展开了。

当今世界正处在经济全球化的时代，而与经济全球化形成反差的文化多元化越来越得到人们的共识。这是一个非常有趣的世界现象和文化现象，为什么有趣呢？因为经济全球化导致的是越来越多的统一和划一，原来互不影响的彼此产生依赖，大家的利益都捆绑在一起，用当年苏联总统戈尔巴乔夫的话来说，就是我们大家都是一条船上的乘客，一荣俱荣，一败俱败。在他的那个著名的著作《改革和新思维》里，这是重要的观点。最近的金融危机就是最好的例证，过去我们觉得那与我们有什么关系啊，其实还是有很大关系的。现在很多工厂倒闭、破产，尤其是那些出口型的工厂，国外的经济危机马上反映到出口型企业上，与出口相对脱离的创新性自主品牌的企业就相对好一些。这样一种统一化、全球化是一个现象，而文化多元化展现的却是越来越多的民族性和特殊性。因此我们说是经济全球化，政治上我们不好用全球化，但也是捆绑在一起的，而文化就是多元化。多元化什么意思？用大白话来解释，就是不一样，各个地区、民族有其各异的文化特性和个性，这种特性和个性是抹杀不了的。当然，文化上也有一些全球化的迹象，比如说流行音乐、流行文化、时尚等，这些东西也是文化，但是文化更多的有民族个性和特性。在这样一种大的背景下，习惯作为一种最具有个性特征的社会调整文化，必然会引起人们的重新关注。在多元文化中，习惯是最具有个性和特性的。我们要讲全中国的

---

① ［英］詹姆斯：《法律原理》，关贵森等译，中国金融出版社 1991 年版，第 64～65 页。

习惯可能不太容易，但是各个民族的习惯、习俗，更多的是一种地方化的东西。习惯体现出地方化特征，而法律追求的是统一性。习惯是最具个性的东西，这样一种最具个性的社会调整文化，必然会引起人们的重新关注。对它的价值和作用重新评估，就成为一件比较时尚的事情。

因此，近两年，习惯成为法律研究中比较重要的领域，不只是在法学中，在司法中习惯也成为了研究的一个热点。大家知道，江苏泰州的姜堰市——包括其他地方，如福建、江西、湖南也有法院在做这些东西，但是在全国最突出的还是江苏的姜堰——关于民间习俗入司法的问题引起全国的关注。由公丕祥教授主持的最高人民法院的一个重点课题就是有关这方面的课题，江苏法院系统围绕这个课题做了很多的研究工作。去年7月在泰州召开了一次专门的会议，我也很荣幸地受邀参加了这次会议。姜堰市法院对全市的民俗做了充分的调研，搞了一个将近10万字的民间风俗的材料。他们围绕着民俗进入司法搞了6个文件，涉及了很广泛的领域：关于彩礼的退赔、遗产的继承、商事等很多的领域。他们大概在2004年前后就开始了这项工作，也产生了很好的效果，习惯的问题这两年成为了一个热点。而就学术研究来讲，习惯、风俗是法理学最基本的问题之一，也是法律文化研究的基本问题；就国内法层面而言，法律的单一性和习惯的丰富性、多样性也形成了鲜明的对照和反差，国家法律追求的是统一性和单一性，习惯又具有非常丰富的多样性。恰恰是因为法律和习惯之间存在鲜明的反差，才产生了无穷尽的有意义的问题，而且给我们的思考留下了很广阔的空间。所以习惯这个问题，不是我们今天脑子一热就说的问题，而是对国际学术背景下多元化的文化思考以及意识形态上的一些矫正——因为过去我们在意识形态上把习惯总看成是一种落后的、封建的东西甚至是糟粕来对待，这是有偏见的。经过这几年的反思，我们发现，习惯存在着两面性。前几年，我写过一篇文章，题目叫“具体的民间法”，主要是批驳国内一些学者对习惯的一种浪漫主义的幻想，把习惯想象得非常美好。我举了几个例子，几个典型的恶俗的例子，来说明习惯的多面性，这是与人类的进步不相吻合的方面。习惯有大量好的东西，还存在大量的反法律、反人性的东西，还存在中性的东西。在价值上，我们没法说它好与不好，有多面性。所以我的结论是，我们不能停留在概念上，必须进入具体的习惯里面去，对其进行判断，这是当年谈的这个问题。因此，习惯的问题今后可能会是法学研究中被关注的问题。

第二个问题是习惯在立法和司法中的新发展

在中国原有的法律体系中，习惯的概念只出现在有关处理民族区域自治及其相关领域的法律中，用来规定民族习惯在法律中的地位和作用。例如：

《中华人民共和国宪法》第 4 条规定：各民族都有使用和发展自己的语言文字的自由，都有保持或者改革自己的风俗习惯的自由。

《中华人民共和国民族区域自治法》第 10 条规定：民族自治地方的自治机关保障本地方各民族都有使用和发展自己的语言文字的自由，都有保持或者改革自己的风俗习惯的自由。

《中华人民共和国老年人权益保障法》第 49 条规定：民族自治地方的人民代表大会，可以根据本法的原则，结合当地民族风俗习惯的具体情况，依照法定程序制定变通的或者补充的规定。

《中华人民共和国消费者权益保护法》第 14 条规定：消费者在购买、使用商品和接受服务时，享有其人格尊严、民族风俗习惯得到尊重的权利。等等。

以上法律中的习惯概念都是作为法律调整的内容来讲的，没有将它作为规范性的依据。作为一般规范意义的习惯概念在法律中并没有一个明确的表达。而近些年，习惯在中国法律里面的地位有了明显的变化，由原来的法理解释变为法律规定和司法解释，我找到了三个显著的标志：

第一个标志就是《物权法》，就是 2007 年 3 月 19 日颁布的《物权法》第 85 条的规定："法律、法规对处理相邻关系有规定的，依照其规定；法律、法规没有规定的，可以按照当地习惯。"这一条款明确了在处理相邻关系时在没有法律规定的前提下可以依照当地习惯作出裁判。这是对习惯的法律定位，但是这个法律定位是特指的，是有专门指向的，不是一般规定，只是在处理相邻关系的时候在没有法律法规的情况下可以依照习惯。

第二个标志就是 2004 年 4 月 1 日生效的最高人民法院《关于适用中华人民共和国婚姻法若干问题的解释（二）》第 10 条的规定："当事人请求返还按照习俗给付的彩礼的，如果查明属于以下情形，人民法院应当予以支持：（一）双方未办理结婚登记手续的；（二）双方办理结婚登记手续但确未共同生活的；（三）婚前给付并导致给付人生活困难的。适用前款第（二）项、第（三）项的规定，应当以双方离婚为条件。"这样一个司法解释是将广泛存在于中国民间的习俗——婚约和彩礼，第一次以司法解释的形式进行了确认，并且为进入司法程序的返还彩礼案件给出了一个原则性的解决办法。新中国成立后，我们认为订婚不是正式的婚姻制度，因此对婚约是不保护的，但是民间有这样一种习俗，订婚之后双方都要给付彩礼。有男方给女方彩礼的，这些年也有女方给男方彩礼的，后来反悔了，彩礼退不退，过去法律是一律不理睬的，把它推出门，法律不保护婚约，不保护彩礼。法律可以不管，但由此引发的社会纠纷总是存在的，甚至有些彩礼退赔的纠纷最后导致刑事案件发生的也有。所以，2004年的司法解释我觉得是一个很重要的标志，它实际上将法律不承认的但是广泛存在于民间的习俗纳入法律的领域，在哪种情况下应该怎样退赔，给出了一定的比例和原则性的规定。这就是第二个标志。

第三个需要提到的标志是2008年中国政府确定了清明、端午、中秋三大节日为法定节假日，再加上此前所确定的春节法定假日。从我们的角度看，这意味着中国政府对中国民间广泛存在的风俗习惯的法律确认。它对我们认识习惯在法律中的地位变化是一个非常有意义和有意思的实证依据。政府关于三个法定假日的确定是一种政府行为，是法律行为。清明是祭奠的日子，端午也是祭奠的日子，祭奠屈原，中秋是团聚日，这些节日有些是源于故事，有些是历史传说，但都是中国的民俗。过去在“左”的意识形态下，官方是不太认可这些的，但是现在官方把它们作为法定假日，这个其实也是具有象征性意义的。

这样一些带有标志性的立法规定和司法解释给中国的司法审判注入了活力，也带来了许多需要我们从法律理论和法律实践中研究的问题。

第三个问题是对习惯引入司法后所产生问题的思考

习惯在《物权法》、司法解释中被规定了，突破了中国立法和司法中过去存在的一些禁区，这个突破是一个很大的进步，但是也有很多需要我们思考的问题：

第一点就是在思想观念层面，对于习惯引入司法，发挥习惯在司法过程中以及在其他纠纷解决过程中的作用的意义，大家包括学者、法官争议不大，都是能够接受这样一个来自司法实践的迫切需要导致的变化，在思想观念上问题不是太大，虽然还有一些反对观点，但是总体来说大多数人都是能够接受这样一个尝试和变化的。

第二点是我们重点需要考虑的问题。就是现有的关于习惯的立法和司法解释都是个别性规定，都是有专门所指的，是特指的，像《物权法》第85条只是适用于相邻关系，并不能作为一般性规定，这种法律上的个别性和专门性的规定能不能普适化，是我们思考的问题。所谓普适化就是不要只局限在相邻关系里，能不能扩大到所有的民事行为领域去？能不能扩大到所有的商事行为领域去？再往前推，能不能扩大到行政的、刑事的审判领域？在整个司法领域中，习惯能不能成为重要的规范？人们会问，刑事审判怎么会和习惯有关系呢？其实是有关系的，某些人的犯罪动机和原因是和习惯有关系的，如果习惯能够被作为刑事司法的考量因素，习惯对其的定罪量刑是有影响的。因此习惯能不能扩张，能不能不再只局限在相邻关系上呢？司法解释也是一样，司法解释只是解决了彩礼的退赔问题，能不能扩大到其他领域？当然实践中有些法院突破了这些规定，如姜堰市法院搞的制度其实是在突破，这种突破有没有合法性的根据都是需要考虑的问题。关于彩礼的规定，他们认为司法解释要尊重当地习惯，而当地的习惯是：男方反悔的时候，按照当地的习惯彩礼是不退的，而女方反悔是要退的。这种情况退多少就是个比例问题，在这个比例问题上，他们制定了以当地习惯为退赔的标准，按照这个标准去裁决彩礼退赔问题。通过三年的调查，他们有 57 件彩礼退赔案件，调撤率达到 82%，没有一件上诉的。他们按照他们的做法进行了解决，那么能不能让习惯进入大司法领域？这是我们的最终目标，可以根据最终的目标一步步来。最终的目标是整个进入立法，但是从阶段性来讲有阶段性的安排。

第三点是最重要、也是最集中的问题，就是当法律把习惯作为一种规范依据确立进入法律体系之后，还没有最终解决问题。因为我们认识到习惯存在的多面性，我们不能把所有习惯都拿来作为裁判依据。习惯中也有很多残酷的东西，像我以前举的一个案例，也是一个真实的案例：中国有一个“同姓不婚”的习俗，在 20 世纪 90 年代，有一个村子有一对姓刘的男女相恋，实际上已经出了“五服”之外了，但是由于他们是同姓相恋，且男的管女的要叫姑姑，家族认为是奇耻大辱，反对他们相恋，后来两人消失了，不见了，村子里人以为因为家族反对，所以两人私奔了。过了很久，一个工作队到村里工作，农民挖山的时候挖出来一具尸体，就是其中一个。后来经侦查，是当年因为反对他们同姓结婚，家族召开会议，村的党支部书记，还是他们家族的首领，开会决定把这两个人弄死，然后执行者是男女双方的父母，而且弄死了之后把他们分别埋在山坡的两边，让他们死了之后也不能在一块。这样的习俗能认同吗？所以我们说习惯是多样的，它面临的问题更多的是判断的问题。

习惯在立法上得到确认之后，我突然发现了习惯和法律的内涵不一样。我们说立法时可以规定按照当地习惯。而这个当地习惯是怎样的习惯？这需要了解具体事情的具体习惯，这时候习惯内容才能浮现出来，而法律中的习惯只是一个概念，是一个空壳，当进入具体的事件时，空壳里才能装满具体的内容。而法律不一样，法律是非常明确的。比如民事法律、刑事法律都是非常具体和明确的。习惯却不同，必须针对具体的纠纷和事项我们才知道具体的习惯是什么。这样一来，当法律确认了习惯的法律地位之后，我们还要面对的一个重大问题是判断的问题。谁来作出判断，由谁判断，这是更为重要的问题。因为习惯的多面性、多样性，所以在判断上非常困难，这个判断权要交给谁呢？这是一个问题。大家说要交给法官，让法官来进行裁决，这可以说是占主流的一个思路。但是在中国，如果把这个判断权力交给法官，就会出现一个什么现象呢？就是我们当初研究案例指导制度时遇到的一个问题，即同案不同判的情况的出现。如果我们对习惯没有确认，那么不同的法官对习惯的确认是不一样的，有的法官认可这个习惯，有的法官不认可这个习惯，没有办法解决这个问题。所以姜堰市法院是由法院来制定文件，对习惯进行具体规定的，就是对所有的习惯进行调查，然后由法院通过制定文件来取舍。根据当地的习惯规定男方反悔的时候退多少比例，女方反悔的时候退多少比例，用比例来作出规定。当出现这样的案件的时候，大家都能接受，因为这个规定本身来自于民间，就是被民间接受的，所以就用这个方式来解决这个问题。因此我们要回到判断的问题中，通过规范性的方式把相应习惯相对确认下来。当然这里会有很大的漏洞，因为你再怎么确认，也不可能把所有的问题都解决。而且习惯的引用是有限度的，不可能所有的问题都由习惯去解决。对当地的习惯应该有一个社会调查的基础，在这样一个基础上把一些重要的类型确认下来，以后法官就可以将这个作为参照依据作出判断。同时，我们也不排除除了法院之外，再加上立法部门，立法部门通过行使解释的方式，对习惯的问题进行确认。这是我想说的第三个问题。

第四个问题是习惯的未来命运

习惯的未来命运是指习惯作为纠纷解决补充手段进入立法或司法解释的一般性规定的可能性问题，这也是我们的目标，是我们提出的建议。通过最高人民法院的一些课题研究，我们想提出一些建议。具体讲，我们虽然讲习惯在立法和司法中有一些确认，但是无论是《物权法》的第 85 条还是最高人民法院的司法解释，都是个别性规定，都是有特指的，我们能不能把特指的变为一般性规定？大体的思路是这样的：最高人民法院想通过司法解释来解决这个问题，我个人认为最终解决还是通过立法解决，首先在民事法律中有个突破，在民事立法中明确规定习惯的法律地位，将现在的《民法通则》的第 6 条"民事活动必须遵守法律，法律没有规定的，应该遵守国家政策"修改为"民事活动必须遵守法律，法律没有规定的，应当遵守国家政策，国家政策没有规定的，可依当地习惯"。为什么加这个东西呢？因为前面反复讲了，这是国际通例，国际上，法律没有规定的依习惯。有的国家将其作为规范在法律中明确规定出来，像瑞士的《民法典》，大多数国家是把它作为民法的法理学说：有法律的依法律，没法律的依习惯。中国还加上一个中间环节：有法律的依法律，没法律的依政策，没政策的依习惯，是这么三个阶段。在政策之后加上习惯，这样从民法的基本原则上彻底解决了习惯的地位问题。这样的规定可以从民事行为上一揽子解决问题，把原来《物权法》的第 85 条的特别性规定变为一般性规定，使它成为所有民事行为的法律规定。这在《民法典》中能不能做到？我们至少提出了这样一个建议，要呼吁，要努力做这个事情。

在作出上述规定以后，大家还可能会提出一个问题，就是刚才讲的判断问题，根据什么标准来判断？谁来判断？这个问题我觉得有这样一个前提，就是我们要注意到，民法是一个规范体系，民法的基本原则是相互照应的，原则不是一个，不是单独出现的，我们在谈民法的原则的时候要互相照应的考虑，这样一来，《民法通则》还有个第 7 条的规定：民事活动不得违反社会公德，不得损害社会公共利益、破坏国家经济计划、扰乱国家经济秩序。这个条款是用来判断所有民事行为的基本原则，对习惯也应该适用。这就是我们想如果《民法典》能够解决习惯的法律地位，再结合它原来的第 7 条对习惯作出具体判断。接下来的更重要的问题就是谁来判断，怎么判断？是把这个判断权完全交给法官个人呢？还是由那些有权力的组织机构来作出规定？这是还需要考虑的，因为目前姜堰市法院包括泰州的规定是超越现行法律的。现在的解释是良俗，善良的民俗。它有好多判断标准，这些判断标准在我看来还是比较抽象的，还不是很具体。因为在它那个文件里面有 4 条规定，具体的它是通过一些罗列、列举的方式来给法官一个指引，让法官在裁决的过程中予以参照。

最后我做一个总结，前面一段主要是带着问题向大家请教，关于特殊条件下的法律渊源以及关于习惯、政策、司法解释、国际条约、国际惯例在法律中的地位以及在司法中的地位，因为它不只是一个司法的问题，是它在法律中的地位问题。法律地位对行政执法也是适用的，对公民遵守法律也是适用的，对司法更是适用的。所以它在法律中的地位不只是为司法裁决的，但是当司法一旦出现纠纷，这些东西就浮现出来了。因此这是关于这个问题以及关于对非正式法律渊源这样一个命题的反思。后面这一部分主要是关于习惯，习惯这样一个核心概念在我们中国的法律体系里面，如何把它由目前的这样一个特别指向变成一般性规定，变成作为规范依据的一般性规定来一揽子彻底地解决问题，以及它的判断问题。我想今天就给大家汇报这么多，非常感谢大家！

主持人：下面各位同学有什么具体的问题可以向刘教授提出，尽量把问题简单化、明确化。

学生：您刚才讲到法律社会学派提到的活的法律，然后又讲到将习惯变为法律，我们现在又在搞习惯进入司法的这样一个工作，我想这是不是意味着法律规范和道德、习惯等社会规范之间的界限走向模糊，这一点你是怎么看的？第二个问题是，你刚才说到，在法律产生之后，习惯逐渐让位于法律，这个"让位"一词，我感觉有点不太好理解，习惯上升为法律是否意味着这种习惯本身已经不存在，却又发生作用了呢，但实际上恰恰相反，这个习惯上升为法律之后，反而强化了它的作用，如果是这样的话，它是不是不太合理？

刘作翔：好，谢谢你的问题！我觉得你的这两个问题都是很有意义的。第一个问题，关于"活法"理论，是不是意味着习惯和法律的界限变得模糊了？我也在想这个问题，就是这样搞下去，法律界限有没有了？是不是它没有界限了？法律和习惯之间到底有没有界限？这个问题我觉得它是有这样一些背景：一个就是我们过去对这些东西持排斥的态度，我们是在以一种高度的僵硬的严格规则主义的思路对待法律的，因为中国的法律思维包括法治也是一个过程。在早期阶段非常严格的规则主义的一种思路中，我们把规则看得非常神圣，因为过去我们吃没有法治的苦头太多了。人治的条件下，领导人说了算，一句话，整个中国就可以跟着他转，就这样一个局面。我们吃人治苦头太多，所以我们搞法治，大家把法律看得非常的神圣，神圣就容易走向僵化，一个事物一旦神圣化就走向僵化，所以把法律看得太严肃、太严格，而且对于除了法律之外的其他规范类型，基本上采取排斥态度。但这些年来，经过发展，我们觉得社会规范在特定条件下是可以发挥作用的。还有对于法律的局限性、法律的有限性这些问题进行的思考，这样的问题研究得还不够，但是我们也意识到法律不能包打天下，法律不能把社会的什么问题都解决。我们要发挥多种社会规范的作用，法律只是管主要的那一块，法律有个发展过程。但是在这个过程中我们又发现另外一个问题：当法律没有规定的时候怎么办？西方司法上有一个很坚定的法治理念就是法官不得拒绝审判。法官对于提交到你面前的诉讼案件，你不能说法律没有规定，退回去。我们前几年就是这种情况，一个案子到法院，法院只要看到没有相应的规范依据就退回去，有的不受理，有的受理以后就驳回。他们要找规范，但是你没有这个规范文本，你的法律不发达，现在法律就三百多部，怎么可能？像人家的《民法典》一两百页，我们的

《民法通则》才多少条，所以这个差距非常大。这样的情况下，我们的这些规定其实都是和发展相关联的，就是我们要留出空间，这个空间是什么意思呢？这个空间不是说由人们随意去理解、建立在一种主观理解基础上的认识，而是要通过法律的方式，所以你看，我们确认了政策在法律中的地位，确认了习惯在法律中的地位，虽然这是有限的，有范围的，但它总是一个过程。确立了政策和习惯的法律地位，并不意味着它没有界限，习惯还是习惯，法律还是法律，就是在不发生问题、不发生纠纷的情况下，它各自有各自的存在和领域。我们不能随便把习惯当作法律。当我们把习惯作为特殊条件下的法律渊源的时候，我们必须要加前提，这个前提要是具备了，我们才能说习惯起到了法律的作用，我们只能这样去解释它。但是我们不能说习惯本身就是法律，我们只能说在这种特定的条件下，习惯起到了法律的作用，因为它是行为依据，它是裁判依据。那什么叫法律呢，我们如果对法律做一个理解，当国家法律、国家强制力保证一种规范类型作为行为依据和裁判依据的时候，它还不是法律吗？但是离开了这个特定话语，我们不能说，你这个习惯就是法律，所以我们必须在特定条件下来使用这个概念，这样就说它还是有界限的，不是说这两者之间没有界限。我们是在不断地丰富我们的社会规范类型和社会规范发挥作用的场域，如果我们不认可习惯，那遇到问题，我们就没法处理，就是说如果不做这样的规定，我们的法官今后遇到案件，他就没有依据了，有了这样的规定以后，他就有依据了。而法治国家的一个信念、一个理念就是依法治国，在司法领域就是依法司法，你的行为必须要有法律根据，没有法律根据做一件事情总是战战兢兢，包括姜堰市法院，虽然在做这些事情，但是这个合法性依据到底在哪里，这还是一个问题，因为你每突破现行法律一步，总承担着风险，所以合法性依据我觉得还是要强调的。

第二个关于“让位”的概念，这个概念其实不是我发明的，这是埃尔曼在《比较法律文化》中提到的一个概念，他用的是“让渡”，就是指在早期社会习惯和法律之间有一个变化过程。当然这个观点是建立在一种原始社会没有法的观念基础上的。习惯为什么要让渡于法律呢？主要理由是因为国家产生了，国家产生了之后，法律具有了强制力保证，而习惯是一种流传在民间的为大家所接受的行为规范和模式，它不是成文化的，不是一种像法律一样和国家相联系在一起的纽带的存在。所以这个让渡它包含着几层含义，一层是在规范形式上习惯已经不是主要的社会规范类型，在国家产生之后，主要的社会规范类型是法律。现代政治是政党政治，现代国家是法治国家，法治国家的主要标志是法律在国家生活中被作为主要的规范类型，这一点你不能否认。从大的宪法问题一直到最小的语言文字，都要由法律来规定，语言文字是个法律问题，绝对不是一个我们随便说的问题。这是“习惯的让渡”的一个主要的含义，同时还包含着你刚才所强调的，有很多的习惯被认为是大家共同遵守的一种东西，然后把它确认为法律，变为法律，这个时候习惯就不是习惯了，它就变成法律了，所以现在在我们立法的过程中，涉及习惯的很多立法也要进行大量的论证，哪些东西可以放到法律里面去，哪些东西不能放进去，都要经过大量论证的，论证之后才能够得出结论。所以前些年，有些学者在研究习惯转化为法律的问题时也指出，习惯变为法律不是一个简单的搬的过程和移的过程，而要经过一个严格的筛选过程，在筛选的过程中加入了很多立法者对这个问题的一些考察因素。所以“让渡”、“让位”主要是从这样几层意义上理解的，就是说规范类型发生了重要的变化，是这样一个角度。谢谢你的问题！

学生：尊敬的刘老师，很高兴听到你的讲座，我有一个问题就是，近几年习惯、民俗问题与法学的关系成为当今法学界一个热门话题，近来有学者提出，对犯罪行为的认定，既要以罪刑法定原则为指导，又要符合常识、常理、常情。但是在我们国家有些事情是合情合理的，不一定合法，那么在这种情况下，是按情理来给犯罪定罪量刑，还是依法定罪量刑，我想听听您的解答。

刘作翔：你能不能举个例子，因为我喜欢举例子，你举个例子我们来讨论，好吗？

学生：比如说，苏北有这样一个案例，就是一位姑娘经人说媒要嫁给一位小伙子，小伙子在迎娶的当天，那个新娘子突然反悔，在这种情况下，那个新郎强行与新娘发生关系，新娘就把新郎告上法庭，在这种情况下，你说是如何判决？是按照当地的常识、常理、常情、民俗、习惯，还是按照法律依据来裁决？

刘作翔：我想问他们办理结婚登记手续没有？

学生：没有，没有到民政局办理结婚登记。

刘作翔：好，我觉得这是一个很好的案例，这个案例实际已经突显出我们的现行法律和习俗的一种冲突。当然从法律的角度来说，大家都能够得出判断：一个是他们没有办理婚姻登记手续，当时他们还不处于一种婚姻状态，另外违背女性意志，肯定是一种犯罪行为、强奸行为，这个是没有问题的。但是如果按照当地习俗的话，需要办酒席，有好多地方把是否登记看得不是很重要，只要办了酒席就视为结婚，在这种情况下，就涉及我们的一个判断，这种行为因为它已经是一种犯罪行为了，即使有这样的习俗，这样的习俗也是不能认可的。为什么呢？一个是他这种行为，大家都知道，现在婚内强奸都是一个热点问题，何况你都没有办理婚姻登记，所以这个比婚内强奸更严重，婚内强奸是女权主义很重要的一个问题。在中国婚内强奸已经有三四起案例，有的没有判为犯罪，但是有一起案例还是判为犯罪了，所以这个就是我们刚才讲的，对习俗要做判断，即使有这样的习俗，可能也不能在法律上得到认可，因为这是一种恶习。所以我想这个案例从法律上讲是有漏洞(没办理婚姻登记手续)的，从习俗上讲可能也是有问题的。好，谢谢！

学生：周旺生教授对法律渊源有个理解，把法律渊源看成是形成法律的预备库和半成品，这个定义对我印象很深，您怎么看？还有一个问题，我们现在教科书上把法律渊源解释成法律形式，那么法律渊源和法律形式到底是一种什么关系？

刘作翔：好，谢谢！你的这个问题我觉得也是法律渊源的核心问题。周教授的观点我是不同意的，因为周教授把法律渊源理解成法律来源了，其实法律的产生有很多因素的，它的历史因素、它的政治因素、它的习惯，等等。但是我一直把法律渊源定义为法律的表现形式，为什么用这个定义呢，这是国际通例。我们经常说要和国际接轨，在法律渊源上，至少大家应该达成共识，法律渊源就是指法律形式，这是一个在国际上大家所采用的概念。而周教授在一次会议上公开反对把法律渊源解释成法律形式。法律渊源可以解释为七八种，我过去在教材里面也介绍过，就是关于法律渊源的概念，有历史渊源，有政治渊源，有心理渊源，有形式渊源，有效力渊源等，而我们把它解释为法律形式。我们虽然没有用效力渊源去作概念解释，但当我们谈到法律渊源就是法律的一种表现形式时，本身就是和效力联系在一起的，法律的表现形式，这个定义后面本身就包含着效力，当然效力问题我们是另外作分析的，但是法律表现形式本身是和效力分不开的。形式渊源，就是表现形式，是我们对法律渊源的一个理解，是和国际上对法律渊源的理解相一致的，大家可以翻一下英美法的书，或大陆法的书，在讲到法律渊源的时候，就是讲的它那个法律形式，包括刚才介绍的博登海默，他就讲的法律表现形式。我们谈法律，法律有哪些表现形式呢，就是指法律渊源，所以这个概念不是，甚至我觉得不是一个个人理解的问题，它是一个约定俗成的、遵守国际通用理解的概念。你还有问题？

学生：庞德先生在《法理学》上也讲到法律渊源和法律形式。

刘作翔：每个人都可以有自己的理解，庞德先生也可以有自己的理解。但是我们还是要遵循大多数人的理解，即国际法学界对法律渊源概念的一个约定俗成的理解。我国个别的法学家有不同的解释，包括周旺生教授，他不同意形式渊源，因为在中国字典里，渊源这两个字很容易从来源上去理解，但法律渊源是一个专用术语，这就涉及法律语言的一些专用术语。法律渊源当然不是一个法律语言，它是一个法学语言，法学语言里面也有一些专用术语，对这些专用术语，如果大家都各行其是的话，那就没法交流了，法学里面、法律里面的专用术语，我们能够遵守的就尽量遵守。好，谢谢！

学生：民事立法中有一个原则叫公序良俗原则，它和习惯及民事法律之间是什么关系？我个人觉得公序良俗原则就隐含了可以依据习惯来作出判决，并且应该是好的习惯，可以起到正面的作用的习惯。如果在将习惯引入法律之后，它和公序良俗之间的关系是怎么界定的？是公序良俗原则会弱化，还是它们会共同发展？

刘作翔：好，谢谢你的这个问题！公序良俗，大家都知道在民法里面，有的把它叫帝王条款，它是民法的一个基本原则。最高人民法院能够做有关的司法解释，也都是建立在有这样一个原则的基础上，才能做相应的司法解释，没有这个原则的话，做司法解释也困难。在以前的有些案件的判决中，我们也是借用了这样一个原则，包括四川泸州的那个遗赠案，就是用了这样的原则。但是我们现在讲习惯的时候，是作为一种规范类型出现的，而公序良俗是对一种社会公共道德和社会中的一种优良品质的一个概括，它不是从规范这个层面来界定的。所以我们要从规范依据这个层面给它一个法律定位，而公序良俗在法律中属于一种法律保护的对象，就像其他的习惯一样。虽然在法律中出现，但是它不是作为规范依据，而是法律要保护的对象，当然也是作为民法的基本原则来处理的。现在我们提出把习惯作为在没有法律和政策的前提下的一种规范依据，这个应该是一种更加明确的法律表达，而且是对习惯的一种法律定位，然后再加上其他的原则的相互照应。这个公序良俗有点类似于《民法通则》第 7 条的规定，民事行为应该遵守社会公共道德，不侵犯社会的、他人的利益，有点类似于这个条款，这些原则相互起作用，来共同作为判断习惯的一个原则也好，一个标准也好，是起到这样一个作用。所以我想，含义可能还是不太一样的。好，谢谢！

学生：我想问一个有关实体法律和法律渊源的关系问题：随着两岸关系的改善，大陆和台湾地区的交流会越来越频繁，也伴随着刑事案件的发生，更严重的是犯罪团伙作案。刑事案件发生后，如果在大陆法院审理，大陆法院在审判案件过程中能否援引台湾地区的法律？如果能援引的话，根据法律渊源理论，台湾地区的法律在我们这里应该是一个什么地位？

刘作翔：好，谢谢！这是一个专门性问题，其实这个问题不是太难，为什么呢？我觉得，它主要取决于两岸关系的发展。两岸的关系如果实现一定的正常化以后，它会有一些相应的应对，比如说我们现在和台湾在互认判决书上双方有一些协议，叫司法协助。过去台湾的判决我们不认，我们的判决他们不认，所以导致很多的问题，现在逐渐走向互认这种裁判的效力，这个已经有一些结果。像你说的这种法律的援引，我们从过去到现在，都不承认台湾的法律，我们在说台湾的法律时都要打上引号，因为认为它的政权是伪政权，它那个法律都是伪法律，你要承认它是法律的话，等于承认它的政权的合法性，这都是政治方面的一些问题。但是从实际讲，我想这个问题以后两岸肯定要有一个互通的，在法律层面有一个互通的。因为我们既然能够承认台湾裁决的效力，台湾承认我们裁决的效力，等于已经承认了双方法律的合法性，这是属于区际冲突法的问题。它虽然不是国际私法，但是类似于国际私法，虽然我们现在在处理港澳台问题上，不是按照国际外交问题来处理的，但是在一些手续上、程序上是按照那样一个路子在走。不过，因为一国两制，它不允许你做这样的提法，内容实质是一样的，这个问题不是太难解决。随着两岸以后交往的深入，这些问题会由双方来协商，来拿出相应的办法。好，谢谢！

学生：刘老师，你好！刚才你讲到习惯和地方法规的问题，随着商事交易的扩大，已经突破了地域的限制，就像你昨天晚上在南大讲的那个古玩交易的案例。你刚才在建议中提出的“民事活动必须遵守法律，法律没有规定的应当遵守国家政策，国家政策没有规定的可依当地习惯。”我的建议是把“当地”两个字去掉，这样可以照顾到习惯的兼容性和长远性，也能使交易范围扩大，不知你怎么看?

刘作翔:好,谢谢!这是很有意思的问题:去掉"当地"两个字。习惯具有地方性,是习惯的一个最重要的特征,但是并不排除除了地方性还有全国通用的一些习俗,比如说我们讲的三大法定节日。三大法定节日其实是通行全中国的。你的问题倒提醒了我,是什么问题呢,就是其实没有必要去掉"当地"这两个字,为什么呢?如果说这个习惯在全国是统一的,那么在当地也是统一的,这是一个简单的道理,它是一个哲学上的全局和部分的关系。一种习惯,比如刚才说的古玩市场上的惯例,就是卖受人不承担对货物是真假的退赔的这么一个责任,你买了假货,说明你眼力不行,你没有这个本事就别玩这个古玩,这是古玩市场的"行规",这个行规可能在北京适用,在上海也适用。按这个同学的说法,是通行于全国的,如果在全国通行,在你南京也是通行的。因为"当地"两个字并不阻碍统一性的习惯在当地的适用,所以它不影响。但是,为什么要加"当地"两个字呢?当你碰到和其他地方不一样的习惯的时候,如果没有当地这两个字,那你就不行,所以这两个字其实还是充分照顾到习惯的地方化的这种特性。这两个字并不影响统一性的习惯在某一个地方的适用。会不会出现一种统一性的习惯在当地不一样呢?假如出现的话,恰恰"当地"这两个字起了作用,我想是这样的。好,谢谢!

主持人:我最想感谢的就是提出问题的同学。我今天在这里主持讲座非常高兴,我们的学生能够提出这么多高质量的问题,这应该是体现南师法学院学生的学识素养的一个机会。因为以前同学提问题,有的时候,我个人觉得是很没有面子的。但我觉得今天我们同学提出的问题都还行,而且都是自己有所思考的。我们说外行看热闹,内行看门道,在座的各位也算是内行了,听刘老师的讲座,应该说是内行了,在这么长的讲座时间中,我不知道大家是否能够把握住刘老师讲座的这样一个逻辑脉络,是否已经把握住了。首先最大的框架就是刘老师最后总结的那样,他是两大块,前一大块论证了所谓非正式性法律渊源的问题,后一大块讨论了习惯与法的问题。那么在前一大块,你们看到没有,其实刘老师的这个逻辑思路一步一步非常清楚。首先,对既有的、原有的、我国传统的法律渊源的理论起始于博登海默的所谓正式的非正式的说法提出质疑,提出问题。大家写文章也好,还是干什么也好,以后写毕业论文也是一样,提出问题,提出怀疑,然后下面开始讲道理、讲论据,一二三四,《物权法》把习惯写进了法律,《民法通则》第 6 条把政策直接写进了法律,1981 年全国人大常委会关于法律解释的决定把司法解释确定了下来,《民法通则》第142条把国际条约、国际惯例上升为法律。通过这四点论据,最后刘老师得出结论,以上四点论据都说明习惯、政策、司法解释、国际条约和惯例是我们的正式法律渊源,而不是所谓的非正式法律渊源,对吧?这一步一步其实是有逻辑层次的。我们作为同学,听这个讲座,也应该和刘老师要保持一定的呼应,然后抓住他的很严谨的这样一个逻辑步骤。

在这个地方,我也是作为学生,也向刘老师求教,就是说我个人坐在下面,受到的启发很大。关于法律渊源的问题,说实话,我第一次,刚才听着听着突然刺激起我自己对法律渊源有一个比较清楚的认识。法律渊源这个概念在中国的法理学界定确实非常繁杂,虽然同学们在教科书上,我不知道是不是把法律渊源定义为法律形式,法律的表现形式,但在各种法理学教科书上对它的定义又不尽相同。公丕祥老师主编的法理学教科书对法律渊源的定义如果我没有记错的话,应该是六种意思。考研时,很多老师甚至都不好意思把法律渊源出成名词解释,为什么呢?因为它的意思太多,到底哪一种是作者自身的观点,大家也不是非常清楚,确实比较乱。那么我个人认为像刘老师把法律渊源简单地等同于法律形式,极大地遮蔽了法律渊源的丰富内涵。那法律渊源为什么是法律形式呢?为什么等同于法律形式呢?我不知道。我跟你们上课的时候,有没有讲过法律渊源?"渊源"这两个字就是起源,来源。刘老师刚才也讲了,中文的意思是起源,现在怎么又变成了法律形式了呢?大家不能忘记作为当下全球法律文明之楷模的两大法系,他们的法律在发生之时,第一时间,大陆法系,就是刻在石柱上的十二个铜表,十二铜表法,那就是以制定法的形式出现的,它的法律产生的面貌、样态、形式,在第一时间,在渊源上就是那样的。英美法系,他的法律就是法官在审理案件的过程中,以习俗、习惯为依据,结合自由心证,在审理案件的过程中被发现的。我们所谓法官造法,这个造法的"造"有创造的意思,其实不是法官创造的,而是法官以习俗为依据,在具体的 case 中发现的。所以大家不能忘记法律渊源在两大法系起源的意义上,前者是制定法的形式,后者是判例法的形式。所以法律形式在这个意义上,也就是在法律起源的意义上,就是两种不同的形式,这样在定义上我们才能理解,为什么法律渊源叫作法律形式。但是,我个人认为在法理学的意义上,如果我们仅仅是一句话,法律渊源就是法律的表现形式,我觉得不行,是不容易让学生们理解的。那么刚才我个人坐在下面就突然悟到,法律渊源至少有两个层面的严格指向,向刘老师请教。我觉得法律渊源有两个层面的意思,一个是法律创制的渊源,一个是法律适用的渊源。我觉得只有区分成这两个层面,我们可能对法律渊源就有一个比较清晰的把握。所谓前者其实就是立法的渊源，就是法律根据什么，就是法律的来源、法律的素材，刚才刘老师提到的詹姆斯说的那句话，就是在现代社会，习惯也是被作为一个重要的法律渊源的，我觉得这句话的意思就是法律的来源，法律的素材，法律制定的时候渊源是什么。然后下面这个法律适用的渊源应该是指法律的效力来源，裁判的依据，其实这就是法律的效力来源，这里的法律是结果意义上的，换一个词就是说裁判的效力来源更好理解。后一个法律适用的渊源，是指裁判的效力来源，或者说法律的效力来源，这里的法律是什么，是已经实现了的法律，结果意义上的法律，这个裁判它的效力来源是什么，我们说可能是制定法，可能是判例法。那么对于第一个法律的素材，法律的来源，在学术界是没有什么异议的，所以刘老师他就不予关注。第二，这个更有意义，法律的依据，适用法律的依据是什么？更有意义，那么刘老师认为习惯也好，政策也好，国际惯例也好，只有披上了法律形式的外衣，它才能够成为法律渊源，所以刘老师的意思是这个意思，那些东西只有写进法律，才是法律渊源，而且是正式的法律渊源。那么我觉得，这个是对法律本身的考虑，而这个是刘老师在多年以前的一篇文章，这个是跳出法律来研究法律，也就是刚才有同学说的庞德对法律的理解，那么，刘老师对法理学的研究特征有一篇长文，这个对我影响非常大，说法理学应当是具有超越性的，要跳出法律来研究法律，这是刘老师的原话。那么我理解，对法律渊源这个层面的理解就是，跳出法律的一个理解，而这个层面是法律本身的一个理解，但是，前者学术界未有分歧，道德、宗教、习俗都可能成为立法的渊源，但是对后者的理解就会有分歧。那么刘老师今天的贡献就是致力于后者，他最后下半部分讨论的就是习惯入法的问题，就是习惯能不能成为这个东西，但是我感觉刘老师选择的路径、路线仍然是他率先提议的，在民事立法中明确习惯的法律地位，把无法律、无政策时将习惯作为一个法律原则确立下来，那么我觉得他的思路并不是在法律适用阶段，它的习惯入法，并不是习惯入司法，而是习惯先入立法，然后再由司法来遵守，而当下很多学者研究的习惯入法是习惯直接入司法。我刚才理解不一定正确，刘老师的意见就是，习惯还是要先在立法之内被确认，那么为什么很多学者都考虑习惯直接入司法？习惯林林总总，入立法也只是作为原则性的表述，不可能具体地明示，而习惯入司法可能更具有可操作性。但是，这里就有一个悖论，习惯入司法是个什么东西呢？最担心的就是如刘老师说的，谁来选择？谁来筛选？它的判定，它的评判标准是什么？在立法领域，那个问题不会存在，但是在司法领域会存在，所以这里有一个两难的问题。非常感谢刘教授，包括对我，包括对大家、对所有同学的指导！我们最后以热烈的掌声感谢刘老师！

关于权利平等的思考

——西南政法大学沙坪坝校区的演讲*

主讲人:刘作翔　中国社会科学院法学研究所研究员、博士生导师
主持人:赵　明　西南政法大学教授、博士生导师
评论人:王　恒　西南政法大学博士研究生
曹　明　西南政法大学博士研究生
陆幸福　西南政法大学博士研究生
赵树坤　西南政法大学博士研究生
时　间:2005 年 9 月 22 日晚
地　点:西南政法大学沙坪校区学术报告厅

赵明:各位同学,大家晚上好!这个学期的第一次西南法学论坛,今天又开坛了!这次来的同学都表现出了很高的学术热情,我们论坛今天有幸请来了中国社会科学院的刘作翔教授。今天的点评嘉宾有王恒博士、曹明博士、陆幸福博士和赵树坤博士。刘教授究竟能给我们带来什么样的思想上的困惑和解答,各位嘉宾究竟能进行如何精彩的点评和驳难,我们将拭目以待。好,现在有请刘作翔教授!

非常感谢西政的领导、老师、同学给我提供这么一个机会同大家进行学术交流,这对我来说是一件很高兴的事情,也是一个很好的学习机会,感谢今晚

---

* 本文是作者受邀于 2005 年 9 月 22 日晚在西南政法大学沙坪校区学术报告厅“西南法学论坛”所做的演讲录音整理稿。感谢付子堂教授、赵明教授为讲座所作出的周到安排;感谢以下各位同学为这次演讲的录音统筹和整理所付出的辛劳:蒋海松、张生 李敏、阮玲燕、安素洁、魏来、唐煜晖、孙大亮。该文在付子堂主编的《法理学演讲录》第 2 卷第 140～182 页发表,法律出版社 2007 年 11 月出版。——作者注

各位的光临！

今天想和各位交流的是权利平等问题。目前这个问题在中国是一个热点问题，热点一方面表现在理论层面，更主要的表现在社会实践层面上。最近有许多很有意思的案例，今天要给大家介绍一些，并分析一下这些案例里面所体现出来的法律理论问题。

权利平等问题是一个古老的问题，当我们讲到这个问题的时候，我们会注意到两个层面：一个是权利主体的平等，另外一个是权利类型的平等。权利主体的平等在理论界不会有太大的争议。在法律方面，包括宪法、诉讼法等法律对其都做了原则性的宣示，比如说在宪法中就有“公民在法律面前一律平等”的规定，在诉讼法中也有原则性的规定。当然了，在法律层面上这个问题仍然存在一些空档，比如最近发生的一个案例：在河南平顶山市有一位姓周的女士，她在单位工作到55岁，单位要求退休，对这一点她很难接受，她认为这一做法违反了宪法和法律中关于男女平等的原则，而单位认为他们根据的是国务院的文件来执行的。最后她向平顶山市的劳动仲裁委员会提出仲裁，这个案件被提交仲裁时，刚好她的女儿在上海交大读法律研究生，上海交大的周伟教授说，如果在仲裁中失败了，她准备起诉，他愿意免费代理这个官司。男女同龄退休是个老问题了，它在公务员法的修改中是一个很重要的问题，在这次的妇女权益保障法的修改中也是一个重要问题，但是这两部法的修改都回避了这个问题。据我了解到的情况，在公务员法的修改过程中这个问题讨论得很激烈，而且人大开会也有正式的议案，妇联也有正式议案。在人大讨论的过程中，这个问题僵持不下，后来听说他们请人事部一个副部长来讲了一下，男女同龄退休涉及一个就业的问题。如果说同龄退休明确规定出来，可能很多岗位腾不出来，而现在就业压力又非常大，所以最后整个问题搁置下来了，但这并不等于问题得到了解决。这是关于男女同龄退休的第一起案例，我们这里使用的“案例”是法社会学意义上的案例，即只要是在社会中发生过存在过的事情，我们都叫作案例，所以它不光是诉讼法上的案例。

这是在中国的第一起男女同龄退休的案例，关乎的是男女平等的问题，还有其他一些法律上的问题，包括税收。不同的企业，不同的所有制主体，它们的税收政策不一样，这些都是在法律层面上存在的问题。所以，讲法律平等，首先就是主体的平等，主体平等问题在宪法和诉讼法等法律层面上已经基本解决，但没有彻底解决。但在实践层面上，主体平等问题还远没有解决。没有解决的原因很复杂，涉及中国传统的“官贵民贱”的传统观点，还有中国的等级制思想，更有新产生的问题，比如说同样的案件，情形差不多，但主体有差别，一个穷人和一个富人的同类案件的诉讼，可能最后的判决结果是不一样的，这些都是在实际中的表现。有的人说“法律是为富人而制定的”，这句话虽然偏颇，但可能反映了一些实际情况。法律宣示的是平等对待，但打官司需要请律师，有钱的人可以花很多钱请名律师来辩护，没有钱的人就没有这个能力，所以穷人在法律辩护这方面就要弱一些，最近有一篇文章就在探讨这个问题。澳大利亚出了一本杂志《21 世纪法律评论》，是海外版在中国国内发行的杂志，其中《法律科学》的副主编周少华写了一篇小杂文，比较了两个案件：一个就是刘涌的案件，请的是大律师田文昌，另一个是陕西“枪下留人”案件，后者请的是陕西一个叫朱占平的律师，这个律师在死刑犯执行枪决前，闯到最高人民法院，说这个案件有些事实还不清楚，最高人民法院打电话到陕西高院，最后通过各种途径打电话到刑场说明情况，然后才停止执行。但是经过重新核查，最终死刑犯还是被枪决了。他比较这两个案件主要想说明的是，同样的案件，由于财富的直接影响，最后的处理是不一样的。当然这个判断是否准确我们还可以讨论，因为每个案件的案情不一样，但这样的比较至少说明在现实中要做到真正的主体平等是很困难的，需要我们多年在法治进程上的不懈努力。另外还有一些案件，比如涉及交通事故的案例。重庆的一起交通事故死了 4 个人，其中有一个是杭州的副教授，一个是回家探亲的机关干部，另外两个是搭车农民，最后的赔偿标准是农民按照农民的上一年度的人均收入，城里人按城市的人均收入，结果赔偿额相差三倍。还有重庆綦江桥的垮塌事故，最后的赔偿标准也是按照城乡差别赔偿的原则进行处理的。当然綦江这个案件是否属于交通事故还存在争议，有的专家认为应该适用《民法通则》，有的专家认为应该适用《国家赔偿法》，意见不一样，但最终的赔偿数额是存在差别的。主体平等是一个大的问题，在法律层面上我们可以通过修改法律加以解决，但在实践层面上要真正解决这一问题是一件非常困难的事情，需要我们通过不懈的努力才能逐渐改善。

以上是主体平等问题，还有一个权利类型平等的问题，或者说是权利种类的平等问题。因为权利有不同的种类，当两种权利发生冲突以后到底怎么办，这里面就涉及权利种类的平等，这是我们今天讨论的重点。权利平等问题现在往往不是出现在主体上，虽然主体平等还有一些遗留问题，但是问题不太大，很少有学者主张权利主体不平等的观点。但是当我们讨论权利种类、权利类型的时候，各种观点都出来了。我下面想要介绍几个著名先生的观点：首先是朱苏力先生的观点。朱苏力教授分析了两个典型的案件：一个是“邱氏鼠药案件”，另一个是“秋菊打官司”案件。河北省有一个灭鼠大王生产了一种老鼠药，然后有六位科学家写了一篇文章，说他的老鼠药里面含有超过国家规定标准的毒素。当事人叫邱满囤，他认为侵犯了他的名誉权，对他的企业造成很大的损失，所以起诉科学家侵犯其名誉权。“秋菊打官司”案件，大家都很熟悉，张艺谋拍电影时采用的是“纪实拍摄”手法，拍了一个姓贾的妇女。电影放映给她造成了双重压力，一方面她觉得自己的形象暴露了，另一方面村里人说她挣钱了，但实际上她什么也没有得到，所以她起诉了电影厂。这个案件是一个创作自由与肖像权的问题，邱氏鼠药案件是言论自由与名誉权的较量，这两个案件最后都以原告败诉而终。法官的判决里面，都认为没有达到侵权，贾氏案件没有侵犯肖像权(至于为什么没有侵犯我们不讨论，我们关注的是这个结论)。邱氏的案件经过了相当曲折的过程，一审的时候法官判科学家败诉，败诉的主要依据是司法鉴定认为老鼠药没有超过国家规定标准的毒素，所以科学家的文章没有依据。一审出来后科学家上诉，经过一年多的审理，二审法官判原告败诉，判决的理由是另外一份司法鉴定书，第二次鉴定的结果认为这个老鼠药包含了超过国家规定标准的毒素，于是判原告败诉。这两个案件都是以侵权来起诉的，最后法官认为都没有达到侵权而判原告败诉。

朱苏力先生在这两个案件的基础上在理论层面上进行了阐释，认为这两个法官是伟大的法官，因为他们看到了两种不同权利之间所包含的社会价值、社会作用的不同。比如说秋菊打官司案件，他认为如果法官判电影厂败诉，那么将会影响到电影的创作自由。邱氏鼠药案件如果法官判科学家败诉，那么将直接涉及言论自由的问题，科学家连发表文章的自由都会丢失掉，而言论自由的社会作用远比名誉权重要得多。本来是两个很规范很标准的司法问题，朱苏力用权利冲突这样的理论来解释的话，就成了在每一个案件中都有两种权利存在，而且总有一种权利要高于另外一种，言论自由高于名誉权，创作自由高于肖像权，这就是最后的结论，我称之为“权利优先理论”。我在《法制日报》写了一篇文章专门批判这个“权利优先理论”，为什么批判它呢，我觉得这个分析掩盖了一个实质性的问题，司法判决过程中我们主要看侵权标准，而不是根据哪个权利重要哪个权利不重要来评断的。另外，当我们讲一个权利重要的时候，我们讲的是它的社会作用，如果说创作自由、言论自由的社会作用很大，是不是相比之下肖像权、名誉权就显得不重要了？在权利之间没有平等的地位，总是有一种权利高于另外一种权利，这样的理论我们能接受吗？我们能将它作为司法判决的标准吗？推到最低层面，法官判案是根据法律标准还是学说判案？而且需要注意的是，任何学说都是不完善的，都有许多需要商榷的地方。

很多学者都有这样的权利优先的思路，我还想介绍一下贺卫方先生的观点。他是名家了，是西政78级的骄傲，他提出了位阶的问题，权利位阶是权利优先的一个重要的理论依据。有一个案件是LG空调的一个广告把一个两岁的小孩惊吓到了，然后他的家人提出精神索赔。贺卫方在分析这个案例的时候说，在这个案件里面言论自由是更高位阶的权利。他说，“尽管电视广告的商业味很浓，但它也是言论自由的一种，不能随意加以限制。在司法的过程中，有时候要考虑到不同利益、不同权利的平衡，有时候不得不作出取舍，这种动态的平衡特别能体现司法的价值”。总的来说他有一个观点，认为在这个案件中，广告商代表的是言论自由（这种说法准确与否我们可以再判断），小孩受惊吓可以看作是健康权受到损害，在这两者之间，言论自由的位阶应该更高，不能因为有人受了惊吓就限制它，叫它承担法律责任。

另外，王利明教授在谈论有关新闻报道轻微失实问题的时候，认为法律应该优先保护新闻权利，而公民应该忍受轻微的人格权的损害，所以他主张为了保障正常的舆论监督，应当在法律上规定一种公民应忍受轻微损害的制度。他还作了很多论证，说人格权与新闻自由的冲突是各国法律都面临的价值冲突，而各国在处理这种问题的时候都是优先保护新闻自由。公民应该忍受轻微的人格权损害，在新闻报道轻微失实的情况下应该对它加以容忍，这实际上提出了一些命题，一个是价值优先的问题，一个是公民忍受轻微损害的义务，而且要建立这样的法律义务。我觉得这种主张是很危险的，尽管他可以作出很多论证。关于人格权受损害要不要承担法律责任、承担什么样的法律责任，我认为还有很大的讨论余地。我们说法律责任的承担有不同种类不同形式，不一定就是索赔多少，如果没有达到严重的侵犯而只是轻微的，是不是可以用道歉的方式，这也是一种承担责任的方式。但是完全说新闻自由优先于人格权，那么人格权就显得没有什么地位了。这些理论总是把人格权、肖像权、隐私权作为个体的权利，而新闻自由、言论自由，比如创作，是一种代表机构的权利，这种权利是通过机构来加以实现的。当然关于新闻自由到底是个体化权利还是一种机构的权利，在宪法学界也是有争论的。有的学者认为，新闻权利不是属于记者的而是属于新闻媒体的，媒体才能拥有这个权利，记者只是工作者而已。当然有的人也认为记者拥有新闻权利。

王利明教授的观点不仅仅停留在理论层面，在司法实践中，就有这样的判决，我们来看两个案例：2002年上海静安区法院审理了一个案件，足球名将范志毅起诉东方体育日报，认为《东方体育日报》发表文章说他涉嫌赌球，损害了他的名誉。法院一审判决范志毅败诉，在判词里面还特意加入一段这样的话，

“即使原告认为报道有争议，点名道姓称其涉嫌赌球有损名誉，但作为公众人物的原告在媒体行使正当的舆论监督的过程中，对可能造成的轻微损害应予以容忍与理解”，法官认为自己在合议时引进了英美法系的“微罪不举”的比较先进的理念。有学者还写文章说，这次的“微罪不举”不仅跳出了原有的“有罪推定”原则，还确定了当公众人物的名誉权与舆论监督权发生冲突的时候都要服从公共利益的原则，公共利益最大，从而使中国的司法审判开始与国际对接。这位学者还讲“微罪不举”值得写进中国新闻史。从这个判决中我们可以做一些判断：这篇文章中肯定存在着轻微的报道失实的情况，但是由于原告是一名体育明星，是一个公众人物，所以对媒体在行使正当的舆论监督的过程中造成的轻微损害应该予以容忍和理解。这个案例就是王利明先生的观点在实践中的验证。

还有一个案件是 2005 年 4 月广州天河区法院作出的一个判决，这个判决涉及一个名人，就是我们国家研究“三农问题”的著名专家温铁军，原任《中国改革》杂志的总编辑。2003 年第 7 期的《中国改革》杂志社在一篇《谁在分肥》的文章中，披露了广东侨房地产公司在国企改制中出现的许多问题，公司认为文章中披露的情况和真实的事实是不符的，随后起诉《中国改革》杂志社侵犯其名誉权。这一案件受到了全国的关注，原因之一是《中国改革》杂志社是在全国影响很大的杂志；原因之二是《中国改革》杂志社原总编温铁军是中国很著名的“三农”问题专家。他曾在河北进行了一些试验，如小额贷款、培训农村的保姆等，来发展农业，扶助贫苦农民，成为国内外备受关注的人物；原因之三是这篇报道的内容涉及国企改制。首先从这个案件的判决中我们可以看到，广州天河区法院认为，不应该去深究枝节问题，而应该考虑作为媒体，它有没有信息支撑。媒体所关注的是企业改制中所发生的问题，认为这个问题对我们社会来讲是十分重要的，虽然报道的内容不是完全真实的，但也不是严重的失实，对于这些报道，企业应该要容忍。案件的审判长在接受记者采访的时候说道：“从理论上来说，在保护权利的时候，当权利发生冲突的时候，我们要取舍出一个对社会更好的东西。所以，在这个案件中，在这两种权利里面，我们更倾向于保护新闻媒体的权利，那是因为我们的社会需要新闻自由。”他还说：“一个社会对媒体的容忍有多大，这个社会的进步就有多大，一个文明、民主、进步的社会需要充分发挥传媒的监督作用。”在另外一篇记者采访录中他又谈到：“新闻可以满足社会大众的知情权，因此我们不能要求新闻媒体像法院处理案件一样，每一个报道都要有铁的事实，只要报道基本真实，稍微有些出入是被容许的。但是，作为被评论者应该有容忍的义务，对于涉及公众利益的报道，我们不能要求其报道与客观事实完全符合，而不留给媒体任何空间。”记者又问道：“如果新闻侵权涉及个人的案件的时候，法院是不是也会这样判呢？”他认为，当新闻自由与个人自由发生冲突的时候，新闻自由要让位于个人自由。我们要保护个人的生活安宁权，让他们免予受到侵害，所以对于牵涉个人权利的案件，我们一定要对媒体从严把握；相反，对于牵涉到公共利益的案件，我们要向新闻自由倾斜。也就是说，当新闻自由和一个法人的名誉权发生冲突的时候，应该向新闻自由倾斜；当新闻自由和个人的权利发生冲突的时候，应该向个人权利倾斜。由此，我提出两点问题，第一点就是如何来确定标准，即选择什么样的标准作为判断的依据，当法院对案件进行判决的时候是有一个法律的标准，还是有一个政治的标准？第二点就是有没有双重标准存在？对待个人和对待法人能否采取两种标准？我们知道从法律定位上来说，法人是一个私权利主体而不是一个公权力主体，对于都是私权利主体的法人和自然人，我们能不能用两种标准来对待，这种双重标准合不合适？对于上面提到的那个案例，法院最终认定《中国改革》杂志社没有构成侵权，法院也承认《中国改革》杂志社的那篇报道并不完全真实，个别的出入确实存在，但这些不是严重失实，所以企业是应该容忍的，理由是：作为牵涉公众利益的单位或者公众人物，他们有容忍的义务。

在这个理论中有一个权利倾斜的观点，以及一个公共利益的问题。近几年来，公共利益成为一个很重要的概念，在许多的案件中都涉及这个概念，比如在有关拆迁的案件中，往往拆迁一方包括政府，包括房地产商，他们都说我们是为了公共利益，公共利益往往成为他们的一个有利的口实，而且往往成为侵犯公民个人权利的一个有利的护身符。另外，在《物权法》的这次全国讨论中，全国人大收到了一万五千多条全民提供的意见，新闻媒体列出了其中的十大热点问题，其中有一个热点就涉及公共利益这个问题。公共利益在《物权法》中有一个表述，但没有对其进行界定，大家认为应对其进行一个界定，若不进行界定，这个概念就会被滥用。

下面我想对公众人物和公共利益的概念做一些分析。第一是关于公众人物的名誉权、隐私权的保护。有一种主流的观点认为，如果你是名人，那么你的名誉权、隐私权可能就是受限制的，不能像普通人一样享受名誉权和隐私权，这是在国际上很流行的而且是一个传统的理论。我们对这一理论提出一些质疑：第一点，公众人物能不能成为法律可以界定的概念？法律如何确定公众人物的范围？到底是一个国际范围、国内范围、区域范围还是一个领域、一个单位、一个小团体的范围？英国有一个杂志社 2004 年 6 月在一个大城市针对成年人作了一个大规模的“名人识别率”测验，测验的结果公布后让人们大吃一惊，能够识别出萨达姆的只有25%，能够识别出俄罗斯总统普京的只有16%，能够识别出英国政府重要领袖的不到1/10，而识别率最高的就是在报刊、电视上每天进行地毯式轰炸的娱乐明星。从中我们可以看出，所谓名人或者公众人物是一个不容易确定的概念。在中国，公众人物这个概念也成为法律实践上的一个问题。2005年深圳工商局在打击欺骗和误导消费者的保健品、药品广告的活动中，规定禁止公众人物在保健食品、药品、医疗、广告中以消费者、患者、商家的身份向消费者推荐商品或者商品服务的特点、优点、性能等。这一规定也就是禁止公众人物做广告，但是我国目前在法律中并没有这样一个规定，而且在《广告法》关于虚假广告的惩罚措施中，也没有对此的相关规定。所以在我国禁止公众人物做广告是缺少法律依据的，因此一旦遇到有关的案件，政府很可能会败诉。例如，假设张三是一个公众人物，他做了广告，我们就说他违反了此规定，张三不服进行起诉，起诉后就面临一个难题，即如何证明张三就是公众人物以及通过何种方式来证明张三是一个公众人物，是通过社会的调查呢，还是通过民意测验？所以在证据法上我们没办法解决这个问题，作为一个法律问题，我们要严肃对待公众人物这个概念。第二点，如果法律不能对公众人物作出一个界定，那么又由谁来作出这个界定，是不是由法官或者其他人？由法官来做界定或把这个权利交给其他人，那么公众人物这个概念就成了可以任意界定的、任意解释的一个概念，所以这就没有一个标准了。第三点是关于公共利益的问题，因为近两年来在有关拆迁、征地的问题上，公共利益经常成为人们的一个口实。如果不对“公共利益”这个概念进行法律的界定，任何人都可以在公共利益的名义下，有合法依据地来侵犯公民的权利。美国自由主义政治哲学家诺其克认为：“对权利的最轻微的侵犯也是侵犯，也是道德上不允许的。”罗尔斯也说过：“每个人都有一种基于正义的不可侵犯性，这种不可侵犯性即使以社会整体利益为名也不能逾越。”就是说，任何人都不能以社会整体利益为名来侵犯人的基本权利。当然，不同的人所持有的法律观不同，可能会有不同的结论。卡多佐法官在《司法过程的性质》一书中就说道，法官在作出判决的时候可能会有多种选择，但最终要考虑的还是社会利益。我们无法去证明为了公共利益而要求公民有忍受轻微伤害的义务的正当性和正义性，但也不是说，我们反对公共利益这个概念，我们只是要对它进行界定。现在国外也在研究这个问题，有的国家通过列举的方式进行界定。在这次起草《物权法》的讨论中有人就建议使用列举的方式，比如修铁路、修建医院这些就可以列入公共利益里面，而对于房地产商开发房地产的行为就不能算作公共利益。不过在对所有权保护力度不同的国家里，对公众利益的对待也会有所不同，有的国家可以为了一棵树而让公路让道。而在日本，政府要修一个机场要求机场附近的七户居民搬走，但是他们就是不搬，这样抗争了几十年，最后还是以政府放弃了修机场的计划而告终。

在现实生活中，借国家利益、公共利益为名实施的行为常常与公民个人利益发生冲突。有这样几个案例：第一个案例是在我国青岛，一家医院为一个女青年做了一台流产手术，手术过程中，医院组织了医学院的实习生去观摩，这个女青年认为医院侵犯了自己的隐私权而将医院告上了法庭，要求医院给予精神赔偿。最后法院作出一审判决，医院赔偿原告精神损害一万元，法院审理认为，隐私权是公民的基本人身权利，医学教学虽然具有一定的公益性质，但不能以牺牲公民的隐私权为代价。换句话说，公民的隐私权与医院的教学利益有一定的冲突，但这种冲突不是不可以排除的，虽然患者也有他的义务，但这一义务中根本不能包括有义务让医院进行教学观摩，所以法院判医院方败诉。还有一个案例 ，有一个部门作计划生育宣传，它把一个妇女做计划生育的裸体照片拿去做展览，这个妇女看到后就提起诉讼，认为计生部门侵犯了其隐私权和肖像权。计生部门辩护道，他们是为了公共利益，没有盈利，但法院仍然判决其败诉，因为法院认为，计生部门没有经他人同意而将其裸体照片进行展览，实际上已经侵犯了公民的隐私权。我将这个案件同另外一种情形做了一个比较，即美术学院的裸体模特之所以不会起诉美术学院侵犯其隐私权，就是因为后者满足了这样三个条件：其一是模特自己同意的；其二是有报偿的；其三这也是公众利益的需要。所以在上述案件中，如果医院做到了第一点和第二点要求，就不存在医院侵权的问题了。

另外，传统的公众人物的名誉权、隐私权受限制保护的理论已经面临着国际范围内的挑战，这可以从一些案例中得到体现，如英国以球星贝克汉姆为对象进行了一项调查，调查结果表明，英国公众对新闻媒体的报道产生了不同程度的反感，认为英国应该尽快引入《隐私法》，以保护公众人物的私人空间，使私人生活空间不被侵犯。又如 2004 欧洲人权法院作出了一个判决，这个判决引起了全世界的关注，它首次改变了公众人物的名誉权、隐私权受限制保护这样一个被认为习以为常的说法。这个案件是关于摩纳哥的公主卡罗琳的肖像权、隐私权受侵犯的案件，由于她的私生活不断地被德国的报纸报道，她与德国的新闻媒体进行了 11 年的斗争，但最终还是没有得到德国法院的支持。后来，她又把这个案件起诉到欧洲人权法院，欧洲人权法院对这个案件作了裁决，法院支持了原告的主张。法院认为，在原告不知道的情况下对原告进行偷拍并且公布偷拍的照片，这无助于公众利益，反而只会满足一部分人的不健康的好奇心，这种行为侵犯了每个人都有的维护自己的形象和隐私的基本权利。所以，这一判决改变了传统的公众人物的名誉权、隐私权受限制保护的实践，成为一个有里程碑意义的判例，它认定了公众人物的隐私权、肖像权在和公众利益无关的情况下仍然受到保护。

那么公众人物的私生活与公众生活到底有多大关系？我国有一个很著名的案例，就是关于“女张二江”的案例。当她因贪污受贿被判了刑后，有个报纸长篇报道她的私生活，她在监狱中看到这些报道后精神上受到很大的刺激，向法院起诉，要求媒体赔偿她的精神损害，法院经审理后认定媒体的报道不属实，判决被告向原告赔偿 20 多万元。这个判决引起了很大的社会反响，实际上这个案件也涉及公众人物的隐私权、名誉权的保护问题，而且一反我们过去传统理论认为的公众人物的隐私权、名誉权受限制保护的观念。这个案件是符合国际先例的，公众人物虽然要让渡一些东西，但这是有界限的，主要看和公众生活有什么联系，和犯罪有什么联系，即使和犯罪有联系，媒体有没有权利去披露那些私生活的细节呢？所以，这些要联系起来讨论。

下面讲讲平等权问题的案例。这类案例有个发展过程，首先发生在教育和劳动就业领域，比如前几年的招生、招聘问题，这些案件都是由体检标准问题引起的，后来发展到地域平等、男女平等问题。有关体检标准问题的事例，如 1995 年高考录取工作中，有个河南考生叫杨红伟，被所报考的学校以相貌丑陋为由拒收，这个事件在全国引起很大的反响，最后该考生被兰州大学录取了。还有一个案例，2000 年一位被广州大学录取的考生，被取消了录取资格，其理由是这位考生隐瞒了自己曾经患有白血病的事实，学校的依据是当时还有效的高校体检标准。第三个案例是浙江的一名女学生翁有兰，因为身高只有 1.28 米，连续两年被拒绝在中专大学的门外，1998 年考分上了中专的分数线，但是她没有被录取，1999 年她又参加高考，考了 511 分的好成绩，但又由于身高没有被录取。第四个案例是高考第一名的考生张方(化名)由于是乙肝病毒携带者而被中国科学院心理研究所拒绝录取，她提起了行政复议，最后还是被否决了。

此后还有一些更尖锐的问题被提了出来，比如说残疾人的受教育权如何保障。这样一个问题将矛头直接指向了当时的高考体检标准。许多高校不愿意接受身患疾病或者残疾的考生，因为按照当时的高考体检标准，这些考生都属于体检不合格。所以当时国内对这个问题讨论得很激烈，那几年教育系统的话题都是围绕这个问题进行的。到了 2003 年教育部修订了这个体检标准，发布了新的经过修订的体检标准。它有一个重大的改变,这个改变就是把原来的体检标准改为体检指导意见。这个体检指导意见对体检一项不再作硬性规定,只建议考生不适宜报考某种专业,如果考生坚决要报,原则上是允许的。这个文件的颁布对前些年高考录取中因体检标准所引发的争论来说等于画上了一个句号。虽然这个句号画上了,究竟以后怎么样还要观察,因为很多院校以自主权的名义还是要拒收。比如说,到了2005年出现了对残疾考生的隐形不公的情况,记者在调查过程中发现,好多高校都不愿意收残疾学生,有的学校甚至把体检标准里边“可以不予录取”直接变成“不予录取”。当然高校有高校的苦衷,高校硬件设备还达不到让残疾考生顺利上学的条件。这里有很多实例,有一个残疾学生让大家整天背着上课,时间长了也会出现很多矛盾。还有些情况是残疾考生常常是降批次录取,原来是能够达到第一批院校录取资格的学生,最后上第二批第三批,这个问题现在还是存在的。

地域平等问题大家都比较熟悉,山东三位考生告教育部的案件曾引起全国的关注。这个案件最后没有受理,但是这是一个现象,它是地域不平等带来的,而且这几年关于这个问题的讨论也很多。另外一个情况是性别歧视问题,今年出现因男女性别不同,分数线也不同的问题。2005年北京大学外国语学院在小语种招生的过程中,由于女生这几年都很聪明,成绩考得非常好,(录取)比例很高。最后北京大学外国语学院就定了一个分数线,男生文科是590分,理科是619分,女生文科598分比男生高了8分,理科是636分比男生高了17分,女生的分数线都比男生高。北京二中的一个女生比她的一个男同学还高2分,考了592分,但她没有被录取,而那个男生考590分被录取了。外国语学院院长有个解释,在已经录取的考生中,就是这样降分以后女生仍然占了70%,男生仅占了30%。另外学校还要考虑到学生的就业问题,学科的发展,还有以后硕士博士的招生等等。

还有一些不是因为高校录取,而是因为招聘、资格认定或者行政许可引发的一些诉讼案件。2002年四川大学法学院毕业生蒋韬因为身高原因被中国人民银行成都分行拒绝招聘,由此引发了一个诉讼,蒋韬起诉成都分行侵犯宪法平等权,这个案件最后导致成都分行取消身高要求的规定。还有其他的案例:云南丽江一个无手残疾青年因为残疾而不能获得驾驶执照被行政处罚案;黑龙江哈尔滨一个无腿的司机,无驾驶执照驾车32年;福建省一个毕业于福建师范大学的男老师王某在中学教师岗位上已经工作了10年,但是在2001年的福建省教师资格认定体检中因为身高不达1米6被认为不合格。这些都涉及平等权问题。

平等权问题有时在司法、执法过程中体现出来，但有时就是法律制度本身存在着问题。我们前面讲的一个案例就发生在重庆：2004 年 11 月 9 日，交管部门对一起交通事故死亡案件作出了行政处理，4 个人有不同的赔偿标准，因为两个人是城市人，两个人是农民，城镇居民的死亡赔偿金比农民高达 3 倍，农民家属肯定不愿意，但是交管部门完全是按照条例处理而且程序完全合法。这就是我们法律上存在的问题。

还有一个问题我想顺便提一提：当我们分析权利类型时，我们看到一个实质性的问题，即每一个权利类型后面都有一个主体存在，权利都是附着于主体之上的。因此在司法诉讼过程中，说某种权利大于某种权利，实际上是主张某一个权利主体比另外一个权利主体高，这个思维的盲点在于将权利主体角色化。本来权利的享有在法律规定上是普适性的，只要是公民都应该有这个权利，都应该享受这个权利，但是有些学者在分析过程中把它角色化了，说言论自由好像就是包括我们在内的那些摇笔杆的、搞创作的记者、作家等等享受的言论自由，而其他人好像和言论自由没有关系。我觉得这个问题是一个很大的理论盲点，某一种权利能不能角色化，我们能否将权利主体角色化，能不能说某一权利是部分人的权利，需要深入地探讨。另外，当说某种权利高于某种权利时，这是根据社会作用作出的判断，但是肖像权的社会作用就不大吗？当一篇文章或一本书已经明显地侵犯另一个人的名誉权的时候，你能说因为它重要而不判决他承担责任吗？这显然是很不合理的。所以，哪个权利大，哪个权利小，这是一个值得推敲的问题。它实际上肯定特权主体的存在，等于承认权利主体是不平等的。通过案例表现出来的权利都是具体的、现实的，权利不是空洞而抽象的存在。有时候我们给他创造一个光环，比如一个记者在享受言论自由，好像他就伟大得不得了，实际上他就是一个记者，他就是在写文章，他在行使权利的时候有一个限度，他要是超出了这个限度，他要是侵犯了别人的权利，达到法律所规定的侵权标准的时候，我们难道说因为它重要就判他不承担责任吗？所以我把这种学说叫作“不战而胜”，两个主体还没有上法庭就知道谁胜谁负了。法律的标准和学说之间的距离很大。还有些其他的一些问题，由于时间的关系就不展开了，待到讨论过程再深入讨论，谢谢大家！

赵明：非常感谢刘老师给我们做的主题报告。这与其说更多是抽象的理论问题，倒不如说是一个实践性的法律问题。现在我们进入到第二个阶段，由我们的点评嘉宾对刘教授的演讲提出评论。首先我们请王恒博士来评论，时间有限，请单刀直入。

王恒博士生：赵老师让我单刀直入，但我要说点不得不说的题外话，今天看到来了这么多人感到非常高兴。这是因为西南法学论坛在假期经历了一场小小的风波，《中国青年报》对论坛的不公正报道，在名誉上给论坛造成了一些损害，今天刘教授的演讲以及同学们的热情的反应，可以证明假期里面《中国青年报》对西南法学论坛的报道确实是有误的，希望同学们一如既往支持西南法学论坛（热烈掌声）。

今天我是第一次见到刘教授，但是对刘教授我是神往已久。我的一位同窗的好友去年就考到刘老师那里读博士，他经常说到刘老师的宽容。所以，可能我的评论有不当之处，还请刘老师多多包涵。听了今晚的讲座以后，我感觉自己似乎没法在实质问题上进行评论。赵老师让我单刀直入直奔主题有些勉为其难，为什么这样说呢？赵老师昨天晚上给我打电话让我评论今晚的讲座，是关于权利平等对话的思考，我想了很多理论上的问题，但是，今晚讲座之后我发现我的思考全部都失效了，在下面听讲座的时候我就考虑我们怎么看待今晚刘教授的讲座呢？对实际问题评论，肯定我是没有这个资格的，公共人物定义、公共利益定义的标准以及在权利冲突的过程中给出一个更好的供司法机关操作的一个原则或者一个规则，我感觉对我来说是不能够胜任的，通过刘教授今晚的讲座，作为一个学法理学的人来说，给我们带来了一个什么样的启示？在10年前，1995年刘教授的同事中国社会科学院的夏勇先生，写了一本叫《走向权利的时代》的书，在我看来，在中国20年的中国法学研究中，这应该是一个里程碑式的书，中国法理学从抽象的宏观的层面开始转向对具体问题的关注，或者说是在某种意义上已经对权利做社会学的思考。今天刘教授的讲座尽管在做规范性的分析，但其研究的方法已经具有了很强的法律社会学的特点，以至于案例太多让我没法评定。我想说的一点是，我们作为一个个体，作为一个学生或者作为一个老师，甚至有的学生已经是司法界的法官或者检察官，在中国现时代，当我们面对越来越多千奇百怪的权利案件的诉讼，给我们提出一个什么样的使命？上个学期李龙老师已经作了权利救济的困惑和困惑权利的救济的分析，这两个词用得非常好。困惑权利表明我们生活在千奇百怪的权利时代，这就让我想起了发生在美国60年代的一场民权运动，因为刘老师今天的讲座说到关于权利的平等尤其是权利主体的平等，几乎不是一个理论上的问题，当然在实践中可能是一个很大的麻烦。实际上关于权利平等的理论一直是一个理论问题，从这一理论诞生之日起一直到20世纪末，在英美学界是最根本的理论问题，我们不用说卢梭、霍布斯关于权利平等是怎样思考的，在制度层面上可以说这是一个非常漫长的过程，甚至像英国这样的国家，也是到了19世纪末才真正实现了权利平等。在美国关于黑人等有色人种的各种权利也经历了60年代的民权运动，1964年的《民权法案》才真正提升到了规范性的层面，在美国60年代所发生的这一场民权运动中我们需要关注的是，它对当下中国的理论界可能有两种启示。从制度的层面讲或者说从实践的层面讲，当时美国的民权运动的兴起可以说来自司法中的判例，1954年的布朗诉教育委员会案，通过最高人民法院的判例极有利地支持了后面的民权运动。今天刘老师在讲座的最后部分强调通过司法案例来推动制度建设，应该是一个非常稳健的方法。另外，作为一个法学家在当时60年代中期，民权运动之后美国诞生了可以作为法理学经典的著作，比如德沃金的《认真对待权利》，罗尔斯的《正义论》，在某种程度上都是对60年代这一场民权运动所作的一个回应或者说是一种高度的概括。当下的我们看到这样一个民权运动悄然地在中国展开，在这样一个运动中中国的法理学者能作出什么样的贡献，今后法理学家的思考到底会把我们引向一个什么样的方向，这是我感兴趣的问题，是满足于案例的研究，还是有必要重新回到基本理论问题？因为在当下中国的法律界经验性的研究似乎成为法理学研究的一个主流，生活中的法理学，部门法中的法理学，已经成为当下研究的一个时尚，这样一种研究从某种程度上遮蔽了一些根本性的问题。我有一个最大的感受，我认为应该重视对权利问题宏观的理论思考，希望得到刘教授的指正，谢谢大家！

赵明：非常感谢王恒博士这个相当有深度、也很有挑战性的点评，表面不温不火，语气也很客气，一开始还是提出了很多问题。下面请曹明博士点评。

曹明博士生：尊敬的刘老师，还有各位老师、各位同学，晚上好！我是第一次面对这么多人讲话，所以有点紧张。（笑）刚才赵老师说最直接最精彩的点评方式是直入主题，我试着努力做到这点。刘教授的讲座可以分为两个问题：第一个是权利主体的平等问题；第二个是权利种类的平等问题。对于第一个问题我基本上赞同刘老师的意见，但是对于第二个问题即权利种类的平等，我将试着提出几点意见，有不对之处还请刘老师及各位同学批评。

刘老师分析权利种类平等是通过对几个具体案件的讨论进行的，也就是我们说的以小说大的方法，这是朱苏力的风格，但是刘老师并不同意朱老师想从一个具体的案例引申出一般命题的思路，由此得出的权利存在类别。权利种类存在差别这样的命题是非常非常危险的，对这点我也很同意。但是我不同意刘老师的地方在于，我认为刘老师在论证的过程中有几点不清楚的地方。刘老师的第一个论证是对于名人概念的界定，在我看来这个问题恰恰回到了第一种平等上，面对的是同一种权利即隐私权，主体却不同，而我们努力的结果是让权利主体资格平等。刘老师真正有说服力的在我看来是他的结尾处，主体和资格不应该相分离，因为这往往会导致一种绝对化。但是我们会面对这样一个问题，说同一个主体却有不同的权利类型。我想通过一个案例来说明问题，这个案例具体的细节我记不清楚了，但是很简单，就是美国的一个堕胎案。怀孕的妇女她有她堕胎的隐私权和身体的健康权，恰恰划分的界限是12周。如果在怀孕12周以前，这个时候她有堕胎的自由，12周到24周这个时候要保护这个妇女的健康，不允许堕胎。大家看在这个案子里存在两种不同类型的权利，而且是分别对待的。我最后的一点疑问，就是如果我们同意了刘老师的关于权利种类是平等的观点，那么这个案例将如何解决？谢谢刘老师，我的点评就到这里，谢谢刘老师！

赵明：非常感谢曹明博士很有逻辑的悖论意义上的点评，待会儿我想刘教授会做一个精彩的回应。现在有请陆幸福博士做一个点评。陆幸福博士曾考过刘教授的博士，希望投师于刘老师，希望他能把心理包袱放下来。（笑）

陆幸福博士生：其实刚才赵老师说的这个"心理包袱"，我一直没有。因为到目前为止，我一直觉得刘老师仍然是我的老师。刘老师跟赵老师其实在社科院可以说是同门，但在刘老师的演讲中，我们看到的是一种和赵老师很不一样的风格。赵老师可能对在座的很多同学，不管本科是从西政毕业的，还是硕士在这里读的，都很有影响。但是，在刘老师那里可以看到一种不同的风格，我们可以看到，研究方式因个性的不同而不同。他们两个都很有个性，可以说两种不同的路径达到了同样的一种最后的成就。

今天，刘老师主要讲的是两个方面的问题：一个是平等权的问题；一个是权利之间的平等的问题。对于平等权的问题实际上它对应的是人类的一种美好的愿望，试想一下，世界上没有两片完全相同的树叶，没有两个完全相同的人。既然人本身不可能是完全相同的，即使给予平等的东西，获得的效用也会不一样。所以，平等权所预设的，其实是这样一种观念，即人实际上是不平等的，但是在制度的设计上则要求平等。也就是说，它侧重一种形式的平等。这种形式的平等确实是主要方面，但是又出现一个问题，这种形式平等如果任其发展的话，可能导致一种灾难发生。我们说，人都有经营自由，那么你去赚钱，在赚钱的过程中，你就会发现一个很有技术、很优秀的人去赚钱和一个智商不那么高、不那么善于经营的人赚钱相比较，他们的结局是完全不相同的，把这种情况拿到社会上放大，我们就会发现，一个上层的群体如果不对其进行限制，而任由形式平等权发展的话，社会资源完全有可能由上层群体所占据，而下层没有了出路。所以，我们必须对平等权进行修正，就是说，必须在一定程度上提倡对弱势的保障。我们的法律里实际上有很多这样的规定，比如税法，为什么规定累计差额税？在中国，最多可以交到45%，而在加拿大某个州，可以高达60%。我们在这里其实是用一种在结果意义上的对强势的限制来对弱势者进行保护，然后来达到一种平等。但是这种平等本身肯定是带有一种悖论性质的，不过人恰恰作为一种精神和物质的综合体，就是在这样的现实和追求面前才会继续前行。如果没有这样一种妥协性质的前提，我们可以设想一切都是平等的，每个人都平等了，你一出生就知道你和大伙都平等了，永远都是平等的，在结果意义上，人类还有什么发展？所以，我们一直是在悖论平等上来看待发展的。这是第一个，平等权方面的问题。

第二个问题，权利之间的平等问题。这个在国外确实争论很大，如果大家有兴趣可以了解一下，美国联邦宪法法院很多的案例都在一定程度上牵涉了这个问题。在这个问题上，美国联邦最高人民法院同样也是在反复：曾经有一次的判例中，他们认为言论自由是高于人格权的；在另一次的判决中，他们又认为人格权是高于言论自由的。在此问题上，我比较赞同刘老师的观点，即我们不能够得出一个非常确定的非常具体的哪个权利高哪个权利低这样的结论。但是我们需要知道，当权利发生冲突的时候，我们以什么样的方式来解决它？我由此想到了加拿大的违宪审查制度中有一个"OLD TEST"，那个制度非常好，但是具体的经验可能不能完全地套用到这边来。但是我认为，当我们发生权利冲突的时候，最终寻求的解决方法就是形式解决，即把冲突放到诉讼请求中去，然后在诉讼程序中，由法官来进行检验。首先检验受动者，检验其在具体的冲突中是否存在合法的权利；第二点，施动者是否侵犯了此权利；第三点，施动者侵犯权利是否到了没有尽到他应尽义务的境地；最后才得出结论。在此，我们可以发现当我们出现了这样的实际问题时，其实最终的解决路径并不在于确立一个先定的价值判断，而是在一个具体的场景中让这个事件经过程序的检验。我不知道刘老师对这样一种程序性解决权利冲突的思路持什么样的观点，我希望刘老师对此作出回应。谢谢大家！

赵明：第四位点评嘉宾是我们法理学的女博士——赵树坤博士。

赵树坤博士生：谢谢大家，谢谢赵老师！

如果我没有记错的话，西南法学论坛自开坛以来作为女性的点评人我是第二次。虽然我是候补上来的，但是这个候补非常非常重要。在权利平等这样一个大议题下，我作为一个与男性并列的半边天的女性点评人第二次登上了我们的西南法学论坛，所以再一次感谢刘老师！（掌声）

刘老师所说的关于权利的冲突方面的问题，据我了解，他一直在研究，而且今天通过他的演讲也将其充分地传递出来了。我们听到他说了大量的事实和案例，这给我一个非常深刻的印象：要参与社会学的研究，你所需要做的工作是非常非常艰苦的，也就是说，你必须跟踪整个事件时间上的顺序，不断地追踪下去。这和我们搞纯理论的不大一样，也许借助于文字，借助于现有网络技术的支撑，我们坐在书斋里面也可能搞出很好的学问。相比之下，搞数据研究的所付出的艰辛或者说坚持，是非常值得人尊敬的。因此，我首先要表示对刘老师的尊敬！

那么，就今天演讲的内容来看，刘老师给我们做了一个概括，就是在权利平等的命题下，从主体平等到类型平等，然后又反过来，其实类型平等还是回到了主体平等的问题。好，但是如果我们承认权利是有类型的，"类型"即意味着此权利和彼权利是不一样的，那么每一种权利都有特质，而每一种权利如果都有特质，是否意味着这种权利的权利主体就是特定的？如果是这样的话，那么我们说权利主体平等、权利都是普遍意义上的、每一种权利都是大家可以享有的，这样的话就是相互冲突的。所以我们看这两个层次，今天演讲的两个核心内容——主体平等和类型平等存在着一个内在的互相冲突的问题。比如说我们刚才在案例中说到"教师"，谁又能成为教师，谁又享有传授教育这种权利呢？肯定并不是所有人都可以享有这种权利。当然，我们的案例中"须达到一米多少"的身高标准，不是支撑传授教育权利的主体必须的、特定的条件。但是有些东西是特定的，以至于传授教育权不是所有人都能享有的。那么，如果是这样的话，权利的位阶肯定就出现了。权利由不同的人享有，某一种权利必须由具有独特的主体资格或者主体条件的人享有，那么到底谁能享有某种权利？这就回到了界限的问题上，所以在关于新闻媒体的言论自由的问题上，我们都能感觉到个体的言论自由权和新闻媒体所享有的言论自由权应该是不一样的，在制度上各国的立法也是采取了不同的对待。因为我们知道新闻媒体所享有的言论自由权，在实施过程中所产生的影响力同每一个单纯的个体所享有的言论权产生的社会效果将不一样。那么，根据权利所有的"利"和它所承受的责任、义务相对应的原理，媒体的权利和影响力大，它的责任就应该大。因此它在报道一个事实的时候，不一定要像公安机关一样需要查证属实，可能会有个别失实的地方，但是，这样的“个别失实”在“多大”的程度上是被人可能认同的呢？所以，我们又回到了刚才的问题上，某一种权利的特质该如何进行界定？这个界定，如果按照陆幸福老师的话来讲，不是一个“先在的价值来决定某些权利必须是这样的”，而我们的刘老师恰恰也是不主张由一个先在的价值来决定某个权利绝对的高、某个权利绝对只能由这样的人来享有，那么还是应该做一个社会学的研究。因此在整个演讲里面，刘老师多次提到司法实践，而且他给了我们一个结论：在中国这几年来司法判决推动制度改革是必须要注意到的事实。那么，司法本身从经济社会学角度上来讲，就是和社会实践关联最密切的机构。因此，我注意到，从我们传统的法学到现在为止，强调的司法过程中的两个纬度——程序和实体，之后应该再加上一个社会的纬度。这在一定程度上说明、解释为什么法律在纸面上规定同样情况同等对待，而在我们司法的结果上看到的是同样的情况得到的是不同的对待。谁在起作用？就是社会纬度上的若干个或大或小、或隐或现的因素。所以，这就是我对这一场演讲的非常直接的感想。

那么，问题就是刚才讲的核心，就是，每一个权利的特质怎么来把它确定或者说是相对地确定下来？我想请教刘老师给出一些建议，好，谢谢大家！

赵明：那么，以后这个论坛的点评嘉宾啊，得一男一女这样安排。（笑）要不然，点评的权利平等问题无法保障啊！我觉得今晚的讲座，刘老师讲得精彩，点评得也非常精彩到位，既文明文雅，又具有深度，这个比起过去那种形式上的故意挑刺、搞得那个红红火火，我觉得理性化多了。前不久，《中国青年报》有一篇报道对我们这个论坛进行了无理的攻击，我觉得完全是胡闹！

那么，我也说几句，这个是惯例。（掌声）要论师门的话，刘老师确实和我是同门师兄弟，我们都是李步云先生和韩延龙先生的学生。但是，刘老师实际上是我的导师。我入学不久，他就获得了博士学位，后来，他也参与了我整个毕业论文的开题报告和答辩工作，是我论文答辩委员会的成员之一。在这样的意义上，他是我的导师。刘老师这个讲座的内容，我们并不陌生。而且，他所要批判的或者要提出商榷的这样的学者，像朱苏力先生、王利明先生、贺卫方先生等等，我们也都熟悉。有的人我们还多次打过交道，我也很尊重。所以，整个话题是一个不陌生的话题，但是，不陌生的话题里面常常蕴含着很深刻的、可能一时半会儿根本无法解决的一个真理性问题。

今晚这个讲座，和包括刘老师在讲座中所提到的这样一些在相关的问题里面已经发表了颇有影响的言论的学者们，他们在这里面共同隐含了三个问题。第一个问题，我认为这里有一个法律问题背后的非法律问题。什么意思呢？就是，一方面，我同意刘老师对贺卫方、朱苏力、和王利民先生等人的批评。但是，我又觉得刘老师对他们的那些著述、发表的那些言论里所隐含的非法律问题的揭示，至少今晚被忽略了。我的意思是，朱苏力是最典型的，其次是贺卫方先生，他们更多的是一种修辞的写法。什么意思呢？也就是说，我们不一定要回到所谓的法理学的意义上，他们要是现在在场的话，很可能会同意刘老师对他们的批评，也很可能会同意刘老师所总结出的一些结论。但是他们会说，我们说的话中有话，背后的那些东西你不一定看到。(笑)我们讲的是修辞，尤其是朱苏力，更多的是修辞的写法，他喜欢讲故事。朱苏力先生他不懂逻辑学的，(笑)但他很擅长修辞。修辞不止是法理学的一个重大问题，更是一个政治哲学问题。有些东西是不能明说的，比如说，媒体，在中国，这个媒体确实有一种很特殊、很独特、很说不清也道不明的那么一种功能、一种作用、一种意义。它跟某种比如说政治这种权力在较着劲儿，这个我们就不能明说。然后我们就说，这样一种舆论的监督、媒体的报道对保护我们公民个人的权利很有好处，所以，你们再忍一下。今天是说了你脸上有两颗麻子，没关系，很可能因为说了你这样一点，有很多人通过媒体的这种监督、媒体的这种曝光，可能对某种实体性的权利产生了某种影响。这种影响恰恰暴露了我们很多很多人的那些不是麻子的“麻子”问题，(笑)你笑什么？(掌声)这很可能就是个修辞的问题，我常常就这么去理解朱苏力先生。我是直接聆听过朱苏力先生讲课的人，他逻辑性很差，但修辞力很强，这是一种政治哲学。这是第一个，法律问题背后隐含的非法律问题。那么，我也提醒刘老师，是不是在批评他们的时候同时也注意到这样一个视角，会更为公正？

第二点，我把它称之为，在中国当代司法实践当中有很多荒唐的东西，就是“糊涂僧乱判糊涂案”，很荒唐、很无知，但是，通过我们的学者的研究又常常使得它们合理化。它本不具有多少理论意义，我们却要从里面发掘、阐释很了不起的理论的东西。比如说，刚才刘老师讲了，那个身高不足一米六的人教了十年书了，那么如果像我这样当然好一点了，是吧？(笑)站在讲台上可以看得见嘛！我像苦行僧那样也是可以教好的嘛，武大郎的烧饼就烤得很好啊。(笑)如果你要学烤烧饼就到那里去学对不对？就像这样的一些规则，刚刚树坤老师讲到，它本来很荒唐的、很荒谬的，但是呢，通过这样的一些案例总是希望在里面去发现一些问题。刘老师讲了，通过这样一些荒谬的有问题的司法判例，能推动中国法律的进程。这就是说，本来是荒唐无知的东西，我们常人一般不太重视，可能一笑了之。但理论家要针对它去做那么多的工作，细细地去讲述、探讨，或者，一个是修辞问题，第二个恰恰是法律问题。立法很荒唐，是吧？更重要的是这些荒唐的东西是发生在司法的过程当中的。那么，在这个过程当中的，除了司法这一制度本身的设计之外，更重要的还在于法官。所以，你别去较那种糊涂真呢！这里有很多很重要的法律问题，包括法律教育问题需要解决。我们培养一个什么样的法官，这个法官应该具备什么最起码的法律素质？比如说，那个老师因为身高矮的问题，或者其他的案例——我不太重视这个案例——假如我是一个法官，让我来判断，一般我认为这是一个很简单的问题，(笑)一般不会出现这些很让我们学者挖空心思去阐释、去发掘其微言大义这样的问题，尽管我现在不懂部门法。这用不着懂多少部门法啊！(笑)这是常识！(笑)沈宗灵教授老讲这个，在这一点上我同意。你就可以判断，就可以作出符合正义的判决。所以，这里面有一个法律问题，就是我们的法官、我们的程序制度的设计本身有什么出路。因此，在这个意义上，你还不能小看。我非常赞同朱苏力先生，包括刘老师今晚它这样从经验出发、从中国现实中的一些案例出发，让这些案例意义都呈现出来。要说这些案例有多少理论意义，很难说。但是，它却真是一个法律问题。

第三点，这是今晚各位点评人基本都注意到了，而且，也是刘老师讲到最后讲回来了的。他在前面讲权利主体的平等，种类的平等，我在这个时候就想了，这两者之间有什么关联呢？刘老师后来很符合逻辑地讲回来了，刚才，几位点评人都说到这一点。可是，我想说的是，我们今天这样一个时代有那么一些人、有那么一些思想家，像尼采、福柯这样一些本身就有些奇奇怪怪、有怪毛病的哲学家，他们说出了一些什么样的话呢？尼采说“上帝死了”，而且他还说了一句，“是我们把他杀死的”。(笑)福柯说“主体死了”，“人也死了”。讲这样一个权利，种类也好、主体资格也好，那么，我们是在什么样的意义上来讲这样一个主体？用传统的语言“在抽象的道德意义上”讲，只要是个人，只要是个生命，甚至只要是个阿狗阿猫——我们现在不是给很多宠物取的是人名吗？有些比“赵明”这个名字还要漂亮，(笑)“麻辣鸡丝”之类的嘛！(笑)就是在这样一个时代，主体是怎么界定的？是怎么产生的？为什么主体变得如此之重要、如此之虚弱？福柯说“主体死了”，这不过是一个话语霸权。那么我们在今天这样一个时代，要想从这样一些司法实践中去阐释它的理论性的问题、挖掘其理论深度，如果不注意时代性的问题，不注意这样一个时代的无精神的精神问题，那么，恐怕我们的理论贡献是没有的。我们充其量只可以对中国的实际法律问题有所推进，这是没有问题的。但是，在法理学上的贡献——最终我估计，像罗尔斯之类的、德沃金之类的这样的理论贡献是很难作出来的。因为你如果不能够走出去，或者说，意识不到我们今天这样一个不同于他们的时代的话语、语境等等这样的问题，我们恐怕是很难在理论上作出贡献的。这就是我今晚听了刘老师的讲座产生的三点感想。

那么，我们下面请——因为我不是点评嘉宾，没有问题——刘老师对前面四位点评嘉宾的问题作出一个回应。同学们有什么疑问的话，尽快用纸条传上来，好不好？

回　应

刘作翔：非常感谢！原来是准备被猛烈批评的，但是几位点评人都很客气。首先我向王恒、曹明、陆幸福、赵树坤四位博士生同学表示感谢，感谢你们的点评，也感谢赵明教授的点评。

我想就提出的问题坦率地讲一下自己的看法。第一个问题，是王恒提出的问题。我归纳了一下，主要的问题就是这样一种研究对中国法律有什么贡献。人们常讲："你的贡献在哪里？"我觉得这个问题太累人，包括赵明，刚刚也有这个意思。我个人从性格上讲，不太愿意去考虑这个问题。我觉得应该踏踏实实地做一些自己感兴趣的研究。做研究呢，肯定是有影响的，但至于意义多大，能有多大的贡献，这不是自己能够去判断的。另外，每一个研究都涉及一种研究的方法，一种研究的结论，一种研究的观点。一个学说，对它的接受也有一个条件性的问题。王恒同学的担心也不是没有道理。各种经验性的研究和法社会学的实证研究把一切根本性的问题遮蔽了，我们会去思考这些真理性的问题，我们也可能没有精力去对它进行阐释。就中国法理学的现状来看——毕竟在这个圈里也混了 20 多年了，应该从 1984 年读研究生开始，我从事这个学科到现在也 21 年了，多多少少对圈里的情况也是有所了解的，我觉得呢，对这些经验性问题的研究，应该把它看成一种实践性研究，我更愿意把它叫作社会观察，或者说是实证性研究。这种研究恰恰意味着法理学的一种转向，这种转向由空洞抽象的、漫无边际的、天马行空式的所谓的思考，转到实实在在的案例上，这并不意味着我们没有理论法学。我们是有理论法学的，至少在以前这10多年我们一直做的就是这个，但是后来发现这很空洞。我曾经研究过法律理想，当年我的研究是被朱苏力教授批判的。我曾经是一个自然法学和理想主义的拥护者和辩护者，这涉及一个如何看待法理学的问题。国家教委对法学的定位——“法学是一个实践性、应用型学科”，我当时对这个定位是不满意的，认为法学有一个分类，可以分为理论法学与应用法学，但后来我越来越觉得这一定位是准确的。我是通过自己的研究发现的，是通过对案例的观察，发现这种定位非常实在。

我曾比较过两个案例：一个是发生在北京的案例，一家企业在企业规章中规定，如果夫妻之间男方请求调走，则女方也应限期调走，这个在法律上是明显不合适的。然而就是这样的规章使得女职工在劳动仲裁中败诉，女职工起诉到东城区法院，一审、二审均败诉，法院认为企业规章没有问题，认为企业有自主权。这样的法官明显不具有法的价值的理念。但是我看到上海发生的一个案例，一女职工从希尔顿酒店辞职，应聘到另一家公司，而这家公司的办公地点又正好位于酒店内。当她去新公司上班时，酒店提出其员工手册第9条规定，辞职的员工6个月内不得踏入该酒店，据此拒绝让其入内。女职工起诉至法院，法院认定企业自制规章违反宪法，限制了人身自由，剥夺了劳动权，所以判决企业应当排除妨害人身自由的行为。

同样案件在不同的法官手里，由于价值观念的不同结果会有不同，抽象的法的价值问题在实际案例中是非常实在、具体的。我从中得到启发：再高深的法理学问题像法的价值问题，在教材里、在整个法学体系中是典型的法哲学层次比较高的问题，我们都可以在很现实的生活中找到对照。一个具有法的价值理念的法官与没有法的价值理念的法官作出的裁决会不一样，由此我觉得，将法学定位为一种应用型学科是有它的道理的。再高深的理论都离不开其生长的实实在在的土壤，因此，我们首先要对法学的这个功能有一个认识。

另外，我们这些年从西方借鉴、移植过来了大量的学说、思想，这是文化发展的一个必经的阶段，这个过程我们还要进行下去。但是我们不要忽视了我们中国的实际情况，制度设计上的缺陷在现实中暴露出了大量的问题，生活中的问题是值得我们去观察的，这样的研究应该被看作是我们法理学的一个转向。

但是，我不同意王恒同学刚才所说的，这种经验性研究在中国已经很发达了。其实在法理学界，这种研究还很少。我们要从生活中去发现问题，所以我经常对学生讲，要培养一种研究中国问题的意识。中国正处于发展中社会的阶段，问题层出不穷。如果我们的先生、我们的学生没有自觉意识，就不会有所发现。培养这种自觉意识，其实没有别的办法，唯一的办法就是大量地观察，从中寻找比较典型的而不是简单的案例分析。我看过的很多案例不少人都看过，包括当年浙江医科大学那个关于禁止招收吸烟学生的决定。我看了后觉得里面有问题，很多同学看过却认为这是个好事，其实如果因为吸烟而不招收你，是直接涉及受教育权的问题。同时，我们的经验性研究不只是停留在实践中，更重要的是要从实践中抽象出问题。所以对平等权问题我大量的累积案例，就是要造成一个很深的影响。这种研究，我认为要通过一点一点的观察去发现问题。在北京大学"案例研究与法制现代化的讨论会"上，我提出来，要警惕实证研究的陷阱，这个陷阱就是不容易跳出来，尤其是我们搞法律的，看到的尽是案例中的黑暗面，会在对社会的判断上造成一种误解，会认为我们这个社会是一团糟。我们搞法律的，一定要警惕这个，因为我们的关注对象仅仅是整个社会的很小一部分。

前不久我参加了一个博士后的论文答辩，他介绍福柯的学说。福柯的理论是将监狱放大，强调监狱对人的奴役，对人的精神摧残，使之成为一个奴性的人。我当时就提出一个问题，在我们人群中进监狱和精神病院的人很少，将这种理论放大化，放大到整个社会生活中有没有合理依据。当然福柯也讲到学校、工厂、幼儿园，他认为都是奴化人的场所，但至少我们觉得将监狱作为普适化的参照对象是有问题的。用很个别的点来观察整个人类，会不会造成一种片面的理解？当然我对福柯的思想没有研究，仅仅是看了他的论文以后才发现有这么一个的问题。

我认为这种转向，还仅仅是个开始。而且，这个转向是要具备一定条件的，也就是说研究者必须具备一定的素质，这种素质要求有理论观察力、实践观察力，你必须要能够驾驭这些。如果没有一定的理论修养、理论素质，遇到一个事件你就没有观察力。大家经常讲观念，我一直认为理论不是空洞的存在，观念也不是空洞的存在，观念必须建立在知识的基础上，没有知识，观念很难形成，因此，我们要重视知识教育。素质教育很大程度上与知识教育相联系，许多观念如果没有知识做基础很难形成。所以，我觉得很多学者难以完成这种转变。我也不主张所有人都要去做这样的研究，研究本身是有分工的，研究方向是学者自己的选择，我还是主张多元化。1995 年我写过一篇文章，提出一个观点：多元化发展是法学发展的趋向，今天我仍然坚持这一观点，既要注重理论层面，又要注重实践层面，这两者之间存在互补关系。

第二个是曹明同学的问题。他主要的问题是关于不同权利类型的案例的，问题非常有意思。但是他举的案例讲得并不是这个问题，是堕胎自由与阻止堕胎之间的关系问题，同样的案例我也可以举出一些。权利冲突是个关系概念，存在两种以上的权利，权利关系、权利平等也是一样。他举的案例中是自身的两种权利冲突，为了说清楚问题，我举一个类似的案例：英国，有一个人是数学天才，他患有精神疾病，英国医学委员会下了一个裁定，要他接受强迫治疗，但他认为接受治疗后，他内在的创作技能就没有了，因而拒绝治疗。在这样的情况下，医学委员会将其告上法庭，法院判决医学委员会败诉，强调的是个人的选择权。

在堕胎案中，是堕胎权与健康权问题，12 周是个界线，表面上看是两种权利，事实上其中一种权利是受医学限制的。2004 年英国颁布的一个法令，具有类似性，就是捐精者后代有权知道他的父亲是谁，叫知父权，有人说这是知情权战胜了隐私权。在这之前捐精者的隐私权是受保护的，但后来随着医学的发展，发现遗传基因对后代健康、精神都有很大影响，因此制定了该法令。子女可以知道自己的父亲是谁，同时为父亲免除很多义务。这一法令颁布以后，捐精者的数量大大减少，英国不得不从丹麦进口精子。这个法律的实质是，两种权利在进行较量，通过立法来做一个裁决。这不是简单的堕胎权还是健康权的问题，这里面存在着如果保护一种权利，另一种权利就会受到损害的问题。

下面是陆同学的问题，我非常高兴你提了这个问题。

平等是否意味着无差别？答案是否定的。我个人认为平等问题本身就包含着差别对待。这个既有理论上的阐释，也有很多的案例证明。从学术方面，我就不多讲了，从亚里士多德的分配正义到罗尔斯的一些理论都重视这一问题。在中国有个奇怪的现象：当我们谈理论时，大家不会有太多分歧，但当理论要运用于实践时分歧却非常大。关于女权主义运动，有人学美国的一种观点，认为对妇女的特殊保护本身就是一种歧视。有些学者写文章说劳动法强调对妇女的特殊保护恰恰就是对妇女的歧视，这到底是一个理论问题还是实践问题，我们需要分清楚。对妇女的特殊保护是从现实出发的法律问题，从历史和现实中看妇女处于一个不平等的地位，尤其在就业中确实处于一种弱势地位。女权主义有时会把你陷入两难境地，不保护是不平等对待，采取一种措施保护了又被说成是一种歧视，照此推理，对儿童的保护、对老人的保护、对残疾人的保护也都是一种歧视了，这个道理恐怕说不过去，因此在分析现实时大家就会产生分歧。

2003 年有个著名案例，美国最高法院关于对少数族裔实行优惠性措施的判例。美国白人学生告密歇根大学在招生过程中给有色人种学生加分，认为是种族歧视。美国最高人民法院判决认为这种政策是合乎宪法的，为保证文化多元化、生源多元化，对少数族裔的照顾并不违反平等原则，但认为加分措施必须取消。这个案例在美国具有里程碑意义，关于种族问题，美国100年来有4个判例，中间有一个反复的过程。陆同学的问题正好弥补了我刚才的论述，平等并不意味着无差别。

第二个问题，权利之间不应当有一个先在的价值判断，这个我是同意的，我是最反对这种先入为主的做法的。法律上的规定就是法律上的规定，不能在法律规定中去找哪个高哪个低，这个高低是很难找的。基本权利比普通权利、诉讼权利高，基本权利之间怎么排，基本权利之间的同一位阶怎么排，全是《宪法》第35条规定的权利，你说言论自由权和游行示威权之间哪个权利大，这个很难说清楚。因此，我们不能先入为主。

赵树坤同学提的问题，权利类型恰恰是不一样的，但是这个不一样是不是就意味着差别呢？“差别”是一个等级概念，“不一样”肯定存在，每个权利在法律上都有其各自的特点，恰恰是因为这种不一样，我得出另外一个结论，权利是有其独立存在的价值的。有些子权利派生于母权利，一旦派生就脱离母体，从而存在独立的价值，就不能说服从于谁、依附于谁。它和法律的位阶不一样，法律有个制定机关和效力问题，因此不同的法律可以有位阶的高低之分，但权利不能说哪个地位高哪个地位低。

另外刚才赵同学提到一个问题就是，权利的普遍化和权利具体角色化的问题，我想这个问题提得很好，我把它叫作一种普遍权利的普遍化和现实权利的具体化，我不太喜欢角色化这种概念。法律规定里面的法律权利，它不能具体化，它不能说是张三或李四享有的权利。它是一种普遍的形式，是一个抽象的存在，所有的公民权利都应该是一样的。当然，每一种权利在实现过程中是有具体的主体的。那还有另外一个问题，一个主体身上附带的权利类型你根本无法去计算，你今天走到大街上你有通行自由权，像我今天在这里和同学们交流，有言论自由权。权利派生无法穷尽，所以，我们为啥反对权利角色化呢？这个权利是随着你的行为变化的，随时可能发生变化。当然，我们在这个学校当教师，不是说所有的人都能当教师，所以《教师法》规定的那些权利可能就不会是所有人的权利。但就《教师法》规定的权利来讲，它是具有普遍性的，是针对所有公民的，至于这个权利落实到现实中最终会由哪些人享有，就是说哪些人要遇到这个具体的权利义务的问题，这其中还存在着一个选拔程序的问题。法律权利到现实权利的转化，我把它称作权利的具体化过程。这两个概念要分清楚，因为我们许多学者对这两个概念的理解是混淆的。比如我们有一位学者,他讲选举权,说选举权平时没有,只有到选举的时候才能行使这个选举权。我觉得这种理论是有问题的,他的问题在什么地方呢?他忽略了法定权利和权利的实现是两回事。只要达到选举年龄的18岁的公民都享有这种法定权利,这个权利是普遍性的,但是这个权利只能到那个选举的时间和场合我们才能去实现。从应有权利到法定权利到现实权利,这三者之间是有差异的。我们不能用法定权利来代替现实权利,也不能用现实权利来代替法定权利。就《教师法》这个问题来讲,我的观点是《教师法》不能被认为就是专门为教师制定的,我觉得作为一个法律它是一个存在,它针对的是无数的潜在的公民个人。虽然这个人今天不是教师,但他明天有可能变成教师。他是特定主体,进入这个行业里,《教师法》对他就起作用了,那么,关于教师的权利就已经现实化了。当你成为教师的时候,你的权利受到这部法律的规制,那么其他公民在没有成为教师的时候他不能用《教师法》来起诉。所以,法定权利转变为一种权利实现是有差别的两种情况。

另外赵树坤同学在谈到个体的言论自由和媒体的言论自由的时候,认为由于媒体产生的影响力大,它承受的责任就大。我想你的另一个没有表露的意思就是媒体的言论自由由于它影响力大,它的责任也大,相应的是不是应该给它一些宽容。我恰恰觉得呢,我们在剖析权利问题的时候,就像赵明教授说的往往谈的不是它本身,已经是它之外的东西了。也就是说,言论自由也好新闻自由也好,谈的不是它本身这个权利限度的问题了,谈的就是它的社会作用。往往社会作用代替了这个法律分析,这是普遍存在的一个现象。社会作用大是不是说就可以逃避一切责任,逃避一切义务?是不是就可以免去一些责任了呢?这个问题我觉得还是有点复杂,我不太同意把这个个体和团体分开来区别对待,我觉得这是一种双重标准。这个不再展开了。

另外还有一个问题就是社会的维度,社会的维度这个概念不是很明确,是不是指我们要建立一个法律之外的判断标准?也许是我歪曲了你的意思,如果这样的话我是不同意的。这两个维度之外的影响司法操作的纬度,这个问题可能就是法律外的东西。作为一种现实判断确实有很多东西会影响着是否犯罪、是否违法的判断,但是我认为这是一种不合理的东西。

还有就是赵树坤的最后一个问题,某种权利的特质能否相对确立下来,这个涉及对具体权利的分析。权利这个东西非常复杂,需要在我们现有的成果的基础上继续深入研究,必须要走技术化、量化、细节化的道路。比如说隐私权,我们可以想办法列举。张新宝教授研究隐私权问题,他就列举了隐私权到底包含哪些内容。不过列举的方法也有缺陷,你总是不能穷尽。那我们有时候就会使用一种概括的方式，但是我觉得法律和学术研究有区别，学术研究可以概括，因为概括可以把各种现象包括进去，可法律概括会出现问题的。所以，既然这样，不如采取渐进的步骤，就是在你认识的限度内能列举就列举，然后列举不到的慢慢发展，再采取解释的办法。因为我们国家的法律大都比较粗，法官都不知道怎么办，那自由裁量就大了，自由裁量大了很多问题就出来了，我们的法律原则太多，不具体，所以要尽量细化，每种权利尽量细化。隐私权指的是哪些？哪些东西算证据？如果说不清，在实践中就会出现一大堆问题，所以它是产生矛盾的一个根源。因此没有什么别的办法，只有去观察社会，大量地去读，大量地去观察，这个观察是多方面的。但是我并不赞成一定要亲自实践，好像一讲调查就是要做田野工作，好像只有亲自实践才叫调查。能够亲自实践、亲自调查的最好去做，但是这个一是很难做到，二是条件有限，即使做到，你也不可能掌握什么资料。我们可以借助别人的调查、别人的研究，它也是来自第一手的研究。

下面是赵明教授的问题，他这三个问题是非常有启发的。第一个问题实际上是提醒了我，法律问题背后的非法律因素。事实上我意识到了这个问题，尤其是新闻自由这个问题，为什么他们把新闻自由的价值抬得这么高？问题就在于在我们国家有一个很奇怪的现象，新闻一般是无冕之王，它确实很厉害，但另一方面对新闻的监督、自我的监督非常微弱。所谓第四种权力就是不能成为权力，但是在有的情况下它的作用非常大。中央电视台，它的作用很大呀！今天一个报道，明天马上就引起反响。那个小电视台小报呀再怎么报道也没人理睬，为什么会这样呢？因为虽同为媒体，但是身份不同，而且在我们国家大家都知道市场机制不发达，官本位体制还比较顽固，所以经常是不同的媒体待遇也不同。但是有一点，就是总的来说媒体的监督作用不被重视，没有发挥出来，而且经常受到这样那样的压制。所以有些同志就是从媒体的社会作用出发，大力呼吁新闻自由，要给它宽容，要给它免责。但是法律的侵权标准确立以后，不能因为某个主体作用大而影响这个侵权标准。而且有时候我想两个媒体打架怎么办，媒体之间也有特殊的侵权呀，两个媒体之间你怎么比较？没法比较。也不能先入为主，给它制造一个光环，我们要重视媒体的作用，要发挥它维护社会公正的功能，但是在法律问题上，我们不能给它制造一个光环。实际上，所谓媒体，就是张三李四写一篇报道、一篇文章，或者写一本书，或者做一个节目，然后影响了另外一个人或者一个法人，然后人家觉得不满要告到法庭。你不能说你是媒体，好像就惹不得，我们没有绝对的权利，没有什么可以逃离法律，不受法律约束，没有一种权利可以不受限制。所以，这个权利的限度理论应该是权利冲突要研究的一个重要的问题。权利限度理论现在没有太多人对这个问题进行研究，只有个别的学者写过一些文章。法律问题背后这个非法律因素，可能赵教授看得更丰富一些、更深远一些。

第二个问题，就是我们这么多的案子，每天都要产生很多判决，看了以后确实令人觉得很奇怪。但有些不是判决，比如那个福建省教委的规定只能算一个行政文件吧。那么我们到底从这里能发现什么呢？我特别感兴趣，因为恰恰是这些案例促使我们思考我们所存在的问题，就是为什么到了 21 世纪了，我们这些问题有些还停留在很原始的状态。就这个平等问题来说，它当然涉及高考招生和体检标准等方面。我不是完全否定体检标准，不同的行业不同的学校对身体有不同的要求，有的行业就提出了特殊的要求，比如视力或其他方面不行就是不能适应这个行业，这是行业特点提出的一种标准。但是现在许多的案件没有一种合理的论证，每一种限制性规定都应该有合理性论证，我们要求有合理性论证。我现在看美国的判决，我比较欣赏的就是每一个判决都讲究一个道理。比如说在歧视这个问题上，我们在北京开了一个关于就业歧视的讨论会，请了一个美国法官，这个美国法官讲的案例令我特别感兴趣，我就追问他。他说歧视问题其实在美国特别容易起诉，但是也有一些特例没有人起诉它，其中有一个行业就是女监，女监的看管人必须是妇女，男性不能应聘这个岗位，这是一种岗位要求。还有教堂里的宗教管理人员，那必须是本宗教的教徒才能够应聘这个岗位。然后他讲了一个很形象的案例，对我们启发很大。他讲消防队招聘消防队员，只招男的，不招女的，然后妇女就提出来，这是对我们妇女的歧视。这个消防部门就说我们制造的这个消防水枪女的拿不动，妇女不同意这个解释，就说你能不能把这个水枪制造得轻巧一点，让妇女能够拿得动。这个问题要提交专家，专家的论证结果是这个水枪确实不能再轻了，最低限度的重量就是这么重。经过专家论证，这个歧视不成立。所以，在美国就是这样的情况，每一个问题都要经过论证。再比如，有人说男性乘机人都喜欢年轻漂亮的航空小姐，那你就要去论证、去做调查，是不是这样的情况？所以我们法官在判决一个案件的时候，判决书要有理由支撑。你这个判决的理由是什么，你支撑的技术是什么，你必须要有这些东西，没有这些东西，我们就是空谈，谈不清。为什么要关注实践？好多问题是科学问题，科学问题要让科学家来说话，比如说关于转基因到底对人体有没有害的问题。有一次在北京开了一个会，新华社有一个副总编，她写文章就坚决反对转基因。后来我说我们法律人在这个问题上没有发言权，这是个科学问题，应该让科学家来给出答案。我们能做到的只是要求你必须标明这些是转基因食品，这是知情权的要求。所以，就是这样大量的问题促使我们思考，启发我们思考，从而使我们得出一些对现实有用的东西。

第三个问题，也就是赵明教授提出的在什么意义上讲主体。这个问题非常深刻，实际上它回到了一个古老的哲学问题上。我们在讲主体平等和权利类型的时候，其实最后回到了人。主体是什么？法律上的主体不就是讲人嘛！我们讲权利，也就是讲人在社会中的生存状态，讲人的尊严、人的地位。权利问题最后也是要回归到主体问题上的，但是法律权利上的人不像哲学意义上的人那么抽象，它是很具体的，而且有时候抽象的法律到实际生活中会变得很具体、很现实。有些小问题看起来好像微不足道，但是它蕴含着很重要的含义。比如说像我们国家，我们迈过了一个温饱的社会，现在正向更高的社会发展。那么温饱解决了以后，原始状态的粗线条的一些权利得到满足以后，人们有新的需求呀，人们会向纵深进入呀，比如说精神性权利就被提出来了。隐私权问题为什么现在受到社会那么大范围的注意，和这个生活的发展是有关系的。没有这个发展，有些问题就提不到日程上来，包括我也在不断纠正自己的观点，比如说像这个精神赡养的问题，在几年前我认为这根本就不是法律问题。但是这几年呢，精神赡养的案件我了解的有三起，各有不同的判决。有一个案件是老太太告她的大儿子不回来看她，法官调查以后却发现这个儿子很孝顺，把她伺候得很好，最后老太太说他不来看我，就是这样。最后法官就判这个案子赢了，说你以后要经常看她，除了物质上的照顾还有精神上的照顾。还有一个八十多的老头也是同样的情况，最后法官判他败了，为什么会这样呢？因为精神赡养在法律上还没有规定，所以才会有不同的法官作出两个不同的判决。关于精神赡养，法国也注意到了这个问题。一个法律规定，除了经济扶助以外子女还要照顾到老人的精神，就是要经常关注他的精神状况、他的脾气，还要定期不定期地回去探望他。我们过去都以为这是属于道德范畴的东西，但是今天看来我们不得不改变这些看法，精神赡养问题可能会作为一个法律问题被提出来做一个研讨，但是到底到哪一天才能上升到法律层面，这还要有一个过程。所以我觉得这个问题还是在发展中，所以呢，最后权利问题还是回到人，就是这样的情况。

还有同学提出这样一个问题，就是一个平等的任意发展会导致另一个不平等，像刚才陆幸福同学讲的经营自由的结果会导致某些人腰缠万贯、某些人夜无隔粮，导致财富的不平等，关于这个问题，我其实刚才已经回答过了。权利真正能平等吗？平等并不意味着无差别，平等也不意味着国家不进行任何管理和调控。实际上，现在国家就是通过税收政策，以及其他的法律手段在进行调节。社会贫富可能是个政治问题，也是一个法律问题，并且是一个更大的法律问题。

好，非常感谢，还有几个问题，由于时间关系不能解答了。谢谢！

赵明：好，最后我们以热烈的掌声对刘先生表示感谢！特别感谢研究生会的同学和全体在场的朋友们对西南法学论坛的一如既往的支持。晚安！

（录音统筹：蒋海松、张生；录音整理：李敏、阮玲燕、安素洁、魏来、唐煜晖、孙大亮、张生）

中国司法地方保护主义批判

——西南政法大学渝北校区的演讲*

非常感谢西南政法大学科研处和西南政法大学学生会的热情邀请！也非常感谢今天各位的光临！

这个新校区——渝北校区，我是第一次来，以前的老校区倒是去过几次。今天来到新校区，李龙教授开车带着我环游了一下校园的风貌，学校修得非常漂亮。你们是幸运的，能够在这样优美的环境中读书、学习，来思考一些中国的法制问题以及个人的前途问题，这是一个很好的环境，所以我很羡慕你们。

今天晚上很荣幸有这么一个机会和大家做一些学术上的交流。赵明老师说请我考虑一个问题，我想和大家谈谈中国司法地方保护主义的问题。这是我曾经做过的一个课题研究，对中国司法地方保护主义做了一些思考，想利用今天这个机会把一些想法和大家交换一下，后面还留点时间希望大家能够提出一些问题来讨论和交流。此外这里还有一个副标题，即“兼论以司法权国家化为主线的司法改革思路”，这实际上也是我最后想得出的一个结论。

谈中国司法地方保护主义，首先我想有一些问题需要讨论一下。

第一个问题就是关于司法独立的问题。因为司法地方保护主义是和司法独立相联系的一个问题。大家知道这几年中国司法一直在进行改革，而且这个改革涉及很多层面：既涉及制度层面，也涉及观念层面；既有司法内部的问题，也有司法外部的问题。就司法改革而言，它不是一个单一的改革，它把中国和很多与司法相关的东西都联系了起来，说到最后实际上它是一个宪政问

* 本文是作者受邀于 2005 年 10 月 14 日晚在西南政法大学渝北校区学术报告厅所做的演讲录音整理稿。演讲由西南政法大学王恒博士生主持。感谢赵明教授为讲座所作出的周到安排，感谢戈含锋博士为整理演讲录音所付出的辛劳。作者对整理稿进行了校正。——作者注

题，是一个政治体制问题。我们今天晚上可能要分析这些问题。下面我想和大家首先谈谈司法独立的国际标准以及中国宪法与法律对司法独立的确认。

司法独立在国际上是一个重要的原则，这个原则的确立有一个过程，我想简单地和大家描绘一下这个过程，即司法独立原则作为一项国际标准确立的过程。司法独立作为一项国际标准，经历了由思想学说过渡到各国的宪法规定，再到形成国际法律文件这样一个过程。首先是思想学说。作为思想学说，大家都比较清楚，它最早的提出者是洛克，最著名的阐释者是孟德斯鸠。洛克最早提出了三权，哪三权呢？洛克的三权是将国家权力分为立法权、执行权和对外权，洛克的三权是这样的概念。孟德斯鸠在洛克的三权学说基础上提出了一个著名的三权分立理论，这个三权分立理论就是我们大家现在所熟悉的把国家权力分为立法权、行政权、司法权，这个学说、这个思想是由孟德斯鸠提出的，更为重要的是什么呢，就是孟德斯鸠对三权之间的相互关系进行了一些论证。这三个权力实际上是有相互关系的，我就不用展开了，这个是大家在学习过程中比较熟悉的一些问题。后来美国就是基本上按照孟德斯鸠这样一个学说发展的，因为美国革命是在法国革命这样一个启蒙思想的影响下发展起来的，而且美国的政治体制的建立也是按照这样一个三权分立的学说建立起来的，当然美国在政治体制的建构过程中也有一些发展，这个发展主要就是后来美国的思想家汉密尔顿，在这个基础上提出了一个司法独立的学说。

随着资产阶级革命的成功，司法独立由一种思想学说发展为、演变为一项宪法原则、宪法制度，被许多国家的宪法所确认，在很多国家这样的规定，比如最早 1789 年的美国宪法，它规定了“司法权只属于各级法院”。我们注意各国在司法权这个问题的规定，1791 年法国宪法规定在任何情况下司法权不得由立法、议会和国王行使，也就说司法权应当由法院独立行使，它们这个司法权就是很明确的一个规定；1919 年和 1949 年的德国基本法规定，司法权赋予法官，司法权由法院行使，法官具有独立性，只服从法律。我想这个地方需要强调一下，在我的观察中，只有这个德国的基本法是明确地把司法权赋予法官的，而许多国家规定司法权是赋予法院的。后面在分析司法权性质的时候与此有关系，即司法权到底应该是谁的。因为司法权和法官的关系是一个需要分析的问题，这个涉及我们如何认识公权力的问题。如果将司法权赋予法官，就有公权力个人化这样一种可能性。所以我们应将司法权赋予法院，因为司法权它是一种公权力，它是一种很标准的、很典型的、很有重要意义的这样一种公共权力。公权力就是公共权力，它是一个简称。公权力能不能个人化？能不能赋予法官？那么法官到底他拥有的是什么权力？我认为，法官是司法权的行使者，他不是司法权的享有者或者叫所有者，因为就和所有权一样，你有没有所有权，你是所有权的行使者还是所有者，这个所有者和行使者是有差别的，所以我认为将司法权赋予法官，至少在国际上，很多国家没有这样的提法。还有就是日本宪法规定，法官依照良心独立行使职权，只受宪法和法律的约束。1947 年意大利宪法规定，法官只服从法律。这是由思想学说逐渐过渡到各国宪法规定的大致情况。

随着司法独立原则被各国宪法不断地确认，它又要走上另外的一个路程，这个路程就是要将司法独立原则作为一项国际标准确立下来。这又开始了一个漫长的征程，经历了这么几个阶段：第一个阶段就是 1948 年的《世界人权宣言》，这是一个阶段。《世界人权宣言》第 8 条规定：任何人当宪法和法律所赋予他的基本权利遭受侵害时，有权由合格的国家法庭对这种侵害行为作出有效的补救；第 10 条规定：人人完全平等地有权由一个独立而无偏倚的法庭进行公正的和公开的审讯，以确定他的权利和义务并判定对他提出的任何刑事指控。《世界人权宣言》的这几条是非常重要的，我们现在在国际人权研究里面把它概括为获得公正审判权，把它概括为这样一个权利。这里，我们应该反思：就是在最早的时候，司法独立是作为一项人权原则被提出来的，是从人权保护这样一个角度，就是一个人犯了罪，被认为有罪的时候，他要由一个合格的法庭，这个法庭必须是国家设立的合格法庭，按照正当的程序来进行审判，这叫公正审判权。公正审判权最开始就是在《世界人权宣言》中提出的，是作为人权原则或者叫人权保护原则被提出来的。但是我们现在发现了一个很奇怪的现象，这个原则发展到今天，它发生变异了，变成什么了呢，就是变成了一种法院在追求的权利，司法独立成了法院的权利。这个实际上和它当初提出的初衷是相违背的，即公正审判权。美国在“9·11”之后，有一些反恐法案，另外还有一些实践中的做法，遭到了美国人权人士的批判。为什么批判呢，就是根据这一条，就是本来呢，普通犯罪应该由国家设立的普通法院去审，但是在“9·11”之后呢，美国把一些普通犯罪拿到军事法庭去审理，所以，美国一些人权人士就把这种现象叫作“私设公堂”。因为普通犯罪和军事犯罪是有严格界限的，你把普通犯罪拿到这样一个不应该审理它的一个军事法院去审理，这实际上就是违反整个《国际人权公约》的，这是第一个阶段。

第二个阶段就是 1966 年 12 月 16 日联合国通过的《公民权利和政治权利公约》，这里面的第 17 条也有规定。这个规定和前面那个规定差不多，就是所有人在法官和裁判所面前一律平等。在判定时对任何人提出的任何刑事指控或确定他在一件诉讼案中的权利与义务时，由一个依法设立的、合格的、独立的和无偏倚的法庭进行公正的和公开的审讯。这个里面就提出了必须要由一个合格的、独立的和无偏倚的法庭进行公正的和公开的审讯,就是司法独立,开诚布公地提出要保护被告人,现在叫作犯罪嫌疑人,是从这个角度提出来的。

第三个阶段就是进入到20世纪80年代以后,联合国开始了将司法独立由以前的作为一个人权原则向制定为国际法律文件的努力,这个法律文件实际上就是国际标准。1982年国际律师协会在其第19届年会上通过了《关于司法独立最低标准的规则》;1983年6月,在加拿大蒙特利尔举办的世界司法独立第一次会议上一致通过了《世界司法独立宣言》;1985年8月26日至9月6日在意大利米兰召开的第七届联合国预防犯罪和罪犯待遇大会通过了《关于司法机关独立的基本原则》。这一"基本原则"后经联合国大会1985年11月29日第40/32号决议和1985年12月13日第40/146号决议核可。"基本原则"对前几个法律文件中的大部分内容做了吸收和确认,较为系统地规定了司法独立的标准和保障规则。联合国经济及社会理事会又于1989年5月24日以第60号决议通过了《〈关于司法机关独立的基本原则〉的实施程序》的文件,这个文件共包括15项内容,规定了各成员国的职责以及联合国有关部门和委员会的帮助义务,以便在国际社会更好地推行司法独立原则。至此,司法独立作为一项国际标准确立的任务已经完成。我们还注意到,对中国而言有重要意义的国际文件还有一个,就是1995年8月9日在北京召开的第六届亚太地区首届大法官会议通过的一个文件,叫《司法机关独立基本原则的声明》,又称"北京宣言"。中国也加入了这样一个国际文件的签字,也即中国承认这些原则。以上就是司法独立的国际标准确立的一个漫长的过程,实际上从启蒙学说,17、18世纪的启蒙思想家提出来,一直到1985年、1989年这两个文件的确立,这个司法独立的国际标准基本上形成。

第二个问题就是司法独立原则作为一项国际标准确立的主要内容。这里面有很多内容,我想选主要的给大家介绍一下。1985年通过的关于司法机关独立的基本原则,一共有20个条款,这20个条款分为以下几大部分:第一个是司法机关的独立;第二个是言论自由和结社自由;第三个是资格甄选和培训;第四个是服务条件和任期;第五个是职业保护和豁免;第六个是纪律处分、停职和撤职。它包括这么多内容,是一个内容很丰富的文件。关于司法机关的独立这个部分里面有七个条款,这七个条款是关于司法独立最集中的内容。如果我们要找司法独立的国际标准,主要就在这七个条款里面。

第一条规定:各国应保证司法机关的独立,并将此项原则正式载入本国的宪法或法律之中，尊重并遵守司法机关的独立是各国政府机构及其他机构的职责。这第一条实际上就是要求签了字的成员国应该把这个原则载入你这个国家的宪法或法律之中，这是它提出的一个要求。另外它要求确保司法独立是一项国家职责，明确了司法独立是一项国家职责，你加入这个文件，你签署这个文件，就要接受文件的这个条款，就要将其作为一项国家职责。

第二条规定：司法机关应不偏不倚、以事实为根据并依法律规定来裁决其所受理的案件，而不应有任何约束，也不应被任何直接间接不当影响、怂恿、压力、威胁或干涉所左右，无论其来自何方或出于何种理由。这一条是很关键的，就是排除一切干扰。将这一条和我们的宪法条款、我们的诉讼法条款对照，问题可能就出来了，所谓一切干扰，简单地讲就说司法机关不受任何约束，它只服从法律，任何干扰它都要排除，这个条款是直接为司法机关独立行使职权确立了一个权利条款和义务条款。我们说它既是一项权利，也是一项义务。

第三条规定：司法机关应该对所有司法性质的问题享有管辖权，并应该拥有绝对权威，就某一提交其裁决的问题按照法律授权其权力范围作出决定。这一条款主要解决什么问题呢？就是司法机关对司法问题进行司法管辖的专有权和排他权。当然，对哪些问题享有司法管辖权取决于各国法律的具体规定，它不好有一个统一的模式。

第四条规定：不应该对司法程序进行任何不适当和无根据的干涉，法院作出的司法裁决也不应该加以修改。这一条也是很关键的。它后面还有一个条款是“此项原则不影响由有关当局根据法律对司法机关的判决所进行的司法检查或采取的减罪或减刑措施”。司法判决一旦作出就不能修改，当然我们是在终审意义上来谈它的。那一审完了以后二审，如果有的国家有三审，那么三审就是终审。这个根据你的审级制度来定，但这个终审判决一旦作出就不能修改。它后面那个条款实际上就是在不影响各国根据法律对它作出一些修改。比如说我们现在的申诉制度、再审制度，我们这个申诉制度、再审制度实际上对已经终审的案件，经过审判监督程序以后也可以作出修改。但是，这一条在我们国家最近有很多争论，问题在什么地方呢，主要涉及中国的司法判决没有权威。中国的司法没有权威，其中有一个方面的原因，是和我们的这个审判监督程序有关系。有人说过这么一句极端的话：“在中国没有改不了的案件，只要有人想改，只要上面有人想改。”他说这个话的意思实际上是想表达一个现实，一个是中国司法过程外部的干涉很多；第二个就是申诉制度的存在，审判监督程序的存在，就造成了这样一种可能，因为它还有一个程序在管着，只要启动这个程序，有可能就会改判，尤其是这几年一些大的案件的讨论，比如像刘涌案件的讨论，这个案件是终审案件了，但最后还是改了。就这样一个大的案件，大家就觉得在中国好像没有什么改不了的，但我们认为这是一种比较极端的说法。一般根据国际文件来讲也好，根据国际惯例来讲也好，司法判决是不能修改的，修改必须要有充分的法律依据，这一条也是司法独立的一个很重要的条款。这个条款是为了排除各种势力对司法的干涉、干扰，维护司法权威性，同时也提出来对司法判决进行监督的机制。司法权威现在是一个大问题，也是司法界，整个社会关注的问题。现在白条很多，法律白条很多。不仅仅是民事案件，有一个报道，是关于中国判了死刑犯的民事索赔，因为现在刑事附带民事，有些刑事案件可能还附带民事判决，它有个比例，说 90% 的死刑犯的民事判决基本上都是白条。它反映出中国人的观念，就是以死抵罪，作为被告这一方即罪犯这一方，他已死了，罪犯的家属就会认为人已经死了还要什么钱。作为受害人这一方，他也有一种心理，就是中国的传统心理：他觉得人已经死了，这个钱肯定要不回来了，所以这个比例相当高。

第五条规定：人人有权接受普通法院或法庭按照业已确立的法律程序的审讯，不应设立不采用业已确立的正当法律程序的法庭来取代应属于普通法院或法庭的管辖权。这实质上是一条人权保护原则。接受正当法律程序的审讯，拒绝非正当的审讯，是司法独立的人权含义之一。就是刚才我讲到的，根据这一条，美国在"9·11"之后设立的军事法庭，招来了很多批评，这些批评还都主要是美国国内的批评，认为这是严重的侵犯人权，是私设公堂取代法治，就是它把一些应该在普通法院审理的案件拿到军事法院，把它不恰当地拿到军事法庭了。为什么说它不恰当呢？因为一是军事法庭的性质是审理军职罪的，二是在程序上它还是和普通法院有一些差异的。

第六条规定：司法机关独立的原则授权并要求司法机关确保司法程序公平进行，以使各当事方的权利得到尊重。这就是我们一般说的对司法权的约束条款，就是要平等地尊重当事方的各种权利，在法庭审理中，司法机关应该有这样一个义务。

第七条规定：向司法机关提供充足的资源以使它得以适当地履行职责是每一会员国的义务。这实际上是对司法独立的一个保障条款，要求会员国、签字国都要保障这个司法独立得到确实执行，要对它进行一些资源上的补充和供给。包括物质资源、财力资源，还包括人力资源。

以上我主要向大家介绍了第一部分的七个条款，因为这七个条款和司法独立都是关系非常紧密的，其他的我想就不展开了。

那么我们对照一下中国的情况，看看中国的情况是什么样的。对中国，我们是这样一个判断:说中国宪法和法律完全没有贯彻这个司法独立原则,没有将它载入这个法律中,好像也不求实,但是它在被纳入本国法律过程中实际上做了一些克减。中国首先是在宪法层面对司法独立有一个明确的规定,就是“人民法院依照法律独立行使审判权,不受行政机关、社会团体和个人的干涉”,同时规定了“人民检察院依照法律独立行使检察权,不受行政机关、社会团体和个人的干涉”。在《人民法院组织法》、《人民检察院组织法》和刑事、民事、行政三大诉讼法里面又重申了这个原则。在中国的法律中有关司法独立的相关条款,一个就是宪法,一个就是两个组织法即《人民法院组织法》和《人民检察院组织法》,再就是三大诉讼法。三大诉讼法以及《人民法院组织法》和《人民检察院组织法》中对司法独立的表述都差不多,大同小异,有个别的词句稍有不同,基本上都是一个表述,比如说修改后的《人民法院组织法》规定,“人民法院依照法律规定独立行使审判权,不受行政机关、社会团体和个人的干涉”,《人民检察院组织法》也是同样的表述。《人民检察院组织法》挺有意思,它将“社会团体”变成了“团体”,少了“社会”二字,成为“不受行政机关、团体和个人的干涉”,不知何故。1996 年修改后的《刑事诉讼法》第五条规定,“人民法院依照法律规定独立行使审判权,人民检察院依照法律规定独立行使检察权,不受行政机关、社会团体和个人的干涉”。民诉法、行诉法基本上都差不多,就这样一个条款。我们做一个判断就是,中国宪法和法律中这些关于司法独立的原则性规定为中国的司法独立确立了一个宪法原则和法治原则,我们应该看到它还是有这方面的规定的。

但是在近几年的司法改革讨论中,许多学者对中国关于司法独立的这些条款不管是宪法中还是组织法、诉讼法中的规定,都提出了一些意见,这些意见主要集中在什么方面呢?集中在后面这一部分,就是宪法和法律中关于“排除干涉主体”这方面。我们的法律表述所采取的是一种“排除干涉主体罗列法”,它罗列了三种,罗列了三个主体:一个是行政机关,一个是社会团体,一个是个人。这样一来大家就提出了问题,认为这样一种罗列的办法留下了漏洞。留下什么漏洞呢?它这个“排除干涉主体”里面没有政党,大家注意到没有政党。当然,对于这个政党我们又可以做一个解释,比如说“社会团体”这个概念,在国际社会里面它都是包括“政党”这个概念的,我们这几年做关于社会团体的研究,我们法学所和荷兰有一个项目,进行了两三年,就是对社会团体的研究,也开了几次国际性的会议。在会议上我们也讲到了这个情况,就是在国际社会,这个“社会团体”的概念里面包括政党。但是在中国呢,社会团体不包括政党。因为中国这个特殊国情,国际上一些通行的制度或者一些惯例,中国很难适用,因为它认为如果把政党看作社会团体,就降低了政党的地位,尤其是中国共产党作为中国的执政党,如果把它仅仅作为一个社会团体好像就降低了这个政党的地位,所以在这个排除主体里面就没有政党,这是一个很大的问题。这是不是意味着政党可以对司法进行干涉?

第二个遗漏的主体是没有权力机关,就是没有人大。那是不是意味着人大可以对司法进行干涉,这是大家提出的问题。但是后来我仔细分析了这个问题,我觉得不是当初没有认识到这个问题,实际上这里面有很多理论作为背景。为什么偏偏没有政党,没有人大呢?这和中国的政治体制是有关系的。首先我们来分析政党,因为中国是以中国共产党作为执政党的这样一个政治体制。这样一个政治体制认为这个政党对司法应该具有一种领导权,我们不说是一种具体的领导,它认为中国共产党领导这个国家的各项事业,其中包括对司法的领导。比如说,如果将政党作为排除干涉主体列进去,我们的政法委员会这样一个组织体制可能就有了问题,它成立的合法性可能就存在问题。所以这个政党没有列进去并不是说当初没有认识到,我觉得这是有意识留下的一个空档。第二个是人大,中国实行的是人民代表大会制度。司法机关、政府都是由人大产生的,人大对“一府两院”,还有军委,都有一种领导和监督的权力和职能。如果将人大作为排除干涉主体列进去,那司法要向人大做汇报,要接受它的监督,好像法律依据就不足了。前几年有一个热点问题——个案审查制。李鹏当委员长的时候要搞个案审查制,当时遭到了法学界的一致反对。因为个案审查实际上最后可能会导致人大直接代替司法。各地在10多年前还都在做一些探索,好作为一些经验来推广,比如人大直接到法院去调案。如果有人认为法院裁判不公(我们指的都是终审案件),就到人大去反映,说这个案件有问题,不公,人大接到这个反映以后就到法院去调案,直接调卷,把卷调上来以后,人大派一些工作人员对它进行审查,审查以后呢,再拿出一个意见,说这个案件判决有问题,之后就给法院提出一个意见,要求法院重新审理,就是进入申诉程序。以前我在西安工作的时候,西安市人大当时就将这个做法作为一个经验向全国介绍。西安市人大法工委具体负责这个事的人当时觉得很“牛”,他说:“我给院长打个电话,要调谁的案卷就把谁的案卷给调上来了。”这样一个个案审查制,也不排除比如说很多人去找人大,找熟人。这个案件已经终结了,找人大、找熟人。要有关系找到熟人,这些人就说这个案件有问题(他当然会找出一大堆理由来),然后人大直接就向法院调案卷。名义上说是要求法院重新进行审理,实际上人大在给法院意见的时候就已经表明了人大的态度。当然后来他们搞个案审查制度的时候说,我们不是干预具体案件，我们只是提出意见，但不管怎么样，个案审查这么一搞，它就是要针对具体案件。我们说人大对法院的监督也不能监督到具体个案，人大可以对法院工作、司法工作中存在的问题进行监督，如果要监督到个案，它最后可能就是代替法院进行审判，人大就会要求法院按照它的意见去做。这个时候，人大可能就成了这个法院，人大的工作人员就成了法官。这样一来，秩序就会被打乱。所以个案审查制到现在为止也被搁置，最后被搁浅了，因为这个反对意见非常大。理论界、法学界在这个过程中是做了贡献的。

我们分析起来，中国在一定程度上也是将司法独立的国际标准贯彻了进去，但是贯彻得并不彻底，它里面带有一些特点，带有一些保留，这个保留并不是一种疏忽，而是和中国这个政治体制相联系的。所以在去年修宪的时候我们通过各种不同的途径也提出了一些意见，就是大部分同志要求恢复到 1954 年宪法第 78 条的提法上去。1954 年宪法第 78 条的规定是什么呢？它规定“人民法院独立进行审判，只服从法律”，就这么一句话。独立进行审判，只服从法律，它没有采取罗列的办法。1954 年宪法这个规定，我觉得是和国际文件规定的标准比较契合的。任何干扰你都要排除，法律是唯一的上帝，对法官来讲，对法院来讲，法律是唯一遵循的东西。这样就是说，来自任何方面的主体都可以被排除掉。当然这个修宪意见，最后因为司法这一块在去年的修宪过程中基本上一条都没动，没有纳入思考之中。包括中央在定了大的修宪原则之后我们还提出这样的意见，我们认为司法有些条款是应该考虑的。这是我讲的第一个大问题。

第二个大问题，就是中国司法地方保护主义滋生的原因。中国的司法地方保护主义是一个大家公认的事实。那么这个司法地方保护主义究竟是怎么来的，我们对它的原因要做一些分析，因为司法地方保护主义和司法独立是直接冲突的。司法独立就是排除一切干扰，但司法地方保护呢，它实际上就是不断地对司法进行干扰。经过分析，我个人认为问题最终还是在体制上，这个体制不是我们一般意义上的体制，而是我们的宪法体制。所以要改变中国司法地方保护主义这样一种状况，还要从宪法，从中国的宪政体制做些分析。

第一个原因，中国政治体制中的司法体系。这个司法体系我就不展开讲了，大家都很熟悉。中国司法由两大块组成，对这个当然大家有一些分歧，就是司法到底是什么，在国际上司法主要是指审判。当然在有些国家它也包括检察这一块，也不一样，体制不一样。在中国讲到司法，至少就现在的宪政体制安排来讲，包括审判和检察这两大系统。社会中流行的一些语言，比如说公检法司，尤其是公，公安；司就是司法行政，是不能作为司法机关的，它是一种行政机关。当然在中国，它有一种大政法传统，这种大政法就是"政法系统"。这个政法系统就是公检法司，它连带起来，包括我们的政法委，在中国，这个政法委往往都是公安局长做书记的比较多，这种现象很普遍。尤其在最高级，在中央一级，我们的政法委书记是罗干，周永康是常务副书记。上行下效，在中央是这样安排，在各地呢，公安局长往往是政法委的负责人，这种情况比较多。司法系统包括两大块，这个我想是常识性的问题。

中国政治体制中的司法体系为什么会是产生司法地方保护主义的原因呢？按照宪法规定，地方人民法院和人民检察院，由同级人民代表大会产生并对它负责，这样一种宪政安排决定了地方司法系统隶属于地方的客观属性。就因为地方的司法是由地方的人大产生的，这是我们的宪法规定，宪法有具体的条款，这样一个规定就决定了我们这个地方的司法就是隶属于地方的。所以昨天下午有一个哈萨克斯坦议员带几个人在法学所访问，也谈到这个问题。他就讲他们国家地方行政长官经常对法院院长乱发指示，叫你这样做，叫你那样判，他们那里有些法院院长也按照这个地方长官的话去进行判决。他问中国有没有这种情况，我们说中国也有，而且中国这个可能从体制上说它就是地方的，它就是由地方产生的，所以就形成了一个地方化的问题。当然针对这个体制我们后面要做些分析，在宪法中有个条款，这个条款不仔细分析是看不出问题的。宪法这个条款就是宪法第 2 条第 2 款："人民行使权力的方式是全国人民代表大会和地方人民代表大会"。我们的人民行使权力的方式，一个是全国人民代表大会，一个是地方人民代表大会。它把这两种代表大会作为人民行使权力的方式，而司法权作为国家权力的一种象征，它是由这两种代表大会来产生的，所以司法权的产生就来自于这两种方式。后面我们具体分析这种权力的特点时会再深入分析，因为这些权力是不一样的。立法权、行政权、司法权、军事权，每种权力的性质都是不一样的。但在中国呢，由于受到对三权分立的忌讳这样一个影响，不对权力作分解。实际上这些权力由于它们的性质不一样，它们的特点也就不一样，我们后面分析司法权性质的时候再展开。这就是中国的政治体制对司法体制的安排。

第二个原因是中国现行的行政区划体制。我们的行政区划在宪法里面都有具体规定。宪法第 30 条是对中国行政区划的一个描述，这个我不想展开了。这样一个行政区划安排，加上现行宪法规定的地方司法系统基本上由地方产生并对它负责，这就客观地为地方保护主义滋生奠定了基础，提供了一种条件。每个地方都有地方特殊的利益，为保护本地方的利益，地方的一切权力结构包括行政的、立法的、司法的，都会为维护地方利益而竭尽全力。最近有两个信息，一个是关于中国行政区划的改革问题，特别敏感，报纸上有一个消息说中国的行政区划研究已经进入议程，但民政部管事的人—— 一位司长马上出来说这个只是一个研究项目，还没有怎么怎么。还有一个信息大家值得注意，就是要求政令畅通。政令畅通是什么意思？就是在中国的一些地方，政令已经不通了，中央的指令到下面就行不通了，就这样一个问题。有人认为中国地方割据已经形成。我们说得还婉转一些，叫地方保护主义，但有人认为在中国已经形成了一种地方割据，就是政令不通了，中央的指令已经在下面行不通了。当然在大一统的这样一个体制下，由于这几年的改革，还有就是分税制等等，地方的权力在增加，地方的利益在增加。所以地方对中央经常有一些抵制，这实际上有很多个案，有很多事情中央下达了命令在地方却执行不了的。比如说最近搞的这个干部投资煤矿撤资问题，有的地方官员就说，我宁可不当这个官我也不撤资，当然他是权衡利益了，他觉得这个利益比自己的官职还要重要，当然有些干部也退了。这样一个行政区划，也是产生司法地方保护主义的一个主要原因。

第三个原因就是中国经济体制的变化，主要是财政体制方面的原因。这个财政体制就是改革以来，中央在地方这个经济问题上经过了几个反复，简单来说就是放权让利，一会儿收一会儿放。这个放呢当然地方高兴，地方当然希望放权，但收的时候就困难了。这个利益一旦放下去，它就形成一些连锁的链条。你要想亲手打破这样的链条是不容易的，所以地方的经济确实也是地方的一个重要问题。它为了发展地方经济，就会动用一切资源，包括司法资源。这个是毫不含糊的，因为地方司法就是由地方产生的，肯定要为地方利益服务。所以前几年的“保驾护航”就是这样出来的，就是司法要为地方经济建设保驾护航，这是一个非常冠冕堂皇的理由，实际上我们把它翻译成另外一句话就是司法要为地方利益服务。

第四个方面的原因就是历史、文化意识等主观性的原因。除了来自制度层面的和地方经济利益层面的原因外，地方保护主义还有主观方面的原因。这个主观方面的原因呢，分析一下就有这么一些东西，比如说中国浓厚的地缘基础上生长起来的乡土文化，这是非常厉害的一个东西，乡土文化的影响；地方领导人对政绩的追求，对自己乌纱帽的这样一个追求，保乌纱帽，还有对现代法治的愚昧、无知，也有知法犯法，公然违反法治等多方面的表现和原因。我有些案例，在甘肃有一个案例，案件过程我不说了，就是企业和地方的一个官司，最后企业赢了，地方要将 150 万元投资交还企业。后来在这个要账过程中，这个县里面有一个领导在电话中就说：“要钱没有，想要钱就去法院告我。”

后来这个公司就向兰州中院申请执行,执行送达到县里,这个县领导人对催款人说,“法院没有通知县政府,我不认,没有法律效果,你有多大本事我奉陪到底,我们走着看”,等等。有的地方比如说县长、市长他说,法院算个什么,我要把你废了就废了,就这样的话他都敢说。他把司法根本就不放在眼里,我们把它叫作对现代法治的愚昧无知,这实际上还是有传统的。还有其他的一些例子,我就不介绍了。就地方来讲,除了制度层面,这个观念也是一个重要方面。如果县领导他法治观念强,法律问题就交给法院处理,法院处理后该怎么执行就执行。这个过程肯定要涉及地方利益,但是法律已经作出判决,不是你个人所能扭转的。就是因为这样一种对法治的愚昧无知,他就会这样,有的就是知法犯法,根本不把法律放在眼里。

第三个大问题,中国司法地方保护主义的具体表现。

第一个问题是对中国司法应对外部势力干扰的三种情况分析。

第一种情况,我把它叫作司法上的不得不为之。也就是说,当司法面临司法之外的各种势力干扰、干涉、影响的时候,司法不得不屈服于这种外部压力,迎合地方的需求。而且这些需求有的时候可能是个人性的、甚至是腐败性的,有的时候是以地方的名义,这方面的案例很多。这是第一种,就是不得不为之,就是对司法不得不这样做。

第二种叫作司法上的自愿而为之。它是自愿的,它是心甘情愿的。自愿而为之,也就是说它并没有外界的压力,而是司法自愿主动的行为。在各地方每年的人大政府会议文件中都要求司法为本地的经济发展保驾护航,这是一个看似正当的、冠冕堂皇的理由,其实它的实质是要求司法为地方利益服务。同时这个自愿而为之也包含着个别司法官员为追求更高的晋升或为保乌纱帽,这样的情况也有。

第三种我把它叫作坚持司法法治。即不屈服于各方的压力,也不主动迎合地方需求,而是按照法治的原则、要求、精神去从事司法活动。这样的人有没有,有的,但是这样的司法机关也好,这样的法院院长也好,法官也好,都承担着很大的风险。这个风险就是个人可能丢官,机构可能丢财。最近我看到一个例子(这个例子不是司法的,是一个校长,这两天报纸登的),有一个中学的校长,他由于抵制乱收费,最后校长职务被免掉了。他特别痛苦,他不理解,他不像其他学校那样,他坚持不乱收费,结果最后丢了校长职务。在中国,对一种恶势力,对一种流行病,大家都那样做,你不去那样做,你做的可能是对的,但是最后你可能要倒霉,司法也是这样。这是第一个问题,就是对司法应对外部干涉的三种情况我们做一些判断。

第二个问题是中国司法地方保护主义的具体表现。这个主要表现在三个大的方面：第一个就是案件受理。案件受理上的地方保护主义，这里头名堂很多，外地的和本地利益冲突的，比如本地的企业要做被告，可能要给人家赔偿一大笔资金，或者企业要破产，等等，那就不受理，就是对本地不利的不受理。案件受理，这里面有很多表现，我不展开讲了。第二个就是案件审理工作，案件审理当然是个更实质性的问题了。受理就是把你挡在门外，不利于我本地的挡在门外，干脆不受理，它有各种理由，因为现在理由太好找了。中国没有这样一个机制说不受理了可以找一个部门来管，现在好像这种机制还没有建立起来。告状就是特别难，你告不进去就是告不进去，没有别的机制来对它做一个纠正。第二就是审理工作。审理工作是更实质性的了，审理中的各种各样的情况也很多。第三类就是执行工作。我们说审理是更实质性的，但是执行是结果性的。执行中的问题也非常多，执行庭啊，各地以前好像觉得执行庭是个很累人的机构，但现在这几年执行庭的权势也是很大的。它真想帮助你去执行一个案件，它会下力气去做，因为这个案件最后经过审理、经过判决得不到执行，那等于白打一场官司。执行起来也很麻烦，有的执行一拖好多年。我们现在在执行上也是有很多问题，比如说有的人就是没有这个执行能力，比如说败诉方没有这个能力，这也有这个可能。但我们说的往往是有条件执行的情况，执行中的地方保护也是很厉害的。

第四个大问题是司法地方保护主义的危害。我想简单说这么几点：第一点，司法权地方化导致了司法上的地方保护主义盛行，严重妨碍了全国统一的公平竞争、规范有序的市场经济体系的建立和完善，破坏了国家的法制统一，加剧了地方经济封锁和市场割据等。地方保护主义通过司法这样一种方式实际上对法制统一是一个破坏。第二点，司法权的地方化妨碍了司法权力对行政权力的监督和制约，严重削弱了中央对地方的司法监督。司法权本来应该是发挥国家法律对行政权力的一个监督制约作用，比如说行政诉讼就是这样一个直接的表现。而司法权一旦地方化，尤其对地方行政这一块根本就不敢去碰，实质上就干扰了监督功能。还有就是行政诉讼这些年在中国是一个老大难问题，到现在为止还是个老大难问题。一个是胜诉率低，发案率很高，侵权案件很多了，但起诉的很少，大家都不敢去诉，觉得那是拿着鸡蛋砸石头，根本是没指望的事情，还有就是大家对司法不信任。我们最近在做一个群体性事件防治的课题，也看到这样一个问题，就是为什么老百姓不愿意采取法律手段，只愿意上街游行。他们为什么不利用司法这个程序，原因很多，其中比如说司法成本太高，有些老百姓就是打不起这个官司，没有钱就是打不起。第二个是拖时间。一个是费钱，一个是拖时间。一个诉讼完成所有的程序要用很长的时间，还有一个更重要的原因，有的人可能就是成本不成问题，他有钱，就是对司法不信任。尤其是要告地方政府或者行政机关的时候，那就更加不信任，因为他会认为他们肯定是穿着一条裤子，肯定是向着他们的。有一些人可能从一些案件的审判中看到了判决是向着政府方面的。另外，有些人可能就是一种无意识，觉得他们不会向着你公民说话，所以起诉率低。另外行政案件、行政诉讼案件公民胜诉率也低。这是行政诉讼里一些比较大的问题。第三个危害就是司法权的地方化为司法腐败提供了更多的机会，加重了司法不公等问题。司法权地方化这样一个情况，使司法审判活动中普遍存在着金钱案、人情案、关系案等现象。一方面是司法机关工作人员本身的腐败，另一方面和地方各种不当的干预和控制有关系，尤其是地方党政领导人对司法活动的不当干预和控制。我们知道在司法机关里面（我们过去确实很天真，我们都不知道，后来我们参加一个会才知道）、在法院里面有一个叫正卷，有一个叫副卷，就是一个案件有两个卷宗。正卷就是整个审理过程，副卷就是来自各方面的批条。副卷是不公开的，在法院工作的人可能都知道这个。我们很天真，我也是几年前才知道法院有这个东西的。因为过去我也带学生去陕西省高院实习，我们都没有机会见这个东西。一个正卷一个副卷，就这样一个东西，它几乎成了一个制度性的东西，虽然法律制度上没有规定，但它却成了一个惯例性的东西。这个地方的这种干预和控制也是很厉害的，地方党政领导的招呼、批条以及直接指示很多。这几年的司法案件也都暴露出这种东西，所以这个司法地方化对整个国家法制，对司法的本质，它的功能，它的发挥都起到了很大的阻碍作用。

第五个大问题是我们今天想讨论的一个重点问题，就是法律对策，克服中国司法地方保护主义的法律对策。到底到哪去找这个对策？我的研究结论是走司法权国家化的改革思路。这仅仅是一个思路，没有具体的方案，但这个思路很重要。我个人认为讨论司法改革，一些前提性的问题要讨论清楚。前提性的问题讨论不清楚，整个改革可能会失去总的理论指导。前提性的问题是什么呢？我认为司法权的性质就是一个很重要的前提性问题。我们在前边分析了中国司法地方保护主义主要的、重要的原因是中国现行的政治体制，这样一个政治体制下的司法体系的设计和安排，最主要的是司法权的地方化，当然还加上一个行政化。中国司法权有两大问题，一个是地方化，一个是行政化。因此，要研究司法体制改革问题，要克服司法地方保护主义，首先就应该从体制入手。一般人都讲从体制入手，但这个体制到底指的是什么？我们要找到它的根源。在对这个体制进行研究的过程中,我觉得司法权的属性问题是一个很重要的理论问题。司法权的属性是想说明什么呢?就是想说明司法权到底属于谁?司法权是属于国家,属于司法机关,还是属于司法者个人?国家、司法机关、司法者个人这三者是不一样的。大家知道,国家是一个抽象,是主权的象征,司法机关是一个很具体的权力机关,司法者个人或法官是在司法机关里面的工作者。司法权到底属于谁?我觉得这是一个需要讨论的重要问题,也是我们理解司法独立、司法权国家化改革思路的一个理论基础。

我是这样来分析这个问题的:从我们国家的性质来讲,司法权属于人民,这样一个判断应该不会有大问题。司法权属于人民,但是这是一种民主理念的宪法宣示。我国《宪法》第 2 条第 1 款有个规定,"中华人民共和国的一切权力属于人民",这个"一切权力"自然就包括了司法权。当然,宪法的这一规定是从国家性质上来界定的。人民作为一个抽象的集合,不可能说人民全体都来直接地亲自来行使国家权力,必须通过一定的方式来行使权力。这实际上涉及很大的理论问题,即直接民主制和间接民主制的问题。我曾经研究过,也思考过直接民主制的可能性问题。比如卢梭讲过在一些小国,就是国家很小的范围里面可以实行直接民主。直接民主有没有?有的。比如说在中国,我们能看到的直接民主有这么几种:第一种就是村民委员会选举;第二种就是居民委员会选举,至少从制度规定上是直接民主的;第三种就是县级以下人民代表的选举。这三大选举都是直接选举,但是这个直接选举不等于直接民主,这两者之间不能画等号。直接选举只是完成一个选举公推领导人或代表的任务,而直接民主的含义呢,它不仅仅只包含大家来选举这个领导人或代表,还包含着领导人或代表选择之后的一系列问题。领导人或代表选择之后的一系列问题不只是一个罢免问题,领导人或代表选择之后,在行使权力过程中怎么样对他进行监督、进行制约。这种直接民主制是不可能的,所以我想,在中国,直接选举或者说直接民主制仅仅只是达到了一个公推代表、公推领导人的层面。当然直接民主还有另外一种方式,就是全民公决。比如说欧盟,欧洲一些国家在是否加入欧盟的问题上正是通过这种全民公决的方式决定的。全民公决也是直接民主制的一个体现,但是全民公决它仅仅只是围绕着一些重大的涉及国计民生,或者涉及全国人民的重要的事情来进行一次投票,它是一次性的,它也是单项事件。而我们讲直接民主,它应该有一个选举、有一个管理、有一个罢免等一系列的问题在里面。所以我认为在现代国家,在现代的政治结构中,实现直接民主这个可能性是很小的。代议制,或者说人民代表制就是表达了一个间接民主制的概念,就是间接民主制。所以司法权属于人民,一切权力属于人民，但是人民不可能直接去行使权力，要通过这种代议制的方式去产生各级权力机关和权力人，产生权力机关的领导人，让他们去行使权力，这实际上就是过去那个"社会契约论"所说的"权力让渡"。权力授予、权力赋予、权力让渡，有时候我发现这个权力一旦让渡出去就很难收回来。所以虽然说一切权力属于人民，但人民必须通过一定的方式来行使权力，由此就引出了《宪法》的第 2 条第 2 款的规定（我前面没有做重点分析，我想在这个地方重点进行分析）。大家注意《宪法》第 2 条第 2 款规定，"人民行使国家权力的机关是全国人民代表大会和地方各级人民代表大会"。我们说一切权力属于人民，人民行使权力又要通过一定的方式，这个方式是什么呢？是要通过全国人民代表大会这一级和地方各级人民代表大会这一级来行使。还有《宪法》第 2 条第 3 款的规定：人民依照法律规定，通过各种途径和形式，管理国家事务，管理经济文化事业，管理社会事务。《宪法》的第 3 条第 3 款里面又继续明确地规定了国家行政机关、审判机关、检察机关都由人民代表大会产生，对它负责，受它监督。我们把这几个宪法条款结合起来分析，就得出一个明晰的线索来了：一切权力属于人民，人民行使权力要通过一定的方式，这个方式是什么呢？宪法明确规定就是全国人民代表大会和地方各级人民代表大会，这是人民行使权力的方式。《宪法》第 3 条第 3 款又规定这个审判机关、行政机关、检察机关要通过人民代表大会的方式去产生，然后向它负责，受它监督。这样，一个链条就引出来了，这个链条是什么呢，等于就是表达了这样一个意思，就是我们的宪政体制、我们的宪法已经安排好了，人民行使权力必须是在中央和地方两个级别。中央是人民行使权力的方式，地方也是人民行使权力的方式，当然中央的形式是指全国人民代表大会，地方的形式是指地方各级人民代表大会。那么这样一来，三大机关就必须由这两种方式共同产生。这样一个体制、这三个条款清楚地告诉我们人民行使的是国家权力，人民行使国家权力的机关是全国人大和地方各级人大，人民行使国家权力还要通过各种途径和方式，具体又划分为审判权、检察权、行政权。这样，人民权力和国家权力这两个概念在这里重合了，等同了。这是我的理论分析。

司法权属于国家，还是属于人民？我们先说司法权属于人民，但人民行使权力的方式要通过宪法的这样一些条款去进行。这样一来，人民行使权力就要通过这几个机关去行使，通过这样一个具体的方式去行使。这个时候，人民权力和国家权力这两个概念在这个地方重合了和等同了。司法权属于人民，我们说太抽象，就意味着司法权属于国家，国家权力就代表了人民的权力，至少在理论上，在宪法的逻辑推导上是这样的。当然这个分析仅仅是一个理论的分析和宪法逻辑的分析，我知道这些年我们在研究国家和人民的关系问题上，有很多不同的看法。尤其是“国家和市民社会”这个理论出来以后，大家经常问：国家怎么能代表人民，国家在现实层面代表不了人民。国家和人民之间还有很大的间隙，尤其是在国家作出一些错误的决策以后，或者是以国家的名义作出一些错误的决策之后，它并没有反映人民的利益。但是我这里只是从宪法的逻辑上得出“国家权力和人民权力重合”的结论。另外我还想说一下，“人民”的概念也并不能表达一个天然合理的理由。人民也会犯错误，人民也会腐败，这个理论不是我说的，是孟德斯鸠说的。孟德斯鸠在《法的精神》里面就提到过和分析过这个问题，当时我看到这个理论后觉得他是非常有见识的。他讲到人民集体腐败的问题，人民也会集体腐败。所以我们说国家和人民不是等号，肯定不能画等号。但是在分析司法权、行政权、检察权等权力属性的时候，我们说“司法权属于人民”，就等于说司法权是属于国家的，因为人民不能直接去行使，要通过一定的方式，这样的方式就是三大机关，通过三大机关去行使。这样人民的权力和国家的权力就等同起来了，因为三大机关代表着国家主权。比如说最高人民法院院长，他到国外去，他是中国司法主权的象征。主权是可以分割的，主权是可以分解的。主权虽然是统一的，但是主权的行使方式是可以分解的。比如说中国的人大委员长，他到国外去，可以代表中国的议会。国家主席到国外去，他是国家元首，他也可以代表国家。主权在表现方式上是分割的，在权力的最终意义上是统一的。

我们说解决了司法权属于人民也就是属于国家的问题，并没有解决司法权的行使问题，我们只是完成了第一步工作。国家也是一个抽象概念，它也不可能去直接行使司法权。国家到底是谁，我们说不清楚，国家是一个主权的象征。但当我们说国家是谁的时候，我们不好说。有一个很有意思的问题，比如说在国外，我们的外交部长发表一个谈话，他是代表国家的，他不可能仅仅代表外交部，他是代表一个国家，他是代表中华人民共和国发表一个声明。所以国家主权，它在行使上也是一个很丰富的概念，不是那么简单的，因为国家的概念是一个抽象的概念，但在国际上也是个有具体指向的概念。所以国家不可能直接去行使司法权，它必须去成立一个专门的司法机关来代表国家专门行使司法权。在中国这样的机关是什么呢，按照宪政安排就是两大机构：人民法院和人民检察院。这样一来，人民法院和人民检察院就是代表国家行使司法权的专门机关。这样，国家的司法权就等于交付给了司法机关。因为成立这样的专门机关，就是把这个国家主权里面的司法权这一块交给了这两大机关去行使。这样，国家的司法权就演变成了司法机关的司法权，具体而言就是人民法院的审判权和人民检察院的检察权。这样,司法权属于国家就演变成了什么呢,演变成了司法权属于国家设立的司法机关。我想这一点在理论上和宪法上是能站住脚的。

接下来的问题就是,司法机关的司法权又要通过它里面的工作人员去行使,要通过法官、检察官去行使。这个是否就意味着这个司法权已过渡到司法者个人手里?过渡到法官或者检察官手里,或者说司法者个人拥有司法权?我觉得这个问题比较复杂。尤其这几年在司法改革中,大家将法官的权力张扬得很厉害,要求司法独立。法院独立还不行,要求法官独立,要给法官很大的司法权,要给他很大的自主权,就是要扩大法官的权力。但我觉得在司法改革中强调要扩大法官的权力、扩大检察官的权力并不意味着司法者个人拥有司法权,司法权不属于个人。这是我的一个主要的观点。司法权属于司法机关,属于国家。为什么这样讲呢,法官、检察官的审判权和检察权从性质上是一种职权,这个职权从哪来的?法官的职权、检察官的职权是从哪来的?是从你所服务的这个机关来的。当然,这样说大家可能自然会提出问题:那法官、检察官到底有什么权力?我们可以再进一步分析,法官、检察官的职权是从你当地的那个人大常委会任免中来的。我们知道在中国任何一个法官,不管你是最高人民法院的大法官,还是一个基层人民法院的法官,这个法官资格的获得除了考试,还要从同级的人大常委会那里拿到一个任命证书的。而这个任命证书,比如说每次全国人大常委会任命某人为审判员时,它总是要明确任命某人是最高人民法院审判员;某某县某某市人大常委会任命张三、李四为审判员时,它也总是要明确任命张三、李四为某某县或者某某市人民法院审判员,它必须要有这么一个东西,他总是要附属于一个机构的。它不可能说任命某某某为审判员,这样的东西我们是看不到的。这至少说明你这个法官、你的职权,一方面和你服务的这个机构的权力分不开,另外就是和任命你作为法官、检察官的权力机关是分不开的。你的权力从哪来的?是从那里来的,所以这个职权的概念我觉得是一个很有意义的概念。职权是什么呢?简单讲,就是和职务相联系的一种权力。有了这个职务,你就有了这种权力;没有了这个职务,这个权力就自然丧失。比如说一名法官退休了,你还能说他还能行使审判权吗?不行了,他没有这个资格了。这是一个很显然的道理(一个法官退休后还审理案件,我想至少在正常体制下是不允许的。当然个案有没有是另外一回事,比如说有些非常态情况),所以这个职权是和职务相联系的,没有这个职务就没有这个职权,失去了这个职务就失去了这个职权,而且职权是不可以被放弃的。我们通过这个是想说明什么问题呢,就是想说明司法权不能属于法官，不能属于检察官。那么我们对法官和检察官怎么定位？我想这样定位，就是法官和检察官是司法权的行使者，他就是一个行使者，就如同所有权和使用权一样，他没有所有权，只有行使权。这是我的一个结论。大的理论背景就是司法权是一种公权力，不能个人化。司法权不是一种个人所拥有、所享有的权力，只是一种行使权。这样并不降低法官、检察官的地位和身份，而且我觉得这样一来就明确了法官作为一个个体和这个司法机构之间的关系。

另外，我在前面分析了《宪法》第 2 条，是想分析什么问题呢？是想说在体制层面，我们的宪法是有问题的。《宪法》第 2 条第 2 款的规定忽略了一个很重要的问题，就是关于权力的性质问题，或者说它忽略了对权力的分解。司法权、立法权、行政权，我们对它做一个比较，虽然立法权、行政权、司法权都是国家权力的表现，但是这些权力的性质是不一样的。比如说立法权，立法权可不可以地方化？是可以的。行政权可不可以地方化？也是可以的。但司法权可不可以地方化，这必须通过对立法权、行政权、司法权的不同性质进行分析才能得出结论。司法权是干什么的，行政权是干什么的，立法权是干什么的。司法权简单地讲是为了执行国家的法律，来适用国家的法律，对案件进行审判。当然这个国家法律是广义的，它不仅仅指全国那个层面的法律，它是一个广义的概念。但是它是用来适用法律对案件进行处理的性质，这样一来，如果司法权要套上地方化这样一个色彩，就会变异，它就会发生很大的变异。而立法权，因为中国很大，立法要解决各地的问题。行政权更是这样，你不可能说靠一个统一的国务院就可以统下去。所以立法权可以部分地转让，可以部分地授权。因而我们国家有授权立法，授权立法下，立法权可以部分地授予其他的机构来做，也可以有地方立法等等。行政权也可以部分地转让，也可以有条件地授权，行政权可以授权的，这个授权比如说在《行政处罚法》里面就有规定。《行政处罚法》里面规定，在条件具备的情况下，可以把行政处罚权授予那些有公共事务管理职能的事业机构，由它们来行使这个行政处罚权，可以有条件地授予。但司法权能不能授予？把司法权或法院的权力授予一个机构，我们至少在目前为止没有见到过，在国际上没有见到过，在中国也没有见到过，但是见到过一些违法的。我看到过一个案例，就是一个地方的法院把离婚案件授权给地方的一些社团，让它们去处理，这当然是违反法治的。就司法权来讲，没有看到过说可以授予的，说司法机关它可以把这个权力交给哪个机构去行使的。还有一个权力也可以拿来比照，就是军事权。军事权可以不可以地方化？如果军事权可以地方化，那不就成了地方军阀，军阀割据就出现了。军事权能不能授权？我把这个军事权给哪个社团给哪个地方授予一下，那是不行的。因此,司法权是代表国家来执行法律。所以,我们说可以有地方立法,可以有地方行政,但不能有地方司法、地方军事,更不能有授权司法,也不能有军事授权,这都是不可想象的。它实际上表明什么呢,表明这个司法权的专有性、国家所属性,司法权是专有的,是国家所属的。所以司法权属性的分析是我们司法权国家化改革的理论基础和宪法依据。司法权属于国家,是国家的一种专属权和专有权,因此司法改革就应该以它为依据来进行相应的制度设计和制度改造。

有必要说明的是:我们讨论"司法权国家化"这个问题,是想回归到司法权的本质属性上去。我们强调的司法权国家化并不意味着我们在倡导什么国家主义,因为司法权在本质上应该是属于国家的。这几年还有一些提法,就是"司法权社会化"。有一次开会郭道晖教授针对我的发言辩驳说:你说司法权国家化,我还可以说司法权社会化。我觉得司法权社会化是一个严重的问题,司法权社会化意味着社会各种主体都可以拥有司法权,是不可想象的,那会是一个什么样的局面。当然如果把司法权理解为那种社会调解啊、ADR 等等那样性质的东西,那就又不叫司法权了。司法权是有确定内涵的,不能把所有的纠纷处理机制、解决机制都叫作司法权。司法就是国家设立的一种处理纠纷的机制,它背后有国家的强力保证。社会的各种调解,现在最高人民法院想把这个调解终局化,就是想通过调解就终局了,不能再诉了。这个问题啊,大家争议都很大,这实际上违背了调解的一些意向。还有现在一些制度改造,过去都是两条腿走路,即通过社会的一些方式也可以,司法的方式也可以。但现在有的法律改革想把它唯一化了,有些必须通过调解,调解不成才能到司法。也就是把调解作为第一个环节定下来,赋予它法律的效力,比如说仲裁的一些案件。这是一种社会化的趋势,但这种社会化趋势和司法应该还是有区别的。司法应该回到它本身的概念上去,不能把所有的纠纷处理方式都叫作司法。所以我们也不能望文生义地说倡导司法权国家化就是在倡导国家主义。因为国家主义是有特定内涵的,它是指国家干预一切,国家可以统治一切,国家可以为所欲为,这是国家主义本质上的内涵,就是带有专制的内涵。而我们讲司法权国家化,是针对司法权地方化而提出的一个思路。司法权的性质搞清楚了,我们再来设计相应的司法体制,还有相应的宪法条款。比如说《宪法》第 2 条第 2 款,它就忽略了一个什么问题呢?它忽略了权力是可以分解的。权力分解之后,不同的权力,有些权力可以通过地方去实现,去行使,但是有些权力就不能通过地方去行使。所以这样一个条款笼统地把所有人民行使权力的方式分成两种,那你就没办法了,司法权也是人民行使权力的方式之一,那你就必然要把它交给地方。所以如果要寻找司法权地方化的根源、体制上的根源，宪法第 2 条第 2 款是一个重要的根源。这个条款，如果不对权力进行分解是发现不了的，只有对不同的权力分解才会发现这个条款是存在问题的。当然这样的意见，在去年修宪的过程中我们也通过一些渠道反映了上去。所以这个分析是否准确，我想提供给大家，希望大家给出批评意见。我想今天就同大家交流这么多，下面我希望能利用一些时间和大家做一些讨论。

非常感谢大家！

提问与答复：（注：以下问题都是听讲同学写字条提出的问题）

首先非常感谢同学们提出这么多的问题。我想就按照字条的顺序和大家做一些交流。

问题 1：第一个问题是：司法机关在人事、财政上都受制于地方行政机关，司法机关内部也有很强的行政色彩，您认为现有的体制改革应走向何方？

地方司法机关受制于地方的问题，我想前面已经做了一些说明。行政化的问题，是指司法系统内部的行政化，是中国司法的另一大弊端。我们的法院——司法机关本来应该没有太强烈的行政化色彩，但这种行政化实际上是等级制影响着我们司法权的独立行使。我想有个问题需要讲一下：司法到底应不应该有一个，我们不把它叫作行政化，我们叫等级化？有些学者认为在西方司法体制里面没有等级，我觉得这也不完全对。司法机关实际上在各个国家都是有等级的，等级是有的，但是这个等级我们把它理解为审判体制，是一种审级关系。有上级法院，有下级法院，哪个国家不会说它只有一个级别的法院。只要法院有级别存在，就会有等级存在。但这种等级是一种审判体制，它要服务于审判体制。这样一个体制，不能演变成行政化（体制）。行政化就是下级没有独立意志，只能服从上级的意志。我们国家这个行政化色彩表现在，由于错案追究制的存在，一审法院在判决案件时需要向二审法院请示，问这样判对不对？你们会不会被改判，你们会不会认为是错案？这个错案追究制是有问题的，它肯定是个有问题的制度，它加剧了下级法院对上级法院的依赖性，影响了下级法院的独立意志。行政化应该是中国司法要解决的一个重要问题。

问题 2：第二个问题是：司法权属于人民，您认为应该怎样去避免多数人的暴政？如果司法权属于国家，您认为应该如何确保权力不被滥用？

司法权属于人民和多数人的暴政我想它没有太直接的联系。多数人暴政，它的意思就是多数人也会形成暴政，这是这几年民主理论比较关注的一个问题。因为人民也会腐败，人民的意志会被操纵，当民意被操纵的时候，民意就成了个别人的意志，成了他的武器。但是司法权属于人民这样一个理论判断和多数人暴政没有什么联系。司法权属于人民是我们的一个理论分析，然后一步一步我们过渡到属于国家、属于司法机关。多数人暴政是在选举意义上、立法意义上等来讨论问题的，所以我想这个不必太担忧。

问题 3：下一个问题是：在中国，地方保护主义实际上是政府保护主义，服从地方利益很大程度上是服从政府利益。一个本来与行政机关独立的司法机关沦为地方政府的二级机构。本人看来政府掌握着法院的财政来源是司法机关不独立的重要原因，请老师分析司法机关财政独立的特征和具体体制构造。

财政是一个很重要的原因，但它不是最终的原因。最重要的原因就是体制，如果在宪政体制上把这个地方的法院、检察院由地方产生的链条整个地切断，那其他的问题肯定要有相应的解决。最主要的还是一个宪政体制问题。宪政体制就是一个权力机构到底是怎么产生的，是不是必须要由地方来产生。这几年司法改革都在讨论，这个司法到底怎么改革，有很多种方案，都是在讨论这个问题。所以我想财政它只是一个表，它不是一个里，它不是一个本的东西，它是一个表面的东西。

问题 4：下面一个问题：无论地方保护主义如何被千夫所指，其实它并非一无是处，问题的关键是如何让司法机关独立不被地方自治所用。请问，司法独立和地方自治的关系是怎样的？

在中国，“地方自治”这个概念其实是有一个严格限定的。一个重要的问题是，“地方自治”在中国没有这样的提法，中国是民族区域自治，仅仅是在民族区域里面实施自治，而这个自治是由法律来界定的。所以“地方自治”这个概念至少在我们的宪政体制和制度安排里面是没有的，也没有这样的体制。这是我想说的一个问题，其他的问题我想就不用再回答了。至于说“地方自治”是不是一个需要讨论的问题，这个倒是的，“地方自治”最后会导向一个什么格局。再一个就是在用这个概念时应该非常谨慎，我们做学问还是要严谨一些，至少它不是中国的体制。在中国讨论自治问题，有三大自治制度：第一个也是最大的自治制度是民族区域自治；第二个就是我们现在说的村民自治和社区自治，就是这两个层面；第三个就是现在新出现的社团自治问题。社团自治现在仅停留在学术讨论层面上，还没有作为制度性的安排。

问题 5：下面一个问题是：维护法制统一，反对司法地方保护主义，必然涉及中央与地方的利益分配问题，要解决此问题必须进行政治体制改革。如果要进行政治体制改革，如何协调中央与地方的关系是重中之重，要使其互利互动地良性发展，相对应的司法是否要进行改革，如果进行改革，怎样在保证中央司法的权威性与领导性的前提下，又提高地方司法的主动性和灵活性？

这个问题考虑得很深入，但是我觉得是几个层面的问题。中央和地方的关系问题是一个政治层面、宪政层面、法律层面的综合性问题，而我们今天讨论的司法地方保护主义和这个问题是有联系的，但是没有这么直接的关系。为什么这样讲呢？我们讲的是司法权国家化，没有讲司法权中央化。有学者提出了“司法权中央化”的命题，我不太同意。因为“司法权中央化”有一种中央集权的含义和特征，而“国家化”就表明司法权的性质应该是国家的，司法机构虽然是设在地方。但是它是执行国家法律的，来适用国家法律的，它不是地方的，不能变成地方的法院，是国家的法院，只不过是设在那个地方而已，是想表达这个意思。如果要进行改革的话，会涉及中央和地方的关系问题。但是司法的问题是一个独立的问题，地方和中央的关系问题更大的是要回答一个利益分配问题、权力分配问题，经济层面的、政治层面的这个因素占的比重比较大。所以我想，我们今天讨论的这个问题同中央和地方关系问题的联系就不是那么太直接。

问题 6：下面一个问题：请问刘教授，中国共产党一党执政，党通过执政和非执政的方式对司法机关进行指导，这种指导对司法不独立的影响是否值得重视？

当然了，这是大家都看到的一个事实问题，就是中国共产党作为执政党对国家的一切事务进行领导和执政。这几年尤其是十六大以后，中国共产党提出依法执政问题。依法执政实际上就是对共产党如何执政提出的一个命题，对它的执政方式以及执政方式的改革等要进行一系列的探讨。我想这个命题虽然是一个政治性命题，但是对这个命题的深入研究，可能会直接涉及这位同学所提出的这个问题。司法不独立的问题，政党是一个很重要的因素，尤其像政法委这样一个党内制度的设立。曾经有郝铁川教授为这样一个制度做过辩护，当时我觉得他说得很有道理，但是近来经过我对这一课题的研究，我发现这个结论是有问题的。郝铁川教授的主要观点是什么呢，他说：共产党成立什么样的机构是共产党自己的事情,别人根本无权干涉。共产党成立了工委,没有人对工委提出意见,就是工业委员会,各个市、各个地方都有,什么农委啊、财委啊、经委啊,等等,偏偏共产党成立一个政法委,大家意见很大。当时听了觉得这挺有道理,党内成立什么机构是党内的事情,党有这个意志。但是去年我们对政党法进行了一些研究后,发现这个研究结论不对,许多国家的法律对政党是要进行规范的。政党的宗旨、政党的成立、政党的活动等等,法律规定得很详细。我们过去认为法律不好去干预政党的活动,这个认识是有问题的。通过对一些国家政党法的研究,我们发现过去这个认识有问题。包括我们在中央党校开依法执政的研讨会,我在会议发言中还强调说,如果是党对自己内部的事务,那没法去法律化,但如果政党的行为、政党的指示要与外部发生关系的时候,它就有一个法律化问题。当时我们还认为内外有别,后来经过研究后发现这个结论是有问题的。对于政党行为,法律是完全可以涉及的,比如德国法律明确规定政党在其党纲中不能宣传法西斯,如果你公然宣传法西斯,那法律就要对你进行制裁。政党不能有反社会、反国家行为,如果一个政党的纲领有分裂国家的言论或者行为,那法律就要对你进行取缔和制裁。这样一来就表明,政党并不是说就是铁板一块,法律就打不进去。尤其在中国,共产党作为执政党,如何实现依法执政,政党如何法治化,就显得更加重要,这是一个重要课题。

问题 7:下面一个问题:中国司法地方保护主义弊病重重,维护中国司法独立自主的道路似乎漫漫无期,甚至连一些具体的解决方案也没有吗?完结中国地方保护主义到底还需要多少年?

这个问题,我想就是我们的同学都还年轻,思考问题都是想快点彻底地解决问题。但是像我们这些过来人,确实越来越觉得中国的改革是一个渐进式改革,不可能一步到位。过去曾经尝试过的一些一步到位,实际上最后都走向了倒退。中国的改革确实要一步一步来,所以我们也要对问题一个一个地进行分析。我们不可能一口把所有的问题都吃掉,有些问题是常识性的,但你经过仔细思考后会发现这个常识是有问题的,是站不住脚的。

问题 8:这位同学的第二个问题是:上诉过程确实冗长且复杂,这是许多人产生懒于上诉的心理。明知道上诉过程繁琐,为什么不能作出改革,简化上诉过程是法律真正贴近人民,为人民服务,为人民说话。

这个问题提得很好,但是我觉得用错了一个概念。这位同学说的可能不是上诉，上诉过程并不长，关于上诉国家法律是有规定的，10 天、15 天。这位同学实际上讲的是申诉，可能还包括起诉吧。起诉是受理不受理的问题，申诉制度现在也成了最高人民法院着重研究的一个问题。其中存在着这样几个问题：一个是无限期。无限期申诉行不行？因为我们现在的制度是无限期。再一个问题就是申诉机制的启动是比较困难的，现在已决案件如果要申诉，没有太有力的关系网，要启动这样一个申诉程序是比较困难的。刚才我讲的包括起诉，起诉主要是受理不受理的问题。申诉呢，它是一个能不能启动程序，最后能不能成功的问题。在中国，民事案件申诉率最后改判的，我看到的一个数字是 23%，这样一个情况，所以现在这个问题也在进行研究。但上诉不存在这样一个问题，上诉只要期限到了，就发生法律效力。前年、去年，国家主要解决案件积压问题：一个是超期限审理；另一个就是超期羁押。刑事是解决超期羁押问题，民事就是解决超期限审理问题。

问题 9：下面一个问题：社会管理者以商业的眼光将社会资源进行配置、对经济发展利益进行取舍时，行政资源必将优先考虑司法资源。这是因为在我国现实的情况是行政部门在财政上掌握着司法部门的生杀予夺，正是因为这一因素的存在才使得司法地方保护的存在具有某种经济学意义上的合理性。黑格尔说过，存在的就是合理的。司法的地方保护主义从其产生到长期存在是否具有合理性？

这是一个哲学命题啊！我是这样看的：我曾经也分析过黑格尔的这句话，“合理性”，如果把它作为一种社会存在的意义来理解，任何一种存在都具有合理性。但是，如果说它是不是合理的，那就是另外一回事了。我们分析它（指司法地方保护主义）肯定是认为它（指司法地方保护主义）是不合理的，但是它之所以存在自有它存在的理由。所以“合理性”这个概念，这三个字要拆分起来很有意思。“合”理性，就是把“合”动一下，合乎理性；然后再把它拆分一下，“合理”性，它不一样。每种事物在这个世界上存在都有它存在的理由，如果合理性从这一个角度去解释，它当然具有合理性。但是从另外一个角度看，它是不是符合社会发展的要求？是不是符合进步规律？从这个角度来判断合理性，它是不合理的。存在意义上的合理性，它是从存在的理由这个角度来理解和解释的。

问题 10：下面一个问题：请问刘老师，您刚才提到 90%的死刑犯民事赔偿没有实现，那么相关部门应采取什么补救措施使判决最后得以落实？

这个是两方都存在问题:一方就是作为死刑犯家属,犯人已经被执行死刑,家属也不会去主动赔偿;现在问题在于受害者一方。受害者这一方呢,他也觉得——中国人说以命抵罪吧,以命抵罪的思想很浓厚——人已经被枪毙了,已经被执行死刑了,也要不回来了。还有一个更重要的问题就是死刑犯的家属没有赔偿能力,这也是很重要的因素。当然了,要说简单也简单,那你就申请执行吧,你去法院申请执行。申请执行后,如果在罪犯家属有赔偿能力的情况下还是可以得到执行的。但是如果罪犯家属缺乏赔偿能力,那就没办法了。所以,第一是罪犯家属缺乏赔偿能力;第二是即使有赔偿能力,他不会主动去赔偿;第三就是对于受害者一方,他认了,他也不愿去申请。这个不是太复杂的一个问题,只要你去申请,如果罪犯家属有赔偿能力,还是可以执行的。此外,国家建立受害人救助基金也是必要的。

问题 11:下面一个问题:在法院和法官之间还存在一个法庭,司法权与审判权是否属于法庭?因为法院是审判与行政管理的结合体。

这个问题很有意思。法庭是法院的一个内部机构,当然你说的法庭可能指的是审判庭,围绕一个案件来合议。所以我们准确的表达不是法庭,而是合议庭。法庭呢,也可以这样讲,法庭是一个屋子,这个屋子要审理案件,合议庭的人员就坐在这个地方。还有一个法庭概念就是指行政庭、民事庭等,那是法院内部的结构和行政构造。司法权属不属于法庭?我们这样来考虑这个问题:法庭——我们还是说合议庭,合议庭是由审判员组成的,他们有没有审判权?我认为合议庭还是在行使审判权,是审判权的行使者,我还是这样一个观点。为什么呢?因为合议庭不是一个固定性机构,合议庭是为审理案件而组成的这样一个临时性的组织,它不带有永久性。而法院呢,它相对来说带有永久性。另外还有一个例证,这个例证虽然我不能把它作为一个很有力的论据,但它也是一个例证,即我们所有的判决书盖的都是人民法院的大红印,而法庭没有这个红印。当然有人会说你这个不能作为理由,我也知道它不是一个很有力的理由,因为随着改革,判决书可能要过渡到法官亲自签字,不需要大红印,法官签字可能就是最权威的,但中国要走到这一步可能还会有很多问题。为什么呢?如果由法官签字的话,可能那个判决书就混乱了。我们现在出现了一些很奇怪的事例:一个案件出现了两份判决书,前面判了发现有问题,就给当事人改一下。还有一个案件,给被告出的是一份判决书,给原告出的是另一份判决书,双方当事人拿的判决书是不一样的。最近几年就有一个离婚案件,给那个要求离婚的男的送的是一份离婚判决书,这个男的以为离婚了,他拿到判决书后说我离婚了，就去结婚了。而女的一直都不知道这个事情，女的以为这个离婚没有发生，女的只是知道起诉到法院了，但是没有接到离婚判决书，到最后才发现男的已经再次结婚了。而男的说我有离婚书，女的就去找法院。所以法官签字啊，不是说我们不相信法官，在中国现在的法官结构下，法官作为判决书的一个最权威的签署者可能还需要一个过程。

问题 12：下面一个问题是：美国是联邦制，有 50 个州，你认为美国的司法地方保护主义严重吗？如果它们处理得很好，那与我国的现状差别在哪里？

体制不一样，我们不是联邦制，我们是统一的多民族的国家结构形式。美国的各个州是独立的，相对独立的，我想这个就很难给它加上地方保护这个名称。

问题 13：这位同学的第二个问题是：刘老师只是从理论上分析司法权的性质和归属，并未从根本上说出解决司法独立性的途径。按照老师的逻辑，司法权独立性归属涉及的是我国的政治体制，甚至是主权，那么改革的出路到底在哪里？

我想这位同学提出的这个要求是很高的，就是要求我们拿出一个解决中国司法独立的途径。我想，就我个人来讲没有这么大的能力。我刚才讲了，问题是一个一个去解决。在我看来，我们讨论司法改革问题，包括司法独立问题，首先要解决的是司法权的性质。如果我们真的能够在司法权性质的问题上说透了，说彻底了，然后在立法层面能够被接受，能够在宪政体制上做一些变化，比如说能够把宪法第 2 条第 2 款做一些变化，把司法权由地方产生、司法不独立的一些因素从宪政体制上首先排除；比如说恢复到 1954 年宪法第 78 条的规定“人民法院独立进行审判，只服从法律”的那个条款，而不采取现在宪法这种靠罗列排除主体的方式，等等，我想这都取决于对一些理论命题的探讨。这些问题探讨清楚了，如果在宪政体制上能作出一些改变，我想这是对司法独立最大的一个彻底性的、体制性的改造。因为解决问题要解决根本，虽然改革是渐进性的，我们可以从一些枝节问题入手，但是我们也要看到根本性问题在哪里，这两个问题都不能摒弃。我们不能因为渐进性改革就忽略根本性问题，但是，也不能因根本性问题就忽略渐进性改革的意义。渐进性改革要一点一点做起，比如说这几年贺卫方教授提倡的法袍、法槌等，大家说那无足轻重，好像没有多大意义，我觉得那些都是有意义的。法庭的仪式，检察官、律师的起坐问题，检察官的位置摆设问题，它不是只具有象征意义的，都是很重要的。所以我们说司法独立的途径恰恰就在宪政体制的安排上，我认为它是一个最根本性的问题。

问题 14：下面一个问题：宪法的实质决定了中国的司法权不能实现完全民主，需要体制上的改革，然而立法权把修改法律的权力赋予人大，这会不会导致司法体制改革面临巨大的困难？

"宪法的实质决定了中国的司法权不能完全实现民主"，这个命题不完全是一个逻辑的命题。"中国的司法权不能实现完全民主"？如果说司法权需要通过人大来讨论，这倒是个民主问题。这位同学想说的问题可能是人大对司法权会不会进行改革这样一个问题，人大和司法并不是对立的。这好像又回到了另外一个问题，就是司法好像只是司法机关的事情，要求司法独立也成了司法机关本身的事情。这样一种判断和这样一种认识可能有它存在的一些根据，但是人大并不天然地对司法权独立进行抵制，我觉得也不能这样去看这个问题。当然，人大是否有很大的积极性，可能还是个问题。另外在中国，实质问题还是在党中央。因为这些重大的修改，比如说宪法的修改，在中国目前最后的决定权还是在中央层面。所以这几年我们强调在法律体制、宪法体制修改过程中，应该发挥人大包括全民讨论这样一些作用。

问题 15：下一个问题是：我认为中国司法地方保护主义的重要原因在于中国司法的行政化，中国多种机构都采用行政化管理模式，连学校也不例外，这种管理体制使得司法不能得到应有的地位。审判不公、执行困难、再审程序等各种问题，根本的原因我认为是中国的政治体制问题，除非以共产党为领导的中国对政治体制进行重大改革，否则中国司法很难健康发展。老师对此有何看法？

你说得完全正确。当然了，我们要看到政治体制，但是我们不能停留在这样一个层面。我们需要做学理的一些东西，我们需要做些学理的分析，不能仅仅停留在"政治体制"这样一个概念层面。究竟这个政治体制怎么改造，你得拿出方案来，你得有一个论辩，你得有一个说法，你得有一个东西。通常大家都讲政治体制，中国好多问题都是因为政治体制，但再往下追问就没有答案了。所以我非常欣赏邓正来先生的一句话：要追问。他一直倡导要追问，对这个问题要追问下去，我们要拿出自己的一些论证来，不能仅停留在大的概念层面上。

问题 16:下面一个问题是:无论国家和人民都不是天然完美的,我认为关键在于怎样使司法权行使的过程得到监督制约。权力只能由权力制约,就像我们看到中央、地方的权力在事实上出现了抗衡,为什么我们不能构建并期待地方各种利益群体、院外游说集团的抗衡?把司法独立的制度建立在人性恶,权力导致腐败,绝对权力导致绝对腐败这样的预设上,将会增加牢固度。

我觉得你提出的这个问题,就是要加强监督制约,这个当然是重要的,而且很重要。各种权力都有一个监督制约问题,监督制约是需要一个专门讨论的、专门进行分析的问题。比如我们今天要研究怎么样监督、怎么样制约,这是我们应该深入追问的问题,而不仅仅停留在要监督,要制约上。中国的监督体制有人讲是最发达的,但监督力度是最无力的、最没有效果的。针对这样一个症结,我们来研究怎么样来监督制约。说权力制衡权力,怎么样去制衡,我们要从定义到技术层面、操作层面——它既有理念层面,也有技术层面的问题,我想这个都是需要深入研究的问题。

问题 17:下面一位同学的问题:人既不是神也不是兽,是理性与感性的混合体,仅仅依靠人来解决人的问题几乎不可能,只有神才能解决这个问题。柏拉图说的哲学王,至少是纯理性的人以及不犯错误的人组成的集合体,这些都不可能。人的问题只能调和平衡,不能真正解决。司法的问题不仅仅是司法制度的问题,而是一整套制度体系的问题,司法问题该不该审视整个制度体系的问题及其合理性?

我想我们今天讨论的是一个既有政治层面、制度层面,也有技术层面的一个综合性的问题。这个司法问题,司法体制本来就是政治体制的一个组成部分。但是司法体制它还有一个相对独立的技术含量问题,我们要把这里面的东西说清楚。所以,我觉得这个问题还是需要深入讨论。

问题 18:下面一个问题:同属三权之一,立法权可以地方化,而执行法律的司法权却不可地方化,这矛盾吗?

这个问题也困扰过我。立法权和司法权,关键是这两种权力是不一样的。立法权有立法权的功能,有它的本质。司法权有司法权的功能和本质。我们应该仔细思考这两种权力的功能,然后再来讨论,说它是不是有一个地方化的问题。

问题 19:下面一个问题,绝对的权力导致绝对的腐败。如果一切只服从法律，那如何去约束立法机关，防止立法腐败呢？我国是成文法国家，判案的依据是成文的法条，法律的制定往往有滞后性，立法的速度能跟上快速发展的社会现实吗？人治与法治双管齐下，实行精英政治，与法治共同进行，不能解决法治社会的矛盾吗？

这个问题说，如果一切只服从法律，那法律腐败怎么办？我想这两个问题有联系但是又独立。我们讨论说，司法权如果要独立，就要排除各种干扰，它只能服从法律。我们是在司法这个层面来讲的，然后你提出的问题是立法腐败怎么办，那我们可以再讨论立法腐败怎么办的问题。所以这两个问题有联系但是又独立。从我们思考问题的角度我现在想强调，应该善于把问题分开来。问题是有联系的，但是我们在研究、分析一个问题的时候，它们之间是有距离的，它不是捆在一起的。比如说我们谈司法、谈排除干扰的时候，我们说只服从法律。这个时候我们讲的这个法律，我们没有给予它价值的含量，说它是好的还是坏的，我们只是强调行使这个权力时我们怎么排除干扰。然后再说这个法律到底是好的，还是坏的，还是腐败的，还是部门利益制定的，我们需要接下来再讨论这个问题。所以问题要分开来看，如果把问题都捆在一起的话，不利于你对问题进行分析。

问题 20：下面一个问题：您说司法公正的目的是保护被告，现在被称为犯罪嫌疑人的合法权益怎么解释？

这个问题是这样：我们从国际文件再讲到司法独立这个条款的时候，说要有一个公正的审判，一个被告被认为犯了罪要得到一个公正的审判，它是从这个角度讲的。公正审判权是怎么得出来的？当初是从刑事被告人这个角度得出来的。所以，保护被告的合法权益在现在也是一个重要的问题。另外在司法过程中，特别是在刑事诉讼中，受害者的权利问题也是这几年国际上关注的一个新领域。刑事案件的受害者在罪犯被惩罚以后，受害者受到的损害没人去对他进行补偿。我们前年在意大利参加的一个国际人权的对话，是和欧盟的人权对话，其中就讨论到被害人的权利问题，也是一个新的研究课题。

时间已经到了，还有几位同学的问题没时间回答了。非常感谢大家的提问！

中国法治进程中的权利冲突

——中国人民大学“法理学论坛”的演讲*

主讲人:刘作翔　中国社会科学院法学研究所研究员、教授、博士生导师,中国法学会法理学研究会副会长

主持人:朱景文　中国人民大学教授

评论人:范　愉　中国人民大学教授

时　间:2004年3月18日晚

地　点:中国人民大学法学院贤进楼501室

感谢中国人民大学法理学论坛和朱景文教授的邀请,为我提供了一个和大家交流的极好机会,感谢各位老师和同学今晚的光临!

今天晚上,我想和大家交流和讨论的问题是权利冲突问题。我想分两个大问题来进行:(一)权利冲突的典型案例剖析,这些案例中外的都有,以中国为主;(二)权利冲突涉及的几个理论问题。

一、权利冲突的相关典型案例

需要首先说明的是,我这里所讲的案例,是社会学意义上的案例概念,而

* 本文是作者受邀于2004年3月18日晚在中国人民大学“法理学论坛”所做的演讲录音整理稿。该文先后在朱景文主编的《中国法理学论坛》(中国人民大学出版社2006年5月出版)和于吉、聂玉春主编的《法律大讲堂——中国当代法律名家讲座》(北京邮电大学出版社2006年9月出版)中发表。——作者注

不单是诉讼意义上的案例。

我先介绍两个外国的案例：

第一个案例：关于捐精者的隐私权和后代的知情权的案例。

2004年1月英国准备立法：捐精后代有知父权。英国公共健康部部长将宣布一项立法：今后凡是精子捐赠者的孩子有权知道自己的亲生父亲是谁。我们知道，对捐精者的保密过去一直由法律认可或成为惯例的，英国此做法是一个颠覆，这里涉及了隐私权和知情权的较量，同时要考虑到科技进步的因素。该立法认为，孩子知道父亲的权利大于捐精者的隐私权，这就赋予捐精者后代知父权（可以了解其生父的一切情况）。该消息披露后引起了较大的反响，英国媒体称，反对声大过赞成声。医生认为，这将使精子短缺的现象更加恶化，专家警告结束匿名制度将剥夺数百名不孕夫妇拥有孩子的唯一机会。

英国立法的理由是：(1)从遗传医学的角度考虑；(2)从欧洲的现状出发。目前在英国，每年有一千名婴儿通过受精而诞生。孩子到18岁后应有了解自己父亲的权利，这是基本的权利。鉴于遗传基因可能对其健康有重要的影响，医疗过程中有知道其父母情况的需要，这是遗传学上的说明，科学家越来越清楚疾病与遗传有密切联系。另外，欧洲立法对英国提出挑战，一方面要知情，另一方面又不加大捐精者的义务（如经济的或其他的义务），即所谓豁免。英国捐精者3/4是学生，此法案带来的问题是英国需要从丹麦进口精子。那么对隐私权和知父权这两项合法权利来说应如何权衡，这很值得研究。

第二个案例：2004年2月10日法国国民大会通过一个法案——即所谓的“头巾法案”，该立法以494票赞成压倒多数通过。该法案严禁在公共场所佩戴明显有宗教标志的饰物，公立学校学生违反此法可能被开除。这好像是宗教信仰自由和平等权的冲突问题，实际上主要的问题是宗教标志饰物所包含的政治含义，更大的问题是政教分离问题。法国很早就有法令禁止在公立学校布道，法国人崇尚自由和平等，将平等、自由放在最根本的位置，他们认为，如果允许佩带有宗教标识的饰物，会对其他人的平等权造成侵害。这个法案通过前后，国内外都引起了强烈的反响，至今反对的抗议活动还在进行。

下面是中国的案例：

第一，国家财产权与个人人身安全权的冲突。

有这样一个案例：一位银行储蓄员姚丽在银行遭受抢劫的时候保护了国家的一部分财产，但未能同歹徒做生死搏斗。事后，储蓄员姚丽从自己家里拿钱来弥补被抢走的损失，但银行却认为姚丽在银行遭劫时未与歹徒搏斗，决定开除公职和党籍。姚丽辩称她多次报警均无效，难道必须要同歹徒生死相拼吗？她提出了劳动仲裁。仲裁裁定支持该储蓄员，银行不服，提出起诉，一审败诉，银行上诉，称不存在报警失灵，姚丽纯属失职。上诉法院认为银行被抢是因为银行没有安装报警器，当工作人员人身安全受威胁时不能及时报警，虽未做到临危不惧，但保护了大额财产，又补交了被抢走的钱款，履行了一定的责任，不认为给银行造成了重大损失，不支持原告。银行主管认为该储蓄员是狗熊，是叛徒。银行代理人认为“作为共产党员在国家需要的时候应该付出一切”，不同的观点认为以死抗争势必人财两空，一位律师认为“金融系统不能强求工作人员非要以生命为代价保护国家财产”。我将之归结为国家财产权与个人人身安全权的冲突，而且是在非常态条件下的。是不分条件的保护国家财产，还是有限度地维护个人人身安全，实际上也是两种义务的较量，即法律义务与道德义务。此时我们应看法律的规定，银行的要求是不是法律义务，如果不是，在法庭上则应不予以支持。此案例还表明，法律要求与道德要求有时冲突，有时吻合。

第二，抱养弃婴行为与讨还亲子抚养权的冲突。

具体法律问题有：抱养方有无收养条件，弃婴者是否被定遗弃罪。在实践中法院多只判定其为违法，不定罪；即使定罪，能否剥夺其抚养权。抚养在法律上本是义务，因为现有的权利化趋势（所谓“新权利”现象），这种案件最后的结果多种多样，抱养在道德上被支持，但是否能形成亲权？不能，只有收养时才能形成亲属关系。遗弃行为能否因而剥夺其抚养权？恐怕不能。同此相关的如犯罪分子的民事权利的保护问题，如浙江死刑犯妻子要求生育的问题，现有“客观条件限制说”，即认为犯罪者的有些民事权利虽未被剥夺，但受条件限制而无力行使的问题。对这个观点，我们需要思考。不能只是情感的宣泄，“不能因恶行而获益”能否得出“人不能因善行而受罚”的结论？不能，这是伦理问题，如替人捎行李上飞机，可能隐藏着重大问题，这表面上看是善行，但却是严重违法的行为。伦理判断与法律判断是不一样的，归结为一古老命题“合法的不合理，合理的不合法”。法律上的合理性层次是不同的，是有选择的，在道德曲线上取的值不一样。

第三，银行执法权与公民储蓄权的冲突。

配偶一方死亡留一存折，其配偶无密码无法取，要去做一系列的公证手续，执法权与公民储蓄权的问题，涉及公权力与私权利冲突问题。公权力行使中的变异也是值得讨论的问题，由此我们有一个困惑：权利的获取（过程）成本大于权利本身。典型的是打假中的检查费问题：权利到底该怎么去实现？

第四，公民休息权与公民娱乐权冲突。

云南昆明一弹琴者影响其他居民休息，不仅自己弹，他还教学。被告辩称：钢琴声是最美妙的音乐，怎么会是噪音？原告称：我们听音乐可以去音乐厅，不分昼夜弹琴干扰我们休息，影响身心健康。法庭测量钢琴声是否达到噪音标准，结果没有达到。但法庭还是认为弹琴者侵犯了他人的休息权，要求弹琴者装隔音设备。实质问题是：每种权利行使都有时空范围，即权利的行使限度。另外，与其相关的是"麻将官司"案。法官判案还是看噪音分贝，但噪音还涉及个人感受问题，比较复杂，这是法律机械化的表现。这和有些国家不一样，他们认为只要存在干扰就可以控告。这些标准和发达程度有关，权利冲突与侵权标准有很大关系。

第五，记者的采访权与公民的隐私权的冲突。

我们主要说偷拍现象，这是新闻媒体中司空见惯的行为，对反腐有一定好处，但暗含一个问题：小的正义被大的正义所蒙蔽，那么能否为实质正义而牺牲程序正义？法律无具体规定，现只有间谍器材使用规定。另外，公民个人偷拍的证据证明力问题以及手机拍摄所引出的问题。德国通过一草案：偷拍者在他人私人空间偷拍将来可能被处罚金或徒刑。香港准备以"破坏公众体统罪"起诉偷拍者，最高法定刑七年。过去他们只规定游荡罪，针对手机拍摄。中国对此反应迟钝，官方至今无说法。这问题比较复杂，不是简单的禁与非禁的问题。有人引用《民法通则》关于"侵犯肖像权要以营利为目的"的规定，提出如何看待不营利侵权的问题，有些涉及公益，能否免责？还有医生让实习生观摩治病的案例，这虽为医学惯例，但能否采用更合理方式？这也是一种平衡。

第六，夫妻生育权冲突的问题。

一方想要孩子而另一方不想要的问题，《人口与计划生育法》颁布前一男子以妻子侵犯其生育权为由起诉离婚。这是最典型的权利冲突案件，典型在于双方没有对错之分，都是正当权利，法院在调解不成的情况下只能判决离婚。这一案例还反映出权利的相互性理论：一方权利的实现需要另一方的配合，涉及权利实现的社会环境和社会条件配合机制问题。如义务教育的实现与教育权的问题，教育权虚置的状况，等等。

以上说明权利冲突是很普遍的现象，研究的必要性也由此产生，我们应该对它进行思考。

二、权利冲突的几个理论问题

（一）权利冲突的界限。什么是权利冲突？我用排除法来分析。犯罪行为不是权利冲突，因为犯罪行为不是权利行为；违法行为也不是，它也不是权利行为；侵权行为很复杂，分两种：有一些不是，有一些会造成权利冲突。有些行为孤立地看，其行为本身是正当的、合法的，但一旦纳入具体的环境，其行使过程就可能侵权。这种界限是时空范围的，犹如剧场中的“失火”之喊。这样就得出其定义：权利冲突指的是合法性、正当性权利之间的冲突。什么是合法性、正当性？它主要指法定权利，范围可能存在于个体、团体、与国家的多重关系之间。其他权利有道德权利、习惯权利、推定权利、自然权利等等，不区分可能会造成混乱。其可能是造成权利冲突的原因，但诉讼过程中有意义的只是法律权利，其他在诉讼中无意义。其他权利介入是否适当是个问题，但其他权利对立法有重要意义。

（二）权利冲突的实质。经过分析，权利冲突的实质有两个方面：一是利益的冲突，一是价值的冲突。利益冲突和价值冲突有无纯粹类型的，是有的，但不多，大多数是两者的重合。一种冲突的产生往往是利益和价值两者交织在一起的，对权利冲突的本质可供思考的余地还是很大的。

（三）权利冲突的解决原则。在寻求解决原则之前，首先有几个重要的理论问题我们要搞清楚，否则路很难找。

1. 权利能否平等保护？首先主体是否平等，其次是权利类型是否平等。权利主体平等在法律层面已经基本解决，在宪法和普通法中都有主体平等这样的规定，这是现代法治的一个标志，但这一问题在现实中还没有解决，在各个现实生活和司法执法中表现了出来，这与中国的传统文化相关联。中国的传统文化是官本位的等级文化，造成了一种观念形态，现在在中国，这一观念依然很重。在现实中仍然是官与民的不平等，典型的是中央电视台“新闻调查”节目中曾经披露的浙江的一个案子。这种案件太多了，在这里不一一列举。我们从中可以看出法律的规定与现实的差距有多大，中国的官本位文化自然造成了“官贵民贱”、“官高一级压死人”的观念，造成了种种待遇的不平等（法律上的和法律外的），彻底改变这种现象还需要很长时间的努力。但是这个差距是正常的，是常态，理论与现实的差距才是常态。理论的预设与现实存在差距是正常的，我们应该这样去认识问题，如果没有差距，法律就没有什么用途了。正是因为差距的存在，法律才有它的作用。立法是立法者的理想目标，现实是怎样向法律靠拢的问题。不正视差距问题，永远解决不了许多学者的苦恼。许多学者为法律与现实的差距太大而很苦恼，其实不必，我们的任务是消除差距，但是差距的弥补过程是无尽的循环过程。

再一个问题是：权利种类能否平等？学者们对主体平等都是认同的，但是从不同的角度对权利类型是否平等这一问题有较大的争议。朱苏力认为在"秋菊打官司"一案中原告败诉，邱氏鼠药案原告在二审中败诉，一个涉及肖像权和表达自由的问题，另一个涉及名誉权和言论自由的问题。他认为，相比较而言，表达自由与言论自由是关系到民主法治进程的权利，而另外两种权利则小一些。法官看到不同权利的差异及在社会中的价值，两种权利之间有优先性的问题。与此相关的是权利位阶的问题，有没有权利位阶的存在？法律体系的位阶是存在的，但权利位阶是否存在则不然。林来梵等认为有权利位阶存在，我认为，根本上应否认权利位阶存在。但要回答宪法和普通法对权利安排的目的何在？有的是宪法中的基本权利，有的是普通法中的普通法权利，这是现实，我认为这种安排在某种程度上表明，一些权利在宪政中的地位是重要一些，但是否因此就意味着其高于其他权利？我们不能如此判定，这是两个问题。还有一个问题，每种权利都是具体的，尤其在具体的诉讼案件中，其附着于具体主体。例如由于账户的错误而起诉银行的账号案，以账号作为被告，法院驳回了起诉。但我认为法院是否绝对不能受理，也需考虑。但是提交诉讼的权利主体总是具体的，原被告双方总是具体的。说某种权利优于另一种权利，也就意味着某一主体高于另一主体，把主体与种类相分离。我的推论主要是这样的：认为权利有位阶就意味着某一诉讼主体的不战而胜，还没有上法庭就已经预先确定了一种权利主体高于另一种权利主体，意味着主体的不平等，这是很危险的。此外这里还涉及怎样理解平等的问题。

2. 有没有社会利益？如何保护？肯定有社会利益的存在，主要涉及保护问题。举几个例子："9·11"之后美国反恐措施对原有公民权利的限制，增加了义务，为了安全牺牲自由，在反恐的情况下对原有的权利的适当限制，这是必要的，但要有法律上合适的理由和说明。中国的例子是计划生育，就是为了维护社会利益。生育权从自然权利来说是不应限制的，但计划生育就是对自然生育权的限制，就是为了保护社会利益。不同国家有不同办法、方式。美国的反恐法是特别法，中国的计划生育是普通法，是一项长久之计。

3．一般利益与特殊利益。有人说，两者发生冲突的时候要保护一般利益，特殊情况下照顾特殊利益，如游行示威与通行权相冲突，教学秩序与室外叫卖人的冲突，要保护一般的利益。实质性的问题是法律规制问题，都要纳入法律的轨道。还有就是利益和权利不能画等号，这是两个不同的问题，之间的关系很复杂。

解决权利冲突首先涉及一些学者间的理论上的分歧，在没有得到深入的研究时提出一些原则是不可能的，但它本身包含着一种寻求解决的过程。权利主体的平等保护的原则是重中之重，涉及许多方面的问题。

以上可归纳为以下三个原则：

(1)权利平等保护的原则。深入到权利理论，无抽象权利存在，非主体权利不存在。没有抽象的权利的存在，任何权利最后都要归于主体，时时刻刻有主体的存在，让权利主体的观念深入脑中，则会对权利问题有一种切合实际的看法。

(2)社会利益保护原则。社会利益可能与个别利益存在差异，但不是个人的利益。

(3)一般利益优先原则。特殊利益也要充分保护，要结合具体的案例具体分析。

以上，是我对这些问题的一个简略的汇报，希望大家提出批评。

范愉教授点评：

刘教授的探讨广泛而深刻。

我认为刘教授的研究方法和研究课题很有意义，通过案例来研究是好的着眼点，很生动、具体，反映的问题也深刻，其强调权利冲突普遍存在及其重要性，很有意义。

刘老师在理论问题上提到对权利冲突定义与实质及原则的探讨，涉及许多问题，如权利主体平等，权利的种类是否平等等，有许多见地深刻的阐述，会引发理论界很长时间的探讨。

我的问题如下：

首先，刘老师在界定权利冲突时强调诉讼中有意义的仅是法定权利。我认为，诉讼中有意义的不仅仅是法定权利，还包括约定权利等等。司法实践的功能是将既有权利上升为法律权利，这很多见，如最近的亲吻权、悼念权等等。这种争议有两种结果：一种认为不是法律权利，另一种认为是法律权利。还有一种认为是固有权利，例如杨立新认为悼念权是人本身既有的权利，可通过司法来完成。阳光权等在国外也是通过司法创立的。既有权利冲突是权利冲突的重要内容,恰恰这种冲突是形成法律冲突的重要渠道。

第二,权利种类平等。刘老师讲得非常深刻,他认为,如有位阶可能导致主体存在差别。我认为权利位阶是客观存在的,导致主体存在差别也有可能。人们对权利的确认确有一般权利、特殊权利之分。刘老师本身也有矛盾的地方,与其前面所说的权利主体和权利种类平等相矛盾的是社会利益通过法律保护的优先,这时已承认权利位阶的存在。

另外,客观上在私权中也有位阶的存在,同位阶的权利才能形成真正的对抗,如美国宪法中的堕胎问题。它一开始是隐私权的问题,但后来发现隐私权在权利的位阶中是比较弱的,那么重要的是妇女自由与胎儿生命的冲突。这两种权利构成同位阶的权利,在保护的过程中需要很复杂的资源和权利义务的配置。隐私权与生命权相比,则生命权明显优先。收养弃婴归还的问题,在发达国家中将未成年人利益考虑在内,如果将位阶的因素考虑在内,根据未成年人的利益优先原则处理则相对容易。

由此,会不会导致主体不平等呢?其实法律的发展本身是一个由不平等向平等发展的过程,尊重自由平等权是自由主义法治的一个基本原则,在发生冲突的过程中是由多数人决定的,以多数人的利益为优先,它的保护可能对某些主体并不平等,但这种平等我们说是法律的平等,形式的平等。当代法律明确向弱势群体倾斜,如对少数民族或妇女的保护等。我认为主体不平等不是很可怕的事,是人类法律发展中的必然趋势。确认权利位阶是权利优先的问题,是一个时代性的问题,在特定的时代背景下对权利的认识是不同的,权利的优先也是不同的,如银行案例,其实我们的法律已经完全可以解决这个问题,这是紧急避险的问题。古典自由主义认为权利、自由的实现在于不侵犯他人的权利,解决冲突问题。我国面临的问题是权利义务是资源配置的问题,它还可以有多种考虑,许多国家提出用社会保障代替侵权,实际上是换一种思路来解决权利冲突或权利义务的实现等问题。

总之,刘老师的研究非常有价值,敢于提出研究。解决权利冲突的原则不仅对法理学界、对司法实践也有重要的意义。

现场提问与讨论:

提问一:第一,权利冲突界定到合法性与正当性是合适的,它是正确与正确的冲突,是两种权利之间的冲突,并非权利和权力之间的冲突,此非今天的话题。第二,我和范愉老师不一样,范老师说刘老师未注意到其他的权利如习惯、道德，直接提到法定权利，但我觉得刘老师恰好在谈论中将其权利泛化，不是仅限于法律权利的，如道德的泛化。我认为法律对生活的殖民化，只需承认法律的无能就好了，不能道德泛化。第三，主体不能是平等的，名人的隐私与普通人的隐私不同。第四，权利有无位阶？本体论上的位阶很难，但意识形态上、舆论上的位阶是有的，也可以说是权宜之计。这可能有位阶，权利用科学无法证明。有些权利，如传染病患者的隐私与大众的安全，知情同意既是人权问题，也是科学问题，SARS 与艾滋病的区别。

提问二：最近北京禁止行乞，行乞权是否是一种权利？禁讨令是为保护社会公共安全还是其他？社会弱者是否应保护？

提问三：我谈一下权利的平等保护问题，您界定时将许多非法律意义上的权利排除，您是否没有将权利的平等落实到现实？您使用的是实用主义路径，但法律的不平等并不能导致现实的不平等，这如何看待。

提问四：法律的(司法)冲突由科斯提出，可否通过市场、行政机关解决？法院的作用越来越大，人人可以说权利正当，但结果是稀奇与古怪的权利出现了，例如：知情权与不知情权，能否从更多的视角看？

提问五：第一，法定权利冲突，法定权利与道德权利很难区分，什么是法定权利？第二，范老师认为的矛盾我不以为然，利益的位阶是否意味着权利的位阶？这是具体判断的问题。第三，范愉老师认为主体间不平等，我认为对弱势的保护着眼于平等而非相反，我觉得平等主体没有被颠覆。

提问六：一般利益优先考虑，特殊利益充分考虑的原则，如何充分保护少数人的和个人的权利？能否得到保护？从经验上看，多数人暴政都是在对少数人保护的基础上产生的，个体权利究竟置于何处？

刘作翔教授的回答：

第一，范愉老师与我的思路不谋而合。我说的其他种类的权利在诉讼中无意义，是指在中国的背景下其很难得到法律支持，极个别才得到支持，且是缘于突破现有制度，不能作为判断司法总体的依据，对未来立法的作用非常大。我说的有无意义是对法官的判决而言，现在总体是依法司法。

第二，权利种类和权利主体。社会利益不是权利，利益需要转化为权利。社会利益优先是一个原则，要具体操作就现象化了，抽象问题谈不清楚，要在具体的案件中去谈。权利无大小，但有平衡，要依据很多理由来选择，社会利益是抽象的，但归结到每一个人身上则是具体的。

第三，主体从不平等到平等的过程。矫正理论我认为包括在平等理论里面，弱势群体保护是形式平等向实质平等努力的一种趋势。我认为一旦立法保护，在司法中就不能再对其区别对待，当然，立法也是原则性保护。残疾人也可能是侵权人或犯罪人，我们就不能说他属于弱势群体而给予特殊保护。那么，立法中能否做到主体平等以及怎样理解优先性问题，就涉及了利益衡量与权利平等的衔接。两个 RIGHT 的提法也提醒了我，但我强调的是合法性与正当性是相互照应的。法本身是有局限性的，我将道德权利仅看作当事人的一种认识，具体还需要法律的界定。

第四，乞讨是不是权利，可以上网看看"职业乞讨人"的调查，可能会发现相关问题，有相关规定，英国有案例。

最后，法庭在没有法定权利时怎么办？它可能会考虑非法律意义上的权利，再次强调我国的制定法传统。

朱景文教授点评：

权利有冲突就必然有选择，有优先性问题，由此推导出是否存在权利位阶问题。那么是建立在庞德的利益体系上还是刘教授的具体分析上？价值取向上的集体主义、个人主义都要考虑，任何一种客观存在的权利，价值体系都值得怀疑。刘教授把个人看作孤立的并以此作为分析前提，如换一角度，利益既有冲突又有联系，后果怎样？等级制是典型的男权社会分析方法，在女权社会，我们既有优先，又有补偿。在司法实践中，我们要看到冲突，也要看到合作。

刘教授提出的很多问题，值得我们进一步思考和探索。

法理学前沿问题

——与苏州大学法理学专业师生的座谈记录*

主讲人:刘作翔教授

主持人:周永坤教授

参加人:孙莉教授、胡玉鸿教授、周安平教授、于晓琪教授和法理专业博士、硕士研究生

时　间:2005年12月19日

地　点:苏州大学王健法学院二楼会议室

主持人:今天我们有幸请到了中国社会科学院法学研究所法理研究室的主任刘作翔教授。刘教授是我们中国法理学界的著名专家。我们和刘老师的友谊近20年了。1985年那个时候他还在读研究生,我那个时候是青年教师,现在不行了,头发没了。(笑)那时候我们开了一个中国中青年法学家会议,啊,不是,青年法学家会议。现在想起来,那个题目简直是太夸张了。我(当时)法理学刚刚入门,我在那个会上认识了刘老师。刘老师治学的方法非常严谨,(他)是我很钦佩的一个朋友和学者。这个活动要达到两个目的,一个就是向各位同学介绍刘老师,将来建立一种友谊,你们就可以和刘老师有更多的接触和交流。研究学问一个很重要的东西就是要有朋友、要有老师,学而无友则

---

* 本文是作者受邀于2005年12月19日在苏州大学王健法学院二楼会议室与苏州大学王健法学院教师和法理专业博士、硕士研究生座谈会记录全文。周永坤教授和胡玉鸿教授为此次座谈会安排了现场网络直播,这是我在座谈会结束后才得知的。恰因周教授和胡教授的周到安排,这次座谈的内容才得以保留下来(我是在网上看到此文并下载的)。感谢周教授及胡教授的邀请和安排,感谢为此次座谈会现场打字、记录、整理的同学。——作者注

孤陋寡闻。像我这样的属于在苏州比较孤陋寡闻的一个人，我尽量使自己少孤陋寡闻一些，所以我想结识像刘老师这样的北京的大家，同学们将来就通过这样的结识私下里找刘老师去讨论一些问题。刘老师反正年轻力壮，你们到晚上在房间里和他讲到两三点钟，他都没有意见。这是一个目的，另外一个目的更多的是学术上的，我们要讨论一些法理学的基本问题。法理学在中国是一个很有意思的学问，它是介于意识形态和实用的法学理论之间的一种东西，在中国的研究一方面有很多困难，另一方面又有很多机遇。接下来我们想避免就某一个单一的问题来讨论，我们要更多地就法理学本身的问题来提问题，刘老师来回答。我们要充分利用这两个小时的时间，使我们涉及的知识面更宽一点、广一点，你们在自己学习法理学或研究法理学的过程中有什么样的问题都可以提出来。好，接下来的时间交给刘老师。

刘作翔：首先要感谢苏大法学院领导的邀请！我觉得这个形式是很好的，希望大家提出一些问题，我们进行平等的交流和座谈。周老师自我们认识20年来，他是我非常尊敬和景仰的一位兄长。他在学术上几十年来一直保持着这样一种批判精神，这样一种火气不减，是我们需要学习的。因为我们中的有些学者随着年龄、阅历的增长棱角被磨掉了，而周老师这种锐气一直没有减，这是我个人一直觉得应该学习的地方。

法理学研究的热点这些年也有一些综述，比如说2004年热点、2003年热点，由不同的学者做的。它是年度性的，包括出版的著作、研究的问题以及观点，另外朱景文老师和人民大学叶传星他们也有一个2004年的综述。我想我们不一定讲这些问题，大家最好能够提出问题来，你们觉得需要讨论的问题，或者有所疑惑的问题都可以拿来讨论，当然我们可能需要一个引子。这几年法理学讨论的问题非常广泛，司法改革问题、全球化问题、法律现代化问题、后现代主义问题。比如说现代化和后现代怎么去正确处理它？中国面临的是什么问题？中国面临着现代化的问题，现代化就是主要解决法律的现代性。但是自后现代思潮介入之后，法学怎么样来看待它？它的积极作用、它的消极作用在哪里？这都需要我们去思考。

另外有一个命题：法律全球化。这个命题在2003年人民大学开的专题研讨会上遭到了沈宗灵教授的严厉批评，他认为这个命题很迷惑人。法律能否做到全球化？我同意他的观点。因为这里有一个很现实的问题，在主权国家存在的前提下，法律怎么全球化？美国的法律中国能用吗？中国的法律美国能用吗？讲法律全球化主要讲国际规则。国际规则现在越来越多，但它能不能成为法律全球化的前提？当然，这个提法现在很时髦。这几年可能是因为年龄大的缘故，我对一些时髦的命题非常警惕。警惕的原因是什么呢，就是说它需要论证，不要轻易就拿过来，你自己要思考这个命题是什么内涵。可能在这一点上我和周老师不一定完全一致，这都是很正常的，我们都可以讨论。法律全球化是我们在制造一种乌托邦，因为国际规则还有一个效力的问题。签署了当然要执行，但它是一个软约束。国际规则在我们人类生活的规则体系中占多大比例？它能够取代现有的主权国家范围内的法律对人们生活的作用？它的作用在多大程度上影响到人们？有时候我们容易简单地给一些命题贴标签，你是保守的、我是激进的。现在我对这些东西不认同，我们要分析，我最喜欢分析，不管你提什么样的观点，你要分析、你要论证。分析得有道理，至少可以启发我们思考。

我今天还在想另外一个问题：比如说一个人剽窃别人著作了，被剽窃方提出私了。私了要多少钱呢？比如说提出 3 万元、5 万元、10 万元、8 万元，甚至上百万，会不会对剽窃人构成欺诈？在美国因为吸烟，你可以向法庭提出上亿元的诉讼。这无非就是：一种是向法庭提出的，是“公了”的手法；一种是私下提出来的，是“私了”的手法。而有时候是侵权人主动提出私了的，因为他侵权以后处在一个被动的地位，尤其涉及一些道德层面的问题。侵权行为有些和道德相联系，比如剽窃著作，剽窃、抄袭和道德联系非常紧密，这是一种情况。有时候是被剽窃人先提出。更严重的还有犯罪行为，比如强奸妇女这样一些行为发生以后是公了还是私了？这在农村很普遍，我们的看法是问题的性质确实比较重要。划界，如果这属于犯罪，不管哪一方提出私了，都可能会产生逃避国家刑事责任惩罚的问题，双方可能都会承担一些责任。如果说数额很高就构成欺诈，那无非就是说向法院提出几亿元、几千万元的诉讼都可以，那么是不是说私下提出就构成欺诈而公开提出就不成欺诈了？庞凌老师提出的这个问题给了我们很多启发。

还有一个案子，一个女贪官在承担刑责后提出名誉权受侵害。因为她在监狱中看到了一篇报道，提出她和多少男的鬼混，法院查实以后，没有这些事情，只有一起曾经有过不正当关系。她提出一个很高的索赔，最后法院判赔 20 多万元。这是一个民事问题，如果她不向法院提出来而直接向报纸提出来是不是就构成欺诈了？因为她把这个权力交给了法院，是不是只是提出的方式不同，行为的性质就变化了？这个问题会令我们产生许多联想，我喜欢这样提出新问题，它可以促使我们一步一步地往下解答。

现在还有立法问题，中国的法治从大的方面来讲就是走什么路线的问题。

这是一个老问题了，从 1996 年到现在，有些人批判我们现在依法治国走的是一种立法模式的路线，就是以立法来作为一种调整社会的主要规范依据，然后其他的跟进。这几年又认为光靠立法也不行，有很多原因。一个是立法永远处在滞后的局面，立法或者法律的滞后性，它不是一个缺点，而是一个特点。所谓特点就是它本身不能克服的。第二是有人认为立法过多，这个判断我们可以讨论。判断立法多与少的标准是什么？立法的多与少要跟社会需要结合起来考虑。只要是社会需要的就不存在多的问题，我们的立法要真正比较起来根本还是不够的，空档很多。就是在这不多的立法面前，法律执行情况更加不乐观。由于法律执行得不好、实施得不好，人们反过来对立法产生了一种怀疑，这些立法有没有用？去年著名的“苏甘”事件中，在面试时周旺生老师提出一个问题：中国的法院有多少法律被适用？他在几次会上甚至几年中都在谈这个问题。他认为中国法院现在施行的法律大概有 30%左右，其他的法律全部都是没用的。这个判断就涉及很多法理学的命题，比如说大家这几年说法律要具有可诉性。可诉性，我们将它理解为一种可能性。法律制定出来，一旦有纠纷，我们就能够到法院去诉。这样来说它应当被视为法律的一种特征，但是法律的实施方式非常多样，比如，许多法律可能是被公民遵守的，许多法律是被行政机关执行的。这涉及到底怎样去判断法律？周老师的观点存在一个误区，他认为被法院实际适用的法律才叫作法律，这样一种判断可能就有问题。我们说法律的可诉性实际上指的是一种可能性，不是所有的法律都要被法院用一次，把这个作为判断好法和坏法的标准是有问题的。他向甘德怀提出的就是这个问题，因为甘德怀在法院干过。我们需要思考这个问题本身能不能成立。法律除了被司法适用的，还有被公民遵守的、机关遵守的，即整个社会规范层面的这些法律。我们一般讲，立法远远没有满足社会需求，但是这些已经制定出来的法律在社会中执行得又不是太好，所以我们才反过来对立法产生一种批判、一种质疑，比如我们的立法太多了、立法太脱离生活了，等等。我个人有一个研究心得，就是不做大判断。比如说立法多了还是少了，立法是有用还是没用，我们要进入立法里面去分析，不要停留在感觉上。要回答这么严肃的问题，我们必须回答比如说哪个法律脱离生活了，我们在里面去找，我们真正能找出来。比如我们研究法律冲突，必须把条款找出来，否则只是空说。

这几年的经验告诉我，有些问题找法条找不出来，必须通过案例或者通过实施的过程才能得到。河北有个农民叫王淑荣，在涉及的一起事件中她觉得河北省的一个土地方面的地方性法规和国家的法律不一致，然后她给全国人大常委会写了一封信，把她这个意见谈了。全国人大常委会接到这封信后也进行了认真的审查，确认她反映的问题是对的，这样就按照人大组织法的程序把这个问题纠正了过来。全国人大常委会有权责成下一级制定机关作出改正，河北省也接受了这个意见。它不是在法条里面被发现的，而是从生活当中发现的，所以我们不要做大的判断。

我们现在讲究实证，也就是说话要有依据。但我们作实证也要非常警惕，实证方法有时候运用不好会超脱不出来，你必须要能够驾驭它、抽象它。所以有时候我觉得法理学挺有意思的，过去我们论题性的研究、宏大话语的研究，我们现在面临着一个转向。这种转向并不是说我们不关心宏大话语，而是说我们的生活已经进入了一个要求论证的时代。所以，我为西南政法一本研究生刊物写的卷首语，大体意思就是我们现在进入了一个精细化、技术化、制度化的时代，不能再停留在大话语上面。大话语指导我们研究的方向，但我们如果要真正作出一种有说服力的解说——学者无非就是要解释实践，我们需要一些来自生活的实证材料。我们需要用事实来说话，我们不是停留在对事实的辩护上，而是用来解释我们想解释的问题，这就涉及了研究方法。许多同学也注意到我这些年有所转向，西南政法的同学问我这些经验性的研究对中国法理学到底有多大贡献？这也是西南政法的一个传统，就是讲完之后找三四个人反驳，一般是老师、博士研究生，一句好话都不让讲，专门提问题。这是个很好的方式，但是对提问者来说，难度也是相当大的。对这个问题，我谈了我的看法。我不把它叫作经验性研究，过去讲经验性研究带有一种贬义，认为这就是就事论事，实际上不是这样。我更愿意把它叫作“实证性分析”或者来自实证层面的分析，即说话要有依据，理论问题没有依据也是很难说清的，我们不是为了论证事实而研究事实，而是从事实中抽象出原理性的、理论性的命题和分析过程。做实证分析实际上是很难的，不是简单的案例分析。第一是要搜集材料，这就是一件很艰苦的事，它要靠很长时间逐渐地积累。一本案例书是提供不了你想要的案例的，生活中新事物不断发生，而法律的滞后性决定了它不可能及时跟进。对于新事物，如果你是一个敏锐的人，你会对它感兴趣的。你会从新事物中思考问题，首先是发现问题。同样一个案件，不同的人有不同的感受。这源于不同的知识积累，有不同的积累，发现能力也就不同。

在法律方面，这几年新类型的案例很多，比如说河南平顶山市的周女士提出的妇女同龄退休的劳动仲裁案，这个事情是个老问题，根本不新鲜，每年人大开会都把它作为专门议案，而且《妇女权益保障法》、《公务员法》在修改过程中都将其作为重点讨论的问题。但在这之前同龄退休没有一起案例，当然仲裁肯定是不会胜的，因为仲裁委没有权力对国务院的条例进行仲裁，即使提起诉讼，在目前的体制下也是不可能胜诉的，因为法院不能对国务院的条例作出裁决。但她是一个勇敢者，这是第一起案例，她认为不同龄退休不符合男女平等原则。这个问题在《公务员法》的修改过程中也争论得很厉害，最后请人事部的一个副部长出来，他没讲什么大道理，就是讲了一个就业压力问题。就业压力很大，如果写上同龄退休，那很多岗位就腾不出来，然后这个问题就搁置了。但就业压力为什么只让女同志55岁就退休呢？为什么不让男同志也55岁退休呢？这又涉及当年规定55岁是出于什么样的考虑的问题。当年作为保护妇女退休权的一个措施，有一个国务院关于安置老弱病残问题的文件。当年作为一个权利条款，现在则变成了妇女的义务了。

中国这几年有一个很有意思的现象，就是权利条款有的实际在向义务转，而有些义务条款在向权利转。这是从诉讼中提出来的，比如说赡养、抚养。赡养老人到现在为止在法律中仍定性为一种义务，但在有些诉讼中就提出"赡养权"这样一个概念，我们不能说它不是一个合理的要求。因为过去法律考虑普遍情况必须要解决这样一个普遍的社会问题，所以把它作为义务规定下来。但是现在有个别人要求对老人尽点孝心，他认为这是一种权利而非义务。还有离婚父母对子女的抚养，这是一种义务，在诉讼中又提出"抚养权"的概念，但法律中没有抚养权的概念，我们有监护，而监护也是双重性的。很多方面我们都面临一种转化。问题很多，我也不想占用大家很多的时间，主要是来听大家提问题，我和各位老师、同学一块儿来做一些讨论。

主持人：刚刚刘老师一下子就切中我们的主题，我们今天是从问题开始。刚刚刘老师已经提出了很多的问题，归纳一下主要有这样几个问题：一个是全球化问题，"法律全球化"有没有这样一个问题；再一个是判断法律的标准能不能用法律是不是被适用来作为标准，它有什么标准，是不是一定要被法院适用才是法律；再一个是关于经验研究、实证研究以及其他的研究之间的关系问题，刘老师是比较赞成实证研究方法对中国法理学的作用和意义。每个人的研究都有他自己的特点，每个人可以选择，但是从整个法学这个角度来看，实证研究和价值研究的关系是个重要的问题。再一个，刘老师提出研究方法要提倡精细地分析，少说大话，要从宏大语言的讨论走向精细地分析研究，我觉得这些都是很有意义的。还有关于现实生活中的权利条款和义务条款之间的相互转化问题，这是我以前所没有考虑到的。这些都是很有意义的问题，大家可以围绕这些问题提问，也可以就你所想到的另外的问题来进行提问。

问题一：今年在法大学报上发表了邓正来老师的“中国法学向何处去”的论文，他提出中国面临着缺乏法律图景这样一个现状。那么我们现在要做实证研究的话总得有一个法律图景的指导，在从价值分析到实证分析的转变中缺乏一个法律图景的话实证分析的路又该怎样走呢？

刘作翔：这个问题很深刻。对邓正来教授的文章我们参加过一次会议，专门讨论过，他主要是对20年多来中国法学不仅仅是法理学的研究状况作了一个反思，对四个类型的研究作了分析。他认为中国20多年来走的是一个西方范式道路，中国应该走自己的道路。他对法律文化、法条主义、本土化、权利本位四个讨论的焦点问题作了一些分析，认为中国走的是西方范式道路。我们问他说中国自己的道路是什么，他说我也没有答案，答案靠大家来想。但大家说你这种反思的研究本身也是西方范式，一个是这种概括是不是周全的，我们对他的东西也需要进行思考，不要沿着他这样一个思路去走。这样一个研究把20多年中国法学研究的问题都归为一种西方范式的结论是不是准确？20多年来我们研究的中国问题有没有、有多少、有哪些？实际上，20多年来我们法学研究包括这四大命题在内基本上都是和中国的问题相联系的。从你的角度或者邓正来的角度看要有个理想模式，然后为达到这个理想模式我们应该作一个什么样的研究。理想模式肯定要有，比如说法治国家、法治社会可能就是一种理想模式，然后这样一种模式引导着我们中国的法律和法学去运行、去研究，但是，每一种模式都是非常具体的，这样一种法治模式走什么道路。一个是对立法道路的批判，许多专家提出应该走司法道路。这两种观点我们都要分析。清末改制以来尤其是1949年之后，中国加剧了制定法传统的道路，判例的成分在法律结构里面基本上是没有的。这是我们的现实，这样一个法治传统结构想要把它轻易地转变过来是相当困难的。按照现在的模式，法治的进路基本上还是按照这样一种模式在走，即立法先导，其他的司法、执法、守法、监督这些环节都配套起来。当然这里面有反馈，比如说司法对立法的反馈。我们这几年有个很可贵的现象，就是通过司法来推进立法进步，这样的案例有很多。比如说“孙志刚”案，它成功不成功我们姑且不论，它废除了一个东西，然后建立了一个东西，我们不对它作价值评判，就是从形式意义上讲。还有重庆在校大学生结婚被开除案件直接导致教育部对大学生行为准则的改变，即把不允许结婚取消了。还有许多关于体检标准的案例，最后导致教育部2003年不得不把原来的“体检标准”变为“体检指导意见”，由原来一种刚性的标准变为指导性的意见，另外把权力交给学校。最近还有很多“学位”官司，至少有两起是学生这方胜诉了。这种胜诉不意味着法院支持学生的作弊行为、代考行为，而是因为学校作出的不授予学位的决定没有依据，这就是我们所说的“法治”。学校作为一个事业机构，要对公民基本权利作出一个裁决必须要有依据。这里主要有两种情况，一个是在学位条例里面找不到类似的行为依据，另外一个是按照校内的规章找不到相应的依据，这实际上是对“准公权力”进行调整，它的行为要有依据，即使一个内部规则，也要与国家的法律相衔接，至少不能相违背。所以说在规则体系内现在有两大难点研究得不够，甚至是空白的，最高层次就是政党法，因为它是个禁区，但现在这个禁区要被打破；从低层次来讲，我把它叫作“自制规章”，就是我们各个企业、事业单位、社会团体自己制定的规则体系。现在这方面的案例相当多，因为没有司法审查，在没有审查资质的情况下有时候我们不好作判断。过去比如说像学校的官司，法院根本就不受理——诉讼主体不合格。但是现在教育部有所松动，法院也接受了，实际上这是法院自己接受的一个理由——学校是受教育部授权的受委托机构。它还是事业机构，但是这里面有一个授权，这样大学的官司才被法院受理。这个判决出来以后又可能在社会上造成混乱，因为有一个是代考案件，一个学生找另一个学生替考，被发现，学校开除了两人。学生起诉学校，法院判学校败诉。它会导致一种误读，好像法院是在支持这种行为，因为学生胜诉了。实际上不是这样，这个案例的意义在于学校作出一个处理决定必须要有法律依据，没有依据的处理决定就是错误的。要求公权力行为也好、准公权力行为也好，只要是对公民的权利作出一种剥夺、克减、限制都要有依据。这样一来实际上对学校提出了一个很高的要求，学校以后在学生管理上就不会为所欲为，学校得雇法律顾问了。前两天在镇江的一个案子里面律师就起了作用，也是涉及考试作弊的，律师对学校说：“如果你硬要这样做，你肯定要上法庭，而且上法庭你肯定要败。”一没有证据，二学校规则里面也没有规定，要是硬要作出开除处分的决定，那最后上法庭肯定要败诉。

回到你的问题上，法律图景是个理想图景，但法律图景得具体化。如果你有兴趣，我建议你读读我那本《法律的理想》。我对“法律理想”中“理想”的界定和原有的就不一样，我这个理想是一种现实的理想。法律的理想和一般哲学意义上、人生意义上、社会意义上的理想概念，我是作了区别的。所谓“现实”，就是在法律的能力范围内所能实现的一个目标，它不是一个遥远的、不可企及的、未来的，我不把它当成一个未来的，而把它作为一个现实的目标。这样一来你这个法律图景就得现实化，比如说我们实现法治国家是多少年，21

世纪中叶实现现代化，是不是我们的法治国家也同步进行，这个当然不同的学者有不同的理解。我的理解就是中国确定的现代化目标和这个法治目标应该是同步的，因为这个理解就是建立在对“现代化”这个概念的理解上的，现代化这个概念里面本身应该有法治内涵。现代化实现比如说这 50 年我们要确立一个目标，这个目标的达成要一步一步来，不然我们也看不清目标的前景。现代社会的图景应该有一个目标体系，现代化本身有一个目标体系，当然这个目标体系主要是经济学、社会学研究得多一些。法治作为图景应该有一个现实化的目标体系，然后是为达到这个目标体系我们怎么来一步一步去实现它。比如说 2010 年形成中国特色法律体系，这就是一个目标，这个体系里面应该有哪些法律、这些法律部门怎么设立。人大常委会设立七大部门。过去我们在学理上各行其是，我们有十大部门的、有九大部门的、八大部门的，但自人大常委会定了七大部门之后，尽管可能它不一定科学，但它作为一个目标体系，现有的法律有多少？需要补充的有多少？到 2010 年之前应该建立一个什么样的体系？人大实际上是有立法规划的。2004 年 3 月人大常委会发布了一个立法规划，这个立法规划是至少那个时候它所预见到的中国法律体系应该增加的内容。规划里面将法律起草和修订的部门都写得很清楚，包括我们还需要修订和建立的法律 107 部左右。在我编的法律硕士的法理学教材里面，我觉得那个立法规划的材料非常好而且非常有意义，我专门把它作为一个附件放在法律体系一章的后面。立法上应该有个目标，执法上、司法上应该达到什么目标。最高人民法院提出“公正与效率”，这还是一个抽象命题。至于公正和效率的标准，既要有全国性的宏观的统计学的数字，又要有微观的个案的标准。法律图景需要的具体目标实际上本身就是实证的，我们对这个实证不要理解得太狭窄。凡是来自事实的，我们就把它看作实证。立法过程本身也是实证，司法、执法就更不用说了。法治图景呢，我们把它叫作价值目标不太准确，它可能是多元化的、不是单一的。对于一个社会来说，它应该建立一个体现多元价值目标的体系而不是一个单一的图景。目标本身就体现了一个价值的含量，想达到一种目的性的东西，然后围绕这个东西我们需要做大量的工作。必须做大量的实证分析，没有这个而光讲那些价值都是空的。

我在研究案例时发现一个很有意思的东西，同样的案件交给不同的法官结果不同。这是非常实际的，就是法官的理念指导着他的判案。比如王利明教授的一些观点直接影响到司法判决，但这个判决是错的。王利明教授讲，当新闻自由和公民的名誉权发生冲突的时候，公民应该优先保护新闻自由。王利明教授还讲到公民应该有一种忍受轻微伤害的义务。他的论点就在 2005

年广州天河区人民法院处理的"广州市侨房地产公司诉《中国改革》杂志社"的案件中得到了体现，法官叫巫国平。我详细分析了他的整个谈话过程，此案的起诉对象是中国很著名的一个杂志，当时的总编辑温铁军，是中国著名的"三农"问题专家，最后法院还是判这个企业败诉。这样一些理论直接影响到司法实践，所以我们不能忽视理念、理论、价值的作用。

有一个我早年收集的案例，就是中国石油建筑总公司规定，企业职工调离以后，企业按照规章要求配偶必须同时调走。这种案子全国有很多，我把它叫作"现代性的连带制度"。它没有把妻子一方当作一个独立的个体来看待，男的要调走，当然提什么条件都答应，写了一个东西，说我调走我的妻子也调走。法律专家就说这同丈夫把妻子卖掉没有什么差别，但他能不能处分别人的权利？这样一些案例在诉讼中、仲裁中连续败诉。我们就不理解，法院怎么能说这样的企业规章合理呢？上海静安区的一个案例，就是希尔顿酒店一个女的辞职了，她又应聘了另一家公司，这家公司正好在希尔顿酒店大楼里面办公。当她要去上班的时候，希尔顿酒店不让她进去，理由是希尔顿酒店员工手册第9条规定：凡是辞退辞职的职工，6个月以内不准踏入该酒店。她新应聘的公司说因为你个人的原因不能来上班，应聘就要作废，我们不能老等你，也不会出面干预。最后没办法她就到法院起诉，法院的裁决很好，说希尔顿酒店员工手册第9条是违法的，违反人身自由、劳动权等一系列的东西。我们就可以看出在不同的法官手里，由于他的理念不一样，最后导致判决不一样，对公民权利直接造成影响。所以我们不要把价值理解成空的、没有内涵的东西，价值是实实在在的，这是我从案例分析中感悟到的。如果我们不借助这些东西，在法理学研究层面就容易把它搁置化、高端化。公平、效率、秩序、自由，这些都是很实在的东西。

这也回到对法学的理解上，法学是一个实践性学科。1995年的时候我对教育部对法学的定性是不满意的，认为它忽视了理论法学和实践法学的区别。但是今天我越来越认识到对法学的这样一个定位是准确的，再高深的法理学命题、法哲学命题都有实实在在的内容，法学的特点决定了它的这种实践性。当然对这种实践性我们不要作庸俗化理解，我们要从哲学层面上去理解。这有助于我们理解高深的、抽象化的，或者哲学性的命题，尤其是理解法的价值。

另外我还想说的是邓正来提出重新解释中国的问题，实际上他想说明的是中国是世界结构中的中国。再往前去还能追问出什么东西来呢？有些东西原来是明白的，但这么一说大家反倒不明白，就是把问题复杂化了。中国这个概念，至少大家谈到时不是太难理解，我们非要把这个概念解释得大家越听越不明白，那实际上不符合学术研究的意旨。如果真能追出一个什么新东西来，这个新东西能够为大家所信服、接受，也是学术上的一个进步。中国是世界结构中的中国，再往前去追不出什么新东西来。当然，他的表达比较曲折，用我们的大白话说就是中国和世界发生联系，今天的中国已经不是封闭的，已经是世界大家庭中的一员。但我们在注意到这一点的时候还要注意到中国还有很多自身内部的事情，不是说每一件事都会跟世界发生联系，当然你要说服装、食品啊都是进口的，那样牵强附会也可以，但是至少有些问题包括法律层面的问题也是我们内部的问题，是可以进行研究的。我们喜欢分析问题，就是多动点脑筋，不要太轻易地接受一种流行的东西。这是我的看法，谢谢！

问题二：尊敬的刘作翔老师您好，我是周老师的博士生李卫海。权利冲突问题是法理学的一个核心问题，前几年您一直关注这个问题，而且写了大量的文章。您认为权利冲突是两个主体之间合法权利的一种对抗和碰撞，当然，有平等主体之间的一种冲突，也有不平等主体之间的，比如公权力对公民私权利的一种限制问题。我的问题就是权利冲突问题和西方的已经承认的权力限制问题是不是同样的一个问题？如果是的话，那么请您谈一下权利冲突在解决的过程中有没有一种审查的标准或者解决的标准？如果说不一样的话，那么请您谈一下西方对权力限制审查的理论模式。

刘作翔：在对权利冲突问题进行研究的过程中，郝铁川教授发表了一篇文章，就是说权利冲突是个伪命题。他在写这篇文章之前还曾经和我打电话讨论了很长时间，我们当时主要讨论了权利位阶。权利位阶这个概念能不能成立，我觉得是可以讨论的。说权利冲突是个伪命题，他的观点主要就是所谓的冲突问题都可以在法律层面得到解决，因而权利冲突根本不存在。这个观点我觉得太简单化了，当然这个观点得到了郑成思教授的支持。郑成思教授在《法制日报》的一篇文章里、后来在《法学》的一篇文章里都曾说：我同意郝铁川教授提出的问题，权利冲突是个伪命题。那么郑成思教授为什么会这样说呢？因为在知识产权学界，权利冲突是一个核心性问题，比如说商标、商号、专利之间经常打架。一个老字号，它都运行几百年了，但是它没有商标意识，它不去注册，结果让另外一家去注册了。它说这是它的商号，但是人家说你没注册。这样的问题经常存在。有的人认为这是一种权利冲突问题，但是郑成思教授认为这根本不是权利冲突问题，而是权利限制问题。郝铁川教授的观点里存在两个问题，至少他思考得不太严密。第一个问题，说“所有的问题都可以通过法律去解决”。我说我就给你讲一个案例，你根本没有办法回答我——夫妻生育权冲突。夫妇两人，男的想要孩子，女的不想要孩子，两个都不退让。这种情况法律怎么解决，我们所说的“解决”不是说在法律的能力范围内解决一个愿意生孩子、一个不愿意生孩子的问题。夫妻生育权冲突的典型意义就在于生育和不生育都是合法的、正当的权利，怎么去解决它？有一个案例，女的没有告知男的就去堕胎了，结果男的知道以后特别气愤，就把女的起诉了。有人说这个男的应该起诉，实际上至少就基本事实来讲他根本是不会赢的。因为《妇女权益保障法》里还有一条，生育和不生育是妇女自己可以决定的。当然为什么能决定，那是另外的话题了，比较复杂。在自然条件下怀孕的肯定是妇女，男人不能怀孩子。像夫妻生育权的冲突，是一个典型的权利冲突现象，双方主体的权利都是正当性权利。法律不可能要求一方生育，或另一方接受不生育，怎么办？最后法院只能判决两人离婚。这是第一点。

第二点就是他以为我们的法律就像万能的上帝一样把所有的问题都规定好了。他忽略了在制定法国家首先是权利确认。在完成了权利确认以后，生活中的问题不断发生，采取寻找解决（权利冲突）问题的法律标准，比如说知情权与隐私权、噪音污染、相邻权，许多问题不是说法律把什么都设计好了，而是在发现问题之后再来寻找解决问题的办法。而至少在寻找过程中，在立法层面它就是个问题。比如说噪音污染，在物质生活条件比较匮乏的条件下，大家都不太在乎这些事情，但现在生活（水平）提高了，大家就比较在乎这些问题。不错，有许多问题可以通过法律去解决，但是，至少在解决过程中，它就是一个现实的问题。另外，判断一个问题是真命题还是伪命题，我们得有一个标准。现在有些人动辄说伪命题这样的话，我说我们要谨慎，要首先把标准明确。标准怎么确立？我个人认为只要是生活中存在的、发生的、或者解决、或者没有解决的问题都可以作为一个问题存在，当然问题的（学术）含量、问题的价值、问题的走向怎么样，那是另外一个判断问题。我们的标准就是生活的真实性、存在性，离开标准这些问题怎么去谈？我们自己心目中应该有一个标准。

所以权利冲突命题本身就包含着一个命题，这是我非常关心的一个命题，因为权利冲突研究到最后是要解决我们权利理论里面“权利的限度”问题。它是非常重要的问题，但是没有引起我们法理学界的重视。徐显明教授在一本教材里写了“权利的限度”，他写的“权利的限度”我觉得有些东西是有问题的。我对“权利的限度”的解释是权利的空间和时间，他也是从时空方面解释的，但是他的例子有问题。他这样解释时间问题，说选举权平时我们没有，只有在选举的时候权利才出现。这个理解我觉得有问题，他混淆了法理学上法定权利和现实权利区别，或者叫法定权利和权利的实现。他在解释权利的空间概念时说，北京的不动产只能在北京这个空间里发生权利的转移和交易，而北京以外的人就不能对它进行转移和交易。那这个问题就更简单了，现在全世界的人可以到任何一个地方，只要是市场机制的，不管是动产还是不动产，都可以发生交易。我们所说的“权利的限度”就是说每一项权利都是有时间和空间范围的，一旦离开这个时空条件，就可能存在问题：一个是它可能就不是你的权利了；一个就是可能要发生侵权行为甚至违法犯罪行为。“权利的限度”是建立在合法性、正当性的基础上的，合法性、正当性是权利的本质。而且对权利限度的理论研究到最后会涉及一系列的权利行为标准，我们把它叫作侵权标准。许多问题讲不清，最后要寻找标准。比如隐私权和知情权冲突，这里面案例很多，像青岛市一个妇女做人流手术，结果医生带了一帮实习学生观摩，这个妇女就觉得侵犯了她的隐私权，然后就起诉了。医院的教学也是带有公益性质的，它侵权不侵权，这就需要判断。最后法院还是判决医院要承担责任。尽管它是公益性质的，但因为它一是没有告知患者并得到患者同意，二作为教学单位没有给患者观摩教学方面的任何报酬。另外我想到一个问题，就是患者的义务，当一个病人住进医院，他有没有被观摩的义务？这样的标准是根本找不到的，所以如果我们从权利义务这个角度来理解它，应该是可以解释通的。同样的情况，美术学院的模特儿为什么不会起诉美术学院呢？它满足了三个条件：一个是你是自愿的，另一个你是有报酬的，第三个它是一种职业需要。关键是医院可以采取另外的方式，比如说告知患者并取得患者的同意，然后付酬，满足了这些条件之后呢，它就不存在问题了。所以，即使可以通过法律去解决权利冲突，也得一步一步去进行。至少在这个过程中，权利冲突问题就是存在的。

关于平等主体和不平等主体问题，目前权利冲突我们还是把它界定在right之间。因为严格来讲，它应该不涉及公权力这一块。但是我们的案例涉及了一两个问题，比如说银行执法权和公民储蓄权这个案例，银行很难讲它是一个公权力机关，它和大学有点类似。它有执行法律的义务，有一系列条款。涉及储户，男的死了，女的拿存折去取钱的时候取不出来，要办一系列的手续，花很多钱，178块钱要花360多块钱作死亡公证、死者父母放弃遗产的公证。但是在我看来，权利冲突已经绕不开公权力这样一个问题了。公权力和私权利问题可能是另外一种性质，权利冲突里面大概涉及的就是类似于大学、银行这样的机构，它不是典型的公权力侵犯私权利那些案件，而是接受授权、委托之后比如说像事业机构、社会团体这样一些机构和公民的或者企业的私权利

发生的冲突。我们可能以后绕不开这些问题。典型的国家机构侵权，那是另外一个需要研究的问题，可能还不好简单把它拿过来

审查标准也有一些，我们提出了比如权利平等原则。这是我们这几年一直在呼吁的，这个问题太严重了。还有像社会利益和个人利益怎么处理的问题，我个人提出，肯定要承认社会利益。社会利益肯定是有的，但是社会利益通过什么途径去解决？应该通过立法的方式，不能建立在个人自由裁量的基础上。自由裁量往往很危险，我们现在已经发生大量的以公共利益为名来侵害公民权利的案例。公共利益并不意味着我们认为权利有一个优先性，社会利益是对整体社会利益的表达。我举的最典型的例子就是"9·11"后美国、法国和许多国家采取的反恐措施。这些反恐措施其实就是对公民日常生活不受侵扰的权利，但在反恐法案里面就要受到一种限制、剥夺和克减，但它必须通过立法的方式来实现。中国最典型的，一个是计划生育，它是对于公民作为自然权利的生育权的一种限制，我们不能叫剥夺。中国的人口状况决定了它必须要走这个路。相反在一些人口少的国家，它鼓励生育。不同的国情有不同的选择，所以说法律不能一概而论，不能说我们采取计划生育就是违反人权，他们鼓励生育就是张扬人权。一个国家的权利问题、法律问题离开这个国家来讨论，是很荒唐的。再一个就是"非典"，它给我们提供了一个很好的案例。如果我们不承认社会利益，就无法理解为什么"非典"期间对重症病人要在医院进行强制性治疗，为什么传染区的人们要被强制隔离。当然有的人认为这是违反人权，实际上这是对公民正当权利的一种限制。不限制行吗？像禽流感问题，世界在某种意义上已经进入到全球化时代，这是互相影响的时代。最近吉林的化工厂爆炸以后，污水就流到了俄罗斯。尤其是疾病，不采取措施是不行的，它危害更大。这个危害倒不是说特指哪一个具体的人，它是指整个社会，如果不采取措施，每一个人随时都有可能卷入其中。所以从这些角度来看，大家就应该能够理解社会利益。当然，有些对权利持极端观点的人认为所有这些措施都是违反人权的。当然你可以有你的观点，我们可以讨论。权利限制这个概念我是不太认同的，至少在解释权利本质的时候我用权利限度。权利确实有个限度，但限制呢，它可能是来自外部的一种制约，而限度的概念是内生的。我过去在解释公权力的时候用权力限制，私权利有没有限制问题，我前些年是不用这个概念的。自研究权利冲突以后，我认为权利确实存在一个限度的问题或者限制的问题。这个限制是什么意思呢？就是权利行使者应该在权利的限度内来行为，来行使或运用自己的权利，不能够越界。因为限度本身表明了它有个界，越界了可能就会触犯其他的东西。

第三个就是一般利益和特殊利益的问题，它与第二点接近，但不完全一样。因为社会利益是社会整体的利益表达，特殊利益倒不代表整体性，它代表一种个体性、特殊性，一般利益代表一种一般性。比如游行示威和交通畅通的问题，我们每天上班就有一个通行自由的权利，我们应该不受阻碍。当然，堵车是另外一个问题，就是不受人为状况的阻碍。但有人要游行示威，也是一种合法的权利，他要抗议政府、抗议某个事情。这个时候，游行示威和通行自由就要发生一种冲撞，需要法律规制。游行示威代表一种特殊的权利需求。游行示威在现代国家都不是随意可为的，它需要法定的管制方式，不管在美国还是(其他)西方国家，按法制的方式运行，比如说政府通过适当的方式提供保护，划定地域、时间。行人的通行自由是一种一般的自由，不能让游行示威来影响这样一种自由，更严重的是不能为了一个诉求去堵铁路、堵公路。实际上游行示威在有些国家已经有非常理性的方式——游行、示威、集会这样一种方式，大家都很遵守秩序地来表达自己的诉愿，就是把它作为表达自己诉求的一种方式。游行示威者要明白自己不是要达到目的，游行示威是提供你表达自己诉求的一种方式，它是一个表达方式，不是说非要达到什么目的的一种方式。在我们国家为什么对游行示威禁止得这么厉害呢？主要原因就是作为游行示威这一方把它变成了一种非达目的不可的一种方式，这就比较麻烦，最后可能会引起冲突。比如说我们看香港的一些游行，它就是在规定的时间来表达一种诉求，该让政府知道的让政府知道，该给的请愿状给政府，然后该结束的时候就结束了。我们说理性化就是这样。但是我们长期采取一种堵的办法、不开禁，然后呢，游行示威就变成了一种强烈的对抗性方式。游行示威不是全部都是理性化的，像法国司机往往就是采取堵公路的办法或者把加油站给你堵掉，加油站一堵掉对法国非常致命，油加不上，他们肯定就寸步难行了，因为他们都靠汽车代步。然后有时候地铁一停、机场一罢工，它变成以罢工代集会游行，不是一种单一的方式，但主要是以罢工形式出现的。一旦罢工，整个社会就瘫痪了。油站加不上油，道路上给你横上一辆那种大的集装箱车，道路就被全部堵了，而地铁再一停运，运输一瘫痪，整个社会就瘫痪了。对方就谈判，最后还是要通过谈判机制来解决问题。最后资方或政府方和罢工这一方坐下来还是要谈的，那就是条件的问题，最后又涉及条件。所以特殊利益和一般利益应该有一个法制的调解方式，不是说靠你自己来怎么去协调。有一个命题我们也可以考虑，就是“一般利益优先”，首先要考虑到大多数人权利的行使，然后还要兼顾到特殊利益的这种需求。游行示威也是法律所给的权利，也要满足这种需求。但是有一个原则，我越来越喜欢把它叫作“帝王原则”或者“帝王条款”，就是一个人在行使自己权利的时候不得侵犯他人的权利，在中国再加上社会和国家的利益。这样一个原则虽然抽象，但它应该是一个判断标准。那到底侵犯还是没侵犯，可能就要靠细节判断了，这就又涉及了侵权标准问题。许多案例实际上都是在细节上做文章。

问题三：刘老师您好！我想问一个关于全球化的问题。首先在问这个问题之前，我想说一下我这个问题的前提，我理解的全球化应当是一个世界法化，即世界法律的趋同，就是全球的个人处在一个统一的法制之下。刚才您讲的法律的全球化，实际上是要求大家讲究国际规则。如果用全球化的目标来讲，这是等级比较低的一种全球化。在我现在看来就是，在全球的经济一体化和政治一体化的趋势之下，您讲的这种遵守国际规则的全球化是否是对目前中国法律与世界法律的趋同，或者说政治一体化和经济一体化所带来的这种法律一体化，会不会产生一种阻碍作用？法律一体化，比如说像欧盟的宪法，虽然还没有实现，但会不会对这种法律一体化产生一种阻碍作用？

问题四：刘老师，您就全球化讲了三点：第一点就是，全球化，美国的法怎么可以在中国来用，我觉得从字面意义上来说，它肯定不可以用，因为这是不同国度的法律，但是不能排除在民事纠纷——美国和中国同样有民事纠纷、刑事纠纷，同样有我们的政治制度——这些它们具有共通性；那么还有一点，就是刘老师您刚才讲到的全球化存在，主权国家是不是有可能实现，您刚才强调的是这一点，那我想问一下，就是当时奴隶主对奴隶也有一种主人的权力，那种权力也是绝对的，但是它也不能排除奴隶国家在奴隶主和奴隶之间的一种关系的调和，就是说在这之上它还会有，是不是主权国家之上它还是会有一种权威性、共同性？还有就是刘老师您刚才讲到的国际规则，按您刚刚的理解，我对它的理解就是法律全球化这点我们不谈，我们有国际规则在，但是国际规则有没有效力又是个问题。那我想，就像刘老师刚才讲的，法律它适不适用不能作为法律判断的标准。那国际规则它有它的承诺的效力，它有它的权威性。如果它不适用，是不是就代表它不是法律？那我想归结到最后一个问题就是说，在法律全球化中我们到底对“法律”这个概念怎么定位，是不是一定要有强制力还是人们相互之间的一种规则。谢谢！

刘作翔：好，非常好的两个提问，问得都非常到位，问题也非常尖锐，我想还是分别来谈谈我个人的观点。你提出全球化就是世界法化，我觉得这是个乌托邦。这个问题实际上也不是今天提出来的，过去许多西方学者也提出了世界立法的问题，凯尔森就提出过世界法化，可能吗？我们自己先想想，可能吗？我无法想象。当然你说可以把它作为一个未来的、很遥远的、我们甚至看不见的一个图景，那个会不会实现？也许随着年龄的增长我变得越来越现实了，对未来不去作预测。我们现在对共产主义的认识就是把它看作一个理想、一个对美好社会的追求，但它能不能实现？它有可能实现吗？所以你说的整个世界都在一个统一的法下来行为，按照马克思的学说，如果真正出现那个情况的话，也不需要法律了。国家消亡了，还要法律干吗？我觉得可能这些年对马克思的国家学说你们不太接触，马克思这个国家消亡学说是对未来人类发展的一种预测。未来国家要消亡的，国家消亡以后法律要不要？过去我们法理学少不了讨论这样一个问题，周老师知道，就是法的产生对应着法的消亡。现在我们写教材，至少我写教材不写这个问题，我觉得它带有一种宗教色彩。我们怎么可能预测未来呢？我们对那么远的未来怎么可能去预测。对于预测学的东西，我们不要给予太多的投入和关注，托夫勒的未来学其实也是在讲现实。西方的未来学不是讲我们观察不到的，都是很近期的，或者叫短期的，不是太长远的。所以我个人是无法想象统一法制这样一种情况，理由还是你们所批判的理由，就是主权国家、民族国家的存在，这个是不可否认的事实，它决定了全世界不可能有一个统一的法制体系来作为大家的行为模式。首先发展的不平衡就决定了这一点。现在我们仔细看看全世界的发展是处在一个什么样的发展阶段，不同的洲不同的国家是处在一个什么样的发展水平上。湘潭大学胡平仁教授到太平洋一个岛上待了一年，写了一本书，介绍了这个岛的法律制度和习惯，挺好的一份材料。我们再看看非洲，那些不发达的地方的生活。法律是什么？法律是生活的记载。马克思讲法律没有自己的历史，有些老师对这句话很不买账，认为这句话是错的。我说它有深刻的道理，法律没有自己的历史，所有的法律都是为生活而产生的、为社会而产生的。离了生活、离了社会，法律还有什么意义？它的规则体系是来自于什么？有没有纯粹的法律和生活不联系的？也有，立法法，它专门就是来解决法律问题的法律。但所有的实体法也好、程序法也好，都是和生活相联系的。所以从这个意义上讲法律没有自己的历史是一个深刻的表达，是马克思在《德意志意识形态》里面一个最深刻的表达。有人说那样就没有法律史了，那是另外一回事。我们讲的是法律的本质，这涉及我们对法律的认识，法理学的一个本质性命题——法的本质问题。我们不去讲法律的阶级性，法律就是离不开社会、离不开生活，法律就是从生活中产生的一个东西。既然这样，人类目前还存在那么多样化的一种情况，现在文化上，实际上全人类、全世界倡导的都不是统一化，而是多元化。为什么是多元化？经济全球化是一个不可阻挡的现象，它是个社会现象，但是文化形态非常复杂，它越来越多元化。随着生活的变化，（它的）模式越来越多元化。像我们这些已经进入中老年的，和年轻人就大不一样。生活是多元化的，而法律是个规则体系，这种规则体系离不开人的意志。当然不是说全部归为意志，它是一种社会需求、社会实践和人的这种文化的作用的结果。所以在主权国家、民族国家以及全世界还存在这样一种丰富多彩、多样化的生存方式和生活方式的前提下，怎么可能有一个统一的规则呢？这种统一的规则我们不是说否认它的存在，而是说它在我们的生活中到底能占多大比例呢？

另外这位同学提出美国和中国的法律（适用）的问题，实际上这是个冲突法问题。为什么说是冲突法问题呢？就是说发生涉外案件了，就要通过冲突法去解决。你这个问题恰恰解释了不可能有统一规则。比如说中国的官司要到美国去审理，适用什么法律？可能按照属地原则，这官司要适用人家的法。如果说美国的官司涉及中国，按照管辖原则要按照中国的法律来审理。这首先就说明了它是不一样的，当然这里面肯定有一样的地方，但是至少你是在不同区域、国家按照不同的规则审理。你的判决书最后总不能说中华人民共和国根据美利坚合众国的法律，必须根据中国的某个法律来判决。那这个法律之间的差距就更大了，我们就不去说了。另外，冲突法典型地说明了要根据国际规则去寻找适用的法律。法律不一样才存在冲突法、准据法的问题，规则统一就不存在这些问题了。你说的那个奴隶主和奴隶，这个和主权国家怎么也联系不起来，可能你对主权国家的理解有差异。主权国家，就是说我们现在的世界形态还是以主权为纽带、为核心的一个国家存在形态。你提出奴隶主对奴隶的权力我不理解，这两个问题没有任何联系。在奴隶制的社会条件下，国家也要给奴隶一些权利，这和主权国家这个问题至少我是联系不起来的。

问题四补充：我可能是强调一个主权对它管辖范围内的人具有绝对的权力，是从这个意义上来讲的，那么奴隶主对奴隶也有绝对的主人性的权力。因为我们讲法律全球化问题就是说能不能有更高的权威来介入这种主权，比主权层次更高的东西。我这个类比就是想强调一下，奴隶主即使对奴隶有这样一种绝对的权力，但是他也不能够排除奴隶国家在他们之间的调和，或者从另一个层次上说，他也要考虑到奴隶的权利。

刘作翔：我明白你的问题了。但是你以后最好不要用这个比喻，这个比喻不是太恰当。主权国家表明我们现在每个人都是有国籍的，你是中国人、你是美国人……当然也有双重国籍存在。主权国家的概念表达了只要属于这个国家——当然还有一些无国籍人，那都是特殊情况了，我们不能把一般情况用特殊情况来作一个表达，只要是在这个国家范围内的公民——我们不用臣民这个概念，他都接受这个国家法律的这样一种调整，我们最好用调整，不要用管制啊、统治啊这些概念。这个调整里面有管制的成分，就是说你接受法律的条款，这个条款里面既有你的权利也有你的义务。我们不要把这个仅仅理解成一种压制性，说你接受它的统治。所以你那个表达带有一种政治性成分，而且政治性成分比较强烈，就是说我们都生存在绝对的主权之下，不是这样一个意思。我们都是有身份的人，每个人的身份就是你的国籍。如果你改变国籍，当然你就不受这个国家的法律调整、约束或者是享受法律所带来的利益——法律不光是管制性的，如果我们从权利和义务两个角度去理解，它既有服务于我们的一方，也有我们要履行义务的一方，从这个角度去理解法律比较好一点。第二个问题就更具有深刻性了，就是在主权国家之上有没有一个更高的东西，这当然就是自然法学说来解答的问题。主权国家现在也有专制的、残暴的、独裁的，如果我们都承认主权理念的话，那是不是专制、独裁这些东西都合法化？这是不同的问题。主权国家我们是从法理学的角度来分析全球化，表达世界的现状，至少在目前我们都无法逃脱这样一个现状。那么在这个之上有没有一些更高的东西呢？我们也很难说国际法就高于国内法，也不好得出这样的结论来。非常复杂，我们也不能说国内法就高于国际法，像前些年人权、主权的争论一样，这个要具体问题具体对待，如果在一些国家发生了侵犯国际文件中涉及的人权的一种行为，那它在国际法的范围内还是要接受国际法的管辖。但是我们说，国际法的这种裁决也好、判决也好，最后能不能实现，它还有许多的条件和限制。我们不能说国际法没有被遵守就没有效力。我前面表达的是什么意思呢？我认为周旺生老师这样一个标准不能作为判断法律的标准，不能说被法院适用的法律才是法律、没有适用的都是废法，他为这些法律起了个名字叫“庸法”。这个判断标准太极端化了。许多国际法没有被遵守，难道说它不是法律吗？但国际法和国内法确实不一样，它的遵守体系太复杂。比如说国际法院下了一个逮捕令要逮捕卡拉季奇，现在还是逮捕不到，但是这个命令还是有效的。最后，这个问题的结论，我个人的看法还是，国际范围内的统一规则在不断地扩大，而且这个统一规则不仅是我们所理解的经济范畴、民事范畴，实际上在政治范畴或者叫国际公法范畴也在不断地扩展。我们现在在不断地加入一些国际条约的过程，实际上也是我们融入国际规则体系的过程，包括两公约。两公约是最显著的接受国际规则的标志，其他像经济方面当然更多了，还有司法方面也加入了很多国际条约。统一规则的这样一个发展是经济全球化带来的，你不得不这样做，否则很多方面都要受影响。但尽管有这样多的变化趋势，我们还是不能把它命名为"法律全球化"。还有像刚才那位同学提出的"统一的全球化的法制之下"，这些命题都太虚幻了。这个问题我想我就谈这些。

主持人：最后一个问题，已经超过时间了。

问题五：我提两个问题，一个是法律全球化问题。这里有一个具体的现象，虽然别的国家的法律很难在中国适用，但是在很多的跨国公司里面，我们生活在一个具体的环境里面，我是跨国公司的一个职员，往往受到我公司所属国的法的影响更大。经济组织往往超越了主权国家，把它的规则带来。这是第一个，这个问题怎么解释？第二个就是，我们不承认法律的全球化会导致一种我们中国对国际秩序的态度。我们过去一直认为在国际秩序中，一个是国家利益，一个是国家主权，如果坚持这两点的话，我们没有办法和别人交往。我们现在对国际关系的看法就是国家利益，然后是国家的强制。如果我们坚持传统的法律概念的话，就是法律是国家制定的、认可的，法律的根本就是国家的利益。如果不改变这样一个法律的概念，那么我觉得中国很难融入国际秩序，对整个国际秩序的形成也没有什么贡献。在全球交往不可避免的情况下，这两个具体问题怎么去解决？

刘作翔：这也是两个好问题。对跨国公司的问题我没有专门研究，我们有一个博士生是专门做"跨国公司的权利保护"论文的，有好多材料，他也考察了好多中国的跨国公司。对跨国公司我觉得应该分两个层面来看：一个就是公司如果在中国设立，它应该遵守中国的宪法、法律，这是一个大前提；另外，一个具体的方面就是跨国公司可能有作为国际公司的内部的运作规则，这些规则在某种程度上可能更大地——尤其对所在国的员工产生影响。跨国公司的存在仍然不能说明法律全球化，一个国际性的大公司到好多国家去投资、建厂，基本上是招收所在地国家的雇员、工人。然后跨国公司——当然，分不同的情况，从国际规则体系的角度，它应该遵守所在国的法律，这应该是个大前提，我想再弱小的国家也应该有这样的前提。当然了，在实践中可能情况又不一样，比较强大一点的国家比如说在中国，他们要胡作非为可能要受很多制约；在一些弱小国家就横行霸道，那样的情况可能更多。即使在中国这样的国家里面，有许多——我们不说跨国公司了——外资企业违反中国的《劳动法》，这个情况很多。只要他的企业在中国，中国的法律有权对它进行制裁。我们不是说是跨国公司就可以享有特权，跨国公司就可以不遵守所在国家的劳动法律、人权保护法律。跨国公司现在面临的最大问题就是对所在国的人的权利保护问题，这个可能是一个焦点。当然还有一个问题就是跨国公司的这种利益的回赠问题，这个问题太复杂，但是这仍然不能说明，如果它不遵守所在国的法律，好像跨国公司的运行规则就可以通行天下。这个运行规则如果要是和所在国法律发生冲突，一个可能要通过所在地国家的法律解决，另外就是通过国际法律解决。第二个，你讲的法律全球化如果不承认的话……我觉得这里面有个误解，这个误解就是说我们反对法律全球化。我是反对法律全球化这个命题，这个命题不周延，一个命题讲出来以后要给人一个印象、一个图景。法律全球化，如果说你讲“法律全球化趋势”，加上“趋势”两个字，尽管我可能不同意，但在某种程度上还能接受，它是一种发展趋向。至于发展到一百年、两百年、几千年后会怎么样，那是以后的事，它总归是个发展趋向，就跟共产主义一样。虽然它可能会导向刚才那位同学提出的全球在统一的规则下来行为，但那太遥远了。法律全球化——我们搞法理的有点毛病，就是对概念特别苛求——是一个全称判断，全称判断是什么意思？就是指法律已经在全球有一个统一的状况出现了。有人解释说那个“化”字就是代表一种趋势。但是你“法律全球化”给人一种感觉，就是法律已经全球化了。但是，我们如果要把这个概念命题分解的话，我们或者承认部分的法律，或许存在着部分的全球适用的规则体系。可它只是部分的，而法律全球化给我们造成的是好像所有的法律都全球化了。有些人说那是你的曲解，那你这个命题我不能不这样曲解呀？我们得讲逻辑，你给我的是全称判断，我必须从这个全称判断去理解呀。所以人民大学朱景文教授研究这个课题时也很谨慎，虽然他也提倡法律全球化，但他用的是“法律与全球化”。大家注意，他是研究这两种现象——法律与全球化——的关系问题。当然，他是主张全球化这种观点的，但这就不一样了，它是两个相互联系的概念。而且这样一种提法并不意味着我们对法律的概念的理解不同——一种传统的观点说法律由国家制定，也并不意味着我们对国际秩序不加以承认，这个没有任何的关联点。至少您有这个理解，我没有这个理解。国际规则在不断地扩大，国际秩序是大家共同来遵守。所谓国际秩序，其实很简单，就是大家遵守共同的规则，已经制定的、已经有的我们要遵守，许许多多的不能达成规则的……比如说死刑，许多国家取消了死刑，中国就没有取消，那你说怎么办？还有有些国家特别有意思，离婚特别艰难，但只要到邻近的国家去就容易了。这些都很有意思的，你要仔细观察一下，千差万别。国际秩序就是按照统一规则行事，但还有许多的、大量的没有形成共同规则，没有形成国际规则，还要保留主权国家、民族国家自己的"主权"。它自己叫"主权"，就是有权力决定自己的事情，不受压力影响。对法律的理解，也不意味着国际制定的就是法律，我们好像也得不出这样一个结论来。好，谢谢！

公平问题和权利的平等保护

——中国社会科学院研究生院 2007 年“法学前沿”的演讲*

很高兴能有这么一个机会和大家做一次交流。据我了解,今天是“法学前沿”的第一次课,按照时间安排我们要讲到 11 点,时间比较紧张。今天我想和各位交流两个问题:一个就是关于公平的问题;另一个是权利的平等保护问题。为什么讲公平问题?我是昨天想到的,按原来的计划,只准备讲权利的平等保护,是我们今天的主要内容,但公平问题和权利平等保护问题是有密切联系的。关于公平问题,我在 20 世纪 90 年代中期在西北政法学院工作的时候,和邵诚教授主持了一个陕西省的社科项目,当时也就这个问题做了一点思考,我觉得有些观点现在还是很有意义的,所以也想就公平问题和大家做一下交流。

一、《物权法》和《企业所得税法》中的平等问题

今天是全国人大会正式开幕,今年人大会要讨论两项重要的法律:一个是《物权法》,另一个是《企业所得税法》,其中一个重要的问题是关于两税合一。在过去,外企和内企的税赋是不一样的,国家施行对外资企业税收优惠的政

* 此文是根据作者 2007 年 3 月 5 日在中国社会科学院研究生院博士生课程“法学前沿”讲座的录音整理,感谢贾志军同学为此所付出的辛劳,作者做了校正。《中国社会科学院研究生院学报》2008 年第 1 期发表了此文(因篇幅限制,发表时删去了第四部分),中国人民大学复印报刊资料《宪法学·行政法学》2008 年第 6 期全文转载。此文被收入《社科大讲堂》(第一辑)《法学卷》,经济管理出版社于 2009 年 12 月出版。——作者注

策。所以在税收上,内企要高于外企,这个问题已经争论了好多年,斗争也很激烈。当然最终在这一次的《企业所得税法》中,至少在草案中解决了这个问题,就是要统一税赋。而这个统一税赋,无论从法学角度还是从经济学角度,实际上都关乎到平等问题。《物权法》的内容很多,我们不去专门讨论它,其中涉及不同的财产所有权问题,就是国家财产所有权、集体财产所有权,还有私人财产权。《物权法》里面主要涉及了这三项不同财产所有权能不能平等的问题。《物权法》草案是第七次讨论了,最近有些代表谈话说一定会通过而且会高票通过,实际上是在制造一些舆论。关于财产权的平等问题,大家知道在1982年的宪法里面有一句话,大体上的意思是社会主义公有财产神圣不可侵犯,那么这些年大家就有这么个说法:公有财产神圣不可侵犯,那么私有财产是不是就意味着可以去侵犯?至少它没有达到像公有财产那样保护的高度。在后来的讨论中一直就有一种呼声,要求把私有财产神圣不可侵犯也要写到宪法里,至少写到《物权法》里面去。甚至在前几次的宪法修正案讨论中也有这样的呼声,这个讨论带出来的问题很有意思。有的学者写文章说,在一个法典里面用“神圣”这样的概念是不是合适?“神圣”是宗教层面的概念,涉及信仰层面、宗教层面的问题。对于一个法律问题,用“神圣”这样的概念表达是不是合适?我觉得这个问题很有意思,因为在这么多年中,在中国的现有法律里面政治性的术语非常多,就是说意识形态的色彩很浓厚,这是我们法律的特点。实际上这也表现出我们法律的不成熟,也是法律的一个发展阶段。有人举例子说,在早年法国的法律里面也有这样的表达,并用这些做例证说我们为什么不可以用“神圣”这样的词。但是我觉得法律语言有一个逐渐成熟的过程,要逐渐把那种过于意识形态化的或者过于政治化的概念从法律语言中剔除出去。另外从现实的发展来看,实际上它根本做不到神圣不可侵犯,对私有财产也做不到。因为随着社会的发展,人们发现所有权绝对化的概念是不能满足现实需求的。国家出于各种各样的原因,比如说战争的需要、公共利益的需要,这个时候财产权问题就不那么绝对了,当然在不同的国家表现形式也不一样。我曾经看到过一个案例,对我的刺激非常大。这个案例讲的是日本的一件事情,日本在几十年前要扩建一个机场,而这个机场在它的规划区域范围里面涉及十几户农民的住宅,当时政府提出要把农民的住宅拆迁,就和农民谈判。但是这个谈判一直持续了十多年,农民就是不搬,最后政府只好改变自己的规划。从这个案例来看,在那些对私有财产权保护力度非常高的国家里面,财产权的概念是不能轻易动的,都要通过谈判进行。但我们中国存在的类似的情况主要是一个出价问题,只要你出到一定价,这个问题就解决了。不过在有的国家里面不是你出钱多少的问题，有的时候还有其他的诸如历史、文化、传统的因素在里面，因此相对地做到了财产的绝对化。在大多数国家，所有权绝对的观念已经遭到了淘汰，比如说我们有一个很现实的例子，1998 年发洪水的时候，江西九江段溃堤情况非常紧急，洪水把大堤冲掉了，当时旁边有一辆大卡车，也不管是谁的就推下去堵那个缺口，这个时候是一个非常情况，我们就不能提出所有权不能侵犯的问题，当然事后还有个补偿损失的问题。再比如说我们现在搞建设，如修地铁，涉及整个城市的规划，是一个公共利益问题。地铁会涉及的周围的商店和住宅，不能随便改道，因为地铁修建要考虑到整个线路的规划问题。这个时候，地铁站所在的周围的住宅要不要拆？是要拆的，我们就不能以所有权绝对来对抗了。而且更重要的一个问题是土地是公有的，这样一个前提决定了中国在动用国家力量之后常常显示出一些强权的特点来，会带来很多问题。所以在法治条件下，不是说政府你想干什么就可以干什么 的。国家也在不断探讨一些路径，如何在征地、拆迁问题上合理地安置和补偿？在《物权法》里面，这也是一个焦点问题，就是合理的补偿和安置问题。但什么是合理的补偿？到现在为止《物权法》也没有给出答案。什么叫合理？我到青岛去，看到沿海有一大片房子被拆了，陪同我的当地法官告诉我，当时拆的阻力非常大，当地的渔民开始都不愿意拆，游行示威。后来为什么顺利地拆了呢？因为开始的时候出价很低，一平方米 3000 元左右，所以他们不愿意拆，最后的补偿出到一平方米 9000 元左右，而且还包括院落，不光是房子。这个价格一出来，房子很顺利地就拆了。那么这个合理补偿的平衡点在哪里？作为被拆迁者，一般来讲都希望补偿款越高越好。我们说的拆迁还不是商业性的拆迁，而是政府性的拆迁。这种拆迁，合理补偿就需要评估。现在的评估机构能不能做到客观中立、公平合理？大家都对评估机构感到怀疑，说评估机构都是政府雇用的，政府会在背后左右。当然我觉得我们看问题也不能怀疑一切，虽然不排除政府会给他们施加一些压力，但这个价格问题不是一个简单的问题。如果政府性的拆迁，出于公共事业的目的，出价就要考虑政府能不能承担这笔钱，但商业性的开发是个谈判问题。我想《物权法》这次对财产的平等保护问题打出了响亮的旗帜，包括一些参与法规起草的专家也反复讲权利平等保护。

在关于私有财产神圣不可侵犯的讨论中，我个人当时就觉得，法律是不可能那样去写的。法律如果说写上社会主义公有财产神圣不可侵犯，再加上一个私有财产神圣不可侵犯，那是什么样的法律啊！法律能做到什么？法律只能做到对所有的财产权类型进行平等保护。因为在社会主义国家，只要你的财产是合法获得的，为什么不能得到一个平等保护呢？这个问题在我们现在看来是一个容易被接受的问题，但在早年，这是一个阻力很大的问题。因为私有财产，就是带“私”字的东西都是被批判的，大家可以想一想，在相当长的时间内，凡是和“私”联系的东西都是不好的。所以“私”的概念是在改革开放之后，逐渐地由对个人利益的重视得到平反的。“私”的概念在中国传统文化里面一直是作为贬义词在使用的，像中国古代所说的“君子喻于义，小人喻于利”，严格地把君子和小人用义和利分开。因此在中国一直重农抑商，对商人阶层持批判态度。改革之后，社会才从那种大公无私的高度意识形态化的话语下逐渐回归，与人的自主性相联系。但是能不能在宪法里面加入“私有财产神圣不可侵犯”？大家提出一些很有意义的看法，认为不可能并列提出公有、私有都不可侵犯。我们在法律语言上表达出权利平等保护原则，这是完全可以的，为什么说这是一个很大的进步呢？因为在宪法里面，是有区别对待的。大家都知道，什么都有个过程。我国所有制的形式，在这次的《物权法》讨论中还是以“公有制为主体，多种所有制经济共同发展”。一个社会里面，既然有主，那是不是就有副？但主的地位怎么体现？具体到一个地区，就是一个不同所有制结构的比例问题。比如现在的温州，国有经济的比重占20%左右。还有广东，像在佛山、东莞这一带，外资和私有企业比例远远超过国有经济。但是就全国来讲，是一个什么样的状况？这个要通过经济分析得出结论。国家现在提出一个政策，要保持九种行业的国有经济控股的主体地位。这是《物权法》涉及的和权利平等相关的问题。

《企业所得税法》主要是税赋平等问题。在改革初期采取的一些特殊政策，有它的特殊条件和国家需求。那么在今天这样的环境下，实行不同的税赋，已经不能适应我们的要求了。一方面在加入WTO后，我们要保护民族工业。但实际上，在法律的层面我们又采取了一种对民族企业很严苛的政策。所以两税合一的斗争也非常激烈，这次大会希望通过法律的修改，把两税统一起来。所以，这次大会讨论的两部法律都是和权利平等保护有关的问题

下面我想和各位交流一下公平问题，当年做课题的时候我也写了一个论纲式的东西。我觉得有些东西还是可以和大家交流一下，我提出了一个宏观的公平图谱。

二、公平问题的广泛性

在公平问题里面，第一个问题是公平问题的广泛性。公平问题是一个非常广泛的问题，人类自从有法律以来就有了对公平的追求，甚至在法律产生以前就有了公平的观念。不过那个时候的公平观还带有一些原始的蒙昧的甚至野蛮的色彩，而且在现在社会里面还存在，比如说同态复仇、“以牙还牙，以血还血”，在我们今天民间法的一些东西里面，这些东西被认为是公平的。为什么像“民间法”这样不科学的观念会为人们所用？主要是为了便利。所谓“民间法”，就是凡是在国家法律之外的对人们行为起到规范的准则的指引的东西全都可以归到“民间法”的范畴之内。这样一些带有原始色彩的处理问题的方式，在那个时候他们认为是最公平的。法律的产生有其深刻的政治、经济、历史根源。但是从经济学角度来说，法律的产生主要源自人们在经济方面的交往。恩格斯在《家庭·私有制和国家的起源》一书中详细地论证了这个问题，法律的产生的直接原因和经济生产、商品交换有关系。恩格斯有一段著名的话：“在社会发展到一定阶段，产生了这样一种需要，把每天重复着的生产、分配、交换行为用一个共同规则概括起来，设法使个人服从生产和交换的一般条件，这个规则首先表现为习惯，后来变成了法律。”人类的生产活动是一种个别劳动，要使生产劳动社会化、商品化，必须要通过交换这个媒介实现，而交换必须是一个等价交换。要做到等价交换必须有相应的等价规则，这些规则开始不是理性化的，都是大家在交往中形成的一种习惯。这些习惯在今天仍然起到一个非常重要的作用，尤其在商业、生活领域，习惯是法律发展的重要渊源。而且习惯不是简单地被法律化，习惯要经过一个选择，这个筛选过程也很复杂。交换必须是一个等价交换，不等价的交换不是真正意义上的交换，而是一种专制强权。要保证等价交换，首要的就是确立交换双方主体地位的平等，其次是交换过程的公平，自觉、自愿、意志自由，这是交换必要的因素，它排除了任何强制的因素，最后就是交换结果使交换双方满意。要实现这些必须要建立一套交换规则，这种规则沿用日久便成为习惯，最后发展为法律。所以由交换产生公平需求，由公平需求产生公平规则。这种规则又作用于交换，这就是法律产生的经济动因和根源。由此可见，法律的产生是和人们的公平观和公平感以及对公平的需求相关联的,是一种个人感受。所以公平不单单是个法律问题,同时也是政治、经济、哲学、伦理问题。所以历史让我们大家知道,思想家关于公平的问题,可以说已经讨论了几千年,长久不衰。比如心理学,公平是一个很重要的心理问题。我们从这几年发生的一些重大的恶性案件,比如农民工杀工头案件,可以发现都是和不公平感有关的。农民工在心理上失衡,觉得社会对他们不公平。我们觉得公平问题是人类的价值问题,是人类的永恒追求,是政治社会中所有价值体系追求的最高目标。一切的社会规范形式,比如政治规范、经济规范、法律规范、道德规范,都将公平作为重要的价值目标。当然比较显性的规范如伦理学、法学,对公平问题关注的是比较多的。所以公平问题是很广泛的,不是哪一个学科哪一个门类就可以把它概括的,这是我想给大家阐释的观念。

公平主要表现为人类的观念形态,也体现为人类的观念形态的外化物。我把文化分为两大结构:一个是观念形态,一个就是观念形态的外化物。这个外化物是规范、制度、组织体系等等,这一点,研究法律文化的学者对此的争论是非常大的。我对文化的理解就是两个结构:一个是显性的,一个是隐性的,显性的是外化出来的东西,隐性的主要是我们意识中的东西。意识中的东西包括思想,包括观念、心理,都是看不见的,你不通过表达是看不见的,这也是文化结构的两分法。为什么是显性?是指外化。比如说,大多数规范在成文法里是可以看得到的,是可以被我们捕捉到的,制度也是这样。当然还有一种规范问题,比如道德是积淀下来的。我们国家在前些年试图将道德外化,在提出"以德治国"概念以后,中宣部搞了全民道德实施纲要。这样一个做法就是试图把道德外化,我们觉得像道德、习惯这样一些东西,它在文化结构里面本来就是规范形态,但是这种规范形态不像法律可以呈现出来,是几千年积累而成,用费孝通先生的话说是"习得而来"的,就是社会化的过程,这种东西不需要用文字概括出来。这样一种外化的结果能不能起到作用?道德问题本来就是一个存在于人们内心的认识,而且道德是分层次的,是个体化特征非常明显的东西,不好用一个统一的模式去规范。国家提倡可以,但它是通过个人的感受从而知道自己的行动,如果你一定要把这种东西统一化、模式化并去要求大家,实际上和道德本身的特点不相吻合。所以在规范里面,我们觉得它也是分两种,即使外化的规范,还是要分一个可成文化的东西和不好成文化的东西。法律里面有成文法和不成文法。成文法主要是大陆法国家的法律的特点,但现在国际相互交叉非常厉害,成文法不成文法不是很明显了。不成文法主要是习惯法,还有判例法。

公平问题之所以被社会规范形态关注，主要源于它是人类的一种关系范畴，是和人及其关系分不开的。国外的法学家彼得·斯坦等两人合著的《西方社会的法律价值》里有这样一句话，“公平的概念只有在人与人关系上才有意义”。它是一个关系概念，在法学里面，有很多重要的概念都是一种关系概念，我们理解了这一点就可以打通我们对许多问题的认识。也就是说，只有在人与人的关系中，这个问题才会产生。比如，一个人和自己产生不产生公平问题，好像不会产生，自己和自己过不去是一个心理问题，不涉及公平问题。还有许多重要的法律概念，比如权利、义务都是关系概念。所以离开关系范畴，公平概念毫无意义。彼得·斯坦也讲到，一个人与自己的财产之间无所谓公平问题，只有在人与人的交往中，人们才能对是否公平作出判断。也许有人会认为在人与物，物与物之间也存在着公平问题。比如现在的环境问题，包括在自然界中，人与动物、植物，是不是存在公平问题。但直到现在我们仍然认为，这只是表面现象，在社会关系领域有一个很明显的事实，物并不能独立存在，它是附属于人的。人与物、物与物之间发生的交换，反映的是人与人之间的关系。《物权法》是调整人的关系，不是调整物的关系。大家可能会认为你有一种人类中心主义的思想，我们来分析一下：独立存在的物主要指自然界，比如未开垦的处女地、太空、海洋等，在没有进入关系领域的时候它们可以独立存在，一旦进入关系领域，它们立刻就被属人化了，属人化并不意味着一定归谁所有，而是说对它们的享有也存在公平与否的问题。比如关于南极大陆的开发问题、海洋法律问题、太空法律问题，这些被视为全人类共同财产的自然物，一旦进入人化的世界领域，便存在一个法律调整问题。所谓人化，就是关系化。这里面有一个概念，就是国家是一种放大了的人，至少在私权的意义上，它是以国家主权形式存在的。由此不难理解，为什么人类如此之多的人类价值体系都将公平问题作为一个恒久的价值目标，以及如此之广的研究视角和学科领域都将公平问题作为一个十分重要的焦点问题予以讨论。这是我想和大家交流的第一个问题，就是公平问题的广泛性。

三、社会结构中的公平要求及体现

第二个问题是社会结构中的公平要求及体现。我们还是按照过去的社会结构三分法，将社会结构分为政治、经济、文化这三个结构。还有一种四分法，是政治、经济、文化、社会，但我认为它在分类标准上有问题。因为我们分类讲究标准的统一性、标准的不可替代性，比如我们要分法系。我们发现国外在法系问题上的标准也是多样的，大陆法系、英美法系坚持了按照法律传统的分类标准，像中华法系就可以与大陆法系、英美法系并列。还有一个就是关于中国法系到底怎么表达的问题，现在还很混乱，很多学者把我们的中华法系简单地划为大陆法系，我认为这是错的，清朝以前我们可以称为中华法系，清朝以后，我们逐渐在走一条制定法的道路。大陆法系是指罗马法延续下来的以德国、法国法典化为特征的制定法。英美法系主要是英国、美国以判例法为主的普通法。我们的清末变法主要是学日本，日本是学德国，基本上还是大陆法这个线，但我们这样一个传统能不能表述为大陆法系呢？我觉得还不能，因为你的传统不是罗马法，而是通过后来的变法而来的，因此我们可以把中国的法律体系叫作制定法传统，和中华法系是一脉相承。下面我想分几个不同的层次就社会结构中的公平要求及体现和大家做一下交流。

第一个是关于社会政治中的公平要求和体现。政治公平在西方学者那里有时被称为政治正义。关于公平、正义、公道，这些概念很多，它们之间到底是什么关系？沈宗灵教授在他的书中提到了这个问题，我基本上同意他的看法。在我们今天，这些概念大体相同，平等问题相对其他概念更下位，公平问题包括平等。正义是最复杂的概念，我们不讨论具体的了，包括罗尔斯的《正义论》就是研究这个问题。因为政治这一层面的公平主要表现在国家性质、政权组织形式、权力结构、民族地位、立法等方面。有一位西方学者叫丹尼斯·里奥德，他有一本书叫《法律的理念》，书里面讲到，在判断一项法律或某一具体决定时，靠公平本身是难以得出结论的，必须借助于公平之外的其他价值规范和原则。所以对政治公平的体现，要依靠其他的价值要素，比如说民主、平等、自由、法治这样一些价值要素来进行判断。判断公平不能靠公平本身，要靠民主和法治。那么国家性质层面的政治公平主要体现为什么呢？我认为主要体现为民主性。国体是什么？是指谁是国家的主人，谁是统治阶级，谁占统治地位。政体是国家的政权组织形式，采取民主制还是集权制。在宪政制度方面要确立人民主权和人民权利本位的宪政原则，是政治结构里面最基本的政治正义。如果一个社会的政治结构、宪法体制没有确立这一原则，那就不能说它具备了政治正义和政治公平，社会结构其他方面的公平体现也就失去了政治根基。在解决了国家性质层面的最大的正义之后，国家的政权组织形式、权力结构、权力配置、权力运行等等也要充分体现和反映人民主权这一政治公平原则，并且贯彻依法运行的法制原则，所以民主既是一种政治价值和政治要求，也是一种法制价值和法律要求，一切民主内容和形式都必须法律化、制度化，也就是上升为法制状态。政治公平还有一个重要内容就是民族平等，在一个社会中各民族都应该有平等的政治权利、经济权利和文化社会权利，不然不足以体现公平精神。民族平等是一个政治公平、政治正义问题，这样一个大的政治正义之下有许多具体的政策。在《民族区域自治法》里有明确的表示，它由一个宪法的总原则最后落实到一些具体的措施上去，比如说少数民族地区法院、检察院必须要配备翻译，当然这个问题实践起来很困难，财政问题解决不了。所以，我们把民族平等看作一个政治正义问题。

第二点就是社会经济中的公平要求及体现。社会经济中的公平要求是指在一切社会经济活动中内含的公平要求，具体体现为平等性、自主性、自愿性和合理性。经济公平这个概念包含以下几个层次的含义：其一是经济主体地位和资格的平等性。无论是国有的、集体的、私营的，还是个体的、外资的、合资的等等，作为一种经济主体都应该在法律上享有平等的地位，以平等权利资格去参与经济活动，也就是我们经常讲的机会均等。其二就是经济活动过程中的自主性和自愿性，排除各种外在的压力和强迫，这个我就不解释了。在电影院里一、两块钱的饮料卖十块、二十块，实际上就是强迫消费，这类行为根本不能从合同角度来解释。其三就是经济结果的公正合理性，也就是说公民、法人等通过参与经济活动，使经济活动达到一种公正合理的经济后果。在经济活动的起点上，即主体地位和资格上要讲平等对待，但是在经济后果上，经济公平区别于经济平等，或者经济平均。自然人和法人等诸种经济主体由于先天的差异和后天诸多社会综合因素的影响，不可能做到经济平等或经济平均，而这一点不是经济公平所能解决的问题，它属于社会公平范畴的东西，因而经济公平主要还是一种形式意义上的公平。公平概念和平等的概念可能是有差异的，我们理解平等当然不能从平均主义上去理解，不意味着大家一模一样，我后面有一个看法就是，平等是不是意味着无差别，这实际上也是公平问题里面的一个核心性问题，我的结论是平等并不意味着否认差别对待，甚至我认为平等这个概念本身就包含着差别对待这样一层含义，这个也可以有很多理论和实践的支持。

第三点就是社会文化中的公平要求和体现。社会文化中的公平主要反映社会文化的参加者是社会中每一个独立存在的个体，他的文化需求主要是以思想自由为主要内容延展开来的一系列的自由权利，就是和精神形态相关的自由权。在与精神形态相关的自由权里面，最核心的是思想自由，但是我们注意到思想自由在我们的宪法里面并没有表达出来，宪法里面表达了一个宗教信仰的自由，每一位公民都有宗教信仰的自由。有的学者认为这个思想自由是无须表达的，但是我觉得思想自由是一切精神性自由的出发点。它是核心，其他的都是表达方法，如果没有思想自由，其他自由即使有，也都是虚置的。那么和思想自由相关的是什么呢？像言论自由、通信自由、出版自由、新闻自由，包括学习自由、学术自由等，这些自由都是和思想自由相关的。社会文化中要体现公平需求，即要赋予社会中所有的公民平等地享有上述自由并行使这些自由权，而不能随意地剥夺其中的任何一种权利，上述自由权的核心是思想自由，一切其他文化上的自由权利及其表现形态、表现内容都是由此而产生的。权利发展是和经济结构、社会结构、文化发展有密切关系的，但是一个社会要实现文化结构上的公平就应该从法律上确立这些自由权利，确保公民的思想自由权，推动社会文化的不断发展，因为实际上每个人在社会中实际享有的文化上的权利是不一样的，而且我觉得文化权利和经济权利有类似性，也有一个起点公平也就是机会公平的问题和过程。就是说法律赋予了每个人这个权利，但是由于现实条件不具备，以及受各种各样的条件的制约，因而文化权利的实现受到影响。比如说受教育权这个问题，受教育权它是一个广义的文化权利，受教育权在不同的人身上，实现程度是不一样的。

第四点是社会主体的公平要求和体现。一切社会的政治、经济、文化的公平要求最后都要归结为一个社会主体的公平要求和体现。社会主体就是指人，人作为一切社会政治、经济、文化的承担者和制造者、创造者，无论是对政治公平上的民主要求和法治要求，还是对经济公平上的平等性、自主性和自愿性的要求，对文化公平方面的自主要求、自由要求，都可以还原为人对它们的要求，最后就成为一个社会主体的要求。但对于社会主体自身而言，除了上述社会结构方面的公平要求以外还有其相对独立的公平要求。对社会主体而言，最大的公平就是自由和平等，具体讲就是作为一个个体都要求有一个与社会中其他人一样平等的人格地位和权利资格，以排除任何不平等的歧视性对待。在我们社会中现在很多问题都是由这一点产生，就是没有一个平等的人格地位和权利资格。在法律上大体可以做到平等对待，也有一些法律问题还没有完全解决。当然在现实社会中由于先天的和后天的许多因素，个体和个体之间存在着许多差异，任何一个社会和法律都无法抹去人类社会个体之间存在的差异，就是再万能的创造者也没有这个能力，但社会和法律有能力给这些充满差异的个体一个平等的法律地位和资格，以使个体自身及全体社会成员都得到发展，这是社会主体公平的主要体现。所以我们说社会主体公平的本质是什么？它也仅仅是一种形式上的公平，所谓形式上的公平就是在法律上给你公平地位，而不是一种实质上的公平，但是这样一个形式上的公平对每一个社会成员来讲、对每一个社会主体来讲是非常重要的。它是社会主体立足于社会、过上平等的社会生活的先决条件，也是封建等级身份制社会和民主平等自由社会的主要区别，因为等级制把人分为三六九等，包括我们新中国成立后划成分和家庭出身。中国共产党信仰马克思主义的阶级分析理论，认为一个人不管你是年老的、年轻的，必然要打上阶级的烙印，所以要划成分，所谓成分，就是阶级的区别。这样一种区别技术实际上是把人分为不同阶级的人，不同阶级的人在这样一个有特定的意识形态和社会价值统治的社会里面实际上是有等级差别的，我们所谓的五类分子、六类分子就是这样来的。通过第二次的历史决议，我们逐渐抛弃了这个东西，因为这个东西实际上给每一个人头顶上都套上了一个无形的枷锁，枷锁一旦被套上，就打不开了，年龄大的同学可能都有体验，年轻一点的同学可能体验不到，实际上就是说人不是平等的，人都是在一个差序格局里面生活，每一个人都有自己的位置，这是一个传统社会，没有步入现代社会。我们现在步入了现代社会，现在从各种履历表里面取消了成分和个人出身的概念，甚至在户口本里面好像都没有了这个东西，这是一个进步，这小小的一个进步体现出了中国社会进步的一个缩影。

四、法制系统中的公平要求和体现

第三个问题是法制系统中的公平要求和体现。这几年的教材我一直写法律体系这一章，我要区分好多概念，比如说法律体系和法制体系，而我们这里讲的这个法制系统就相当于我们在教材里讲到的法制体系。法律体系是一个静态的概念，在我们中国法律体系这个概念表达的就是一个法典的概念，即由法典所构成的按照不同的部门法分类组合而成的一个体系化的规范性形态。因为最近我在看一些博士生论文的时候发现他搞不清这个概念，即法律体系和法制体系的区别。法制系统有静态的有动态的，静态的，我们把它叫作法律体系，而动态的是什么呢，是指的法律由起点到终点的这个过程，我们把它的起点理解成立法体系，在这个过程中有执法，有司法，守法是不是一个体系呢，这个现在有争议，还有法律监督这样一些环节，那最后就是法律实现，所以法制系统这个概念主要表达了一个动态的概念。

在政治社会中，一切政治的经济的文化的以及社会主体的公平要素，最终都必须体现在社会的法制系统中，当然我们前面讲到公平问题的广泛性，讲到公平要求也可以并可能反映在其他社会规范形式和调整系统中，但是任何一种社会规范形式和调整系统都不具有法制调整系统的规范性、强制性、普遍性以及可实现性。我们强调法治的原因，不是说法治的能量就那么大，这主要是从比较中得出的，比如说我们把法律调整和道德调整拿来比较，这就是我们强调法治的原因。道德调整是软性的，我过去写过一篇文章叫"法治社会中权力和权利的定位"，专门写过道德调整和法律调整的区别，道德调整只能施加一种道德谴责，你不认同他这种行为是一种道德观念，因为道德观念不仅仅是一种观念，道德观念是什么呢？刚才同学们问到，道德是一种观念形态的规范，道德首先是一种规范，是社会规范的一种非常重要的形式，但是道德规范这种形式也是一种观念形态，它通过观念形态来指导人们的行为，所以为什么我们不主张把道德规范外化，因为凡是通过道德规范外化的一些努力，都可能是要失败的。每种事物都有自己的本质属性，或叫作事物的规定性，而道德这种东西它本身只能存在于我们的大脑之中，它是一种规范。我们说道德不能对一个人施加有形的惩罚，道德惩罚只能是一种观念性的、舆论性的、道德谴责性的，你不能像法律一样去对他施以一种有形性的惩罚，所以这个有形性和无形性是很重要的。法律的惩罚是一种有形性，可以剥夺你的财产，比如说罚款罚金，限制人身自由，甚至剥夺生命，这都是很有形的。但是道德能这样做么？不能这样做，道德如果对一个人施加一种有形的惩罚，就超越了道德的界限。所以我们说道德是有自己的本质的特征的，大家有兴趣可以看看我那篇文章，在那里面我做了详细的区分，就是道德惩罚和法律惩罚的区别，只有了解了这些区别之后，我们才能够反过头来看待依法治国和以德治国，为什么将法治提高到这样一个高度，法治所具有的特点是其他的一些规范形态不具有的。那么和法治最接近的是哪几种规范形态呢？我想到了两种规范形态：一种就是政策，政策里有一些有形的惩罚措施；一种就是宗教，宗教惩戒也是带有有形性的。但是现代社会奉行政教分离，我们认为宗教都不应该如此，政策是另外一回事，就是政纪，政策带来的是政纪，宗教不行。一个人是基于信仰加入一个宗教团体的，如果他违反了宗教教规，最大的惩罚也就是让他自动退出这个宗教团体或者把他开除出这个宗教团体，但是你不能剥夺他的财产，你不能限制他的人身自由。现在国外有些邪教，比如说在美国，有些邪教 有一个规定就是献身制度，包括一些妇女，未成年的一些女孩子，献身给教主，这显然已经超越了这个宗教的本身了。在一次关于法治和宗教的研讨会上，关于这个问题我们有很多争论，有人说不能对宗教教规做评判，但有些宗教教规就规定了这些东西，你对它能不评判么？还有就是财产捐赠，这种捐赠不是出于自愿的，是有强迫性质的，你一旦加入这个宗教组织，你家里所有的财产都得拿出来，所以中国的一些过去叫“门道会”一类的组织，实际上就把它定性为邪教了，它也有财产捐赠。所以我们说法治并不是说它有多大能量，而是由它的特性决定的。

法制系统是由静态的、表现为规范形态的法律体系和动态的、表现为法律产生、法制运行过程的法制运行机制组合而成的一个结构体系。静态的是法律体系，动态的是从法律产生到实现这样一个过程。因此，法制系统中的公平要求和体现从表现形式上看也有两个分析：第一个是法律体系中的公平要求和体现，法律体系里面要体现公平；第二个是法制运行过程中的公平体现和要求，这两点都应该考虑到。

第一个问题就是法律体系中的公平要求及体现。法律体系中的公平要求和体现，主要是从静态的规范意义的角度、从法律表现内容方面对公平这一价值内容的体现，也就是我们常说的法律中的公平。法律公平指什么，就是指我们要把公平的理念、公平的要求、公平的问题体现在这个法律规范当中。那么公平作为一种价值，它蕴涵着许许多多的具体内容，将这些许许多多的具体内容体现在法律之中，让它成为法律的一种内容，这个过程就叫作公平的法律化。公平的法律化，就是要把公平体现到法律中去。那么法律体系呢，它是由一系列互相联系着的法律部门、法典、法律规范组合而成的规范系统。要在这样一个规范系统中体现公平价值要求就需要具备一点基本特征，我们前边讲到《法律的理念》这本书的作者丹尼斯・里奥德，他将法律体系的公平要求概括为以下一些特征，他认为，法律体系应该分别具备形式正义的三项特征：第一个就是规则的存在；第二个是它们的普遍性；第三个是公正无私的实施。法律制度的主要特征在于有一套规则来管理人们的行动，同时为人们排解纠纷，而且这些规则必须具有普遍性，另外这些规则必须要在实践中加以实现和实施并按照规则来处理。三个特征里面首先的一点就是要有规则，而且这种规则还应该是一种公平的、普遍性的。普遍性是法律的一个特征，法律不能够针对特殊的个案来作出一个普遍性的规定，所以法律一般都表现为抽象性的特点。我以前写过一篇文章叫《法理学研究的一般特点及其功能》，总结了法理学研究的几个特点即普遍性、一般性、概括性、抽象性等等，这些也都是法律的特征，马克思也曾谈到，法律应该是肯定的、明确的、普遍的规范。而这个普遍性是指什么呢？普遍性实际上是针对特殊性的，特殊性的问题在法律上不叫法律，叫个别命令，比如说一纸任命书，一份判决书，判决和任命，它是针对个别事件、个别人而产生的一个法律性文件，按照"规范性文件"的概念，规范性文件就是能规范普遍性的行为，普遍性是法律的主要特征。

按照目前对法律体系的分类，法律体系的这个公平要求主要体现在以下这么几个方面：

第一个就是宪政法中的公平要求和体现。宪政法在全国人大的法律体系中的部门分类即七大门类里边叫作宪法及宪法相关法。因为全国人大在1998年的时候通过对法律体系的研究，基本上做了一个官方的论述，过去这个法律体系部门分类是比较混乱的，我们写教材也是根据自己的理解来写，比较乱。1998年全国人大常委会确定了七大门类，这七大门类就是宪法及宪法相关法、民法商法、行政法、经济法、社会法、刑法，还有一个诉讼与非诉讼程序法，所以这七大门类是官方认定的一个东西。公平怎么样体现到我们的法律体系中去，首先就应该是宪政法中的公平要求和体现，而宪政法中的公平要求主要有这几点：第一是在国家性质上体现人民主权原则，这还是我们要强调的，人民是国家的真正主人，这是最大的公平和正义，也是其他公平正义体现和实现的基础；第二是政权组织形式，要体现民主性原则，这个我就不具体解释了；第三是在权力运行方式上要体现合法化原则，权力的来源要合法化，任何权力的来源都要有法律依据，由法律来授权，而不是由政党或政治集团来授权，权力的行使要合法化，就是要依法行权，凡超越法律界限的权力行使为无效；第四是在公民权利和义务上要体现平等性原则，即凡属法律所辖范围内的公民都平等地享有宪法规定的法律权利，平等地履行宪法规定的法律义务，不允许有超越法律的特殊公民存在。民族平等也可以理解为一种放大了的公民平等，前面我们讲民族平等属于政治公平的一个范畴，属于国家性质、国家政治公平的一个范畴。在法律体系里面，民族平等可以理解成放大了的公民平等，这也是宪法意义上的公平体现的重要内容。

第二个是民商法及经济法中的公平要求和体现，我们简单地讲这么几点，在民商法和经济法中如何体现公平和平等的要求。第一就是享有平等性，这个我不做解释了；第二点就是自主性，你要体现公平就要体现自主性；第三点是自愿性；第四点是合意性，也就是契约，在法律上是契约化。另外还有等价原则、反对欺诈、反对垄断、诚实信用等等这些原则，都要在民商法和经济法中体现出来。

第三个就是刑事法中的公平要求和体现。大家觉得刑法是惩罚犯罪的，怎么能体现公平呢？这实际上是一个很重要的反思性的结论，因为这些年我们通过对刑法的研究得出一个结论：即使对犯罪人也有一个公平处理的问题，说他犯了罪他什么权利都没有，这对他就不公平，包括到今天为止我们对刑事犯罪人还是有一种歧视性，这就是对他不公平，在整个社会层面尤其在基层社会，在民间，一个人犯了罪被关起来，那是奇耻大辱。犯罪人的权利问题也是改革之后才通过讨论、通过反思大家逐渐得出结论的。那么刑事法的公平怎么体现呢？刑事法，比如说罪刑法定就体现了公平，而罪行擅断就是不公平；罪刑相适应就是公平，罪刑不相适应就是不公平；还有同罪同罚显示公平，同罪不同罚就显失公平。我们研究案例制度发现两个案例，叫"受虐杀夫案"，就是现在妇女受家暴很严重，两个妇女因为长期受虐待把她们的丈夫给杀了，一个判了 14 年，另一个判了 3 年，缓刑 5 年，差别很大。简单来看这两个案例，情节是不同，但情节再不相同，差距也不应该这么大。同罪不同罚的问题也很多。

第四个是行政法中的公平要求与体现。行政法在传统领域里是最不体现公平要素的一个法律。传统的行政法关系是管理与被管理的关系，是命令与服从的关系。市场化之后，行政法也发生一种变化，变化就体现在公平性。在政府和相对人之间，尤其在行政诉讼过程中，应该体现一种公平的处置。行政机关发生侵权行为以后引发的诉讼行为，中国的传统是官贵民贱，被告一方往往是国家机关、政府，而被告一方经常是行政机关负责人不出庭，只派下属代替出庭。后来，有些市下发文件，要求"一把手"必须出庭。通过出庭他们发现了很多东西，受到了很多教育，也反映了政府逐渐对法治接受的过程。

第五个方面是程序法方面的公平要求和体现。程序法也有一个变化过程。过去我们往往狭义地将程序法理解为三大诉讼法，实际上程序法是个很广的概念，包括《立法法》、仲裁法都是以程序为主的法律。程序法可分为立法程序法、选举程序法、诉讼程序法、仲裁程序法等，每一类别的程序法都有一些个性的公平要求。比如在立法程序法中要体现公平，主要表现为民主性。所谓民主性，就是在立法过程中每一个立法成员要充分地发表意见。另外我们这些年的很多法律如《婚姻法》的修改，《物权法》的制订，采取的都是全民讨论的方式。选举程序法要体现公平主要表现为平等性，每个符合条件的公民都有平等的参加选举和被选举的权利以及享有选举过程中的公正性，反对弄虚作假、徇私舞弊行为。诉讼法主要是赋予诉讼参与人的平等的法定权利，依法诉讼。这里面最有问题的是刑事诉讼过程，公诉人作为检察院代表国家，被告是犯罪人，能不能把两者处于一个平等的地位，到现在还没有解决。前几年，讨论法官进入审判庭以后全体起立问题，但检察官反对起立，因为他们认为他们和法官是平级。但其实起立是向法律起立，不是向法官个人起立。由于我们把角色个人化、身份化了，检察官就不平衡，观念变化得有个过程。

第六个是国际法中的公平要求和体现。国际法分几个层次，从大的角度是国际公法，国际公法主要是主权国家的主权平等。但是直到目前为止，我们国家有些人还在讲"弱国无外交，落后要挨打"。我前些年写了篇小文章，强调"不要把经验事实等同于公理"。因为我们如果把这个当公理的话，那么就是强调强权即公理，这和我国的和平共处五项原则是直接相悖的。我们从经验事实中总结出落后要挨打，但它不是公理。如果是公理的话，就没有公道可言了。落后为什么就一定要挨打？那是一个被扭曲了的东西，反映出的是一种非理性的观念。在国际经济法和国际私法领域，主要体现为各个国家经济发展的自主性、对等性、互惠性及公平待遇，反对经济欺诈和经济垄断，分析过程我就不讲了。

以上我们从几个主要的法律部门角度，对法律体系中的公平要求和体现做了一个简要的分析。可以看出，法律体系中的公平要求也是非常广泛的。

第二个大问题是法律运行机制中的公平要求。我们主要分析以下几个问题：一个是立法公平，这是起点，法制运行机制主要指法制从起点到终点的环节。立法是法制运行的起点，实现立法公平，有几点要求：第一就是在指导思想上要把公平作为立法原则和指导思想，从始至终贯彻到立法的全过程；第二是在法律体系的内容构成上把公平由一个抽象的法律价值要素化解为具体的法律规定；第三，立法过程应该体现公平性。在立法之后是公平的司法和公平的执法，我们这里要把司法和执法分开。司法指的是法院、检察院适用法律。我们把行政机关依法行政叫作执法。这些概念在中国比较混乱。司法公平必须有程序公平做保证，在法制运行中主要突出的是司法意义上和执法意义上的程序公平。司法公平和执法公平很重要，主体平等很重要。我们见到有些法官在法庭上任意地呵斥被告人，但从来没有见他呵斥过公诉人，这就反映出对被告人的一种歧视态度，这也是主体的不平等。最后还有法律实现的公平，指的是最后的法律实现在结果意义上的公平。

这样，我们大体上可以确立一个公平的法制系统的基本要求，即公平的法律体系的确立，这首先是个前提，公正的司法和执法，遵守公平的程序法律，严格、公平的法律监督，最终达到公平的法律实现。一切法制公平将围绕着这样一个运行机制及循环过程不断去运作。我们以上所讲的是一个高度抽象和简化了的法制公平图景，每一个环节都蕴藏着无限丰富的可以挖掘的可以探讨的余地。

我今天主要是对公平问题以及它所展示的问题域给大家进行了一个简要的介绍。首先是公平问题的广泛性；其次是公平在社会结构中有哪些具体的要求；最后是在法制系统中动态的法制运行和静态的法律体系中公平有哪些要求和体现。我想强调，我们今天讲的都是应然的东西，体现了我们对公平的一种愿望和追求。今天由于时间的关系，我们无法再展开，以后我们有机会再进行交流。

谢谢各位！

权利的平等保护

——中国社会科学院研究生院 2008 年"法学前沿"的演讲*

一、权利平等问题在中国的发展

(一)近几年权利平等问题在法律层面的发展

权利的平等保护问题这两年越来越成为一个热点问题,但如果我们追溯一下,其实在 20 世纪 80 年代这个问题就存在了。当然它在不同的年代表现是不一样的。

比如说这两年权利平等在中国的法律体系里的变化是非常大的。去年(2007 年)最明显的变化就是两部法律的颁布:一部是《物权法》,另一部是《企业所得税法》。《物权法》的内容很多,和平等问题联系最密切的就是财产权的平等保护。《物权法》第 4 条规定:"国家、集体、私人的物权和其他权利人的物权受法律保护,任何单位和个人不得侵犯。"围绕着这个财产权平等问题,也就是国家财产、集体财产和个人财产能不能处在一个平等的地位,能不能得到法

---

* 《云南大学学报》(法学版)2008 年第 5 期发表。此文是根据作者 2008 年 3 月 24 日在中国社会科学院研究生院博士生课程"法学前沿"讲座的录音整理稿,感谢郭苏琪同学为此所付出的辛劳,作者做了校正。此次讲座同 2007 年"法学前沿"讲座的侧重点有所不同,2007 年讲座的重点在于公平问题,而 2008 年讲座的重点则在于平等问题。——作者注

律平等的对待，大家进行了激烈的讨论。北京大学的一位教授围绕这个问题给全国人大常委会写过一个很长的意见书。这个意见书被大家看作是《物权法》制定过程中的一种反对的意见。但问题其实并不这么简单，比如说财产权能不能得到平等保护，实际上是受《宪法》规定的制约的。《宪法》对所有制的形式，我个人认为到目前为止在用词用语上还是有不同对待的。比如在《宪法》里面规定了“公有财产神圣不可侵犯”。把公有财产放到神圣不可侵犯的高度，它的目的当然是为了强调保护力度，但实际上我们现在很清楚地知道，不管是公有财产还是私有财产，要做到神圣不可侵犯是不可能的。财产权绝对化理论这些年已经被事实无情地推翻和逐渐淘汰，比如说在 1998 年发洪水的时候，长江九江段决堤了，在非常紧急的情况下，抗洪人员就将旁边停靠的一辆大卡车推下去堵口子，这个时候就不能以财产权绝对化这样一个理由来抗拒对它的使用。还有这些年，在拆迁和征地过程中发生了许许多多的问题。当然不是说为了公共利益需要我们就可以不加区别、不加区分地对所有的财产随意处置，这个必须要区别对待，比如卡车被推下去以后还有一个事后补偿的问题。所以说，《物权法》对财产权利的类型做到了平等保护，但是不是可以达到我们所说的对国家财产、集体财产和个人财产都一样对待的程度，这个在实践中可能问题还是非常多的。不是说颁布一个法律条款，所有的问题就随之解决了，至少在《宪法》层次上，我认为它还留了尾巴，这个尾巴什么时候能消除掉还是个问题。这个尾巴就是 1999 年的宪法修正案(现行宪法第 6 条)规定的“国家在社会主义初级阶段，坚持公有制为主体、多种所有制经济共同发展的基本经济制度”，《物权法》第 3 条重复了这一规定。这样一个表述，其实表达了《宪法》制定者对于不同所有制经济形式具有不同的态度。因为客观上就存在着不同类型的财产所有制方式，这样一种方式在现实中就会遇到很多问题。比如说一个很现实的关于小产权房的讨论，这个问题实际上是由另外一个问题牵制着的。表面上看，小产权房就是指农村的农民修的房子能不能卖的问题，现在国家是绝对禁止的。北京有一个案例，在通州的宋庄，很典型。很多年前一个人以很低的价格买的农民的房子，结果现在一看房子增值了，农民就反悔了，要收回，然后起诉。因为国家在这方面管理很严格，就一直没有办理产权过户手续，买方也就得不到保护。后来法院的判决是返还房屋款 5 万元和维修费等 5 万元，但是这样一笔钱在现在房价如此高的情况下，是无论如何不可能买到相似的房子的。为什么国家对小产权房卡得这么死？一方面通过政策的规定，比如说建设部、国土局的一些政策的发布；另一方面通过这个案例，就是关于 18 亿亩土地底线的问题。在中国，没有一寸土地是属于私人的，至少在法律层面上是这样。这两年受关注的是三农问题，有人讲，农民最大的权益就是对于土地的权益，土地的权益就是土地私有化，做到土地私有化，农民才真正是土地的主人。但是土地私有化并不是一个简单的问题。总的来说，这个例子说明的是《物权法》在法律层面上虽然解决了财产权的平等保护问题，就是把财产权放在了平等的地位，对国家财产、集体财产和个人财产平等对待。但是《宪法》在对待所有制方式上是有区别的，当然所有制方式和财产权是有联系也有区别的，财产的所有权和所有制经济方式是有差别的。不管怎么说，《物权法》的制定在法律层面解决了我们多年未解决的财产平等权的问题，这是关于《物权法》讨论中最核心的一个问题，所有的争论都和它有关。

第二个就是《企业所得税法》，把内企和外企的税赋拉平。这个问题也不是个简单的问题，争论了十多年。我们改革初期为了吸引外资，对外资企业实行税收优惠。但是发展了快三十年的今天，这样的格局应不应该再维持下去，要不要把它拉平？在修订过程中大家也担心，一旦将其拉平的话会不会出现大量的外资撤资？外资企业本身就具有资金的强势支持，而我们的民族企业多数还是处于比较弱的这样一个地位。我们的民族企业本应该扶持的，但是过去并非这种情况，去年颁布了新法后至少在法律层面上解决了这个问题。

第三个就是现在讨论的问题，即关于所谓的“四分之一条款”，这是十七大报告中胡锦涛同志提出的“建议逐步实行城乡按相同人口比例选举人大代表”的意见。县级以下人民代表的选举，四个农民相当于一个城市居民，过去的代表分配是按照这样的比例的。大家认为，这是在中国政治上的一个最大的不平等。讨论中有一个观点我们不得不重视，我们国家的性质是“工人阶级领导的，工农联盟为基础的人民民主专政的国家”，工人阶级的先锋队就是中国共产党。如果说大家都按照平均人口来选举的话，就会出现一个问题，中国的人民代表大会就会变成农民代表大会，因为中国十三亿人大概有八九亿是农民。但是这样一种说法能不能成立呢？这种说法里面有一个隐藏的意思就是一个人的身份决定了他必须代表哪个阶级。这反射出在我们的人民代表大会制度中代表被选举后到底代表谁的问题，是代表自己所在的阶级阶层，还是代表“人民”？我们要看代表的提案和发言是代表本阶级本行业，还是超越本阶级本行业，一旦按照人口平均分配代表配额就会凸现出这个问题。人民代表是按照行政区划分配的，但是谁能保证这个行政区划内的农民名额能真正分配给农民呢。代表的比例会直接影响到选举之后的阶段，在人民代表大会决定事项的时候，由于代表结构的不同会影响到政策以及立法的走向等一系列的问题。关于十七大报告里讲的这样一句话，会产生很多的问题出来。我们把它看作平等问题，另外，它还是一个民主问题，它主要想表达的还是选举中对农民的歧视问题。

(二)权利平等问题在理论层面取得的一些共识

这些年权利平等问题在法律的层面一点一点在取得进展，但是权利平等问题并不是今天才产生的。我大概回顾了一下，在20世纪80年代初期，这个问题就已经是学界讨论的一个重要问题。比如今年全国人大开会，有人提出，刑法中的“巨额财产来源不明罪”成了某些贪官的避风港。巨额财产来源不明罪承担的刑期也就三年五年，但是暴力犯罪的刑期却很高。80年代初和今天比较有点相似，老百姓所谓的“穿草鞋的和穿皮鞋的”，他们犯了同样的罪，但是在司法过程中最后的结果是不一样的。当时一个案子很有名，北京的几个农民抢了一车西瓜，最后被判了无期徒刑。另一个比较重大的案件就是大兴安岭的火灾，造成的损失是很大的，但官员受刑的最高刑也就五年，因为渎职罪的最高刑就五年。但是以这个作为司法不公的理由是有问题的，把板子打到法官身上是不对的，因为法官只能依法裁判。法律规定的抢劫罪和渎职罪的刑期本来就不一样，这个问题出在立法上，立法上的问题和我们上面提到的问题有关。《宪法》中规定，公有财产神圣不可侵犯，但是表现在刑罚的责任承担上恰恰是另外一个结果。比如说渎职罪侵犯的对象可能是公有财产，其在法定责任的承担上却是轻的。而对侵犯包括没有达到神圣地步的私有财产的抢劫罪，其处罚力度却是非常重的。我们有时候在意识形态所宣扬的东西，包括《宪法》里所制定的大原则在具体的落实过程中，可能会走样，会出现和大原则相反的东西。

20世纪80年代初，关于公平和平等问题的讨论也是围绕一些案件进行的。现在出现了一些新的案件，大家来讨论它们。如果我们对权利平等问题在中国的发展过程做一下回顾，就会发现，权利平等问题并不仅仅是一个理论问题，在立法中、司法中、行政执法中，这样的案例也不断出现。理论上有很多讨论，这些讨论和法学密切相关的是，平等到底是一个法律原则还是一项法律权利，特别是宪法权利。我们《宪法》里面有这样一个表述，“公民在法律面前一律平等”。这样的表述到底是表达了宪法原则还是宪法权利，大家这些年逐渐达成了共识，认为它既是一个宪法原则，又是一项宪法权利。平等权有一个非常有意思的特点，就是平等权很难独立存在，平等权必须建立在对其他权利类型的载体上，或者说在行使其他权利的过程中才会出现一个平等权问题。比如我们刚才谈到的选举权。选举中对农民和对城市居民的规定不一样，就体现了平等权问题。更多的，比如说教育权，劳动就业权。所以大家讨论平等权能否独立存在，至少在目前它都是和其他权利缠在一起的。比如说就业歧视中，有性别歧视，身高歧视，前几年发生过这样的案子，还包括年龄歧视，学历歧视等。

至少通过我们这几年的观察，平等权都是建立在对其他权利在行使过程中的判断上的。这样一来就引发了一个问题，就是关于平等的理解。跟公平的概念一样，平等也是属于关系概念的范畴。就是说对于它的考察与思考，我们必须把它拿到关系中来才能弄清楚。所谓关系，就是指人与人、事与事之间的关系，必须通过比较。公平与否只能在比较中才能体现，离开比较，这个问题就很难成立。比如说歧视，就是说对他和对我不一样，很简单的道理。所谓种族歧视、民族歧视都是这个道理，对待黑人和对待白人不一样。在美国最早的时候白人可以进中学，而黑人不可以，黑人经过很大的斗争才能和白人坐在一个教室里面。还有公共汽车的问题，等等，都是引发美国反种族歧视的重大案例。

所以对平等权大家已形成一个共识，就是它既是一个宪法原则，又是一项宪法权利，在不同的情况下有不同的分析角度，有不同的含义。另外，在平等问题的讨论上还有这样一些基本共识，比如说平等不等于平均。大家在理论上基本上都能接受这样一个命题，但是在现实中要能够正确地对待它是很不容易的，大家在现实中遇到事情时就很容易忘记这个命题。平均主义是我们经过教训才认清的，通过“文化大革命”及其以后三四十年进行的反思，我们才认清了平均主义大锅饭的弊害。另外，怎么理解平等，大家达成了这样一个共识，即平等就是机会上的平等和法律主体资格上的平等，而不是一种结果意义上的平等。但是这个观点也面临着挑战，当我们讲平等的概念时主要指机会上的平等，主体资格平等。现代民主社会是不允许有特权阶层存在的，这个特权阶层是指法律上的特权阶层，不是现实中的特权阶层。法律虽然规定了主体平等，但是在现实中做到是非常困难的。我们说这不是结果意义上的平等主要是针对刚才讲的平均主义而言的，但是问题在于这些年在中国出现了严重的贫富悬殊，大家对这一现象议论很多。但是我还是坚持认为平等是指机会的平等，因为结果意义上的平等是根本做不到的。比如说法律上的教育权，教育权是要分层次的，第一层次是中国实行的义务教育，这个在结果意义上是一样的，但是实际上也不是每个人都能完成九年的义务教育，有的人会因为各种各样的原因就实现不了这个目标。但是如果我们讨论九年义务教育之外的高等教育，如果我们把平等理解成为结果意义上的，就会推导出所有的人都可以上大学、上研究生、上博士。实际上并不可能，它有一种选择和淘汰机制在里面，另外还要求经济上有能力才能实现。国家有许多措施帮助有竞争力的人接受高等教育，但这并不意味着所有人都能接受高等教育，这是大家比较容易接受的。更多的问题是在经济上，经济的悬殊造成社会贫富差距的拉大。这是一个经济公平问题。经济公平当然包括起点公平，但是有没有结果意义上的公平含义在里面？这是比较难回答的问题。公平和平等这两个概念在这个时候就出现了差异。因为我个人认为对经济公平应该有一个结果意义上的判断，但是这个经济公平实际上所导向的是一个社会公平的问题。就是说社会的分配机制，财富的创造和获得机制，应该有一个公平的机制，这样一个公平的机制才能导致结果意义上的公平出现。因为，公平不等于平等，公平的概念本身有一个比例在里面，就是这个差距是公平概念本身所包含的。所以在经济公平这个问题上，恰恰和平等概念是区分开来的。

这是个老问题了，在沈宗灵先生的《法理学》中，分析过平等、公平、公正、正义等一些相似的概念，他认为没有特别大的差别。一般我们不去做太细的分析。但是仔细分析一下，正义的概念和公平的概念也是不完全一样的。因为正义的概念是一个典型的哲学概念，而公平和平等又不一样。所以我有一个判断，就是相对于公平、正义这些概念而言，平等的概念是比较下位的。如果在这些概念中做一个排列，正义这个概念应该是比较高的，公平相对于正义就更加现实化了，然后平等和公平相比较又可能下位一些。

还有一个问题，就是平等的问题尽管在法律层面上得到了确认，平等权是一种宪法和法律上确认的权利，但是在现实生活中，要实现这样一种平等权，把这样一种法定权利转化成为现实权利，还要付出很多的努力。每一个问题的进展，首先是理论的层面、思想的层面。理论层面首先要解决应有权利的属性问题，就是说一种权利是否应有权利是要经过大家论证的，而不是生来就有的，即使是生来就有的，也是需要大家发现的。比如说给人权下的定义，“人权是人作为人应该享有的权利”，大家现在都接受这样的说法。但是人应该享有哪些权利，这还是需要人来发现的，上帝不会创造出那些权利种类摆在那里。所以，我们还是首先要解决认识层面的问题。实际上人权在很大意义上是和人的认识分不开的，人的认识进展到哪个阶段，人权才能相应地发展到哪个阶段。从这个意义上讲，人权是一种客观权利和主观权利。即使存在，没有发现也不可能享有。

我们讲这个概念的时候，都是在大陆法、制定法这个意义上来说的，就是在宪法和法律上靠成文法来把它确认下来，确认下来以后，再把它由法定权利转化成为一种现实权利，这个中间的差距仍然是相当大的。但是我这些年越来越现实地认为，有这个差距是正常的。在法定权利和现实权利之间有差距恰恰是一个社会的常态，所有法定权利都能实现的完美社会是不存在的。另一方面，在应有权利和法定权利之间的这个阶段也是一个非常艰难的阶段，一种权利能否被法律确定下来是一个非常艰巨的过程。我举个例子，比如说隐私权，到目前为止在我们的法律体系里还是找不到的。虽然有隐私的概念，但隐私权是没有的。隐私权何时才能进入法律呢？有人把隐私权看得非常重要，不仅仅将它放到民法里面，还主张把它放到宪法的基本权利里面去。而哪一种权利能成为基本权利也是一个变化的过程，这个变化取决于这种权利在当下社会的重要性，这个重要性程度影响着这种权利的归属。权利放在宪法中和放在部门法中是不一样的，放在宪法中的是基本权利，而放在刑法和民法等里面的，被称为普通法权利。但是这牵扯到另外一个话题，这样是不是意味着基本权利一定高于这些普通法权利？这是人们很自然会得出的结论，但我不这样认为。这是一个专门的话题，即所谓“权利位阶”问题，我们在后面会讨论这个话题。所以我觉得出现这种落差恰恰是一种正常，而非反常。

（三）权利平等在中国的一些现实案例

下面我想通过一些案例对平等权在中国的发展过程和大家交流一下。

平等权在中国的发展过程，开始最多的发生在大学招生和工作招聘中，也即在教育和劳动就业这两个领域。后来平等权就发展到所谓的地域平等问题，就是当年山东青岛三位学生起诉教育部的案子，理由是自己的考分比北京学生的考分高，不能进重点大学，而北京的考生却能进重点大学，认为这是一种严重的地域不平等。这个案子最后是以撤诉结束。还有性别平等问题，河南平顶山市一个银行有位姓周的女员工，55 岁，单位让她办理退休手续，她认为这是男女不平等。为此周女士先申请了劳动仲裁，失败后又提出了起诉，起诉当然也失败了。因为单位让她办理退休手续是以国务院颁布的一个行政法规为根据的，而对于国务院的行政法规，劳动争议仲裁委员会是没有权力判断的，法院也没有这个权力，这是中国的宪政体制决定的。我们的法院存在着一个问题，就是法院对法律性的文件、抽象性的文件是不做判断的，没有审判权，对自制规章也不去进行判断。男女同龄退休是个老问题，但是周女士把这个事情作为一个案件提出劳动仲裁和进行起诉，这在中国是第一例，把原来台下的问题拿到台面上来了。

还有一个案例，在北京大学外国语学院 2005 年小语种招生过程中，男女实行不同的分数线。女考生的分数线要高于男考生，因为女学生考分都比较高，如果单纯按分数招的话，男生就会很少。北京二中同一个班的一个男生比女生成绩低反而被录取了。

这都是些现实的案例，包括地域平等问题、性别平等问题等。下面我还有一些案例提供给大家。

在 1995 年的高考录取工作中，河南籍考生杨红伟被他所报考的学校以相貌丑陋为由拒绝招收。当时报纸上也登了他的照片，这个事情被披露后引起了很强烈的讨论。后来这个学生还是很幸运，被兰州大学录取了。

2000 年，一位被广州大学已经录取的考生，被学校取消了入学资格，理由是这个学生隐瞒了自己曾经患过白血病的事实。我们没有了解具体情况，单从文字来判断，“曾经患过白血病”应该意味着已经治愈了。按照当年的规定，有各种恶性肿瘤、血液病的考生不能被普通高校录取。

浙江省龙泉市的一位女学生叫翁有兰，她的个子长得矮，只有 128 公分，连续两年被中专和大学拒之门外。她 1998 年参加高考，分数已经达到中专的分数线，但是因为个子矮没有被录取。1999 年，她又参加高考，取得了 511 分的好成绩，可又因为个子矮没有被录取。2000 年她又考出了 520 分的好成绩，就在记者发这个新闻稿的时候，她能不能被录取还是个未知数。

有一位考生叫张方，是乙肝病毒携带者。她报考了中国科学院心理学研究所，但是就因为她是乙肝病毒携带者，最后没有被录取。后来这个案子，北京市教委要求学校进行复议，学校通过复议后还是决定不录取她。按照当年教育部的体检标准，对乙肝病毒携带者是有一些专业性限制的，如学前教育、航海技术、飞行技术，对专科专业也有一些限制，如不能录取到面点工艺、西餐工艺、烹饪与营养、烹饪工艺、食品科学与工程专业，就是说和人类健康卫生相联系的这样一些专业。但是其他的专业没有在限制之列。心理学和这个是不搭界的，按照当年的招生体检标准也不在限制之列。但是，学校还是没有录取。

另外还有一个很大的问题，就是残疾人的受教育权问题。这里面包含的意思并不是要接受特殊教育，而是指和其他人一样坐在同一个教室接受教育。这也是个大问题，因为在现实中，现在的大学很少具备能够提供残疾人上学的条件。有一个大学招收了一名残疾学生，结果四年中他的同学就背着他上课。

还有一些不是因为招生，而是在招聘工作中、资格认定中或者行政许可中引发的一些诉讼案件，也反映了宪法权利在实际生活中所遇到的问题。

比如，2002 年 1 月，四川大学法学院一名毕业生蒋韬，因为身高原因被中国人民银行成都分行拒绝聘用。当时银行要求男生身高 166 公分，他没有达到，就没被录取。这个案件被提出起诉后，四川大学的一位教授义务为他辩护。最后结果，银行还是没有录取他，但是银行取消了关于身高的规定。这几年中国有很多案子也很有意思，案子虽然输了，但是在输的同时，案子背后所引发的问题却得到了解决。我们把它叫作通过司法来推进社会进步。

云南丽江有一位无手的残疾青年何跃林，因为残疾而不能获得驾驶执照，无照驾车被行政处罚了。考驾驶执照对肢体是有要求的，年龄的要求已由 60 岁放宽到 70 岁了。黑龙江哈尔滨一位无腿的司机，无驾驶执照驾车 32 年。这都是真实案例。我们在电视上看到，国外的无腿的人其实也能驾驶得很好。

还有福建省一位毕业于福建师范大学的中学老师王某，他在教师的岗位上已经工作了 10 年。福建省教育厅搞了一个教师资格重新考核认定的活动，体检中又因为身高不足 160 公分，这个教师王某被认为不合格。

二、关于平等权的几个问题

前面我给大家介绍了我们现实生活中存在的一些事件、事例和案例，下面我要讲几个问题。

(一)平等权问题如何显示

平等权问题存在于日常生活中以及立法过程中，在司法过程中和行政执法过程中也经常显示出来，比如说我们现在讨论的同案不同判问题。同案不同判这种现象在中国司法中可以说是普遍存在的。我们在研究中国案例指导制度的过程中也分析了很多案件，我介绍两个刑事案件给大家。这两个刑事案件都是受虐杀夫案，这两个妇女都是由于受丈夫虐待，然后把自己的丈夫杀了。一个是在 2006 年 3 月 7 号，上海浦东法院作了一个判决，对一名不堪忍受吸毒丈夫施暴而杀夫的王姓女士，以故意杀人罪判处有期徒刑 14 年。在判决过程中，这个犯罪嫌疑人的女儿，还有同事和邻居，甚至被害人的哥哥，都作证说其是长期处于家庭暴力之下的受害者，希望法院能够轻判，但是浦东新区法院最后还是判了 14 年，这应该算是一个很高的刑期了，因为有期徒刑最高也就是 15 年。在这之前的 2005 年 2 月 3 日，在包头市一个区法院，以故意杀人罪判处另外一个刘姓女士有期徒刑 3 年，缓刑 5 年。这两个案件，尤其是浦东新区法院判决的这个案件被披露后，在社会上引发了很多讨论。这两个案件在杀人过程中的具体情节当然是不一样的，肯定有很多差别。但是在罪的问题上，都是受虐杀夫，在结果上有类同性，但是一个被判了有期徒刑 14 年，另一个却是有期徒刑 3 年，缓刑 5 年，这个差距是不是太大了？

还有我们在案例指导制度的研究中，有很多案件包括王海的案件也反映了这个问题。王海在天津三个商场买了同样的电子产品，然后到三家法院去起诉，最后得到三种不同的结果。像这样的案例有很多，我们把它叫作同案不同判。同案不同判肯定是司法上出的问题，但这并不是说立法上没有问题，立法也有问题，即《消费者权益保护法》第 49 条关于双倍索赔的问题。法官最主要是要判断你是否是知假买假，在这个问题上因为法官的认识不同导致的结果就不同，好多的问题都和这个问题相关。到目前为止，在国家的法律还没有修改之前，最高人民法院就这个问题也没有明确态度之前，法官只能根据自己的理解去判断。比如说这个案子到了一名法官手里，他认为知假买假不应该是消费者，就不应该按照欺诈来对待，不能进行双倍索赔，最多原物原价退回。如果到了另外一个法官的手里，他认为我们不应该追究买东西人的动机，只要买的货物是假货，就不应该追究买东西者的动机，知假买假不应该受到限制，而且“消费”不能作狭义理解。如果一位法官是这样认为的，他就会判处双倍索赔。在这件事情中，一个人买了三件同样的东西，肯定是为了双倍索赔，而且肯定是知假买假。所以，一方面是法律本身出现不太明确的弹性地方，另一方面法官对法律的理解出现差异，结果就导致这样不同的判决。这个时候我们没办法说哪个案件的判决是正确的，哪个是错误的，没法比较。如果这个案件不经过审判监督环节，不经过申诉环节，得到重新改判，这两个案件的结果都是有效的，这个时候我们不好说哪个是错的或对的。现在我们想通过案例指导制度来解决这个问题，比如说这个打假问题，最高人民法院通过确定指导性案例来规范。最高人民法院确定一例指导性案例，在这个案例中涉及知假买假问题，我们要确认知假买假的是不是消费者。如果我们在这个指导性案例里确定他是消费者，然后就做此判决，这个案件判决作为指导性案例、典型性案例，以后全国的法院遇到此类案件的判决时，就照此办理，不再在这个关键问题上去争执，也不允许法官在这个问题上再作自己的理解。案例指导制度是想在法律还没有修改之前，通过这种指导性案例的方式来统一全国在法律适用问题上的标准。这样至少可以在一定程度上避免同案不同判这样一种现象。

这几年，大家讨论最多的就是所谓的“同命不同价”问题。“同命不同价”是从交通和工伤事故中来的。在交通事故或者工伤事故中导致了多人死亡，死亡者中有农村户口的，也有城市户口的，这种情况下问题就出来了。有一个案例，2004 年 11 月 9 号，重庆境内一辆农用车违规载客翻入沟中，车上有 4 人当场死亡。交警部门在处理这个案子的时候，对这 4 个人采取了不同的赔偿标准，因为其中有两个是城市户口，有两个是农村户口。城镇居民的死亡赔偿金比农民高 3 倍，所以引起农民死者亲属的怨言，而交警部门在处理这个事情的过程中是严格按照法律来进行的。最高人民法院发布过这样一个司法解释，即《最高人民法院关于人身损害赔偿案件适用法律若干问题的解释》，这个解释说的是，死亡赔偿金按照法院所在地上一年度城镇居民人均可支配收入或者农村居民人均纯收入按 20 年计算。这些年，“同命不同价”都是这个司法解释导致的。包括重庆綦江虹桥的垮塌，死亡 40 多人，多数都是农民，也有个别城市居民。最后除了精神抚慰金以外，城镇死难者每人获得了 48000 元的赔偿，而农村死难者每人获得 22000 元的赔偿，基本上差距是一半以上。对于这个赔偿，綦江县的副县长说我们的事故赔偿是最高的，超过了烟台海难。40 多名死难者家属都在赔偿协议上签了字，其中大部分是农民死难者家属。虽然签了字，但是农民死难者家属对这个赔偿非常不满，同是遇难者，为什么同命不同价？

我曾经在接受上海《东方时报》的采访时讲了我的观点，“同命不同价”实际上是一个被炒作了的概念，真正的问题反而被掩盖了。本来这个问题是个法律问题，在交通事故和工伤事故中，包括现在的空难中也涉及死亡赔偿问题，我们应该讨论的是一些深入性的问题，比如死亡赔偿金的性质。死亡赔偿金是赔给谁的，这是一个问题。第二个问题，我们可以对照伤害赔偿来分析，你会发现这是个很滑稽的事情：当这个事故导致死亡的时候采取的是区别对待原则，当事故导致伤害的时候是按照医疗费用还有其他的实际费用赔偿。如果现在有一个受轻伤的城市人和一个受重伤的农民，若在这里采取区别对待，轻伤的城里人采取高标准赔偿，而重伤的农民却采取低标准，这就是一个很滑稽的事情。因为伤害赔偿是不按这种路子走的，伤害赔偿是按照实际的费用，包括医疗费用、误工费等等。既然这样的话，为什么死亡赔偿不能按照相同的思路来走呢？问题在于，我们知道，在伦理上人命是无价的，但是在法律上一个很残酷的现实就是人命是有价的。这个价是通过人作为一个劳动力的价值来计算的，比如说一个农民，就按照他在农村一年的收入来计算其劳动力价值；城市里由于职业差别很大，劳动力价值是不同的，就按照平均数。这样一种思路当然也有它的道理。我把它叫作“人命价值的劳动力化”，就是把人命按照其劳动力来计算，这个思路本身就是有问题的。因为他是由于事故造成的死亡，这个时候为什么不能按照同样一个标准或者用就高不就低的计算手段。就像在工资改革中，一个人有好几个职位，他就可以选择高工资的职位，这就是就高不就低。劳动力价值化本身这个思维就有问题，就是把一个人能够创造的效益乘以 20 年，变成人的价值。乘以 20 年也是有问题的。为什么不能同等对待因为事故而导致的死亡者的赔偿问题？我们撇开“人是平等的”这种大道理不说，至少由于这是由同一起事故造成的死亡。还有一个技术性问题就是说，一般的事故都是有责任承担人的。比如说交通事故，有交通事故肇事方来承担责任，这个责任不需要由国家来承担。另外工矿事故，不管是国营企业还是私营企业，都是由企业来承担责任，还有保险机制。当然现在在特殊情况下也会由国家买单，比如说佘祥林案件，最后除了当时的检察院、法院承担了一部分司法赔偿，镇政府还拿出了一笔 20 多万元的补偿金，镇政府的这部分等于是国家赔偿的。

媒体把“同命不同价”问题通俗化，这样大家比较好理解，但是实际上它是把一个法律问题渲染成一个伦理问题、道德问题，无助于这个问题的解决。我们改变一下思维，从法律层面上来思考才有益于这个问题的解决。解决这个问题实际上还是比较困难的，因为它虽然是一个法律问题，但是里面有一个利益的博弈，有的地方可能还出现相反的情况。比如说按照户籍所在地来赔偿，有时候户籍所在地的赔偿标准比事故地还要高。所以，在最高人民法院没有改变以前的司法解释之前，有些地方就自己出台了一些政策。比如说农民工案件，农民工遇到伤害、遇到交通事故的，只要其在这个城市居住满一年就可以享受与城镇居民相同的赔偿待遇。这是没有根据的，要求其住满一年也是没有根据的，但是这至少表示政府还是努力想要解决这个被社会一直关注的问题。有的省想通过地方性法规的方式解决这个问题，但是最后没有成功。这方面问题比较多，有时候司法实践中就暴露出我们立法的问题和司法解释中的问题，司法解释在我们中国的法院中是被作为一种法律渊源来对待的，可以作为判决的依据。

(二)权利能否得到平等保护

前面给大家介绍了一些情况,下面同大家讨论一个理论性的问题,就是权利能不能得到平等保护?大家可能觉得很奇怪,这个问题还需要提出来吗?这并不是我自己提出的,是我根据一些学者在讨论一些案件的过程中所表达的观点而提出的问题。权利平等问题在理论层面还存在着很大的争议。

讨论权利平等应该分层次来进行。我们说的平等保护包括两个含义:第一是权利主体的平等;第二是权利类型的平等。本来这两个问题应该是一个问题,平等保护就意味着权利主体的平等。但是这几年在学术讨论中引发出了另一个我们要重视的问题——权利类型的平等保护问题。两个本应该是一体的问题现在却被分割开来,因为很少有人说权利主体不应该平等,这是和法治理念相去甚远的。问题变异到权利类型的平等保护问题。

北京大学法学院院长朱苏力教授曾发表过自己的观点。在《秋菊打官司》中张艺谋用实景拍摄的方式拍到了一个村民贾桂花的镜头,电影放映后贾桂花很气愤,以肖像权被侵害起诉电影制片厂,这个案子的结果是法官判处电影制片厂没有达到侵权,原告败诉。朱苏力教授把这个问题变成一个理论问题,说法官不判电影制片厂败诉的原因是在这个诉讼中有两种权利,一种是电影厂的表达自由权,另外一种是贾桂花的肖像权,如果法官判决电影制片厂败诉,那么以后的电影制作人根本就不敢再放开手脚来创作了,会严重影响到表达自由。最后他得出的结论是,表达自由是高于肖像权的,在这两种权利里面存在着一种权利比另外一种权利高的情况。这样一来,不同的权利种类在诉讼过程中的意义是不一样的,由于两个意义不同,所以法官权衡后判决一方败诉。虽然法官在阐述中也说了没有达到侵权标准的问题,但是重点还是在权利类型的高低不平上。另外还有一个河北灭鼠大王邱满囤的案件,当年全国都在用他的灭鼠药,非常灵,但是中国科学院 6 名科学家写了一篇文章发表在《科技日报》上,说他的老鼠药有超过国家标准的毒素,是有危害的。文章发表后,邱满囤认为其侵犯了他的名誉权,影响了他企业的产值和经济效益,于是起诉这六名科学家。一审判决科学家败诉,因为经过司法鉴定,鉴定书说这种药里面没有超过国家标准的毒素。在这种案件中,鉴定书一般起着决定性的意义,法官的判断是要建立在技术鉴定上的。科学家们经过一年多的上诉,终审判决他们胜诉,理由在于另外一份司法鉴定书,鉴定书中认为灭鼠药中存在着科学家们所谓的超过国家标准的毒素。这个案件也是属于原告的名誉权和被告行使言论自由权的问题,法官的判定是要建立在被诉侵权的文章到底有没有事实根据的基础上,这个事实根据是靠司法鉴定来说话的,所以案件是明摆的。但是朱苏力教授有自己的看法,说如果在这个案件中法官判决科学家们败诉,今后还有谁敢写文章呢?没人敢写了,言论自由等于在诉讼中遭到了很大的遏制。言论自由对一个发展中国家太重要了,朱教授的结论是就因为言论自由的重要性,在这个案件中法官就不能判科学家们败诉。我们谁都承认言论自由的重要性,但是不能得出这样的结论。如果按照这样一个分析思路走的话,那在所有的诉讼、所有的判决中就不会出现主张言论自由或表达自由这一方败诉的案件。但是现实中,有很多所谓的言论自由主体败诉的案件。我举一个比较典型的案例,就是湖北有一个所谓的“女张二江”案件。一个县委书记由于贪污受贿被判刑罚,被判刑罚以后有一张小报就报道她的犯罪,其中很大篇幅是关于其私生活的。当事人在监狱中看到这个报道后非常气愤,精神受到很大刺激,于是就起诉这家报纸,提出了二十几万元的比较高的赔偿额。后来这个案件经过法院的审理后认定,报纸关于其私生活的报道绝大部分都没有根据,严重失实,最后,法院判决报纸败诉,然后要求被告补偿原告精神损失 21 万元。当时这样一个判决在中国涉及媒体的判决中是判得最高的,引起大家非常热烈的讨论,因为原告本身是个受刑罚的人,还得到了很高的补偿金。这个案件就反映出了法治的进步。如果在过去的年代,像这种受刑罚的人连提出民事起诉的勇气都没有。在中国的传统里,一个人犯了罪,他的其他权利也都没有了。相似的一个案例:一个受监禁的人,收不回自己的借款,监狱的管理人员还鼓励其起诉。早些年我们会讨论怎么保护罪犯的权利,现在更具体化了,就是刑事罪犯的民事权利怎么保护。最近公安部颁布了一个文件,判处拘役的和有期徒刑还有一年就执行期满的,每个月可以回家 2 天。刑事罪犯的民事权利保护问题还存在很多问题,刑事罪犯能不能补办结婚证,以便给非婚生子女办户口,在有些监狱是不行的。

我们回到秋菊打官司和邱满囤的案子上来,它们都有自己的情节,但是朱苏力教授在分析的时候把它们引入一个理论的公式中,说如果两种权利在诉讼中发生较量或者冲突,法官判决的时候要考虑不同权利的重要程度,因而导出有些权利类型比另外一些权利类型要重要。至少在这两个案子里,言论自由权是高于名誉权的,表达自由权是高于肖像权的。这样一种理论分析在司法中是很可怕的。法官在接手到一个案件后,关键点就是事实,即证据,另外就是法律的理解。如果按照朱教授的观点,它会把法官的思维引向理论,就是法官要建立在理论基础上来判案。照这样的话,许多案子在没有上法庭之前胜负就已经有结果，根本不用上法庭了，因为这种观点认为权利之间是不一样的，权利的重要程度不一样。所谓的"权利位阶"。我个人认为"权利位阶"是一个需要我们非常谨慎对待的东西。"权利位阶"意味着权利是可以排序的，而且顺序一旦排出来，上位阶的权利是要高于下位阶的权利的。能这样得出结论吗？不能。这个概念怎么来的？它是从法律位阶简单地模仿出来的。法律因为是由不同的制定机关制定的，而这个不同的制定机关在国家权力体系的安排里面地位是不一样的，它制定出来的法律效力也就不同。法律位阶是和其效力紧密结合的，所以说下位法必须服从上位法，上位法高于下位法。一旦在立法中出现了两者冲突的情况，必须按照这个原则来对待。新法优于旧法原则不能滥用，必须是同一机关的。但是有些学者认为在权利中也有大小高低，一种权利优于另一种权利，有些权利好像一直处在一个很弱小、很下位的地位。但是权利这种问题和法律是不一样的，权利有一种独立性。就拿母权利和子权利来说，一旦一个子权利产生，它就脱离母权利而成为一个独立的个体，有其独立价值了，并不是永远要依附于这个母权利。另外，权利位阶理论没法解释处在同一位阶的权利如何排序，不能简单地说宪法权利就高于普通法权利。我们承认每一种权利对于社会都有其重要性，这个重要程度可能是有差异的。但是这并不意味着这种重要性可以替代它的独立性，这种重要性并不意味着它是某一种权利可以高于另一种权利的依据。比如说肖像权，在现实生活中和肖像权易发生冲突的大多数都和媒体相关，这种侵权情况大量存在。如果说按照这种权利优位理论来处理，这样的案子就根本没有胜诉的可能，但是现实中还是有胜诉的。还有一点，法官判案主要是靠事实，而不是靠理论。如果法官判案建立在一个理论基础上，这是比较危险的。但是另一方面，法官的判案肯定会受到一定的理论影响的。我们中国法官的层次不断地提高，他们也会关注到理论的变化。在法律不是非常明确的情况下，法官需要作出自己的判断，这种判断需要一个理由的支持，在这种情况下，他可能接受了某种观点，然后这种观点会直接影响到他的判决。所以权利优位理论需要我们作更深入的讨论。

权利类型的平等保护本来是一个不应该出现的问题，但是现在出现了。而当我们表达某一种权利类型高于另一种权利类型的时候，我们脑海里实际上潜藏了一个概念，就是每一种权利类型都是有主体的，没有离开主体的权利类型。换而言之，就是说某一个权利主体高于另外一个权利主体，这样等于又回到权利主体的平等保护问题上了。如果说权利类型是不平等的，就是说法律允许特殊的权利主体存在，但权利主体是平等的又是大家的共识，这就是个悖论了。权利类型的讨论最后又回到主体，所以我说它们实际上是一个问题，被学者们人为割裂了。当然这种割裂有助于我们深入地思考权利平等问题，单纯讨论权利主体解决不了什么问题，对权利类型的讨论有助于我们对一些细节问题进行深入的思考。

权利主体的平等也可以划分为两个层面：一是法律层面；一是现实层面。法律层面和现实层面又表现出差异。法律层面怎么判断呢，我们只能说基本上得到解决，就是在中国的实体法和程序法中，主体的平等保护基本上得到解决，但是还没有完全解决，比如说同龄退休问题。更重要的是现实层面的主体平等保护问题，这个面临的问题更严重，任务更加艰巨。因为中国是一个官本位文化非常严重的国家，这种官本位的文化渗透在各个领域，其中也不排除司法领域。立法方面的任务比较容易，而贯彻下去却非常艰巨。

还有一个问题，我刚刚提过了，平等是否意味着无差别？这个答案是明确的，就是平等并不意味着无差别，差别对待也是平等的含义之一。这个从柏拉图到现在都有很多讨论，现实中也有很多案子。比如 2003 年 6 月 23 日，美国最高人民法院的一个判决，九名大法官以五票对四票的微弱优势，裁定了三名学生起诉密歇根大学法学院的案子，认定密歇根大学法学院少数族裔赞助的招生政策合法，这个政策也是为了多种文化共同发展。中国也有类似的问题，我们的民族自治法明确规定，对少数民族在很多方面都给予优惠政策。中国现在至少有四类主体，就是妇女、未成年人、老年人，还有残疾人权利是受到特殊保护的，这个我就不展开了。

（三）平等观念源于何处

平等的观念源于何处，这也是一个古老的法哲学问题。我介绍一个美国人对猴子做的实验：2003 年《自然》杂志报道，美国某大学一个博士研究生通过对猴子的研究写了一篇论文，说猴子也具有平等观念，这表明平等观念是进化的产物而非文化熏陶的结果。他做了个游戏：让猴子劳动，一个猴子得到一串葡萄，另一个得到一根黄瓜，结果得到黄瓜的猴子拒绝了，又把黄瓜扔回来，因为它觉得自己完成了同样的工作量却受到了不平等的对待。他想说明平等观念是怎么来的问题，它并不是后天的文化熏陶的结果。当然这个游戏还是有点简单，还需要深入研究。但是他给了我们一种新观点，就是平等要求实际上是天生就有的，是人的自然权利。所以我们就可以理解对平等来源的追溯，可以加深对人性的理解。

今天就跟大家做这样一种交流，谢谢！

中国的案例指导制度

——上海师范大学的演讲*

主讲人：刘作翔　中国社会科学院法学研究所研究员、博士生导师
主持人：孙育玮　上海师范大学法政学院教授
参加人：上海师范大学法政学院法理专业老师、研究生
时　间：2007年4月26日上午
地　点：上海师范大学法政学院"法政学术论坛"报告厅

第一个问题，跟各位汇报一下中国案例指导制度的来龙去脉以及目前的进展情况。案例指导制度的正式文件是2005年10月26日最高人民法院发布的《人民法院第二个五年改革纲要(2004—2008)》，法院系统称做"二五改革纲要"。之前的"一五改革纲要"是1998—2003年。"二五改革纲要"按道理应在2004年推出，但因为"二五改革纲要"涉及50项改革任务和措施，许多的论证工作比较费劲，虽然只是改革纲要，但在发布之前许多内容都需要论证，所以直到2005年10月份才推出，整整迟了一年。

"二五改革纲要"中提出了50项改革任务和措施，其中第13项内容中有一段话是这样说的："建立和完善案例指导制度，重视指导性案例在统一法律适用标准、指导下级法院审判工作、丰富和发展法学理论等方面的作用。最高人民法院制定关于案例指导制度的规范性文件，规定指导性案例的编选标准、

---

* 此文是作者应邀于2007年4月26日在上海师范大学法政学院"法政学术论坛"讲座录音整理稿，作者进行了校正。感谢上海师范大学法政学院的邀请及孙育玮教授、蒋传光教授的周到安排，感谢整理录音稿的同学。该整理稿缺少讨论中的问答，特此说明。——作者注

编选程序、发布方式、指导规则等”。这一段话实际上提出了一个新的命题:建立和完善案例指导制度。这在过去最高人民法院的文件中是没有涉及的,是第一次涉及,对它的功能和作用及指导性案例的编选程序、方式等做了简要说明,是最高人民法院第一次以正式文件的方式作出的有关案例指导制度的改革意见。虽然这个文件是 2005 年 10 月发布的,但实际上在这之前已经开始了一些准备工作。从 2003 年开始,最高人民法院就围绕着案例指导制度这一项改革做了一些前期的调研和准备工作。在我印象中,大概有这么几件事情:一个是在 2004 年,最高人民法院研究室一位主管这方面工作的博士邀请我和他到中央电视台做了一期节目,这期节目是在“央视论坛”做的,主要探讨的就是案例指导制度,这个节目有长达半小时的时间,播出时,电视台用了“法官断案有了新规”这样一个标题。因为电视台理解的就是以后法官断案有了新规矩,所以放出了这么一个信号。但其中着重于它对判例法所做的借鉴以及对为什么要搞这项制度等一些主要问题进行探讨,节目播出以后也引起了一些反响。另外一项工作是从 2004 年开始,最高人民法院着手编了两本书,后在 2005 年底出版,书名就叫《中国案例指导》,分《民事卷》和《刑事行政卷》两卷。这两本书和以往的书的区别在于,它们是在投石问路,最高人民法院按照原先的设想,对案例指导制度应该怎么做,根据自己的理解编选一些典型案例,专门邀请学者对其作出学理分析,提出了裁判规则,对以后的模式作出探索,但后来没有再出其他卷。还有一项工作是 2005 年初,最高人民法院发布了 10 项重点调研课题,其中包括了案例指导制度的调研,把这个问题作为 2005 年的重点调研项目来向全社会征集课题申请。因为当年法院系统对这些课题非常重视,许多高院院长牵头申请课题。本来 10 个课题 10 个课题组,一个课题组承担一项课题,后来的结果是有 20 多个课题组承担 10 项课题。案例指导制度由 3 个课题组同时承担,这 3 个课题组分别是:北京高院的院长秦正安同志领导的北京高院课题组,现任的人民法院报社社长杨润时领导的课题组,还有一个就是由我领导的课题组。由学者、法院等从不同的角度做课题,最后再综合大家的意见,这个课题的时间是一年,在 2006 年 3 月底,我们完成了这个课题,提交了一篇 7 万字的调研报告给最高人民法院。他们今年年初向我们要这个调研报告的修改稿,准备把 2005 年所有的这些课题结集出版,但到目前为止我们还没有拿到正式的出版物。按照最初的计划,课题完成后会综合 3 个课题组调研的情况,出台一个正式文件。在这个过程中,肖扬院长在 2006 年还有两次讲话,总的意思是说 50 项改革任务中的 8 项要在 2006 年底以前推出,但一直到 2006 年底都没有推出,因为围绕这个问题的意见分歧比较大。

直到今年4月份最高院才拿出了一个初稿:《最高人民法院关于建立和完善案例指导制度的若干意见讨论稿》,一共包含12条内容,于2007年4月召集了3个课题组和其他法院及学者围绕这个讨论稿进行讨论。当时因我在外地开会,没有参加这个讨论会。到现在为止正式文件也还未推出,因为其中涉及问题比较多,尤其在一些关键问题上确定不下来,比如说案例在以后的判决中到底起什么作用,确定的先例或指导性案例对以后的判决充当什么作用等,我把它叫作"案例的法律定位",是一个核心性问题。技术性问题比较好解决,关键在于有关法律定位、案例作用、案例功能的问题尚在讨论中。目前的进展情况就是这样,但我个人认为,案例指导制度作为最高院"二五改革纲要"中的重要内容,迟早是会推出的。作为一项在中国来讲新的司法模式或者说审判方式,它的产生不是一个小的变化,因为我们是制定法传统的国家,现有的法院审判中法官都是依法司法,在找不到相应的法律根据时,有些案件就驳回,有些案件甚至无法受理。新的模式对整个法院系统包括对我们的法学教育可能都会产生一些影响,所以这个问题还是应该引起我们的关注。虽然不是革命性的,只是改革性的或者说是补充性的,但它并不是无足轻重的,带有拓荒的性质,尤其在现有的审判模式这样的基础上,我们对它的作用还是应该作出充分的估量。

和这个问题相关的,即为何要推出这一项制度?最高院推出这一项制度之前,中国的许多地方法院已经先后进行了一些不同程度的试验。比较早的是在2002年河南省郑州市中原区人民法院在本法院内实行的一项制度,命名为"先例判决制度"。这项制度推出后引来了法学界以及司法界的高度关注和讨论,从讨论的情况看,大部分人是持不赞成态度,包括一些学者。在2003年社科院法学所发表的中国法治蓝皮书中,要对每个学科当年度的一个重点案例作出介绍和分析,当时法理这块是由我承担的,我最后选择了河南省郑州市中原区法院的这个先例判决制度。在法社会学上对案例的理解是一个比较广泛的概念,不单指诉讼意义上的,但包括诉讼意义上的。它是指在历史上或现实中发生过的事情,都可以称之为案例。所以,我选择这个案例做了一些介绍。这个制度实际上也是在探索一条道路,它产生的起因是由于中原区人民法院在审理案件的过程中出现了一些同案不同判的情况,这种情况对于法制统一是一种很大的破坏。为了解决这个问题,他们推出了这项制度,通过一个案例确定判决,以后的案件如果和先例有相同之处或相类似之处,就按以前作出的判决来处理。当然每个案件的确立都要通过审判委员会严格的讨论和筛选,另外先例判决制度的实行也有一个严格的规程和程序安排。另一个原因是有关司法资源的问题，这些年随着公民权利意识的增长，诉讼也有所增加，法官所要应对的案件成倍上涨，这对法院是一种很大的压力。这种情况渐趋严重，如海淀区法院2006年所受理的案件就在4万件左右，朝阳区法院更高达5万～6万件。法官应对的案件数量激增影响了他们判决的质量，解决这个问题的方式各个法院都不一样，如青岛法院推出过一项“诉讼风险告知制度”，以告诫当事人三思而行；加大调解的措施也是针对这个问题作出的一种解决方式。“滥诉”的说法我不赞同，案件达到诉讼的要求就应该立案，在一个法治社会，不应该因为司法资源不足而让公民少采用诉讼的方式，这个问题的解决是长期的和困难的，但我们应想办法弥补。案例指导制度对节约司法资源会不会产生效果，从中原区法院实践的结果来看是起到了一定的作用的。自该制度施行后，有些案件审理的时间大大缩短，只用20分钟就结了案，后面的案件可以在短时间内解决。因为一旦实行这种制度，如果后面的案件和前面的案件在事实及法律问题上没有太大的差异性，后面的案件就没有必要像前一个案件那样重来一遍，节约司法资源就是通过这种方式得到一定的解决。第三个原因涉及法官的自由裁量权问题。目前在中国法官的自由裁量权问题还是很大的，主要在于我们的法律体系存在一种可多样解释的可能性，法律的模糊地带比较多，法律的原则性规定比较多，造成法官对法律会产生各种各样的理解。最典型的案件是“打假”案件，在中国一些大城市中出现过很多由于打假而需双倍索赔的案件，由于法官在关键性问题上的理解不一致，出现了不同的判决。关键性问题就在于“知假买假”算不算消费者，因为消法有一个条款，公民如果为消费而购买的东西，然后发现是假冒伪劣产品，才能获得索赔。“知假买假”是否是消费者，因为这个条款本身就有模糊性，不同的法官有不同理解，有些案例就可以得到索赔，有些就不支持双倍索赔。由于存在这样一些法律因素，所以在中国出现相同的案例不同的判决看起来就很正常。关键是在没有案例指导制度的前提下，任何人都无法改变法律的决定，对于终审判决的正确与否也无法作出评判，除非经过审判监督环节，这就是现状。我们可以对案件作出不同的评论，但所有的评论只是学理上的，没有任何法律意义，有法律意义的只是进入程序后的，比如审判监督环节。这类情况不单在民事案件中经常出现，在刑事案件中也有过。这里有两组典型案件：一组是和任长霞案件有关的汽车肇事案件，在任长霞案件中法院最后将肇事司机定性为过失，判处1年的有期徒刑；而江苏常州的某位县级宣传部长无照驾车出现交通事故致人死亡一案，这个案件的情节相较任长霞案更为严重一些，但判决的结果却是对肇事人判处有期刑1年，缓刑1年。情节重的轻判，情节轻的重判，这种结果有些令人难以理解。能否因为任长霞个人的影响力较大，案件的舆论效果明显而对肇事人施以重判？另一组案件是受虐杀夫案，其中一个是2006年3月7日上海浦东法院作出了一个一审判决，判处因不堪忍受吸毒丈夫施暴而杀夫的王长芸故意杀人罪有期徒刑14年。在这个案件中，检察院的起诉书里讲到王长芸经常遭受被害人的殴打和辱骂，王长芸的女儿、邻居、甚至被害人的哥哥也作证说王长芸属于长期家庭暴力受害者，在众多的轻判呼吁声中，浦东新区法院最后还是以接近其量刑最高刑判处了14年的有期徒刑。另一个是2005年2月3日在包头市一个区法院作出的同样一个受虐杀夫案件的判决，这个案件是发生在2004年9月7日，内蒙古包头市38岁的刘颖，冲着对其当街施暴的丈夫连捅几刀，致使丈夫当场死亡，随后她自首。事后有181名群众联名请求公检法机关减轻对刘颖的刑事处罚，最后案件以故意杀人罪判处其有期徒刑3年，缓刑5年。一方是14年，另一方是实刑3年缓刑5年。缓刑只要不再犯罪，处于监管之中基本属于人身自由状态。这两个案件在案情上肯定有很大的不同，但这种不同能不能足以大到有这样的差距。当时围绕这两个案件在全国有很多讨论，有些法官认为这样判决是很正常的，因为犯罪人个人情况不一样，但这种理由能不能成立也是值得考虑的，在量刑问题上能不能以犯罪人个体的情况如个人身份、职业、工资收入、素质等作为判刑依据，还是有问题的，主要还是依据情节，但情节能否大到这样的差距？所以说不光在民事中，在刑事中也存在这样一些同案不同判的案件，这些案件都是可比较的，但是在法院系统中存在一种观点，认为没有任何两个案件是相同的，这个观点在很多法官中都存在，包括在一些文章和讨论中都出现过。2005年最高人民法院学术征文中有位作者提交了一篇文章，题目是《同案同判是在追求一种司法神话》，批判同案同判，文章中提出了两个论证：一个是认为根本不存在同案这种情况，他否认同案这个概念，对这个概念我们可以做一个分析；另外一个理由是认为只要承认法官对法律有解释权，那么即使相同的案件，由不同的法官作出不同的判决也是很自然的。

针对这两条论证我们做一些分析，第一个就是同案到底存在不存在。法律人、法官或者法学家对于同案的理解是指案件的主要情节最相类似、最相接近，它不是指哲学意义上的"一个人不能两次踏进同一条河流"、"世界上没有两片树叶是一样的"这种绝对化的概念。法律上的同案主要指法律情节、案件事实相同、相类似，从这个角度理解同案，我们就可以展开分析。比如说有这样两个案件，这两个案件也是在实践中运用案例思维来判决的。在北京朝阳区的一个麦当劳餐厅，一个顾客在用餐时丢失了包，随后他向法院提起诉讼，认为餐厅没有尽到保管的义务，要求赔偿其损失。法院经过审理认定餐厅不负保管义务，不予以赔偿。顾客不服提起上诉，中院作出维持原判的判决。在约一年以后，崇文区的另一个麦当劳餐厅也发生了顾客丢包事件，因崇文区法院了解到朝阳区法院的这个先例，就按照先例迅速作出判决，不予以赔偿。这两个案例中存在着许多不同之处，但所有的不同是否可以作为案件的主要事实问题和法律问题？并非如此。事实问题就是在餐厅用餐丢失包，法律问题就是餐厅是否有保管义务。就这个主要事实和主要法律问题来看，这两个案件具有相同性，属于同案，在判决中可以参照前案。所以我们不能绝对化地理解同案的概念，如果严格定义同案的概念，判例法根本无法生存。判例法之所以有这么长久的生命力，就在于它有同案这样一个概念。之所以要遵循先例，就在于后案和前例有相同之处，有相似之处。没有这个，判例法无法生存。第二个问题是法官的解释权，对这个概念我持保留的态度。法官解释说把法官对于法律的理解称为一种解释，这也是美国现实主义法学的一个核心观点，认为只有法官判决产生的那一刻，真正的法律才产生，在这之前所有的东西都是法律素材。这样一来只有法官的判决才是法律，它把法官对于案例的理解叫作法律。在判例法的体制下，这样一种学说是有道理的，判例法就是法官造法的体制。但是在制定法的体制下，法官对于法律是否有解释权是一个值得考虑的问题，至少在目前我们不能从任何一个法律性文件中找到法官可以对法律有解释权这种规定。在《立法法》中所承认的法律解释就是立法解释，这在条款中也规定得十分明确。全国人大关于解释的一个文件赋予了最高院和最高检在法律适用过程中对一些不明确的问题有进行解释的权力，这是我们概括的司法解释概念。司法解释仍然是一个学理概念，但我们承认这种解释，且这种解释权就是赋予“两高”的。高级法院、地方法院是否有解释权，还找不到相关依据。对法官解释说我之所以持保留态度，就是因为我们找不到权力根据。我们可以从应然的角度讨论问题，但也要从实然的角度即现实的角度看制度是如何规定的，面对制度问题应该怎样解释这样一种理论。我个人认为法官个人并不享有司法权，法官是司法权的行使者，但不是司法权的所有者，这样定位司法权这种公权力，我们才能避免公权力被个人化。这个理念是一种法治理念，即任何公权力，包括立法权、司法权、行政权，都不能个人化。每一个行使公权力的人都只是受委托而行使，而不是个人就享有这种权力。司法权最终应归结到人民，这也是“主权在民”这一理念的体现。这看似抽象，实则是委托制，职权制。法官的自由裁量权不能没有，但应该有一个限度，在法律规定模糊的地带，有一个法定幅度，且法定幅度内的空间也比较大。现在解决自由裁量权问题多数采用的是通过司法伦理、上下级监督机制、二审终审制以及再审制度这样一些制度来解决。但是在没有先例制度的前提下，任何一个终审案件的判决都是有效的，无法判定其正确性。如果建立了案例指导制度，至少对后案的判决可以起到约束的作用，后案不太容易作出差别性大甚至相反的判决，所以对自由裁量也可以起到一定的约束作用。和其相联系的法官徇私枉法问题，案例指导制度可以通过案例的方式相对地进行一些扼制。随后天津市高级人民法院推出的“判例指导制度”、成都市中级人民法院推出的“示范性案例制度”等，都是为了解决现实中存在的问题。归根结底，就在于中国社会现实对法治的迫切需求，随着疑难案件的不断增加，按照现有的依法司法、严格司法的模式无法作出处理，针对社会中大量出现的新类型案件，法院都在寻找解决的办法。从理论上讲，中国自改革以来就在探讨判例法的功能问题，当年许多法学教授对此也发表过专门的意见。沈宗灵教授对于判例法问题得出的结论是，判例法的方式要引入中国的司法实践需要相当长的时间，暂时是不可能实现的，但是我们应该重视案例的作用。许多学者也都在呼吁要引入判例法，但如何引进，按照原有的法律传统、司法传统，这是一个十分困难的问题。早些年我认为判例法在中国实现的可能性非常小，但随着实践的发展，随着司法进程的推进，我们发现如果严格按照现有的司法模式去判案，很多社会问题都得不到解决。法治对司法有一个要求，法院不得拒绝审判，我们现在难以做到这点，法院也一直在探索解决的方式。我们的立法特点也决定了社会的发展不能很快在立法上得到反映，因为立法有滞后性、稳定性、程序性等特点，所谓的超前立法是不太可能的。评断立法是否超前的标准就是社会关系，看社会关系是否存在。当年就此问题我和梁慧星教授也展开过一场辩论，他认为立法是可以超前的，如行政诉讼法中的民告官制度、外资企业法等等，但我认为民告官这种社会关系是已经存在的，法律反倒是一种滞后。最近有个关于克隆人立法的讨论，克隆技术立法和克隆人立法是两个概念，这个问题在目前还不具备这种现实，如果制定有关克隆人的立法，那属于一种超前立法，超前立法是指社会关系还不具备，是在未来才有实行可能性的法律。立法的滞后性是立法天生具有的特点，法律的作用是解决现实问题，这是不可避免的冲突。关于案例制度以及判例法在中国的适用问题是一个讨论了将近30年的问题，但现在这个问题已经不是纸上谈兵了，可能要进入到中国的司法实践当中，进入到中国的审判过程中去。这种进入不仅仅对法官有利，可能对所有的律师、检察官、经营者都会产生很大的作用，我们有必要对此予以一定的关注。

第二个问题我想汇报一下，为什么要在中国实行案例指导制度，我们将这个角度稍微做一点转化，即从社会学的角度来分析案例指导制度将会给中国带来什么样的变化。讨论这个问题需要从理论和实践两个层面来进行，理论层面就不做展开了，主要还是从案例的角度，我们通过分析一个案例，来看这样的制度推行可能会带来什么样的变化。这个案例比较简单，是关于李律师起诉家乐福超市发票案。2003 年 8 月，北京丰台区李姓律师在家乐福超市购物后由于排队人数过多而没有开发票，想等积攒到一定程度后再一次性开具发票。但到 10 月以后他再次去要求开发票时，开票员告知其票已作废，不能开具发票。因小票上印有“如需开具发票，请在一个月内办理”的字样，该律师遂以此为理由起诉家乐福超市。他有两个诉求：一是要求家乐福超市补开发票；另一个是要求法院判决家乐福超市小票上的字据为无效格式条款。最后法院支持了其第一个诉求，认为超市不开发票的行为是没有法律依据的，但对第二个诉求法院不予以支持，其认为购物小票上的规定不是双方在买卖交易过程中所约定的权利和义务，此内容对双方均不具有约束力，即法院完全否认这是一个具有法律意义的条款，不对此作出判断。但实际上我们知道法院这一解决的办法十分巧妙，它回避了一个很严酷的现实，即在中国的法院，到目前为止对一些抽象性的行为都不做判断，也就是说法院对于抽象行为没有司法审查权。有许多案件都是对具体的行为进行裁决，对引起具体权利义务纠纷的条款不做判断，现有的法院还不具备这种功能。但我们现在只注意到了法律层面的抽象性行为问题，对于非法律性的，即自制规章，没有足够的关注。法院现在对于法律性的和非法律性的抽象行为问题都不做判断，而有一个法官做了判断却惹出了麻烦，就是洛阳市中级人民法院的李惠娟法官关于种子法的判决，她认为地方性条例和上位法不符合不予以采用，惹出了许多麻烦。实际上这个案件揭开了许多现实存在的问题，法官可以在相互矛盾的法律中采用自己选择的那种，但不可以否定其他法律的合法性，这是我们在下一步的法治进展和讨论中需要解决的一个重大问题。

以发票案件为例，如果实行案例指导制度将会产生什么样的效果，我们作出以下几点分析：第一点，在全中国存在的超市数量十分庞大，许多超市都有类似家乐福的规定，面对法院的这样一个判决，这些超市是不是应该作出改变。当然从法律的判决来说，无论是否实行案例指导制度，一个判决只能直接针对这一个案件发生效力，不能针对其他案件。但问题在于如果实行案例指导制度它所产生的结果可能不同。这个判决产生后，其他超市如果有类似的规定，会作出什么样的变化？对于一个想要正当合法经营的经营者，他可能会撤销这种不符合法律要求的规定。而超市如果对此置之不理，所带来的后果就可能会引起注定败诉的官司，因为前例已经作出了判决，如果后案提不出新的案由，那一定会导致同样的结果，这是毫无疑问的，因为实行了案例指导制度。第二点与第一点相联系，全国的消费者协会今年一直致力于打击工商业领域中的霸王条款，2004年已经查处了一些存在问题的地方，2005年再次审查那些存在的问题有多少得到了纠正，但最后调查得出的结果却不容乐观，有70％的问题仍然存在，效果很不显著。其中的原因很多，我们不展开讨论。如果实行案例指导制度，对存在霸王条款的一些企业通过诉讼解决掉一类问题，那么其他相应的问题是否可以得到很好的解决？通过这样的办法，发挥法律判决对解决不合理的社会制度或者社会规则的作用。第三点在于它对消费者、公民的教育作用，虽然我们现行的法律对于公民也有教育的作用，但公民对法律的预期是不高的，因为我们目前没有一套先例制度。比如一个案件在某处得到一个判决，其他经历同类案件的公民起诉时仍是没有底气的，因为他对自己能得到怎样的判决没有预期，大量的同案不同判情况的出现使其预期大大降低。如果有了案例指导制度，一个公民看到类似案件的判决时，对自己的案件在起诉后会得到怎样的法律后果的预期就会大大提高。司法预期是分析法律权威的一个很大因素，公民在实际生活中存在同案同判的思维，这是一种天生具有的朴素的自然权利观。公民对法律的关心是和自身利益紧紧联系在一起的，包括对立法、案件的关心，近几年中国的司法作用凸显，正是由于我们的意识形态的转变，以及媒体、文化、舆论的导向，使法律问题成为社会生活中的一个重要问题。一些有重大影响的案件，尤其是与自身利益相关的案件，会得到大众的关注与议论。案例指导制度在老百姓的眼中实则十分简单，就是相同情况相同对待，案例指导制度实行以后公民对案件的预期值得到了提高，进而对司法的信心值也增加了。第四点，对于人民法院来讲，案例指导制度意味着以后各级人民法院接到类似的案件诉讼，不用花费太多的精力和时间去审理，完全可以用简易程序，按照类似案件类似处理的原则作出判决。这样既可以节省司法资源，又可以保证审判的公正和法制的统一。同样情况同样处理这一理念，是对公正最原始、最准确、最经典的解释，这也是和人的天性相联系的。另外，案例指导制度也可以提高法院的司法权威，对提高其公信力也有好处。还有最重要的一点是，通过这样一种制度的实行，我们可以使司法判决的延伸力或者影响力扩展。一个司法判决是有大量的智慧在其中的，如果一个优秀的司法判决被最高人民法院确定为典型性或指导性案例，它就会扩及整个社会，对经营者会起到教育的作用，改变其不合理的经营方式和制度;对公民来讲也可以通过案例这样一种实践性教育来教育公民;对法院来讲,避免了太多同案不同判的情况,而且确立了一个具体的案件事实标准,为法官操作提供了模板。当然不是所有的案件都能采取同样的方式,这只是补充性、辅助性的方式。

第三个问题我想简单说一说案例指导制度在研究过程中碰到的一些难点。第一个难点是案例指导制度的法律定位或者说指导性案例的法律定位如何确定,案例对以后的判决到底起怎样的作用。有人认为要使案例起到法官造法的作用,也就是说通过案例来突破一些法律禁区,我们对这个问题要非常谨慎地看待。在整个中国的现有宪政结构下,我们不要轻言法官造法,包括最高人民法院也忌讳法官造法这一说法,因为这个宪政体制并不存在这一概念,所有的司法改革都应在法律适用这个框架下来理解。案例指导制度实则是起到一种对后案提出论证理由的作用,它不是一个直接依据,是要在依法的前提下,用先例所作出的判决作为后案的一个很重要的论证理由,这是我们对其作出的法律定位。另一个难点是案例指导制度和判例法的异同问题,我们中国的学者受判例法思维的影响,会自然地将案例指导制度联想到判例法制度上去,但在中国借鉴判例法很困难的一点就在于讲清楚案例指导制度和判例法之间的区别点。如果我们对判例法总结出两大核心理念或核心要素,第一点就是判例就是法,这是判例法的核心理念,这样的核心理念能否简单地拿过来?我们经过分析认为是不行的。判例就是法,表明判例可以作为法的渊源直接进入到法的体系中去,但在我们目前的框架下,判例是不能作为法源的。我们的宪法、《立法法》对法源作出了明确的规定,要将判例作为法源,等于是在现有的《立法法》规定之外增加了一个法律形式,这是不可行的,不是简单改动《立法法》的问题,最后可能要对宪法、宪政体制作出重新安排。判例就是法,这个理念不能简单地被我们吸收。第二点是遵循先例这个理念,这个理念肯定是要得到采用的,但前提是依法。“依法”是一个层层递进的关系,一是依规则,有明确的规则,即有法律没案件,但出现案件后既依法又依案例,就是依规则。没有规则就依法律原则。如果没有法律原则,就以法律的精神作为依法的解释,这个法律的精神不是法理学上的法律理念,而是在实体法和程序法中可以提炼出和抽象出的法律的精神。伯尔曼教授在山东大学的演讲中讲到过一句话,用法律的精神可以断案,对此我们可以作出探讨。和此相联系的是判例的概念,在我们的思维里,判例是一个制度化色彩非常浓厚的概念,所以我们不采用它。一旦出现判例这个概念,我们大脑里马上会浮现出一系列关于判例法的一整套体制和法律传统。在中国采用案例指导制度是一种折中,实际上是在现有的体制基础上的一种补充，它不是替代性的、革命性的、推倒重来的，是起补充性的、辅助性的作用。用案例这个概念，它是一个中性的表达，没有强烈的制度性色彩。案例指导制度，是用指导性案例这样一个概念在实践中指导后面案件的判决。这不仅仅是简单的名称使用问题，它还涉及这两种不同概念所表达出来的强烈的制度化色彩。最高院在确立这一名称的过程中也接受了这样一个看法，和刚才这一问题相关联的最高院起草的征求意见稿，在此也不做详细说明。其中最核心的一个问题还没有得到确定，就是案例究竟起到什么作用，有什么功能。在征求意见稿的第 11 条里规定，“指导性案例公布后各级人民法院在审理裁判结果类似或相同案件过程中，应当将指导性案例作为证据采信、认定事实、适用法律的依据”，这是一段话。另外有一种意见是，各级人民法院在审理裁判结果类似或相同案件过程中，“可以”将指导性案例作为证据采信、认定事实、适用法律的依据。一个是应当，一个是可以，表达了在这个问题上最高人民法院还没有形成最终的一个确定性的意见。当然实行案例指导制度究竟是刚性的还是柔性的，征求意见稿也没有作出明确的定性。如果我们实行这套制度，肯定是需要下级法院来遵循，不是说可以不遵循，否则和过去没有什么区别。但有一个实质性的区别在于，制度实行后的某些案例可能要进入到后面案例的判决书中，在这之前，所有的案例都是在法官的大脑中作为参考，进入不到判决书中。另外一个理论问题就是程序性问题，最高院原来只考虑选择最高院和高级法院终审的案件作为指导性案例，我们在讨论中一直反对这个意见。通过大量的案例研究表明，最具有普遍性、典型性、示范性意义的案例是基层人民法院审理的案件，案例的选择不应该有级别，我们应该在全国范围内各个层级的法院中进行选择，再通过一个筛选机制，由最高院审委会讨论作出选择，由最高院统一发布，全国各级法院参照施行。目前这个文件也已经吸收了这个意见，涉及其他诸如适用技术等一系列问题我们就不展开了。利用这一个半小时给各位做这样一个汇报，我希望能听到批评意见，谢谢各位！

中国法治进程中的权利平等问题

——西藏大学的演讲*

在中国法治进程中，权利平等、平等权问题成为中国社会和学界关注的一个热点问题，有关平等权问题的理论讨论和立法、司法、行政执法案例也在不断出现。理论上的讨论涉及平等权到底是一个宪法原则，还是一项宪法权利，同时，更多的涉及究竟如何理解平等权的内涵。经过讨论，我认为在以下几点上取得了一些基本的共识：平等不等于平均；平等是一种机会上的平等和法律主体资格上的平等，而不是一种结果上的平等；平等权是一种宪法和法律上的确认和规定，即宪法权利和法定权利，而在现实生活中，要实现这样一个宪法上和法律上的规定，要将这样一项法定权利转化为现实的权利，还需付出更多的努力，等等。以上这些共识，是我们在平等以及平等权问题上取得的理论成果。但在现实生活中以及立法、司法、行政执法等过程中，违犯平等权和不平等对待的事例和案例俯拾即是，这也是平等权问题引致社会广泛关注的一个重要原因。

一、权利平等问题在中国

在中国，平等权问题有一个发展过程，最初较多地发生在教育、劳动就业等领域。这些年在招生、招聘等过程中发生的实际案例也不断出现，开始的案

* 本文是作者于2006年8月17日在西藏大学“百名法学家百场报告会”的演讲稿。部分内容以“平等权问题种种”为题在《法学家茶座》第10辑发表，山东人民出版社2006年5月版。《学习时报》2006年1月2日第5版发表过部分内容。——作者注

件多是在高考录取和研究生录取工作中所引发的一些诉讼，主要是针对录取工作中的“体检标准”，后来就发展到了有关地域平等问题（例如山东3考生起诉教育部案件），男女平等问题（2005年北京大学外国语学院小语种招生中规定男女不同录取分、河南平顶山市女职工周女士55岁被要求退休而提出劳动争议仲裁）等案件。下面是一些涉及平等权问题的典型案例，通过这些案例，我们来透视一下平等权问题在中国的表现样态。

案例一：1995年高考录取工作中，河南考生杨红伟被所报考学校以“相貌丑陋”为由拒收，此事引起了全国关注（最后被兰州大学录取）。当然，杨红伟不是因为“不良生活习惯”而被拒收，而是出于一种更不合理的理由，尽管它没有文字性的规定。

案例二：2000年，一位被广州大学已录取的考生苏惠妮被学校取消了入学资格，其理由是该同学隐瞒了自己曾经患过白血病的事实，而教育部颁布的《普通高等学校招生体检标准》规定，有各种恶性肿瘤、血液病的高考生，不能被普通高校录取。①

案例三：浙江省龙泉市的一名女学生翁有兰，只因个子为1.28米，连续两年先后被拒之于中专、大学的门外。1998年，高中毕业的翁有兰参加考试并上了中专分数线，但她因个矮没有被录取；1999年，翁有兰参加高考，取得了511分的好成绩，又因个矮没有被录取；2000年，她又取得了520分的好成绩。在记者发此稿时，能否被录取还是未知数，她在等待希望。②

案例四：2002年，考研成绩第一名的张方（化名），由于是乙肝病毒携带者，被所报第一志愿的院校——中国科学院心理所拒绝录取。在提出行政复议仍被拒绝录取后，张方准备向北京市朝阳区人民法院提出起诉。围绕此案展开的讨论，引起媒体和人们的关注。乙肝病毒携带者到底有没有受教育权？对此，相关文件作出过规定。1998年教育部和卫生部联合颁布过一个文件——《普通高等学校招生体检标准（修订）》，其中第19条规定：肝炎病原携带者或乙型肝炎表面抗原检验阳性者不能录取到学前教育、航海技术、飞行技术专业；专科专业：面点工艺、西餐工艺、烹饪与营养、烹饪工艺、食品科学与工程专业。研究生录取的体检参照这个标准。按照这个标准，张方报考的专业不在限制之列。而作为录取单位的中国科学院心理所则认为，带“乙肝病毒”就是体检不合格。2002年6月，接到北京市高招办行政复议的指示后，心理

① 此案例见《中国妇女报》2000年10月19日江晓阳文。

② 此案例见《滇池晨报》2000年7月28日徐迅雷文。

所进行了行政复议。复议的结果仍然是拒绝录取张方，主要理由是体检不合格。同时，他们又以拥有招生自主权为理由，在给张方律师的行政复议决定书里附了一个简单的补充，说今年的录取标准发生了变化。但具体变化是什么，并没有详细说明。医学专家也发表了看法：中国中医研究院肝病信息总部沈启明教授认为，很多人不了解乙肝传播途径。他说，乙肝病毒主要传播途径有三：母婴传播、血液传播、性传播。所以，乙肝病毒携带者应该和正常人一样享有读书受教育的权利。①

还有一个更尖锐的问题被提了出来：残疾人的受教育权如何保障？这一问题将矛头直接指向了现行高招体检标准。许多高校不愿意接收身患疾病或残疾的考生，一个十分正当的理由，就是按照教育部制定的《2001 年全国普通高校招生体检标准(修订)》，这些考生都属于体检不合格者。对此，北京师范大学教授吴忠魁提出质疑：现行高招体检标准不合理。吴忠魁认为，现行高招体检标准实际上是计划经济时代的产物，考虑的是投入产出效益。而国外没有以政府名义颁布的类似高招体检标准，各学校各专业根据本身特点有一些自己的规定，属于学校自主权范围。相比之下，国家基于社会正义和人的基本教育权原则，反倒鼓励学校面向处境不利人群，特别是残障者。只要能力够，任何人都有享受接受高等教育的权利。在现代社会里，学习不仅仅具有功利性的目的，更是一个人安身立命的基础，任何一个人都有平等的受教育的权利。②

到了 2003 年，教育部发布的高校招生章程把“体检标准”改为“体检指导意见”，对体检一项不再作硬性规定，只建议考生不适宜报某种专业，如果考生坚持要报考某个专业，原则上是允许的，患有色盲色弱的学生也可考计算机专业。③这样一个文件的颁发，算是给近几年的争论画上了一个句号，是一个很大的进步。但在实践中执行得如何，人们还在观察。因为有些高等学校从本位出发，经常会以办学自主权为理由来拒收它不愿意招收的学生。

在 2005 年的大学招生过程中出现了一种被称为“对残疾考生隐性不公”的现象，有位记者对此做了些调查。记者拨通了几所高校招生部门的电话，询问有关残疾考生招生的情况，得到的答复几乎都是：“我们会依照国家相关法律对待残疾考生。”在北京某著名高校的 2005 年“本科体检标准”上，一些在国

---

① 此案例见《北京晚报》2002 年 8 月 19 日廖晓鸥文。

② 此案例见《北京日报》2001 年 9 月 11 日王鸿良文。

③ 此案例见《钱江晚报》，转引自《法制文萃报》2003 年 3 月 3 日第 14 版。

家颁布的《指导意见》中表述为“可以不予录取”直接变成了“不予录取”。其实，学校也有苦衷。一位老师说，他们曾经招收过一名肢体有残疾的考生，生活根本无法自理，连脸盆都端不了。他们班的学生轮流背着她上课，又捐款为她买了轮椅，时间长了由此产生的矛盾也不少。一所高校负责招生的老师透露，从表面上看各高校都是按照国家的规定招收学生，但是有一条隐性原则就是“在同等条件下，优先招收那些德智体全面发展的学生”。现在残疾考生面临的是另外一种不公平，很多过了分数线的考生被“降批次录取”，分数够第一批院校的，最后只能上第二批或第三批的大学。一旦侵权事件发生，通常会由当地的教育主管部门出面责令侵权学校纠正侵权行为。但是各高校在招生时有很大的自主权，有时也无法强求他们纠正侵权行为。“现在我们找到了一条更为有效的途径。”残联的一位工作人员透露。当有残疾考生被侵权时，各地的残联经常通知当地的媒体，让媒体全程跟踪协调的全过程，媒体的舆论压力比正规的协调工作有用得多。“目前我国大部分普通高校还不具备让残疾学生顺利度过大学时光的生活和教学条件。”有关专家指出。首先学校的硬件建设要尽量保证残疾学生在学校的学习和生活“无障碍”；再有，残疾学生也可以选择更加适合自己的方式来接受高等教育，比如参加高教自考、利用远程教育等。虽然残疾考生所占的比例很小，但是，只有少数人的权利都能得到保障，我们社会的公平才能真正实现。[①]

2005 年，在北京大学外国语学院的小语种专业招生中还出现了由于女生考生高分者多而调整不同性别不同分数的情况，引起争论。有篇报道讲到：北大在今年的小语种招生过程中，对男女生设置了不同的分数线。男生为：文科 590 分，理科 619 分；女生为：文科 598 分，理科 636 分。女生分数线分别比男生高出 8 分和 17 分。北大外国语学院副院长刘曙雄教授表示，男女生采取不同的分数线仅限于北京地区部分外语专业。在今年已录取的考生中，女生占 70%强，男生占 30%弱。刘曙雄副院长解释说，北大外国语学院录取新生时之所以男女有别，主要是为了缓解该院男女生比例严重失调的问题，而这是经过北京市和教育部学生司批准的。刘教授现在教的班有 15 名学生，只有两名是男生，“班里的环境和气氛非常单调，对学生的心理健康也非常不利”。此外，毕业后接收单位普遍欢迎男生，女生就业相对困难。院方认为，学科的可持续发展也是原因之一。由于外国语学院男生数量过少，硕士、博士招生也相应出现了男女生比例不协调的问题，影响了教师队伍的培养。事实上，中国一

① 见《中国青年报》2005 年 6 月 6 日樊未晨文。

些高校部分院系和专业学生性别比例失调的现象由来已久。

还有一些类似的虽不是因为招生录取，而是因为招聘工作中、资格认定中或行政许可中所引发的一些诉讼案件，也反映了宪法权利在实际的社会生活中所面临的问题，诸如：2002 年 1 月四川大学法学院毕业生蒋韬因身高原因被中国人民银行成都分行拒绝招聘而引发的"蒋韬诉中国人民银行成都分行侵犯宪法平等权案"；[①]云南丽江一无手残疾青年何跃林因残疾而不能获得驾驶执照被行政处罚案；[②]黑龙江哈尔滨一无腿司机孟某无驾驶执照驾车 32 年；[③]福建省一位毕业于福建师范大学的中学男老师王某，在教师的岗位上已经工作了 10 年，在 2001 年福建省教师资格认定的体检中，只因身高不足1.60米，被认为"不合格"。[④]

我认为，针对不同专业和未来不同行业的工作特点，制定一些有关身体条件方面的要求和标准，还是需要的和必要的。但关键是我们对这些标准的合理性要作出充分的论证，拿出有科学根据和有说服力的理由来。

平等权问题在司法过程中也会显现出来，但这种显现有时候可能是司法、执法的问题，有时是法律制度本身的问题。比如在民事伤害赔偿中，由于城乡二元结构的存在和法律对不同对象赔偿标准的不同规定，就出现了在同一个伤害事故赔偿中赔偿结果不同，使人们的不公平感加深。有如下一个案例：2004 年 11 月 9 日，重庆境内一辆农用车违规载客翻入沟中，4 人当场死亡。当地交警部门在处理该起交通事故时对 4 名死者制定了不同的赔偿标准，由于 4 人中有 1 人系回乡探亲的杭州市某大学副教授，1 人系县里某机关干部，另外 2 人系搭车农民，城镇身份的居民死亡赔偿金比农民高出 3 倍，引起农民死者亲属的怨言，但县交警部门确实是依照条例处理的，且处置过程完全符合法律规定。[⑤]之所以出现这种情况，是因为赔偿依据的是《最高人民法院关于审理人身损害赔偿案件适用法律若干问题的解释》。该解释规定："死亡赔偿金按照受诉法院所在地上一年度城镇居民人均可支配收入或者农村居民人均纯收入标准，按 20 年计算。"显然，该解释是以受害人身份差别而区别对待的。

---

① 详见《法制日报》2002 年 1 月 27 日第 2 版。

② 详见《中国青年报》2002 年 2 月 18 日报道的《残疾人能有驾照吗——一无手驾车青年提出的法律问题》。

③ 详见《江南时报》2003 年 2 月 22 日报道的《无腿司机驾车闯津门》。

④ 详见《检察日报》2001 年 12 月 18 日第 4 版。

⑤ 详见《四川法制报》，转引自《法制文萃报》2005 年 2 月 14 日第 4 版。

发生在1999年1月4日的重庆綦江虹桥的垮塌，造成了40名无辜者的死难。2000年底，虹桥惨案的死难者赔付工作全部结束。但是，赔付工作中采用的"城乡差别赔偿"、"死亡儿童减半赔偿"等做法，使得尚未从悲痛中恢复过来的人们，由于遭受到歧视性待遇又产生了新的伤痛和疑惑：除每个死者获得相同的2.2万元精神慰藉费外，死亡补偿费按城镇户口、农村户口分了两个档次：城镇死难者每人4.845万元，农村死难者每人2.2万元，死难儿童分别减半。而据綦江县副县长徐延江的说法，在全国同类事故中，虹桥事故的赔偿金额是最高的，超过了烟台海难。40名死难者的家属均在民事赔偿协议上签了字。在虹桥事故的40名死者中，农民占了很大一部分，他们的家属尽管也在民事赔偿协议书上"签了字"，但不少人仍对这种不对等赔付方案提出了强烈质疑："同是遇难，补偿为啥不同？"据报载，2001年1月4日，负责具体赔付工作的綦江县城乡建委负责人解释说，他们的做法是按国家政策来办的。《重庆市道路交通事故处理办法》规定："伤亡赔偿费按照本市城镇居民或农村居民上一年人均生活费给予，其中死亡补偿费一次性补偿10年的生活费。"綦江县政府认为自己的"城乡差额赔偿"合法有据。县政府一位工作人员说，烟台沉船及类似的交通事故均采用了这种方案，他们这次不过是"外甥打灯笼——照舅(旧)"。

据公安部某官员透露，关于农民伤亡赔偿与城镇居民区别对待的做法，唯一可以依据的法律是1991年国务院颁布的《道路交通事故处理办法》。该《办法》第37条规定："死亡补偿费：按照交通事故发生地平均生活费计算，补偿10年。"所谓"平均生活费"，是指交通事故发生地人民政府统计部门公布的该地上年度城镇居民家庭人均生活消费支出额或者农民家庭人均生活消费支出额。此后各省份又分别依据此《办法》制定了当地的《道路交通事故处理办法》，并每年根据省级统计部门统计的城乡居民生活费公布城乡伤亡赔偿标准。

这位官员认为，重庆綦江虹桥垮塌事故的赔付处理便是依此作出的。至于制定这种"差额标准"的理由，这位官员解释说，这是根据中国国情制定的。赔偿金是给伤残者本人和死者家属的，为生者服务，应按不同生活费标准区分。

对于綦江虹桥垮塌事故的赔付处理按照城乡差别赔偿的做法，法学界也发表了许多不同的意见，其中也涉及适用何种法律的争论。有的意见认为，赔偿应以受害者的损失为据。在消费领域，损害赔偿的原则是以消费者所受实际损失（包括预期可得利益）为依据。假设两个消费者受损情况完全一样，但一个是城里人,一个是农民,则确实可能赔得不一样,因为不同身份的人由同一损害行为所导致的损失不同。一位不愿透露姓名的民商法学专家则认为,綦江县政府采用的不对等赔付方案是不妥当的,在现有法律中也难以找到依据。他们之所以对占死难者大多数的农民实行低额赔偿,对儿童死难者减半赔偿,多半是考虑当地的财政支出水平有限。有的专家认为,这个案件应该适用国家赔偿法。

这种城乡差别赔偿的做法,涉及对平等、平等权、权利平等保护等问题的理解,需要我们进行深入的研究和讨论。

二、权利能否得到平等保护

权利能否得到平等保护,这似乎是一个不成问题的问题,但实则不然。我这里说的平等保护,不是指主体之间的平等保护(因为主体平等保护是宪法之原则,是法治之精粹,是毋庸置疑的),而是指权利类型之间的平等保护。从一些学者的论述中,我发现这仍是一个需要讨论的重要问题。

权利能否得到平等保护,或权利有无得到平等保护的可能,这首先取决于我们对权利的认识。我们有一个权利体系,在这个权利体系中,有宪法规定的基本权利和普通法规定的普通权利之分,有原生权利和派生权利之分,有绝对权利和相对权利之分,有积极权利和消极权利之分,有实体权利和程序权利之分,有主权利和从权利之分,等等。这些学理上的以及法律上的划分,是否就意味着它们之间天然的有位阶关系?权利体系中的各个权利种类之间有无大小、高低、主次等分别?是否认为在发生权利冲突时,有些权利种类相对于另一些权利种类就显得重要,因而优于另一些权利?按照一些学者的观点,权利之间是有差别的。

比如,有位学者在分析一起因 LG 空调广告惊吓了大连一名两岁小孩而诉诸法庭精神索赔的案例时认为,言论自由是更高位阶的权利。他说,尽管电视和广告的商业味很浓,但它们都是言论自由的一种,不能随意加以限制。他认为,在司法的过程中,有时候要考虑到不同利益、不同权利的平衡,有时候不得不有所取舍。这种动态的平衡特别能体现司法的价值。法官应该一方面考虑到观看电视人的权利,另一方面也要保护记者、编辑和广告发布者的利益,不能让他们受到不合理的限制。否则，宪法里规定的这个位阶更高的权利，即言论自由、表达自由的权利就会受到破坏。至于权利的高低如何平衡，他认为，这种高低完全是从法律角度的一种论证，并不是说权利之间天然就有高低之分。衡量的标准就是看权利涉及个人的因素多，还是涉及社会的因素多。如果一种权利涉及整个社会的因素更多的话，它就是更高的权利。言论自由就是这样的权利。[①]

又如，另一位学者在谈论有关新闻报道轻微失实问题时认为，法律应优先保护新闻权利，而公民则应该忍受轻微的人格权损害。他主张为了保障正当的舆论监督，应当在法律上建立一种忍受轻微损害的义务。他论证到，人格权与新闻自由的冲突是各国法律都面临的一种“价值的冲突”。从国际上看，大多数国家都倾向对新闻自由优先保护。如 1964 年美国最高人民法院的一个判决中说，在出版物涉及公众关注的问题时，言论和出版自由的价值将比个人名誉更优先受到保护。这是因为法律的价值是多样的，在社会利益和个人人格权发生冲突时，法律的天平应该倾斜到公共利益一边。他还引用恩格斯的话说，个人隐私应该受到法律保护，但是当个人隐私与最重要的公共利益——政治生活发生联系的时候，个人私事已经不是一般的私事，而是政治的一部分。它不受隐私权的保护，而应该成为新闻报道不可回避的内容。社会公共利益是各国侵权法中广泛承认的一种抗辩事由。凡是与社会公共利益相关的事项，理应置于舆论监督之下。[②]

但也有学者在分析“新闻自由与人格权的冲突，尤其是隐私权的问题，新闻记者应该怎么做才能做到合法”的问题时认为：自由是一种不受干预的状态，但是行使自由权利不得以侵害他人的权利为代价，因此，自由是相对的。而人格权是绝对的，法律给予这种权利的行使以强制性的保障。在新闻批评和人格权保护发生冲突的时候，我们应该着重保护人格权。新闻记者在采访中，要有强烈的保护人格权的观念，不能以行使新闻自由为借口侵害公民的人格权，尤其是人格尊严、名誉权、隐私权和肖像权。[③]

知情权作为一项基本权利，就要求相对的义务人满足这一权利要求。这一相对义务人可能是个人，也可能是团体，如政府、企业、事业单位、社会团体、村委会，等等，也即凡需要知情的事项所涉及的“人”，都是知情权的相对义务

---

① 王进、林波：《权利的缺陷》，经济日报出版社 2001 年版，第 219～222 页。

② 王进、林波：《权利的缺陷》，经济日报出版社 2001 年版，第 232～233 页。

③ 王进、林波：《权利的缺陷》，经济日报出版社 2001 年版，第 232～233 页。

人。而相对义务人履行义务是知情权行使和实现的条件和前提。新闻自由作为满足公众知情权需求的一种法律自由，承担着发布公众所需要的新闻作品的任务。在这个过程中，就有可能发生和公众人物的名誉权、隐私权相冲突的情况。在这种情况下，是维护新闻自由，还是保护个人的名誉权、隐私权，就成为一个引起争论的问题。

前一位学者的观点在 2002 年 12 月中国上海的一个判决中得到了体现和印证：2002 年 12 月 18 日上海市静安区人民法院一审判决足球运动员范志毅状告上海《东方体育日报》损害其名誉权官司败诉时，特意加上了以下的判词："即使原告认为有争议的报道点名道姓称其涉嫌赌球有损名誉，但作为公众人物的原告，对媒体在行使正当舆论监督的过程中可能造成轻微损害应当予以容忍与理解"。据该案主审法官说，范志毅案之所以能有这样的一审判决，是因为法院在合议时引进了英美法系里"微罪不举"的比较先进的理念。有学者撰文说，这次"微罪不举"，不仅跳出了原有的"有罪推定"原则，还确定了"当公众人物的名誉权与舆论监督权发生冲突时，都要服从公众利益，公众利益最大"的原则，从而使中国的司法审判开始了同国际的对接。这位学者还认为，"微罪不举"值得被写进中国新闻史。①

从这个判决中我们可以判断出：在此案中，媒体有轻微过错，但因为原告（受侵害人）是一位体育明星、名人（即"公众人物"），因而，"对媒体在行使正当舆论监督的过程中可能造成轻微损害应当予以容忍与理解"。

2005 年 4 月，中国的广州市天河区人民法院在审理一起名誉侵权案时，也作出了同上述案件同样的判决。该案件的审判长认为，"对媒体的容忍是社会进步的标尺。文明、民主、进步的社会，需要我们充分发挥传媒的监督作用"。该案件在中央电视台《新闻调查》栏目 2005 年 3 月 24 日曾以《被起诉的杂志社》为题播出，节目回顾了《中国改革》杂志社和广州市侨房地产开发公司的一起名誉侵权诉讼。法院最终判决《中国改革》杂志社没有构成侵权。

官司的起因是《中国改革》2003 年第 7 期一篇名为《谁在分肥》的文章。该文指出了广州市侨房公司在实施国有企业改制过程中，企业出现了国有资产流失、员工被迫下岗等问题，对侨房公司改制方式进行了探讨。起诉《中国改革》的正是广州市侨房公司。该公司认为《谁在分肥》一文所披露的侨房公司 2002 年亏损 2900 多万元、30 多名职工被迫下岗、总经理年收入 30 万元等内容，都与事实不符。

---

① 以上见《南方都市报》2002 年 12 月 25 日青锋文。

《中国改革》杂志社原总编辑温铁军介绍了这篇报道的采写经过：2002年，国有企业改制还在进行，作为中央课题组成员的温铁军，在调研中接到了大量来自侨房公司员工的举报信。杂志社决定派记者到广州侨房公司作调查报道，记者刘萍作了大量采访并约见了举报人，最后还请侨房公司副总经济师刘金峰核实《谁在分肥》一文中的数字是否准确。但《中国改革》杂志社还是被推上了被告席。

代理了不少此类诉讼的北京华一律师事务所律师浦志强分析指出，以往媒体遇到这样的官司基本上是败诉的。因为证据需要原件，而媒体采访往往没有原件；另外目前证据规则要求证人出庭作证，但如果让证人出庭作证的话，在没有证人保护制度的前提下，这等于是出卖证人。

报道说：显然，在当前新闻媒体被告"成风"的形势下，法院最终判决《中国改革》杂志社没有构成侵权，无疑具有十分突出的意义。

在判决书中，法院强调了可合理相信的消息来源对于界定新闻失实的重要性。天河区人民法院法官、此案审判长巫国平说，一些具体的枝节问题没有必要去深究，我主要考虑媒体这方面有没有信息支撑。作为媒体，所关注的是一个国有资产的企业在改制中发生的问题，这对我们这个社会来说是非常重要的。作为牵扯公共利益的单位或者公众人物，他有一个容忍的义务。虽然《中国改革》的报道并不完全真实，个别的出入确实存在，但这些应该不是严重失实，相反，应该是(被报道的)企业应该容忍的。

巫国平指出，我们要保护权利，当各种权利发生冲突的时候，我们得取舍出一个对社会更好的东西。在具体的判决当中，在这两种权利里，法院更倾向于保护新闻媒体的权利，是因为"我们社会需要"。他说，一个社会对媒体的容忍有多大，这个社会进步就有多大。一个文明、民主、进步的社会，需要充分发挥传媒的监督作用。①

在另一篇记者采访记中，巫国平又谈到了他的观点：新闻可以满足社会大众的知情权。因此，我们不能要求媒体像法院处理案件那样，每个报道都是铁的事实。只要报道基本真实，稍有一点出入是在允许的范围内的。评论过于尖锐、激烈，应该尽量避免，但作为被评论者应有容忍的义务。如果把媒体的嘴巴都堵起来，社会还有什么希望？涉及公众利益的报道，我们不能要求媒体的报道必须跟客观事实完全相符。对牵涉公共利益的东西，我们不给媒体一定的自由空间不行，如果媒体动不动就败诉，谁还来碰撞揭露性报道呢？当新

① 见《报刊文摘》2005年4月18日第1版。

闻自由和法人的名誉权发生冲突时，我们要有取舍，要选择对广大人民有利的一种权利进行保护。有取舍，当然就有牺牲。当记者问到"如果所谓新闻侵权是涉及个人名誉的案件，您也会这么判么"时，巫国平谈到：当新闻自由与个人自由发生冲突时，新闻自由要让位于个人自由。对于一般老百姓，我们要保护他们的生活安宁权，保护他们免予受到侵害。在我处理的案件中，牵涉到公民权利的，对媒体是从严把握的。对于牵涉公共利益的，要向新闻自由倾斜，学界也是这样看的。①

从巫国平法官的这段谈话中，我们可以看出法学理论对法律实践的深刻影响。我认为这里存在两个可以讨论的问题：一是标准如何确立。"当新闻自由和法人的名誉权发生冲突时，要有取舍，要选择对广大人民有利的一种权利进行保护。"这是否是一个法律人的选择标准？我认为这有点儿用政治标准代替法律标准的味道。二是双重标准的存在，即对个人和对法人或牵涉公共利益的事件时，采用不同的标准进行裁判。其理由就是一些学者所主张的"公共利益说"或"公众人物权利受限制说"。

从该案件的判决看，法院最终认定《中国改革》杂志社没有构成侵权。法院也承认《中国改革》的报道并不是完全真实的，个别的出入确实存在。但这些应该不是严重失实，相反，应该是（被报道的）企业应该容忍的。理由是：作为牵扯公共利益的单位或者公众人物，他有一个容忍的义务。

作出以上这样一些判决，并不是偶然的。因为，在许多国家中有一个大家非常熟悉的说法，即公众人物的名誉权、隐私权不同于常人，它是一种有限制的保护。人们对此说法已习以为常。

我们应该看到，传统的"公众人物的名誉权、隐私权受限制保护"的理论已经面临着实践的挑战。世界范围内的对名誉权、隐私权的保护运动已经成为一个新的法律热点，对公众人物的名誉权、隐私权的保护也成为一个新的社会吁求。有报道说，隐私权立法将会成为未来一段时间美国立法的重点。据英国《卫报》2004 年 4 月 21 日报道：最近，英国球星贝克汉姆绯闻缠身，四个漂亮女人分别以不同的方式披露自己与小贝的风流韵事，英国媒体对此也进行了铺天盖地的报道，以报道轰动性新闻为专长的英国小报由此也销量大增。然而，英国《卫报》本月进行的一项民意调查显示，大多数英国公众对媒体的这种做法表达了不同程度的反感，认为英国应尽快引入隐私法，以保护公众人物的私人生活空间不被侵犯。这次调查对 1002 名年满 18 岁的英国公民进行了

① 见《中国妇女报》2005 年 4 月 26 日第 7 版于怀清文。

电话访问。85%的被采访者认为，媒体不应当揭露贝克汉姆的私人生活。69%的人赞成应该专门立法以保护公众人物的隐私权免受媒体的侵犯。还有人认为，隐私法应该严格区分保护的对象。比如，影视乐坛明星、球星和英国皇室成员等焦点人物的私生活应予以保护，但政府公务员就应另当别论。43%的人表示，他们对贝克汉姆的私生活根本就不关心。只有11%的人认为，媒体对贝克汉姆私生活的披露满足了"公众合法的需求"。向来奉行"新闻自由"原则的英国媒体，对于外界对其的限制有一种本能的反感。但是近年来，"新闻自由"原则不断被滥用也给其带来了种种负面的影响。[①]

2004年6月24日欧洲人权法院的一个判决，引起了全世界的关注和讨论。它首次改变了"公众人物的名誉权、隐私权受限制保护"这样一个被认为习以为常的说法和做法。它之所以引人注目，是因为它的当事人是摩纳哥公主卡罗琳。11年来，她一直在设法阻止报刊(特别是一些有影响的德国报刊)违反她的意愿发表与她有关的照片，但无济于事。[②] 在那些照片中，有她数年前同一位著名演员的合影，有她最近同丈夫恩斯特·奥古斯特的合影，甚至还有她个人的泳装照片。但是，德国的法院一直拒绝支持她的诉讼请求，这一方面是出于维护新闻自由的原则，另一方面是因为，鉴于她是一个公众人物，只要她不是待在某个封闭的或孤立的场所，她就无权要求别人尊重她的"私人生活"。但是，欧洲人权法院却明智地作出了另外的判决。2004年6月24日，它裁决原告有理。该法院认为，在原告不知道的情况下进行偷偷拍照，然后公布或发表照片，这无助于公众利益，反而只会满足一部分人的不健康的好奇

---

① 章伟:《英国〈卫报〉调查显示，英公众赞成隐私保护立法》，载《法制日报》2004年4月23日第4版。

② 卡罗琳曾经在1993年就首次把德国的小报告上了法庭，因为狗仔队偷拍了她度假时的半裸日光浴照片并将其公之于世。1999年，德国法庭曾经对卡罗琳公主告德国小报一案作出过裁决。当时法庭认为，作为一名"具有当代历史意义"的名人，卡罗琳公主不得不接受不经允许即可刊登她的私生活照片一事，但媒体不得刊发她同她的孩子们在一起的照片。法庭认为，公众确实没有正当的理由去了解卡罗琳度假过程中的一举一动。但是在德国境内的名人却无法充分保护他们的隐私，因为在德国，新闻自由比个人隐私更为重要。卡罗琳的律师非常不满德国法庭的裁决，因为卡罗琳的孩子们长年受到小报记者的跟踪和骚扰，因此他向欧洲人权法庭提出了上诉。见《新闻晚报》2004年9月3日朱静远文章《法庭判决砸小报饭碗，摩纳哥公主告倒德国狗仔队》。

心，这种行为侵犯了每个人都有的维护自己的形象和隐私的基本权利。[①] 这一判决改变了“公众人物的名誉权、隐私权受限制保护”的传统理论和法律实践，成为一个有里程碑意义的案例。它认定了所谓“公众人物”的隐私权、肖像权在与公共利益无关的情况下，仍然受法律保护。

此判决后，由于害怕新闻自由受到威胁，德国主要媒体的负责人联名向总理施罗德上书，要求欧洲议会决定削减媒体关于名人私生活方面报道的开支，并要求政府减少对媒体的审查。德国的记者和编辑们担心，这一决议会使德国的媒体举步维艰。记者们认为，一旦该项决议开始执行，公众人物就有能力决定关于他们的报道的内容，而媒体最主要的任务——监督公众人物的言行，就无法顺利开展了。德国最大的两家广播公司的老板也向德国公平竞争部提交了联名信，他们说，德国媒体现在很害怕卡罗琳公主的这一特例会颠覆传统的报道方式。[②]

在一些学者的观点中，无论是认为言论自由重于人格权，还是认为人格权重于言论自由的，都有一个思维，即权利种类是不平等的。这是一个最实质性的法学问题。难道权利之间真的存在不平等吗？抽象地从理论上谈论这一问题，似乎存在着这样一个问题，因为权利体系的存在本身就预示着一个阶梯体系的存在，但是这样一个阶梯体系或制度安排是否就表明了各自的大小和重要性？虽然权利体系来自于法律体系，但权利体系不等于法律体系。任何一个国家的法律体系都有一个位阶关系，但权利体系并没有位阶关系，权利种类之间应是平等的。因为在具体的事件和案件中，权利都是具体的权利、现实的权利，而不是抽象的权利、理念的权利。在具体的权利、现实的权利发生冲突时，都有具体的情景、具体的原因、具体的权利冲突的程度，以及权利冲突双方各自的行为性质、应承担的责任（或侵权责任）等等。我们就不好笼统地说，哪种权利优于哪种权利。在法律中、法庭中，法官要追究的是谁侵犯了谁，谁应承担责任。宪法和法律规定基本权利和普通法权利的意义，是表明了每种权利在人权中的重要性程度。但重要性能否冲击平等性或导出不平等性呢？我认为不能。如果一种权利（如言论自由）明显地侵犯了另一种权利（如人格权），或者相反，我们就不能以所谓哪种权利的“重要性”作理由，而作出一种不

---

① 见法国《费加罗报》2004年7月17日，转引自《参考消息》2004年7月20日第6版。

② 见《新闻晚报》2004年9月3日朱静远文章《法庭判决砸小报饭碗，摩纳哥公主告倒德国狗仔队》。

问"青红皂白"的判决。[①] 同时,我们也无法解决处在同一阶梯上的那些被认为应该优先的权利类型(如基本权利和基本权利)之间发生冲突时孰轻孰重的问题。因为这种先在的就确定哪种权利重要,因而哪种权利应该优先的"权利配置",将使各种权利"先天"地被置于一个等级体系之中,为司法中的不平等制造了前提。这样的权利配置思维和理论恐怕也有违初衷,事实上,像本文第一部分中的大多数案件,最终也都是按照法律的规定和依据作出了判决。有些案件则是由于立法的阙如。

美国制宪之父、联邦党人汉密尔顿讲道:"从我国成立的最初时期开始,我们就习惯于在权利平等的基础上进行交往。"[②]在否认权利平等保护的观念中有一个重要理由,就是认为每种权利的社会意义和社会作用之不同,因而权利种类不可能做到平等。我们前面说,我们不能以法律的效力等级决定权利的大小,同样,也不能以权利的社会作用和社会意义来决定权利本身的地位。有些权利,如言论自由,引申出的社会意义可能相对于一些个体性的权利如隐私权、名誉权、肖像权要大一些,但它们同样不能成为不平等的理由。因为第一,"社会作用"一说是不是能够成立,值得思考。说言论自由是一种"公共物品",有公共性,因而社会作用大,那名誉权、肖像权等难道就仅仅只涉及个人或个体而不具有公共性?就没有社会意义?当我们说一种权利的社会作用或社会

① "陕北老汉肖像权胜诉"的案例就是一个很好的例证:北京市第一中级人民法院对某杂志社不当使用他人肖像照片作出判决:判对肖像权人进行书面道歉并支付使用费2000元,同时赔偿肖像权人经济损失共计1052元。案情如下:1998年1月,摄影家吕广臣在陕北进行摄影艺术创作时,为绥德老人常国义拍摄了一张具有陕北人特点的人物照片。照片中的常国义老人头戴白羊肚手巾,手里拿着烟袋,布满皱纹的脸上挂着喜悦的笑容。这张照片被某杂志社刊登在该杂志的2001年第12期封面上,标题为《喜悦》。77岁的常国义老人见到照片发表后,即以某杂志社未经自己同意而使用自己的肖像,导致被村民误解为自己在做广告,因而产生精神痛苦,给自己造成巨大的精神压力和经济损失为由,向法院起诉,要求某杂志社赔偿自己各种经济损失及肖像权使用费。北京市一中院经审理后认为,新闻报道可以依需要合理使用他人肖像,但必须是该人物处于新闻事件当中,或该人物属于社会公众人物。杂志社虽称是为了宣传党的农村政策进行的正面报道,并为照片取名"喜悦",但并不能因此就认为该照片属于新闻照片。杂志社在自己发行的杂志封面以显要位置刊登一名非公众人物的肖像,明显不属合理使用。但对于常提出的索赔数额,法院并没有全额支持。常提出索赔12万元,法院只支持了3052元。见《光明日报》2003年6月11日A4版。

② [美]汉密尔顿等著:《联邦党人文集》,程逢如等译,商务印书馆1980年版,第31页。

意义时，如果我们是指通过一个判决所体现出来的社会意义和社会作用，那么，一个对肖像权、名誉权诉求不支持的判决同样有它的社会意义和社会作用，人们由此而得知法庭、法官支持什么，不支持什么，后继者可以效仿，这同言论自由一样，也同样可以产生社会意义。

三、平等是否意味着无差别

还有一个需要讨论的问题：平等是否意味着无差别？我们主张权利平等的原则和理念，但平等是一个非常复杂的问题。在条件相同或相等的情况下，平等意味着同样情况同样对待，不应有差别。但在条件不相同或不相等的情况下，区别对待可能也反映了平等的原则、理念和精神。因此，在平等的原则和理念中就包含了差别对待的精神。空泛的谈论此问题可能说不清楚，我们还是用如下一个著名的案例来作出分析。这个案例就是 2003 年美国最高法院作出的一个引起全世界关注的判决。2003 年 6 月 23 日，美国最高法院 9 名法官以 5 票对 4 票的微弱优势，裁定密歇根大学法学院依据“少数族裔赞助性措施”施行的招生政策合法。这意味着美国高校 40 多年来对非洲裔、西班牙裔和印第安裔考生的优惠入学政策得以继续。该案案情为：根据“赞助性措施”，密大法学院在招生中优先录取少数族裔的学生，几名因此落选的白人学生以“种族歧视”为由提起诉讼。最高法院的裁决指出，为保证生源的多元化，密歇根大学法学院的招生标准考虑到了包括种族因素在内的所有因素，这不是一个单纯的种族问题，也不违反宪法中的平等原则。最高法院在原则上肯定“赞助性措施”的同时，以 6 票对 3 票裁定，密歇根大学本科生院在招生时给少数族裔考生加分的做法应予取消。密大本科生院自 1999 年开始执行一套综合计分标准，凡综合分数超过 100 分的考生自动录取。按照这一政策，非洲裔、西班牙裔和印第安裔考生可以加 20 分。这一加分标准被认为过高，白人考生和学习成绩优异的亚裔及其他族裔考生，即使在招生考试中获得满分，也只能加 12 分。最高法院的“复合式”判决反映了美国人对少数族裔“赞助性措施”的复杂心态。根据一项民意调查，约三分之二的美国人支持大学在招生时适当照顾少数族裔，但有四分之三的人反对将这一原则以数字方式在考生成绩上加以体现，要求取消对少数族裔考生的过高加分。最高法院对“赞助性措施”原则的支持受到美国高等学府的广泛欢迎。杜克大学校长基奥哈恩说，学生的多样性是高等教育质量的一个主要成分。科尔盖特大学校长肖普表示，像考虑学生有没有音乐或体育特长一样，种族是大学招生应该考虑的一个因素。

“少数族裔赞助性措施”起源于美国黑人民权运动风起云涌之际。根据这一措施，美国大学在录取新生和分配奖学金时，在成绩相同或相近的条件下优先考虑非洲裔、西班牙裔和印第安裔考生。随着美国社会的发展与进步，这一措施开始遭到不少人的反对。他们认为，种族多样性不应成为针对白人的“种族主义”，少数族裔需要的是普遍的“社会正义”，而不是这样那样的“善行”。

此间媒体分析认为，最高法院作出了一个顺乎民意的判决。一度表示支持白人学生挑战“赞助性措施”的美国总统布什也在审时度势后赞扬了法院的裁决，称这一判决“在校园多样性和基本的平等原则之间找到了平衡点”。尽管一些保守主义组织要求实行“不分肤色”的“平等”，但包括大公司、工会组织和军方在内的美国主流社会还是认为，应该考虑到历史形成的白人与少数族裔间的不平等现实，给予少数族裔一定程度的社会扶持。投票支持“赞助性措施”的法官奥康纳认为，对大企业来说，只有更广泛地包容不同种族、文化和观念，才能适应越来越全球化的市场竞争。而对于美国军队来说，能否在军官中保持种族的多样性更是攸关整个国家的安全。①

《日本经济新闻》发表文章，对这个案件的判决发表了评论，并对百年来美国联邦最高法院就种族问题作出的四次裁决进行了回顾。文章说：美国联邦最高法院 23 日裁定，密歇根大学在入学考试中优先录取黑人等少数族裔学生的做法符合宪法。判决清楚表明了美国社会的一种现实情况，即为建设黑人与白人平等竞争的社会，美国还需要借用法律为后盾。布什总统对最高法院的判决表示支持。他在讲话中说，“希望美国早日成为没有种族偏见的社会”。这对标榜为“自由与平等国家”的 21 世纪的美国是一种现实性的讽刺。

对少数族裔实施的“平权措施”一直以来从教育、就业、晋升等角度促使着他们融入社会，公立大学入学考试在落实“平权措施”方面具有典型意义。美国全国大约 3900 所大学中，许多学校都以某种形式在入学考试中采取“平权措施”。

文章认为，这次判决被认为是“25 年来涉及公民权的最重要案件”，要理

① 余晓葵：《美国最高法院一锤定音，少数族裔考生继续受益》，载《光明日报》2003 年 6 月 25 日 C3 版。

解这一点，大家有必要对过去100余年里最高法院作出的三个裁决进行一下回顾。首先是1896年作出的“普雷西裁决”。虽然南北战争结束后美国宣布解放奴隶，但对黑人的歧视依然存在。对于路易斯安那州实施的在车厢隔离白人和黑人的做法，最高法院裁决说，“隔离但平等对待”就不构成歧视，这等于承认上述做法在事实上符合宪法。南部各州在交通工具上以及学校里对黑人和白人实施隔离已成为常规，这种做法持续了将近半个世纪。1954年最高法院终于作出了“布朗裁决”，指出“在公立学校区别对待学生违反宪法”。被誉为“第二个解放奴隶宣言”的这一裁决，成为马丁·路德·金等人掀起黑人解放运动的法律依据，最终于1964年催生了“平权措施”。白人方面虽然不断抗议这一措施为“逆歧视”，但最高法院还是在1978年作出了“伯基裁决”，首次裁定加利福尼亚大学在入学考试中考虑人种问题的做法符合宪法，同时，它又禁止大学在招生时使用种族配额。这一模糊的裁决自然引起激烈争论。1996年，联邦最高法院又裁定“平权措施”违宪。其后，地方法院在有关问题的裁决上也持续出现混乱。可以说本次的“第四宗最高裁决”给“平权措施”的合法性下了定论。

密歇根大学校长科尔曼女士在判决后高兴地说：“这对于所有高等教育机构而言都是极大的胜利。”不过，最高法院同时也裁定密歇根大学各系给录用的少数族裔学生自动加分的制度有违宪法。估计对于此事的争论还将持续一段时间。

“‘平权措施’不应该永远采用下去。但愿25年后不再需要优先考虑某个种族。”最高法院法官的这番话反映出美国的种族问题依然严重。①

法新社也对此案发表了评论，认为这是美国最高法院25年来首次介入高招优惠问题。评论说：美国最高法院今天作出裁定，大学有权采取优先录取少数族裔学生的招生政策，但优先的范围应该是有限的。美国最高法院针对密歇根大学的招生政策作出了两项裁决，这是最高法院25年来第一次处理这种有争议的公民权问题。在第一项裁决中，法官们以5票对4票裁定密歇根大学法学院在招生时可以考虑学生的少数族裔身份，但法官们以6票对3票否定了该大学的本科招生计划。批评者们说该计划实际上是一种定额分配制度。大学官员和民权活跃分子称这两项裁决是他们取得的重大胜利。经办这两个案子的美国公民自由同盟的律师文森特·沃伦说：“今天，最高法院重申

① 《美国社会是否真的自由平等?》，载《日本经济新闻》2003年6月26日，转引自《参考消息》2003年6月27日第6版。

了美国对赞助性行动的承诺，美国将因此变得更加美好。”密歇根大学校长玛丽·休·科尔曼说：“这真是美妙的一天——这是整个高等教育界的胜利，因为其核心含义就是赞助性行动仍是可以采取的。”科尔曼说，法院为修改学校的本科招生计划提供了“路线图”，该计划规定少数族裔学生可自动加20分（总分为150分）。“我们将根据今天的裁决修改本科招生制度，但毫无疑问，我们将找到一个继续履行生源多样化承诺的途径”。代表三名原告起诉密歇根大学的个人权利中心对法院限制赞助性行动的范围表示欢迎。该中心负责人特里·佩尔说，关于限制范围的裁决对主张优先考虑少数族裔学生的人来说无疑是坏消息。他说，这只是一长串裁决中的一个，它将削弱给某个种族以优先的错误理论。白宫表示有保留地接受裁决。在其中一个案件中，白宫曾表示支持原告。布什总统在讲话中说：“今天的裁决在校园生源多样化的目标与法律规定的平等待遇的根本原则之间寻求谨慎的平衡。”“我期待着美国有一天能真正成为一个没有种族成见的社会。”桑德拉·戴·奥康纳法官被认为是对投票结果起决定作用的独立选票。她也表示，她认为赞助性行动是解决美国社会种族不平等问题的暂时措施。她说：“我们估计，25年以后将不再需要采取种族优先措施。”最高法院这两项裁决的影响将波及美国所有的高等教育机构。①

四、平等观念源于何处

平等的观念来自何处？平等是一个文化的产物，还是一个生物进化的产物？这是一个古老的哲学问题。最新的一个对猴子的研究发现，猴子也有平等观念。据《中国青年报》2003年9月19日报道，最新一期《自然》杂志发表的美国Emory大学动物心理学博士研究生布鲁斯南的论文指出，猴子也具有平等观念。这表明平等观念是进化的产物，而非文化熏陶的结果。布鲁斯南通过研究来自南非的褐戴帽卷尾猴发现，在与一群猴子进行的游戏中，如果完成相同的工作而给予不同的奖励，猴子会拒绝接受奖励。例如猴子可能不吃

① 法新社华盛顿电：《高校招生应否照顾少数族裔？》，转引自《参考消息》2003年6月25日第6版。

拿到手的黄瓜，甚至将黄瓜扔向不平等对待它们的人，而原因仅仅是看到同伴得到的是更可口的葡萄。这是研究人员第一次发现人类之外的物种具有平等观念，同时表明平等观念与宗教、政府、学校等人类社会具有的文化、社会因素无关，是一种与生俱来的思想，是物种进化的结果。[①] 当然，这一研究结论还需更多的佐证。但它至少表明了要求平等对待是人与生俱来的天性，或者说是人的自然本性。

① 见《中国青年报》2003年9月19日。

习惯作为一种特殊条件下的法律渊源及其在司法中的适用

——南京大学的演讲*

很高兴又一次有机会来到南京大学法学院，同各位做一个学术交流，感谢法学院领导的邀请，也感谢各位的光临！

今天我向大家报告的内容是习惯作为一种特殊条件下的法律渊源及其在司法中的适用问题。

一种"特殊条件下的法律渊源"，为什么产生这个念头呢？大家都是学法学的，可能在法理学的学习过程中有一个命题，这个命题在学术界已经成为一种占主流的命题，就是将法律渊源分为"正式的法律渊源"和"非正式的法律渊源"。在前些年的法理学教科书中就是这样的分类，许多法理学的教材都有这样的提法和分类。而在对"非正式的法律渊源"的解说中，一般会指向习惯、政策、判例、法理等。我举个例子，在一本法理学教材中，作者用了直接渊源和间接渊源的分类，在间接渊源中他举的例子是判例。我当时就觉得，把判例作为间接渊源，如果英美法系的法学家或者法官看到这个界定，会提出反对意见的，因为在英美法中判例是作为直接渊源存在的，它不是间接渊源。作者对这一分类没有加前提性说明，如果加上以中国为前提的说明，大家还能接受。按照这个思路，我开始思考正式法律渊源和非正式法律渊源、直接渊源和间接渊源等问题。后来在法律出版社出版的张文显教授主编的司法部统编教材中，"法律渊源"由我来写，我就没有用这个分类，而是直接用了"当代中国的法律

---

* 《南京大学法律评论》2009年秋季卷发表。此文是作者于2008年11月19日晚应邀在南京大学法学院所做的演讲。演讲由李友根院长主持，演讲稿由蔡琳博士录音并整理，后面的讨论问答部分由戈含锋博士整理，特此向他们表示感谢。文章由作者做了校正。——作者注

渊源"。之所以用这个表达,其法律依据就是中国现行有效的《立法法》,也就是现在一些学者认为的"依法治国"所依之"法"说不清楚的问题。我认为相对的还是可以说得清楚的,唯一的依据就是《立法法》。我们所有的法律渊源、法律形式到哪里去找?法官判案的时候依法司法是依什么法?1996年我国提出依法治国之后,大家对依什么法有很多的讨论。其实这个问题是确定的,也就是在中国这样一个制定法国家,《立法法》所确定的法律形式。在制定法国家,这就是判断是不是法的主要标准。

但是,在实践中我们会经常碰到在没有法律的情况下其他的社会规范类型究竟起什么作用的问题,尤其在司法的裁判过程中,它究竟起什么作用?这样,"非正式法律渊源"的命题能不能成立,是否科学?由此还延伸出另外一些概念——当然不完全一致,比如说非正式制度、民间社会自生规则等。这些概念是有区别的。法律渊源是一个严格的法学上的概念,而非正式制度,更多的是一种社会学意义上的概念。所以围绕这个问题,我认为有必要对其进行反思。这几年,包括通过对一些问题的研究,我发现"非正式法律渊源"这样一个命题在法理学上缺乏论证,也就是这个命题是不是科学的,值得质疑。而这个命题怎么来的呢?这个命题主要是受了美国法学家博登海默的影响。博登海默的著作《法理学——法哲学及其方法》自1987年由邓正来等翻译、华夏出版社出版之后,在中国影响很大,因为这本书翻译的较早。另外,他在这个书里提出的一些问题对于中国的学问家来说有一定的亲和力,容易接受。中国学者所谓的"正式法律渊源和非正式法律渊源"在某种程度上与其有关。我给大家念一下其中的一段话,即博登海默在《法理学——法哲学及其方法》中对法律渊源所做的正式法律渊源和非正式法律渊源的分类。他提出:"将法律渊源划分为两大类型,亦即我们所称之为的正式渊源和非正式渊源,看来是恰当的和可行的。所谓正式渊源,我们意指那些可以从体现为权威性法律文件的明确文本形式中得到的渊源。"这是他对正式渊源的界定,用我们的话说就是法律中明确规定的和所确定的法律形式。这些正式法律渊源有哪些呢?他举了些例子:"宪法和法规、行政命令、行政法规、条例、自主和半自主机构和组织的章程与规章、条约与某些其他协议,以及司法先例的。"大家注意了,在他的正式渊源里,绝对是有司法先例的,司法先例,说它是判例也好,指导性案例也好——我们中国不正在搞案例指导制度,这些东西在英美法系是作为正式法律渊源的。那么在英美法中将判例作为非正式法律渊源是不妥的,因为在过去的教材里,在介绍非正式法律渊源时一般都是几大类:判例、习惯、法理,有的时候还举一下国际惯例,中国把政策也作为非正式法律渊源。但是在博登海默那里,他是属于英美法系国家的,所以在他那里肯定将司法先例作为正式的法律渊源。而所谓的非正式渊源是指哪些呢?“所谓非正式渊源是指那些具有法律意义的资料和值得考虑的资料,而这些资料和值得考虑的资料尚未在正式法律文件中得到权威性的或至少是明文的阐述和体现。”①今天我们要讲的这个习惯,包括与习惯相类似的特殊条件的法律渊源也与此相关。

那么,我所说的“特殊条件下的法律渊源”是什么意思呢?我先给大家讲我考虑到的四个问题,也就是四个类型,实际上涉及四类社会规范:习惯、政策、司法解释、国际条约②和国际惯例。而这四个问题在具体的法律体系里都有一些变化,这些变化体现在具体的法律规定上。比如说,习惯在过去的法律体系中经常出现在处理民族自治问题中,作为应被保护、被尊重的对象。另外在一些经济法律、商事法律里也存在大量的尊重交易习惯、商事习惯的内容。最近我让我的一位博士生将现在中国法律体系中生效的、有效的所有法律查一遍,将出现习惯、政策、国际条约、国际惯例等字眼的法律搜索一遍,搜索的结果是:法律中出现这些字眼的地方很多,包括老年人权益保障法,其中提到了尊重老年人的生活习惯;又如消费者权益保障法,其中提到要尊重少数民族的消费习惯。但是,作为法律的规范依据,也就是从一般性规范角度来说,它从来没有出现过。不过,现在出现了新的变化。新的变化就是 2007 年 3 月通过的《物权法》的第 85 条有一个明确的规定:“法律、法规对处理相邻关系有规定的,依照其规定;法律、法规没有规定的,可以按照当地习惯。”也就是说,我国的法律体系、我国的立法对习惯可以作为直接的规范依据这一点第一次做了规定。这样一个规定是一个突破性的规定,第一次确立了习惯的地位。这个地位是什么我们可以再讨论,但是至少在没有法律法规规定的情况下,当地的习惯就可以用来作为处理相邻关系的一个依据。那么这个依据是什么?我们需要对它的性质作一下界定。

除了习惯,关于政策的规定是比较早的,也就是《民法通则》第 6 条的明确规定:“民事活动必须遵守法律,法律没有规定的,应当遵守国家政策。”这是写得非常明确的,这意味着什么呢?意味着在没有法律的情形下从事民事活动,国家政策也是一种行为依据。这些就是关于习惯和政策最为明确的规定。还

① [美]博登海默著:《法理学——法律哲学与法律方法》,邓正来译,中国政法大学出版社 1999 年版,第 413～414 页。

② 国际条约在国际法方面应该是正式的法律渊源,但是在我国的《立法法》中,国际条约没有涉及,《立法法》主要解决国内立法的问题。

有就是司法解释，司法解释为什么可以作为法官判案的依据？因为司法解释是被授权的。1981 年全国人大常委会关于法律解释的若干决定中授予了最高人民法院、最高人民检察院在处理有关的案件时遇到有关法律适用问题时可以进行解释的权力，后来大家把它俗称为司法解释。但是到目前为止，司法解释一直不是个法律概念，而是个法学的概念，是大家对它的一个概括，因为从现行法律中找不到司法解释这样一个概念。1981 年的解释决定赋予了两高对法律进行司法解释的权力，所以它是立法机关的授权，可以作为法官在裁决案件中的依据。因此，现在在法官裁判中，司法解释是一个相当重要的判决依据。还有一个就是国际条约和国际惯例。关于国际条约和国际惯例是有很多法律予以规定的，比如《民法通则》第 142 条规定："中华人民共和国缔结或者参加的国际条约与中华人民共和国民事法律有不同规定的，适用国际条约的规定，但是中华人民共和国声明保留的条款除外。"这就是国际条约优先原则，就是国际条约和我国的民事法律有不同规定的，要适用国际条约。《民法通则》第 142 条第 3 款还规定了一条："中华人民共和国法律和中华人民共和国缔结或者参加的国际条约没有规定的，可以适用国际惯例。"前面是解决国际条约的优先适用问题，后面是解决在没有国际条约的情况下，国际惯例的适用规定。当然还有第 150 条的规定："依照本章规定适用外国法律或者国际惯例的，不得违背中华人民共和国的社会公共利益。" 另外在《民事诉讼法》第 236 条中也有明确的规定："中华人民共和国缔结或者参加的国际条约同本法有不同规定的，适用该国际条约的规定，但中华人民共和国声明保留的条款除外。" 这意味着在我国的民事裁判过程中，国际条约、国际惯例也成为了裁判的依据。[①]

这样，我们总结一下，在我国的法律中，关于习惯、政策、国际条约、国际惯例都有明确的规定。司法解释虽然在法律里面是找不到，但是在 1981 年的解释决定里有明确的授权。这样就出现了一个问题：当一种社会规范在特定条件下被法律明确赋予了可作为依据的行为规范的意义时，它就已经充当了法律的作用。在我们的司法裁决过程、日常行为过程中，有四类规范成为了我们的行为准则。但是这四类规范中有两类规范，即习惯和政策，作为行为准则是有条件的，也就是在没有法律规定的情况下，习惯、政策等可以成为司法裁判

① 但是国际条约和国际惯例不同，国际条约在国际法中是一个正式的法律规范形式，是一个正式的国际法律渊源；国际惯例不是一种正式的法律渊源，属于非正式的，但是在特定情况下，可以作为我们裁判的依据。

的依据。这样，习惯、政策、国际惯例这几种过去被视为"非正式法律渊源"的理论就出了问题。也就是当我国法律中有这些明确的规定的时候，在符合这些前提条件的情况下，我们还能说它是一种非正式法律渊源吗？因此，我把它叫作"特殊条件下的法律渊源"。什么叫特殊条件呢？比如在处理相邻关系时，在没有法律、法规的情况下，当地习惯就成了我们的一个依据、行为准则。而我们把这种依据、行为准则叫什么呢？它是不是就类似于我们的一种法律渊源呢？其实这个时候的当地习惯就不再是我们所说的非正式法律渊源，而变成了法律中规定的可以作为行为依据的规范，也就是我认为的特殊条件下的法律渊源。这样一来，关于法律渊源原来的学说，即正式渊源和非正式渊源的划分就需要反思。正式渊源除了从现行《立法法》中去找，从宪法、法律开始到自治规章等，现在出现了新的情况，就是我所说的情况。那么，我们是否需要修正一下原来的关于法律渊源的理论或学说？而且，法律渊源这个概念，我个人认为，也主要是在制定法传统下才能出现的概念。为什么呢？因为法律渊源主要指的是制定法所确认的那些法律形式。而在判例法的情况下，法律的发展是通过判例发展过来的，当然现在在判例法国家中制定法也成为一个数量庞大的存在。现在普通法国家的司法裁判也是双轨制，甚至有的人认为普通法国家的司法判决对制定法的依赖有时还超过对判例的依赖。这样一来，我们对法律渊源的学说就要做一下反思。

另外还有一个问题，也是我最近思考的一个问题，即法律渊源这个概念和司法的裁决依据是什么关系？大家肯定会提这个问题，可能有人会说，法律渊源就是法律渊源，是指那些权威性法律文件确认的法律形式。而这个司法裁判的依据和法律渊源能不能等同？这就涉及我们如何理解什么是法。我们说在司法裁决过程中，要适用各种各样的规范来对纠纷或犯罪作出裁决，法官运用某一种依据，而这种依据是法律有明确授权的。如果《物权法》没有明确规定这个第 85 条，法官能不能依照习惯来进行断案呢，恐怕在合法性上就存在问题。但是有了《物权法》上这个明确的规定，法官就完全可以理直气壮的非常合法的按照当地习惯来作出一些裁决。他有了法律依据了。那么，这个司法裁判中的依据和法律渊源是否是等同的？这涉及我们对法律渊源的理解。我们过去对法律渊源的理解是非常严格的，在非常严格的意义上对它进行界定，不能越雷池一步。过去我们找法到哪里去找呢，就是到《立法法》中去找。《立法法》中没有规定的，我们就不能轻易地说它是法，包括案例。大家也应该会注意到，刚才我在讲这四类规范类型的时候，并没有提案例，这实际上涉及案例能不能作为法律渊源的问题。为什么我没有提案例呢？因为恰恰在我国现有的法律体系中，目前还没有这样的规定，而我讲的这四类是有明确法律规定的。大家可能会说，你这个是典型的立法本位的思维。不错，在中国，我们讨论法的问题，如果我们完全离开立法的规定，自己来任意发挥，这种做法在实践的层面是缺乏合法性依据的。我们是制定法传统的国家，离开制定法去讨论问题会越走越远，包括在对案例制度的讨论中。有的专家提出案例应该作为法律渊源，但是我个人认为就目前的法律来说，还找不出相应的法律依据。我认为案例可以起到论证理由的作用，这样一个定位并不影响案例在后案审判中发挥的重要作用，也没有降低它的作用。因为到目前为止，我们还没有找到一个可以把案例作为法律渊源对待的法律依据。所以，至少前面四个规范类型：习惯、政策、国际条约和国际惯例还有我们的司法解释是有法律依据的。在中国做事情，研究问题，尤其是法制问题，我们不能不考虑它的法律依据，这是我们必须要确定的原则。你可以谈自己非常深刻的理解，但是必须要考虑到我们现行的法律体制是什么，这是我们不能逾越的一个制度现实。至于宪法应该怎么改，我们的体制应该怎么安排，那属于一种应然性的研究，那是完全可以的。但是作为操作层面、实践层面来讲，它们不能超越特定的法律制度。

“特殊条件下的法律渊源”这样一个提法——当然我现在还没有形成文章，能不能成立也要向大家请教。其中主要的问题就是凡是可以作为司法裁决依据的东西能不能就作为法律渊源来对待，或者它是不是就是一种法律渊源。目前我的认识是：只要法律明确规定了的、在特定的条件下可以直接援引和遵守的、可以直接作为行为规范的规范类型，就应该是法律渊源的一种形式。这样，关于非正式法律渊源的命题可能就要被破解。在不同的社会、不同的国家，法律形式是不一样的，法律形式要看它的法律文件，法律的规范性的传统，要结合这些东西来看。但至少在中国，当我们梳理中国现行的法律渊源的时候，除了《立法法》规定的那些东西之外，我们还有法律所确认的这四个类型。除此之外，还存在不少空当，这个空当存在于宪法里面，这也是多年来立法学、《立法法》都没有解决的问题，比如宪法规定各级人大常委会以及各级地方人民政府有发布决定、命令、决议的权力，而这些决定、命令、决议如果是以一种规范化的形式出现，算不算法？我们的《立法法》没有把这些东西包括在里面，尤其是县以上，因为地方立法权只到省一级的，顶多扩大到较大的市一级——当然民族自治地方有其特殊的范围。在这个范围之下——地方性法规和地方政府规章之下，宪法又明确授予了它这种权力，它算不算法律，算不算法的形式？严格地从《立法法》来说，它是算不进去的。但是宪法又给了它这个权力，它可以制定那些东西，我们指的不是单项命令，不是个别性命令，而是指带有规范性内容的决定、命令、决议。比如前些年在西部大开发的过程中，有些地方，比如重庆、四川一些地方的县级政府制定一个纪要，对外地的一些产品进行封锁，封锁外地产品进入，外地产品进入要征高税收，而且要严加管制等，你说这一类东西是什么？它似乎不属于法律的范围，但从实际效力来看对当地的社会经济起的作用是相当大的，而且它带有规范性内容，有非常明确的指令，如对交通局、财政局等等都有明确的指令。这些东西算不算法？这些空档就是立法学、宪法学都没有解决的问题，也即在地方性法规以下、县以上人大和政府制定的规范性文件怎么算？我当时写教材的时候给它做了这样一个处理：这些东西虽然不能作为我们正式的法律渊源的规范形式，但是它可以起到规范性的作用，其实在某种程度上是法的一种形式。这就涉及对法的理解。

这些年我们还在讨论另一个问题，就是“活法”理论。我提出的这个“特殊条件下的法律渊源”的命题和“活法”理论之间是什么关系？我后来想了想，这两者不完全一致，它们之间是有包含的关系。不一致在于什么地方呢？“活法”理论是一种法律社会学视角，它把对人的行为只要起到约束作用的规范类型都作为法来对待，作为实际存在的法，也就是埃利希的观点。“活法”理论就是将对人的行为有影响的东西都看作法，比如道德，不同的道德对人有不同的影响，可以约束人的行为；宗教教规也约束人的行为，对教徒行为的约束甚至比法律还强，但是能不能将这些都叫法呢？这就是个问题。“活法”理论把这些都作为法的存在形式。而我们现在讲的这个特殊条件下的法律渊源是有界限的，它的界限就是经常有人批判的立法性思维，而且还是一种国家法的思维。所谓“国家法思维”是指我们在考察一种社会规范类型是否属于法律渊源时，我们必须要考察法律中是否有规定和授权。我们必须要考虑这些东西，如果不考虑这些东西，它就没有界限了，因为行为准则是一种多样性的存在。如果不考虑法律的规定，前些年我们讲的自制规章——法律之外的一个社团、一个政党、一个机关、一个机构，包括我们一个学校制定的非法律性质的那些规范性文件，那就都成了法了。所以在中国，我们一定要坚持国家法思维。国家法思维不是说一定体现国家本位主义，有的人就简单地将国家法思维理解为国家主义本位，说一切都由国家说了算，批判这种“国家法思维”。我觉得国家本位和国家法思维不能画等号。国家法思维就是判断问题时必须从法律上去考虑问题的性质。“活法”理论是社会学的思维和理论，它把凡是实际存在的对人起到作用的东西都作为法，这样一来法就没界限了。法还是要有界限的，我们不能简单地把道德当作法来对待，如果我们简单地将道德等同于法来对待的话，那么所有的法庭审判就可以转变为道德审判。尤其在我们中国，存在着泛化的道德主义。泛化的道德主义，既有历史的传统，又有现实的支撑。所谓泛化的道德主义，是指一切问题都用道德去判断，而道德主义是最容易瓦解职业化趋向和职业化思维的。我们的现代化需要的是走职业化的道路。职业化这个概念包含了非常丰富的内容，任何一个社会的任何一个行业都有职业化的要求，而现代化在某种意义上意味着职业化的高度发展。从大的方面来讲，国家主席、总理都是这个国家、社会中的一种职业，是一种政治上的岗位，有这个职业所需要的职业化的条件、资格。但是，我们国家往往把领袖人物神圣化，尤其从毛泽东开始，将领袖人物放在神坛之上，神秘化、神圣化、顶礼膜拜，最后有可能走向宗教，而这样一种情况最后导致的结果大家都知道了。后来邓小平竭力纠正这样一种现象，但这样一种现象因为有其深厚的历史根基，在中华民族中有这样一种传统，也就是君主专制所传下来的传统。因此邓小平讲，我们国家有长期的君主专制的封建历史，而民主法治的历史不长，所以没有养成这个习惯。它实际上不是一个习惯的问题，而是一个传统的问题。所以，我们倡导职业化。而道德化对职业化往往起瓦解作用，对于任何一件事情往往会从道德的角度去评判，这样将职业化中的东西逐渐剥离。职业化对人的资质有一些很高的要求，其中的技术含量、素质的要求是非常具体的。例如旅游卫视有位记者叫阿涩，大家看到他时就觉得他是非常职业化的，他既有旅行家又有旅游记者的特质，非常具有亲和力，走到任何一个地方，都能和当地的人马上建立起融洽的关系，同时又不缺乏对当地的一些历史、文化、民俗、风景的介绍，这种职业化透露出了那种非常清新的特质。法官更是一个非常职业化的群体，法官的职业化问题在这些年做了很多努力。法官这个职业需要特殊的素质，不是谁都能来做的。所以，这种泛道德主义对中国的影响是特别严重的。当然这是一个大题目，和我们的法律、法治、司法有密切的联系。

这个问题也是个很敏感的问题，职业化直接冲击的是政治化。在中国，除了我刚才讲的这种泛道德化的思维模式之外，还有一个泛政治化的思维模式。这种泛政治化思维有时候非常隐晦，一些学者不自觉地有一种泛政治化的思维。这种泛政治化思维是渗透在血液里的。我举个例子——恰当不恰当由大家分析——朱苏力教授在讲权利冲突时所举的秋菊打官司的例子。这个案件中，原告贾桂花起诉电影制片厂侵犯了她的肖像权，法官判决的时候认为没有达到侵权的标准，因此法官判决说没有达到侵权，有其自己的道理。朱苏力教授分析这个案例的时候把它看作是创作自由和肖像权之间的较量，他说如果法官判了电影厂败诉，那么以后大家都不敢拍电影了，而创作自由是非常重要的。还有邱氏鼠药案，六位科学家写了篇文章说这个老鼠药有超过国家规定标准的毒素，对人有害，发表在《科技日报》上，后来邱就起诉这六位科学家，说侵犯了他的名誉权。法院一审判决科学家败诉，因为司法鉴定的结果是老鼠药的毒素没有超过国家的标准。后来经过一年多的二审，又一份司法鉴定书出来了，说它超过了国家标准，这样科学家二审就胜诉了。这个案件本来就是个事实的问题，朱苏力教授却说这是一个言论自由和名誉权的较量，说如果法官判了科学家败诉，意味着以后大家都不敢写文章了，而言论自由是我们走向法治社会的一个非常重要的权利。但是，法官最终判决科学家胜诉，是建立在事实的基础上的，同时也建立在法官对这个案件的判断上。但是朱苏力教授将这个问题引向了由于言论自由的重要，所以要判决胜诉，这个判断就包含着一种非常强烈的泛政治化倾向，虽然朱苏力教授可能自己还没太意识到。他把言论自由仅仅理解为一种政治性权利，凡是政治权利就是非常重要的，而公民的私权利就要让位于政治权利，与政治权利相比，它好像显得微小得多，这种思维中也渗透着一种非常浓厚的泛政治化思维。

以上是我对“特殊条件下的法律渊源”的一些想法，这个问题目前只是我的一些初步的思考，还没有特别成熟的意见，利用这个机会和大家交流，并向各位请教。下面我想重点就这四种规范类型中最典型的习惯及其在司法中的适用问题，同大家交换一下意见。为什么要考虑这个问题呢？因为在最近参加最高人民法院“多元纠纷解决机制”这个课题的过程中，我碰到了这一问题。从最高人民法院的角度来说，它重点关注的是纠纷解决方式和程序性问题，这当然是最主要的问题，但我个人觉得作为多元纠纷解决机制中的规范类型问题也是非常重要的，对其规范类型的研究也应该属于多元纠纷解决机制中不能缺少的东西，所以，我围绕这个问题，结合去年在江苏省泰州法院——江苏省高院公丕祥院长有一个最高人民法院的重点调研项目，江苏省法院系统都投入研究，主要就是善良风俗进入司法的问题——参加的会议，泰州姜堰市有很多做法，这些做法实际突破了现行的法律和现行的司法解释，尤其是司法解释关于彩礼问题的规定。他们认为最高人民法院关于彩礼的司法解释还不足以解决问题，如果按照最高人民法院的司法解释来做，许多案件还是判决不下去的，纠纷还是解决不了。所以他们就做了一些突破性的尝试，这个尝试现在还是需要再研究的。对以上这些问题的思考引出了我们现在的问题：“特殊条件的法律渊源”这个命题。

关于习惯作为特殊条件下的法律渊源及其在司法中的适用问题，我将分为以下几个问题来交流：

第一个问题是关于习惯的历史和现代价值。习惯的历史价值主要描述的是原始社会，在原始社会习惯所充当的作用和现代社会法律所充当的作用一样，关于这个问题，我不想太多地展开，因为这个问题在恩格斯《家庭、私有制和国家的起源》这本书里做了非常精彩的论述。他有一些经典的论断：在氏族的时代，习惯把一切都解决好了。马克思主义的法律观认为国家的产生是一个过程，原始社会后期有了私有制，私有制之后就有了国家，国家是建立在私有制基础上的产物，有了国家才有了法律，法律和国家同时产生。马克思主义法律观就是这样一个逻辑的脉络。后来有很多的著作，如美国的霍贝尔的《原始人的法》以及现在出版的一些关于原始社会的人类学著作都反对这样的观点，他们认为原始社会也有法的存在，当然他们对法的理解是不同的。对此，我们不作为重点来进行阐释。但是，习惯是人类最古老的一种行为模式和一种规范形式，这是应该没有异议的。法律应该属于一种较高级历史阶段的产物，这可以从法律历史中得到解读。习惯的现代价值，是指即使在有了法律之后，习惯仍然扮演着重要的角色。尽管从社会规范的主要形态上，习惯逐渐让渡给法律，但是习惯在让渡中并没有完全的消失，而且习惯还在不断产生新的类型，习惯也在发展。如果我们把传统和习惯连接起来思考的话，传统和习惯可能是一样的，新的传统会不断产生，新的习惯也是这样。古老的习惯被法律替代以后，新的习惯又产生了，尤其在商业领域。如在我们的经济法条款中有不少地方提到要尊重交易习惯，《合同法》里面也提到要遵守交易习惯。这意味着习惯既有沿袭下来的，同时也有发展出新的习惯的可能。我们过去把习惯看成已经死亡的东西，但习惯一方面在不停地被淘汰，一方面也在不停地生长出来。这是习惯的历史和现代价值，我们主要想说明习惯在历史状态下是一种最古老的规范形态。原始习惯是带有愚昧性的、原始状态的，用恩格斯的三阶段划分就是蒙昧时代、野蛮时代和文明时代。所以，习惯是一种古老的社会规范方式，现代社会中尽管法律成为了主要规范类型，但习惯也在起着非常重要的作用。

另外，这里还有一个很有意思的现象：现在人们经常讲经济全球化，和经济全球化形成反差的就是文化多元化，它越来越得到人们的共识，这是一个非常有趣的世界现象和文化现象。为什么呢？经济全球化呈现的是越来越多的统一和划一，原来互不影响的彼此产生了影响和依赖，大家的命运捆在一起。像这次的经济危机，大家感受得最深切，用当年苏联总统戈尔巴乔夫的话讲就是“我们大家都是一条船上的乘客”。我觉得他这个话讲得非常经典，他的这个话是在他最有名的《改革与新思维》中谈到的，当年我还写过一篇文章介绍过他的这个观点。船要翻了，大家都翻掉。他的意思表达得很清楚，就是经济全球化，一荣俱荣，一败俱败，而文化多元化则展现的是越来越多样的民族个性和特性。多元化有很多解释，我喜欢用一些大白话来解释，多元化什么意思，就是"不一样"。前段时间最高人民法院在北京召开了一个"多元纠纷解决机制"的国际会议，国外用的是 ADR，但是我们没有用 ADR，我们是多元纠纷解决机制。多元纠纷解决机制和 ADR 是不一样的，国外的 ADR 是指替代性、非诉讼，而我们的多元纠纷解决机制是包含诉讼的。后来在会议总结的时候，主办者专门讲了这个问题：我们的多元纠纷解决机制和国外的 ADR 不一样，我们的多元是包括诉讼和非诉讼在内的。我们是在多元里搭建宏观的结构，而国外的 ADR 就是在诉讼之外的，是以非诉讼的方式解决纠纷，诉讼中也包括法官不经过判决而通过调解的方式来解决纠纷。现在中国在一些法院试点进行诉前调解试验，即起诉后、受理前如果案件解决了，就不算进入诉讼，因为进入诉讼要以案件受理为标准。当然大家在这个问题上有分歧，最高院内部也有分歧。有一种意见认为必须经过案件受理才能进行，一切行为要在受理后进行，受理之前的行为符不符合司法程序是一个问题，这里有分歧意见。我为什么谈这个问题呢？因为那个国际会议的标题有问题。中文用的"多元纠纷解决机制国际研讨会"，但是英文用的却是 ADR，我就说这个中英文不对称。后来他们让我来研究一下这个问题，我也查了一些相关的东西，"多元纠纷解决机制"不能用 ADR 这个词，多元应该用 PLURAL 这个词，因为国外使用多元都是用这个词语，复数的意思，如果我的这个意见能够被接受，那么多元纠纷解决机制英文翻译就应该是 PDR。所以，多元就是不一样，各有各的生活准则和生活样态。在这样一种大的社会背景下，习惯作为一种最具个性特征的社会规范，必然会引起人们的关注，所以对它的价值和作用重新评估就成为一种比较时尚的事，尤其是在学术界。全球化讲究的是统一，而多元化讲究的是不一样。这种反差在经济上、政治上、文化上非常大，而文化多元化中习惯占据的地位非常重要，因为习惯是最具个性特色的东西，俗话说"十里不同风，百里不同俗"就表达了这个意思。习惯的个性化特征恰恰反映了多元化的特征。这就是为什么现在习惯问题越来越引起大家的关注——当然，这里面还有一些别的因素，如意识形态方面的因素。过去我们总是把习惯看成落后的东西，对习惯的批判也是非常尖锐的。在民间法研究中我们也看到一些恶习、陋习，甚至一些导致人的生命被残害的恶性的习惯，包括现在东南亚一带流行的一些种姓制度、部族制度，等等，这些都是习惯。但是这几年习惯越来越成为大家关注的问题。就学术层面而言，习惯、风俗也是法理学最基本的问题之一，是法律文化研究的基本问题之一。就国内法而言，法律的单一性、统一性和习惯的丰富性、多样性也形成了鲜明的对照和反差。这种对照和反差促生了无数有趣的、有生命力的问题群，也蕴含着习惯作为研究对象的无穷的生命力。

第二个问题是习惯在中国立法和司法中的新发展。其实这个问题我刚才已经简单地讲了一些，现在作为一个专门的问题来讲一讲。在世界民法文化中，习惯不仅是早期的法律文化中法律的重要渊源之一，而且在现代社会，习惯在某种特定情况下也成为现代法律的渊源之一。这一点尤其表现在民法文化中。在民法文化中有大家公认的一个公式：有法律依法律，没法律依习惯。当然在中国，这个公式还得加上一个：没法律依政策，没政策依习惯，无习惯依法理。这样一个定理在一些国家为法律所吸收，成为明文的规定。因此，在司法中出现没有法律规定的情况时，允许法官将习惯作为依据来处理。我国过去在民法的教科书中也讲过这样一个公式，但是仅仅是作为民法的一个原理，作为一个法理的解释，还不是一个法律规定。这些年来，习惯在中国的法律体系和司法解释中有些变化，因为司法对这个问题比较敏感。我们的立法中以前也出现过习惯，包括有的老师提到的 50 年代的婚姻法中有关于习惯的规定。但是总体来说在后来的立法中还没有将习惯作为一种规范依据，没有将习惯当作法律一样来对待。在民族区域自治法里面，都提到要保护、尊重少数民族的风俗习惯，甚至可以作一些变通，但是没有将其作为一个规范依据。像《宪法》第 4 条规定各民族都有使用、发展自己语言文字的自由，都有改革和保持自己风俗习惯的自由，还有民族区域自治法中也有和宪法类似的规定，老年人权益保障法、消费者权益保护法等等都有此类的规定。

这几年习惯在中国法律中的显著变化有三个标志：立法、司法和政府行为。第一个标志就是《物权法》第 85 条，这很重要。当《物权法》将习惯予以规定之后，就意味着习惯在中国的法律体系中获得了一个合法性的作为规范依据的法律地位。它的意义就在于当没有法律法规的时候可以按照当地习惯，这就是一个规范依据。第二个标志就是 2004 年 4 月 1 日生效的最高人民法院关于适用中华人民共和国婚姻法若干问题的解释的第 10 条规定：当事人请求返还按照习俗给付的彩礼的，如果查明属于以下情形的，人民法院应当予以支持。其中讲了三种情况：(1)双方未办理结婚登记手续；(2)双方办理结婚登记手续但确未共同生活的；(3)婚前给付并导致给付人生活困难的；适用前款(2)、(3)项规定应当以离婚作为前提条件。这是最高人民法院对中国民间的习俗——婚约和彩礼的规定。因为过去我们对婚约是不保护的，认为婚约属于非法律性质的习俗，所以法律不保护。但是民间有这样一种浓厚的习俗，怎么办？订婚后要送彩礼，有男方给女方彩礼的，也有女方给男方彩礼的，这样发生纠纷的情况不少。过去法院一概采取推出门的办法，不承认事实婚姻、不承认婚约、不承认订婚这种形式。所以到 2004 年这样一个司法解释的颁布，实际上是对于广泛存在于民间的习俗的一种保护。在哪种情况下应该怎样退赔，有详细的规定。这就是第二个标志，这个司法解释在法院是可以作为判决依据的。第三个标志需要提到的是中国政府关于三个传统节日的法定化，就是清明、端午、中秋三大节日为法定节日，再加上此前的春节，这四个法定节日都是和中国的民俗、习惯密切联系的。清明、端午、中秋有些是建立在传说上，有些是建立在故事上的，各有其来源，但它是中国人的习俗。中国政府将这三大节日法定化，我觉得这是具有重要象征意义的对习惯的法律确认。这样一些带有标志性的立法规定和司法解释，给中国的司法审判注入了活力，也带来了法律理论和法律实践中需要讨论的问题。这个空间很大，因为允许让法官依照习惯断案，可能带来很多问题。现在各地都在进行试验，尤其是以江苏省泰州、姜堰这两级人民法院最为典型。为什么我选择它们作为代表呢？因为它们在全国是最典型的。当然，其他地方也有一些实验。关于姜堰的情况我想就不讲了，但是有个值得注意的情况：姜堰法院在婚约的问题上认为最高人民法院的比例规定还是不能适应它的要求，所以他们自己制定了一些具体的指导意见，一共有 6 个指导意见，这些指导意见都是将民俗习惯引入司法的相关规定，分别是关于婚约返还彩礼、赡养、分割家庭共有财产、商事、执行、保密的 6 个文件。执行的情况如何？人民法院报对于他们关于彩礼退赔方面做了一个调查，这个意见自实行以来，57 件彩礼返还纠纷撤调率达到 82%，没有一件上诉，他们还有一些数据，我就不展开了。这就是我想讲的习惯在立法、司法和政府行为上的一些变化。

第三个问题是习惯引入司法后所产生的问题。会有哪些问题？这个我也想和大家交流一下。

第一个问题就是在思想观念层面，对于习惯引入司法，发挥习惯在司法过程中以及在其他纠纷解决过程中的作用的意义，大家的争议不大，对其认识都是能够接受的，在思想观念上没有太大的问题。

第二点就是我们面临的问题是什么？这是我提出来重点要研究的问题：现有的关于习惯的立法和司法都是个别性规定，都是带有专门所指的，是特指的。这个法律上的个别性和专门性的规定能不能普适化？像《物权法》第 85

条只适用于相邻关系，这个专门性规定能不能普适化？能不能适用于所有的民事审判领域？能不能扩大到行政的、刑事的审判？这个是我们要考虑的，也是对我们提出的挑战。这实际上涉及习惯在司法大概念中的地位和作用，因为司法是个大概念，现在习惯只是作为调整相邻关系的概念。能不能扩展出来，习惯能否作为裁判依据，这是第二个问题。司法解释也是一样，只是针对彩礼，确认了彩礼这样的习俗，然后有条件的退赔。能不能把习俗作为一个一般性的规定，这是和整个立法联系在一起的。

第三个问题也是最重要的问题，就是判断的问题。即便法律中规定了可以按照习惯，如何判断这个习惯是善良的习俗，标准怎么来确定？根据什么来确定？无论是立法还是司法，对于习惯的定位和适用都是有前提的，这个前提一般总被确定为法无明文规定或者政策无明文规定，并且所引用的习惯和法律、政策以及公认的社会道德准则不相抵触等等。这些前提还是原则性的。习惯不能和法律冲突、不能和政策冲突、不能和公认的社会道德准则相冲突。但是我们还要继续判断，这个大前提是需要的，不过还要给法官指出一个明确的方向。因为习惯问题最难的是判断问题，就像姜堰市人民法院制定的指导意见第 3 条采取了排除法确定判断标准，这条规定是：有下列规定情形之一的不得确认为善良风俗：(1)危害国家安全、国家利益的；(2)妨害社会公共利益的；(3)侵犯他人合法权益的；(4)不符合社会主义道德规范的。这四点我们仔细想想，除危害国家安全、国家利益的犯罪行为还好判断，其他的每一条都需要法官再判断，这是一个问题。

第四个问题是习惯、风俗在司法判决和司法调解中的功能和作用可能是不一样的，因为我们现在把司法划分为司法判决和司法调解两个部分，司法调解尽管也要坚持合法性，但是在调解过程中是可以和解的，法官可以和点稀泥，当事人的权利可能要做些让渡和牺牲，只要在形式上接受调解协议，就可以了。它并没有那样严格的要求，恰恰是因为调解的灵活性，它不是那么太严格。但是在司法判决上，这个问题就很不一样了，判决必须依法司法，对于权利不能做太多的牺牲。因为它讲求公平正义，而公平意味着权利人的应得权利受到保护、侵权行为要得到惩罚。因此司法判决要依法判决，依法判决如果在法律规定了习惯之后，我们也是可以按照习惯来判决的，但在目前习惯还是特指的情况下，我们不能把习惯扩大，习惯还不能扩大到司法判决的全过程，只能在处理相邻关系、婚约彩礼的时候可以，在其他的领域目前还不可以。我举一个案例，就是 2007 年在上海古玩市场那个田黄石案件，田黄石是假的，因此买货的人就要求将假货退回。但古玩市场有一个行规，不是潜规则，而是明规则。这个行规就是卖货人不承担货物是真是假的责任和义务，看买的人的眼力，眼力好买个真货、眼力不好买个假货，卖货人不承担假货退赔的责任。当时中央电视台针对田黄石案件在北京的潘家园古玩市场找了 4 个人询问：如果这种情况出现了，该不该退？4 个人异口同声——因为是分别采访，有年老的，有年轻的，4 个不同年龄段的人——这是他们的行规，眼力好就买到真货，眼力不好买了假货，就没法退回去了。但是这个案件经过上海一个区法院的审理后判决被退回，因为它是假货，这里面当然还有一些诈欺的成分在内。如果这个案件经过调解的话，那么这个行规就可能会起作用，行规就是一种交易习惯。但是在判决的时候，法官不能认可这样一种所谓的行规，所以在判决和调解中习惯的作用是不同的。

第五点是我思考到的一个问题，我们还要注意到一个重大的变化。这个变化涉及熟人社会理论的变化。熟人社会理论是费孝通的经典问题，他在 20 世纪 40 年代的《乡土中国》中提出了这个“熟人社会”理论，我们中的许多人注意到了费孝通的乡土社会理论和熟人社会理论，而忽略了费先生的乡土社会的蜕变理论和发展理论。如果我们仔细地研读费先生的著作，他讲到的熟人社会理论主要是用来解读传统社会的。他在 20 世纪 40 年代就已经看到了中国社会正处在由传统社会向现代社会的蜕变过程之中，他那个时候就看到了社会要向前走的，原有的一套东西已经不适用于发展的情况，所以他还提出了一个发展理论和蜕变理论，这个很多人没有注意到。我说这个问题是想说明什么呢？我是想说明习惯也是在流变的，经济关系的变化会导致伦理关系的变化，习惯也在生长过程中。我们现在面对的是新熟人社会理论。费孝通先生当年提出的熟人社会是和传统的农业社会相关联的，现在的中国社会已经不是一个典型的农业社会结构，而是一个城市社会、工业社会与农业社会、农村社会交替存在的社会，而且农村社会也发生了很大的变化。这个变化不仅是外貌的、结构的变化，也是人与人关系的变化，因此我们需要一种新的熟人社会理论。谁能把这个新熟人社会描绘出来，就在理论上做了很大的贡献。因为现代社会中人与人的关系同传统社会中人与人的关系是不一样的，比如一个单位之内大家都是熟人，但是这个熟人社会和费孝通讲的熟人社会根本不是一回事，表面上大家都在一个单位，但是人与人之间的内在关系不是建立在宗族、血缘、亲属、居住为纽带的状态，人与人之间大多数可能没有亲属和血缘关系，但是以居住为纽带，这个非常厉害。恩格斯当年在描述氏族社会时就讲到氏族社会人与人的关系是建立在地域和血缘之上的，血缘和地域是氏族社会的重要纽带、连接因素。现在的新熟人社会是一种新的模式、新的社会关系。这种新的社会关系的结构以及理论解释直接关乎民俗习惯的未来命运。

第四个问题就是习惯的未来命运——习惯作为纠纷解决补充手段进入立法或司法解释的一般性规定的可能性问题。这是我们通过研究想要达成的结论。在法治国家，一切行为都必须具有合法性，对于习惯的运用也不例外。我们在前面也讲到近几年来习惯在法律体系和司法中的地位有着显著的变化，由原来的法理解释变成了立法和司法解释的规定，显著的例子就是前面所讲的《物权法》和司法解释。但是，我们面临的问题是：无论是《物权法》还是司法解释，都是个别性规定，都是有特指或专指的。《物权法》第 85 条是专门处理相邻关系的规定，最高人民法院的司法解释是专门处理彩礼问题的。于是我们面临的问题是，这样一个法律上的个别性和专门性规定能不能普适化，能不能适用于所有的民事审判，以及能不能扩大到行政和刑事审判？

中国的法治路线被一些人比喻为立法主导的法治路线，虽然这个比喻不十分确切，但大体上如此。它表达了立法主导①——虽然不确切，即一切行为准则，包括公权力的运用，都得由立法来作出明确的规定。这是由中国的法律传统、新中国成立后的法制历史和法制实践所决定的，不取决于我们的好恶。那么在习惯的问题上，为了使习惯在未来中国的法治进程上发挥更大更好的作用，从根本上解决习惯在司法以及多元化纠纷解决机制中的作用，我个人认为还是要从立法上进行，要最终解决习惯能不能由现在的特指变成一般性规定，就要在立法上进行。我认为首先应该在民事立法上有一个突破，在民事立法中明确规定习惯的法律地位，将现有的《民法通则》第 6 条"民事活动必须遵守法律，法律没有规定的，应当遵守国家政策"修改为"民事活动必须遵守法律，法律没有规定的，应当遵守国家政策，国家政策没有规定的，可依当地习惯"。在政策之后加上习惯，这样就从民法的基本原则上彻底解决了习惯的问题。这样的规定可以从民事法律上一揽子解决问题，把现在的《物权法》第 85

① 当然立法主导有不同的解释，司法主导也有不同的解释。以司法为中心实际上是反对以立法为中心，即一切都是由立法来解决。当然"以司法为中心"也是有不同的解释和判断的，如果把一切都交给司法解决，这是不可能的。因为一切事物都必须经过司法，这显然是不可能的。在一个社会中，经过司法的属于比较小的一个范围，大量的法律是经过行政执法、经过公民的遵守，通过这样的途径来实现的。刑事犯罪是一种政府的追究，民事案件不告不理，也只是处理了社会纠纷的极少的一部分。因此，这样的司法中心是一个不可能的事情。但是有人将以司法为中心解释为另外一个概念：一切的问题都可以最后由司法来解决。不出问题便罢，一出问题，司法可以来解决这样的问题，即所谓司法的终极性。这样的解释有内在的道理。——作者注

条的特别性规定变为一般性规定，使它成为所有民事行为的法律规定。

另外，有人会问，刑事审判怎么会有习惯问题呢？因为有些人的犯罪动机就是和习惯相关联的，因为某些人因习惯导致犯罪行为的发生也是有可能的，那么在处理刑事犯罪过程中如果将习惯作为考量因素，对其定罪量刑是有意义的。它在行政执法过程中同民事审判的意义是一样的。作出上述规定后，有人可能还会提出对于习惯存在判断的问题。社会的习惯中有大量的恶习、陋习，不能将所有的习惯都作为行为准则，这实际上是一个最重要的关键问题。我们要注意到民事法律体系是一个规范体系，这个规范体系中有相互照应、相互制约的原则。《民法通则》第 7 条规定："民事活动不得违反社会公德，不得损害社会公共利益，破坏国家经济计划，扰乱国家经济秩序。"这个条款是用来判断所有民事行为的基本原则，对习惯也应该适用。但是由谁来判断，这就是接下来的问题。我们主张在立法上彻底解决问题，把习惯纳入民事法律中去，在没有法律又没有国家政策的情况下可以依当地习惯。在作了这样一个规定之后，习惯就成为了特殊条件下的法律渊源，成为可以依据的行为准则。接下来就是对习惯的判断，我们可能要做一些后续性的工作。这个后续性的工作落在谁身上？我们不好说一定落在立法机关、法院还是法官身上，这是一个共同要承担的问题。因为习惯是差异很大的，习惯的地方化特征是非常浓厚的，这样可能各地的立法部门、司法机构都承担着这样的判断任务，可能还是需要一些细化的、类似于泰州姜堰市人民法院这样一些规范的条款，如彩礼返还他们有一个比例，男子反悔怎么办？女的反悔怎么办？一般男的反悔退回很少的比例，如 20%，但是女的反悔就要多退一些。这样一些东西结合当地的习惯要做分析和判断，制定详细的规定。这个判断如果交给法官个人，很可能会出现裁判中的随意性。姜堰市法院在经过大量调查后制定出文字的东西，用来作为依据的标准。对习惯的判断的任务比立法的规定任务更加艰巨。因为最后对习惯的应用要落到判断之上，前面只是确定大前提。这就是习惯作为特殊条件下的法律渊源以及在中国习惯作为行为规范的一般性规定的立法可能性分析。如果立法解决了这个问题，对它的具体内容的判断可能就落到了司法的身上。

这就是今天晚上我向大家报告的内容，希望听到大家的批评意见和讨论。谢谢！

主持人：下面我们进入提问阶段。针对刘老师刚才所介绍的一些背景和他的一些基本的观点和论证，有什么疑问，有什么不同看法的，请大家都提出来，和刘老师一起来讨论。

学生：刘老师，你好！我想问一下，你说的政策作为特殊条件下的法律渊源，你刚才也讲到，政策在《民法通则》中已经规定下来了，那就是说，这种政策可以作为法律渊源来适用。像刑法，如走私，在我们的审判过程中可能有大量的数额规定，那都是政策的规定，还有一些就是不同时期或一些来自不同地区的政策，是否都可以作为一个法律渊源来引用？

刘作翔：好，非常感谢你的问题！我们今天讲的这个问题，是在现有的法律里面——刚才也涉及政策这个概念，涉及习惯、国际条约和国际习惯——很多法律里面都有，但是就我们讨论的问题而言，一个是作为一种规范依据的或者作为一种法律渊源这样意义上的概念出现，和作为当法律在执行过程中所要针对的对象、保护的对象，这是不一样的。而现在的法律呢，大量的就是法律在保护、调整具体对象的时候要涉及政策，涉及的政策是很多的，但是作为规范意义上的——我们所谓的规范意义是指作为一种行为准则，作为一种法官做裁量时可以依据的这样一种东西——把它叫作法律渊源。在这个提前下，这两者是有交叉的，但不完全相同，交叉在什么地方？比如说《民法通则》第 6 条，它在总则里面是作为一个民法的基本原则的，就是说民事活动必须遵守法律，法律没有规定的，应当遵守国家政策。这个时候它规定的这一条款是把政策抬到了和法律等同的地位。就是因为法律没有，所以要依国家政策，我们把这个叫作“规范依据”。而另外一个呢，就是在大量法律里面，比如 2008 年 8 月通过的《循环经济促进法》第 46 条：“国家实行有利于资源节约和合理利用的价格和政策”，这个地方的政策就是指当法律在调整具体的对象的时候就要考虑到具体领域里面的政策规定，而不是说这个政策规定也是一种依据。我们的《民法通则》第 6 条，它要解决的是一个规范依据问题，这个规范依据它设定了一个前提，就是在没有法律的情况下应当遵守国家政策，这样，作为规范依据的政策概念和作为具体的法律调整对象的政策概念是不一样的。所以其他的像习惯这些东西，比如说遵守交易习惯，是指你在从事合同、从事买卖、从事交易的时候要遵守大家形成的一个习惯，但是我们没有把它上升到规范依据的高度。这个规范依据，就是指在没有法律法规的情况下可以按照当地习惯，就是把当地习惯提到了规范依据的高度。这个时候，习惯就起到了和法律一样的作用，就是在没有这样的法律的时候，习惯充当了法律，所以我们把它叫作特殊条件下的或者叫作特殊前提下的法律渊源。这个时候它的作用已经发生变化了，已经由习惯变成了一种跟法律一样性质的一个规范依据了，我想表达这样一个意思。所以这两者往往互相有交叉，但是它的法律地位是不一样的。我想是这样一种理解。好，谢谢！

学生：刘教授，想问您这样两个问题：第一个是徐国栋教授提到的习惯法，他有这样一个观点，就是传统社会在向现代法治社会转型过程中，国家应当强化制定法，贬低习惯或者习惯法，因为如果过度强调习惯，习惯至上，会影响整个国家法治的统一。他举了一个例子，在印度，它对不同宗教信仰的人制定好几部婚姻法。所以说印度到目前为止只有一部统一的刑法典，还没有一部统一的《民法典》。因此他的观点是在传统社会向现代社会转型过程中应当强化制定法而弱化习惯，您的观点是怎样的？第二个问题是我注意到现在对习惯的研究大多数人都是从民间法的角度来研究的，其实在现实的生态中，司法行为、行政行为和立法行为，本身又是一种习惯，鲜有的对这些习惯进行研究，这些习惯有没有研究的价值？

刘作翔：好，谢谢！第一个问题，关于徐国栋教授的这个观点，我们很多人过去都是这个观点，包括我个人在前些年也认为中国的法治是制定法，走的是制定法为主的路线；习惯呢，因为过去在意识形态里面，在意识和意念里面，由于看到习惯的负面东西太多，所以对习惯贬抑、贬斥的比较多。但是对于这个观点，我想，第一，它是一个老观点了；第二，它是一个抽象的议论，这种抽象议论容易使我们陷入一种不容易作出判断的境地。刚才举的那个例子很好，因为我们讨论问题如果根据例子来谈就很好办。抽象的议论我们最好避免，我们尽可能结合具体的实例来讨论，比如印度的种姓制度，过去不同种姓是不能通婚的。我曾写过一篇文章叫“具体的民间法”，其中讲了一个巴基斯坦发生的案例：有一个高种姓的女孩和一个低种姓的男孩手拉手，一个11岁，一个8岁，他们拉着手在村子里玩了玩，最后被高种姓家族的人看到，认为对他们家族是奇耻大辱，认为侮辱了他们高种姓的人，决定要惩罚，然后部族会议开会，作出决定，派了四个年轻力壮的青年，把这个男孩的姐姐拉去轮奸，就是因为这个低种姓的和高种姓的小孩手拉手走了一段路。现在在东南亚一些国家，这个种姓制度是一种传统的制度，它有一些影响，但是如果这样的事件发生，国家法律如何处理？国家法律要按照它的世俗法来对这样一些宗族法和宗教法律作出判断。这个案件最后国家介入、司法介入了。所以对于习惯法也好，制定法也好，我在那篇文章的最后有个结论，就是不在于它叫什么，而在于它到底是什么，关键在于它是什么。这样一来就涉及为什么我要否定这个非正式法律渊源的说法呢，因为我们过去所认为的非正式的都是一些符号而已，每个规范类型里面都有具体的内容，我们关心的是它的内容如何，比如说习惯，有良俗、有恶俗，我们应该有一个判断机制，对它作出判断之后，我们来发展、发扬、弘扬良俗、善良风俗，来打击、遏制、驱逐恶俗。这些恶俗一旦发生到法律领域里面来，我们对这种恶俗的效力要从法律上进行否认，如果发生这种严重的违法犯罪行为，我们要进行制裁，所以这里面主要是如何判断。习惯法和制定法的强化和弱化的问题，我们需要明确我们现在是在一个什么背景下讨论这个问题：在过去我们对习惯一棍子打死的情况下，在法律里面几乎没有它作为规范依据的地位这样一个前提下来讨论这个问题的。其实根本谈不上习惯在中国的司法和立法里面占据了多大地位，在内容上可能在立法里面是占据了一些内容，但习惯在司法中占据的分量并不是太大，所以在这样一个前提下，就是说根本谈不上这样做是不是弱化了制定法，强化了习惯法，我觉得根本不会出现这个局面。因为我们的大背景，我们的基数，总基数是制定法，在这样一个背景下我们提倡发挥习惯作为法律的补充性这样一个规范的渊源的地位。

你的第二个问题是讲到司法行为、立法行为中的习惯问题，这个我可能不能太准确地理解你的意思。在司法过程中它形成了一些习惯，是指司法行为过程中的习惯，是指的这个意思，还是说的其他的意思？如果是指司法行为过程中有一些习惯，这些习惯涉及司法行为标准的问题。如果能具体地举个例子，我想就比较好谈了。立法中的习惯，我觉得不太好理解。因为立法是一个程序过程，在其中有一个惯例的问题，这个惯例比如说在中国是执政党的中央向立法机构提出立法建议，这个就是我国多年形成的立法惯例。但它没有法定化，这个东西在文字上没有法定化，这样一种惯例被称为政治惯例或被称为一种宪法惯例，成为一种立法惯例，这样的话我们也可以把它作为一种立法中的习惯，其他的习惯我觉得不太好去想象，因为大多都要经过程序化过程。

学生：我举个例子，比如在司法行为过程中，目前中国的法院体系里有这样一个习惯，就是内部请示汇报，在一个法院内部法官向行政领导汇报案件这样一个习惯。法律上没有明确规定，这是非常盛行的一种习惯。

刘作翔：对，我觉得你这个例子举得非常好。这个向上级请示就和另外一个问题即前些年的错案追究制的问题联系在一起，法院系统搞错案追究制度，将凡是发回重审的或二审对一审改判的都叫错案。这个错案的概念首先就有问题，这样一来，当下级法院拿不准的时候，就向上一审法院请示，因为如果一旦改判，就意味着他这一年的奖金没有了，而且其他人的奖金也没有了。所以这是由一些扭曲的制度所带来的一种现象，我们要解决这个问题。我们现在看到北京二中院已经不搞这个错案追究制度了。上下级请示，还和中国的一种古老的传统相关，就是下级对上级的请示汇报，这是一种文化心理和文化传统。这和错案追究制度可能没有直接关系，即使没有错案追究，但由于这样一种长期形成的文化传统、文化心理的存在，这种做法还会长时间存在。我想如果能在制度上做一些纠正，可能会解决这样一些现象，但是要彻底解决这个问题，还是一个文化心理的问题，可能不是很容易解决的。至于说同级法院里面，比如庭长向院长请示，或者法官向庭长请示，还是那种文化心理在作祟。我们说审判独立，一个法官审理一个案件，应该独立审判，但因为我们现在这个法院结构是行政化结构，所以很难避免这种现象。这种现象其实和法院的这种体制还是相关联的，虽然说它没有明文的规定，但是体制造就了这样一种做法，这种做法我们可以把它叫成习惯，所以，和体制是相关的。如果在体制上能够有一些改革，做到审判独立，这样的事情可能就少一些。谢谢！

学生：刘老师，你好！刘老师今天讲得比较多，对刘老师的演讲我提几个问题，主要是从批判的角度来讲的：第一个就是需要解决好法律与法律渊源等关系的问题；第二个是法律渊源与法律体系的关系问题；第三个是习惯与法习惯的关系问题；第四个是法习惯与法规则的关系问题，我觉得法习惯不是一个善与恶的问题；另外一个就是习惯的适用问题。习惯的适用我认为不能简单地说“在处理相邻关系的时候”，我认为在这种情况下，在处理这种关系时，也是不可以用习惯的，因为法习惯的适用方式不是涵摄，它不同于法规则那种适用方式，这是我的观点，不知刘老师您怎么看？

刘作翔：好，谢谢！你的思维很活跃，提到了很多概念，但最后一个问题我觉得至少是和《物权法》的精神是不一致的，因为《物权法》讲的非常明确，就是在没有法律法规的时候可依当地习惯。当法官判一个相邻权案件的时候，法律没有，法规也找不到，这个情况下就要看当地习惯是什么。比如泰州法院对习惯进行了归类，哪些情况怎么办，哪些我们支持，所以这种情况下它就可能用习惯来判。他们举的最典型的例子就是“子孙桶”案件：2004 年，某基层法院在执行一起离婚析产案件时，仅为一只马桶，遭到当地近百名村民的阻挠，执行人员被围困两个多小时。一只马桶在市场上仅卖100块钱，为什么在执行时会遇到如此大的阻力？原来，法院的判决和执行触动了当地的一个习俗。当地女儿出嫁，总得陪上"三圆一响"，这"三圆"中有"一圆"叫作"子孙桶"（实则就是马桶），寓意子子孙孙繁衍生息、人丁兴旺。在当地农村，这种风俗延续至今，"子孙桶"寓意世代传承。所以，谁从男方家拿走"子孙桶"，就意味着男方家要断子绝孙。还有就是风水问题，过去把风水都看成迷信，但是这个问题很复杂，这里面有很多讲究。他们搞了一个将近10万字的调查材料，就是关于民俗的调查。所以，《物权法》这个规定是作为在处理相邻关系过程中，在没有法律的情况下的一种规范依据，而不是你理解的那样。但你提出的这些问题我觉得涉及这些概念之间的关系，我也希望我们能够慢慢理出一个线索来，比如法律和法律渊源究竟是什么关系，这是法理学的基本问题。在我看来，它是一回事情，说到法律就是指法律渊源，你离开法律渊源谈法律，你谈什么呢？这个法律是实在法，而不是法学上的那种法律的概念，它是实在法。

当然我也在担心这样一个问题，就是将习惯简单地等同于法律。习惯和法律既然是一样的，是不是它就等于法律了？不是的，在一般情况下，习惯还是习惯，法律还是法律，它们之间是有着明确界限的。只有在法律明确规定的情况下，它才可以充当法律的作用。为什么我们一再强调"特殊条件下"，一定要强调"特殊前提下"呢？就是指在法律明确规定的情况下，它就充当了法律的作用，这是对它的一个"特殊条件下的法律渊源"的解释，这个时候我们甚至可以说，习惯就是法律。为什么是法律呢？因为它可以作为法官的裁决依据，法官的裁决依据就是法律，而这个是国家法赋予的，不是法官自己理解的。所以关于案例能不能作为特殊条件下的法律渊源，要有法律根据，取决于什么呢？取决于案例的发展，案例到底最后怎么给它定位，但是我个人觉得还不适宜把它提到法律渊源来理解。当然如果按照最高人民法院的那个解释，把案例看作是司法解释的一种方式，那这个时候的案例可能就是一种特殊条件下的法律渊源，可能就是这个意思。所以我们需要区别这些概念，对这些概念继续进行深入思考。好，谢谢你的问题！

中国法治进程中的权利平等保护问题

——甘肃政法学院的演讲*

今天和各位老师、同学交流的问题是“中国法治进程中的权利平等保护问题”。这个问题实际上是个老问题，但同时它又是一个具有时代意义的新问题。我谈以下几个问题。

一、改革开放30年来权利平等问题的表现样态

“权利平等保护问题”从改革开放之初一直到现在30年来没有间断，它的表现形式也没有发生根本性的变化，只不过是内容发生了变化。比如在改革开放之初，有关这个问题的话题是围绕着一些在中国发生的重大案件展开讨论的。在20世纪80年代初至80年代中期的时候，中国发生了几起大的案件，全社会围绕这几起大的案件进行了激烈的讨论。讨论的中心议题就是：我们的这个社会是不是一个公平的社会，能不能在司法中做到平等对待。

当时有两个比较著名的案件：一个是在北京大兴县发生的“农民抢西瓜案件”，这个案件最后是以抢劫罪论处，抢西瓜的农民被判处无期徒刑。在这个

---

* 《甘肃政法学院学报》2010年第1期发表。此文是作者应邀参加甘肃政法学院召开的“首届甘肃籍中青年法学家学术研讨会”于2009年10月24日晚在甘肃政法学院所做的演讲记录整理稿。演讲会由刘淑君教授主持，该记录稿由西北师范大学法学院法理学专业研究生王静萱同学整理，特此向他们以及甘肃政法学院表示诚挚的感谢。记录稿由作者进行了校正。因篇幅之故，《甘肃政法学院学报》发表此文时删去了后面的提问和回答部分，此次得以补上。——作者注

案件发生的前后，在我国东北也发生了一个比较大的事件，就是“大兴安岭火灾事件”。当然，大兴安岭火灾事件的原因是比较复杂的。当时在追究责任人这个问题上，大兴安岭火灾所在地的一些镇领导、县领导，包括一些林业局的领导，都先后被处以刑罚，但是最高的刑罚当时也就判了五年。如果拿这两个案件做比较，很明显大兴安岭火灾事件对国家造成的损失是几个亿、十几个亿，但是有关渎职的负责人仅被判处了五年刑罚。而几个农民因为抢了西瓜却被判了无期徒刑，这公平吗？大家会很自然地认为这不公平。那些西瓜能够值多少钱？也就几百块钱或者一两千元。如果单纯地从经济数额这个层面来比较，大家肯定会觉得很不公平。所以当时就有一个比较形象的议论，说“穿皮鞋的”和“穿草鞋的”在司法上有不同的对待，说当官的是“穿皮鞋的”，农民是“穿草鞋的”。“穿草鞋的”地位卑贱，所以在司法上被判重刑，而“穿皮鞋的”领导干部就只被判了五年刑罚。大家很自然地觉得不公平，觉得那是错的。为什么是错的？人们是从一种单纯的、很简单的思维得出这个结论的，怀疑法官是不是偏袒当官的。不要说普通老百姓会对这个问题得出这样一个结论，就是当时中国最著名的法学家于浩成先生（他当时在群众出版社做社长），都认为这样的判决不公平。他说，这是社会公平出了问题，是司法出了问题。

我当时看到他这个评论之后觉得很诧异，因为当时我也对刑罚问题进行了一些研究，我觉得这个问题的根源没有找准，为什么这么说？大家可以分析，虽然农民只是抢了一车西瓜，但是他们的犯罪性质是抢劫罪，抢劫罪的最高刑是可以判处为死刑的。而大兴安岭火灾事件的责任人是渎职罪，渎职罪在新刑法修订过程中将刑罚提高了两年，最高刑罚现在是七年。我们能抱怨那个法官吗？能说那个法官判得不公吗？实际上不能，法官不能随意地在法定最高刑之上增加刑罚。因为增加刑罚是有严格条件的，法官不能想判多少就判多少。法律当中规定了最高刑罚为五年，法官最高只能判罚五年。所以我们就需要思考，这个问题到底出在哪里？是出在法官身上，还是出在立法身上？实际上问题出在我们立法身上。我们的立法对渎职行为只规定了这么高的期限，而对抢劫罪，不管抢劫物品的价值是多少，甚至有的时候一分钱都没有得到，却有可能被判处死刑。它不是按照经济数额来判决的，而是根据所犯之罪的性质来判决的。

所以我考虑的一个问题是：这样的一个思维逻辑对不对？实际上这样的思维逻辑是有问题的。这个问题出在什么地方？很有意思，直到今天，中国的宪法经过四次修正案后，仍然保留着“社会主义公有财产神圣不可侵犯”。而关于私有财产，当年在《物权法》的立法过程中以及在第四次修宪过程中，大家说既然“公有财产神圣不可侵犯”，那么私有财产也要神圣不可侵犯，也应该在宪法中有所体现。但当时我们说那是不可能的，原来那种宪法中的“公有财产神圣不可侵犯”也是存在问题的。问题在哪里呢？问题就出在“神圣”二字上。“神圣”并不是一个法律概念，而是一个宗教概念。但是大家会说从早期法国的《人权宣言》开始，资产阶级为了反封建，为了使权利达到一个至高的地位，有时候用“神圣”二字表达权利，例如生命权是神圣的，人权是神圣的，但是这种表达是有特定对象和前提的。随着法律的成熟，“神圣”二字能不能表达某一种权利或者某一种财产所有制，这个实际上是有问题的。我们的宪法规定了社会主义公有财产神圣不可侵犯，但在一些具体的法律制定过程中却表现出了另外一种姿态。我们来分析一下，渎职罪在涉及财产这一方面，一般侵害的对象为公有财产，当然有时也可能涉及私有财产，但大部分侵害的都是公有财产，可它的法定刑却这么低。而抢劫罪是一种多元化客体的犯罪，抢劫罪侵害的客体既可能是公有财产，也可能是私有财产，它的犯罪客体是一种不确定的状态。因为抢劫犯在实施抢劫行为时，不太会考虑是公有财产还是私有财产，能够得手的财产才是他的主要目的。这就是说，我国的宪法规定了“公有财产神圣不可侵犯”，但在具体的立法过程中却对这种有可能造成公有财产侵害的犯罪类型进行较轻的处罚，适用比较轻的刑期，而对既有可能造成公有财产损害又有可能造成私有财产损害的如抢劫罪这样一类的犯罪行为，处以比较高的刑事处罚，一直到死刑。所有这些，实际上是我们的法律表现出来的一个问题。

另外，新刑法对于这两种刑罚的问题到今天还没有作出一点改变，这是不是说明我们的法律中有这样一种“官贵民贱”的情况？因为渎职罪一般是为官的人犯的罪，其犯罪主体一般是享有公权力的公职人员。而抢劫罪的犯罪主体一般都是公职人员之外的普通公民，当然也不排除个别情况，普通公民犯抢劫罪的可能性要远远大于和高于公职人员犯抢劫罪的可能，那么这是不是就是“官贵民贱”这样一种中国传统的思想在我们具体的刑事法律中的一个体现？这是我们大家要考虑的一个问题，所以我们说像于浩成这样一位大法学家也把板子打错了，将板子打在法官身上是不公平的，法官是不必承担这个责任的，因为法官是依法司法，他只能按照法律规定的法定刑来处理案件，他不可能轻易地超越法定刑。因此我们要考虑，这个问题的根源是在立法上。为此，我当年写了一篇 5000 字的文章，题目是《法与公平的文化透视》，发表在广州的《现代人报》1989 年 1 月 3 日第 2 版上，这篇文章被《新华文摘》1989 年第 3 期全文转载。

当然对这个问题的讨论到现在还没有终结，有的人还在解释为什么渎职罪的法定刑要低一些？有人是这样来解释的：渎职罪和暴力犯罪比较，往往是一种不作为方式，不作为对人身包括健康带来的社会危害性一般要轻于暴力型犯罪、抢劫型犯罪带来的危害。当然这是从犯罪的危害性来说的，但是我们知道犯罪的危害性是一个综合性的考量概念，既有行为方面的，又有结果方面的，比如说，渎职罪对国家、社会、人民造成的损害有时候是可以从经济上考量的，有时候可能在经济上不好量化，比如对公民身体上的伤害，比如现在出现的许许多多的矿难案件和工伤事故，这都是和渎职相关的犯罪案件和形态，你能说它的危害性小吗？我们可能得不出这个结论，所以我把这个问题提出来供大家思考。

经过 30 年的改革开放，到今天为止，公平、平等的问题仍然是以一些案件的形式引发大家讨论的，尤其是在出现了同案不同判的情形时。有两个刑事案件都是“受虐杀夫案”，这两个案件是在 2006 年前后发生的，当然这两个案件的情节肯定是不一样的。一个案件是在上海的浦东新区法院作出的判决，法院对杀害丈夫的犯罪人判了 14 年，当时她丈夫的亲人包括她丈夫的家里人都通过请愿书向法院求情，希望不要对她处以重刑，但是在这种情况下，浦东新区人民法院还是判了她 14 年。而另外一个受虐杀夫案发生在内蒙古包头，同样是受虐杀夫案，她却被判了有期徒刑 3 年，5 年缓刑，这个差距就非常大。当然有人说这两个案件的情节不一样，过程也不一样，包括犯罪人、受害人的个体差异也不一样，等等。但是所有的差别加起来真的可以造成这么大的差距吗？缓刑意味着什么？缓刑在中国现行法律制度下，意味着你只要不再犯罪，你就是自由状态，你的人身是自由的，所以这个差别是很大的，这公不公平？当然我们不能说，判的一样就是公平。我们理解公平、理解平等都不是在这个意义上理解的。所谓公平、平等，都是“关系概念”，这也是我自己在这些年研究过程中的一个体验。在法律中，有许多关系概念，所谓的关系概念就是通过两个案件的比较才能得出结论来。个案中也存在公平与否的问题，但在关系概念中，仅靠一个案件自身去比较，可能很难得出结论来。它置身在一个关系之中，是一个关系概念。公平概念、平等概念是一个关系概念特别强的概念，它至少是通过对两个相同或相类似案件的比较才能得出结论来。

后来，到 2007 年 3 月有两个标志性的立法，对我国平等问题有很大影响的立法，这两个立法便是 2007 年 3 月全国人大通过的《物权法》和《企业所得税法》。《物权法》解决了长期以来我们在法律上没有解决的问题——财产权平等保护问题，三种财产权利的平等保护：一个是国家财产，一个是集体财产，一个是个人财产。关于财产权能不能达到平等保护的问题，法学界曾展开了一个非常激烈的辩论，最后这样的一个条款还是被《物权法》所采纳。但是《物权法》还是留了尾巴，这个尾巴就是《物权法》在所有制问题上是有区别对待的，这种区别对待在法律表达上还是以“公有制为主体，多种所有制共同发展”这样一个表达，当然所有制问题和财产权问题不一样，但是它们之间有着非常密切的联系，这就是留下的尾巴。当然这个尾巴不是《物权法》的责任，而是《宪法》本身的责任，因为在我们的《宪法》里面，“以公有制为主体，多种所有制共同发展”这一条始终是不被放弃的，社会主义如果放弃了“以公有制为主体”，就等于放弃了“社会主义”这个理念，当然这是一个重大的意识形态理念的结论。我们仔细观察一下，单纯的以所有制来判断一个社会是社会主义还是资本主义，已经不能成为一个标准了，我们大家都知道，温州这个地方不能说是以公有制为主，它的公有制基本上是没有多大比例的，连十个比例都占不到，你能说温州是资本主义吗？显然我们不能得出这样的结论来。我们不能从某一地方或某一区域来判断，而应从整个国家的经济结构层面来判断，它是否在主体地位上仍是公有制为主导。这个主体地位表现在要控制国民经济的主要经济命脉。主要是什么概念？在去年，我看到国资委发的一个文件，有12个行业的国有股份要占主导地位，就是要超过51%，国家要对这12个行业进行垄断，说这12个行业关系到国计民生的发展，关系到社会主义所有制，关系到经济体制等一系列的问题。这里面的分歧意见还是很大的。另外一个法律就是我刚才所说的《企业所得税法》。因为在这之前，我国当年为了搞改革开放，为了吸引外资，对外资投资采取优惠政策，外资可以享受一个比较低的税收优惠，而国资企业征税比例要比外资企业高得多。在这部法律颁布之前，国有企业的征税比例大概在30%以上，而外资企业在25%左右，在深圳特区，国家赋予特区立法权，它可以自己决定一些税收的比例，深圳有的外资企业的征税比例甚至可以降到10%左右，这种差异有多大可想而知。但是国家为了吸引外资，不得不在改革开放之初作出这样一个大的政策导向。发展了20多年之后，这个问题就变得越来越突出。大家都知道，恰恰是我们国有企业的基础是比较薄弱的，当然这是指主流的国有企业，并不是指那些垄断性国有企业。而外资企业在中国投资一般都是带有强势的，但是它们的税赋却很低，我们国有企业的税赋却很高。围绕这个问题展开了激烈的讨论，2007年的《企业所得税法》最后解决了这个问题。但在这个法律颁布之前大家还有很多担心，主要的担心就是外资企业的税赋提高之后，它们还会不会留在中国大陆。这是一个非常让人担心的问题，当时我国做了很多分析性报告，在《企业所得税法》颁布之初的一个阶段，并没有出现大量的撤资现象，一直到后来才出现外企撤资情况，当然后来的情况还与金融危机有关，涉及的因素很复杂，其中也涉及税赋增加这个因素，因为外资企业总觉得油水不大。过去有的人说外资企业追求的是一种法治公平的环境，而不在于优惠政策，这种说法其实也不完全属实。因为税收优惠是一个非常实际的优惠政策，对生意人来讲，赚钱、利润是最根本的一个目标，你为他提供税收优惠，他是肯定欢迎的。当然，法治环境好了对他更好。所以，2007 年的这两部法律解决了我们立法的两大问题：一个是财产平等保护问题；一个是赋税平等问题。

这都是从国家层面来讲的一些大的方面的平等问题，但是这实际上涉及我们原有的意识形态的理念。我们过去经常宣传这样一个理念，到今天为止在许多地方还是宣传这样一个理念，它有一个公式：国家高于集体，集体高于个人，所以国家利益要优先于集体利益，集体利益优先于个人利益。这是自新中国成立到改革开放之前我们所受的教育和官方意识形态灌输给我们的，到今天为止我们还在讲。这个公式有没有道理？我们说，在一般的情况下，它可能有它的道理，也就是说当国家遇到危难、遇到自然灾害的时候，这个公式可能有一定的道理。但是，如果进入日常生活领域，这个公式就不一定对，因为过去我们的个人利益和个人权利一直是被忽视的。改革开放 30 年，如果说我们取得了很大的成就，则主要体现在提高了对个人权利、个人利益的重视度。所以，在有些具体问题上，这个公式不一定是对的，你很难说在这些过程中，国家利益大于集体利益，集体利益又大于个人利益。个人利益往往处在被服从的地位，没有一个独立的存在状态。当然这要结合一些具体的案件来进行分析，这样才有可能得出一些比较准确的结论，这是 30 年来平等问题所呈现出的不同样态。

二、权利平等问题的若干案例透视

下面我想通过一些案例来同大家交流一下权利平等在中国的表现样态。我这里所说的案件，指的是一种社会学意义上的概念，不完全是诉讼意义上的。社会学上的 case，指的是在我们生活中出现过发生过的事情，包括一种制度，一个事件，一个立法，等等，全都是 case。我们发现从改革初期到 90 年代末，大量的跟平等权有关的案例主要出现在以下三个领域：大学招生、劳动就业和城乡公民权利保障。

以下是在大学录取过程中所发生的几个案例：第一个案例是1995年河南一考生被所报考的学校以相貌丑陋为由拒绝录取，这件事引起了全国的关注。第二个案例是2000年已经被广州大学录取的一名学生被学校取消入学资格，其理由是这个同学隐瞒了曾经患有白血病的事实。而教育部当年颁布的体检标准规定，有各种恶性肿瘤、血液病的考生不能被普通高校录取。这个详细的情况我们没有办法去核实，从当时的报道来看，这个同学隐瞒了曾经患过白血病的事实，那我们就可以推断出她是不是已经治愈了。因为白血病现在是可以治愈的。治愈之后为什么还要将其拒绝呢？第三个案例是浙江省龙泉市一名女学生因为个子低，连续两年被报考大学拒之门外。第四个案例是2002年，有一个考生报考中国科学院心理学研究所，成绩排第一名，但因为她是乙肝病毒携带者，学校拒绝录取。在进行了行政复议后，她也没有被录取。乙肝病毒携带者在当年的体检标准中，只是在某些专业受到限制，比如幼儿教育、航海技术、飞行技术以及和人体健康相关的专业等等。而她报考的是心理学研究所，心理学和这些专业根本就不搭界，为什么不能录取呢？但是中国科学院心理学研究所还是没有将其录取。

大学招生中的平等问题后来发展到地域平等方面，地域平等案例最典型的就是青岛的三名考生状告教育部，他们的成绩已经超过了北京的一些学生，但是他们进不了重点大学，而北京比他们分数低的学生却进了重点大学。这个案件当时被受理后又被撤诉。这个问题是高考整个体制带来的，各地指标是按照人口比例、考生数量来分配的。严格来讲，这是一种计划体制，大家都是被纳入计划分配范围的，这是一种计划经济的产物。这种指标体系在我们的生活中还是非常广泛存在的，所以这个问题的解决要靠高考制度的根本改革，通过打破这种地域限制，实现由高校自主招生，这样，地域问题就不存在了。只要我的成绩达到这所大学的录取标准，不管我在任何一个地方，都可以上任何一所大学。但是这又会带来新的问题，老的问题解决以后，新的不公平又会出现。教育发达的地区，可能把重点高校的资源全部占了，这种资源的分布会出现明显的“马太效应”，“强者越强，弱者越弱”。没有竞争力的考生只能到教育资源不够充裕的大学上学，而教育发达地区的考生就会大量流入教育资源好的重点高校，新的不公平又出现了。当然，这种情况可能要比目前这种计划分配体制所面临的情况好一些。新的问题出现，可以有新的解决方式。比如说教育资源充足的高校必须对竞争力弱的地区有一定比例的招生，类似于美国实行的那种差别式招生，解决由于自然原因而造成的社会差距。

后来又出现了男女平等的案例。男女平等这个问题在就业领域普遍存在，但是在招生中也出现过这样的问题。北京大学在2005年外国语学院的小语种招生中，考完试以后出现了男女分数线不平等的问题，同一个班的学生，男生比女生考得低的被录取了。还有最典型的是河南省平顶山市一周姓银行女职工同龄退休案件，这位女职工到了55岁，单位通知她办理退休手续，她不干，说这违背男女平等原则，然后申请劳动争议仲裁，未获支持，最后起诉。她肯定要败的。劳动争议仲裁部门怎么可能去审查国务院的行政法规呢？法院怎么可能去审查国务院的行政法规呢？因为这个案件涉及国务院的行政法规问题。在中国，法院现在根本没有对行政法规的司法审查权，一个基层法院更不可能对国务院的行政法规进行审查，就连最高人民法院也不行。但这个案件是有重大意义的。

在劳动就业领域，比如说2002年四川大学法学院的一名学生，他报考中国人民银行成都分行的职员，除身高条件以外都符合银行招聘标准，当时银行的标准是1米6，他没有达到，于是被拒绝。这引发了诉讼，当时有人把这叫作“宪法平等权诉讼第一案”，当然，这是一种比较夸张的说法。四川大学的周伟教授给他做代理人，虽然最后他仍没有被录取，但银行取消了关于身高的限制，这也是一个胜利，也是一种进步。所以我们理解进步不要想得太高太远，进步都是一点一点积累起来的。还有一个案例，云南省的残疾青年何跃林，因为残疾而不能获得驾驶执照。目前，我们考驾照对肢体还是有一定的要求，主要是对四肢的要求。但是在现实生活里，有的残疾人无手也可以驾车，当然这是特例。还有黑龙江哈尔滨一个青年孟某无腿却驾车驾驶了32年；福建一个中学的教师王某，在教师岗位上已经工作了10年，2001年福建省搞了一个教师资格认证活动，这位老师的个子没有达到一米六，被认为不合格。这些都是在我们生活中出现的一些和平等权有关的案例。

还有著名的“安徽芜湖张先著报考公务员案件”，也因为是乙肝病毒携带者的原因，引起全国的讨论。虽然他最后也没有被录用，但是通过这个案件，国家人事部后来废除了公务员录取体检标准中的关于乙肝病毒携带者条款。不同的专业有不同的限制条款，诸如高血压、心脏病。这个限制合不合理我们要进行分析，我们必须要根据这个专业的特性以及以后的就业方向来考虑。比如说从事地质的、矿产的，对视力有一定的要求，从事飞行行业的对视力就有更高的要求了。不同的专业、不同的学科有不同的要求，每一种限制都需要说出理由。法治社会的原则是什么呢？不在乎限制的多少，而在于要说明每一种限制的理由。讲不出理由来，那就是没有道理的。比如在反就业歧视问题方面，北京曾开了个会，邀请了美国的两个法官来谈这个问题，他们讲了一些例子，我觉得很受启发。他们说消防局在招收消防警察时，不招女性。大家会说，这不是一种歧视吗？他们解释说，消防水枪很重，一般女性拿不动。有人就进一步追问，能不能将消防水枪造得轻巧一些，令女性也能拿动。后来经过专家论证，结论是这已经是最轻的了。在这个时候，"不招女性"才能成立，不然就是一种歧视。还有航空公司招聘航空小姐，大家会问为什么航空小姐要招年轻漂亮的？他们会说，男性乘客一般喜欢年轻漂亮的航空服务员，但我们对这个问题必须要作出社会调查和定量的分析。也有航空公司专门招空嫂，有些人则会觉得四五十岁的航空服务员有着一二十年的飞行经验，态度也很好。相反，一些年轻漂亮的女性的态度却很不好。所以必须拿出理由来，论证才能成立，没有理由就可能构成歧视性条款。我并不是反对所有的限制条件，而是每一种限制条件都应该有充足的说明力和说服力，必须要进行充分的论证。

这几年，在司法领域和行政执法领域里面，平等权问题又变得突出了，最典型的就是被新闻媒体夸大的"同命不同价"的问题，大多出现在工矿事故中和交通事故中。同样的工矿事故，因为死者的身份不一样，有的是城里人，有的是农村人，获得的死亡赔偿却不一样。在重庆綦江彩虹桥的倒塌案中，有40名遇难者，赔付工作采取的是"城乡差别赔偿，死亡儿童减半赔偿"的政策。除了死者的家属获得22000元的精神抚慰金之外，死亡补偿费按照城镇户口和农村户口分别赔偿，城镇户口的死难者每人获得48000元的赔偿，农村的死难者每人获得22000元，基本上差一半。这种赔偿标准是根据最高人民法院的司法解释确定的，这个标准是依照死者的劳动力价值来评定的，把人按照劳动力来对待，由于每位劳动力每年的劳动生产平均值不一样，所以造成"同命不同价"。当然，这种"同命不同价"是被媒体过分夸大、过分渲染的问题。这个问题出现在什么地方呢？出现在将人劳动力化。死亡一般都是由同一起事故造成的，由于几个人的身份不同，赔偿也不同。但是我们换一个视角来看，每起事故造成的结果是一样的，我们就不应该区别对待。要打破将人劳动力化、身份化这样的情况，因为死亡赔偿不同于伤害赔偿，伤害赔偿是按实际损失赔偿的。如果我们把伤害赔偿的标准纳入到死亡赔偿里，会出现很滑稽的情况：同一个交通事故里，城里的人伤得轻，农村的人伤得重，城里的人反而比农村的人赔的多。伤害赔偿按照实际的损害以及后期的治疗费用、误工费用来确定；死亡赔偿是由事故引起的，它完全是同一个事故造成的同样结果，应当同样对待。还要注意到一个问题,它是有人买单的,任何一个事故都是有买单人的,不需要国家来承担,当然在有的重大案件中,国家也拿出一定的钱来作出补偿,但这种补偿合不合理值得考虑。所以在一个事故中,总是有责任人,或者是个人,或者是法人,所以完全可以采取同样对待的政策。有的省想通过地方性立法的方式来解决这个问题,有的省的高级法院一直想打破这样的规则,自己来处理,比如有的法院规定,只要在当地住满一年的农村人口,就可以按照城市人口来对待,但是我认为这种解决方式也是不彻底的,为什么一年才能得到同等对待呢?所以"同命不同价"是将专业法律问题转换为道德问题。在中国,我们必须警惕这种转换,一旦将一个法律问题转换为道德性问题或者政治性问题,你就会发现,这个问题会越扯越远。因此,我们要从职业化的角度来分析。我这两年一直在考虑这个问题,就是法律问题的道德化和法律问题的政治化,这都是我们要警惕的,因为这种倾向很危险,它会干扰我们对一个问题进行职业的法律性分析。

三、权利能不能得到平等保护

关于权利能不能得到平等保护,这个问题提出得比较早,大家会问,权利还不能得到平等保护吗?这个问题看起来简单,实际很复杂。一般在提到权利平等保护这个问题时,我们都不会怀疑这一命题。它是被作为一个法治理念定位的,但是在具体分析一些案件时,你就会发现问题出现了。

权利能不能得到平等保护,我是从两个层次分析这一问题的:第一个层次是权利主体的平等保护问题;第二个层次是与之相关的权利类型能不能作出平等保护。第一个问题一般人都会作出肯定的回答,因为这是我们推行了这么多年法治进程的成果。而权利主体的平等保护,我们又将它分为两个层面:一个是法律层面的;一个是现实层面的。法律层面是指在我们的宪法、普通法、诉讼法中有没有作出一些关于权利主体平等保护方面的规定,这是权利主体平等问题在法律上有没有得到解决的标志。我的基本观点是:在我国的宪法和法律中,权利主体平等的问题基本得到了解决,因为在我们的法律中都有关于这方面的规定。这一点是很重要的,为什么这么说呢?因为好多问题就是在法律层面没有得到解决。如果权利平等保护问题在法律层面没有得到解决,那我们根本就谈不上是现代型的法治社会。

另外一个层面,即现实中权利平等问题有没有得到解决?这个问题就不好回答了。我的看法是,在现实层面,权利平等保护的任务还很艰巨。用邓小平的话来讲,中国有悠久的人治和专制历史,缺乏民主和法治的传统。官贵民贱的观念广泛地存在于社会生活中,比如说两个不同的主体在民事或者刑事案件中能不能得到平等的对待,是让人怀疑的。再加上市场经济体制所带来的金钱的渗透,在司法领域,能做到平等保护吗?西方有句谚语:"法律是为富人制定的。"当然我要说明的是,我是不同意这种观点的,可它表达出了一个非常残酷的现实:在今天,我们使用法律是要花钱的,如果没有钱,一些当事人可能会放弃诉讼,当然现在有法律援助,或者说在钱不多的情况下只能请到一般的律师。我们不是说律师的作用有多么大,但是不同的辩护有可能会导致不同的司法结果,尤其对于一些关键的案件事实,如果当事人根本不懂法,律师的作用就格外重要。所以现在在一些刑事大案中,比如说一些贪官、大企业家涉及的案件,他们可以请到全国最著名的刑事律师来给他们辩护,他们相信这些律师的辩护会给他们带来帮助,这样一种情况是没有办法避免的。法律援助只能弥补这个问题的不足,但是不能改变花钱使用法律的状况。所以说,在现实中要做到平等是非常困难的,这是权利主体平等保护问题。

"权利类型平等"这个问题本来是不存在的。但是这几年,在一些重大案件的讨论过程中,这个问题出现了。权利平等被肢解成两个问题:一个是权利主体平等问题;一个是权利类型平等问题。我举一个最典型的例子,就是朱苏力教授的观点,他分析了"秋菊打官司"案件的过程。张艺谋为了增加电影的真实感,采用了实时拍摄的方法,我们叫它偷拍。他们是在陕西的陇县拍摄的,当地的一位退休妇女贾桂花戴着墨镜在路边小摊卖棉花糖时被拍到了,电影播放的时候,大概有她 4 秒钟的定格镜头,她的同事看到电影之后,就挖苦这位妇女说她拍了电影挣了大钱、当了大明星等,其实她根本一分钱都没有拿到。另外她觉得自己小时得天花,脸上有疤痕,虽也曾做过面部疤痕磨平手术,但她还是不愿意把自己的形象公之于众,向全世界去展示,所以她提出肖像权起诉,诉北京电影学院、青年电影制片厂侵害了她的肖像权。最后法官经过审理,认为这个电影没有达到侵权的标准,判贾桂花败诉。这本来是一个典型的司法案件,法官根据侵权行为要件判决这 4 秒钟的定格镜头没有侵害贾桂花的肖像权。但是朱苏力教授在分析这个问题的时候转了一个方向,他说在这个案件中有两种权利:一个是贾桂花的肖像权,另外一个是电影制片厂的创作自由、表达自由。如果法官判决电影厂败诉,会带来什么后果呢?以后的电影制作方都不敢去放手创作，会扼杀创作自由，所以法官判贾桂花败诉。我觉得这样一种分析无形中透露出一种理念：在这场诉讼中，有肖像权，还有创作自由、表达自由，这两种权利里，创作自由要高于肖像权，它们的权利地位不一样。如果按照这样一个思路来理解，在中国就不会出现表达自由主体一方败诉的情况。但是在现实中，我们又看到有大量的新闻媒体作为败诉方，该怎么理解呢？另外，法官在判案时不是按照你的理论公式去判决的，说创造自由高于肖像权，他是按照侵权行为标准来处理案件的。有一个摄影记者到陕北农村去拍头上戴着毛巾的典型的陕北老汉的形象，拍了以后也没打招呼，他直接拿到画报上去发表了。这位老汉知道后就起诉他，这位记者最后败诉，因为他未得到老汉许可并且营利了，即使拿到五块钱稿费也属于营利。

所以，对于这两种权利形态，谁能够论证出肖像权就一定比表达自由不重要呢？这是论证不出来的。我们要注意到，每一种权利都是一种具体的权利，权利在法律上是一个抽象的表达，但是它一旦进入社会生活和诉讼过程，就变成一个具体的概念。有些做律师的很清楚，在具体的诉讼过程中就是张三、李四，不管是原告方还是被告方。就拿秋菊打官司的案件来说，被告方就是一个具体的权利主体——电影制片厂，而原告方就是一位妇女。我们千万不能忘记，每一种权利背后都是有主体的，不是空穴来风，不是两种权利在较量，而是两个权利的主体在法庭中较量。所以你如果说某一种权利类型大于另外一种权利类型，实际上是在说某一个主体大于另外一个主体。这个结论等于承认我们法律中有特权主体的存在，我们是不能认可这个的。

另外，有人认为有权利位阶的存在，我专门写过一篇文章批判这种观点。你所谓的权利位阶是怎么得出来的？虽然主张的人很多，但是现在有谁能拿出一个中国的权利位阶体系来？谁也拿不出来。权利位阶的概念是怎么来的呢？它来自于法律位阶。我们说法律是有位阶的，因为法律是由不同的主体制定的。全国人民代表大会制定的法律就是要高于其他主体制定的法律，这是由“上位法高于下位法，下位法服从上位法”的原则决定的。法律位阶是一个表达不同主体制定出的法律效力不同的一个范畴，是一个一级一级存在的金字塔结构。法律审查原则就是按照这样的结构审查的，但却认为权利有位阶是说不通的。谁能够说明宪法权利高于普通法权利？每一种权利都有它的独立地位，都有它的独立存在价值。有人会说民事权利里存在着大量优先权的问题，应该如何来解释？我认为这应当放到具体的环境里讨论。

原本权利平等是一个问题，但是大家都在讨论权利类型，因此我们也来讨论一下。经过讨论，我们会发现权利类型这个问题最后还会回归到权利主体上，没有任何一种权利类型是脱离主体的，脱离主体的权利在社会生活中是不存在的，在诉讼过程中更是没有的。我们关心的是现实的权利，是具体的权利。权利类型问题、权利主体问题实际上是一个合二为一的问题，但是在一些人讨论的过程中却将它分开了。我们的一些知名法学家对这个问题也发表过观点，包括王利明教授就认为对它需要差别对待，比如他说当新闻自由和其他公民权利之间发生冲突时，应当优先保护新闻自由，并更进一步提出要建立一种“公民忍受轻微伤害义务”的法律制度。关于这一点，我就不再展开分析了。

四、平等不等于平均

在这 30 年里，我们在平等问题上也围绕着一些重大的理论问题进行了反复的讨论，在有些问题上我们也达成了一些理论上的共识。我们得出了这样一个结论——平等不等于平均，平等这个理念不等于平均主义。过去在计划经济体制下，我们对平等的理解就是“平均主义”。但有意思的是，你说平均主义，但平均主义贯彻得也不彻底。比如过去我们下乡当知青，看到有的妇女一天完成的劳动量比男人完成的劳动量还要大得多，有的农村妇女干活非常厉害，但他们采取男女区别对待的政策。比如，男劳动力劳动一天有 10 个工分，而女劳动力完成同样的工作量却只能得 8 个工分，说是完全的平等也不是。但是在过去那种“大锅饭”体制下，大家基本上持有一种平均主义的理念。大家理解平等也是从平均主义的概念上去理解的。通过对计划经济的反思、市场经济的引入以及对这种“大锅饭”体制的反思，我们得出这样一个结论：平等不等于平均。但是，要彻底打破这种观念也不太容易。一般在观念上我们能接受这个理念，但在实际生活中要接受是很困难的。比如，每逢过年过节每个单位都要发奖金，如果一个单位平均每个人都是 500 元或 1000 元，大家都能接受；如果单位差别对待，按照工资级别给不同的员工做不同对待，就可能出现员工心理不平衡的问题。这种平均主义的观念已经深入中国人的骨髓。

但是我们要解决这个问题——平等不等于平均。因为“平均主义”实际上是一种对劳动价值的否定，不同的劳动有不同的劳动产品。而平等是一种机会上的平等和法律主体资格上的平等，不是一种结果上的平等，这也是非常重要的一个理念。我们怎么理解平等呢？我们从“机会平等”这个角度去理解，而不是指结果上的平等。比如，我们今天每个人都能坐到大学的教室里学习，那么是不是意味着所有和我们有同样年龄的人都能进入大学学习呢？这并不见得。如果我们从结果意义上理解平等，那么应该所有的人都能够坐到大学教室里来，这是一种在结果上的判断，不是平等的理念所要求的。我们所说的机会平等是指社会要保证每一个人在同一个起跑线上起跑，体育比赛是个最典型的例子。不管是张三还是李四，如果将他分到不同的年龄组、性别组，在同一个起跑线上进行比赛，至于结果则是看个人的能力。当然这是一种比较原始的竞赛方式，也就是一种达尔文自然进化的观点，这种观点对理解机会平等是有益的，但它并不完全合理。如果将这样一种优胜劣汰的自然竞争状态引入到社会领域，就会出现“弱肉强食”这样的问题，这是社会达尔文主义，社会领域当然不会允许这种自然状态的发展，需要对它作出一些社会调整。“社会公平”这个概念就是这样发展起来的，社会需要对其进行调整和弥补。所以，我们说机会平等是我们理解平等的重要概念。另外就是法律主体资格上的平等，这是个什么概念呢？是说上至国家主席、总理，下至贩夫走卒，在法律主体资格上大家都是平等的，没有高低贵贱之分。我们说人可以有富贵之差，但不可以有贵贱之分。不管是发达国家还是最不发达国家，有穷人，也有富人，这是种常态。但在法律主体资格上我们不能说你是一个受奴役之人，大家在法律人格上都是平等的。

不过又有这样一个问题，即如果在结果上出现了重大差异，就会出现问题，比如，近几年我们的媒体披露出银行行长、保险公司的老总年薪 6000 万元，这是个什么概念呢？我们是理解和承认差距的，这是社会存在的一个常态。但这个差距如果过大，就超过了人们对其容忍的限度。比如我前面提到过的两个“受虐杀夫案”，一个判 14 年有期徒刑，一个判 3 年有期徒刑，缓期 5 年，这就属于差距太大，所以引起大家的强烈反响。所以结果平等单靠经济平等是无法解决问题的，它必须引入社会公平机制来解决这个问题。如果说完全按照自然状态发展，那残疾人就没人管了。我们的老年人权益、我们的妇女权益、我们的未成年人权益、我们的残疾人权益，这四大主体的权利就得不到保障。社会必须针对这样一个实际存在的状态，针对弱势群体、特殊群体，对他们在法律上给予特别的关照，用特别法的办法对他们的权利作出保障，来调整这样一种自然状态下形成的差距，使这个差距缩小。完全达到平等的状态是不可能的，只是缩小这种差距而已，这是个重大的观念。

还有一个问题就是我们对《宪法》中“公民在法律面前一律平等”这个条款该如何理解？平等到底是一种宪法权利，还是一个宪法原则？大家对此有不同的看法，宪法学界对这个问题也有研究。我个人认为这既是一个宪法原则，也是一种宪法权利。所以我们的平等权就是这样得出来的，但这个问题到现在还是有一些争论。“平等”这个概念在不同场合、不同的语境中有不同的归属。有的时候我们将其作为一种宪法原则来对待，有的时候我们认为平等权就是一种权利。比如说在民族平等问题上，它就是一种宪法权利，“各民族一律平等”，这是《宪法》所规定的，它表达了对各民族在法律上应该平等对待。但是还有一个问题，就是我们通过这几年的研究发现，《宪法》虽然规定了这种平等权利、平等原则，但是我们在现实生活中要真正地实现这样一个平等原则，还是要付出艰巨的努力。因为在现实中的立法层面、司法层面和行政执法层面，经常出现一些和平等的理念、原则相违背的事例。

五、平等并不意味着无差别

这是平等问题讨论中绕不开的问题，我的答案是“平等并不意味着无差别”，差别对待本身就包含在平等理念之中。怎么来理解呢？因为我们说平等不是平均主义，平等里面有一个古老的关于公平正义的公式——相同情况相同对待，不同情况不同对待。这个问题在理论上的论述我就不展开了，我主要来讲一下实例。中国对四类主体采取特殊法的保护措施，分别是老年人权益保障法、妇女权益保障法、未成年人权益保障法、残疾人权益保障法，对这四大主体给予差别保护，来解决他们与强势主体的差距，因为他们本身在社会中处于不平等地位，国家通过特别法措施对它们进行特别保护。当然在妇女权益保护这一块儿，有些女权主义者不太同意这种安排，认为这种特别对待恰恰是对妇女的歧视。但是我们知道法律是用来解决具体社会问题的，在中国历史上以及现实生活中，的确存在着妇女处于不利地位的状况，法律有通过特别法措施解决这个问题的任务。所以，这种差别对待也是为了达到平等。这个问题不只在中国存在，在很多国家都存在。在美国有一个案例，2003 年，美国最高人民法院以五票对四票的微弱优势，裁定密歇根大学对少数族裔招生的赞助性措施合法。有些白人考生的分数比有色人种高，但却没有被密歇根大学法学院录取，结果他们起诉学校，说这是一种“反向歧视”。过去我们讲到种族歧视大都是指白人对有色人种的歧视，但现在出现了这种反向的对白人的歧视。他们说这项政策违反了美国宪法的平等保护原则，最后美国最高人民法院经过激烈的争论，才得出这样一种判决，同时这项判决还附带着一个判决，认为学校采取加分的办法进行录取的政策是需要取消的。关于这个问题实际上在美国也争论了很久，几十年来围绕这个少数族裔招生的赞助性措施是不是违宪，是不是违反他们所认为的一视同仁的平等原则进行了激烈的争论。美国总统布什在这次案件的开始时是支持这些白人起诉的，但后来也改变了态度。他们的主要目的是为了保护种族多元化，必须给予少数种族保护性措施。这个问题实际上是一个国际上普遍存在的问题。

六、平等观念源自何处

平等的观念源自何处？这既是一个古老的理论问题，也是一个不断变化发展的新问题。自古至今，理论上有很多解说。我想介绍一个美国人的实验，他们通过对灵长类高级动物的实验试图找出答案。2003 年，美国的 *Nature*（这是一本国际领先的科学杂志，和 *Science* 齐名）发表了美国一位动物心理学博士的论文。这位博士通过对猴子的实验得出了一个结论——猴子也具有平等观念。他说这表明平等是进化的结果，而不是文化熏陶的结果。这个实验是怎样进行的呢？他让一群猴子做游戏，完成同样的劳动量，然后扔给一个猴子黄瓜，扔给另外一个猴子一串葡萄。拿到黄瓜的猴子非常气愤地把黄瓜扔了，拒绝接受，为什么呢？因为拿到黄瓜的猴子认为它受到了歧视对待。在猴子看来，葡萄是比较高的奖赏，而黄瓜是比较低的奖赏。他通过这样一个实验，在文章里写到"这是第一次研究人员发现人类以外的物种具有平等观念"，同时也表明平等观念与宗教、政治等人类社会文化因素无关，是我们与生俱来的，是物种在进化过程中形成的。

当然我们说这么复杂的问题通过这样一次实验不能得出结论，它还有待多种实验进行论证。但是这个实验还是蕴含着这样一种观念——平等观念来自动物本性，是与生俱来的。将这种本性放入到法学领域，就是自然权利。我自己通过这几年的研究体会到，一旦事物涉及人性这个角度，就无法再去往下解释了。人性是最后的解，而这与我们过去对平等的解释是有差别的。我们过去是从社会、文化、后天环境来解释平等的，我从这一点受到启发：如果追求平等是人之本性，那么，我们从这样一个角度来分析一下西藏的农奴制度，来分析一下几个世纪前非洲的黑奴制度。大家知道哈利有一本著名的小说《根》，那本小说非常写实地反映了非洲的黑人是怎样被贩运到美国，然后一步一步沦为奴隶的。表面上看这些奴隶心甘情愿，他们的言谈举止，包括走路的姿态，都和主人不一样，好像他们认为他们天生就低人一等，就是服侍主人的，这可能都是社会驯化的结果。但是从人性的角度来讲这是不合理的，表面上奴隶看起来温温顺顺，实际上内心的反叛心理一直没有改变，就像哈利小说《根》里面描述的情节，所以这些社会生活状态对我们考虑平等状况很有启发。

今天大约用了一个半小时跟大家讨论这个问题，希望能听到大家的一些意见，和大家一起分析一些问题，谢谢！

主持人：感谢刘作翔先生非常精彩的演讲，下面请学院的老师和同学进一步地和大师近距离的交流互动。

问题一：刘老师您好，我想问您两个问题。第一个问题是关于"赔命价"的，既然最高院的司法解释是违宪的，那地方法院为什么不能对它进行审查？第二个问题是在"秋菊打官司"这个案件里，存不存在张艺谋利用影响力行贿和权利推定问题？

刘作翔：我们不能简单地或轻易地说最高人民法院的司法解释是违宪的。我国主要有两个规范涉及工伤赔偿，一个是《交通法》，一个就是这个司法解释。当初最高院作出这个赔偿规定，是按照我前边提到的将人的生命劳动力化的方式制定的，应当说不是完全没有道理。一个人的收入是按照你所在地的平均收入计算的，过去涉及劳动赔偿的问题都是按这个标准。到现在为止，很多法律也是按这个标准，比如说误工费的计算就是按照当地的日均收入标准计算的。另外你说各地能不能分别制定标准，这在我们国家涉及法制统一的问题，还涉及立法权限的问题，因为司法解释在我们国家是根据 1981 年全国人大的解释决定授权的，所以司法解释才能作为法官裁决的依据，这是人大授权给两高的。其实最高人民法院也在考虑这个赔偿的标准问题，这个问题迟早要解决，通过废除原来的解释，作出新的解释。这个问题的解决需要思维的变化，如果对死亡者不能一视同仁地对待，按照原有的思路走，这个问题还是存在的。

你说的第二个问题我觉得挺有意思，就是权利推定。你说是不是因为张艺谋影响力大，存在影响力受贿？“影响力受贿”是最高院最近提出的一个司法解释，应当说和这个没有任何关系。当然你说权利能不能推定呢？这倒沾点边。但是你说是不是因为张艺谋名气大，这 4 秒定格镜头才对贾桂花造成权利侵害？这个关键要看电影本身，这名法官说没有侵害贾桂花的肖像权，这是法官的一个判断。如果我们现在要对这个判断做进一步的分析，我们必须看这部电影，必须了解相关的侵权行为法，才能得出结论。并不能因为张艺谋的影响大，没有达到侵权标准，我们也将它认定为侵权行为，这是不可以的。我们必须根据电影这个事实本身来确定，这就像我在今天下午的会议报告中提到的“醉酒驾车”要惩罚乘车者，很荒唐。一个大巴车上坐了四五十个人，怎么能够知道司机喝没喝酒，怎么能追究这些人的责任呢？这个案件也是这样，因为她告的不是张艺谋，她告的是电影制片厂，怎么能追究张艺谋的责任呢？权利推论是民事审判可以采用的一种法律方法，但是这种推论应当有一定的基础。好，谢谢你的问题！

问题二：非常荣幸听到了您的讲座。我留意到您主张用鲜活的实例来支撑学术理论这个观点，我想通过一个案例来跟你讨论一个问题。这个案例是这样的：有一个乡下的农民，通过他的辛勤努力购置了一台拖拉机，终日在乡下劳作，希望自己的生活质量能够得到提高。有一天一个城市的市民开着一辆豪华的宝马车到乡下观光，看到农民开拖拉机就问了一个问题：“你这个拖拉机污染环境了，你应该报废，环境是人类所共有的，你污染环境影响到了人类共同的未来。”我想问您一个问题，对法律主体权利给予平等保护时，存不存在主体的优先级？

刘作翔：我想问一下你说的是真实案例，还是虚构的？

回答：我是将几个案例合在一起，虚构出的一个案例。

刘作翔：好的，我们来做个分析。大家也注意到，在我的研究里面，我给大家拿出的所有案例都是真实的。我过去在研究问题时也虚构过一些情景，在讲到一些问题时也会说到“比如……”、“假如……”，但是后来我发现这种“比如……”、“假如……”漏洞百出，当然我并不是说你这个案例漏洞百出。你这个问题很有意思，首先我想说这个富人说的话根本不成立。表面上看他是为强调保护环境，实际上怎样呢？因为你举的这个案例比较极端，一个是乡下的农民开着拖拉机，一个是城里有钱人开着宝马车，这就是一个道德性比较强的话题。你先制造了两个级，一个穷人级和一个富人级，然后这个富人高高在上地教训农民："你开着拖拉机污染环境。"我们不管这个案例真实与否，首先这个话根本没有道理。人类的很多行为可能都会带来环境污染，每天做饭都会造成环境污染，工厂生产也要造成环境污染，这种污染是有标准的，除非这个农民购买的是国家明令禁止购买的拖拉机，这样还可以说得过去。如果说这个拖拉机在国家允许购买的范围内（大家知道，现在汽车标准在不断提高，原来是欧 2、欧 3，现在是欧 4。所谓的欧几，就是指环保标准在不断提高），那你富人说的这个话就没有道理，我还可以说你的宝马车也污染环境，污染不污染，我们还是要回到法律标准上来，所以富人的话根本没有意义。另外在这两个人之间有没有优先性？我认为根本不存在这个问题，不是说开宝马车的就优先于开拖拉机的。我们国家现在可能更多在限制奢侈品消费，但是在实际生活中可能又是另外一种情况，政府现在还鼓励农民发展农业机械。这个里面我认为不存在优先性。好，谢谢你的问题！

问题三：我对您讲的权利平等保护问题很感兴趣，我这里还有一个问题，您是怎样对待这些必然要败诉的案件，我们能有何作为，比如李相其（音）诉北京某房地产公司采光权案件？

刘作翔：你说的这个案件我还不是很熟悉，我来说一下杭州发生的一个案件：住户在买房时，房屋没有任何遮挡，他们就买了这栋房子，过了一两年后，对面一栋大楼建起来了，把他们房子的光线遮住了。对面大楼在修建过程中，住户就进行抗议，刚开始没有进行诉讼，在进行协调，大楼的建造方说给每户补偿 3000 元，但有一个老汉不同意，说我买这个房子就是因为采光好，我不要钱，我要采光权。我用这个案例来分析，我们法理学的意义在什么地方呢？我们就要先分析，被遮住采光的大楼是合法性建筑，还是违法性建筑？它是否经过国家批准？如果它是经过国家批准的，而且这个楼已经建起来了，这就难办了。你总不能不管三七二十一都要要求还我的采光权，就要把这个楼拆掉。这里边有两个分析角度，如果说这个大楼是合法批建的，那就不是简单的由法院判决拆掉这栋大楼的问题了，这里面就有一个利益衡量的问题出现了。在今年 6 月，上海市第一中级人民法院和上海财经大学法学院合作举办的法院院长论坛"利益衡量与司法公正"讨论会上，我讲了这一案例并认为：一方面是采光权，非常重要；但是另一方面是经过国家批准的、花了几百万甚至几千万元建造起的一栋大楼。如果为了维护采光权而拆除大楼，显然是利益显失平衡的做法，这种情况下应该怎么办呢？应该让建筑方给住户一定补偿，这个补偿是多少可以讨论，通过一种金钱补偿的办法使采光权利得到救济，这就是法律能采取的办法，这是一种思路。第二种思路，如果这是一个违法建筑，那就直接进行拆除。现在呢，这种例子太多了，比如说在张家界，世界的"两遗"就是自然遗产和文化遗产，在这个遗产范围之内，如果是违章建筑，全部拆除。联合国文化遗产委员会亮黄牌以后，该拆除的全部拆除，甚至景区的一些设施是当初经过合法批准的，但是由于重大的利益衡量，要求你拆除就必须拆除。所以我为什么说法理学在这里有意义呢？因为法官需要作出利益衡量，需要对两个利益作出比较，你不能说因为你的采光权很重要，而让另一个建筑企业损失几千万。尽管这样一个解决方法可能导致他的采光权依然受到影响，但是只能这样，这已经是既成事实，这就是法律的无奈，不可能满足所有愿望。所以，这就需要我们分清情况来讨论。你说的这种采光权引起的案件在全国有很多，我也搜集了一些，这些案件需要我们具体分析。采光权现在在法律中没有明确表达，法官最后一般是按照相邻权受侵害而判断的。非常感谢这位同学的问题，谢谢！

主持人：由于时间的关系，我们来进行最后一个问题的讨论。

问题四：刘教授您好！鉴于目前我国法律中存在的关于平等权保护的诸多问题，我们必须对我们的法律作出修改，但是由于我们的民主意识和经济发展的限制，有关专家提出了"既存又改"这个说法，您是怎么看待这个问题的？

刘作翔：关于法律中的平等不平等的问题，我认为要具体问题具体分析。我不太主张这种太大的判断，说我们的法律平等还是不平等，我们要进入到具体的法律中去，说哪一个法律条文不平等，哪一个具体规定不平等这个层次。我主张要进入到法律中去找，不能凭感觉，比如说"同龄退休"。关于平等问题，我们必须进入到法律里面去，不要停留在感觉层次。现在包括我们一些很著名的学者，有时是凭感觉说话的，这对我们深入研究问题不太有利，这是一点。再一点就是修改法律，我们必须要找到问题的症结，找到症结以后，围绕每一个专门性问题进行研究，比如说同龄退休问题，还有我们说的劳动就业领域的歧视问题，我们要研究具体的歧视现象到底是怎么表现的？显性的有哪些？隐性的有哪些？可怕的不是显性的，所谓显性的就是在招聘启事中公开说明的，现在没有太多人去这样做了，因为现在人都变聪明了，更可怕的是隐性歧视。所以我们修改法律应该围绕每一个问题来进行，不要思路跑得太远。现在我们在法学领域的研究越来越具体化，拿出问题，然后解剖问题。

你说的“既存又改”，我还是第一次听说，我们不太讲什么“既存又改”。我们在法理学上讲法律的适应性。法律一旦失去适应性就要加以改变，废除旧法，创立新法，修改不适应的法律，以适应新的形势发展，这是一种一般的指导思想。但是作为一种很具体的法律修改来讲，我们就必须考虑到修改的可能。也许我们觉得许多法律已经不适应形势的发展和需要，觉得应该创立新的，但是立法有一个非常关键的问题：立法不光是一个主观的产物，不仅是一个立法者、学者的认识问题，更重要的还有社会基础和社会条件的问题。大家知道，《劳动法》立了十几年才立出来，“最低工资保障”敢写不敢写？国家能不能做到?！做不到写进去，这不是白写吗?！写进去还会惹麻烦，还惹事儿。有的法律可能和国家的发展状况、经济实力没有必然的联系，但是有的法律直接和国家的发展状况相联系，这一类法律需要条件。人的认识达到了，但条件不具备，我们还只能停留在那个地方，所以立法是很复杂的一件事情，不是说我们认识到了它的不足就要修改，还有一个后续性条件。怎么改？改到哪一步？改到这一步以后，还有超越性问题，能不能超越？这些问题必须要综合考虑到，所以立法是一个非常复杂的任务。当然，我们并不能因为它的复杂性而停止我们法律改革的步伐。我们看到这几年法律改革的步伐越来越加快，尽管这样，我们的立法仍然不能满足社会的需求，这就是一个矛盾。所以针对你这个问题，我觉得我们不要把法律修改看成是一个很简单的事情，要充分看到它的复杂性。经过充分论证制定的法律应该是一个负责任的法律，如果不这样，而是脑袋瓜一拍立的法，到后续就很难收拾，问题会很多。所以谢谢你的问题，也非常感谢今天大家的参加！

主持人：今晚我们聆听了刘作翔教授非常精彩、通俗、务实的学术报告，更加深刻地感受到了他的学术魅力以及法律的博大精深，让我们再次深深地表示感谢！

现代法律观念与法治国家建设

——中国社会科学院法学研究所廊坊研究生教学基地的演讲*

主讲人:刘作翔　中国社会科学院法学研究所研究员、博士生导师
主持人:冀祥德　中国社会科学院法学研究所研究员
评论人:孟　涛　中国社会科学院法学研究所博士后研究人员
　　　　田　夫　中国社会科学院法学研究所博士后研究人员
时　间:2010 年 11 月 25 日 19:00—22:30
地　点:中国社会科学院法学研究所廊坊研究生教学基地学术报告厅

冀祥德教授:今天是"社科法硕"学术沙龙第 65 讲。今天晚上我们非常高兴地邀请到了我国著名的法学家,我们法学所的刘作翔老师。刘老师是国务院享受政府特殊津贴的专家,同时也是人事部国家级有突出贡献的中青年专家,而且还是中组部确定的中央直接联系的高级专家,并且刘老师在 2004 年入选了我们当代的中国法学名家。刘老师在我们所做博士生导师和研究员的同时,也是北京市人大常委会以及若干法院、检察院的专家咨询委员,同时也是包括吉林大学在内的若干大学的兼职教授。在法理学的授课中,我一直想请刘老师来给大家讲座,可是刘老师事务繁多,而且刘老师也是特别偏爱和提

* 《中国社会科学院研究生院学报》2011 年第 2 期以《中国法治国家建设的战略转型:法律实施及其问题》为题发表,《高等学校文科学术文摘》2011 年第 3 期转载,《新华文摘》2011 年第 13 期"论点摘编"载登。本文是作者受邀于 2010 年 11 月 25 日晚在中国社会科学院法学研究所廊坊研究生教学基地学术报告厅第 65 期"社科法硕"学术沙龙上为研究生所做的演讲录音整理稿。感谢冀祥德教授为此次讲座作出的周到安排,感谢孟涛博士、田夫博士的评论,感谢魏书音、陈宇博两位同学为这次演讲的录音整理所付出的辛劳。作者对整理稿进行了校正和修改。因版面之故,《中国社会科学院研究生院学报》发表此文时删去了后面的评论和讨论部分,此次得以补上。——作者注

携后辈。我们今天专门邀请刘老师和大家就法理学的前沿问题做一次交流，刘老师今天的题目是：《现代法律观念与法治国家建设》，下面我们用掌声有请刘老师。

刘作翔教授：非常感谢冀主任的邀请！冀主任和我谈了好多次，因为时间老是冲突，这次终于如愿。我也一直想有机会能和同学们做一次交流，非常感谢今晚各位的光临！今天同各位交流的问题，也是我最近一直思考的问题，关于这个问题，我在一些大学也做过交流，因为我觉得这个问题现在变得越来越重要了。这个问题看起来非常大，实际上涉及对我们整个中国法治发展战略的思考。今天时间也很宝贵，我想下面就开始和大家交流。

现代法律观念与法治国家建设，我为什么想谈这个问题？2010 年 10 月 15 日至 18 日在北京举行了中国共产党第十七届中央委员会第五次全体会议。全会提出："坚持党的领导、人民当家作主、依法治国有机统一，发展社会主义民主政治，加快建设社会主义法治国家。"如何才能加快社会主义法治国家建设？这是我们需要思考的问题。在对中国的法治形势进行分析之后，我个人认为现在中国的法治国家建设面临一个战略性转型，这个转型最近也一直在各种不同的场合(在高层、在学术界)被讨论。我下面想谈几个观点，围绕这几个观点展开我的论述。

第一个观点：在中国特色社会主义法律体系初具规模的情况下，中国法治国家建设的战略重点应转移到法律实施的广阔领域，法律实施应该成为下一阶段中国法治建设的重点。

得出这样一个结论，有以下这些依据：

第一，我们的立法背景

1. 中国特色社会主义法律体系即将形成

大家知道，从去年到今年，全国人大常委会法工委召开了很多会议，包括一些学术研讨会、专家座谈会和专家论证会等。我也参加了几次讨论会，其中一个重要问题是：从十五大以来，十五大、十六大、十七大连续三次党的代表大会提出了一个任务，就是在法治国家建设方面有一个宏观描述，立法方面有一个目标体系，即"2010 年形成中国特色社会主义法律体系"，这是一个战略目标。今年到 2010 年了，现在也已到年底，全国人大要考虑怎么宣布这件事情，这是十五大到十七大一直讲的事情。当然这里面的概念是有一些变化的，比如十五大提的是"到 2010 年形成有中国特色社会主义法律体系。"当时围绕这个问题我也写了一篇文章，主要讨论了十五大提出的这一立法目标与九届全国人大常委会提出“在本届人大任期内初步形成有中国特色社会主义法律体系”是一个什么关系。这篇文章后来发表在《上海市政法管理干部学院学报》2001年第5期。十六大时又提出：“要适应社会主义市场经济发展、社会全面进步和加入世贸组织的新形势，加强立法工作，提高立法质量，到2010年形成中国特色社会主义法律体系”，去掉了一个“有”字；到了十七大提法又有了变化：“要坚持科学立法、民主立法，完善中国特色社会主义法律体系。”在前一段时间召开的一些会议上有一些调子，这些调子是不一样的，有的主张“基本形成”，就是说中国特色社会主义法律体系基本形成。但是在讨论中我提出基本形成以后怎么办？法律体系作为一项立法任务，是应社会需求而不断发展的。按照辩证法原理，只要社会不断发展，法律体系也就在不断变化。社会关系在不断产生，新的问题在不断产生，原有的问题解决了，新的问题又不断产生了，怎么理解中国特色社会主义法律体系基本形成呢？最后我在会上发表了一个观点，把它理解为“阶段性的目标”就解决了所有问题。不能说完成了以后就不再发展了，这也不是十七大的意思。我们要用“基本形成”这个概念向全世界宣布：中国特色社会主义法律体系基本形成。但是后来我们看到，全国人大的一些官员用了“中国特色社会主义法律体系即将形成”这样一个判断，“即将形成”就是还有一些任务目标没有完成。最新的一个最权威的提法是什么呢？在上周王兆国副委员长在全国地方立法会议上有一个基调，这个基调就叫“中国特色社会主义法律体系即将形成”。①

2. 中国特色社会主义法律体系的基本框架

因此，我们有一个基本判断，就是中国特色社会主义法律体系已初具规模。这个初具规模是个什么概念呢？我希望我们的同学有一个基本的数据概

① 在2011年1月24日由全国人大常委会召开的“形成中国特色社会主义法律体系座谈会”上，全国人大常委会委员长吴邦国指出：“新中国成立以来特别是改革开放30多年来，在中国共产党的正确领导下，经过各方面坚持不懈的共同努力，我国立法工作取得了举世瞩目的巨大成就。一个立足中国国情和实际、适应改革开放和社会主义现代化建设需要、集中体现党和人民意志的，以宪法为统帅，以宪法相关法、民法商法等多个法律部门的法律为主干，由法律、行政法规、地方性法规等多个层次的法律规范构成的中国特色社会主义法律体系已经形成，国家经济建设、政治建设、文化建设、社会建设以及生态文明建设的各个方面实现有法可依。这是我国社会主义民主法制建设史上的重要里程碑，具有重大的现实意义和深远的历史意义。”见新华网北京1月25日电（记者杨维汉、崔清新）。——作者补记

念。比如说中国特色社会主义法律体系到底是一个什么样的规模？在2010年10月28日十一届全国人大常委会第十七次会议结束时，我国通过了两个法律，一个是非常重要的法律，即《社会保险法》，一个是《涉外民事关系法律适用法》。在此之前，我们有235部法律，那么到了2010年10月底的时候，我们有237部法律，这个是国家层面的立法，具体的表述就是全国人大和全国人大常委会立的法，在宪法上的准确表述就是“基本法律和基本法律以外的其他法律”。为什么要讲这个问题呢？我认为我们有两个法律概念，在一些学术讨论中，这两个概念是经常被混淆的。一个是《立法法》意义上的法律概念，另一个是法理学或法学中的法律概念。这两个概念是不一样的。《立法法》意义上的法律概念，就是全国人大和全国人大常委会制定的法律，这个是《立法法》意义上的法律概念。法理学意义上的法律概念，就是法律渊源理论框架下的法律概念。按照我们的法律渊源理论和《立法法》的规定，我们的法律渊源有：宪法、法律、行政法规、地方性法规、自治规章、自治条例、政府规章等等，所有这些都是法理学意义上的法律概念。我们讲的这237部法律是《立法法》意义上的法律概念，有的也叫中央立法。严格地讲，中央立法这个概念不科学，因为中央立法还包括国务院的行政法规。全国人大和全国人大常委会制定的法律有一个职权分工：全国人大制定的法律叫“基本法律”，全国人大常委会制定的叫“基本法律以外的其他法律”。但是在立法实践中也存在着问题，有学者认为人大常委会有越权现象，有些法律本来应该属于基本法律这个范畴的，但是却由全国人大常委会来制定，这个里面最典型的就是上次会议通过的《侵权责任法》。《侵权责任法》是由人大常委会通过的，大家认为《侵权责任法》属于基本法律的范畴，应该由全国人大来制定。当时梁慧星教授在所里介绍《侵权责任法》的报告会上，我提出了这个问题，他也觉得这是个问题，很多人提出了这个问题。《侵权责任法》是一个基本法律，它应该由每年3月份的全国人大通过，但是为什么由全国人大常委会来通过呢？梁慧星教授做了一个解释，就是说到2010年要形成中国特色的社会主义法律体系，如果这部法律拖到明年大会通过，就来不及了，其后的一些立法任务就完不成了。所以为了完成这个任务，《侵权责任法》由常委会来通过，他们也认为这是有问题的。

这是一个总的数据和概念，就是国家层面有237部法律，这237部法律囊括了我们现行法律体系的七大部类。关于这七大部类，学术界也在讨论，法工委也在考虑。前段时间法工委找我们开了个专家座谈会，讨论过这一问题。这七大部类是怎么来的呢？1998年当时的法律委员会主任王维澄牵头，有十多位专家参加做了一个课题研究，专门研究中国特色社会主义法律体系，最后提出了七大部类。这些年,我们《法理学》的统编教材里面"法律体系"一章一直是由我写。我们过去提出过十大部类,还有八大部类、七大部类等不同的分类。但是这一次研究的结论把法律部门统划为七大部类,这样一个分类被作为一个研究成果在全国人大常委会做了法律讲座,这都无关紧要,因为它还是学术层面的。关键是这一分类被第二年的全国人大在开会时所接受,在1999年全国人大常委会的工作报告里面将此列为正式的报告内容。这样一来,我们写教材就不能再坚持原有的写法了。法律部门的分类虽然是一个学术问题,但是在国家做了一个正式确定之后,你就应该同国家的分类保持一致,因为法律体系、法律部门的划分毕竟是一个国家的法制实践问题。如果你写的教材内容和国家的安排不一致,给学生讲的时候就会和国家的进程出现混乱。所以我们写教材的时候也不得不按七大部类来安排写作内容,到现在为止我们基本上还是按照七大部类在写,最近我刚刚完成的教育部统编教材《法理学》第四版修订版"法律体系"一章的内容还是保持这七大部类。现在大家议论比较多的就是,七大部类是否科学,是否合理?比如有学者提出军事法应该成为一个独立的法律部门;还有学者说环保法很重要,应该成为一个独立的法律部门,等等。这方面的呼声也很强烈。现在全国人大法工委也在做调研。另外还有一些提法,比如说"宪法相关法"这样的提法是否科学,也在讨论。这个提法很别扭,什么叫"相关法"?有人说所有的法律都和宪法相关,所以列出宪法和宪法相关法也不科学,有人提出这样那样的看法。可能它会恢复到我们过去提出的"宪法性法律"的提法,这个比"宪法相关法"的提法要科学。

除了我们上面提到的国家层面的237部法律,我们还有行政法规600多件,地方性法规8800多件,还有自治条例和单行条例700多件,这些就是我们现代中国的一个基本的法律体系框架。外国人也好,我们的老百姓也好,他们要问我们的法律体系是一个什么面貌,就是以上这样一些数据。一些学者还提出"起支架性作用的法律",我不太赞同这个概念。我认为每一个基本法律都是很重要的,所以"起支架性作用的法律"的提法是否科学,我们还要考虑。这样一个背景就是我们立法的大背景。不管这个法律体系是否完备与周全,它已经为我们中国的社会生活、经济生活、政治生活提供了一个基本的框架。这样,当我们的法律体系初具规模以后,我们是否要对法治国家的宏观战略做一个重新思考?我们的问题在哪里呢?我们在现实生活中经常听到有人说,我们的法律虽然制定得不是太多,但是也不少了,237部法律,加上600多件行政法规、8800多件地方性法规,再加上规章,我们现在还无法统计。规章有国务院部门规章和地方政府规章,国务院部门规章的数据比较好办,关键是地方政府的规章数量太庞大了。按照《立法法》的规定，凡是有地方性法规制定权的地方政府都有制定地方政府规章的权力。地方政府规章这样一个层次的数量是非常庞大的，这个数据要统计起来是非常困难的。这样的基本框架给我们提供了一个"有法可依"的基本前提，这是一个立法的背景。

第二，对我国法律实施状况的分析

1. 法治国家建设中的法制机制理论

中国的法治国家建设有一系列的理论和实践问题，其中一个重要的理论就是法制机制理论。法制机制理论主要是指法律从它产生，经过对法律的实施，到法律的实现的全过程。它将法制的运行看成是一个有机运行的机制过程，简单地讲，就是指从立法开始，经过行政执法、司法、公民守法、法律监督到法律的实现的全过程。用最通俗的话讲，它就是我们国家过去提出的法制建设的十六字方针，即"有法可依，有法必依，执法必严，违法必究"。按照十六字方针，现在的情况是基本上做到了有法可依。余下的任务就是有法必依、执法必严、违法必究。这三点是否做到了？这是要打问号的。中国制定的法律在现实中是否都得到了实施？这个情况是很不乐观的。所以我们提出法治国家建设的战略应该转移到法律实施的广阔领域。这里面有很多理论分歧，大家意见也不是都一致。

2. 法律实施理论以及对"司法中心主义"的批判

法律实施理论，也即法律在制定出来之后，如何在社会生活中贯彻实行的问题。它包括行政执法、司法、守法、法律监督等几个环节。我们为什么提出法律实施是下一阶段中国法治建设的重点呢？要回答这一问题，首先应该考察一下我们制定的这么多的法律在现实中到底实施得如何。一个基本的判断是法律实施不甚理想。法制建设十六字方针中的有法必依、执法必严、违法必究还没有真正落实到位，直接影响着已制定的法律的效果。因此，法律实施问题应该作为一个重要的问题进入议事日程中。

在法律实施中，也有一些不同的声音。比如有学者提出我们应该从"立法中心主义"转向"司法中心主义"，这一提法实质上是对中国法治路线的批判，认为我国走的是一条以立法为中心的法治路线，应该转移到以司法为中心的法治路线。这个说法，我一直是批驳的。我觉得这个说法是没有经过分析提出的。为什么这样讲？过去说我们是"立法中心主义"不完全对，但是立法是先行的，这是由中国作为制定法国家的特点决定的，行为必须以法律作为依据，没有法律做依据，其他的后续性法制机制就跟不上来，所以我们必须首先做到有法可依。"立法先行"是由我们的法制机制所决定的，但是，这是不是立法中心主义呢？不见得，其他领域的建设也都在进行。是不是一定要由“立法中心主义”转向“司法中心主义”呢？这个要进行分析。比如说在分析了法律实施这个问题之后我们会看到一个现象：法理学中的法律实施理论包括四大块：行政执法、司法、守法和法律监督，这四大块构成了一个法律实施的广阔领域。我们仔细分析一下，在这四大块里面，如果说有一个比例关系，让我们制定的法律在现实中实现，我们如何来看？

我们举一些例子来看一下，2009 年最高人民法院有个统计数据，全国法院受理的案件数已经过了一千万件，当然这个一千万件包括刑事案件和民事案件及行政案件，一千万件已经是破了纪录的一个数字。但是我们用一千万件来比照行政执法这个领域，就以交通执法为例，在中国的公路道路以及大街小巷每天发生的交通执法行为有多少起？交通执法行为不能仅理解为纠正违章行为，交通警察在道路上、马路上、街道上维持秩序都是在行使着执法行为。所以我用一个不恰当的比喻，就以交通规则为例，一个交通警察一天可能发生无数次执法行为。对执法行为，我觉得要做一种准确的理解，不是说抓住了一个酒后驾车的，或者抓住了一个违章的，这才叫一个执法行为，那叫行政处罚，那是一个具体的执法处罚行为。但是每个交通警察站在你的岗位上履行你的职责，本身就是执行法律的行为，我们应该这样去理解它。再比如说工商行政的执法，还有城市管理的执法，每天发生的数量是无法用数字来统计的，所以说行政机关的行政执法是非常重要的一个领域，从法律实施方面来讲，它非常重要。尽管 2009 年全国法院的收案量达到了一千万件，但是如果用比例关系来讲，与行政机关的行政执法是无法比的，可以说是九牛一毛。另外从守法的角度来讲，我讲的公民守法是什么概念呢？我这个公民守法是严格意义上的公民概念，不是单指老百姓，而是用宪法上的界定，只要具有中华人民共和国国籍的人都是我国公民。所以上至国家主席，下至老百姓，都叫作公民。每个公民每天都会有守法的行为，如果说中国的公民现在有 13 亿，每个公民每天都有守法行为，比如说我过马路，我遵守交通规则，这就是守法，你不要说我跟法律没有关系。还有，比如你到相关部门去办事，比如你到银行要遵守银行的规则，经营者要遵守经营的规则，你本身都在守法。所以，守法的行为就更加广泛了。现在大家都把聚焦点放在司法这个领域了，但是忽略了行政机关的行政执法和公民守法这个更广阔的领域。法律监督是个事后的机制，是现在比较薄弱的一个环节。这四个环节里面有个特点，大家注意到没有，我分析了一下，从行政执法到司法这两块，是可以主动作为的，是可以经过人的努力来主动作为的，像执法就更加凸显了，它是在主动行使这个职权，而我讲的司法的主动性和现在提的能动司法是有区别的。它主要是指通过全国各级司法机关的努力，在提高司法的效率、司法的质量、司法的公正性方面会作出一些成果。而公民守法是最具特殊性的，公民守法是个常态性的行为。我们可以通过教育及其他方式来提高公民守法的自觉性、公民守法的程度，但我们无法对公民守法施加更多人为的方式，它是一种常态性行为。所以，公民守法是在教育和制度约束等多重因素作用下产生的一个结果。法律监督就更加代表了权力主动性的特点。

所以，在立法已初具规模的大背景下，在法律体系已经初具规模的情况下，法治国家建设的重点是不是要作出一个转移？这个转移并不是说立法不重要了，立法还要不断完善。而中国法制的主要问题是制定的法律不能得到很好地实施，那么这一块就应该成为一个重点。在中政委召开的专家座谈会上，我也谈了自己的这个观点。我说作为中共主管政法工作的最高机构，中政委是不是应多重视这方面的工作。

第三，通过法律实施，对已经制定的法律也是一个极其有效的检视机制和反馈机制，并对未来的立法提供实践性积累素材

近几年在中国的法制建设中有一个现象，就是许多立法中存在的问题是通过法律实施过程被发现的。例如河北省的一位王姓农村妇女在办理有关土地批复的过程中发现河北省的地方性法规与国家的土地法不一致，就写信给全国人大常委会。全国人大常委会经过审查后认为确实存在问题，就通过程序要求河北省人大常委会纠正。河北省人大常委会接受了这一建议，对立法进行了修改。还有，比较典型的像河南省洛阳市法官李慧娟关于“种子法”的案件判决所引起的巨大反响。这个案件最后也促使河南省修改了地方立法。其他的像由“孙志刚被殴致死案”引发的收容遣送条例的废止；重庆一所高校的一对“在读大学生因结婚被开除案”所导致的最终在教育部的规章中取消禁止学生结婚的条款，等等，这些案件都是因在法律实施中发现了立法中的问题而导致立法的变化。所以，我们将这种现象看作是“通过司法促进立法”，“通过行政执法改变立法”。因此，法律实施对于已经制定的法律也是一个极其有效的检视机制和反馈机制，并对未来的立法提供实践性积累素材。

第二个观点，在法律实施中，法律观念、法律意识起着重要的基础性作用，而在法律观念、法律意识中，规则意识则是最重要的归结点。当前中国法律实施的最大障碍是规则意识的缺乏，也是目前法律实施不甚理想的主要症结。我们应通过教育和制度约束的双重手段，大力加强和确立全社会的规则意识。

第一，在法律实施中，法律观念、法律意识起着非常重要的基础性作用，而在法律观念、法律意识中，规则意识则是最重要的归结点

我研究法律文化，比较注重观念和意识的作用，而且从实践上、从认识论来讲，这是一个一般常识：一个人的认识水平和知识水平决定着他的行动水平，意识决定行动，观念支配行为。所以法律观念、法律意识对于法律实施起着非常重要的基础性作用，而在法律观念、法律意识中，规则意识是最重要的归结点。我这里所说的规则意识是指对规则的执行和遵守，它是一个涵盖很广泛的概念，对规则的执行和遵守贯通法律实施的所有领域。行政执法中需要规则意识，司法活动需要规则意识，公民守法更需要规则意识，法律监督也离不开规则意识。当前我国法律实施的最大障碍是规则意识的缺乏，这也是目前法律实施不甚理想的主要症结。上海的火灾、河南的“12·7”瓦斯爆炸案、山西的矿难、深圳的火灾，等等，各有原因，但归结起来，都是由不守规则而导致的。不守规则所导致的人间悲剧在不断地上演着。

下面，我想以交通规则为例，来看看中国人的规则意识状况。为什么我要拿交通规则来做例证呢？因为在我看来，交通规则是一个国家、一个社会最显性、最广泛、最普遍、也最容易捕捉的一种规则状况，是一个国家的公民规则意识最集中的体现，也是最能反映一个国家和社会对规则遵守状况的标志，并由此可以看出其他领域的规则遵守和执行的情况。

1. 我在北京的观察：北京电视台有个“红绿灯——平安行”的栏目，是一个播放交通实况的节目。我特意观察了一下里面所播放的交通事故，发现除了一小部分是不可抗力造成的外，其他大部分交通事故均是因为不守规则造成的。“红绿灯——平安行”栏目的节目主持人也有个结论：所有的交通事故都和交通违法行为有关。当然也有例外，比如前两天北京刮大风，辅道旁的大树砸到车辆，但是这还不一定会定性为交通事故，我们说的交通事故是可以定性的。不守规则，包括驾车人的不守规则和行人的不守规则。你们可以拿我的这个结论去观察和验证一下交通事故发生的原因。前几年我在住处附近散步，特意观察了一下行人遵守红绿灯的情况，也算是一种田野观察吧。很失望的是，我看了大约十人次，几乎没有红绿灯意识。北京作为首都应该比其他地方的交通意识强一些吧，这看来不见得。当然，这几年经过宣传教育，情况有所改观。

2. 北京电视台的实验：前几年北京电视台做了一个节目，非常有趣，专门调查行人的红绿灯意识。节目分两个阶段：第一阶段，派一个工作人员站在斑马线上看能不能影响到其他行人，结果没人理睬；第二步增加到两个人，仍然没有人理睬;第三步派了四个人,把斑马线都挡住了,可是行人还是绕了过去,没有反应。第一阶段的实验算是以失败告终,然后进入第二阶段:工作人员劝说行人不该闯红灯,有的人还听劝说,有的人还骂多管闲事。

另一个节目是北京电视台派工作人员暗中架设拍摄机,看能否拍摄到遵守红绿灯的行人,如果拍到,准备奖励一台价值2000多元的电视机。拍了一天下来,他们没有拍到一个人,第二天还是没有拍到。电视台当天就把这条新闻播出去。第三天电视台很幸运地拍到了一位母亲领着孩子过马路的镜头,电视台就采访这位母亲,结果小孩子的一句话露了馅:我妈妈昨晚看电视了!这位母亲于是就领着孩子在十字路口走过来走过去。这个节目带有戏剧性和黑色幽默,但却是电视台的真实报道。

3. 上海的案例:第三个事例是上海的案例。数年前,上海搞了一些强化行人交通规则意识管理的措施。结果一位大学里的女硕士,还是位讲师,因为闯红灯被交警拦下,这位女硕士反抗,还打了警察,结果警方对这位女硕士处以15天的行政拘留,引起很大的社会争议。一些人说闯个红灯就给15天的行政拘留,太重了。实际上不是因为闯红灯给了15天的拘留,而是因为她反抗警察的执法行为,成了抗法行为。最后这个女硕士也认了错。社会上对这个案例的议论很多,我在这个案例中看到的是应对交通规则引起足够的重视。前两天有一个世界交通日,其中有一个数据:全世界每天死于交通事故的有3900多人,而亚洲占三分之一,非洲占的比例也较大,可以看出大部分发生在发展中国家,这与规则意识是密切相关的。这是我对中国的观察。

4. 对丹麦、瑞典、瑞士等国家的观察:我们也来谈谈国外,不是说国外就一定做得非常好,而是通过观察来看看国外是如何来树立公民的交通规则意识的。2002年左右我们去丹麦的哥本哈根做学术访问,我注意到一个问题,他们是两种情况:一种是绿灯时行车毫不减速,即使是在闹市区,我都有点害怕,你要稍微迈出脚去肯定就没命了;另一种是在没有红绿灯的情况下,行人绝对优先,这是跑了好多地方的共同感觉。我们中国人刚到国外不习惯的就是:在国内我们经常是行人给车让路,在国外是行人优先,车给人让路。我们经常停下来等车过,而驾车人示意让我们过;在中国,驾车人几乎没有斑马线意识,这里我指的是没有红绿灯的斑马线,行人和驾驶者都没有。如果在国外待一段时间后再回到中国,我们又有另一种不适应,大多数行人是给车让路。有一次过斑马线我就想"以身试法",试一试,看看车是否能给人让路,但是车一点也没减速。我们有一个数据,每年在交通事故死亡中斑马线上的死亡率特别高。在我住的楼下的马路过道,我就看到过两起交通事故。另外我还看到一个非常有趣的现象，我到瑞士、瑞典，看到大巴车、小客车行驶在十字路口时，司机有一个动作：他会将车停下，用手向左、向右、向前比划三下，等确认之后才开车。后来我才知道这是交通规则的规定，用这种方式确保有没有车和行人，当然这是在没有红绿灯的路口，这是做得非常严格的；不严格的也是要左右前后各看一下，才开车。这是从小就培养的规则意识并形成了习惯。还有就是我在巴黎乘旅游车，导游讲在几点之前必须赶到旅店，否则会回不去，这是因为他们有规则规定，司机每两个小时必须休息一次，而且每天开车不得超过10小时。我问谁来监督啊？他说根本不用监督，也不需要警察，车上有自动记录仪，会把你休息的次数和每天开车的总时间都记录下来，用技术手段来约束你，警察只要看记录仪就可以了。司机如果违反规定，那可能丢掉饭碗。所以我也在想，并不是外国人的规则意识天生有多强，它也需要制度的约束，久而久之就变成了一种习惯。所以，规则意识的培养还需制度的约束。

第二，规则意识如何培养

规则意识如何培养？我想无外乎主要靠两手：一是靠法制宣传教育；二是靠制度约束和有效的法律惩戒。

1. 法制宣传教育

我们今天从交通规则意识上观察到中国人的规则意识不强，但是比几年前要好很多，至少有红绿灯的时候一些人会看灯了。不过还是很可惜，很多人都没有这个意识。比如说我们看到一些老人领着孙子根本不看那灯就闯，有些悲剧就发生在这一瞬间。国外家长从小就培养孩子的规则意识，告诉孩子有一些规矩是要遵守的，必须遵守，在中国叫听话。至少在孩子还没有自主意识的情况下，父母的监护权应该得到充分行使，这样一种家庭教育非常重要。可惜的是，在我们中国，我们的社会教育、家庭教育跟不上去，我们的学校教育倒是做得还可以，从幼儿园阶段一直到学校，但是这样的教育很容易被家庭教育推翻，毕竟身教胜于言教。遵守社会规则首先应该把它看成是一个自保的东西，是自我保护的一种手段，这是非常重要的。我现在走路，有人行道的地方我一定不走那个主道，一定走到人行道上去。你们都知道马路上的“二把刀”很多，有时候你不找他他来撞你呀，你有什么办法，所以你还是遵守你的规则，走到那个人行道上去，相对来说会安全一些。有些人驾车，尤其是醉酒驾车，横冲直撞，说不定哪一天你自己就被撞上了。所以这种规则意识，尤其是交通规则意识，我觉得应把它看做一种自保的手段。

2. 制度约束和有效的法律惩戒

规则意识如何培养，这是一个很有意义的问题。当然我们说规则意识首先要通过教育树立，这个没有含糊的。我们说，我们每个人从小到大都要经历社会化的过程，我们要不断地从未知人转变成有知人，从未成年人长成成年人，从懵懂无知的小孩子长成有知识、有理性的成年人。这个社会化过程是通过无数的教育方式去完成的，所以规则意识的培养是通过各种不同的教育方式如家庭教育、社会教育、学校教育去完成的。但是呢，我们也看到教育的作用有时候是有限的，比如说对成年人来讲，你说他不知道红绿灯意识吗？你只要稍微看看电视、看看报纸或者听听广播，你都知道，因为现在交通问题成为了世界性的问题，因为由交通所引发的死伤率太高，所以现在我们媒体也把它作为一个很重要的问题在大量播放。有些人是明明知道，但是他就是不去做，不但自己不去做还领着自己的孩子闯红灯，所以说教育的作用是有限的，怎么办呢？那就要靠第二个办法，即制度约束和法律惩戒。在教育不起作用的情况下，制度约束和法律惩罚就是一个最有力的方法。比如说我们国家有没有对交通行驶时限的规定呢？其实也是有的，连续驾驶机动车超过 4 小时未停车休息或者停车休息时间少于 20 分钟的扣 2 分，每天驾车时间不能超过 8 个小时。比如一个出租车可能是两个司机，一个白班一个夜班，或者一个上午班一个下午班，这样一个状况，他就要避免疲劳驾驶。其实我们是有规定的，也不是没有规定，但是这个规定缺少一个制度约束的条件，比如说自动记录仪，其实是很好办的，那也不是一个什么高科技的事情，中国为什么不移植呢？我知道在中国有的地方给车安装了行车记录仪，但并不普及。中国许多事都要靠人去监督，一些技术手段完全可以采用，为什么不采用呢？我看过一个非常惊险的案例，就是由疲劳驾驶引起的，北京的一个案例，有位出租车司机开了一天的车，已经非常疲劳，从早上开到晚上 12 点，本来打算收工了，但是拉到一个大活，到达目的地后，在返回的路上他瞌睡得实在不行了，就睡着了，路旁边停了一辆车，那个车可能出故障了，驾车人就站在车的旁边，出租车一下子撞上去就把那个人撞出 10 多米远，撞完以后他的车还跑了有 100 多米才停下来。他就是疲劳驾驶，你想想他干了十几个小时，这样睡着了就撞上去了。这样的疲劳驾驶到现在依然没有有效的监督机制，还是停留在不是十分有力的宣传教育上。所以，要靠制度的约束和法律的惩戒。我们有驾驶时间的规定，但没有监督手段。所以，我们说制度约束和法律惩戒还是有用的。国外也是靠有效的监督手段来制约司机的超时驾驶行为的。

第三，一定的法律观念同一定的法律知识的关联性：一定的法律观念同一定的法律知识相结合。法律观念以法律知识为基础，法律知识为塑造法律观念奠定前提

1. 法律观念以法律知识为基础，法律知识为塑造法律观念奠定前提

一定的法律观念同一定的法律知识相结合，法律观念的培养离不开法律知识。在开始"一五"、"二五"普法的时候，我们强调要树立公民的法律观念。尤其在法学界，不太提倡对公民进行过多的法律知识的普及，说连专家都懂不了那么多，何况普通公民？普通公民用不了懂那么多，也学不了那么多，连专家都对这些问题搞不清，你要让百姓懂？我们当时也是这个看法，强调主要树立公民的法律观念，比如说你有什么问题可以去找律师，可以去找法院，由律师这种职业来为你做专门的服务。但后来我对这个问题进行了反思，我发现这个观点是错误的，法律观念的培养不是凭空而来的，你光叫公民树立法律观念，树立什么样的法律观念？这个观念从何而来呀？所以，大家如果有兴趣，可以翻翻我主编的法律硕士教材《法理学》的前言部分，我专门写了法律观念和法律知识的关系，一定的观念是建立在一定的知识基础上的。你如果缺乏对一定知识的了解，这个观念也是空的，也不牢固。我们光知道树立法律观念，不知道它是什么样的法律观念，法律观念是非常具体的，在不同的行当、不同的领域、不同的案子里面表现的也不一样。比如我们强调公正意识，但怎么做到公正，是有具体所指的。比如说在案件判决中，刑事有刑事的公正，民事有民事的公正，怎么样才能做到公正？相似的案子如果判决不同，我们怎么来判断？同样是两个受虐杀人案犯，在上海浦东新区法院就被判了 14 年，在包头法院被判了 3 年有期徒刑，5 年缓刑，你说哪个是公正的？浦东法院是公正的还是包头法院是公正的？我们无法作出判断，这是我们中国司法现在面临的最尴尬的局面。当我们面对两个相近、相似或者类似的案件而法院作出不同的终审判决时，我们无法说其中哪个判的是对的哪个是不对的，我们无法做判断，因为我们没有标准。你当然可以有你自己的认识，每个人都可以做判断，但你的判断没有法律意义，我经常讲这个话。今年北京理工大学召开了一个"影响性案件"的学术讨论会，我谈了这个观点，一位媒体的评论人说他听了我的这个话后感到很悲观，说刘教授认为我们这些(媒体)人(对案件)的议论都没有意义，我们都是在做无用之功。后来我强调，你要准确理解我的这句话，我的话是"没有法律意义"，指的是你不能改变判决的结论，除非经过审判监督程序。判决的结果公布后，你只能说三道四，可能会影响它的申诉，但是申诉在中国的启动是非常艰难的，这是我们的尴尬，我们没有办法解决这个问题，现在在案例指导制度公布之后，我们准备去解决这方面的问题。但是我从不否认对这些案件进行讨论和研究的意义，所以我说这个观念不是凭空的，观念是建立在知识基础上的，是以知识为基础建立起来的。

2. 法律观念和法律知识相互关系的案例：无驾照送孕妇案和紧急避险理论

这里我想讲一个案例和一个理论，即无驾照送孕妇案和紧急避险理论。这个案例能充分说明人的法律观念和法律知识对处理具体案件的重要性。有一次我在一所大学讲“权利冲突”问题，有位同学提出一个案例，这个案例大家都熟知：前几年一辆小面包车送一个孕妇到医院生孩子，结果“小面”被警察拦住，警察严格执法，因为驾车人无照驾驶，怎么能让你走呢，最后因为耽误了时间，导致孕妇和胎儿死亡。这个案件当时在全国引来很多讨论，大家有兴趣可以去查一下这个案例的资料。这位学生提出的问题：这是不是也是一种权利冲突？我觉得这个案子确实很有分析价值，但它根本不是一个权利冲突案件。表面上看这好像是一个警察的执法权和这个孕妇和胎儿的生命权的冲突，但实际上通过我们现有的法律理论和法律制度，我们完全可以解决这个问题。什么理论呢？就是紧急避险理论和制度。紧急避险理论完全可以解决这个问题，但是我们的民警，包括我们中的很多的人都不知道，也不善于运用这个知识去处理相关的案件。紧急避险理论简单地讲就是牺牲小的利益保全大的利益。比如我们来分析这个案件，如果这位交警懂得紧急避险理论，他完全可以采用多种方法解决这个问题，比如第一个办法是放行，驾车人没有驾照放行，警察可能是渎职了，可能会造成事故（可能性），但这里有一个更大的利益，就是这个孕妇的生命和胎儿的生命，为了保全这个大的利益选择放行，我可能渎职了，但事后我完全可以以紧急避险作为抗辩理由的；第二个选择办法，比如他做得再周全一些，他完全可以拦一辆出租车，然后让出租车赶快把这个孕妇送到医院，自己再来处理这个事情；第三个选择呢，他也完全可以拦一个有驾照的人，然后让他把这个车开到医院去，这也是一种选择啊；第四种，也是最后一种选择，是什么呢？我擅离职守，擅离岗位，然后我自己亲自驾车把她送到医院。这样可能说我警察失职了，我没有坚守我的岗位，但是我是为了另外一个更大的利益，如果说领导要从法律上追究我的责任，我完全可以以这个作为理由，我是为了保护更大的利益，这样的一种抗辩完全是可以成立的，也可以免去你擅离职守的责任。我最近看到的一个案例，就是一个交警遇到一位无照驾车人送病人去医院的案例，这位警察在纠正违章后，就亲自送这位病人去了医院。

但是很可惜的是，这样一种法律制度，也是一个法律知识，在实践中不能得到很好的运用。当然这是在法律上需要讨论的一个问题，比如说紧急避险是刑法上一个非常明确的制度，那么在民法中有没有紧急避险的制度做抗辩理由？民法中紧急避险后的责任能否免除，可能需要根据具体的案情以及是否避险过当等因素来判断，但是他可以把它做抗辩理由。比如说我们经常举的例子就是大型旅游车的驾车人，在紧急情况下为了避免车掉下山崖，毅然把这个车撞向旁边的山墙上，这样一来，车可能遭到损毁了，人可能受到一些伤害，但车不至于掉下去，遭受更大的伤亡，这是紧急避险最典型的案例。这样的案例其实不是一个刑事问题，而是一个民事问题，这样的案件是不是要有相应的民事赔偿？这可能要有的。

然后我们来看行政执法，交通执法属于行政执法，行政执法有没有紧急避险的规定，这个至少在制度上是不够明确的。但是我觉得紧急避险制度应该是打通包括刑事、民事、行政执法的一个法律制度和抗辩理由，有些权利冲突就是可以用紧急避险理论得到解释的。我举这个例子是想说明法律知识是非常重要的，它可以帮助你处理紧急状态下的一些法律问题。还有一个典型案例就是前些年在陕南山区里面发生的一个案子，这个案子是一头野猪撞进一户农家，农户家里面有两个人，野猪已经把一个人咬死了，另外一个也处在危险中。护林人员这时赶到了，有枪，但是就是不能打，因为野猪是受保护动物啊，不能打，不能轻易开枪的，然后他们就逐层请示，等这请示程序走完了，另外一个人的生命也保不住了。所以这样的情况下我们也可以用紧急避险的理论来解决它，这是完全可以的。可惜，这一套理论在我们实践中运用得不是太好，所以就会出现这样的问题，这个是我想说的第二个大问题。

第三个观点，在法律实施中，培养公民的现代法律观念是关键，也是实现法治国家的观念、心理和文化基础。现代法律观念应该是一个包括古今中外法律历史和实践中总结出来的系统性、开放性的“图谱”，这个“图谱”目前至少包括 30 余种的观念种类

1. 现代法律观念“图谱”

在法律实施中，培养公民的现代法律观念是关键，也是实现法治国家的观念、心理和文化基础。中国法治国家的建设和发展，需要法学家对现代法律观念进行一个系统的、全面的总结，提出一个全方位的现代法律观念“图谱”，为实践中的中国法律观念现代转型提供思路和学习、借鉴之处，为中国法治国家建设的各个层面提供观念方面的扎实基础。古今中外的法律历史、法制实践以及法律观念的发展变化也给我们的研究提供了这样一种可能，使我们有可能系统地、全面地总结一下现代法律观念体系，提出一个全方位的、系统性的、开放性的现代法律观念“图谱”，这个“图谱”应该包括目前我们所能认识到的所有现代法律观念系统。

循着这样一个思路，我初步地概括，它们应该包括以下观念系统：平等、民主、自由、公平、正义、契约、人权、权利、尊严、责任、法制统一、权利限度、信用、选择、自愿、依法、合法、守法、自由意志、合意、对等、宽容、幸福、效率、独立、公平竞争、利益平衡、弱者保护、法治、宪政、权力制约、相对性、局限性，等等。

2. 对一些法律观念的简要解释

以上这个图谱我个人考虑了很多年。我也没有对这三十多个种类的观念进行很具体的逻辑上的划分，现在还不到做这个工作的时候。它们里面有没有逻辑关系、交叉重合关系等等，当然是有的。我们先列出来，再做下一步的工作。有些观念大家耳熟能详，但对其中的有些观念我可能需要做一下简单的解释，因为时间关系，我不可能展开。

首先是平等的观念。这一观念是被大家所普遍认同的，但在实践中的认识差异是很大的。我这几年写过很多关于权利平等保护的文章，大家有兴趣的话可以看一下，包括在学术层面、在实践层面，问题很多。实践层面比如像同龄退休问题，到现在也没解决。北京市搞了个规定（可能是国家的规定），我看到的是北京市的规定，副处级和副高级以上的女性可以延长到 60 岁退休，我说你这个规定本身也是违反平等原则的，为什么你副处级和副高级就可以，普通老百姓就不行呢？我们是为了解决男女不平等问题，却制造出个女性之间的不平等问题。前几年河南省平顶山市有一个姓周的女士，在银行工作，55 岁到了，银行让她退休，她不退，然后她就提出劳动仲裁，仲裁输了，她又提出起诉，一审、二审都输了。肯定要输的，因为她面对的是强大的国务院的行政法规，单位让她 55 岁退休的文件依据是国务院的行政法规。仲裁委员会也好，法院也好，不要说一个基层法院，就是最高人民法院也没有权力，至少在我们现在的宪政体制和司法体制下，法院没有权力去对国务院的行政法规作出一个裁决，因为这个直接涉及行政法规的法律效力问题。还有最近北京市有一个高校的女教授，学校叫她退休，她说有政策规定 60 岁退休，于是她就起诉，起诉后学校的抗辩理由是我们承认有这个政策规定，但是学校又有一个更充足的理由，说还要根据我的需要，虽然有这个政策规定，但我没有岗位需求，还得让你退休，这个案子还在僵持中。还有在平等的问题上，我们许多学者讲到主体平等一般都不会有太大的争议，但是具体到案件里面，讲到权利种类的时候观点差异就非常大。

民主的观念。民主的问题将会成为下一个阶段中国的主题词。最近《人民日报》连续发表了三篇社论，政治体制改革成为一个被重新提起的话题。我们也开了一些小型的专题座谈会，中国的民主还是一个要不断地发展和解决的问题。中国的民主问题在党的会议上强调的是基层民主，中国的民主是自下而上进行的，在基层放得是比较开的，比如村民自治、社区自治等。但是针对高层次的民主问题，还是有局限的。有所进展的是一些地方搞的副厅级干部的推选机制，如江苏等省市近年搞了一些公推副厅级干部的实验，南京每年都搞一次，其他城市也搞，还有一些大学选副校长等等之类的，还有干部的任用搞一些民主测评，但是这个和公选的民选的机制还不一样。

自由的观念。理解中国的自由一定要注意到，现代法律观念中的自由，一定是法律下、法律中的自由。法律下也好、法律中也好，这绝对不是一种奴役。就是说我们是一种法律社会，政治社会也是一种法律社会，你没有绝对的自由。如果要倡导绝对的自由，和自由的观念是不太吻合的，想做什么就做什么，那是不可能的，包括鲁宾逊在荒岛上也是受条件限制的，何况那种社会也是很少见的。所以，自由一定是法律下的自由或者法律中的自由。

公平的观念。有几对概念非常的接近，比如平等、公平、公正、正义等等，这些概念我们以前都做过一些比较，今天不详细讲了，它们的基本内容都是很接近的，但是其中也有一些细致的差别。现在公平的问题也成为一个重要的问题。财富的差距这么巨大，比如说我们这几年报道出来的保险公司的老总年薪6000万元，有些人说这个计算有问题，但是年薪几百万的确有其事，银行行长几百万的年薪，保险公司的老总，银行的老总，年薪过千万过百万这样的一种现象；另外一方面我国还有食不果腹的、看不起病的、上不起学的这样一些贫民阶层的存在。虽然我们不提倡绝对公平（没有绝对公平，人类从来就没有绝对公平，这也是一种乌托邦），但是这个公平要是差距太大，超出了社会容忍的底线，那也是有问题的，所以它是社会公平的调整机制。

正义的观念、契约的观念。契约的观念是一个非常好的观念。过去说人类社会就是一种契约结构，比如一个法律的产生，人类社会的组织结构，包括家庭的组织形式，家庭本身、婚姻本身就是一种契约。现在有意思的是，前一段讨论的一个问题是夫妻相互忠实的协议是否有效，实际上这个问题是把感情的问题契约化了，这是不是契约所能解决的问题？夫妻忠实协议，它不是解决感情问题，而是想靠契约来约束你的行为，然后来保证，如果你违反了契约，可能导致财产的流失。最高人民法院民庭的一个法官是长期从事民事和婚姻审判的，她也不同意这一条，她和我们讨论，说主张夫妻相互忠实协议有效的人说这是一个合同呀，谁又没有强迫你去签字。我说这虽然是个合同，但是用合同去解决这一类的感情性的问题，本身和这个问题的本质是差异的。

人权，人权的问题，人权的概念，人权的观念，权利的观念，尊严的观念，责任的观念。温家宝总理今年在人大会上提出“要使人民生活得更有尊严”。尊严怎么理解？温家宝总理给了一个全方位的解释，《北京日报》约我写篇稿子，就是写尊严的。我写了尊严问题首先是个经济发展问题，是个生存问题，真正要提高尊严，确实要建立在发展的基础上。我举了个例子，我们每个人每天要上班、上学，中国成千上万的人每天要挤公交车、挤地铁，尤其在炎热的夏天人挨着人，人贴着人，不分男女老幼，这个时候讲尊严都觉得是件很奢侈的事情。所以从这个角度讲，我们首先要发展交通，发展公共交通设施，使大家能在一个非常宽敞的、有座位的空间来乘交通工具。很多人都有这个体会，我也有这个体会。我们经常在讲，当一个人连肚子都填不饱的时候，他为能得到一口饭去乞讨，甚至去偷点食物，管它什么尊严不尊严，没有尊严可谈。所以，尊严首先是个生存问题。当然我不是停留在这个角度来理解尊严的，我理解的尊严主要就是人格的平等，我认为人格平等是体现尊严最重要和最关键的方式。我在文章里写到，上至国家主席，下到黎民百姓，人格上都是平等的。我还是严格地按照正统的马克思主义的观点来解释，就是人可以有贫富的差别，但是没有贵贱的差别。大家可能说你贫穷了，就没有这个尊严了，这可能是真实的，在现实生活中贫穷的人有时确实没有尊严，好像就显得很低贱，但是这是一个社会的反常态的现象，它不是一种常态的现象。一个理性的社会，一个有修养的、有教养的社会，人不应该有贵贱之分。贫富差别，我们永远消灭不了，但是贵贱是不能有的，所以我一般不太主张“贵族”、“精英”这样一些提法，在我的情感里我是抵制这些的，我不太用这些概念。我曾经写过一篇文章，对三大观念的反思，这篇文章很多地方都不太愿意登，最后登在中国民盟办的《群言》杂志上。我反思了三个观点：一个就是“落后要挨打”。因为当时中国驻南斯拉夫大使馆被轰炸后，我们的一些领导人就对着媒体向全世界讲这样的观点，我听了很不是滋味，为什么落后就要挨打？当然我们要建设和强大我们的国家，才能摆脱被动的、挨打的处境，所以这个说法从动机上、从出发点上讲都是没有问题的，但是这是公理吗？落后为什么一定要挨打呀？我想起我们国家在万隆会议上提出的处理国际关系的和平共处五项原则，你怎么解释？国家不分大小，不分贫富，不分强弱，一律平等。“落后就要挨打”是一个历史的实证结论，而不是一种公理。所以，我的文章标题就是“经验事实不等于公理”，它是一个经验事实。第二个观点我批评了“贫穷就要受欺”。我举了个案例，就是吉林省派了二十几个女劳工到中东的一个国家去做家务工，在这个国家受尽了欺凌，最后在大使馆的帮助下这些妇女才被解救回来。那些妇女到那里的待遇和处境，就跟当年的奴隶差不多。第三个观点就是“弱国无外交”。

这个问题和前两个问题有关系，1919 年的“巴黎和会”就典型地反映了这个问题。弱国为什么无外交？这是一种霸权和强权下的逻辑。所以我说，如果我们承认这三个都是公理，我们就回到了一个非常荒唐的逻辑上去，用英文表达就是“Might is Right”，即“强权就是公理”，这不是公理，这是历史事实。当然从一个国家的角度鼓励人民勤奋、发奋，建设自己的国家，强大自己的国家，是有它的意义的，但是我们不能把它们当作公理看待。

法制统一的观念。关于法制统一，比如说司法统一，我们前面讲到的同案不同判，就是在严重地破坏司法统一。有很多人为同案不同判辩护，还有很多辩护理由。其实，案例指导制度最初的出发点就是为了解决这个问题。你说它当初有什么很高的立意，很高尚的追求，并没有，就是为解决频繁出现的同案不同判现象。从河南省郑州市中原区人民法院 2002 年的那个试点开始，到后来扩展到全国的其他省市，我考察了好多省市的试点，包括天津的判例指导制度、成都的示范性案例制度，等等，起初都是为了解决大量出现的同案不同判的情况。为了解决这个问题，各地不得不寻找解决办法，因为它破坏了法制统一。

权利限度的观念。这个观念不是轻易地得出的，是我经过十几年的思考才得出的一个认识。因为过去我们说，只要法律赋予权利，我们应该无限地张扬，它不应该有限制。后来当我们的观察和思考成熟了以后，我们通过大量的事实才发现权利是有限度的。这个限度既有主观方面的因素，也有客观方面的因素，比如你有教育权，但如果这个地方没有学校，你到不了学校，你怎么实现这个权利？还有，你家里比较穷，父母没有钱供你上学，包括义务教育阶段都无法完全实现。前一段时间凤凰城出现的跳楼自杀的案件，我看了电视节目的调查过程，说她姐姐考上了中学，她父母就给她做工作，说家里只能供你姐姐一个人去上学，所以她才去温州打工，然后到凤凰去玩，就出了那件事，跳楼自杀了。所以，权利的限度是一个客观的存在，不是说法律规定了什么就完全能实现什么。法律上规定的叫法定权利，法定权利要实现还有一个过程，还有一段差距。如果所有的法定权利都实现了，那这个社会就相当美好了，就不需要再为它做什么了。恰恰是因为法律规定的权利在现实中有很多障碍，所以才需要社会为它去做些什么，才需要我们这些人的存在，才需要我们法律人的存在。所以，权利限度的观念不是轻易得出来的。我们过去说，权利至上，权利神圣，等等，喊了很多口号，喊口号很容易。后来我们发现，从客观上分析，权利是有限度的，权利的限度其实就是权利行使过程中所需要的各种各样的条件性。

信用的观念，诚信的观念，选择的观念等。选择是一个很重要的现代观念，也是一个现代的法律观念。比如我们的同学选择来法学所读硕士，这就是一种选择。当年我从西北政法学院来法学所工作，也是一种选择。当时我面临着很多选择，比如我可以到清华去，清华给我的 offer 发的比法学所还早，但我还是选择了这块地方，这也是一种选择。既然选择了，你自己就要承担你的选择带来的一切结果。

自愿的观念。自愿是我们民法中最重要的观念。自愿，合法，依法，守法等等，我就不解释了。

自由意志的观念。这个观念容易被误解。马克思、恩格斯在《德意志意识形态》里面讲到"法律是一种社会意识"的概念时，反对将社会意识解释成自由意志。什么是自由意志？马克思、恩格斯在他们的书里面有一个自己的权威解释，他们说"自由意志指的是脱离现实基础的意志"，即没有基础、没有根基。他们主要是反对把自由意志解释为没有任何基础和任何根基的东西。我理解的自由意志主要体现在精神领域或者思想观念领域，当然也包括行为，我们的行为是和自由意志相联系的。

合议的观念。有人说合议的观念和契约差不多，我觉得契约包含着合议，契约的概念比较大。合议就是我们做什么事情，在有很多主体参与的情况下才会出现的问题，凡有两个以上主体参与的事项都有个合议的问题。

对等的观念。大家可能在民事领域里较能接受对等的观念，但在刑事领域里能做到对等吗？我一直在考虑这个问题，要解决这一步，难度非常大。公诉人和被告人能对等吗？前几年关于刑事审判席位的设置，就出现了严重的争执。法官出庭，要所有的诉讼主体集体起立，检察院不同意。检察院说我和你法院是平级，我干吗要向你起立呀，他就不接受这样一个程序的安排，所以最后改成一起入场。其实这个问题的实质是：因为法官代表着法律，法官出庭时所有人起立，不是向法官起立，而是向法律起立，是代表着法律的尊严。但是，这个观念上的障碍仍存在。公诉人固然代表国家，被告人可能有罪，但我们讲的是一个诉讼过程。在法庭里面你即使代表一个强大的国家，但是你也是一个诉讼主体，而被告人是一个犯罪分子，他尽管十恶不赦，但在法庭上他是一个被告。被告人有他的诉讼权利，他也是一个诉讼主体，那么公诉人和被告人能不能处于平等的或对等的地位？让我们接受这样的观念是很困难的，非常困难，我们觉得冲击力太大了。一个犯罪分子怎么能够和我们国家平起平坐呢？其实我们变换一个视角，我们都是诉讼参与人或者叫诉讼主体，把它放在法庭这个场景下来看待问题。

宽容的观念。宽容是一个现代理念。宽容的社会文化基础是多元文化的社会机制的形成，宽容原本来自宗教。大家知道不同宗教教派之间相互屠杀，最后提出宗教宽容的问题。现在把它引入到法律的领域，把它看作一个现代的理念和现代的观念。但我们面临的问题往往是当我们要求别人时，我们会要求他宽容，但是我们自己能不能做到宽容呢？这个很难。现在大家对鲁迅的非议很大。鲁迅先生在他临死之前有一句话——绝不饶恕，就是他对他的敌人甚至他的论敌绝不宽容，绝不饶恕，因为他觉得这些人从来没有宽容过他，所以他绝不饶恕。最近有位鲁迅研究专家，北京大学的钱理群教授有本研究文集，书名就叫《绝不饶恕》。所以，每个话语都有它特定的背景。

幸福的观念。大家觉得幸福的观念太抽象，边沁的功利主义把幸福作为所有价值中的最高点，功利主义把追求人类生活的幸福作为它的最大的最高的追求、最高目标。

效率的观念、独立的观念、公平竞争的观念、利益平衡的观念，等等。利益平衡主要是在立法中体现出来的，我们的立法有很多方面体现了利益平衡。在司法中有没有利益平衡？在司法中也是有的。上海一中院每年有一个法院院长论坛，有一年的主题就是利益平衡。司法中的利益平衡，我在会上有一篇评论专门讲述过这个问题。

弱者保护的观念。弱者保护从什么意义上来理解它？立法上肯定没有问题。比如我们的《残疾人权益保护法》，我们的四大特殊主体保护法就体现了弱者保护。但有些我们不能叫弱者，尤其像《妇女权益保护法》，我们广大的妇女，半边天，不能把她们看作是弱者。但《未成年人权益保护法》，还有《老年人权益保护法》、《残疾人权益保护法》，至少这三大主体应该是弱者。

还有法治的观念，宪政的观念，权力制约的观念。

相对性的观念。相对性的观念理解起来比较困难，要对法律进行很深的参透之后才可能理解。尤其是权利问题，权利问题的相对性表现得非常明显。

局限性的观念。局限性问题主要表现为法律功能和法治功能的局限性，不要看得太高，太大，但是它应该被作为社会的重要的调节机制和国家目标。

时间关系我不一一展开了，时间也过去很多了。我今天把这些观念给大家先抛出来，至于它们之间的逻辑关系、相互关系我们可以再研究。我给你们讲的这些观念本身都可以做很多研究，你们有兴趣的话，每一个单独的观念都可以做研究。它是一个开放体系，可以往里面无限地加东西，但你要讲出道理，不是随意地往里面加东西。

现代法律观念是一个体系，是一个系统，而且是一个开放性的系统。我们应该对这些人类的精神遗产加以继承，不能轻易地对它加以否定。马克思主义者历来认为，文化是属于全人类的，我们党的决议对此都有明确的表态。我们要继承人类历史上、古今中外（不分中西）一切优秀的文化遗产。当然是不是优秀的，我们要有判断，要有鉴定，不能以符号化、概念化的东西来判断事情。所有这些现代法律观念对法治国家的建设都是非常重要的。法治国家是一个大的目标，它需要很多的机制，但是法律观念是一个基础性的东西，基础做好了，法治国家的每一个具体领域的工作做得就更好一些，法治国家的宏大目标就会按照它既定的目标实现。

今天利用这个很难得的机会跟大家做以上的交流，我希望能够听到两位评论人的严厉批评，更希望能听到各位的一些问题，好，谢谢！

冀祥德教授：刚才我们听了刘老师关于现代法律观念与法治国家建设的精彩讲座。今天我们有两位非常专业的评论人在场，在近期的法律学术活动中，应该说与两位博士最对题的就是今天这次讲座。所以我们今天专门配了两个评论人，都是法理学方面的博士后。下面我们就有请两位进行评论。有请孟涛博士。

孟涛博士：刘作翔老师是我们法理学研究领域的前辈，也是我们的导师。今天的评论是非常困难的。刚才听了刘作翔老师的讲座，我的第一感觉就是，这个讲座视野开阔，意境深远，高瞻远瞩，学术高深，特别是能结合具体案例，深入浅出，使人感到法理学并不枯燥，而且非常实用，听后我受益良多。下面我作一些评论，不当之处还请刘老师和各位批评。

第一，就是关于法律观念与其背后的国家体制。刚才刘老师说，现代法律观念像自由、平等、民主等是一个系统，是一个体系。我以前对这个方面的理解可能比较肤浅，就是在所有现代法律观念的背后，它所依托的是一个所谓的现代国家体制。在这个体制中，政府是有限的，国家是民主的，个人是自由平等的。我对于现代国家体制的历史发展过程进行过一些探索，我发现这个现代国家体制的形成是经过一系列的发展演化而来的。具体而言，就是国家与社会的分化，国家权力的分化，比方说将国家政权分化为立法、执法、司法，还有国家与行政的分化和社会内部的分化。所以说整个现代国家体制就是建立在这种结构分化和功能分化的基础上的。正是在这种结构分化和功能分化的基础上，像自由、平等、独立、效益等现代法律观念才能生根，才能真正得到落实。根据以上观点，我对我国的现状进行了思考和分析，为什么我国一直没有出现西方那样的结构分化和功能分化的国家与社会体制？自从1949年新中国成立以来，中国的国家结构一开始就演变成为一个全能主义的国家。也就是说，国家通过像计划经济、国有制、人民公社、各种公共权力、意识形态等等，全面控制了整个社会，实现了国家和社会的高度融合。在改革开放之后，这个全能主义体制转变成一种混合主义体制，也就是说，国家从一个全能的中央政府转变为中央和地方的全能政府，这个全能政府在中国只是地区分化，而不是结构分化和功能分化的倾向，这就导致了法制的不统一，因为中国只有地区分化，并没有结构分化和功能分化。在这个全能主义政府之下，政府可以说掌握了绝大多数的权力，像强制力量，像军队、武警、资产、税收、土地、宣传、学校、医院等等，政府的力量非常强大，可能会出现很多所谓的有法不依等现象，这就会给我们的法律实施带来很大的困难。因此，我认为，在中国还没有实现这种结构分化和功能分化的现代国家体制之前，中国的法治国家建设任重而道远，前途还是非常迷茫的。

第二，刚才刘老师提到的法治国家建设的重点应该是从立法到法律实施，他的这个观点我是完全赞同的。不过我觉得，这个法律体系还很不完善，中国的法律体系应该向着更为具体、更为微观的领域转移。比如说公共财政体制，比如说拆迁问题，还有一些突发事件、紧急事件，等等，我希望大家注意到，在中国处理突发事件，它的依据是什么，它的认定是什么？可以说，它的认定不是法律，而是应急预案，可以说是应急预案在起作用，中国的法律体系在应对突发事件方面存在巨大的空白，法律体系没起什么作用。所以我认为，中国的法律体系还需要不断建设，还要努力。

第三，刚才刘老师提到，当前在中国的法治国家建设中规则意识是最重要的。这个规则是什么？按照法治要求，规则应该是良法，而现在中国有些规则制定得还不太合理。比如说拆迁条例，如果严格执行这个规则的话，它的后果会令人不大乐观，至少在一些案例中会令人不大乐观。另外在一些具体案例中，权利意识也是非常重要的，尊重他人，平等对待他人也很重要，比如说在拆迁中或城管中，打人现象非常多，我看了以后就困惑，这些人为什么没有一点尊重他人的意识呢？所以我觉得，在法制建设中，权利意识同规则意识是同等重要的。还有，刚才刘老师说规则意识可以培养。我的问题是培养什么样的人，是当权者还是一般老百姓？如果当权者不守规则怎么办？

第四个问题涉及民主、人权、权利等的讨论，这个问题我是完全赞同的。关于民主，一些人提出中国的民主是协商民主，但协商民主的双方地位是不平等的，所以，还应该发展参与民主。

第五，在以上的基础上我觉得由于中国全能主义政府的存在，没有结构分化和功能分化，只有地区分化，最终导致了法制的不统一，形成了司法的地方保护主义。所以，只有在国家结构分化和功能分化实现之后，我们才能真正实现法制的统一。我说完了，有什么不当之处，希望大家指正！谢谢！

冀祥德教授：刚才，孟涛博士对刘老师的讲座发表了他的一些看法。有的呢，他是完全赞同的，有的呢，他也提出了个人的一些看法，比如说权利意识是不是与规则意识可以相提并论？后面刘老师会对这些问题有一些回应。我们现在再请田夫博士做一个评论。

田夫博士：刚才有幸听了刘老师的讲座，但是，今天主持人给我这样一个评论的任务，我觉得这是难度最大的一次。因为我有一种盲人摸象的感觉，非常无助。其最根本的原因在于我和刘老师在知识上的极大的不对称性。大约在2004年的秋天，就像你们这样，那时候我在一年级学习法理学课程的时候，我们老师有一个法律文化的专题，当时老师第一句话就说，关于这个专题你们看一看刘作翔教授的《法律文化理论》就可以啦。下面我作为一个晚辈，谈几点体会：

第一，今天刘老师的讲座体现出一种战略的宏观性和战术的微观性的结合。因为实际上他是在思考整个中国法治发展的一些战略性问题。但是我们会发现，刘老师用很大的一段时间讲了"交规"这样一个非常细节性的问题，又进行了很细致的分析，给我留下了深刻的印象。

第二，刘老师表现出一种思维的复杂性和深刻性，他反对这么一种从立法倾向向司法倾向的转变。如果我没有误解刘老师的话，刘老师是在不点名地批评我母校的一些老师的主张。这给我一个非常大的启发：难道中国的问题就是像立法和司法这么二分那么简单吗？我们知道，托克维尔说过一句话："在美国，所有的政治问题最终都可以变为法律问题来解决。"如果我们从司法意义上来理解法律的话，中国是不是也到了这样一个关口呢？其实，刘老师从法律实施这样一个整体的角度，即执法、司法、守法、法律监督四个环节来讲，我觉得，他其实是凸显出了转型期中国法治问题的复杂性，或者，我套用捷克作家米兰·昆德拉的一句话，"司法难以承受如此之重"。

第三，刘老师表现出一种思考的体系性和结构性。刚才我已经谈到，刘老师花了很大一部分时间去谈论了"交规"的问题，规则意识的问题，这是他强调的第二个要点，第一个要点是立法和司法的简单划分，其实这两个要点之间存在着一种结构性的关联。我不知道同学们注意到没有，正是因为他强调不能简单地从立法倾向转到司法倾向，正是因为他提到了法律实施过程中的守法问题，而且对守法作了一种广义的理解，所以规则意识才会被作为一种守法的核心的法律文化理念。

第四，刘老师表现出了一种视野的全局性和开放性。他提出了一种现代法律观念，我将它视为一个尚未完成的图谱。我们知道，有的学者竭力要论证社会主义法治理念与资本主义法治理念的区别。我注意到，刘老师在开具的这样一个非常长的现代法律观念的"清单"之中，并没有过多地强调这样一种中西的划分，恰恰相反，他强调我们要立足于古今中外的开放性的立场，所以我认为这体现了他视野的全局性和开放性。更重要的是，我认为这是一条非常正确的路线。比如说，当我们讲到民主的问题，刘老师提出它会成为下一个阶段中国的主题词，然后他又谈到了前不久《人民日报》关于政治体制改革的社论。再比如说，刘老师谈到尊严的问题，讲到了"落后就要挨打"的问题，这令我想到了我们很小就耳熟能详的三个形容词，哪三个形容词？就是我们要建立富强、民主、文明的社会主义国家，难道真正要等到富强了我们才能民主和文明吗？其实，作为一个现代国家的公民，最重要的素质是文明。刘老师也谈到了教育的重要性，这个我就不多说了。关于宽容的问题，我们就会发现，为什么我们的毛主席那么欣赏鲁迅？毛主席说："谁是我们的朋友，谁是我们的敌人，这是革命的首要问题。"而我们的鲁迅先生说："朋友的朋友是朋友，朋友的敌人是敌人。"所以今天刘老师的讲座，表现出了上面的几大特征。

但是，我对刘老师讲座中的一个观点也有一个小小的疑惑：当他在讲到规则意识的时候，他利用了紧急避险理论。我可能误解了刘老师的意思，这可能在规则意识问题上并不是一个非常有说服力的论据。因为刘老师说，法律意识的培养、规则意识的培养需要与一定的法律知识相结合，他刚刚在演说中讲到一个例子的时候说到要层层上报，这也是一种规则。而紧急避险的理论，我认为恰恰对法律知识要求比较高的，一般的公民要达到这样一种高的法律知识是很难的，这可能是一种疑问。因此，我认为不能用这样一个"野猪案"，用紧急避险理论来论证规则意识，我觉得这也许不是最妥当的。我不知道自己在这个问题上有没有误解刘老师的观点。

最后我想对孟老师的两个观点作出回应。第一点就是他谈到了一个国家与社会关系的问题，这是一个很有意思的问题。1949 年以后，中国的确进入了一个全能主义国家的时代，但是我们也不要忘了，自 1978 年以后，随着市场经济的发展，国家与社会的关系正在重新开始变化，而且我认为，孟老师提出的结构分化和功能分化在中国已经开始,它正在进行之中。这就回到了我们宪法的第二条,一切权力属于人民。其实,这也就是刘老师在现代法治理念中讲到的一种契约精神,中国宪法第二条就是社会主义版本的社会契约论。最后一点,我个人认为,规则意识与权利意识并不矛盾,恰恰是规则构成了权利的规范基础,恰恰是规则对我们构成一种理性的约束和规制,而且离开了这种规则,权利也无从谈起。

谢谢大家!

冀祥德教授:刚才田夫博士对刘老师的讲座进行了一顿猛烈的表扬,也对刘老师的一些观点提出了质疑,并对孟涛博士的评论进行了再评论。下面,请同学们先提问,然后由刘老师一并回答。

提问与回答:

提问一:刘老师您好! 刚才您谈到的规则意识让我印象很深刻。我就想到中国是一个人情大国,然后又想到另一个问题叫作人情意识,比如说两个人发生了交通事故,不是通过法律途径处理,而是互相拿起电话来找自己的关系,这也是法律观念不太强的一种表现吧? 还有就像我们这些受过多年法律教育而且我们很多人以后也会从事法律工作,但法律意识可能还没有根植在我们心里,我们也会碰到类似问题,刘老师能不能对碰到这些问题时,如何处理规则意识和人情意识的冲突作出些指导。

提问二:我想问冀老师一个问题,从法理学的视角看,同案同判是一个目标,还是目的? 谢谢!

刘作翔教授:我先作些回应,希望一会儿能听到更多的问题。

首先感谢孟涛博士和田夫博士的评论。我用很简短的时间针对以上的问题来谈一下自己的理解。

孟涛博士的第一个问题是法律观念和其背后的国家体制,这是法律观念和国家现状问题。我讲的有些观念是传统的观念,比如平等的意识是中国自古就有的,但是很多观念是现代观念,是和西方观念的输入分不开的,我们不隐讳这一点。所以在某种意义上,我们更多的是要确立这些观念,来完成这些观念所包含的国家目标。现有的国家体系没有给我们提供这些东西,他讲到一定的观念与一定的国家体制是相关的，这一观点是没有错的，但是当一个国家、一个社会没有生长出、没有提供给你这些东西的时候该怎么办？我们只能通过其他手段来逐渐地塑造这些东西。这是一个非常漫长、非常渐进的过程，也不是一天两天能看到的。当然，我们也要看到中国在进步。我在山东人民出版社 2004 年 12 月出版的《法学家茶座》第 7 辑发表了一篇文章，题目就叫作"中国正在进步"。我列举了两个案例：深圳到广州的火车误点了，有 7 个人买的广州到杭州的机票就作废了。他们就向广州铁路局提出要赔偿，铁路局说我只能赔你火车票，机票按惯例是不能赔的。但他们说你影响了我们去杭州的签约，造成了我们的损失，你应该承担责任，这样，经过交涉，铁路局同意补偿，就重新给他们买了 7 张去杭州的机票，"铁老大"也说这在我们铁路系统是第一次。这件事没有经过法庭，是直接通过双方交涉后自动补偿的。与此对照的是一个和政治相关的国外的案例：俄罗斯有一列火车为了迎接金正日访俄而延误了，结果把一位旅客的全家旅游计划打乱了，他就起诉了俄罗斯铁路部门，要求补偿他的损失，这是个行政诉讼，最后官司赢了。我当时看到这个案例时很感慨：好家伙！在中国为政治事件让路都是天经地义的，还补偿啥呢！结果过了一段时间我就看到了前面讲到的那起因火车晚点赔偿的案例。所以我们说中国正在进步，这种进步是通过一些很微妙很具体的事来表现的。法治国家是我们的一个国家目标，是未来国家治理的一个国家结构，这样一个国家结构的形成条件现在还远远不具备。最近在中央政法委的座谈会上我谈了一个观点：原来在 1996 年提出建设法治国家时大家是信心满满，以为在很短的时间内我们就会形成一个什么什么样的局面。但是经过 15 年的实践和观察，至少从 1996 年到现在，我们变得越来越悲观。中国人治传统的影响不但没有削弱，而且越来越严重。法治在某些领域是有进步的，但是在很多领域很难说有很大的长进，尤其在法律意识方面。中国人的法律意识的提高到底是一个真实的情况还是一个虚假的现象？从诉讼率提高看好像权利意识在增长，但是从整个社会生活领域尤其是政治生活和经济生活领域来看，很难看到它是一个真实的情况。法律观念和国家体制的关系是：我们要通过各种努力，包括通过培养和树立公民的现代法律观念来实现法治国家的国家结构目标，而不是说等国家结构已经具备了这些条件我们才能具有现代法律观念。当然，法治国家的建设是一个综合的多因素多机制作用的结果，不仅仅是法律观念的作用，但法律观念起到基础性作用。它们之间是互相影响、互相作用的。这是第一个问题。

第二个就是法律实施战略转移的问题。这个没有太多争议，我一再声明战略的转移不意味着立法不重要。要在立法里面找问题，我们可以找出一大堆来。我其实一向不太愿意谈什么中心啊、战略转移啊等概念，我过去一直强调我们的法治发展应该是一个全方位动起来的机制，哪一环都很重要。当然现在我们提出的所谓战略转移，是指法律实施这一块的问题可能更严重。如果我们制定的那么多的法律都不能实施，等于白纸一张，没什么用。法律要在社会生活中起作用才是法律，不起作用和白纸一张没有什么区别。所以我们是从对现状的分析得出这个结论的，这并不意味着立法的任务就完成了。我们在人大法工委讨论时就不同意把它当作一个政治目标来宣布，我们说宣布了很被动，现在用"基本完成"、"即将完成"，以后用什么名词来叙述它。所以说从辩证法的角度、从社会发展的角度这样讲，它也是一个不科学的东西。我觉得这个没有太大的分歧。立法里面的问题，包括全国人大的立法规划，十一届的立法规划还没完成，"十二五"期间还会有立法规划。立法规划本身就意味着立法有一个不断完善，立、改、废，不断补充、不断修改的艰巨任务。当然刚才孟涛所谈的一些问题都存在，预算的问题、公共财政的问题、突发事件的问题等等，现在很多法律也都在做，包括劳动教养制度的改革等，都在做。

第三个问题是关于规则的理解，这里面可能有一些理解上的问题。我所说的规则意识并不是很被动的，好像就是公民守义务、履行义务的这一层面。我在前面的讲座中讲到，我所说的规则意识是指对规则的执行和遵守，它是一个涵盖很广泛的概念，对规则的执行和遵守贯通法律实施的所有领域。行政执法中需要规则意识，司法活动需要规则意识，公民守法更需要规则意识，法律监督也离不开规则意识。上海的火灾、河南的"12·7"瓦斯爆炸案、山西的矿难、深圳的火灾，等等，各有原因，但归结起来都是因为不守规则而导致的。不守规则所导致的人间悲剧，正在不断地上演着。我在过去写《法理学》统编教材讲守法概念的时候，强调公民通过法律来实现自己的权利也是对法律的遵守。我们过去常把守法理解为被动性的，通过对法律的遵守来实现自己的权利也应该包含在里面，所以守法也包括公民运用法律来捍卫自己的权利，我觉得这没有太大的分歧。权利意识当然很重要了，遵守规则对于权利的保障和实现也是很重要的一个方面。我所说的遵守规则，其实是一个很宏观的对我们所制定的法律的一种全方位的在社会生活中的贯彻和落实。这里面就包含着十分丰富的内容，我们把它归结为规则意识。这个规则意识其实是一个"空洞"，这个"空洞"只有在每一个具体的事件、行为、过程中才能有一个具体的展现。它并不是说我守规则就行了，在不同的法律、不同的事件、不同的纠纷中，它反映的具体的法律内容是不一样的。

接下来的一个问题就是紧急避险问题。我主要强调法律的观念与法律知识是相关的。你不掌握相关的法律知识,你的观念就是空洞的,可能是没有内容的观念,所以我是在这个意义上讲的,如何培养的问题就更没有什么分歧了。当权者不守规则怎么办?我一再强调我用的概念是公民概念,上至国家主席下至老百姓都是公民。这里还有一个问题,在10多年来我们的讨论中一直存在这样一个问题:我们经常用这样一个提问来逃避我们自己的责任,我非常坦率地谈这个观点。大家经常会问到"谁来监督监督者"这样的问题,你说这是不是一个问题?这是一个问题。但是好像当我这个高明的问题提出来以后,前提性的问题就被掩盖了,就被忽略了。"谁来监督监督者"这一问题把重点转移到监督者这一块,监督者所监督的被监督者那一块儿的问题好像就可以被忽略了,我觉得这是一种对责任的逃避。监督者固然需要监督,它自会有一套监督的方式。比如香港的廉政公署,最近香港廉政公署的一名职员就被抓了。在中国还有一种比较时兴的观点,说法律主要是治当官的,不是治老百姓的,说过去法律主要治老百姓,不是治当官的,说这是我们法律很大的一个误区,现在我们应该扭过来,法律主要是治当官的。我认为这些观点都是不科学的,法律是一种普遍性规则,这种普遍性规则对它所适用的对象都应该有效。当然某一部特定的法律,比如反贪法,它有特定的对象,它有专门的对象。所以,这样的问题有时容易把一些真正的问题掩盖了。"当权者不守规则怎么办",当权者不守规则肯定要有相应的规则体系,该怎么办就怎么办。但是我们不能说当权者不守规则,老百姓就可以不守规则,我相信孟涛也不是这个意思。最近人民大学的一位教授写了一篇文章,说在中国古代有一种民贵的思想,他的文章题目当然也是很尖锐的,"只有敢于批评人民的人才是真正有胆量的人"。因为谁敢批评人民啊?!人民永远是正确的。但是你们去看看孟德斯鸠的《论法的精神》,孟德斯鸠在《论法的精神》中明确地讲到群体也会腐败,说人民也会腐败,谁会想到这样的问题?民粹主义在中国还有很大的市场,我们现在的很多事情和民粹主义是相关的。"人民永远是正确的",这样的结论从哪儿来的?有没有论证基础?当然,让你们来接受这样一个问题有一定的难度,需要一定的历练和阅读,才能达到这样的高度。

民主的问题。孟涛谈到的协商民主、选举民主、参与民主等,这是近两年在民主问题讨论中提出的一些概念。其实我对这样一些概念是不太赞同的,因为对这些问题的讨论把真正的民主问题架空了。围绕选举民主和协商民主的概念大家争来争去,有些人搞点折中,说中国应该是二合一,有的人说应该是单一的,等等。这样的争论把真正的民主问题掩盖了。民主的问题谈起来应该是很复杂的，绝不是这样一些概念所能解释的。民主是一个普世的价值，是一个普遍的理念。但是这样一个普世的价值、普遍的理念到一个国家、一个社会之后怎样具体化？它就自然会产生一个具体的模式。我同一些很资深的专家讨论，我说你要反驳掉“反普世民主价值观”这一方的观点，你就必须要谈民主的模式，你不谈民主模式，只谈民主是一种普世价值，空洞来空洞去，说服不了任何人。因为民主在一个具体的国家里面是有具体模式的，那就自然会有一个比较，是美国的好，还是中国的好，还是印度的好，还是哪里的好？这个问题自然就出来了，你要回答这个问题。

第五个问题刚才田夫也解释了一下，地区分化和结构分化的问题，法制统一问题。其实我觉得在国家结构和法制统一之间确实有密切联系，但是也不是一个完全对应的关系。因为目前中国的国家结构是确定的，就是单一制的国家结构。我们的法制统一，也是建立在这样一种单一制的国家结构和理念基础之上的一个自然的产物。当然现实中出现的许多问题，包括司法的地方化，是有宪法的支撑在里面的，这是需要我们另外讨论的一些问题。我们在宪法结构中找到地方化的根源，还有现实中的一些制度性的根源，但是这并不影响我们对法制统一的追求。法制统一其实不仅仅是一种观念，还是一种国家制度要求，是一种法治要求，是法治国家概念里面必然的一个要求。因为在一个统一的法律体系之下有那么多不同的判决，是讲不出道理来的。有些人用发展不平衡来作解释，这种解释在有些经济型犯罪案件中是可以作解释的，但是在暴力型等刑事案件中没法用发展不平衡作解释，解释不通。所以非常感谢孟涛博士，他的一些问题也启发了我对一些问题的思考。

田夫博士的问题，前面一段对我是极大的鼓励，我非常感谢，后面就是关于紧急避险理论的。我是想说明这样一个问题：紧急避险理论不是用来说明规则意识的，你的理解是准确的。我不是用紧急避险这个案例来说遵守规则的意识，而是说一定的法律知识的掌握对于你运用法律是有好处的。如果我们的交警掌握这样一个知识体系，他在具体的执法过程中就不会出现这样一个悲剧。前一段时间我看到一个同样的案例：一个交警遇到了无照驾车的事，驾车人也是要送病人。拦住以后，发现这个人无照驾车，这位交警就亲自驾车送病人，当然他不一定懂得紧急避险，他是出于一种本能或良知，他也没有很高深的知识。所以，紧急避险不是用来解释规则意识的，它是用来解释作为一个执法人如果掌握一些法律知识的话，他的执法效果会更好一些。

下面这个同学提的人情意识和规则意识，有时候经常是打架的，比如交通违法，找熟人其实就是想私下了结，比如说该扣分的不扣分，该罚款的不罚款，经常有通过关系来逃避应该履行的责任的人。我们前面讲到那么多现代法律观念，有一个就是责任意识。现在交通法规也提倡一种自我解决，就是事故发生后在一定范围的案件你们自己解决，但那是在规则的范围内解决问题。这种人情意识即找关系来解决问题，和我们所倡导的规则意识的冲突是很大的。作为法律人，我们还是倡导大家遵循我们所倡导的现代法律理念，因为它和好多观念是冲突的，不光是规则，比如责任意识等，首先违反公平原则啊，你有熟人，我没有熟人，那怎么办？这就是对法律的逃避，就等于逃避责任嘛，这种逃避就纵容了你的违法行为，这对社会造成的危害是显而易见的。这个问题不是一个高深的问题，但是在现实中处理起来可能对每个人是一个考验。

下面一个问题是给冀教授提的，请冀教授来回答。

冀祥德教授：我也想利用这个时间说两句。杨博士也提了一个问题，其实本来对于法理学这样一个高深的问题我是一个门外汉。好在听了刘老师的讲座、两位法理学博士的点评以及同学的提问、刘老师回答的启发之后，我有了一点体会，所以说不敢谈评论或总结，我谈一点自己的学习体会。谈三点，我把它概括为一点评价、一点思考、一点建议。

一点评价，就是刘老师今天在他的讲座中谈到了我们未来法治建设的中心或者我们主要的行为指向应当从立法转向法律的实施，也就是有的学者提出的从立法中心主义转向司法中心主义的时代，即改革开放前 30 年和今后 30 年划时代划分的问题。对于这个问题，我从刑诉法的角度是这样认识的：目前在有关刑事法律的立法与司法中可以说确实要以法律实施为主，这个判断是非常正确的。有一个例子，2008 年 6 月 1 日，我们《律师法》的实施，《律师法》应该也属于我们 237 部法律之一。但是这样一部为全国人大常委会修订后的新法律，号称是解决了我在 1998 年提出的刑事辩护三难的法律，但是至今它实施的状况是非常令人遗憾的，以至于一个去珠海办案的北京律师去会见犯罪嫌疑人，居然可以按照《律师法》第 33 条的规定，仅凭着他的律师执照和当事人的授权委托书就见到了被告人，他感到非常手舞足蹈。于是他回来告诉我，建议司法部和中华全国律师协会联名为珠海市人民政府请功。于是我就在想，一部法律自颁布以后很重要的一个方面就在于它的实施。《律师法》在全国绝大部分地区得不到实施，在珠海得到了实施，这样任何一个看守所都应该履行的义务却变成了律师眼下的一个请功行为，我感到这确实是一种悲哀。它从另一个方面也印证了刘老师今天谈到的一个观点，那就是法律实施的问题确实比立法的问题更重要。但是同时我们也应该警惕，是不是现在所有的立法都已经完善了，只需要实施就可以了？这就涉及关于我们刑事诉讼制度中刑事辩护制度30年来一个如何评价的问题。我们学界和律师界有两种截然不同的声音：一种认为我们现在的刑事辩护制度已经和国际规则、和西方法制发达国家的辩护制度不相上下，只需实施就行了；另外一种观点认为，我们现在以《刑事诉讼法》为基本法律规定的刑事辩护制度以及我们修订后的《律师法》，仍然和刑事辩护的国际准则、法制发达国家的一般性的刑事辩护规定还有相当大的差距。比如说关于不得强迫自证其罪的原则，这在国际规则中几乎是所有法制发达国家都将其作为一个宪法规则确定下来的，沉默权是作为不得强迫自证其罪规则下的一个体现。但是我们翻开我国的宪法、我国的刑诉法以及还没得到彻底实施的《律师法》，你却找不到这些最基本的规定。难道说就是不相上下，只待实施了吗？我带领我的一个研究团队通过调研发现，我们得出若干个数据，最近这个课题也刚问世了，两个观点都有偏颇。它就告诉我们，在我们从宏观上肯定以法律实施为主的这样一个时代到来的时候，我们还要清醒地看到，在法律实施之外还有诸多法律不健全的问题。我们不能顾了一头忘了另一头，这就是我的一点评价。

一点思考。刘老师在他的讲座中谈到现代法律观念是一个体系，是一个系统。刘老师讲座的高明之处就在于他没有把今天讲座的结论告诉大家，而是引发大家对这一问题进一步思考。刘老师讲座的题目是：现代法律观念与法治国家建设。如果说现代法律观念是一个体系、一个系统的话，由自由、公正、平等等32个子系统组成，缺少任何一个子系统，所谓的法治国家建设都是不完全的或者是还没建设成的。在这里，我斗胆地将刘老师提出的观点与我提出的刑事辩护“木桶说”来进行相连。刘老师提出的32个系统也可以理解为法治国家建设这个“木桶”的32块木板，而32块木板肯定有长有短，只有备齐了32块木板才能盛水，不能盛水的木桶显然不是法治国家意义上的木桶。最短的木板使容水量为零或接近为零，那也不是法治国家的木桶。于是这个问题的思考就和杨博士的问题联系起来，同案同判是目标还是目的？因为在大千世界、古今中外没有绝对的同案，所以不可能产生绝对的同判，这是一点。那为什么提同案同判？像刑事辩护的木桶说所讲的那样，刑事辩护是刑事法治的木板中最小的那一块，刑事辩护是控辩双方对等、平等的问题，我的博士后的报告是《控辩平等论》。控辩平等就像同案同判一样，也像我们在刑事诉讼中保障人权和惩罚犯罪一样，它永远只能是一个目标追求，是不可能实现的一个绝对的目的，控辩平等也是我们诉讼的一个追求。而控辩平衡就像这个笔放在这个位置上，平如水是这样一个平，而平衡呢，即使是这样一个状态，只要它掉不下来，那就是在法治的状态下。如果一方掉下去了，这个状态就打破了。平衡是目的，平等是追求，我不知道我这样一个解释是不是回答了杨博士的问题。那么这个问题的进一步思考就是，32 块木板也好，32 个体系也好，刘老师因为时间关系没能讲，我们能听出来目前这 32 个系统显然没有完全形成。这个法律观念与法治国家建设之间的关系就是一个皮毛的关系，也就是"皮之不存，毛将焉附"的关系。有这样一个结论，如果没有现代法律观念形成的话，法治国家建设就是一句空话。那么我们就想到另一个词，我从一点评价中得出一个结论，我们要清醒地看待从立法时代向法律实施时代的转型。一点思考得出的结论就是四个字：任重道远。我们现在的法治国家建设要从现代法律观念的培植上开始做起。所以对我们同学来讲，这真的是一个任重道远的问题。

一点建议。刘老师在他讲座中提到规则意识是我们面临的一个最大的问题，他又谈到一定的规则意识和一定的法律知识是相联系的，我对这两个结论性的判断是非常赞同的。在我出访的国家中，我们现在确实是最不讲规则的一个群体。我在多伦多大学访问期间所看到的闯红灯的人都是我们中国人，我从美国回国进入中国境内时看到的排队的人都是外国人，不排队的都是中国人。回国后我开车到河北顾城去办一件事，因为刚从国外回来，规则意识特别强，结果六点钟的时候看到红灯亮了，在县政府的十字路口我就停下了，后面的车按喇叭，我就想按喇叭干什么呢？我没反应过来，这个车一转方向盘就超过我了，开着窗子就喊了句"傻×"什么东西。我就想刘老师说的一定的规则意识与一定法律知识相联系，确实是这样的，但有时候也不相联系。所谓的不相联系，我想调侃大家一下，比如说上课迟到，动辄不请假的问题，我觉得这是一个非常简单的规则意识的问题。大家上幼儿园、上小学的时候都知道哪天发烧让爸妈给幼儿园老师请个假，现在都上研究生了，如果说一定的规则意识与一定的法律知识相联系的话，你们在这个问题上应该做得很好。但今天早晨九点钟到九点一刻，我就站在办公室看楼下，九点钟之后还有很多同学陆陆续续地往教室走。刘老师说的一定的规则意识与一定的法律知识相联系，在你们身上出现了反证。当然了，我还想到一个问题，就是遵守规则是一件比较困难的事情，不遵守规则即懒惰是一件最容易的事情。世界上哪件事情最容易做？懒惰。想想你们来到研究生基地度过的一个个晚上、一个个周末，早晨睡到十一二点钟，中午叫一个外卖，下午一通游戏，第二天再睡到十一二点，这个周末就这样过去了。我们这种懒惰的方式过去多长时间了。早八点读英语的同学越来越少了，自我的规则意识、自我的培育意识越来越弱。于是我就产生了一点建议，也是四个字：及时当勉。我的一点评价就是我们要清醒地看待我们的法律实施问题；一点思考就是现代法律观念培植与法治国家建设任重道远；一点建议就是我们同学从对待听课、对待每一天开始培养规则意识应该及时当勉。这算是我的三点学习体会，看看同学们还有什么问题。

提问三：刘老师您好！我这个问题存在比较久了。本科学习的时候我们老师指定读您的一篇文章叫作《转型时期的中国社会秩序结构及模式选择》。在读这篇文章时我一直有两个问题没弄明白，一个问题是您在这篇文章中对中国社会秩序的分析主要是从两个方面入手：一个是实际的社会层面；一个是制度层面。在制度层面，您认为中国已经进入现代社会状态了；在实际的社会层面，您举证了费孝通先生在《乡土中国》所论述的，就是说中国社会仍然处在从乡土社会的蜕变之中，从这方面您引申出了我们的法律秩序仍处在一个蜕变过程之中。综上，就这两个方面您得出一个结论，今天我把这个结论特意看了一下，结论是：中国现代化建设事业及实现现代化和法治国家的目标和任务也就成了无的放矢了。我一直不明白，您已经承认我们在制度层面已经达到了现代社会的标准，在实际的社会层面，我们又在向现代化国家过渡，就是说我们既有一个制度指导，在这个制度指导下有一个方向，这就是有的放矢了，我不明白您得出的结论为什么是无的放矢。第二个问题是您给读者留下一个思考的空间，中国选择法治社会作为秩序模式是不是出了什么问题？这又是需要研究的一个问题，您所提出的问题之中我只发现了法律运行中所出现的问题，如果您还有其他问题，希望您给我讲解一下，如果您对这些问题的解决已经思考出了解决的方法，也请您给我说一下，谢谢！

刘作翔教授：谢谢你的问题！很感谢你当年的阅读，还把它记忆得那么深刻！我还是坚持当年的判断，我说的我们的制度形态是现代形态，大家要准确地理解这句话。所谓制度形态，就是我们刚才说的整个法律体系框架，要考察中国的制度形态，首先要考察我们的法律体系框架。但是在现实层面我们还没完全步入现代形态，也就是说现代的制度形态和现实有一个反差，这个反差是什么原因造成的呢？那是一些非常复杂的原因，经济发展、政治发展，包括我们今天所讲的观念形态都在其中。我最后的那个结论我觉得没有错，如果我们不是这样来分析中国所真正存在的问题，尤其是观念形态这个问题，如果我们不是这样来提出问题、解决问题，我们就成了无的放矢了。这是一种反问式表达，我想表达这样一个意思，我们对中国社会的分析要建立在法律状态与实际状态差异化的结构之上，我们要找到问题的真正的症结，看问题在哪里，只有找到问题，我们才能去解决它，找不到问题，我们就没法去解决它。第二个问题是我文章前面的一段话，我用一种反问的方式提出：中国选择法治国家是不是出了什么问题？当然我在文章中也交代了这个问题的背景，当时一些人对中国法治国家的战略选择包括以立法作为主导路线的这样一个法治战略选择提出了质疑，我里面重点引了梁治平的文章。我这句话是针对这个问题的背景提出来的。当他们提出质疑后，我们就要考虑中国选择法治国家是不是出了什么问题？我们需要对这个问题进行考虑和研究，所以这是针对一个问题的背景发出的反问。因为当时梁治平的几篇文章在《读书》等杂志发表，他其实是对中国走现代化的法治路线提出了一个批判，他主张中国有自身的运行规则，农民有天赋的秉性，我这篇文章的重点是针对他的这些观点来分析的，主要针对他认为的中国的法治国家是国家主导下的一种法治选择，而不是社会的法治选择，他是批判这样一种法治路线的。那么我们现在来看，中国的现代化建设本身就是政府主导型的，中国的法治发展如果离开政府的推动，而靠民间自下而上地进行恐怕不行。中国的整个现代化发展道路，法治发展道路及其走向不是一种人为的结果，而是一个客观的定在。感谢你还记得当年的这个问题，但是我当时提出的观点到今天仍然没有变化。我们的制度形态是现代的，所谓现代的就是指和国际上没有什么差别，我们的宪法结构、民法结构、刑法结构等等，不是停留在古代封建社会那样一个还存在着酷刑肉刑等残酷的刑罚的制度上的，我们的制度形态已经现代化了，但是我们的现实、我们的观念还没有现代化，所以我提出了一个二元社会结构理论和法律文化的二元结构理论。这是一步步推出来的。

提问四：老师好！老师刚才说在法律实施中法律意识是最基础的，在当前的法律状态下，在司法中，是严格遵守法律规定，树立法律权威，只追求一种法律效果更有利于公民法律意识的培养，还是说主动发挥法律的能动性，追求一种良好的社会效果，使公民相信法律能更好地解决现实问题，更有利于公民法律意识的培养？

刘作翔教授：其实你提的这个问题过多地受了我们国家这一两年一些命题的影响，法律效果、社会效果是一个典型的中国式问题。我个人认为法律效果好，社会效果也应该好。但是有人现在提出一些反论，说法律效果好社会效果不好，提出能动司法等。我这一两年还在一些政法系统讲课，我说司法再能动，案件起诉不到法院，你能主动吗？不告不理，这是一个天经地义的国际诉讼规则。民事案件也好，自诉案件也好，法院是不告不理的，虽然他们对能动司法做了很多解释，但和行政执法是有区别的。我们的司法过程和法律规定现在可能有一些问题，但是要拿到具体的案件中去分析。我不太愿意抽象地谈问题，我喜欢讨论从具体案件中发现出来的问题。所以如果我们要讨论法律效果、社会效果的话，我们可以举一个案子，我们用这个案子来分析它的法律效果和社会效果的。如果我们要对社会效果做一个解释，那就是一个判决产生之后所达到的社会效应。但大家对这种社会效应又有意见分歧，一个败诉的当事人肯定觉得你这个判决是有问题的。"胜败皆服"可能是一种追求，是一个乌托邦，可能在个案中会有。宋鱼水法官在解释"胜败皆服"的时候前面还有一句话，叫"辩法析理"，说我一定要让败诉方知道这个案子为什么这么判，我要给他讲出道理和法律来，让他知道这是怎么判的，让他心服口服，让他接受我这个裁决。她做了很详细的说服工作，败诉方听了以后(因为败诉方也许对法律不太懂)，觉得我没有理，那只能这样判。但是现在有些人把社会效果与法律效果对立起来，说严格执法的案件可能是法律效果好、社会效果不好，这都是建立在另外一套理念上的，什么司法的人民性、大众性等这样一些非常模糊甚至蛊惑人的观念，对这些观念我在一些会议上也做了严厉的评判。这个问题所涉及的面很广，你虽然提了一个好像大家在经常议论的问题，但是这个问题包含了很多复杂的因素，包括这两年的一些变化，社会观念对司法的一些理解。这个问题需要做很多的铺垫才能让大家了解，谢谢你的问题。

提问五：我今天听了刘老师讲座，有一个问题要向刘老师请教，我是二年级的研究生，我们很多同学都在写毕业论文。今天我看到了刘老师的"现代法律观念与法治国家建设"这个大标题，所以来领略名家对这样一个大标题的讲座。刘老师把现代法律观念图谱给我们大家展现出来，前面两大块是法治国家战略转移到法律实施和规则意识的重要性。这三大块之间有什么联系？我对规则意识产生了一个疑问：仅仅有法律意识就足够了吗？包括前面提到的良法的问题、社会整体的环境问题，包括后面同学提出的社会普遍重视情理，包括我们找工作也会找一些关系，所以说这不是规则问题，而是要树立法律的信仰。第二个问题就是老师一直在强调违法以及违反交通规则问题，我认为违法并不可怕，可怕的是违法得不到必要的处罚，不承担法律责任更可怕，肆无忌惮地违法，等等。

刘作翔教授：你的第一个问题是三者之间的关系。我今天主讲的主题是“现代法律观念与法治国家建设”，为什么我开始没谈法律观念呢？因为我们讲这个问题是有一个逻辑链条的。这个逻辑链条首先是要对我们现代法治国家建设和发展中的现状进行分析，如果说法治有一个机制，这个机制的主要问题在哪里？我们发现它在法律实施过程中。那么，接下来我就要思考对法律实施起影响的因素是哪些，我们认为法律观念、法律意识对其起到重要的影响。然后在法律观念、法律意识里面，我认为规则意识是一个主要的问题，我们不好用其他的来归结，所以我认为规则意识具有一种概括性，规则意识在某种概念上是替代了法律观念的概念。最后我们再讲讲我们对法律观念的理解，这三者是这样的一种逻辑关系。一般人能理解这种逻辑思考点，你再体会一下。

关于良法的问题，我们一直说要遵守良法，法有问题怎么办？这样一种提问同我前面讲的问题一样，我觉得这本身存在一个逃避责任的问题。一个社会肯定要有良法，而且法治应该是良法之治。像孟涛博士刚才提到的几部具体的法律，那就是很好的例子，比如说拆迁法有问题，人大已经在讨论这个拆迁法的问题了。我们必须具体到某一部法律，笼统地讲法律不良我可以不遵守，这其实是对责任的自我懈怠，往往就是为了推脱自己的责任。良法是有标准的，我们必须要进入法律里面去判断，哪一个条款有问题，哪一个立法的指导思想有问题，我们必须针对具体问题而言，不能笼统地讲。因为我们法律体系之下的 237 部法律不能说都有问题，在法律的分析上不能做太大的判断和概括，这是我多年得出的一个体会。现在我们的学者就是大判断太多，大的概括太多，而影响了对问题深入细致的分析。你说的守不守规则比较次要，信不信才是重要的，这些问题都是有联系的。守不守规则建立在信不信这个基础上，但是问题是在我们的法治结构里，对违法行为的判定并不取决于你信不信，判定违法并不建立在你信不信的基础上。你违法后可以说：“对不起，我不知道。”法律并不因为你不知道而不执行。喝酒驾车的人经常说“我不知道”，那不由你啊，法律规定了就得执行。所以信不信是一个更高层次的问题，信不信其实和守不守规则是相互联系的。信不信是通过社会的宣传、在社会化过程中培养的，你没有这个，你在社会中就缺乏和其他人过一种法律生活的资格，或者说你享受不到法律所带给你的好处，不管是享受权利还是履行义务。现在有个理论就是“善良抵抗”或“公民不服从理论”，大家可能都不太理解“公民不服从理论”的真谛，这个真谛就是我认为你是恶法我可以不服从你的法律，但是我要接受法律的惩罚。所以信不信的问题的确重要，它是建立在一个公民成长过程中、社会化过程中包括教育所形成的一个结果。

你的最后的一个问题:违法并不可怕,可怕的是不承担责任。这两个问题是连带的,违法怎么能不可怕呢?违法行为肯定要产生一个承担责任的问题。至于说有人逃避责任,那是一个反常态的现象,像潜规则、像逃避责任等等,但是在社会中,因违法行为而不承担责任的在总量上还是占少数的。不是说所有人违了法都通过逃避责任的方式来了之,那不可能,那公安局的罚单罚给谁啊,工商局的罚单罚给谁啊,行政处罚的范围是非常广的,违法的概念也是非常广的。不承担责任的有没有?有,尤其是一些特权阶层,特权阶层这种情况比较多。但我们不能因为特权阶层有不承担责任的现象,而忽略整个社会的其他人对违法行为的责任承担。对特权阶层,我们要通过制裁方式解决,有什么问题解决什么问题,不要用一个问题去掩盖另一个问题,不要用个别性问题去掩盖普遍性问题,这都是我们在思维方式上需要注意的。谢谢你的问题!

提问六:刘老师,今天是“现代法律观念与法治国家建设”这样一个讲座,我有两个问题:第一个,就是在实践中,这些法律观念的具体体现有没有层次的差距?比如在不同的时代,不同的生产力发展水平,不同的发展区域,有没有一个优先选择的问题;第二个问题就是在规则意识培养方面有三个小问题,一是教育者本人就有小农意识,小生产者意识,他在理解法律时本身就带有偏差,他怎么来教育别人?二是制度有很大的倾向性,如果我们用落后的制度或制度本身带有恶性,反而会导致规则的破坏。三是规则意识要有一个成熟的社会环境,包括社会结构的稳定、社会阶层的稳定等等。

刘作翔教授:你那些前提永远实现不了,那我们只有坐着等待了?!你的第一个问题是,在实践层面这 30 多个观念有没有差别?我不认为观念有高低之别,不同的场景下,不同的事项中,我们可能有不同的选择。当然我们过去在讲法律价值的时候说,在一个国家的不同发展时期,有不同的价值选择,不同的时期在价值位阶上会有不同的变化。但是我们讲法律观念是在不同的问题上有不同的表现。在找工作的时候可能就有一个平等权的问题,男女平等,有没有歧视,这个问题就出来了。比如在宗教问题上,宗教平等的问题就出来了。所有的观念是和问题结合的,观念不是空洞的,所有的观念都附着于问题之中,存在于问题之中。当然我们讲的观念还是抽象的,所有的观念都在问题之中。这是第一个问题。

第二个问题就是你说的规则的三个方面,我觉得你是用一种批判的眼光来看待这个的。其实我们讲规则意识怎么培养,我们是抽去了它的价值内核,因为从方法论的角度说，我们讲的是一种形式。这种形式在研究中非常重要，我们通过哪些方式、哪些手段来培养公民的规则意识。你提出的哪些人来做培养者，哪些人来做教育者，如果让坏人来教育会有什么问题等等，这是接下来我们需要研究的问题，现在还没有涉及这个问题。学生们写论文会经常碰到这样一个问题：当你研究一个问题时，你要先把这个问题中的内容先抽出去，比如说我要研究一个方法论问题，我们研究教育通过哪些手段完成，我们并没有涉及教育者的品质问题。教育者的品质问题，是我们在确立了教育手段之后再来讨论的问题。哪些人应充当合适的教育者，哪些人具有教育的资质，它会有一套衡量标准的。比如做教师，国家法律规定得很清楚，你必须要有教师资格证才能做教师，那是第二个层面的问题。但是你提前就把这个问题提到这里，如果要让一个坏人做教育会是什么样，后面的这个问题是不是要推翻前面的问题？这是一个分步走的问题，问题得一步一步来。我们不要想在一个问题里把所有的问题都概括进去，你是没有这个能力的，而且如果你这样分析问题，你没法往下走，你的研究也没法往下走。

你提出的第二个方面的问题：我们的制度有很大的倾向性，这还是回到了我们前面的问题。我们哪一项制度有问题，需要一个具体的分析。我们237部法律是中国制度的一个最大的结晶，237部法律和行政法规、地方性法规、规章等是中国的一个法律框架。在这个框架中，我们哪一项制度有问题，需要进行具体分析。像孟涛指出拆迁法有问题，拆迁法不利于保护拆迁所有人的合法权利，那我们来讨论这个问题，还有财政的问题。但是你一下子就说制度有很大的倾向性，把它全盘否定了，你可以仔细找一下这237部法律，如果能找出问题来，那是你的最大的贡献，也是对国家最大的贡献。所以我还是回到前面，我们不要做大判断，我们要具体分析，我们缺的是具体分析，我们的大判断太多了，影响我们对具体问题的深入思考。

你后面提到的法律知识问题，其实严格地讲我那第三点讲的是一个观点，不是一个手段。我是想说明法律观念是和法律知识相联系的，并不是作为规则意识培养的三个手段之一，这是我要说明的一点。另外，你讲到的规则意识要有一个成熟的社会结构之类，这是一个理想的社会目标。这个社会目标怎么实现呢？还是要通过一个渐进的方式，规则意识才能形成，这就是孟涛所讲的国家体制和法律观念的培养问题。如果我们不做努力，老等能等到这样一个社会到来吗？你是等不来的。一个有修养的有教养的稳定的社会秩序，要通过法治国家这样一个国家进程，然后通过人们素质的不断提高来逐渐达成。它不是天上掉下来的，也不是等我们这样一个国家结构形成了才能有的。以前我的一位学生在课堂讨论中质疑教育的功能，我就用非常简单的一句话问到：你从小就懂这么多道理吗？你生下来就懂这么多吗？你的知识是怎么来的啊？你不通过教育怎么得来啊？否认教育的功能实际上是对自我的一个否定。而且对于一个国家来讲，教育的任务是一个长久的任务。对于教育的功能，我们既要对它有一个充分的肯定，也要看到它不是全能的，所以我们要有制度约束。我们谈制度约束并没有涉及这个制度是好的还是坏的的问题，我们谈的是一个手段和方法问题，然后我们再具体说哪个制度是好的，哪个制度是坏的，而且对一项制度的好坏评价并不取决于我们每个个人的评价。你的评价也不作数，我的评价也不作数。对于制度好坏的评价，我们每一个人的评价都只能是自己的评价而已。唯一的评价就是：在代议制国家，由议会来评价；在三权分立的国家，由司法来评价。它有一套评价机制。我们现在的评价机制是随心所欲的，我认为这是个坏法就是坏法，我认为它是个好法就是好法，那只是我们个人的认识而已。我们可以说这个判决是好的，那个判决是坏的，但为什么我一再强调你的这个评价没有法律意义，但对它的评价可能对今后的立法会产生影响，所以对于你的问题我做这样一些补充。

我希望通过这样一些解释，使你们以后在写论文时先把一些问题理清楚了。问题缠在一起，你永远也理不清，问题是一步步解决的。好吧，谢谢大家！

司法规律及其相关问题

——河南法官学院的演讲*

近些年，中国的学术研究发生了很大的变化，尤其是法学这一块，对实践的关注越来越多，问题层出不穷。比如前段时间河南平顶山市法院审理的“天价高速公路逃费案”，引起了全中国甚至全世界的关注。这些重大案件，可以给研究者提供很多问题和素材，这是很难通过调研得来的。最近法学界关于司法规律问题的讨论，既是一个理论问题，也是一个实践性问题。下面，我想就此问题和大家做一些讨论。

一、什么是司法规律

（一）如何认识规律

要讨论什么是司法规律，我们得首先讨论什么是规律。规律是个哲学命题，简单来讲，规律就是事物的法则。每个事物都有它的法则或者叫定则，什么是事物的法则呢？这个可能会有很多解释。我个人的理解是，法则就是必须如此，不得不如此，是不可逆、不可抗的。有人还对规律的特点作了一些分

* 《河北法学》2011年第12期发表。中国人民大学复印报刊资料《法理学·法史学》2012年第2期全文转载。此文是作者于2011年3月27日应邀在河南法官学院为“全省法院系统理论骨干培训班”100多名法官学员作的“司法规律及其相关问题”专题讲座的记录整理稿。作者对整理稿进行了校正。《河北法学》发表时内容有删减。——作者注

析，但都与这几点差不多。就是说，事物有个定则，它必须如此，不得不如此，具有不可逆、不可抗等这样一些特点。马克思主义的哲学观和世界观认为规律是不可改变的，比如世界是物质的，物质是运动的，其实这也是规律。世界是物质的，物质是运动的，万事万物都在不停地运动，这就是规律。

但近年来一些学说的出现对规律产生了怀疑，就是世界上有没有规律？这种质疑主要来自后现代学说，他们打破一切过去的定理，认为事物是偶然的，偶然性决定事物的特点，不是必然性。关于偶然与必然，马克思主义哲学有一套辩证法，但后现代主义对这一套辩证法是不认同的，认为事物没有规律可循，很多东西是没法证明的，认为偶然性的东西是起主导作用的，这在哲学观上就存在分歧。

从我们的角度来看这个问题，世界上是否有规律？我们认为世界是有规律的。我经常反驳后现代主义的某些观点，比如说从自然界来讲，从人来讲（按照恩格斯的自然辩证法，人是自然界的一部分），人有生老病死。人从出生到死亡是必然的，很多封建皇帝想万寿无疆、长生不老是做不到的，人从出生到死亡就是个规律。这是个事实，你能否认吗？这个事实是人人可知的，人人都要经历和感知的，而不是不可感知的。从自然界来讲，天有阴晴，月有圆缺，这就是规律。这个规律是不可抗的，你想把时间拉回来，这是不可能的，时间一天一天一秒一秒就过去了，所以想否认规律是不行的。规律有个特点，它不取决于个人的好恶等主观意志，它是客观存在的东西。但有个问题，所有在世界上客观存在的东西，是需要人去发现、认识和总结的，人在发现规律中起到了主导的作用。但人在发现和总结规律后，是否发现和总结得正确，需要靠实践去检验。这个检验有的可以通过实验室来完成，有的是要经过社会的实践来完成，而社会规律是历史的，要经过漫长的历史过程来确认。

对于不同的规律，检验的时间长短和方式不一样。比如说经济规律，在改革之前，我们认为计划经济是符合经济规律的，是个法则。计划经济不是我们总结出来的，是马克思、列宁通过他们的学说总结出来的。但通过多年的实践发现，这是有问题的，它不是符合经济规律的法则。所以我们重新寻找，就找到了市场经济，发现市场经济是符合经济规律的。但市场是不是万能的，是否可以决定一切？经过实践发现，市场不是万能的，我们需要对市场进行一定的调控，这又是在反思。现在也有些经济学家认为，中国必须走彻底的市场经济道路，由市场控制一切，认为中国要走出经济危机，世界要走出经济危机，必须彻底走自由市场道路。这个观点还需要实践的验证。

马克思关于社会发展的规律，就是五阶段说，五个社会形态，即原始社会、奴隶社会、封建社会、资本主义社会、社会主义社会和共产主义社会。这样的规律，我们对它的一个探讨，从过去到现在还没有发生大的变化。人类社会由低级到高级，最后到共产主义这样一个学说，也是通过这些年的实践来检验的，我们自己也在反思。我过去读列宁的《国家与革命》，他在讲到国家职能的时候，尤其是讲到社会主义国家职能的时候，国家职能就很简单、很单纯了，就是簿记员的职能，国家只起这样一个作用，其他作用都被淡化了。但通过苏联与中国的社会主义的实践，我们发现社会主义国家的职能远远不是列宁在《国家与革命》中所描述的那样的国家职能，比那个要复杂得多。现在国家职能是在强化，不是弱化。所以关于这样的规律是否是一个社会发展规律，这还需要我们反思。但作为共产党人的理想，把共产主义社会作为一个信仰，作为一个理想的社会奋斗目标，是没有错的。关于乌托邦，也是对未来社会的一种设想。

过去讲，马克思主义使社会主义由空想变成了科学，但是从社会主义的实践来看，我们从头再来看看他们的学说。这个学说有两个假设前提：一个是物质极大丰富，就是到了共产主义后，人们的各种物质需求都能被满足了；第二个是人的素质的极大提高。但我一直在想这个问题，第一个前提可能会办到，可能会实现，人通过努力是可以做到物质的极大丰富的。但是第二个前提却忽略了一个问题，人的自然生长规律，就算到几百年几千年后，人还是要经历从出生到死亡，包括社会化这个过程的，难道那个时候就像恩格斯所讲的那样，已经脱离了人的两面性了吗？那个时候出生的人都能达到这一点吗？这个是很值得怀疑的。因为人的素质的提高，就个体而言，是面临着逐渐完成的过程，而不能说在社会高度发达以后，人在出生时就是优秀的，就脱离了恩格斯所说的"一半是野兽，一半是天使"，即人的生物性与社会性。人的生物性就是讲人是动物，人身上有很多动物的本性。恩格斯在《自然辩证法》中讲了，人本身就是自然的产物，人无非是个高级的物种，脱离不了动物的自然属性。但另一方面，人又是天使，就是人通过教育等社会化的过程，会脱离一部分自然属性，变成像天使一样高尚的纯洁的人。但他的关于人的两面性的分析，即使到了共产主义社会，仍然是存在的。因为人不可能一生下来就完成社会化过程，还是需要经过一定阶段，在这个阶段中，人的自然本性的那一方面也会暴露出来。所以，我就在想，即使在物质极大丰富的共产主义社会，作为精神的方面，就是人作为有思想、有本能、有欲望的物种那一方面，你怎么去克服，你怎么去解决这个问题。这个问题，我一直没有找到答案。马克思、恩格斯的学说使社会主义完成了由空想到科学的学说的革命，但我觉得他们的学说还是需要很长时间的实践来验证。但这并不影响这样的学说作为共产党人奋斗的理想与目标,这是我对于规律的认识。

(二)如何认识司法规律

如何理解司法规律,什么是司法规律,这就要靠我们去作出很多判断和认识。我们说规律是要靠人去认识的,司法规律也同样要靠人去认识。这里面有一个问题,就是司法活动。我们要看到,司法活动是一种非常复杂的人类的高级意识活动。人类有很多高级的意识活动,而司法活动在人类意识活动里面是非常高级的意识活动,不同于一般的意识活动。不是说我们干这一行就自吹自擂,西方很多哲学家、法学家都讲了,法律是最高的智慧。因为法律集合了哲学、经济学、政治学、伦理学等等,法律是个最高的体现。很多哲学、经济学、政治学、伦理学的智慧,在法治国家和法治社会都体现在法律中,就是人类的智慧、认识程度与水平都是要通过法律来体现。所以,司法活动这个法律适用活动,表现出复杂性,是个复杂的高级人类意识活动。

司法里面有无规律?当然有规律。既然它是人类的认识活动,肯定就有规律。但规律如何去认识,就需要大家去作很深入的思考。要认识和讨论司法规律,还要回到司法的一些本质性问题上来。比如说,讲个简单的例子,如司法要公正,公正之后才能让人服,这是不是个规律呢?司法不公正就不能让人服,这就是规律,不公正的判决是难以取得人们的认可的。但问题就又来了,什么是公正的司法、公正的判决,这就要建立很多标准。讨论司法规律,我们不能简单地去讨论这个命题,简单地去回答什么是司法规律,这样讨论的意义确实不大。我们要深入到司法的领域中去,来讨论一些具体的司法规律问题。

我们说司法要公正,这是个一般命题,但我们说什么样的判决是公正的判决,怎么样才能做到司法公正,这样就需要建立很多标准。这个标准如何建立,才是我们要研究的问题。目前,有很多关于司法公正的论说,但到底什么是司法公正?比如说,我想提个问题,个案中有没有公正,那肯定是有的。就是个案的判决,不管民事也好,刑事也好,是要体现公正的。但这个公正的判决如何去判断,要依什么样的标准去判断?当然在法治国家,在制定法国家,要依据法律来判断,就是说这个判决是否公正,它的判断标准主要是法律。但法律又是一种抽象的表达,特别是在我们的法律还是个粗线条的情况下,就更加大了我们判断的难度。比如说最高人民法院搞的刑事量刑规范化制度,为什么要搞量刑规范化？因为我们量刑的幅度太大了，通过量刑规范化来解决自由裁量权过大的问题。所以个案有公正问题，个案与个案之间也有公正的问题。举个简单的例子，如同案同判，它至少就体现了公正。但同案不同判，就不体现公正，道理很简单，因为我国是一个统一的法律体系，在统一的法律体系之下，我们又是一个统一的司法体制，在这样一个前提下，如果对类似案件作出不同判决，就很难说服公众与当事人。所以说个案有公正，个案与个案之间也有公正。

我们在搞案例指导制度调研的时候看到，河南省郑州市中原区人民法院率先搞的"先例判决制度"，在全国是最早的。为什么搞这个制度？郑州市有一个人三次买了同一种商品，是假货，起诉到三种不同的管辖法院，得到三种不同的结果，法院自己也觉得这样没法交代。我们也考察了全国的其他一些省市，在案例制度推行之前，各地搞的各种实验都是缘于同案不同判。天津的王海打假案中，王海买了一种电器，到三个不同的法院起诉，然后得到三种不同的结果。有人说，在中国找同案是找不到的，我几次在讲案例制度的时候都说，这样理解同案是不对的。案与案之间没有一点差异是不可能，但是我们理解的同案是指在主要案情上是相近的。要是离开主要事实与案情，那么，买东西的时间、地点都不同，售货员也不同，甚至价钱也可能不同，那就可以找出无数种不同来。但这都不是案件判断的主要情节，主要情节就是这样一个法律事实，即买了同样一件产品，最后得到三种不同的结果，所以全国各地的法院都纷纷做不同的实验。案例指导制度经过五年多的调研，最高人民法院终于在 2010 年 10 月 26 日出台了《关于案例指导工作的规定》。所以这些都与司法规律有关系，我们理解司法规律不能像解一个命题一样，而是要把它放在我们的工作中去讨论，这样才能发现它到底有什么问题。

现在很多人在研究司法规律问题时也提出了一些命题。如有人提出了司法的一般规律与特殊规律，还有人提出了社会主义司法规律，等等，这里面有很多值得推敲的问题，如司法规律有无特殊性、有无国别性、有无社会性质的属性，这些问题就出来了。司法的一般规律，如司法独立性，这是个司法的规律。要解决纠纷，不管是原始状态，还是发达状态，司法就要保持独立性，就要保持中立性，就不能偏向任何一方。如果偏离了这个轨道，它可能就违背了这个规律。

在国际文件里对司法有个规定：非经法律程序，任何终审和生效判决不得改变。但在中国，有人用一种非常极端的说法，说"没有改变不了的判决"，这句话的意思就是说我们还有申诉制度、审判监督程序还有上面想改就可以改的情况。但这种说法我们是不认同的，这是种极端的说法。我们说司法具有终局性，就是说司法是最后一道防线。有人说，不要老说这句话了，做不到。但我们说“司法是最后一道防线”，是说司法有终局性，就是经过司法得到的终局判决的案件，非经法律程序不得改变。国际文件也是有但书的。我们的申诉程序，本身也是个法律程序。当然说这句话的人的意思是各种各样的因素对司法的干预特别大。

我经常讲，中国的司法面临着一个很尴尬的局面。在案例指导制度推出之前，在对两个类似案件作出两个不同判决时，我们无法对某一个判决作出判断。有两个“受虐杀夫案”，一个是在上海浦东新区法院判的，判了14年有期徒刑，包括受害人一方的亲属都请求法院宽大处理，14年是很重的。另一个是在内蒙古的包头市判的，情节可能有很大的区别，却仅判了3年有期徒刑5年缓刑。尽管这两个案件在情节、事实上有很大区别，但是否足以大到判决存在这么大的差距，一个是实刑14年，一个是5年缓刑，缓刑就是有条件的人身自由状态。这个差距就太大了，不过不是说不可比，两者还是可比的。

北京有两个案件也很有意思，是丢包的案件。在朝阳区的一家麦当劳餐厅里，一个人把包放桌子上去取饭，但包被偷了，他就起诉到朝阳区法院，说餐馆没有尽到注意保管义务，要求赔偿。后来朝阳区法院通过很多论证，说餐馆没有保管义务，你自己不小心，就判他输，上诉也被驳回。后来在崇文区的一家麦当劳餐厅里又发生了同样的案件，因朝阳区案件的上诉，大家都知道了这件事。崇文区法院直接参照了朝阳区的判决，判餐馆也不承担责任。我们说的同案同判，是在法律判决方面在承担责任上是否保持一致性，并不意味着这个要赔多少钱，那个也要赔多少钱。因为包里装的东西不一样，前面可能装了一万元的东西，后面可能就几百块钱，但这并不意味着要在具体数额上保持一致，而是指在主要法律判断上接近。这是我们理解同案的关键点。

有些人写文章想否定“同案”的概念，有篇文章的题目很醒目：同案同判是在追求一种司法神话。文章题目很吸引人，并且作者的观点已经通过题目表达了出来，是批判同案同判的。在学术界对同案同判的一片批判声中，这篇文章是反主流的。他论证了两大问题，第一，没有同案这个概念。这个观点是有代表性的，我在不同的法院也听到过这种议论，说如果你在法院工作，就会发现没有两个案件是相同的。还有一些法院的法官写文章，讨论受虐杀夫案，有两个法官写文章说，即使是同案，得出不同的判决也是很正常的，因为受害人的身份不一样，杀人者的情况不一样。但这种观点与我们讲的刑法平等观是不吻合的，我们不能因为身份的不同而作出不同的判决，我们的平等观里是不包括这些的。犯罪情节才能导致判决的不同，不是说犯罪情节要完全一样，而是不能差距太大。他理解的同案在世界上根本不存在。他理解的同案就是古希腊哲学家所说的那句谚语：一个人不能两次踏进同一条河流，还有就是说没有两片树叶是一样的。他的观点是绝对意义上的同一性，那是没有的，找不到的。比如说中原区法院的那个案件，即使是同一个商品，时间不一样，地点不一样，售货员不一样，价格也不一样，无数个不一样，但我们能说不是同案吗？对同案的理解与苛求，本身就不是法律人所说的同案。这是他的第一个论据。

他的第二个论据是：即使承认有同案，由于法官对法律的理解与解释不同，导致判决的不同也是正常的。这涉及一个重大的理论问题，即法官的解释权问题。法官对法律有无解释权，法官对法律拥有的是否是解释权，这是值得推敲的。按照中国的法律解释体制，1981 年的解释决定只是赋予了最高人民法院与最高人民检察院司法解释权，其他的主体都没有解释权。所以法官对法律的不同理解是客观存在的，虽会导致判决的不同，但是不能把它看作是法官的解释权。如果法官有解释权，干吗还要最高人民法院的解释？我们就不需要最高人民法院的解释了。而且我们一再强调，我们是法律统一的国家，法律统一要求大家在对法律的理解上尽管有不同，但要想办法有一致的理解。现在的案例指导制度就是在统一法律适用的尺度方面所做的尝试。我觉得他的这两个论证，在理论上都是很难站住脚的。

到现在为止，还有很多人认为同案这个概念根本不存在，同案同判根本不可能。关键是你怎么理解，他们一定要从绝对意义上去理解，不是说这个案件判 8 年，那个也判 8 年，不是这个意思。同案同判也不是在这个意义上去理解，包括案例指导制度，也不是这样去理解。我说如果你要否认掉同案的概念，你就是要否定判例法的整个历史，你要承担多大的责任，你完不成这样的任务。为什么判例法有这么强大的生命力？因为它是建立在同案的基础上的。“遵循先例”，先例就是同案，就是那个案件与本案有相同之处。遵循先例是判例法的灵魂和最大原则，所以这就是司法规律。

至于司法是否有特殊规律，这个还需要讨论。有些人提出中国有中国的司法规律，包括一些学者的文章题目就是“中国的司法规律”，并就中国的国情讲了一些问题。规律，如何说是客观法则，这种客观法则是否随着不同国家、不同历史发展阶段会带来不同的变化？我们需要考虑。所以，我们还是要考虑一些司法规律本身的东西，因为它有一些本质性的要求。

二、司法特性——司法规律问题的个例分析

为了和大家交流这个问题,我想谈谈自己一些观点,这也是在法院系统召开一些专题性学术讨论会时自己思考的问题,比如说司法特性。因为司法特性与司法规律是密切相关的,司法有何特性,与每个人的理解和解释体系不一样。2009 年陕西省高级人民法院在西安召开了“第三届西部法官论坛”,会议的主题是“司法大众化与司法专业化”,我受邀参加了这次会议。这次会议上大家提出了很多命题,比如司法的人民性、民主性、大众化、职业化、专业化等,实际上这就是在讨论司法的特性。每个命题的提出都有其背景,但每个命题的提出都与提出者的解释体系相关。即每当一个人提出一个命题,都与其知识背景、解释体系相关。

我觉得这些命题都与每个人对司法的理解有关,因为这些问题都要回到司法本身,就是对司法本身的理解。之所以我们能提出这么多关于司法的特性的命题,在方法论上可能有以下原因:

第一,对司法特性的解释体系的不一致。对于司法,大家的理解不一样,每个人都是个解释者,每个人使用的解释工具不一样,解释体系也不一样,导致解释也不同,就是各说各话。之所以有这么多命题,我发现和提出命题者的解释体系有关,有的是目的论解释,它回答的是司法目的;有的是方法论解释;有的是机制论解释;有的是主体论解释。这是因为解释体系不一样。所以要解决这个问题,我们必须回到司法概念的原点上去,即司法到底是什么。我们对司法有个定义:司法是国家的专门司法机关依据法律规定的程序来处理案件的专门性活动。我们对司法要强调几个要点,它是有定义的。所以我们要回到司法是什么这个原点上去,这是第一个原因。

第二,之所以我们对司法特性有这么多解释,我个人认为,可能有些命题混淆了法律与司法的区别,就是把法律与司法进行了混淆。我们是不是把法律的一些特性加到了司法的特性身上?我们说法律是什么,简单讲法律是一种规范结构,是个文本,是个静态化的东西。一部法律,如宪法,我们说这是个规范结构,是个文本,是个静态化的东西。但司法是个实践性活动,我们刚才讲了司法的概念,就必须注意到这个定义,当然你可以不同意这个定义,很多

人对司法都有不同的定义，但大体上都在这个框架里面，我们必须注意到这个定义。

另外我们还要注意到法律与司法的关系，就是在制定法国家，法律的主要任务是设定规则，而司法的主要任务是适用规则。这在大陆法系国家是一般通例。中国是不是大陆法系国家？有些人说中国是大陆法系，这是不对的。中华法系不是大陆法系，英美法系和大陆法系是有确指的，这两个概念不能随便套用。那么中华法系是什么，你得给他一个回答。我思考的结论就是，我们可以把它叫作制定法传统，我们是制定法系。当然有人说我们是混合法体系，即制定法与判例法体系，但是我们看一下法律历史，它还是有主次之分的，还是以法典为主。中华法系从清以前还是以法典作为主要的法律形式，所以我们是制定法国家。在制定法国家，法律的任务是设定规则，而司法的主要任务与功能是适用规则，尽管在实践中有了很大的突破。至于司法解释是否在设定规则，我们还是要回到1981年人大常委会的解释决定上去。1981年的解释决定对司法解释还是有界定的，就是在适用法律过程中遇到的问题，由最高人民法院和最高人民检察院可以制定解释。所以司法解释还是个适用法律的活动，只不过是以解释的方式来行使。所以在讨论司法特性的时候，我们应当从司法的本质来思考司法的性质，而不是从司法的目的来思考。

按照以上对法律与司法关系的理解，我们可以对以上命题进行一些分析和研究。下面谈谈我个人的认识：

1．我们先比较一下法律的人民性与司法的人民性。法律的人民性这个命题是没有问题的，法律是代表人民意志的，法律代表人民的利益和意志，是人民意志的体现。这一点不论是西方学者还是马克思主义法学都认同的。但司法的人民性是什么？司法的人民性是对司法的目的性的解释，是指司法的目的是要为人民服务，但必须通过对案件的公正审判来达到为人民服务的目的。可是为人民服务，即人民性，不足以区分出司法与其他社会机制的不同，我们要看到这个问题。我们的政府也要为人民服务，立法也是要为人民服务，中国共产党的建党宗旨就是为人民服务，所以说司法的人民性命题体现不出司法的特性，因为这是个目的性解释，整个中国共产党领导下的所有权力的目的都要达到这个最终目标。因为我们是人民的国家，人民主权就是这个意思，但是它区别不出司法的特性。

2．法律的民主性与司法的民主性。这是近几年来在司法系统、学术界热议的问题。法律的民主性是指法律要体现民主，不论是法律的内容还是制定过程。司法的民主性是什么？它还是个目的性解释，不是对司法本质和特性的解释。关于司法民主，有很多讨论和实践探索，司法民主有很多问题，民主也有很多解释。我个人的理解是，民主是和投票机制相关联的，凡是有投票机制的地方，就存在民主的问题。司法是否有民主呢？司法可能在几个方面有民主问题，比如合议制，它是个民主过程。还有就是陪审员制，中国的人民陪审员制，还有人讲到审判委员会，可能也有投票的机制。但这里有个问题，用这个原理我们无法解释独任审判制。因为不论在国外还是在中国，独任审判制都是客观存在的，一个人自己和自己怎么民主？随着司法改革，独任审判可能会越来越多，如简易案件与小额诉讼案件，所以它无法解释这样一个问题。而且陪审制、合议制、审委会制度能否说是司法民主？因为民主就是多数决，在现代国家，谈到民主，就是多数决。但多数决是否就会产生出一个好东西，产生出一个科学的东西，包括立法，这是值得思考的。现在有民主立法和科学立法的提法。最近我在看托克维尔的《旧制度与大革命》，里面讲了很多民主与平等的悖论问题。民主体制可以集纳多数人意见，这个没有问题，但它仅仅体现的是多数人的意志，未必能产生出一个好东西、科学的东西。因为历史上的很多教训都告诉我们，希特勒是靠民主上台的，中国的"文化大革命"也是在领袖的发动下全体人民参加，你说它不民主？它是大民主。但那种民主科学吗？合理吗？它产生的东西对吗？这个很难说。可是我们也不能退回去，说少数人就是对的。因为通过对西方民主的历史观察，民主产生的不一定是好的，这并不意味着我们要回到它的对立面，回到专制。西方现在已经在研究民主的缺陷，就是说民主确实是个反封建、反独裁、反专制的制度，但我们现在发现通过民主产生的东西，先不说效率高不高，仅说它是不是个好东西，是不是个科学的东西，这个未必。尤其对司法来讲，是不是人多势众就对？法官在审判中可能也遇到有签名上书的，写血书的，如一个村里有人杀人了，大家签名要求从轻判决，这么多人求情，是否意味着就该轻判，那未必。我们不能说求情的人多就导致另外一个判决结果。

3. 关于司法大众化的问题。司法大众化，虽然有人做了很多解释，但这个命题是容易引起误读的，很容易误读为大众化审判。有人说中国不会产生大众审判，我们相信，经历过"文化大革命"，要想回到那样的情况是不可能的。可是我们觉得这样一个命题容易引起误解。有人把大众化解释为大众参与司法，但我们要注意到，大众参与是个非常讲究的制度，民众参与也好，公众参与也好，十六大提到了公民有序的政治参与，《求是》杂志跟我约稿，让我写一篇公民有序的政治参与的文章，我花了很多时间写了篇文章在《求是》发表。我当时有个结论，公民有序参与的前提是依法参与。而依法参与就有很多讲究了，既有依实体法的，也有依程序法的。在公民参与上则更多依据的应该是程序法，就是参与要有一个方式，不是一哄而起的“文化大革命”的方式。现在，建设法治国家，有序就是要依法，依法就是有序的最好解释。怎么依法，必须有一些法律，有些法律不完善可以去完善，但我们必须要依法。比如说司法听证制度，司法听证制度也是公众参与的法治化方式。我也看了全国一些法院的做法，包括一些案件对专家证人的听证，涉及非常专业的技术化的问题，要通过司法听证的方式来进行。还有与大众化有关系的，就是司法场景的有限性，使得司法大众化缺少实证支撑。我们讲司法大众化，如果说这个命题能成立，我们怎么去满足大众化概念？大众化是个人数概念还是场景概念？这是个很有意思的问题。去年最高人民法院出台司法公开的六条规定。在对这个规定的调研过程中，司改办邀请了一些专家到成都市高新区法院做现场论证，他们那里的技术手段最好，在那搞了个现场调研，演示了信息化公开化法庭审理的情况。当时我就提出，司法的场景总是有限的，我们这个会场能坐一百人或二百人，它总是有限的。这两天西安中院正在审理药家鑫肇事杀人案，专门找了个五百人的大礼堂，有很多西北政法大学等学校的学生去旁听，但再大的场地总是有限的，总不能满足大众化需求。我当时就提出一个问题，能否做到现场直播，通过网络直播方式，使关心这个问题的人不受场地的限制。但当时作为技术手段最先进的成都市高新区法院都说不可能，做不到，只能在有限的范围做到。最近，关于能否现场直播的问题在媒体上又在讨论。我说的是可以公开审理的案件，不是所有的案件。

4. 关于司法专业化问题。司法专业化，我个人理解是，它只是部分解释了司法的特性，而不是全部地解释了司法的特性。因为专业化只是体现了司法这种活动以及这种活动中的人的专业化要求，只是体现了主要的特性而不是全部的特性。

5. 关于司法的职业化问题。我个人认为，司法的定义，即司法是什么，就是刚才讲的国家专门机关依法律程序适用法律的活动，按照这种定义，我认为司法职业化是对司法特性的准确解读，因为司法职业化比专业化这个命题更为周全，职业化比专业化的外延更宽。职业化包括专业化、专门化、科学化、技术化等等。司法为何要专业化、专门化？大家在争论这个问题时，我说我讲一个简单的道理，法律是一个专门性的知识领域，这种专门性知识只能通过专门的学习才能获得，所以才要法律职业者在大学法学院学习四年，再通过司法资格考试。若否认司法是个职业化领域、需要职业化知识，为什么还要法律职业者在学校学习四年呢？为什么国外有些法律院校门槛那么高，必须在读完其他本科以后才能读法律学位呢？我刚才讲了“法律是最高的智慧”，就体现出了这样的特点来。哲学也好，别的专业也好，你只能在学完了之后才能报考法学院，才能申请进行法学的学习，这要比其他的要高一个台阶。现在有些人把法学看得太随意了，就没有看到它是专门性的。所以我觉得研究司法特性、司法规律，就要从司法规律的这些具体问题上去分析这些问题。

三、三位阶规范理论——司法规律的延伸性问题

司法规律命题主要聚焦于司法问题的讨论，但同司法问题密切相关的问题——规范类型问题，也是值得我们关注的。现代司法有一个重要理念，就是法官不得拒绝审判，在司法活动中要坚持依法司法。但当法律出现空缺，而司法又要解决具体案件纠纷时，我们就得穷尽一切可能，寻找新的规范依据，使案件得到最终解决。这就是规范类型问题。

2011年第2期的《法学研究》发表了一篇我的文章，题目是“传统的延续：习惯在现代中国法制中的地位和作用”。这是我在瑞士完成的一个课题，我在瑞士做了三个月，前期成果是在中国完成的。我在研究过程中了发现一个关于政策的问题。我虽然是在研究习惯，但我最后提出一个三位阶规范理论。什么意思？就是1986年颁布的《民法通则》第6条规定：“民事活动必须遵守法律，法律没有规定的，应当遵守国家政策。”这已经赋予了政策在法律缺位的情况下，可以作为行为规范依据和裁决依据的地位。我研究时发现，在1986年《民法通则》颁布后的将近20多年的时间里，很少有人从法律渊源角度来思考政策，这是一点。还有一点，多年来一提起政策问题，我们就一直围绕着法律与政策的关系在讨论。包括在上海召开的一次“当代中国法学名家”学术讨论会上，我谈了这个观点，一位法学教授在点评时说这还是个老问题，是我们过去说的法律与社会规范的关系问题。其实政策问题在法律中是有地位的。我们过去关注的法律与政策、与习惯的关系问题，现在已经转移到法律体系中的政策与习惯问题上。比如说政策，以前我们至少对法律与政策之间存在哪几种关系不是很清楚，现在至少我可以讲出三种关系来。但这个前提是我们讲的不是原来的法律与政策的关系，那个问题是讲一个国家、社会同时有法律和政策，我们是以政策治理国家，还是以法律来治理国家。治国者选取什么来

治理国家，带有一种选择性。我们现在是依法治国，选取法律来治国，但有段时间我们是选择政策来治国。而我们现在讲的是法律体系中的政策问题，是《民法通则》第6条规定的：当法律没有规定的情况下，民事活动应遵守国家政策。这样的命题，与前面法律与政策的关系问题不是一个命题。它们之间有联系，但不是在一个意义上的，它根本没有选择性。大家想想，法律已经规定了，就按法律办，在没有法律明确规定的情况下，民事活动就应该遵守国家政策。这个时候，国家政策就成为了人们的行为依据和法官的裁决依据。没有法律，应当遵守国家政策，法官遇到这一类的案子，国家的相关政策就完全可以作为案件裁决的依据。所以我提出一个概念，叫"特殊条件下的法律渊源"，就是我们有几个类别的规范类型，一个是政策，政策就是特殊条件下的法律渊源。什么特殊条件？就是法律缺位。然后是习惯，习惯也是在《物权法》之后才获得的这个地位。但《物权法》第85条只解决了相邻关系问题，就是只有在处理相邻关系的时候，没有法律时可按当地习惯，这是明确规定的。这样一来，在法律缺位的情况下处理相邻关系时，当地习惯就成了裁决依据，这也是一个行为规范依据。

与这个概念相关的还有一个争论就是，最高人民检察院一位副检察长写了篇文章叫"司法解释具有普遍的法律效力"，在报上发表。我们法学所的一位研究员写了篇反驳性文章，叫"司法解释不具有普遍的法律效力"。两个人就争论，一个说司法解释有普遍的法律效力，一个说司法解释没有普遍的法律效力。我在研究这个问题的时候是怎么考虑的呢？我不主张用"普遍的法律效力"这样一个命题，因为这个命题容易把问题混淆。普遍法律效力我们一般把它适用于法律，适用于《立法法》规定的这些法律渊源。但是我用另外的概念来表达，即"行为规范和裁决规范"。我们说包括《物权法》第85条谈的"当地习惯"和《民法通则》第6条谈的"政策"，它都是在法律缺位的情况下的行为规范和裁决规范。我用这样的概念来表达，为什么？因为它既然可以作为法官的裁决规范，那自然也是公民日常行为的依据，就是习惯也好政策也好，我们应该这样理解。

那我们回过头再来看一下司法解释。司法解释，表面上看是最高人民法院颁布的，只适用于法院系统的案件判决。因为过去司法解释都带有神秘性，在社会上大家对它的熟知程度很低。但是司法解释是有法律效力的，司法解释的效力来源于1981年的解释决定。1981年的解释决定赋予了最高人民法院司法解释权，它可以作为法官裁决的依据。既然它可以作为法官的裁决依据，为什么不能作为人们的行为依据呢？所以我得出一个结论，就是"凡可以作为裁决依据的，同时也可以作为行为规范”。但是我们不能倒过来说，倒过来说就可能有问题，即“凡是可以作为行为规范的就可以作为裁决规范”，这个不一定。比如说道德，它是一种行为规范，但不能作为裁决规范。

抽象地这样谈还不能够说服人，那我就拿一个实际例子来说说。最高人民法院2010年年底公布的关于旅游行业的司法解释规定了在旅游过程中，旅游者与旅游公司的权利义务，哪种情况下法院应该支持，哪种情况下法院不能支持，等等。这样的规定，难道只是作为法官裁决的依据吗？它对旅游公司没有规范作用吗？对旅游者没有规范作用吗？虽然只有发生了旅游案件，法官才会拿这个司法解释去裁决案件，但是这个司法解释所包含的内容是有涉及对象的。旅游公司就应当注意这个司法解释的条款、规范，而旅游者也可以从这里面捕捉到一些权利与义务的信息。所以我说，我们用行为规范、裁决规范的表述来替代普遍效力的表述，可能要好一些。这就是我发现的问题。

关于政策与法律的关系，从政策发挥的功能上至少有以下三种情况：

第一种，我把它叫作“法律指导性政策”，其实有一个更尖锐的命题叫“法律之上的政策”，但这个命题会遭到无数人的反对。人们会说我们搞法治国家，还有一个法律之上的政策，是不合适的。但在中国，确确实实存在着法律之上的政策。法律指导性政策有哪些东西呢？它就是立法政策和司法政策。立法政策和司法政策其实就是法律之上的政策。这些政策都是宏观性的，它一般不直接的引用，比如说宽严相济的司法政策，这个政策在判决书中用不用，我现在不敢说，可能有的法官会用。但是一般来讲，立法政策与司法政策是指导立法工作与司法工作的，一般不直接表现在判决书中。这是一种情况，我们叫它法律指导性政策。我在《法学研究》发表文章的时候没有用“法律之上的政策”，但在中国确实有法律之上的政策，就是立法政策与司法政策。

第二种，我把它叫“法律之外的政策”，具体所指的就是《民法通则》第6条的规定。因为如果是法律之中的，就不存在问题了。恰恰是国家法律没有规定的，应当遵守国家政策。它在法律中没有规定，在这种情况下，我们用政策来解决问题，来裁决案件。这个政策，在《民法通则》中表述得很清楚。在有的大学做讲座，有的同学就问，党的政策怎么办？我就说法律规定得很明确，它是指国家政策，不包括党的政策，这个是明确的。

第三种，我把它叫“法律之中的政策”。到2011年3月份人大会闭幕，我们法律体系中共有239部法律。在这239部法律中，我在2009年时对此前有效的法律进行了检索。过去我们不研究这个问题，不太去关注它。一检索，我们发现在2009年之前已经有41部法律中的110个条款都有关于政策的直接规定，就是法律中明确规定了某某政策要作为依据，政策在法律中明确地被规定出来了，像产业政策、税收政策、金融政策、对少数民族的优惠政策、计划生育政策等等。好多政策都直接被规定在法律的条款中，在我们的法律体系中占的比例不小。如果说现在是239部，这些至少占到六分之一吧。所以这一块，直接把政策规定在法律条款中，我把它叫法律之中的政策。

据此，我提出了一个“三位阶规范理论”或“三位阶规范体系”，即法律、政策、习惯这样一个三位阶规范结构，每一个后位阶的规范适用必须以前一位阶的规范缺乏为前提。就是说法律是最大最高的，在法律缺位的情况下，我们要考虑政策，政策没有的情况下怎么办呢，把习惯加进去。我们的《民法通则》没有完成这一步，我们的《民法典》还没进入这一步，我们只是在《物权法》第85条规定了在处理相邻关系的时候，在法律没有规定的情况下可依当地习惯。但是民事活动的范围很大，不是一个相邻关系就能概括得了的，所以说我们应该进入民法总则里面去，应该在总则这个部分把它确定下来。这样一来构成一个三位阶规范体系，每一个后位阶的规范适用是以前一位阶规范的缺位为前提的。这样的规定能解决什么问题呢？就是解决现代司法理念中的一个重要理念：“法官不得拒绝裁判”，“法院不得拒绝裁判”。而这个条款不仅仅是针对法院法官的，它对整个社会生活是有用的。社会生活总得有规范可循，这个规范在立法技术、立法能力还达不到一定高度的情况下，要完成对社会的规范化管理，得有一个寻找规范的途径，而这个途径必须是法律明确规定出来的。

过去我们从来没有深入考虑过政策的问题，后来就通过这么一个简单的分类发现，同样是政策，在法律中表现的功能是不一样的，在法律体系中的功能是不一样的。过去我们把法律与习惯、法律与政策作为两个规范形态来研究，而这几年的研究重点呢，包括对习惯的研究，我们更加注重法律体系中的政策问题，法律体系中的习惯问题，就是在依法治国这个大框架下，它们在法律体系中的地位。这个研究，可能要比以前把它们作为两个不同范畴的规范类型的研究要好得多。而且通过这个研究，我提出一个概念，即“规范类型”的概念。这个概念可能会解决以前的分歧。当然规范类型也是种规则体系，我们也可以这样去理解，但它有个位阶关系。我们不能说把宝都押在法律这个层面，当然这是主流的、主要的。政策也好，习惯也好，不能充当主流，它主要起到辅助的作用。但辅助并不等于不重要，我一直强调这个观点，包括案例制度。大家知道，它是辅助性的，但辅助并不等于不重要。社会上只要有一个案件适用于这个规范，适用这种裁判方式，它就是有意义、有价值的，因为社会生活不能有缺漏，总得寻找一定的办法来解决。我们也不是规范万能主义者，但是现代的理念需要大家开动脑筋来寻找更多的解决途径，所以我就举了这个例子。

关于习惯的研究，是怎么进入的呢？一个就是习惯这几年在司法中的应用，河南省肯定有这方面的实践，在法院的判决中肯定有对习惯的适用。江苏省的姜堰市法院在全国做的是比较早的，也是做的比较突出的。我们考察过，在清末变法的时候，在大清明律例草案里面就有这样的规定。这个规定从哪来呢，我们又往前追溯。去年我到瑞士待了三个月，专门研究《瑞士民法典》第1条对我国民法的启示。《瑞士民法典》是1907年颁发的，它是最早把习惯法纳入《民法典》中的。它的第1条就是法律适用，它实际上给法官指出了路径。《瑞士民法典》第1条第1款规定：所有的案件在本法中能找到条款的，适用本法。第2款规定：在找不到法律的情况下，法官可以依照习惯法裁决。这就给你一个途径。找不到习惯法怎么办？它又进了一步，法官可以把自己作为一个立法者，根据已有的规则来进行裁决。它就一步一步地推，在法律中能找到的用法律。找不到怎么办？按照习惯法。习惯法没有怎么办呢？法官可以把自己当作立法者根据已有的规则来裁决。它也有个但书，法官在引用上一条的时候，必须按照已有的学说和已有的惯例。它是一个限制，对习惯法的应用和法官作为立法者都是一个限制，它是从这里来的，包括日本的法律都是这样规定的，包括现在台湾的"民法典"也都是这样的。就是有法律的依法律，没法律的依习惯，没习惯的依法理，这都是从《瑞士民法典》来的。但我认为这可能存在着对《瑞士民法典》的误读，还需要思考。

不过我有一个不同观点，我坚决反对在中国把法理作为法官裁决的依据。为什么呢，因为在中国有的学者说法理只能有一个，不能有两个或多个，并说日本可以这样做，台湾可以这样做，为什么我们不能这样做？我说这是一种理想型的状态，是一种理想型假设。举个例子，最高人民法院讨论民事案件（可能各级法院系统都有这种情况），一个案件讨论不下来，就找五六个民法方面的权威专家来讨论，每个专家的意见也不一样，法官最后认为哪个专家的意见有道理就采纳他的。所以在中国有统一的法理是种理想型假设，每个专家都有不同的理解，每个法官也都有不同的理解，要是按法理可以裁决的话，那搞案例指导制度就没用了，就又会出现大量的同案不同判的情况。所以，法制统一与发挥法官主观能动性一直是存在着张力和矛盾的，法制统一就是通过司法解释、案例制度等来统一大家对法律适用的标准。但法官是个活生生的主体，他的主动性、能动性强，他对法律会有不同理解。如果说法律精细的话还是可以的，但我们的法律恰恰是个粗糙的结构，这更加加剧了这种局面和情况的出现。我们还是要把法制统一作为一个主线来抓，不然就会出现很多混乱，这个混乱就直接影响到我们的司法权威，影响到司法的公信力。如果两个案例比较相似，但得出的判决不同，这直接对司法的权威是受影响的。当事人也好、公众也好，不知道该如何解释这种现象，我们法官也很难解释这种现象，就是当两个终审判决放在那，我们很难作出哪个是正确的判断。

在几次研讨会上，当我说到这种观点时，有媒体的朋友说我们很悲观，刘教授老是这样讲，觉得我们的议论都没有意义。我说我不是这个意思，我强调的是我们的评议和议论在法律上没有意义，即不能改变判决，但并不是说我们对这些案例的讨论、评论和议论不会产生影响。比如有很多案件，这些年都是通过司法推动着立法，通过实践推动着立法。有些是通过大的执法性的案件，通过司法，通过实践来促进立法，这个现象也是客观存在的。所以我们对案件统一的要求，决定了我不同意把法理作为裁决依据，因为这会引起大混乱。这个争议还在进行。有的学者不同意把政策拿进去，而主张把法理放进去，他们认为应该是法律、习惯、法理这三个位阶，就是按照大清民律例、台湾的“民法典”、日本的《民法典》来设计，但我认为这是有分歧的。大家提起政策很反感，其实中国的社会生活离不开政策，离开政策不能说寸步难行，但很多东西就离开它的依托了，因为法律的很多东西是建立在政策的基础之上的，很多的政策已经法律化了，有很多的政策都已经以条文的形式规定在法律之中了。把这三层关系搞清楚，我们就可以讨论法律与政策的关系了。

传统的延续：习惯在现代中国法制中的地位和作用

——中国社会科学院法学研究所“研究员论坛”的演讲*

首先要感谢冯军副所长在百忙中来主持今天的报告会。他今天有重要的事情，原本讲座要调整时间，但是冯所长还是坚持按照原计划进行。另外，我还要感谢各位的光临！大家的光临使我感到非常荣幸！用“江湖”上的话说就是“感谢大家来捧场”！

今天和各位交流的问题是我在瑞士完成的一个项目。其实我对这个问题已经考虑很多年了，有关中国的资料都做了很长时间的研究。今天我将研究的心得给大家做一个报告，也是一个汇报。我更期望的就是在后面的讨论中能够听到各位从不同的角度、不同的专业、不同的学科来提出问题，加深我们对这个问题进一步的研究。下面我想就进入主题。

谈到“习惯”，我们总是把它看作是法律规范之外的东西，我们现在说到习惯肯定会这样想，这样想是没有错的。因为在历史的相当长的时间内，习惯和法律是两个不同范畴的规范。尤其是从社会发展，从原始社会过渡到阶级社会，按照恩格斯《家庭、私有制和国家的起源》中的理论，习惯从原始社会过渡到阶级社会之后，国家产生之后，法律就替代了习惯，习惯就让位于新的社会规范，让位于国家的法律规范，当然它是一个很长的过程。但是 1907 年颁布的《瑞士民法典》改变了这样一个历史格局，开始将“习惯法”(《瑞士民法典》用的是“习惯法”)纳入了法律体系之中，成为了法律体系的一个组成要素和结

* 此文是作者 2010 年 12 月 21 日在中国社会科学院法学研究所“研究员论坛”的演讲录音整理稿。感谢魏书音硕士生为整理此文所付出的辛劳，作者做了校正。演讲的主题论文已在《法学研究》2011 年第 1 期发表，此次补充了后面的提问回应部分。——作者注

构，"习惯法"进入了法律规定之中来了，直接进入民法典之中了。对此，瑞士伯尔尼大学的私法、私法史、民事程序法教授沃尔夫冈·魏甘德(Wolfgang Wiegand)教授有个论述："由于19世纪的发展，作为法的渊源的习惯法如今在《瑞士民法典》第1条中得到了无条件承认。"[①]

所以我想下面有必要把《瑞士民法典》第1条[大家可能会想我作为一个法理学者为什么会讲《瑞士民法典》第1条呢，其实《瑞士民法典》第1条是一个"法律的适用"问题，他的英文的标题就是"法律的适用"(Application of Law)，但是它这个"法律的适用"主要指的是"瑞士民法典"的适用]和大家说一下，因为今天的整个讨论与交流和这个有关系。《瑞士民法典》第1条有3个条款。我是以中国政法大学1999年翻译的"瑞士联邦委员会办公室"的版本(1996年德文版)为引证依据的。中国政法大学出版的这个《瑞士民法典》的中译本，是目前在中国能见到的唯一中译本。当然在瑞士，我把《瑞士民法典》第1条的法文版、英文版、意大利版也都找到了。这里有必要交代一下，按照《瑞士宪法》，它的法定文字是3种：德文、法文和意大利文，附加了在特定条件下罗曼语也可以作为它的一种文字。所以，英文版严格来讲是不能作为它的法定文本的。他们非常严谨，我看他们英文版的宪法有一个注释，注明英文版只供研究和参考使用，不能作为法定语言文本。我现在和大家说的译本是根据瑞士联邦委员会的德文版翻译过来的，当然准确不准确我们也可以再讨论。

《瑞士民法典》第1条的3个条款是：

第1款：凡以本法文字或释义有相应规定的任何法律问题一律适用本法(这讲得非常清楚，任何法律问题，即和本法文字或释义有相应规定的任何法律问题一律适用本法)。

第2款：无法从本法得出相应规定时，法官应依据习惯法裁判(这给了法官一个授权)；如果无习惯法时依据自己如作为立法者应提出的规则裁判。这就是三个阶梯：先是法律，然后到习惯法，那没有习惯法怎么办呢？那就是法

---

① [瑞士]沃尔夫冈·魏甘德(Wolfgang Wiegand)：《习惯法的程序意义：是事实还是法？(历史传统和这一传统在19世纪的变化)》，载Pio Caroni编：《习惯法和它的过去》，伯尔尼2000年版，第167～177页。《Die prozessuale Bedeutung des Gewohnheitsrechts: Faktum oder Ius? (Die historische Tradition und die Änderung dieser Tradition im 19. Jahrhundert)》, Pio Caroni (Ed.):《Gewohnheitsrecht und seine Vergangenheit》, Bern 2000, pp. 167～177. 此文中有关沃尔夫冈·魏甘德教授的德文文献引文，是由樊文博士翻译的，特此感谢。——作者注

官把自己当做立法者或者是扮演一个立法者角色，然后根据已有的规则裁判。

第 3 款：在前一款的情况下，法官应依据公认的学理和惯例（有的翻译成法官应依据公认的原理和惯例）。

以上就是《瑞士民法典》第 1 条的 3 个条款。这样，习惯法就成为法官在法律空缺下的裁决依据，这就是法律明确授权了。

我今天和各位想讨论的就是"法律体系中的习惯问题"。为什么这样讲？我这几年特别关注的就是在法律体系中给习惯一个什么地位，而不是我们以前讨论的国家法、民间法等关系问题，以前我们老是把它当作两张皮在讨论。我现在一直考虑的问题就是法律制度中的习惯问题，以及法律制度中的政策问题，而不是一般意义上的法律和习惯的关系问题，或法律和政策的关系问题。所以今天讨论的重点就是法律体系中的习惯问题。

在多元法律文化中，习惯是一种很重要的规范类型。我特别强调"规范类型"这个概念，因为"规范类型"这个概念可以解决我们原来讲不清楚的一些问题，比如说"法律渊源"这个概念。"法律渊源"我们仍然要用，但是"法律渊源"的概念受局限。谈到"法律渊源"，我们一般是在《立法法》中，在法律文件中去寻找它的形式，如果找不到，那我们就没法用。但是"规范类型"的概念可以包容法律发展的一些概念，因为现在法律发展了一些新的东西进去，比如说政策的问题。1986 年颁布的中国《民法通则》第 6 条已经把政策作为一种规范类型规范到了我们民法中。但是令我诧异的是，20 多年间很少有人从"规范类型"这个角度、从"法律渊源"这个角度对《民法通则》第 6 条进行思考。

习惯是一种很重要的规范类型，在出现法律空缺的情况下，习惯就成为一种很重要的补充法律漏洞的规范依据，这是我的一个主要观点。这样讲并不意味着习惯就变成了法律。现在国内有些人说好像习惯进入法律就成为法律渊源了，我不同意这种说法，不能简单地说法律规定了习惯，规定了政策，它们就变成法律渊源了，这个我不同意。法律规定了习惯的地位并不意味着习惯就变成了法律，习惯只要在没被法律吸收之前、没有变成法律之前，习惯仍然是习惯。但是在法律规定了习惯的地位之后，就意味着法律赋予了习惯一种法律地位，这样一种法律地位的赋予是有重要作用的，它就成为了在没有法律的前提下人们的行为规范依据和法官的裁决依据。但习惯仍是习惯，并不因为法律的规定而改变它的规范属性。

这是一个重要的观点。在这个问题上现在有很多分歧。比如说最高人民检察院的朱孝清副检察长写了篇文章是"司法解释具有普遍的法律效力"，然后我们法学所的莫纪宏研究员写了篇批判性的文章说"司法解释不具有普遍的法律效力”。他们把这样一个问题都抬到“普遍的法律效力”的层面来讨论就非常复杂了,各说各的理。我是这样看这一问题:一种规范类型一旦进入法律里面,被法律明确规定为“法律没有规定的,可以……”的情况下,这一规范类型便具有了行为依据和规范依据的属性。我举一个例子:《民法通则》第6条规定“民事活动必须遵守法律,法律没有规定的,应当遵守国家政策。”什么意思呢?就是法律没有规定的时候政策就成为了规范依据。这样一个条款就意味着我们的民事活动、民事行为在没有法律规定的情况下,国家政策就成为我们的一个行为依据,同时它也就变成了法官的裁决依据。所以我提出一个观点:行为依据和裁决依据应当是一体化的。一种规范一旦成为裁决依据必然就是行为依据。比如以最典型的最高人民法院的司法解释(因为他们争论的问题就是司法解释)为例,司法解释表面上看只是法官的裁决依据,只是法院系统内在法官判案的时候才能用。但是当我们进入司法解释的具体内容中去看的时候,这个问题一下就很清楚了,例如前段时间最高人民法院关于旅游行业在旅游过程中所发生的法律适用问题的一个解释,这个解释中的规定对旅游行业、旅游从业者以及法官都有一种法律的效力,都有一种规范的作用。当然一般是在出现案件的时候,出现旅游纠纷的时候,法官可以按照这个司法解释来裁决案件。但是这里面规定的内容对旅游从业者没有意义吗?旅游从业者看到这里面的规定时难道对自己的行为不做约束吗?因为里面规定得非常详细,比如说不能强制旅客到商店去购物,不能轻易地变更旅游路线等规定。这些规定是有非常实质内容的,当发生纠纷以后法官按这些规定裁决,这些规定一旦成为裁决依据,它对所有的旅游所涉及的主体都有法律意义。所以从这个角度,我们可以说一种规范在成为裁决依据时,它同时也应该是一种行为依据。我们不从“普遍的法律效力”这个角度去讲它,我们只是从一种规范类型的角度来讲它。习惯和政策作为一种规范类型,但是这种规范类型的适用前提必须是“法律缺位”,在法律缺位的情况下这种规范类型才能发挥作用。所以这样一来,这种法律地位的赋予是有重要作用的,它就成为在没有法律规定的情况下人们的一种行为依据和法官的裁决依据。我这个观点就解决了他们的争论。

其实在某种意义上,他们两人的观点可能都有问题。朱孝清的观点是“司法解释有普遍的法律效力”,但因为司法解释不是法律,莫纪宏教授就说这个不是法律,是一种司法行为,司法解释仍然是一种司法行为,是司法过程中对法律适用问题进行解释。但是我们应该看到司法解释不是一般的司法行为,它是1981年全国人大常委会关于法律问题的解释决定授权最高人民法院和最高人民检察院的一个权力，这个授权到现在仍然是有效的。《立法法》颁布之后并没有废除1981年解释决定的效力，所以它是有授权的。既然有授权，那么它所发布的这个文件应该是具有效力的，但是是不是一定要提到"法律效力"这个高度？我觉得不一定。不过它对法官的裁决是起作用的，同时对相关内容涉及的主体也好、事项也好、活动也好，都有法律意义，都有规范作用，这个是可以成立的，所以它是一种规范类型。

同样，习惯在被法律所规定和确认之后，在法制结构中就获得了一种合法性地位，这对像瑞士、日本、中国以制定法为主要规范依据和来源的国家来讲具有重要的法治意义。因为在制定法国家，无论个人的行为还是法官的裁决都要有一个合法性依据，这个合法性依据非常重要。尽管在实践中我们的一些法院早就突破了现行法律的规定，习惯进入司法虽然不是说大面积地展开，但是在很多省已经作为法院(有的是作为省一级法院，有的作为市一级法院)运行的要求进入到司法判决中。可是我们从法律这个角度来看，我们仅仅是在《物权法》第85条中对相邻关系做了一个法律规定，而在其他领域目前尚无法律规定。在某种意义上现在习惯进入司法不具有合法性，所以包括在泰州召开全国性会议的时候我一直在强调这个问题，当然这是一个需要我们解决的问题。一个合法性的依据是非常重要的，这个不同于以习惯法发展起来的判例法国家。

所以下面有几个大的问题，有的问题可能因为时间关系我简略讲讲，有些问题我可能要重点讲讲。我想和大家交流这样几个问题：

第一个问题是习惯的历史和现代价值，它在历史上有什么价值，在现代有什么价值；

第二个问题是《瑞士民法典》第1条的立法背景及其对世界民法的影响；

第三个问题是习惯在中国立法和司法中的新发展；

第四个问题是江苏省姜堰市人民法院将习惯引人司法的实际案例；

第五个问题是对习惯引入司法后产生的问题的新思考；

第六个问题是我们今天要讲的重点，就是习惯的未来命运，以及中国民法典如何借鉴《瑞士民法典》第1条？我提出了一个"三位阶"规范理论及其要解决的几个理论问题。这几个理论问题非常关键，一共有以下5个问题：

1."习惯"和"习惯法"的概念；

2.习惯适用的优先性问题；

3.习惯适用的限制性条款和判断主体；

4.关于政策为什么要作为法律体系中的一个规范类型以及为什么要作为第二位阶规范类型的一个论证;

5.关于在中国法理为什么不能作为裁判依据的一种类型,以及对《瑞士民法典》第1条的一个历史性误解。

前面的问题我可能会简要交待一下,我们把重点放在第六个问题上。

第一个问题:习惯的历史和现代价值

我简要地讲一下。习惯的历史价值其实在恩格斯《家庭、私有制和国家的起源》这本书里已讲得非常清楚了(当然现在有一些学者对恩格斯的国家学说,包括对马克思的国家学说提出一些质疑,尤其是对原始社会有没有法这个问题提出质疑,这个我们暂不去讨论它)。根据恩格斯的研究,习惯在原始社会是主要的规范类型,他有个经典的名言:一切问题都由习俗解决了。他这个“习俗”是习惯和风俗的简称,在原始社会,主要的社会规范类型就是“习惯、风俗”,因为原始社会是氏族社会体制,氏族又是建立在以血缘和地域为纽带上的,我觉得这两大要素对于我们分析现在的习惯是非常有价值的。一个是血缘关系,原始社会的氏族部落成员之间是有血缘关系的,就像我们现在农村的村落一样,一个姓氏可能就是一个血缘传下来的,当然现在可能有两个姓、三个姓的;还有一个因素就是共同居住地,恩格斯在分析这个问题的时候说这是氏族社会的两大特征。恩格斯的这个研究也不是他自己凭空想的,他也是建立在摩尔根《古代社会》这个基础上的。但是现在有的学者想推翻这个结论,推翻“原始社会没有法”的结论,包括考古学、包括西方一些学说,因为西方一些学说对马克思恩格斯的这个原始社会没有法的结论包括法的产生是有质疑的,这个问题我们不去讨论它。我们说的习惯的历史价值是,不管你承认它也好否认它也好,习惯在远古社会都起着一个最主要的规范类型的作用,“一切问题都由习俗去解决了”。这是恩格斯的名言,大家有兴趣可以去看看恩格斯的这本著作,其他的我想就不展开了。

那么习惯的现代价值如何表现呢?过去我们在研究法律文化的时候,给法律文化的发展列了三部曲,这三部曲是这样一个过程:由习惯进入习惯法,再进入成文法,法律文化经历了这样三个发展阶段。这个过程中,按照恩格斯的结论,就是阶级社会产生之后法律就成为了主要的规范依据,国家也产生了。我们过去常常讨论先有法律还是先有国家,其实这是一个伪命题。国家和法,按照恩格斯的解释,是同时产生的。但是是不是有一个时间点,这个从科学研究来讲都不是一种科学的思维，它是一个漫长的过程，国家和法是同时产生的现象。国家产生以后，法就成为主要的规范类型或者叫主要的社会调整规范。经过这样一个过程，习惯的作用越来越弱化。西方一些学者，例如埃尔曼(《比较法律文化》的作者)，他用了一个概念叫作"习惯的让渡"，就是在进入一个有法律的社会后，习惯逐步让渡出来了，过去它作为主要的社会规范类型就让渡于新的社会规范类型——法律。但是习惯的让渡并不意味着它的消亡，而且在长期的发展中，习惯，尤其在民事过程和商业过程中，还扮演着重要的角色，起着重要的作用，我们要充分看到这一点，而且还有一些新的习惯在产生。

今天我们讨论这个问题的背景是什么呢？主要的背景就是经济全球化。和经济全球化相对应的是一个什么东西呢？文化的多元化。这是一个非常有趣的现象。全球化用一个大白话来解释就是一体化、统一化，就是一致化，就是越来越趋同，越来越统一。金融危机是最典型的反映。就是一个地方发生问题，全球就跟着转，动起来。但是文化现象却非常复杂，在经济全球化这个过程中，文化越来越多元化。文化有没有全球化现象？也有。尤其在美国强权文化主导之下，文化也有全球化的迹象。但是越是在强权文化的冲击下，各民族越是想要捍卫自己独立的文化，这种情况是一种对抗，我们可以用很多例证来证明这一问题。不要说我们东方民族，就是在西方，在欧洲，对美国文化抵制的也非常厉害，前些年法国人认为这个 E-mail 地址都是美国强权文化的一个体现，所以法国人要用他们的字母，要用法文来代替国际流行的这种字母。当然在一些东方国家因为文字的关系，也有自己的地址字母，包括日本，包括韩国，它们都有一些自己的地址的表达。在这样一种情况下，习惯的问题更加凸显出来了，为什么呢？因为习惯是最具有文化多元化特征的一种文化现象。习惯有两大特征：第一是它的民族性，第二就是它的地域性。尤其他的地域性是非常明显的。和习惯的"民族性、地域性"形成对照的是什么呢？就是法律，这个还不是从国际法层面讲，而是从国内法层面来讲的。从国内法看，这又和国家体制联系起来了，中国的国家体制是一个单一制结构的国家体制，单一制的国家结构的法律体系是统一的，不能有两个法律体系(严格说是从大陆这个角度谈论这个问题，不包括港澳台)。它是一个统一的法律体系，统一的法律体系就是单一化，这种单一化的法律体系和习惯的民族性、地域性的特征恰好形成一个对照，所以在这种情况下习惯的问题就引起了大家的重视。另外从法理学、法律文化这个角度来讲，习惯一直是它研究的重点，一个要素，习惯是法律的一个要素。从法律的发展这个角度我们可以讲很多的内容,所以第一个问题我想简单地和大家讲这么多。

第二个问题:《瑞士民法典》的立法背景及其对世界民法的影响

我们前面讲了《瑞士民法典》第1条。为什么《瑞士民法典》会做这样的规定呢?我们也看了一些资料,在此之前其他的民法典虽然也很著名,但是没有作出这么明确的规定:在没有法律的时候,习惯法可以作为法官裁决的依据,甚至在没有习惯法的时候给法官一个授权,法官可以把自己当作立法者根据已有的一些规则来作出裁断。为什么《瑞士民法典》会做这种规定?围绕这个问题我在瑞士和一些专家也做了一些访谈,访问了一些他们的民法教授,比如前一段时间来我们法学所做讲座的瑞士弗里堡大学法学院民法教授Peter Guoch教授,我问他《瑞士民法典》第1条为什么在制定的时候会把习惯法作为法官裁判的依据?他的一个主要回答是当时制定法还不完备,习惯法在当时的瑞士还是重要的规范依据,所以这样规定主要是为了弥补法律的漏洞。但是他有个观点我现在一直持怀疑态度,而且这个观点不只他一个人在讲,瑞士联邦研究所的其他一些教授在讨论的时候也讲到:《瑞士民法典》在当时规定这一条是因为习惯法当时在瑞士非常重要,因为1907年的时候《瑞士民法典》的涵盖面还非常有限,所以习惯法起的作用很大。但是他们包括Peter Guoch教授都说到现在习惯法基本上已经没有什么地位了,法律已经把它所能填补的空缺填补了。我在瑞士访问时主要是想看能不能找到一些案例,就是法官采用习惯法进行判案的案例,这对我们分析这个问题很有用。案例还是有一些的,因为100多年了肯定有很多案例,但是它的判决全部都是法文、德文、意大利文,文字翻译上有一些困难,另外他们认为现在法官用习惯法来判案的很少了,几乎没有了,好几个教授都谈到了这个问题。还有在我结束访问做结项报告讨论时,他们提出:在法治国家越来越讲法律,法律是主要的规范类型和行为依据,习惯的问题在我们这里已经越来越不重要了,但是你们中国为什么对这个问题看得这么重?我们提出研究习惯问题,他们就觉得很奇怪,说:“我们现在根本不存在这样的问题,我们现在是法治国家,一切都按法律来办。”我回答他们说,这个问题不取决于主观愿望,而是一种客观的社会需求。因为中国法律虽然发展到了这个阶段,但毕竟还是一个后发展的阶段,虽然我们有发达的法律发展历史,但是它不能替代我们现代法律发展的历史。我们在法律发展阶段上客观地讲还没有达到一个完善和完备的地步,规范层面的法律依据在很多层面是缺乏的,尽管最近全国人大要宣布我们中国特色社会主义法律体系即将形成，但实际上这只是一个阶段性的，非常有限的阶段性的现象。我们的法律和发达的法律体系比较，还差得很远。所以规范类型的缺乏就导致我们必须重视除了法律之外的其他规范类型，比如说像政策、习惯的问题。

另外我们还要注意到，《瑞士民法典》第1条的标题是“法律的适用”，英文的表达是“Application of Law”。这一条主要是针对法官在受理一个案件后如何选择所适用的规则来裁判案件。虽然《瑞士民法典》是民法典，但是它第1条就有点替代我们诉讼法的功能，其实它是提出一个法官如何来选择法律这样一个条款。《瑞士民法典》第1条采取了一种穷尽一切可能要使案件得到最终处理的办法。《瑞士民法典》第1条之所以做这样一个规定，是体现了启蒙时代以来近现代的一个司法理念：“法官不得拒绝裁判”。这是一个非常重要的司法理念，这个司法理念在法国的民法典中用明确的语言文字予以确定，“法官不得拒绝裁判”。《瑞士民法典》这样一个司法理念本来是对法官提出的一项义务，但是客观上却为法官扩张权力提供了依据。因此有的学者认为对法院和法官赋予如此大的权力是前所未有的。[①]瑞士的其他一些专家也对《瑞士民法典》的立法背景做了一些分析，我想就不展开了。

简单地讲，当时为什么要做这么一项规定呢？主要就是成文法的覆盖面很有限，所以习惯法要起到一个补充漏洞的作用，这个在全世界一般都是一个公认的学说，就是补充漏洞。习惯也好，法律之外的其他规范类型也好，都起到这个作用，包括司法解释。司法解释虽然我们不能把它当法律来看，但是它也是起到这方面的作用。法律不明确，通过对它的解释来明确一下。中国的学者比如厦门大学法学院的徐国栋教授，也对《瑞士民法典》的第1条做了一些分析，他说习惯进入民法典，起源于瑞士，他也做了这个判断，而且他对这个习惯做了一个区分。我觉得他这个区分很重要，因为我看国内的学者一般还很少有这种区分，他将我们要处理的习惯法分为两种：一种是在一个国家初创的时候、全面立法的时候需要被反映的习惯法，就是反映到法律里面，把它变成法律，把“习惯变成法律”这样一种习惯法，一种是一个国家的法律体系已经

---

① 见清华大学法学院申卫星教授的评论：“瑞士民法典赋予了法官以造法的权力。这体现其举世著名的第1条第2款和第3款的规定，这一规定赋予了法官在没有法律和习惯可供适用的情况下，可以依据学理和惯例创制审判规则的先例，这在限制法官权力于法典之中的大陆法系国家中可谓是前无古人的创举。”见申卫星：《瑞士民法典的演变与发展》，中法网2005年9月8日发表。当然，是否给了法官造法的权力，我们可以讨论。

建成后作为“补充渊源的习惯”。这是两种习惯，一种就是建国之初、立法之初，全面立法的时候，哪些习惯法或者习惯要进入和变成法律，就是被法律吸收。早年孙笑侠教授写过一篇文章，题目就是“习惯如何变为法律”，投寄给《法律科学》，我觉得这篇文章写得很好，就刊发了此文。文章的主题就是习惯如何转变成法律，它不是简单地把习惯条文变成法律条文，而是要经过很多的环节，要经过立法者很多的筛选，立法者的意志在其中起着很大的作用。这是一种情况，是在建国之初，大规模立法时期，如何处理习惯法。另外一个就是法律体系已经建得差不多了，这个时候的习惯法起什么作用呢？它主要起一个补充漏洞的作用，这两种性质是不一样的，当然徐国栋教授也是针对我们中国民法典起草过程中怎么看待习惯来谈这个问题的，他是后一种观点。他认为我们现在所处理的习惯法也就是起到一种补充漏洞的作用，包括我们现在《物权法》第 85 条所起的也是这样的作用。

《瑞士民法典》第 1 条这样一个规定对许多国家都产生了影响，最明显的是日本，日本直接就吸收了类似的条款。我们中国也受影响很大，中国受的影响是《大清民律草案》，在这个《大清民律草案》中直接就有这样的条文。还有它对其他一些国家都产生了很大的影响，有些国家直接就把它变成了法律，有些国家没有吸收，但是把它变成民法的一种学说。更多的国家是把它作为民法的一种学说在使用，变成法律的有一些，但是还是很有限。这是我想和大家交流的第二个问题。

第三个问题：习惯在中国立法和司法中的新发展

新中国成立以前法律中对习惯也有一些类似的规定。我刚才讲到的《大清民律草案》第 1 条明确规定：“民事，本律所未规定者，依习惯；无习惯者，依条理。”它用了“条理”这样一个概念。这一条规定了法律没有规定的依习惯，这基本上和《瑞士民法典》第 1 条很接近了。另外 1929 年颁布的《中华民国民法典》第 1 条规定得就更清楚了：“民法所未规定者，依习惯；无习惯或虽有习惯而法官认为不良者，依法理。”1982 年我国台湾地区修订的“民法典”第 1 条规定：“民事，法律所未规定者，依习惯；无习惯者，依法理。”第 2 条规定：“民事所适用之习惯，以不背于公共秩序或善良风俗者为限。”沿着上述规定，在民国时期就确立了一些习惯被适用的原则和判例。这里面有很多判例，因为时间关系我就不讲了。

在新中国成立后的法律体系中，习惯的概念最早出现在婚姻法中，中华人民共和国最早的一部法律是婚姻法，当时婚姻法还是由中央人民政府颁发的。中华人民共和国中央人民政府 1950 年 4 月 13 日发布的《中华人民共和国婚姻法》第五条规定："男女有下列情形之一者，禁止结婚：一、为直系血亲，或为同胞的兄弟姊妹和同父异母或同母异父的兄弟姊妹者。其他五代内的旁系血亲间禁止结婚的问题，从习惯。"

后来法律体系中的习惯的概念主要出现在有关民族关系、民族区域自治以及相关的领域之中，主要用来规定民族风俗习惯在法律中的地位和作用。我让我的一位博士生把我们现行有效的法律体系做了一个整理，看看在我们现行有效的法律体系里面有多少条文是规定习惯的，经过梳理，在 2008 年以前至少有七部法律涉及风俗习惯，我们按时间先后排列分别有刑法、宪法、民族区域自治法、消费者权益保护法、监狱法、老年人权益保障法，还有戒严法，这些法律里面都有关于风俗习惯的规定，我们把这些规定概括一下，都是尊重民族风俗习惯的规定，都是和民族风俗习惯有关的。后来习惯的概念就不局限于民族风俗习惯领域，而开始在民事和经济交往中出现，出现最多的就是《合同法》。《合同法》是 1999 年通过的，在《合同法》里面有一个"交易习惯"的概念，这个"交易习惯"在《合同法》中大致有 9 个条款，都涉及交易习惯，这个我就不具体念了，大家查一查。这就是习惯的概念在我国法律体系中的大致情况。

但是我们应该注意到，所有以上有关习惯概念的法律条款都是作为法律调整的对象或者法律保护的内容而出现的。我们需要非常仔细地区分，虽然同一个概念都出现在法律里面，但是因为对它的表述不同，它的地位是不同的，而作为一般规范意义的习惯概念在法律中并没有一个明确的表达。我注意到，在这之前大概只有一个习惯概念被作为规范类型使用的，就是著作权法，规定著作权法颁布之前所涉及的问题按照习惯，那是为了解决溯及力的问题。法律不能溯及，就按照过去的习惯来办。而作为一般规范意义的习惯概念，作为一种规范类型，这个习惯概念在法律中从来没出现过，没有一个明确的表达。

这些年来，习惯在现行法律与司法中的地位和作用有了一个比较明显的变化，由原来作为法律调整的对象或者法律保护的内容变成了法律的一种规范类型。并且最高人民法院的司法解释也开始重视和正视与习惯有关的法律问题。其中有两个最明显的标志：

在立法方面最明显的标志就是 2007 年 3 月 16 日全国人大通过的《物权法》。《物权法》第 85 条规定："法律法规对处理相邻关系有规定的依照其规定，法律法规没有规定的可以按照当地习惯。”大家注意，这个条款和我们刚才所讲的那么多的法律中关于习惯的条款是不一样的。这个条款明确规定了在处理相邻关系的时候，如果我们找不到法律的规定，可以按照当地习惯作出裁判。当然这个条款不只是对法官做裁判有作用，也涉及有关相邻关系的民事行为和民事活动。我们理解法律条文不能只理解为好像只对法官有用，作为一个制定法条款，它的规定与该条款相关的所有的行为与活动都有关。我们再来讨论“习惯到底有没有普遍的法律效力”，你如果硬要往那个问题上扯，会永远也扯不清。它是在法律缺位的情况下的一个明确的规定。在法律缺位时，法官就可以按习惯来裁决。人们在执法中或司法中，比如说遇到了相关问题，执法者和司法者完全可以按照这个条款来处理案件，这是一个重要的标志。

司法方面的标志是2004年最高人民法院通过的关于婚姻法司法解释二，它是2004年4月1日生效的，我就不念这个具体条文了。这个司法解释二涉及了彩礼退赔的问题。彩礼的退赔问题在以前司法一直是不管的，为什么不管呢？因为中国不承认“婚约”这样一种民间的传统形式，现在也仍不承认。中国只承认结婚、离婚这样一些法定的婚姻形式。婚约在中国是一个民间的传统，而且现在仍然是。经媒人介绍的也好，双方自由相爱的也好，在确定关系之后先要订婚，这就叫“婚约”，这个传统我看不只在中国有，在西方也有。在西方好多男女相爱以后也要订个婚，他们也有婚约的习惯。订婚以后互赠彩礼，当然过去大多情况是男方给女方送彩礼，现在也还是主要的形式，也有女方给男方送彩礼的。但是在订婚到结婚期间出现了悔婚的情况，一方或双方反悔了，不愿意了，怎么办？彩礼的问题就是一个大问题。如果说在过去彩礼价值不高也无所谓了，但现在可能有些彩礼的价值变得非常昂贵，那怎么办？你不能老不解决这样的问题。可是由于我们法律上不承认婚约，涉及婚约和彩礼退赔的案件我们的法院一般都不受理，但是由此造成的民事纠纷甚至由此而酿成为刑事案件的在我们中国很常见，这样一来法院就不能采取不理的态度。2004年的司法解释就专门针对这样一个现象，对彩礼退赔的问题做了一些原则性的规定。

我们仔细分析一下这个司法解释二，我觉得这些原则性的规定很有意思，为什么呢？因为这个规定到下面行不通，为什么行不通？因为中国的民间风俗（我也做了一些了解，无论是中国的南北方的还是东西部的）是男女区别对待的，多数的情况下是男方悔婚一般不退，女方悔婚一般是要退的。但是最高人民法院作为中国的一个最高司法主权机关总不能颁发一个男女区别对待的司法解释，这个是要出大笑话的。这个司法解释只能平等对待，不区分对象，但这个解释到下面行不通，因为它不符合中国的民间传统。下面怎么办？下面对它进行了改造，具体的做法在后面我给大家讲姜堰经验的时候再详述。

以上是两个重要的标志。总的来说就是立法也好，司法也好，已开始重视和习惯相关的一些法律问题。

还有一个我想提到的就是：2008 年中国政府确认了中秋节、清明节和端午节三个传统的节日为法定节日，这是有非常重要的法律意义的。这是对传统的一种认可，是对我们习俗的一种认可。因为法定化是有法律意义的，至少在《劳动法》上、在公民的权利方面有重要影响。在法定节日，你如果在这一天加班是要拿 3 倍日工资的，这在《劳动法》上规定得很清楚，如果这些节日不法定化，就没有。当然它不仅仅是这样一个问题，重点就是对习俗的确认。这三个节日都是各有来头的，比如说中秋节来自于一种民间传说；清明节是一种祭奠，对故人的祭奠（过去把它看作封建迷信）；端午节又是建立在各种传说基础之上的。总的来说这就是对习惯的一种确认，是由政府行为作出的，是有法律意义的。我手里有一个比较详细的材料，是关于春节法定假日的废除和恢复过程的。春节在“文化大革命”期间有一段时间被取消它的法定化，春节这一天是不放假的，因为搞革命嘛还过什么春节啊！然后到 70 年代末“四人帮”粉碎后国务院办公厅才正式发文，恢复春节为法定节日。所以这一切都是有法律意义的。当然有人对它提出异议，说这些节日是汉民族的不包括少数民族，这些争议我们不管它了，那是另外讨论的问题。

总的来讲，这样一些立法和司法，包括政府方面的一些新的东西，意味着我们对习惯要有一个新的法律上的认识。因为过去提到习惯，认为它都是落后的，一提到习惯都是和封建、落后、迷信挂上号的，是长期受打压的，包括我们学者，我们过去提到习惯都容易从糟粕的角度去理解。这也标志着一个国家从民间到官方到知识阶层的态度的一个变化。

第四个问题：江苏省姜堰市人民法院将习惯引入司法的实际案例

关于姜堰的做法，因时间的关系不能太展开。姜堰市人民法院 2002 年就使习惯进入了司法，他们有一套制度化的做法。结合我前面讲的彩礼退赔，他们做得非常巧妙。针对民间男女有别的这样一种情况，它用了“彩礼接收方”和“彩礼给付方”两个概念来解决男女的问题，不用男方和女方的概念，然后用不同的比例来划分彩礼退赔金额。比如说它有一个条款规定 2000 元以下的一律不返还,超过2000元的酌情返还;接受彩礼方提出解除婚约的,2000元以上10000元以下的,按照80%返还;价值在10000元以上20000元以下的,按照90%返还;价值在20000元以上的,全额返还。然后我们听听下面的给付方,如果给付彩礼方提出解除婚约的,彩礼价值在2000元以上10000元以下的,按照60%返还(大家注意到和前面的比例不一样了,低了20%);价值在10000元以上20000元以下的,按照70%返还;价值在20000元以上的,全额返还。这样一个区别对待就与真正的民间习俗相吻合:女方悔婚一般要退,男方悔婚一般不退。这样一个规定在实践中效果怎么样?《人民法院报》有个调查,这个规定试行了3年,从2004年到2007年,50起彩礼返还纠纷,撤调率达到82%,没有一件上诉的,具体的数据我就不念了。他们还进行了一个前后对比,就是这个制度试行前3年的数据和这个制度试行以后3年的数据作对比,它们都有详细的数据。结果是:调解率、调撤率明显上升,审判效率明显提高,平均审理天数也减少了,原来审理天数要56天,实行这个制度以后25天就结案了,还有案件上诉率下降至零。当然有人对这一点提出了一点看法,说这些情况是不是和其他制度相关,这是另外的问题,至少数据是这样的。还有申请执行的案件明显减少,因为申请执行对法院来讲是一个最明显的标志。前段时间我参加了北京一中院的一个有关法院公信力的调研讨论,自动执行率之低使我感到惊奇。他们有一个数据,有20件案件自动履行率才有6件,履行率是非常低的。所以履行率是法院判决的执行效果的重要标志。姜堰市在民俗习惯进入司法方面有6个制度,涉及我们刚才讲到的彩礼返还问题、赡养问题、分割家庭共有财产,还有商事执行和保密。当然它有一个非常人性化的做法,比如说它尊重民间风俗习俗,在婚丧嫁娶的时候和一些传统节日尽量地不要去送传票,避开人家大悲大喜的日子。当然这里面可能涉及诉讼时效问题,法院可以来一个诉讼时效中断,也可以解决这样的问题。不在人家办丧事或喜事的时候去送传票,包括案件执行,这样一些人性化的做法确实也受到了老百姓的赞赏。

第五个问题:对习惯引入司法后所产生的问题的思考

这个问题因为时间关系我就简单地说一说。

第一个问题就是一些人对习惯引入司法虽然还有一些顾虑和障碍,但大多数还是能够接受这样一种来自司法实践的迫切需求所产生的一种新的尝试。不管在司法界还是在学术界,大家基本上还是接受的,当然还是有一部分人对这一点不接受。

第二个问题就是我刚才给大家介绍的我们现在的这样一些立法规定也好，司法的规定也好，都是个别性规定，都是有特指的和专指的。这样一些法律上的特别性和专门性规定能不能普适化？能不能适用于所有的民商事审判？这是个问题。所以姜堰市也好，全国其他法院包括福建、陕西，很多都在做这样的试验。但直到现在为止，合法性依据是成问题的。因为除了《物权法》（《物权法》只管到相邻关系）和司法解释（司法解释只涉及彩礼退赔），其他的怎么办？民事活动范围是非常大的，现在没有法律规定。所以在泰州开会时我在会上作评论说，这个合法性的问题确实还是存在的。

第三个问题是最重要的问题，即如何判断良善。习惯有个判断问题，标准如何确立？根据什么来确定？无论是立法还是司法都存在这样一个问题。当然我们的法律规定了一些前提，这些前提一般会这样表达：法无明文规定或政策无明文规定，以及要引用的习惯和法律、政策精神并且和公认的社会道德准则不相抵触等等。我们的《民法通则》第 7 条也有这样一个条款。但是所有的这些规定还是有一个判断的问题，就是一个习惯摆到你面前你如何判断？姜堰的做法是什么呢？姜堰的做法是发动全市的法官去做调研，然后总结出一个近 10 万字的关于姜堰市的民俗风俗习惯，然后将这 10 万字的民俗风俗习惯拿到姜堰市法院审委会来审议。哪些习惯可以被确认下来，是善良的，哪些习惯是恶的，不能用的，由法院通过制度化的方式来确定下来，然后颁行于全市法院，每个法官一人一份，法官遇到相关案件的时候就来对照。当然有些前提，就是和法律精神相吻合的、没有法律规定或者没有政策规定，这一点是非常坚持的。另外他们还规定了几个限制性条款：不能违背国家利益、他人利益等等。姜堰市的这个做法就出现了一个悖论：习惯本来是一种不成文法，但在中国的司法中要引用它，就得用成文化的方式运作。这是一个悖论，可是在中国不得不这样做。这涉及我们后面的一个问题，就是判断权的问题。

第四个问题就是同样是一个习惯，通过司法判决的方式解决和通过司法调解的方式解决可能命运不一样。尽管从法治理论上讲或者从我们的体制上讲，我们要求不管司法判决也好司法调解也好，都要依法进行。但是我们也清楚地知道在这个调解过程中是可以和稀泥的。最近我参加了吉林大学一个博士生的答辩，他有个观点和论证就是“清末民初在变法的过程中我们完成了由和稀泥式的调解到确定权利义务的调解”，说民国初年就已经完成了。我问他这个任务现在完成了没有，他说现在很难回答。其实我们现在的调解就是和稀泥，调解可以和稀泥。和稀泥什么意思呢？就是权利可以让渡，义务可以减除,大量的调解是在这样一种情况下产生的。但是判决的情况一般是要依法判决,这是我们的要求。可是在实际中我们也知道有些法官经常也是对当事人施加压力的,包括判决都可以施加压力,调解就更别说了。所以现在就是“以判压调”,其实这个判决有时候也是施加压力所得的。当然他们在理论上是不承认这一点的,说我们的判决是依法的。调解是以追求结果作为标准,只要你当事人接受,我不管调解过程,不管权利人还是义务人,只要双方接受,那么这个过程中会产生什么问题?同样是习惯,通过判决解决和通过调解解决(我说的调解是司法调解)命运是不一样的。

第五个问题是新熟人社会的理论变化。这个问题要和费孝通的理论结合起来考察,因为费孝通的“熟人社会”理论是在20世纪40年代提出来的。经过60多年的变化,我们产生了一种新熟人社会。我也看到有的学者也在研究这方面问题。这个新熟人社会是什么意思?比如我们都是法学所的人,我们大家认不认识?大家似乎都认识。认识是不是就是熟人社会?这个熟人社会和费孝通说的熟人社会是完全不一样的。费孝通说的熟人社会是建立在乡土中国的基础之上,它有两大特色:一个是有血缘关系;一个是有共同居住关系。所以,它才形成一种熟人社会。而现在我们大家虽然都认识,但是不是一种新的熟人社会?大家都在一个单位工作,白天我们到点儿来这里集中,下班了我们都回到自己的家里去,它和原有的那种熟人社会是发生了根本的变化。他们之间会产生一种什么变化呢?他们会有一种什么样的习惯产生呢?这就和费孝通的那个乡土中国的分析大不一样了。所以我说谁能把我们今天的这个新熟人社会描述出来,那就是理论上的一个很大的贡献,就像费先生描述40年代的中国那个熟人社会一样,因为它发生了根本变化。为什么说这个?因为它对我们研究习惯是有很大益处的。习惯不是固定不变的,习惯是在流变之中的。就像当年费孝通先生讲到“我们现在正处在一个传统社会到现代社会的蜕变过程中”。在这个蜕变过程中习惯也在发生着流变,旧的习惯不断被淘汰,新的习惯不断在生长。所以新熟人社会的理论以及它的结构、对它的理论解释直接关乎习惯的未来命运。

第六个问题:习惯的未来命运

中国的民事立法,有关民法典的问题,据昨天全国人大法工委的杨红女士介绍,说民法典能否制定都成了一个问题了,我们不管它了。但民事立法对《瑞士民法典》第1条的借鉴仍是一个问题。我提出一个“三位阶规范理论”及其几个需要讨论的问题，我想通过前面的交代，大家可能已经基本明白问题所在。我的问题就是，尽管这些年我们在习惯问题上有一些新的发展，但是我们还是面临着严重的挑战和艰巨的任务。因为无论《物权法》第 85 条，还是最高人民法院的司法解释，都是个别性规定，这样一个法律上的个别性和专门性规定能不能普适化？就是说它能不能适用于所有的民商事审判？能不能扩大到行政和刑事审判领域？因为这两个领域也存在着习惯的问题。这一点反弹很大，包括在瑞士我做结项报告的时候，瑞士联邦研究所的专家说，你从私法上讲习惯我们还能理解，你现在想把它引入公法领域上怎么去理解啊？我说不管私法也好，公法也好，行政执法过程中会有习惯的问题，刑事司法过程中也会有习惯的问题。比如我们观察一些犯罪，有些犯罪的形成可能是由于对方（被害人方）触犯了被告人的某种习惯，然后刺激了他，导致了他犯罪。所以，至少在犯罪的原因和犯罪的动机这方面它和习惯相关。如果我们在刑事里面也把习惯考虑进去，用法律条文表达出来，把它作为一个情节考虑进去，是不是会对他的罪刑——至少是对他的量刑进行一些酌情考虑？因为我们看到过很多相关的案例。另外我看到北京大学有一位刑法博士写了一篇博士论文，题目是《刑事法视野中的习惯问题》。所以在行政法里面或在刑事法里面，同样存在着习惯的问题。当然我们现在还走不到那么远，我们先讨论民法的问题。这就是对我们提出的挑战。

要从根本上解决习惯在我们司法、立法以及多元纠纷解决机制中的地位和作用，让其在中国未来的法治进程中发挥重要的作用，我个人认为还是要从立法上解决问题。那么，《瑞士民法典》第 1 条关于习惯的规定成为世界民法范例，这一范例对于我们即将制定的中国民法典有着重要的借鉴意义，中国民法典应该借鉴《瑞士民法典》第 1 条的规定。怎么借鉴呢？第一点我认为可以在民事法律层面有一个突破，在民事立法中明确规定习惯的法律地位，将现有的《民法通则》第 6 条“民事活动必须遵守法律，法律没有规定的，应当遵守国家政策”修改为“民事活动必须遵守法律；法律没有的规定的，应当遵守国家政策；国家政策没有规定的，可依当地习惯”，就是在后面要加这么一条，“国家政策没有规定的，可依当地习惯”，这样就从民法的基本原则上彻底解决习惯的地位，这样的规定可以从民事行为上一揽子解决习惯的问题，把现有的《物权法》第 85 条的个别性规定变成一般性规定，使它成为所有民事行为的法律规定，并且形成一个“三位阶规范阶梯”。所谓“三位阶规范阶梯”就是指法律、政策、习惯，而且这个“三位阶规范阶梯”要强调每一种后位阶的规范适用必须以前位阶规范缺乏为前提。这个必须强调，不然就乱套了。现在在实践中是有一些混乱。

要对这个“三位阶规范理论”进行论证,面临着需要在理论上讨论的几个问题。这些问题不回答就很难成立。

第一个问题就是习惯和习惯法的关系。这个我不太想展开,因为它和“三位阶”没有直接的关联,但是有关系。大家知道,《瑞士民法典》用的是“习惯法”,而我们用的是“习惯”,为什么会有这种变化呢?这个“习惯法”和“习惯”确实是两个不同的概念。瑞士联邦研究所的专家们死扣这个问题,说我们瑞士民法典用的是“习惯法”,你们用的是“习惯”,这是根本不同的。所以他们的意思就是这两个概念是不同的,缺乏一致性。他们既然提出这个问题,我觉得就有必要做些回答。其实这个问题不是今天才提了出来,在中国,到目前为止,关于习惯法和习惯的概念还没有讲清楚。虽然我在写统编教材时对习惯法也下了个定义,但是这个问题至今仍是混乱的。大家经常在习惯的意义上用习惯法,在习惯法的意义上用习惯。我们现在说的所谓的“习惯法”其实都是指的习惯。当然,习惯法有没有?肯定有。但它很大程度上是一个历史性的概念。因此,我认为习惯法只有在两种情况下发挥法律的作用:一是在法律到达不了的地方(包括时空),诸如历史发展过程中成文法不发达的地方,习惯法确实存在,比如藏族习惯法、回族习惯法,还有侗族习惯法等等,许多少数民族都有它的习惯法,汉族也有自己的习惯法。各民族的习惯法应该说是源远流长的。另一种情况就是在法律没有规定的情况下,诸如《瑞士民法典》第1条规定的情况。

关于习惯和习惯法这两个概念,我想做如下区分:

第一,这是两个不同的概念。而且我们在研究法律文化中把它们作为法律文化发展的三部曲的前两部曲,即由习惯到习惯法。因为在历史的发展中它们是有严格的区别的,有各自特征的。

第二,习惯和习惯法在不同的国家、不同的地区有不同的理解。比如说我提出的《瑞士民法典》第1条所说的“习惯法”是法律之外的还是法律之内的?这是个自然产生的问题。如果你认为是法律之内的,那么规定这一条就没有意义了。所以从《瑞士民法典》的条文上看,显然是指民法典之外的东西,不然第1条就不成立。这个逻辑应该是成立的,因为前提是严格依照本法,本法没有了,法官才可以依照习惯法,也就是说你这个习惯法指的是《瑞士民法典》之外的习惯法,这一点肯定是能得出结论的,不然就无法理解这个《瑞士民法典》的第1条。但是在中国现行法律体系中,没有习惯法的概念。大家可以到法律里面找。现在全国人大有一个“现行有效”的概念。我们的法律不断在变化，有修改的、废除的、清理的。所以我们现行有效的法律中没有习惯法的概念，只有习惯的概念，为什么？我是这样理解这个问题的：因为在中国的法学理论中，习惯法是属于法律的一种形式，在我主编的那个法硕教材《法理学》中对习惯法是有定义的，这一段定义是我写的，因为时间的关系我就不具体念了，不能太延长了。我们说习惯要经过"国家认可"，经过国家认可的习惯成为习惯法。国家认可有两种形式：一种是立法的形式；一种是司法的形式。这个我不想具体解释了。

第三，在理论上区分习惯和习惯法的概念是有意义的，但是在司法实践中，这一问题远比理论上要复杂得多。许多学者包括法国的学者都研究了习惯和习惯法的问题，但是当进入司法实践中，他们认为这样的区分不但解决不了问题，还增添了更多的问题，这里面有很多学问，这是一种专门的学问。习惯和习惯法在进入司法程序后适用不同的规则。比如说习惯法在法庭上是不用证明的，习惯法是大家都认同的，但是习惯必须要举证，怎么举证？这里面学问大了。比如爱尔兰规定：习惯必须在这个国家存在 80 多年，要证明从哪一年到哪一年这个习惯就开始有了，才算是一个举证。80 多年怎么证明呢？过去是采取长老证明制，可是长老也是不可靠的啊。长老在法庭上说过去是有这个习惯等等。所以它有一个学说，在国外我看到一篇文章就是《习惯和习惯法在法庭中的证明责任》，怎么证明？国外的学者说习惯法作为法律是不用证明的，法官应该知道，这是做法官的职责。但是习惯呢，如果当事人说这是我们的一个习惯，这是必须要证明的。证明的工作是非常难的，我们没法完成这个工作。这个有一套理论。所以他们认为理论上做这种区分是有意义的，但是它在实践中只会增加更多的混乱。

第四，我们重点讨论的是法律体系中的习惯问题。而且这个习惯概念涵盖量比较大，包括了民间风俗、民间禁忌、民间传统等多种含义在内。但是我们在讨论中国民法典对《瑞士民法典》的借鉴的时候，我们也出现了习惯法概念，我们要尊重他们的法律，要尊重学者的观点，所以在引用的时候我们要尊重原文，因此出现了习惯法。但是我个人认为在本质上习惯和习惯法的区别不大，我前面讲的中国关于习惯法的许多研究著作如藏族习惯法、侗族习惯法等等，其实都是少数民族的习惯，这些习惯在法律不发达的情况下就是习惯法。因为我们现在进入了现代国家，在法律发达之后，它也可以叫"习惯"，更多地，在法律上我们把它叫"习惯"，因为法律上没有"习惯法"这个概念。这是第一个问题。

第二个问题就是习惯适用的优先性的问题，这个问题我不太想展开。在有些情况下有一些法律规定,比如1929年的《中华民国民法典》规定,在特殊情况下,习惯可能优先于法律。哪种情况呢?法律这样规定:“凡任意条文所规定之事项,如当事人另有契约,或能证明另有习惯者,得不依条文而依契约或习惯,但法官认为不良之习惯不适用之。”就是说你有契约或者你能证明另有习惯,可以优先适用,但必须要有法律规定,法律规定是前提,这个时候习惯可优先适用,还有一些其他的规定,还有一些判例,我就不讲了。在中国的现行法律体系中也有关于习惯具有优先性的个别条款,如《合同法》第22条规定:“承诺应当以通知的方式作出,但根据交易习惯或者要约表明可以通过行为作出承诺的除外。”这就表明在特定情况下,习惯可以优先于法律适用,这是一个具体规定。但是总体来说我们要确立一个原则:习惯的适用必须以法律和政策的缺位为前提。习惯的优先适用只能作为例外,就是在法律中它必须作为例外,而且由法律作规定,法律明确规定下习惯可以不依条文就可以直接适用,这是一个限制性条件。

第三个问题是习惯适用的限制性条款和判断主体。也就是说我们碰到的习惯太多了,有良俗,有恶俗,还有那种不良不恶的我们叫“中间状态”的那样一种风俗习惯,怎么办?这就是摆在我们面前的问题。我过去写过一篇文章叫《具体的民间法》,我列举了六则非常恶的风俗习惯,这些民间法有国外的,有中国的。其中有童养媳问题,福建现在还有童养媳这个现象。我提到一个典型案例,就是中国有“同姓不婚”(这个“姓”不是“性别”、而是“姓氏”的姓)的传统习俗。“同姓不婚”是中国的一个古传统。大约在10年前,有两个姓刘的乡村男女青年相爱,他们是出了“五服”了,但是从辈分上这个男的要叫这个女的姑姑,结果他们两人相爱准备结婚,但是他们族里就认为这是奇耻大辱,最后要求他们分开,他们坚决不分开。过了一段时间这两个人不见了,村里人以为这两个人私奔了。过了几年之后工作队进村,挖土改造良田,结果在一个山坡上挖出来一具尸体,就是其中一个人,这个案子才被发现,接着进入侦破阶段,后来大家才知道家族开会认为他们两个坚决要结婚是奇耻大辱,败坏风俗,决定要把他们处死。怎么处死呢?要让双方家长亲自执行。男的就是他的父母用被子把他捂死,女的也是父母亲自去执行。死了以后把他们埋在一个山坡的两边,叫他们生不能在一起,死也不能在一起。这都是真实案例(我想顺便说一句,我研究的案例没有一个是假的,没有一个虚构的。因为我发现案例研究真实的和虚构的是有分别的,虚构的案例会漏洞百出,所以我说的案例都是真实案例)。所以这样的恶俗很多,怎么判断?谁来判断?这就是习惯的限制性条款和判断主体解决的问题。

一个社会有大量的陋习恶习存在，不能什么样的习惯都能拿来作为行为准则。我举个例子：1950 年中国颁布的《婚姻法》就明确地规定禁止重婚、纳妾，禁止童养媳，这就是对旧的习俗的一种否定。我们通过法律来否定旧的习俗。但是这样做是在一个新的制度产生的情况下的一种法律的表态，很多法律都很难做到用法律的方式对习俗做一个表态。这是一个关键的问题。当然我们讲民法是一个规范体系，不是一个单独的条文，民法的基本原则也是一个相互照应的规则体系。在中国的《民法通则》第 6 条之后还有第 7 条："民事活动应该遵守社会公德，不得损害社会公共利益，破坏国家经济计划，扰乱社会经济秩序。"这个条款是用来判断所有民事行为的基本原则，我觉得对习惯的适用也有效力。实际上这就是对习惯适用的限制性条款。当然还有其他很多条款，包括公共秩序原则、公序良俗原则等这样一些高度概括的原则。另外《瑞士民法典》第 1 条第 3 款其实也是一个限制，就是法官在运用上一条（就是第 2 条）的时候，必须遵守公认的学说和惯例。它规定得很清楚。为什么会作这样一条规定？就是法官不能任意，不是你随意可理解的。许多学者对于这一条都做了很多的研究，包括卡多佐大法官。卡多佐在《司法的过程》里也针对《瑞士民法典》第 1 条讲了他的意见。他的主要意思是法官不是那种恣意随行的游侠，想怎么样就怎么样，法官受到许多的制约，他这里面讲得非常的精辟。总的来说就是法官即使在运用一种习惯的时候，自己作为一个判断主体，把这个权力授予你的时候，你也不是恣意的。

我们一般来讲，这个权力应该给法官，判断主体应该是法官，但是在中国我觉得又有问题。我们如果把这个判断权交给法官，那么，每个法官有每个法官的理解，就会出现"同案不同判"这样的情况，所以在中国就很麻烦。本来这个权力应该交给法官，但是现在又不能交给法官，怎么办呢？姜堰的做法就是集体判断，通过法院审委会来判断，弄一个文件，然后发给法官。这样表面上好像把法官限得很死，关键就是把这个权力交下去会出现很多问题，会带来很多问题。这是第三个问题，就是判断主体和限制性条款。

第四个问题是关于政策为什么要作为法律体系中的一种规范类型以及作为第二规范位阶。这个问题是需要论证的。有许多学者对我提出的这个"三位阶规范理论"提出了不同的意见，主要是不同意将政策作为第二位阶。比如我们在廊坊开会，北大的刘凯湘教授，他是民法教授，他同意我关于习惯的这一系列思考，他说如果中国民法典能完成这一步是非常了不起的事情。但是他不同意把政策作为一个位阶。他认为我们应该仿照日本和我国台湾地区的做法：以法律、习惯、法理来安排民法规范的三位阶。这一安排显然和我的思路不一样。关于政策为什么要作为一种规范依据,这确实需要作出认真的论证。因为在世界民法体系中(当然我没有作详细的、全方位的分析)这是一个具有独创性的安排,是具有中国特点的。政策作为规范类型不是我提出的,而是1986年颁布的《民法通则》就规定出来的。我前面反复念的《民法通则》第6条:"民事活动必须遵守法律,法律没有的规定的,应当遵守国家政策。"《民法通则》已经赋予了政策在法律缺位的情况下可以作为行为规范依据和裁决依据。当然我并不是说法律规定了就不可以质疑,法律规定的所有东西都可以质疑,包括我们的宪法,不然我们的法律就不会进步。宪法的条款都可以质疑,比如说司法权的问题到现在在宪法中都没有改动,我们还是要继续不断地提出意见。

为什么在我们的法律体系里面政策要作为第二规范位阶?因为在我们的法律体系里面,政策是一个绕不开的话题,政策在我们法律体系里面有着举足轻重的作用,这其中有一个思维的问题。多少年来我们一讲到政策的问题,想到的就是一个老问题,即"政策和法律的关系"问题。2009年在上海举行的"首届中国法学名家论坛"上,我讲了这个问题之后,有位教授做了一个点评。他说这是一个老问题了,即法律和其他社会规范的关系,比如我们在教材里面就是有这么一编,法律和其他社会规范的关系,如法律和道德、法律和政治、法律和经济等等。我说这根本不是一个层面的问题,它们之间有联系,但不是一个层面的问题。我们现在讨论的是"法律体系中的政策问题"或者说是和法律体系相关联的政策问题,是指法律出现空缺的时候,如何寻找和弥补法律中的漏洞以适应案件审判的需要。它与我们过去说的法律和政策的关系问题不是一个层面的问题。法律和政策的关系讨论的是治国理念的问题,是当一个国家有法律,有政策,有宗教,有道德,有多种社会规范存在时,我们依什么来治理国家。有一段时期我们可能就不是依法,而是依政策,它是多种社会规范摆在你面前,有可选择性,执政者来选择什么作为治国方略。是选择政策,还是选择法律,它有可选择性。而我们现在讲的是"法律体系中的政策问题"是不具有选择性的,是当法律出现空当时,规定我们应当依据什么样的规范来行为,不允许你选择,比如《民法通则》规定了没有法律应当遵守国家政策,这就是一个法律规定,你必须遵守的。法官判案也好,公民行为也好,都是要按照这个规定去做的,不允许你去做选择。我觉得这是这两个问题最大的区别。因此,传统的"法律和政策的关系"命题是指一个国家一个社会是以法律还是以政策作为国家治理的主要规范,它具有在两种或者多种规范面前的选择性。而"法律体系中的政策问题"是在依法治国这个大前提下的次级性问题。大前提确定了，就是依法，政策作为法律出现空缺时的一种补充规范，它是由法律明确规定下来的，没有选择性。

关于政策还需要明确一点：我们说的政策指的是国家政策，这在法律中规定得非常清楚。因为经常有人会提出问题：党的政策怎么办？我们说法律规定得非常清楚就是国家政策。那么什么是党的政策，什么是国家政策，那是另外要讨论的问题，我们可以再讨论。这个问题的判断其实也很简单嘛，党颁布的政策就是党的政策。那党的政策是不是可以变为国家政策？那还得有个过渡，比如说它变成人大的也好，变成政府的也好，必须还有个过渡。如果以中国共产党的名义，不管是市委也好，省委也好，县委也好，你颁布的政策就是党的政策，这是明确的。我们过去常常说的党委和政府联合发文的现象，这几年还有，但是少了，因为我们前几年一直在纠正这个问题。

关于政策和法律的关系，我有三点新的思考。不同的政策有不同的功能，根据政策的不同功能，我认为大体上可以区分三类不同的政策（这个区分我觉得还是我的一点新的心得）。

第一类是作为法律指导性的政策。这个政策就是作为对法律进行指导的，具体讲有立法政策和司法政策，比如说宽严相济。宽严相济是一个司法政策，这个司法政策可能不会直接体现到判决书里面去，但是它指导着司法部门对刑事案件的审判过程，所以我把它叫作"作为法律指导性的政策"。还有一个比较形象的概念，但是这个概念肯定会受到批判，就是"法律之上的政策"，法律指导性的政策其实就是"法律之上的政策"。这个"法律之上"不是说它高于法律，而是说对法律（立法和司法）可能起到指导作用。但是我暂时不用这个"法律之上的政策"的概念，还是用"法律指导性的政策"，因为"法律之上的"会带来很多混乱。

第二类是作为法律缺位时的政策或者叫法律之外的政策。这个政策是指什么呢？就是《民法通则》第 6 条规定的这个条款。《民法通则》第 6 条规定的这个条款就是法律缺位时的政策，只有法律缺位了，这个政策才能出来，这是一个前提。

第三类是作为法律结构中的政策或者叫法律之中的政策。这一点大家最容易忽略了，而这次呢，我觉得通过我的研究把这一块挖出来了。怎么挖的呢？2008 年我让我的一位学生搜寻了一下现行有效的法律体系中有关政策的概念和条款，搜出来后我很吃惊，在当时的现行有效的 200 多部法律里面有 40 部法律、110 多个条款直接涉及政策的规定，直接就有关于政策的表述，我给大家举个例子就知道了。比如说《中华人民共和国民族区域自治法》第 55

条第2款规定："国家制定优惠政策，引导国内外资金投向民族自治地方。"还有比如说《残疾人保障法》规定的"制定法律、法规、规章和公共政策"，在法律中还有技术政策、产业政策、税收政策、价格政策、财政政策、计划生育政策等等许多概念。这一类就是直接在法律中(不是法律之外)把政策指向给具体规定了出来，有一个很明确很具体的政策指向，这个很有意思。通过这个事实，我们至少可以看看，如果把法律中的这110多个条款都赶出去，那就会出现很大的空缺。我们现在说依法治国不能以政策治国，这是一个治国理念，应该坚持。但我们没有意识到，政策是我们法律结构中的一个重要组成内容，包括宪法这样的国家根本法，也有有关政策的规定。所以在过去我们对法律结构中的政策这一块不太注意，但是在现实中，比如说在具体的司法过程中，法官其实是肯定要看这些东西的。更重要的是在行政执法过程中，这些东西就是它的依据，比如现在说环保也好，房地产也好，都是根据这些东西来作判断。

从以上来看，我们的经济生活、社会生活就离不开政策这种规范依据，所以我们说政策必须作为一个位阶。但为什么把它作为第二位阶而不能把它作为第三位阶呢？这个我认为主要是由政策的特点决定的。政策是一种成文化的规范形式，而习惯一般是不成文化，成文化的形式是一种规范类型，成文化就是说国家政策颁布出来之后易于理解和执行，一般来讲不存在过多的判断问题。有没有判断问题呢？当然也有。我们对法律都有不同的理解，对政策也有不同的理解。但是由于它的成文化属性要高于习惯，所以我把它作为第二规范位阶，这是主要的一个理由。

第五个问题是在中国"法理"为什么不能作为规范依据。有一些学者提出应该以法律、习惯、法理来作为规范依据，作为三位阶，而且他们说《瑞士民法典》就是这样规定的。如果认真分析《瑞士民法典》第1条，我认为得不出这个结论来。我觉得他们对《瑞士民法典》可能存在着一个历史性的误读。这个误读可能就是有法律依法律，没法律依习惯，没习惯依法理，这样一个三位阶。我过去没有仔细研读过《瑞士民法典》第1条(我们的研究有时候存在着问题，不去仔细研究条文就人云亦云)，也经常这样说：有法律依法律，没法律依习惯，没习惯依法理。把它作为一个学说，有些人说这个就来源于《瑞士民法典》。但在我仔细地研读了《瑞士民法典》第1条之后，我自己是得不出这个结论的。所以我认为大家对《瑞士民法典》第1条存在着一个百年来的历史性误读。

但是不管是误读也好，误解也好，我们中国的《大清民律草案》就是这样规定的，1929年的《中华民国民法典》和1982年我国台湾地区修订的"民法典"

也是这样规定，日本的民法也这样规定，你怎么解释这个问题？2009年，我在甘肃政法学院有一个演讲，西北政法大学的汪世荣教授有个评论。他说日本可以，台湾地区可以，我们为什么不可以呢？他认为对一个案件而言，法理只能有一个，不能有多个，为什么不能依法理呢？我说在中国关键是如何理解“法理”。我说你这个说法没错，但这是一种理想型状态，对一个案件、一个问题只能有一种解释，而不能有多种解释，但这只是一种理想型状态。在现实中我们看到的，不论是法官也好，学者也好，每一个问题出来以后都有自己的理解。法理是什么？我把它简单化，现实中的所谓“法理”就是一个法官，一个学者及我们每一个人对法律的认识或者对事实的认识，它的主观性色彩非常浓厚，如果我们把这样一种权力交给法官，法官依法理来裁决案件，会出现一个什么情况呢？那就会出现一人一个判决，一人一个理解。我们之所以要有制定法，要有司法解释，就是要统一大家的认识。尽管在这种情况下，大家的认识很难统一。就连最高人民法院在遇到一些疑难案件的时候，也经常召集几位专家，大家去发表意见，专家之间的意见也不一致，法官怎么办？主审法官可能最后选择一个他自己认可的观点下结论。不但法官之间有不同的法理，学者之间也有不同的法理，所以你说一个案件只能有一个法理可能只是一种理想型状态，我们是不具备这种理想型状态的。所以我坚决反对在中国把法理作为裁决依据，当然这个理由有点过于简单化，还需要再做更深入的论证。但我还是坚持应以法律、政策、习惯这样一个三位阶规范阶梯作为我们民法典的规范类型。

今天用的时间太多了，很对不起，本来我想同大家多讨论一些问题，感谢大家！

回应提问：

首先非常感谢，你们的问题都非常精彩。

薛宁兰教授的这个问题是一个很有意义的问题，你提出的这个问题我还专门问过瑞士的专家。我问：“我经常看你们的结婚都在教堂举行，那在教堂举行婚礼和到婚姻登记机关办理登记是个什么关系？是不是在教堂举行了就行了？”她很坚决地说：“不，登记是绝对的！”至于你在哪儿结婚他们不管，随你，那是你的自由。我一听这和中国完全一样啊！在什么地方举行婚礼，举行不举行，在天上，在水下，不管！但是登记是法定的，它就认登记，婚姻的成立就认登记。因为他们的法治理念比咱们要强烈得多。我们有一位中国访问学者问一位瑞士学者:有一些藏人到了瑞士定居,藏人有藏人的习俗,比如说他们有“天葬”的习俗,这个习俗在瑞士是否允许?她说:“不行!到我们这里就要接受我们的法律。”就是说这样的习俗不能在这里得到允许,我们还觉得这是个问题。他们非常干脆地说只要你进入我们这个国家,你就要接受我们的法律。他们就是这样的观念,法治观念已经非常深厚,所以他们会觉得我们提出的一些问题十分奇怪。

还有你说的问题包括刚才冉井富博士刚才讲的这个案子,我在南京大学讲座的时候,一个学生就提过这个案子(即举行婚礼的当天女方反悔,男方强行与其发生性关系的案例),我觉得你提出的问题涉及刑事和民事的衔接问题。你也知道现在学界有要求恢复事实婚姻的这个呼声,事实婚姻的取消带来很多麻烦,包括好多民事问题不好处理,而刑事中的重婚罪又是以事实婚姻作为一个判决依据的,所以我觉得这个问题是一个刑事和民事衔接的问题,和婚礼、登记没有实质性关联。即使举办了婚礼,但没有登记,婚姻还是不成立,这一点可能还是要坚持的。刚才冉井富博士提出的这个判强奸罪案例,虽然说已经举行了婚礼(这个就涉及我们前面所讨论的问题,是个判断问题),但是没有办理登记,又采取了强制性的行为和人家同房,这其实就是个判断问题。虽然表面上看是一个习俗,但是这样的习俗是不能得到承认的。在司法中,虽然这是一个习俗,但是由这个习俗所导致的行为是不能轻易承认的,即使这个习俗可能在我们中国很重要,在处理这个问题的时候也要把登记作为一个法定的要件,这就涉及对习俗的判断。我们的习俗太多了,每一种习俗在法律上有什么意义,这个是需要再判断的。

第二个问题就是关于良俗恶俗怎么判断。这个问题我给大家念一下姜堰的一个规定,我刚才为什么没讲,一个是时间问题,另一个我觉得这个规定还是很抽象。良俗恶俗的确认标准:“有下列情形之一的,不能确认为善良风俗:第一,危害国家安全、国家利益的;第二,妨害社会公共利益的;第三,侵犯他人合法权益的;第四,不符合社会主义道德规范的。”这四点中的每一点都要作再判断。第一点可以从刑法上作判断;第二点妨害社会公共利益可以从违法行为上来判断;第三点侵犯他人合法权益涉及和其他法律关系的判断;最后一点就更难了,不符合社会主义道德规范的。所以每一项都需要再判断。这个良俗恶俗的判断是一个非常难的问题,包括国外也在研究。我国台湾著名学者王泽鉴在回答“什么叫习惯”的问题时说,对习惯很简单的表达就是“长期之惯行,社会之共识”,就是长期在实行,形成一种社会共识。但是这两点又要再判断,什么叫“长期”?长期到什么时候?社会之共识又如何来测度?就像我们现在这个“民意”的概念一样，怎么来测度？作为法官怎么来判断这个习惯已经达到社会共识？这都需要判断。所以我觉得姜堰这个做法是把一种不可能的事情变成可能，就是集体判断。集体判断，集体来承担责任这样一个做法。

第二个问题是将习惯引入刑事过程后是否和罪刑法定原则发生冲突。这个问题之前也有学生提出过，刑法是罪刑法定，习惯怎么进去？我是想表达在刑事审判过程中，或者是在刑事犯罪过程中肯定存在着习惯的问题。如果我们对一些犯罪行为、犯罪过程仔细地去考察，会发现有些犯罪的发生可能是受害人触犯了某一在当地达成共识的习惯，然后导致犯罪人的某种犯罪行为发生，这种情况下，我们就不能和一般的来同等对待，我们至少要考虑这个情节，至少是可以作为量刑的情节考虑进去，是不是会影响到定罪？那也未必。当然你说通过刑事程序来规定，我觉得它是一个在刑事诉讼中出现的问题，比如说在诉讼法里面作一些相应的规定是可行的，但这个规定还是要有一个明确的表达，不能违反罪刑法定。至少作为量刑情节，作为犯罪动机和犯罪原因的考察，它都可以对量刑产生影响。这个我觉得还是可以再研究。

第三个问题就是过去我们谈的“私了”的问题。首先我们需要对这种行为进行界定，它属于什么性质的问题。像朱苏力教授以前讲的一个案例：一个男青年强奸了一个女青年，然后通过“私了”的方式解决。他分析了很多因素：这个犯罪人家里有老婆有孩子，把他关进去后老婆孩子没人管；受害人的名誉也受到影响，社会舆论对她也不利，导致对她产生非常负面的一个结果。这样的话，通过私了的方式，可以保全许多人的利益。他完全是从经济分析的角度入手的，我不同意这样一种分析方法。我觉得，尽管我们重视习惯的问题，但还是要作很多判断的。首先就是行为的性质，犯罪的性质，是什么性质的问题，这个很关键；再一个就是达到的程度。关键就是要将处理的方式和对问题的性质判断联系起来，离开对问题性质的判断还是不好办。

关于不同民族有不同的习惯，遇到此类问题时如何处理的问题，这是个非常有意义的问题。但是我觉得你在问题的理解上有偏差，我的问题恰恰是解决你这个问题的。我的问题就是，我们把习惯作为一种规范类型规定下来，它并不涉及具体内容，根本不涉及你是伊斯兰教的习惯，还是基督教的习惯，它是在遇到具体事件的时候，作为一种规范类型的依据。你提到的那些问题实际上都上不到习惯的层面上来，因为法律有规定，一夫一妻制，这是国家明确规定的婚姻制度。我们讲的是法律缺位，大家一定要注意到，这是大前提。法律缺位，政策缺位，只有在这两者缺位的时候，习惯才能到台面上来，才能冒出来。当这两种都有的时候，你这些问题都不存在。所以说“一夫一妻制”的这个问题,根本就到不了习惯的这个层面。将习惯作为规范类型是法律给予的一个授权,具体内容到我们遇到具体事件的时候再去做判断。法律不会把具体的习惯内容规范到法律之中去,所以我觉得这个问题应该好解决。

还有刚才提到的平等自愿原则,我觉得也是考虑习惯问题时的一个重要问题。是说公民是自愿接受习惯呢,还是说公民有不服从习惯的一种权利?关于习惯问题,我们一般谈的都是诉讼,是在诉讼情况下谈这个问题。公民间产生了纠纷到法院了,一方可能从习惯的角度提出主张,但这个主张还是要有一个前提,即你提出的主张必须符合习惯适用的大前提。在实践层面,你所能提到的问题,法律基本上都覆盖了,如果法律覆盖不了,还有政策覆盖。有没有法律和政策都覆盖不了的?当然有了,没有的话,我们今天这个研究就没有意义了。我想举一个具体的案例来回答你的问题:廊坊市有个区法院的院长向我提出的案例,类似案例在姜堰也出现过。在一个村子里,有一家人修粪坑直接修到人家门口了,影响了人家的卫生,而在农村粪坑对着人家大门口会认为对人家是不吉利的,他们从这个角度来理解。这种情况怎么办?我讲的这个简单的例子是想说明,法律制定得再详细也不可能规定粪坑应该修在什么地方,政策也不可能规定粪坑怎么修,这个时候习惯就派上用场了。法官在用这个习惯的时候也可能不会说因为不吉利之类的话,虽然真正的诉因是此。法官完全可以以影响人家的卫生和健康这种非常有法律依据或政策为理由作出判决。当然在赡养、抚养、婚嫁等方面还有很多很有意思的案例。有一本书叫《习惯在民事审判中的应用》,里面有很多很有意思的案例,是姜堰市法院的汤建国院长和高其才教授共同主编的,大家有兴趣可以看一下。今天因为时间关系不能展开。我本来想听到大家提出更多的问题,非常感谢大家!

法治文化建设与社会管理创新

——南通市海安县"第八届法治文化节"的演讲*

各位领导、各位同志、各位代表：

大家上午好！

我首先要感谢海安县委、海安县政府、政法委、司法局的邀请，使我有机会来到海安县。我是第一次来到海安，凡是第一次到过的地方，我都充满了好奇，对我们的风土人情、社会的面貌以及城市的建设都非常感兴趣。

下面我有几个祝贺：祝贺海安县获得中宣部、司法部"五五"普法全国先进县！祝贺海安县司法局被司法部授予荣誉一等功！祝贺海安县第八届法治文化节隆重开幕！

我从 1985 年开始关注和思考法律文化和法治文化问题，我的硕士论文、博士论文都是关于法律文化和法治文化的研究。我的博士论文《法律文化理论》在商务印书馆 1999 年出版至今已经连续重印六次，这在商务印书馆法学著作近 10 年来应该说是少见的。我讲这个的目的是想说，在 20 世纪 80 年代中后期，我们在研究法律文化、法治文化这些问题的时候，当时许多学者有过忧虑，对法律文化、法治文化这个问题的研究会不会像某些新兴学科、边缘学科一样是短命的，就是寿命不长，像一阵风一样一刮就过了。当时很多人都有这样一个忧虑，因为大家知道，在 80 年代中期的时候，有一个法治系统工程的

* 本文是作者受邀于 2011 年 9 月 21 日参加由司法部法制宣传司、江苏省法制宣传教育领导小组办公室、南通市依法治市领导小组、中共海安县委、海安县人民政府主办的"海安县第八届法治文化节暨法治文化建设与社会管理创新座谈会"上所作的"法治文化建设与社会管理创新"的主题演讲录音整理稿。感谢魏书音同学的整理，作者对整理稿进行了校正和修改。演讲稿的第一部分以《法治文化的几个理论问题》为题在《法学论坛》2012 年第 1 期发表；第二部分以《社会管理创新中的法律观念创新和法律制度创新》为题在《国家检察官学院学报》2012 年第 2 期发表。——作者注

研究，当时包括钱学森等先生在这方面都发表过一些文章，但是后来中断了，没有继续下去。那么，法律文化、法治文化的研究会不会像法治系统工程一样，一阵风就过去了？现在20多年过去了，我亲眼看到这样一个领域的研究，关于法治文化、法律文化的研究并没有中止，而且在发展，在继续。经过20多年的实践证明，法律文化和法治文化的研究不但没有凋萎，而且越来越有生命力。这次来到海安县，看到我们海安的法治文化节已经连续举办了8次(包括这次)，昨天我看了我们的录像片，我感受良多，很受鼓舞。我觉得我们海安县在法治建设、法治文化建设方面是在实实在在做事情，这使我更加坚定了法治文化这个问题是有生命力的，对它的信心、信念更加坚定了。

法治文化的研究、法治文化的活动是有强大生命力的，为什么？原因就在于，法治文化是一个实践着的事物，不像有的研究和实践脱节。凡是实践着的事物总是有生命力的。我就有一个联想：只要中国的法治事业不停止，法律文化的研究活动、法治文化的活动就不会中止。所以我祝愿我们海安县法治文化节越办越好，结出丰硕的果实来！

同时，由于我最近参加的法律方面的研讨活动非常多，我们也有一个看法，尤其从去年到今年，这个看法更加强烈，就是从1996年我国提出"依法治国，建设社会主义法治国家"这个治国方略后，现在已经过去了15年时间。15年中国的法治实践使我们深深感到：中国实现法治国家和法治社会的目标和道路还非常漫长、非常艰巨。虽然这10多年我们确实取得了很大的成就，但是在我们政治生活、经济生活、文化生活、社会生活、生态文明生活这些领域中的问题还是很多。邓小平同志曾经对中国作出过一个判断，我们中国有一个漫长的封建和专制的历史，我们封建和专制的历史比较长，缺乏民主和法治的传统。这样一来，在中国要真正树立起法治的理念、法治的意识、民主的观念、民主的意识是非常艰难的事情。所以我们海安县包括我们全国的很多地方响亮地打出法治文化的这样一面旗帜，至少对公民法治理念的塑造是有冲击力的。当然我们也采取了一些具体的措施来强化我们的法治理念，因为普法教育、普法宣传、法治宣传说到底就是要提高全民的法治意识和法治观念，但是这里面有很多具体的要求。我们经常提出要提高公民的法律意识、权利意识，如果公民缺乏这方面的法律知识，缺乏对自己拥有的权利的认知，他怎么去维护自己的权利？另外即使知道自己的权利受到侵害，如果不懂得通过一种合法的渠道去维护，我们在实践中看到一些公民本来是受害者，但受害者最后却变成违法犯罪者，这样的案例很多。可能他的权利受到侵害，但是他不知道怎样去维护自己的权利，采取违法的甚至犯罪的方式去维护，走向相反了，我想这样的案子大家在工作中遇到的很多。

我们这次活动的主题是“法治文化建设和社会管理创新”，说实在的，这两个命题都是新的命题，“社会管理创新”是中央去年开展的活动，而“法治文化建设”或者说“法治文化”尽管我们在实践中已经进行了多年，但对它的理论研究还很缺乏。理论研究是滞后于实践发展的，理论研究工作者是有责任的。中国近几年经常出现这个现象，就是理论研究滞后于实践，比如我们看到立法滞后于司法，立法滞后于执法，实践总是跑在前面，理论研究、立法总是有滞后性。当然我们过去也研究了立法的滞后性，它不能作为立法的一个缺点，是立法本身天然具有的一个特点，总是比社会实践慢半拍。也有些学者提出超前立法，我们当然也做过一些论证，超前立法有没有可能性？这是一个学术问题。是超越社会关系还是超越什么？立法是要解决社会关系中的问题，必须是实实在在的社会关系，已经出现的社会关系，有人说立法可以对未来进行预见，但是我觉得立法是完成不了这个任务的。有人提出克隆人问题，克隆人技术在国际上是有规制的，这个问题已经出现了，但是克隆人还没有这个事实出现，你不可能对它做一个立法，所以立法滞后于实践的发展。这次我来参加这个座谈会，也是一个向海安县战斗在第一线的同志们学习取经的机会。我们经常讲实践出真知，各位都是我们海安县法治文化的实践者，法治文化建设的践行者，你们才是真正有话语权、有发言权的人。但是既然受邀请，我也谈一谈自己的一些思考，和大家一起交流探讨，有不对的地方请大家来批评。

下面我想和大家来交流两个大问题：

一、法治文化的理论

既然我们做“法治文化建设”这样一个专门的命题，我想对法治文化的基本理论谈一谈自己的看法。

（一）对法治的理解（形式法治观和实质法治观）

虽然我们讲“法治”已经很多年了，但对于“法治”是什么还是有不同的看法。简单地讲现在有两种不同的法治观：一种是形式法治观；一种是实质法治观。形式法治观从西方的理论一直到后来的理论都有一个比较经典的解释，最简单的理解，我认为也是最精确的理解，就是“法律的统治”，形式法治观就是讲“法律的统治”。法律的统治是针对神权的统治、国王的统治、君主的统治或者说针对人的统治。形式法治观也要求有法律，要有执法、司法、守法、法律监督等机制，类同于我们改革初期对法制提出的十六字方针——“有法可依、有法必依、执法必严、违法必究”。十六字方针确实对于我们来说是比较好理解的东西，但有些人把它归入形式法治观。怎么说呢？它是一个完整的表述，但是缺乏的是“一个什么样的法”，就是对法的理解产生一个不同的看法。这样我们在形式法治观的基础上又提出了一个实质法治观，最主要的表现就是“良法之治”或“良法善治”。实质法律观要求的法律规范不能是一般的法律规范，而必须是体现“民主、人权、自由”这些价值的法律规范，必须让人类的这些价值体现在法律之中，这样才是一种“良法之治”，然后经过严格的执法、公正的司法、公民的守法这样一个“善治”的过程才能实现，我们就是把这样一个过程叫作实质法治观。大概在法治发展初期，一般的国家从法律的实证主义观点来讲是强调形式法治观的，法律一定要得到严格的执行，不要管法律是好的是坏的，他们不追问这个问题。但是后来大家通过一些历史的教训，比如希特勒法西斯的统治，包括中国封建社会历史的一个总结，形式法治观反映了统治者对社会的一个要求，但是法治作为人类文明的体现，作为人类进步的一种治理方式，应该是良法之治而不是恶法之治。当然，良法和恶法由谁来判断这是一个问题。在现代国家议会体制、民主体制下要经过一个法定程序，我们才能说这个法律是好的还是不好的。我们发现在我们的法治进程中，我们的学者、老百姓包括我们的一些执法者或司法者经常会对我们的法律发表一些自己的看法。发表看法固然不错，这是公民的一种权利，但是我们发表的看法在法律上会产生多大的意义，是值得思考的。法律上有意义的就是经过程序化的方式来表达出来的意见以及产生的结果，比如说通过立法机制所表达出来的意见。我们看到一些事例，比如河北省有一个村委会主任，一个姓王的老太太，在申请一项土地审批事项的时候，发现河北省的土地管理实施细则和国家的土地管理法是不一致的，然后她就给全国人大常委会写了一封信，反映了她的意见。全国人大常委会接到这个信以后也进行了认真的研究，最后认为老太太反映的这个意见是正确的，然后通过立法的纠正机制给河北省人大寄了一封信，要求认真研究、作出纠正。河北省人大在接到全国人大常委会的信之后，他们也做了认真的研究，认为这个公民反映的意见是正确的。所以他们对他们的立法做了修改。像这样我们有权利对某一个问题提出意见，但是这个意见要通过一个程序化的过程来得到表达，而其他的一些方式在法律上产生不了这样的效果。所以对于形式法治观和实质法治观。我们现在当然是主张实质法治观。但是实质法治观的要求是比较高的，尤其对立法有较高的要求，要求立法必须经过充分论证，每一个立法的出台都要符合民主性、科学性、法治化这样一些原则。你立的法是能够说服人的，是有科学性的。它有一些判断标准，要体现这样一些价值。包括不属于立法性的一些司法解释，像这次婚姻法司法解释三遇到如此大的一个反响，可能是解释者也没有想到的。因为这个解释三已经搞了一年多了，而且已经交给全社会讨论很长时间了，但是就是这样一个解释三，它涉及很多人的切身利益，比如说房产的问题到底归谁，父母给儿子买的房子离婚以后到底怎么办，以前这个问题是不清楚的，现在这个司法解释把这个问题都规定好了，就会产生一系列的问题，所以这都是需要慎重的论证。宁可晚一点出台，也不要出台后马上就产生问题。这是一个决策，立法是一种决策，行政法规、规章也是一种决策，包括我们的司法判决也是一种决策。在作出每一个决策的时候，我们需要考虑的因素确实非常多。因为我们现在的社会已经不是过去那个单纯的社会。过去在计划经济时代，上面说什么我们就做什么，老百姓就做什么，现在已经不是那个时代了，现在每一个问题在这种多元化的社会里面都有多元化的表达。当然我们不可能满足每一种需求，但是要考虑到大多数人接受的程度。

(二)法治文化的内涵

法治文化的内涵如何理解，我们有必要在理论上做一些探讨。

1. 文化的概念以及三种文化观

谈“法治文化”，必须首先谈“文化”，离开“文化”谈“法治文化”就不能抓住它的要义。关于文化的概念，古今中外的研究是非常发达的，有无数个关于文化的概念。美国有位文化人类学家克鲁克洪写过一篇文章叫《文化概念：一个重要概念的回顾》，他对 161 种文化的定义进行了归纳和总结，认为这些概念基本上都接近，所不同的只是方法而已。[①]文化的概念太多了，我们不可能把每一个概念都拿来套用。但是这里面有一个基本的问题，我想我们需要了解。所以我采取了一种比较简单的方式，就是用哲学概括的方式将文化概念概括

① [美]克鲁克洪等著：《文化与个人》，高佳等译，浙江人民出版社 1986 年版，第 6 页。

为三种文化观：

第一种文化观叫广义文化观。它就是我们中国《辞海》中的一个表达："文化是指人类历史实践中所创造的物质财富和精神财富的总和"。[①] 用文化学术语来讲，它就是物质文化与精神文化的总和。这是《辞海》对广义文化的一个解释。这样一来，广义文化就是指物质财富和精神财富。人类所创造的物质财富和精神财富都是文化。我在给博士生上课时，给他们提出了一个非常简单的问题，"文化的对应物是什么"？就是这样一个简单的问题难倒了这些苦读10多年、久经考场的高材生们，我很难得到一个满意的答案。为什么讨论这个问题？因为我们要了解文化的最基本最原始的含义是什么。我给他们启发：联合国世界遗产委员会有一个分类，把世界遗产分为世界文化遗产和世界自然遗产（当然还有双遗产），实际上这是从文化的最原始的词源意义上对世界遗产的分类。所以这样一来文化的对应物就是自然，或者叫自然界。另外，从文化的词源意义上讲，文化的拉丁语演变为英语，就是"culture"，它的最简单的词源意义就是"在土地上耕作"。这样，只要是人的创造物，人对自然界的一个施加、创造，就是一种文化。所以广义文化观就是把和人的创造、人的劳动相关的所有的这些事物都看作是文化，从这个角度我们才能理解文化这个涵义所包含的广度。比如说建筑文化，它是人的一个创造；自然界的一个石头，这个石头放在自然界可能和文化没有关系，但是这个石头放到雕塑家手里对它进行雕塑，甚至不经过雕塑把它放在那个石头（奇石）博物馆或其他艺术品展览馆等地方，它可能就变成带有文化属性的物品了。所以从词源意义上来理解文化，它是一个很广的概念。这些年中国提出的酒文化，以及这文化那文化，其实和词源意义上的最原初意义上的文化概念是相通的，这是《辞海》对广义文化观的一个解释，它就是物质财富和精神财富，只要属于物质财富和精神财富，它都是文化。

第二种文化观就是中义文化观。中义文化观把物质财富那一块儿拿掉，单指精神财富。这种文化观的完整表述也同样见之于我国出版的《辞海》中。这种观点认为，文化是指人类在长期的历史实践过程中所创造的精神财富的总和。精神财富是什么呢？具体来讲，它就是"指社会的意识形态，以及与之相适应的制度和组织机构"。[②] 这是《辞海》对文化作为一种精神财富的概括。这样我们可以把精神财富简单地归为两大类：制度和观念。凡是属于制度类

---

① 《辞海》（缩印本），上海辞书出版社1979年版，第1533页。

② 《辞海》（缩印本），上海辞书出版社1979年版，第1533页。

型和观念类型的，都属于精神财富。制度是观念的外化物，这一点我们一定要看到。有些学者将制度客观化，将制度看成客观物体。制度的属性是人的思想的产物，所有的制度都是人造物，当然这个人造物不能随心所欲，必须以客观的法则为依据。

这样一来，我们把精神财富——制度和观念——看作中义文化。但是在《辞海》中把它叫狭义文化观。我把它进行了改造，因为我还发现了一种比它更狭义的文化观念。这种文化观认为，文化就是指社会的意识形态，或社会的观念形态。这一观点最经典的表述者是毛泽东同志。毛泽东在1940年2月15日延安出版的《中国文化》创刊号上发表的《新民主主义论》这部经典性的著作中，提出了"观念形态的文化"这一完整表述的概念，并对这一概念进行了阐释："一定的文化（当作观念形态的文化）[①]是一定社会的政治和经济的反映，又给予伟大影响和作用于一定社会的政治和经济；而经济是基础，政治则是经济的集中表现。这是我们对于文化和政治、经济的关系及政治和经济的关系的基本观点"。[②] 在"新民主主义文化"一节中，毛泽东又进一步阐发了这一观点："一定的文化是一定社会的政治和经济在观念形态上的反映。"[③]"至于新文化，则是在观念形态上反映新政治和新经济的东西，是替新政治新经济服务的。"[④]毛泽东同志认为，这一观点坚持了马克思关于"人们的社会存在决定人们的社会意识"以及列宁关于"能动的革命的反映论"之基本观点，并指出"我们讨论中国文化问题，不能忘记这个基本观点"。[⑤] 毛泽东同志的这一文化观念影响了整整几代中国人的思想，以至成为了今日中国社会占主导地位的文化观念。他所理解的文化就是一种观念形态，就是和思想和大脑相关联

① 毛泽东著：《新民主主义论》，载《毛泽东选集》第2卷，人民出版社1991年版，第663～664页。我们应该注意到：此括号内的文字是毛泽东同志原文中就有的，我们可以看作是毛泽东同志在此处对"文化"概念所做的限定。那么，由此，我们也不排除在毛泽东同志的思想中，还存在着"当作其他形态的文化"的思想。——作者注

② 毛泽东著：《新民主主义论》，载《毛泽东选集》第2卷，人民出版社1991年版，第663～664页。

③ 毛泽东著：《新民主主义论》，载《毛泽东选集》第2卷，人民出版社1991年版，第694页。

④ 毛泽东著：《新民主主义论》，载《毛泽东选集》第2卷，人民出版社1991年版，第695页。

⑤ 毛泽东著：《新民主主义论》，载《毛泽东选集》第2卷，人民出版社1991年版，第664页。

的一些东西。这样一来，我们前面说的中义文化观包括制度和观念这两个层面，在他这个地方纯粹只剩下一种观念了，就是一种观念体系，所以这是一种狭义文化观。毛泽东同志的文化观对中国影响非常大，一直到现在影响还是非常大的。

我为什么要讲三种文化观呢？它和今天的法治文化建设有关系。有些学者对这些问题做过一些论证。在法律文化的研究中有一种观念，多数人认为（不能说占主流），法文化就是法观念，不承认制度是文化的一个部分。为了研究这个问题，我也做了很多的论证，比如说在文化人类学的研究领域有一位很著名的英国学者叫马林诺夫斯基，大家可能对他不太熟悉，但是我说的另外一个人大家可能比较熟悉，就是中国当代社会学奠基人之一——费孝通先生，马林诺夫斯基是费孝通先生在英国留学时的导师，他是一个文化人类学者，他到新几尼东岸特洛布陇岛（Trobri and Island，British New Guinea）一待就是好多年，做田野调查。他写的《两性社会学》、《文化论》等都是社会学领域的经典之作。马林诺夫斯基有个名言，他对社会制度做了一个精确的表述："社会制度为文化的真正要素"。[①] 他把社会制度看成是文化的真正要素。他说，文化的真正要素有它相当的永久性、普遍性及独立性，是人类活动有组织的体系，就是我们所谓的"社会制度"。任何社会制度都针对一根本的需要，在一合作的事务上，和永久地团集着一群人中，有它特有的一套规律及技术。任何社会制度亦都是建立在一套物质基础上的，包括环境的一部分及种种文化的设备。用来称呼这种人类活动有组织的体系最适合的名词莫若"社会制度"，在这定义下的社会制度是构成文化的真正组成部分。[②] 马林诺夫斯基的这一思想对于我们研究法律制度的文化属性极具帮助意义。

还有我们中国人比较熟悉的国学大师钱穆先生对文化的定义就更广泛了。他把世间所有的事物都看作是文化。他说："我认为今天以后，研究学问都应该拿文化的眼光来研究，每一种学问都是文化中间的一部分。在文化体系中，它所占的地位亦就是它的意义和价值。"[③]钱穆先生还曾用以下两句警

---

① ［英］马林诺夫斯基著：《文化论》，费孝通等译，中国民间文艺出版社 1987 年版，第 17 页。

② ［英］马林诺夫斯基著：《文化论》，费孝通等译，中国民间文艺出版社 1987 年版，第 11 页。

③ 钱穆著：《从中国历史来看中国民族性及其中国文化》，香港中文大学出版社 1979 年版，第 100 页。

句对文化的价值功用做了至高的评价："一切问题，由文化问题产生。一切问题，由文化问题解决。"[①]这是在他的《文化学大义》里面讲的。在钱先生看来，一切问题，都是文化问题，甚至战争都不例外。而解决问题的出路，则应当到整个文化问题中去寻找，非此莫属。他是一个唯文化论者。虽然我们不完全赞同他把文化推到如此高的高度，但是他们这样一种重视文化的精神和传统是值得我们尊重的。因为在20世纪二三十年代、三四十年代，中国的学术传统对文化的高度推崇还是比我们今天要浓烈得多。

2. 法治文化视野中的文化观：制度和观念

面对以上三种文化观，我们研究法治文化，选择一种什么样的文化观来作为我们的文化观呢？这显然很清楚了。广义文化观，我们肯定不可能采取了，因为太大，它把物质财富和精神财富都放到里面。而狭义文化观把文化仅仅理解为观念形态，我们也是不赞同的，至少我个人是不赞同的。那么我们就取一个中义文化观，因为我们认为法治文化应该包括法律制度结构和法律观念结构，离开这样一个法律制度结构和法律观念结构来谈法治文化是有缺漏的。

3. "法治文化"与"法律文化"概念的区别

从形式意义上讲，法律文化与法治文化没有太大的差别，也即它们两者在形式要件上没有太实质性的差别。但在内容上有一个实质性的差别，即法律文化为中性概念，而法治文化为价值概念。这两者的区别有点类似于形式法治观和实质法治观。法律文化概念可以是正价值的文化类型，也可以是负价值的文化类型，可以用来表达人类历史上出现的任何一种法律文化类型，不管这种法律文化类型是好的还是坏的，是进步的还是落后的，是先进的还是野蛮的。而法治文化则是一种蕴含人类正价值概念的文化类型，它不论从制度到观念，都必须是包含和反映人类的基本价值，即应该是反映人类进步的、先进的、优秀的价值理念和制度构造。具体而言，法治文化应该包含民主、人权、平等、自由、正义、公平等价值在内的人类优秀法律文化类型。

（三）法治文化的结构（表层结构和深层结构）

法治文化应该有个结构，这个结构由表层结构和深层结构组成。所谓表层结构就是外显化了的，它和深层结构没有高低之分，就是一种表述。因为文化学者有隐性文化和显性文化这样一种结构表述。我们就用表层结构和深层

---

① 钱穆著：《文化学大义》，台湾中正书局印行1981年版，第3页。

结构来表达。表层结构是什么意思？就是它这个文化已经可以看见了，这些文化包括法律规范、法律制度、法律组织机构、法律设施，这都是可以看得见的。比如说法律规范我们可以看得见，法律制度我们可以摸得着、看得见，还有法律组织机构，比如说我们的法院，我们的政府、人大、检察院，我们所有的法律组织机构，我们的律师事务所，还有监狱，这些都是可以看得见的。法治文化这个意义上讲的法律组织机构包括监狱，包括军队，还有法律设施。为什么把法律设施看成是法治文化的结构组成？因为法律设施是法律制度不可缺少的一部分。大家已经注意到，包括中央的司法改革，为什么把解决经费问题作为司法改革的一个主题呢？它和司法改革有什么关系？当然有关系。如果一个地方连办案的基本条件都没有，那么它能把案子办好吗？我们有的法院让当事人出费用，包括路费等所有费用，如果国家能解决这一问题，至少在我们的司法形象方面能够更好一些，在职责方面我们能更好地履行职能。更重要的是我们好多机构由于经费短缺造成了案件不能进行下去，有些地方可能连电话费都支付不出去。在发达地区，这个问题可能不严重，但是在偏僻的地区，尤其是西部的一些地区，有个别法院有时候连电话费都支付不出去。所以我们把这个叫作表层结构。我们用一个词来表达这个表层结构就是“制度性文化”，就是法治文化中的制度性文化。那么深层结构指的是什么呢？我们把它分成三大类：法律心理、法律意识、法律思想体系。这是深层结构，这是和意识形态相关的。我们对法治文化的理解就是法律的意识形态和与其相适应的社会制度和组织机构，这是我们对它的两大结构的一个认识。

（四）两大结构之间的互动关系

我们研究两大结构要做什么？在中国法治化的过程中，我们的法律制度体系和整个社会的法律观念体系需要有一个良性的互动。如果这个互动中断，我们法律实施的效果和制度实现的效果可能就不好。

1. 观念支配行为，思想决定行动

“观念支配行为，思想决定行动”，这是认识论的一般原理。美国有个很著名的法学家叫弗里德曼写了一本书叫《法律制度》，他有一个很经典的观点是：“法典的背后有强大的思想运动。”每一个法律制度产生背后的思想斗争是十分激烈的，其实这个现象在我们中国也有。比如说，我们围绕每一部立法所产生的激烈的辩论，都反映了大家对法律制度的一种高度的重视，因为法律制度一旦被制定出来，就会影响到我们每一个人。另外，在这个认识论原理中还强调了知识的重要性。“观念支配行为，思想决定行动”的观念怎么来？它是建立在知识的基础上。近些年我们对这个问题的认识越来越加深了。因为在最初“一五”普法的时候我们有一个看法，说不需要老百姓懂那么多法律知识，既无必要，也无可能，老百姓只要知道有事找法院、找律师等专业人士为他解决就行了。但是经过这么多年的实践，我们悟出来的一个道理就是：缺乏知识做根基的观念是不牢靠的。一种观念如果是建立在个人对知识的掌握和认识的基础上，会比别人灌输给你的要强烈得多和牢固得多。我们要强调掌握知识的重要性。当然现在我们仍不可能要求老百姓懂那么多法律，但是有些基本的法律知识是要懂的。如果老百姓连他有什么权利都不知道，他怎么去维护自己的权利？如果他知道自己有什么权利又不知道用怎样的方式去维护自己的权利，有可能走向问题的反面，这些问题都是相关的。所以我们说依法维权、依法维稳就是这样一个道理，一切观念都要建立在理解、认识和知识的基础上。还有一个问题是，我们这几年看到在法治文化的建设进程中，人民素质的提高是非常重要的。现在关键是要提高素质，而这个素质提高靠什么呢？我们也认为它是建立在人们认识水平和知识水平的基础上的。

2. 良好的制度和规范又影响和塑造着人们的思想观念体系

良好的制度和规范又影响和塑造着人们的思想观念体系，它们是一个互动的过程。弗里德曼在《法律制度》一书中讲了这么一个例子：税收为什么会成为人们的习惯。他说现在自觉纳税已经成为美国人的习惯，但是这个习惯也不是一开始就有的，不是美国人天生就那么守法，那么有纳税意识，这也是经过几百年的过渡，由最初的强制性的运动，然后逐渐地变成人们的意识，变成人们的习惯。我们也看到世界上很多例子，包括我们中国有很多例子，用制度来改变不好的习俗，因为制度有改造功能。比如说，我们中国 1950 年的《婚姻法》就规定了国家实行一夫一妻制，反对纳妾。因为旧中国有纳妾的习俗，国家就要通过法律条文明文废除这种不好的习惯。还有就是韩国通过法律废除了他们长达两百年的“同姓不婚”的习俗（中国古代也有这样一个法律），因为按照现代科学它已经没有道理了。如果继续保留这个习俗，那么很多相爱的人可能不能结婚，终身不能厮守。我看过中国的一个例子，一个乡村有两个青年，他们相爱，准备要结婚，但是家族执意反对。因为按照辈分，男的应该叫女的为姑姑，其实他们已经出了“五服”。后来过了一段时间两人不见了，到哪儿去了？大家以为他俩私奔了，结果后来工作队进去搞农田改造的时候挖出来一具尸首，就是其中一个人的尸首。后来警方马上立案侦查，侦查的结果是：当时家族认为，他们两个如果结婚就是他们家族的奇耻大辱，怎么办呢，他们就开了一个家族会议，这个家族会议还是由这个村的党支部书记主持的。他们最后决定把他们两个处死，还让两家的家长去执行，男的母亲就把男的用被子捂死，女方家也把女的弄死，弄死后找到一个山坡，一个埋在这面，一个埋在那面，让他俩生不能在一起，死也不能在一起。这个案件最后侦破了。所以我前几年写了篇文章叫《具体的民间法》，讲了六个案例。现在虽然说我们的习俗、善良风俗，我们的司法要将其依法吸收，但是恶俗怎么办呢？我们要通过法律的方式、司法的方式对它进行纠正。所以制度和规范会影响人们的思想观念体系。

（五）法治文化建设就是制度性文化建设和观念性文化建设的结合和互动

怎么理解我们海安县这次会议的主题“法治文化建设”？我理解的法治文化建设，是建立在以上对法治文化理解的基础之上的。法治文化建设就是制度性文化建设与观念性文化建设的结合和互动。刚才大家也介绍了很多经验，昨天还看了纪录片，也就是说我们既有对制度的建设，也有对公民观念的塑造与提高，即我们海安县 96 万公民法治观念的提高。制度性文化建设和观念性文化建设就是我们所说的法治文化建设。

二、法治文化建设与社会管理创新

从法治文化的理论视角看，社会管理创新主要体现为法律观念的创新和法律制度的创新。观念创新是前提，制度创新是保障。观念创新为制度创新提供思想营养和理念基础，制度创新又进一步巩固、发展和塑造人们的现代法律观念并直接作用于社会生活。两大创新机制，一个是观念创新，一个是制度创新，而且互为前提，互为保障，两者相互照应。

（一）社会管理创新中的法律观念创新

社会管理创新中的法律观念创新，就是要建立一套适应于社会管理创新体制和机制的现代法律观念体系。观念怎么创新？社会管理创新也是一场思想解放运动。观念创新和思想解放，我认为是同义语。现在有人提出要进行第三次思想解放，还有人提出要进行第三次改革，等等。观念创新就是要建立一套适应社会管理创新体制和机制的现代法律观念体系。

这些年我一直在思考这样一个问题：我们怎样对现代法律观念体系进行一个概括？现代法律观念体系应该是一个什么样的“图谱”？我个人认为，现代法律观念体系应该是一个包括古今中外法律历史和实践中总结出来的系统性、开放性体系。它应该是从古今中外的法律历史和实践中总结出来的，应该有一种开放性的思维，而不能固守在一个比较狭隘的思维上。按照这样一个思维，我认为这个体系应该包括以下 30 多个种类的观念系统：平等、民主、自由、公平、正义、契约、人权、权利、尊严、责任、法制统一、权利限度、信用、选择、参与、程序、自愿、依法、合法、守法、自由意志、合意、对等、宽容、幸福、和谐、效率、独立、公平竞争、利益平衡、弱者保护、宪政、权力制约、相对性、局限性，等等。

由于时间关系我不可能对每一个含义进行解释，但对其中的一些观念种类我要做一些解释。

平等的观念。平等的问题在我们法律的总原则方面是基本解决了。宪法规定“公民在法律面前一律平等”，但是平等问题在法律层面还没有得到彻底解决。比如说关于同龄退休问题，至今仍没有解决。每年的全国人大开会，同龄退休问题都被作为一个重大的议题提出来讨论，我一直在关注这方面的问题。已经有了一些案例，比如说平顶山市银行职工周女士的退休案例，还有北京市一高校女教授的退休案例等。平顶山市一银行职工周女士 55 岁，单位让她办理退休手续，她认为这违反了男女平等原则，先申请劳动争议仲裁，败了，然后又起诉至法院，结果一审、二审都败了。我们知道这个起诉肯定是要败的。因为在中国，法院没有司法审查权，法院是没有这个权力对国务院的行政法规作出一个判断，最高人民法院都没有这个权力。抽象的司法审查到现在来说都是没有的，最近《行政诉讼法》在修改的时候，说要扩大它的审查范围，比如红头文件等。平等在法律层面还遗留很多问题，在实践层面表现得就更加广泛了。要做到真正的平等是很难的，需要我们艰苦的努力。

民主的观念。民主是一个常议常新的问题，中国的民主现在主要聚焦于基层民主。民主将成为下一步中国政治体制改革的一个重点。从社会维权这个角度，如果我们的民主做得好一点，比如说，在我们立法的过程中，在我们的每一项行政决策作出的过程中，如果将民主发挥得充分一些，意见表达得更充分一些,可能我们作出的决策就能够顺利地得到贯彻;如果民主的成分低一些,作出的决策马上就会得到反弹。因为现在的公民已经不是过去的那种“顺民”了,公民参政议政的意识是十分浓厚的。还有现在像微博这样的新技术的产生,更增加了公民参政议政的概率。

自由的观念。自由的观念是现代法律观念中的一个非常重要的观念。卢梭有句名言:人生来是自由的,但无往不在枷锁之中。从西方启蒙时代我们就得出一个定理,自由是法律下的自由、法律中的自由。但是要让我们很多的民众理解这一点还是很困难的,有些人对自由的理解有时候就是我想干什么就干什么。这不是对自由的一种解释,现代观念中的自由是法律中的自由、法律下的自由。

公平的观念。公平的观念是一个古老的观念,在现代社会中它又呈现出新的特点,尤其是在司法审判过程中。一个案件判决是否公平,大家经常会进行比较。比如药家鑫判死刑了,李昌奎案件又出来了,老百姓很容易将这些案件进行比较,这样的判决合适不合适?当然有些案件具有可比性,有些案件不具有可比性。老百姓说药家鑫那样一个行为被判死刑了,而李昌奎这样一个强奸并且还杀了一个男孩的行为更加恶劣,怎么不判死刑啊?案与案之间有个公平判断问题,个案之间也有一个公平问题,判断标准就是看是不是依法判决。刑事判决有一个自由裁量,判三年、判五年是不一样的,判死刑和判死缓是不一样的。我们有一位专家说死缓无非就是一个死刑的执行方式,我觉得这个观点老百姓听了都不会认同。死缓和死刑是大不同的,判死缓的百分之九十多,甚至百分之百都会活下来。公平问题已经成为我们社会的一个焦点问题,尤其在我们社会物质财富有一定增长的基础之上,在温饱问题解决以后,对公平的诉求就更加迫切。因为人们对公平的追求是一种精神追求,它不是为了那么一点具体的物质利益,就是为了“我要争口气”。老百姓所谓的“争口气”,如果是在贫困年代,付出的多得到的少就犯不着去打官司。而现在,有的老百姓就是倾家荡产也要打官司,要争口气。这种情况出现了,这都是新情况,是我们要面对的问题。

契约的观念。契约是一个非常古老的观念。在西方人的概念里,契约是神圣的,契约就是法律。中国人的契约观念也在增强,但是有一个问题,契约能不能用到精神领域?婚姻法司法解释三最后回避了一个问题,就是关于夫妻忠诚的问题。夫妻两个签订忠诚协议有没有效力?这个在全国已经有一些案例,有些法院支持,有些不支持。夫妻忠诚协议最后涉及财产,如果一方有不忠的行为就要拿出财产或其他什么给另一方,这个契约有没有效力?契约能不能进入精神领域和感情领域？这个问题争执太大，最后在婚姻法解释三里面把这个问题就回避了，没有去涉及。

还有像人权的观念，权利的观念，尊严的观念，责任的观念，法制统一的观念，等等。法制统一首先是立法统一，这是必须的，因为我们现在法律冲突现象很严重。国务院法制办有一个司专门研究法律冲突现象。有一次我们法学所召开了一次法律冲突研讨会，请国务院法制办的一位副司长来专门介绍了中国现在法律冲突的十二种表现。我听了他的报告之后，觉得他对我国法律冲突方面的表现形式的列举还是很全面的。我们有法律和法律的冲突，法规和法规的冲突，法律和法规的冲突，地方性法规和行政法规、法律的冲突，这个冲突现象很多，所以怎么样统一是一个大问题。现在全国人大搞了一个法规规章备案审查制度，但是这个备案审查制度现在履行得不是太好。还有一个就是司法统一、执法统一。我们在座的有许多人是执法工作人员和司法人员，执法和司法过程中应该有一个统一的尺度，同样的情况我们应该做同样的处理。“同案同判”应该是对公平和正义最重要的一个诠释。在没有特别差异的情况下，如果我们同案不同判，我们没办法向老百姓交代。有些案件和群体性事件就是因为没有坚持同案同判这个原则而导致的抗议。我们的法官、我们的学者有时候也会讲一些理由，但老百姓不听你这一套，所以“同案同判”这个原则我们要坚持。这么多年我们为纠正这个顽疾也做了很多工作，包括法院系统搞的量刑规范化，就是要使它大体上接近，不能差得太大。我们在做研究的时候发现，同样是“受虐杀夫案”，在上海浦东被判了 14 年，被杀死的受害人家属都求情要法院轻判，但是法院判了 14 年。而在内蒙古的包头市也有一个“受虐杀夫案”，犯罪人被判了 3 年有期徒刑 5 年缓刑。这个差别是非常大的，一个 14 年有期徒刑，一个 5 年缓刑，缓刑制度在中国大家都知道是一个有条件的人身自由状态，在限定地点不再违法，时间到了刑罚就结束了。所以执法统一、司法统一，在案件的对待上，老百姓会进行对比，你这个案子怎么判的，我这个案子怎么判的，只要全国能找到相似的案例，他会拿着去找法官，会问法官人家这个地方这么判的，你怎么这么判啊？老百姓是很聪明的，他们的智慧也是很多的。现在除了量刑规范化，还有一个就是案例指导制度。案例指导制度主要是使在全国范围内能做到“同案同判”，当然它还有衍生性功能。还有一个是司法解释，司法解释是做什么的？它其实就是为了统一法律适用的尺度，说穿了是这个目的，因为大家理解不一样，你有你的理解，我有我的理解，怎么办？用司法解释把它统一一下。

权利限度的观念。我们的公民权利是不是有限度的？经过这么多年的思考和实践，我认为公民权利是有限度的，超越了限度便会造成侵权。

信用的观念。信用制度在中国过去基本上是空缺，现在逐渐在发展这个体系，首先是在银行体系，银行体系试图先建立起来信用制度。另外，我理解的信用不仅仅是银行，人和人之间的交往也应该有信用。当然由信用制度产生的黑名单现象现在也是一个问题。我最近看到一些银行说公布黑名单后三年就撤掉，还有法院针对一些明明有执行能力却不履行判决的“老赖”通过公布黑名单，看你履不履行判决。我们现在对不履行判决有一个现成的罪，但是法院系统很少用这个罪。有一次在北京一中院我们讨论问题，我就问院长，这个执行问题明明有这样一个罪，但是我看到全国大概只有一个判例，判了拒不履行判决罪，为什么不用呢？院长解释说，虽然有这样一个罪，但是真正要用起来是很难的，他讲了很多困难，说这个罪不太好用。我们老说执行难，既然我们法律已经规定了这样一个条款，我们不用这个条款，老在其他方面想一些办法，总是不能从根子上解决这个问题。不要说给他定这个罪了，我看我们法院有时搞执行月活动，法院上门后都乖乖履行了。现有的制度我们得将它用足。

选择的观念、参与的观念等。这个“参与”现在是个大问题，我们公民现在的参与热情非常高，但是怎么参与是一个大问题。十六大结束后，《求是》杂志向我约稿，让我写一写“公民有序的政治参与”，这是我们最规范的提法，到现在也是这个提法，就是“扩大公民有序的政治参与”。怎么才能做到有序参与呢？我研究的结论是：有序参与就得依法参与，不依法就做不到有序。依法是有序的前提，有序是依法的结果。依什么法呢？当然是我们所有的法律，实体法、程序法都要依，但对有序参与来讲最主要的还是依程序法。因为我们宪法对公民政治参与是有很多规定的，规定了公民的很多政治权利。我们依法来参与国家的政治事务、社会事务。参与的问题现在有一个无序的情况，尤其是新技术的发达，新媒体的产生，新的技术手段的产生，无序参与有时候会导向无政府主义。我们在公民参与问题上还有很多顾虑，我们曾经做过中央政法委的一个课题，就是群体性事件的防治问题。我们当时提出了一个大胆的建议，这个建议就是：我们可否适当地有条件地选择一些带有经济诉求的游行示威申请，放开一些，这样逐渐培养公民的“游行文化”。我们现在的情况是总是用堵的办法，堵的结果就是没人负责。我们也讲了很多道理，做了很多论证：一旦批准它，就有组织者和负责者，组织者要对他的活动负责任。我们现在不批准就没人负责，而且一游行一上街就形成对抗。另外，作为游行示威者而言，游行示威是一种公民权利，但游行示威究竟是一种什么权利？它是一种不达目的不罢休的方式，还是一种表达诉求的方式？我们看看国外，也有游行，也有示威，但他们主要是通过游行示威向政府或有关方面表达他们的诉求，他们的诉求向政府表达了，政府将他们的请愿书、他们的诉求接收了，那么，作为游行示威者已经完成了它的使命，也就是享有了他的权利。这应该是我们所理解的法治意义上的游行示威权利的实现方式。但是现在我们许多人对它的理解是有误区的，我们是不达目的誓不罢休，我提出个主张，我非要达到目的，不达到目的不罢休。事情的解决总得有一个过程。我们第一步就是先表达诉求，诉求表达完了，是经过谈判还是经过什么程序，我们一步一步来。我们看国外工人也罢工，就是他们有一个诉求，派代表和老板、和资方谈判，中间僵持不下，最后老板看僵持不了，只得掏腰包，这个罢工就结束了，事情就和解了，矛盾也缓冲了。美国的 NBA 球员工会和老板的罢赛事件就是这样解决的，但是我们现在用堵的办法就很容易制造出对抗性。所以我们就提出这样一个建议，无论是政府，还是游行示威者，我们迟早要完成这样一个训练过程。

程序的观念。法治最需要培养的是程序观念、程序意识。这几年我们在立法过程中、执法过程中、司法过程中，程序意识还是有很大的提高，因为我们过去没有这个观念。当然我们还存在一些程序不完善的问题。

自愿的观念、依法的观念。这是我们高度强调的，依法维权。我们经过了“五五普法”，从数量上看确实是很大，但我们不能满足于数量的概念，我们要追求实质，就是公民的权利意识、法律意识是不是真的提高了，尤其是领导干部的法律意识。我们做每一个行政决策、重大决策的时候，是不是考虑了法律的规定。过去国务院要求每一级的政府都要配备法律顾问，这是有道理的，因为我们在决策方面习惯于拍脑袋，不管这个决策在法律上能不能站得住，决策出来以后，结果出问题了，和法律是有冲突的。现在就是要求我们的决策要依法，就是看它在法律上有没有漏洞，现在很多决策机关也都注意到这个情况了。依法的观念不管是对老百姓还是对领导干部都是很重要的，公权力的行为都是要依法的，我们提出过一个公权力行使的法治原则：凡是公权力，法无明文规定的不得为。我们对公权力必须提出这样一个高度的法治要求。

合法的观念。合法和依法是互相照应的。还有守法的观念、自由意志的观念。自由意志主要是指精神领域的，马克思对共产主义社会的一个最经典的表达就是“自由人的联合体”，每一个人都应该是独立的自由意志的人，不受他人左右、影响、牵制，在精神上是独立的。这个自由意志主要是人的精神状态的一种现代观念。

合意的观念，对等的观念。这个对等的观念，社会生活方面的我就不讲了，我们以法庭审判为例。我参加了一个法律修辞的学术会议，有一位教授专门研究法庭语言。他说：他有一个法庭审判的实录，我们的法官经常打断被告人和代理律师的陈述，但是很少打断公诉人的发言。我说这不是一个法律语言的问题，而是一个法律观念的问题。在法庭上我们的法官能不能平等地对待被告人和公诉人？有种观念认为，公诉人是代表国家对犯罪来起诉的。这是没错的，但是我们能否换一种思维：我们已经进入法庭了，在法庭中每个人都有一个角色，他是被告，我们就是起诉者、公诉人。我们的法官能不能平等地对待他们，这是一个挑战。我在很多法院也讲了这个观点，这是一个很有冲击力的观点，大家能不能在一个平等和对等的地位上来参与审判，可能我们检察院的同志比较难接受这一点。但是如果从一个诉讼的角度来理解，我们是对等的，我对你进行起诉，他进行辩护，然后法官来进行裁判。这种观念可能大家一时还难以接受，但是我相信大家会逐渐地体会到它的好处的。

宽容的观念。宽容最早来自于宗教，早期宗教对异教徒进行残杀，这在西欧的历史上有很多的描述，后来就提出宗教宽容，然后把宽容引用到社会生活领域来，引用到我们法律生活领域来。

和谐的观念。我们现在讲的和谐社会、社会和谐，这也应该是一个重要的现代观念。怎么样才能既不丧失公民权利的享有、保护他们合法的权利，又使社会处在一个和谐的状况。

幸福的观念。幸福的概念是这几年已经进入政府工作目标体系的一个观念。我们现在一谈幸福好像离我们太远了，或者一谈幸福好像就是一种资产阶级或者小资情调。但是幸福作为法的价值、法的观念、法的精神，西方的功利主义法学派早就讲得很清楚了。2011 年初最高人民法院在福州召开的全国法院系统学术讨论会上，福建省高院马新岚院长的报告主题就是“增加公民的幸福指数是司法的目标”，让我做了个评议。后来我有一篇小文章在《学习日报》上发表，题目是“幸福是法律和司法的最终价值目标”。我认为幸福的概念有一种很高的很强的概括性，它可以把我们现在的很多法的价值比如公正概念、自由概念都能一网打尽，而其他的概念却包括不进它。而且幸福现在是我们政府的工作目标。

还有效率的观念、独立的观念、利益平衡的观念、弱者保护的观念等。弱者保护作为一种现代观念没有什么问题，在立法中、政治决策中都要充分考虑这个问题，而且我们国家有专门的四大类特殊群体的保护法，即老年人权益保护法、未成年人权益保护法、妇女权益保护法，还有残疾人权益保护法。但是弱者保护这个问题比较复杂，我们在具体的工作中可能会经常碰到这个问题。

弱者保护作为一个一般的原则是没什么问题的，但是在实际案例中会比较复杂。深圳有个律师叫周立太，他给很多农民工义务打官司，上百个农民工都找过他，有时候他还要管吃住，照顾生活，后来他实在承受不了了，他就对农民工说：我可以给你打官司，如果官司赢了，钱要来了，你把律师费给我，如果要不来，我就不要了。然后他就和农民工签订协议。后来官司打赢了，农民工的权益也得到了维护，赔偿款也到位了，但是农民工一分钱也不给他，这种情况经常出现。他实在受不了了，就把农民工作为被告告上法庭。这时候谁是弱者？农民工是弱者，还是这个律师是弱者？他的权益要不要维护？而且他有协定，不遵守协定的这种行为应该被制止，我们法院平时遇到这种情况怎么对待？我想要有不同的对待方式，法官怎么处理这个案件？

还有宪政的观念、权力制约的观念、相对性观念等。相对性观念对于我们理解权利现象很有帮助，而且也是一个很有说服力的理论根据。我们现在的法律规定了很多权利，但每一种权利的行使都需要相应的条件。我现在讲一个很简单的例子：宪法规定了公民的受教育权，但如果这个地方没有学校，没有老师，受教育权能实现吗？当然没有学校、没有老师，反过来又会提出政府和社会的责任问题，我们怎样来实现和履行政府责任和社会责任，来满足公民的权利需求？最近中央号召记者下基层，他们看到很多我们过去确实不了解的一些案例。有个乡村女教师，假期期间为了给孩子们铺一个操场，每天去河里背石头，想在开学前铺完，操场铺得差不多了，没有篮球架子，她就到农民家去借木板做了一个篮球架子。我们看到这种节目之后，觉得光靠这些高尚的教师徒手来解决这一类问题，并不是真正解决问题的办法。这样的问题是我们的政府，尤其是我们的基层工作者确实要想办法解决的。因为这些乡村教师的收入不高，每个月才几百块钱，这么大的一个任务是他们实在承受不了的。对于他们的精神我们一方面要学习，另一方面，作为政府要想办法来解决这些具体的问题。所以责任的问题、责任的观念也是很重要的。有些人对这不满对那不满，相对性可以用来解释。很多权利的实现，不是说你有什么权利就可以实现什么权利，它需要条件的辅助，没有条件你就办不到。

局限性的观念。局限性观念是指什么？就是我们不要把什么都看成是唯一的，法治也不是唯一的。法治是非常重要的，但不是唯一的。法治作为一种社会调整机制，它是最重要的，因为我们付出血的代价才得出这样一个结论来。但同时我们也要发挥社会其他调整机制和规范的功能，要发挥道德的功能、民间力量的功能，包括善良风俗，各方面的功能都要调动起来，不要把它看成唯一的。我们应该清楚，现在搞依法治国、建设法治国家，它是最重要的，不能用其他方式来替代它。包括社会管理创新,有些学者发表文章指出,我们不能在创新的名义下摧毁法治,这一点非常重要。因为我们中国有个习惯,一说创新就忘了那个约束了。忘了法治的原则就闷头往前走,走了半天才发现我们是错的。我们搞的一些东西和法治的原理、法治的原则、法治的要求可能是不相吻合的。所以在观念创新方面还有很多值得我们思考的。

(二)社会管理创新中的法律制度创新

社会管理创新中的法律制度创新,就是要建立一套适应现代社会管理创新需要的法律体制和机制。这个里面和大家想交流以下这样几个问题。

1. 中央政治局会议对社会管理创新的主要精神

2011 年 5 月 30 号,中共中央政治局召开会议,专门研究加强研究社会管理创新问题。这次会议提出的问题和我们对法治文化的理解有很高的契合度,因为会议提出创新理念、体制、机制、制度、方法,我们概括起来就是制度文化和观念文化,观念创新和制度创新,主要就是这两块。它的目标是什么呢?一个是加强社会管理法律方面的建设;一个就是加强社会管理能力方面的建设。一个是法律建设,一个是能力建设。社会管理方面,法律方面的建设也就是我们刚才讲的制度建设。另外,中央在社会管理体制方面的一个重大变化是:2011 年 9 月 16 日,中央召开了一个会,把原来的中央社会治安综合治理委员会改为社会管理综合治理委员会。这样就扩大了原来社会治安的范围,社会管理的概念比社会治安的概念要大得多,这也是中央在社会管理体制建设方面的一个重要举措。

2.“十二五”规划对社会管理创新中制度创新的主要内容

2011 年 3 月发布的《中华人民共和国国民经济和社会发展第十二个五年规划》(以下简称“十二五规划”)对社会管理创新中的制度创新有一些很具体的内容,其中第九篇专门讲的是“标本兼治,加强和创新社会管理”,这里面有很多章节。在创新社会管理体制章下有健全社会管理格局、创新社会管理机制;在强化城乡社区自治和服务功能章下有完善社区治理结构、构建社区管理和服务平台;在加强社会组织建设章下有促进社会组织发展、加强社会组织监管,等等。有些学者讲社会管理概念,好像就是社会组织这一块,我觉得这个理解可能有点狭窄。社会管理这个概念,我觉得中央提出的是一个非常广义的概念,从大社会角度来讲,整个社会的政治、经济、文化都是社会这个概念之下的,应该说社会管理这个概念是非常广的。社会组织在中国一直是民政部门管的事情，过去它的入门条件太严苛，现在民政部也在研究，可能要做一些变动。过去社会组织注册必须要有主管单位，有主管单位你才能申报。改革的目标是可以直接到民政部门去注册登记。注册登记条件如果变得很严苛，它也入不了门。在社会组织管理方面，有的国家是比较松散型的管理，有的国家就是自愿原则，有的就是登记原则。我们国家在社会组织管理方面还是用的《社会团体登记条例》，入门的条件还是很严苛的。现在就是如何松绑，好多种经济组织搞那么多严格的规定有什么意义？还有我们要完善维护群众权益机制，包括拓宽社情民意表达渠道、完善社会矛盾调解机制；在加强公共安全体系建设方面，包括保障食品药品安全、严格安全生产管理、健全突发事件应急体系、完善社会治安防控体系等等。“十二五规划”对社会管理创新、制度创新提出了很多的要求。在社会管理创新方面，怎么样将“十二五规划”的这些体制、机制创新具体化，让它进入落实的阶段，这是我们应该进一步研究的重点问题。

3. 全国各地社会管理创新试点的阶段性情况

2010 年 10 月，中央政法委和中央综治委确立了全国 35 个市、县作为全国社会管理创新综合试点，南通市、海安县都是试点单位。一年来，试点单位都有一些阶段性的经验总结。关于全国各地社会管理创新试点的阶段性情况，有一个材料，因为时间关系不能展开了。

4. 重点抓好 12 项社会管理体制的改革、建设和完善

一些学者在研究社会管理创新问题时提出重点要抓好十二个方面的体制改革，[①]即社会组织管理体制、社区管理体制、社会救济体制、社会保障体制，等等。社会保障也是大问题，现在这个问题越来越凸显了。我们每个人原来都是单位人，一个人退休之后所有的事都是单位来管，现在是由社会来管，包括退休金问题、医保问题，社会保障负担很重。现在禁止提前退休，主要的原因就是社会保障体系还不足以支撑这么多人提前退休。还有社会福利体制，包括老年人的养老、儿童入幼儿园的问题。这都是大问题。我国已进入老年社会，养老问题都是大问题。我们看到一些好的养老机构费用也不低，像北京好一点的养老院每个月都要交三四千元。我看到一个农村搞的养老院特别好，一个月收很低的钱就把老人都养起来了，服侍得也很好。政府可能要给一些扶持，拿出一些房子来或支付一些租金，因为我们现在都是起步阶段，政府给一些扶持是必要的。还有社会服务体制，社会服务，第三产业，在中国还是

---

① 见《中国妇女报》2011 年 7 月 13 日第 1 版访何增科文。

不发达的，还是粗线条的，现在提倡家庭医生，家庭医生什么时候才能进到每一个家庭中来？我有个体会，如果一个医生给你长期看病，他对你的病史就掌握得非常清楚，换一个大夫，你想和他多说两句他都不耐烦。比如说我经常专找一位大夫看病，他知道你是什么病，他也知道上次开的是什么药，要是你这次去，这位大夫不在，换一位大夫，你总想跟他叨咕叨咕，把你的病情说说，他还不耐烦。所以我觉得，这个家庭医生（当然我们现在还做不到私人医生）也是一个发展方向。我看到有的社区搞试点，一个人一年收很少的钱，你给他300块钱，你有事情给他打电话也行，让他上门也行，你心里就有一个安全感了，一旦身体不适，就可以找个大夫来向他描述，包括吃什么药。我们现在有了病之后不知道该怎么办，医学问题是一个很科学的问题，我们有时觉得该吃这个药，可能越吃效果越差。所以，私人医生肯定是一个发展趋势。现在我们能做到的就是家庭医生，你有了病给他打个电话，问一下该怎么处理。所以在社会服务领域我觉得空间还很大，我只是举一个小小的例子。还有公共安全体制、社会维稳体制、社会治安体制、社会应急体制、虚拟社会管理体制、社会维权体制，等等。前些年是网吧对青少年的影响，现在虚拟社会出现了网络侵权，还有利用网络从事一些犯罪活动和一些违法的活动，这对我们政府来讲、对社会管理来讲都是一个挑战。现在微博的出现，扩大了言论表达自由的空间，但是也产生了一些问题。我们看到中央电视台的一些采访报道，有些"网络推手"说"我一夜间可以召集十万人来"，把一个人可以弄倒，把一个企业可以弄倒。现在有"五毛党"、"三毛党"，发一条信息给五毛钱、三毛钱，这些对我们社会管理来讲造成的威胁是非常大的。我们怎么来有效地利用这些新的技术。

社会管理创新是一个新事物，我们一年多来都处在一个摸索过程中，我今天谈的也是个人非常不成熟的一些看法，有不对的地方希望大家提出。

谢谢大家！

中国的司法改革:问题与趋势

——中国浦东干部学院的演讲*

非常感谢中国浦东干部学院的邀请,给我提供了一个难得的和各位交流的机会。我了解到我们这次的培训班有山西省阳泉市和晋中市的政法系统的干部。对我个人来说,和政法系统各位交流,是一个学习的机会。因为我们主要是长期搞理论研究,对实践这一块儿不能说完全没有了解,但不像奋斗在政法第一线的各位那么熟悉。

2007 年,我作为一名学员来到浦东干部学院,参加中组部和 4 个单位联合举办的一个班叫“高级专家理论研讨班”,在这里度过了 15 天的时间,留下了非常美好的回忆。这一次又来到浦东干部学院,旧地重游,感觉格外亲切。

按照培训班提出的要求,我们今天的主题是和大家讨论一下司法体制改革的问题。今年 6 月份我应挪威人权研究中心的邀请,到他们那里进行了一次学术交流,做了一个演讲。他们给我的题目是“中国的司法体制改革和法律实施”的问题。我和挪威学者交流的时候,首先给他们讲了这样一个道理:你们要想了解中国的司法体制改革,首先要了解中国国家层面对司法体制改革的部署情况。为什么讲这个呢?因为中国的司法体制改革是在中央统一部署下开展的由上而下的改革活动,它和整个中国的其他改革一样,是有组织、有领导、有步骤地进行的。虽然我们政法系统的各个基层组织和基层单位也进行了不少的改革试验和试点,尤其像法院系统,这些年连续发布了三个五年改

---

* 《甘肃政法学院学报》2012 年第 4 期发表。《高等学校文科学术文摘》2012 年第 5 期转摘。本文是作者于 2010 年 11 月 17 日应中国浦东干部学院的邀请,在中国浦东干部学院为“山西省阳泉市和晋中市政法干部培训班”近百名学员做的“中国的司法改革:问题与趋势”的专题讲座录音整理稿。感谢中国浦东干部学院周望博士为讲座所做的周到安排和关照;感谢研究生魏书音同学为整理此文所付出的辛劳。作者做了校正。《甘肃政法学院学报》发表此文时有删减。——作者注

革计划,在这个过程中基层单位创造了不少好的经验,但是总体来讲,中国的司法体制改革是在中央的统一部署下进行的,尤其从2004年成立了中央司法体制改革领导小组以后,整个中国的司法体制改革工作都是在中央的统一安排部署之下进行的。所以我们要了解中国的司法体制改革,就需要对国家关于司法体制的改革部署有一个基本的了解。大家都是在第一线,从中央政法委这条线下去发布过很多的文件,有很多的安排和部署。当然各个系统比如法院系统、检察院系统、公安系统,还有司法行政系统等,也都有自己的改革部署,有很多的创造和试验。比如在公安系统,河南省最近搞了个撤销公安分局,归属于派出所,就是市局直接对派出所。最近我刚从河南回来,到洛阳也跟他们作了一些了解。这项改革的目的是为了减少中间层次,但是也存在很多问题,比较现实的问题如迁移户口,迁移户口必须经分局迁出。我们大家可以拿出自己的身份证看看,会发现我们的身份证也好,户口簿也好,盖得都是分局的章,签发单位是分局,如朝阳分局或者海淀分局。改革之后这个问题就没法办,你怎么办啊?市局不能直接对外,派出所也不能直接对外,迁移户口就是一个问题。还有比如说办理港澳通行证,还有办出国的护照,都是由分局这样一个层级办理的。所以像河南的这个改革,是不是之前和公安部沟通过了?怎么处理这个问题?因为这涉及整个国家的体制。当然我们了解到有的地方虽改成派出所了,但还是保留了分局的章子,有的牌子保留,有的章子保留,有的牌子取消了章子还保留。因为在整个国家的体制没有改革的情况下,你一个省改了可以,但出省以后对外部交流可能就存在一些困难。另外这项改革还带来一个问题(当然对公安系统来讲也许是件好事),就是大大地提高了很多的职级。比如派出所原来是科级,现在都提到了副县级,派出所现在成了副县级建制,这样一下子就多出来很多的副县级的职务。原来比如一个市下面只有那么几个分局,但是现在有些地方的所有派出所一下子都成了副县级配置,有的是分局的局长直接下去做派出所所长,更多的是提高职级。所以这些改革从改革的目的和初衷来讲,是为了减少中间层次(因为分局属机关性质,而派出所是直接面对老百姓、面对公民的),有利于老百姓,但同时也提高和增加了职级和职数。所以我觉得改革其实也是一个不断试验的过程,有些措施可能要试验一段,经过试验我们才能判断改革的效果到底如何。

在法院系统,我们知道也进行了许多的改革,比如有十几个省搞的类似案例指导制度的改革试验。全国大概有十几个省在搞,还有很多市法院和县法院都在搞，但是从最高人民法院这个层次到现在为止还没有推出正式的文件。① 因为我参与了最高人民法院案例指导制度的课题调研过程，所以在前不久中央政法委召开专家座谈会的时候我一再呼吁要尽快出台这个制度，因为在中国“同案不同判”的情况实在太多了。一个相类似的案件在不同的法院得到不同的判决结果，司法不统一就影响司法的公信力，老百姓很难信服。虽然我们的一些法官对此都有一些解释，但是这个解释很难令当事人信服，他会经常观察这个案子在别处是怎么判的，到这儿怎么这么判？我经常听法官讲当事人拿着一个别处判的案子的材料到法院去找他，说我这类案子在那儿怎么判的，到你这儿怎么这么判？司法不统一对司法公信力、司法权威产生直接影响，大家不理解这到底是怎么回事。所以，这些年改革进行得很多，中央对改革也有一些整体的安排，今天我想和大家一起学习和了解一下有关中国司法体制改革的一些情况。我们培训班提出的司法改革的问题和趋势，我觉得在这个情况的介绍里面其实都包含了。下面我想分这样几个问题和大家进行一些交流。

第一个问题：十七大对司法体制改革的具体要求

十七大对司法体制改革有一段话。这一段话至少表明了十七大到十八大这五年之间对司法体制改革的具体要求。因为每一次党的代表大会都对某一个领域的工作目标提出一些要求，法治领域也不例外。比如对立法目标的要求，十五大、十六大和十七大就有区别。十五大的时候提出“到 2010 年形成有中国特色社会主义法律体系”；到了十六大时又提出了“要适应社会主义市场经济发展、社会全面进步和加入世贸组织的新形势，加强立法工作，提高立法质量，到 2010 年形成中国特色社会主义法律体系”，去掉了一个“有”字；到了十七大提法又有了变化：“要坚持科学立法、民主立法，完善中国特色社会主义法律体系”。最近大家也注意到全国人大法工委不断地在召开一些会议，包括专家座谈、新闻通告会等，最近的一次就是王兆国在全国地方立法会议上有一个调子，这个调子就是“我国即将形成中国特色的社会主义法律体系”，我们叫它将要完成式。因为在此之前有不同的调子，比如说有一种调子叫“中国特色社会主义法律体系基本完成”，也召开了一些座谈会，我们也谈了一些不同的

---

① 2010 年 11 月 26 日，最高人民法院发布了《关于案例指导工作的规定》。——作者补记

意见。如果说“基本完成”,下一步的任务怎么办?如果说法律作为一种对社会调整的机制,社会在不断发展,社会关系在不断产生,新的问题在不断产生,法律就要应对新的问题。你今天说基本完成了,新的问题产生以后你再用什么样的提法?所以王兆国这次用了一个“中国特色社会主义法律体系即将形成”。

对立法,党的代表大会有要求,对司法同样也有要求。十七大对司法体制改革的描述是这么一段话:“深化司法体制改革,优化司法职权配置,规范司法行为,建立公正、高效、权威的社会主义司法制度,保障审判机关、检察机关依法独立公正地行使审判权、检察权。”这是十七大对司法体制改革提出的一项具体的要求,当然每一个要求里面都包含着无限的内容。围绕十七大对司法体制改革提出的要求,中央也进行了很多的安排和部署。当然我们知道,每一次代表大会在写这个文件的时候是经过反复地推敲、反复地论证的,到底规定些什么,规定得太高了实现不了,完成不了,要是规定得太低了,和新的形势、发展任务又不配套。因此,每次代表大会的这个文件的提法都要经过反复地斟酌、反复地推敲,最后才能确定下来。有人也研究了十七大报告关于司法体制改革的提法和十六大报告相比有哪些新的提法,比如十六大报告提出的是“推进司法体制改革”,十七大报告里面就把它变成了“深化司法体制改革”。“推进”和“深化”,大家一听就知道在程度上不一样,那就是提出了比较高的要求,要“深化”。十六大报告提出的是“完善司法机关的机构设置、职权划分和管理制度”,到十七大报告就变成了“优化司法职权设置,规范司法行为,建立公正、高效、权威的社会主义司法制度”。当然在学术界还有人提出,说应该在这个“公正、高效、权威”后面再加一个“独立”,这样一来就完整了。我们知道过去没有“权威”这个提法,只是“公正”和“高效”,比如说最高人民法院在2003年前后召开过一个全国性的大型研讨会,把“公正”和“高效”作为司法改革的最终目标,但是没有提“权威”,因为当时最高人民法院觉得这个“权威”是不成问题的,司法机关本身就是有权威的,法院下的判决书本身就是有权威的。但是后来发现这个问题不那么简单,因为司法权威受到了严重的挑战,所以十七大报告把“权威”加了进去。学术界在讨论的时候一直在说把“独立”也加进去,这样就形成一个完整的“公正、高效、权威、独立”的社会主义司法制度。当然“独立”这个问题又是非常敏感的,“独立”到底怎么理解?按照《宪法》的精神,十七大后面这句话就是:“保障审判机关、检察机关依法独立公正地行使审判权、检察权。”这是《宪法》的原意。因为《宪法》中的两个条文规定得非常清楚,“人民法院依照法律行使审判权,不受行政机关、社会团体和个人的干涉”,同时规定了“人民检察院依照法律独立行使检察权,不受行政机关、社会团体和个人的干涉”。然后在《人民法院组织法》、《人民检察院组织法》和刑事、民事、行政三大诉讼法里面又重申了这个原则,基本上条文是这样的。所以这个独立的问题是通过审判权独立和检察权独立这样的表述来表达出来的,其实也包含了独立的意思。

十七大报告把司法体制改革从“推进”上升到了“深化”,对一些具体的提法从“完善”到“优化”,这都是有要往前推进的意思。这是十七大报告关于司法体制改革的具体要求。这个具体要求其实就是我们司法体制改革的总体任务,至少是十七大到十八大之间总体的任务。到了十八大,关于司法体制改革要怎么提呢?肯定要有一些新的提法,这些也是我们现在要研究和探讨的问题。围绕这个问题,中央负责政法工作的主要领导,也就是中央政治局常委、中央政法委书记周永康在几次会议上专门就司法体制改革做了一些专题的讲话,我想有必要和大家一起来学习和交流一下他的讲话。因为我前面讲了,我们国家的司法体制改革不是自下而上的,而是自上而下的一种改革路径,这样一种改革路径就决定了我们要对中央关于司法体制改革的精神加以领会,才能做好这一工作。

我这里有两份材料:一份是今年(2010 年)1 月 15 号中央召开的司法体制改革领导小组第二次全体会议暨第三次司法体制改革专题报告会的材料。在这个汇报会上周永康书记有个讲话,在讲话中他强调了几个问题:“要认真总结一年来的改革工作,按照中央决策部署,再接再厉,深入扎实推进司法体制改革,确保取得人民满意的社会效果,为建立公正、高效、权威的社会主义司法制度,促进社会和谐稳定和国家长治久安作出新贡献。”这次会议主要是听取中央司法体制改革领导小组办公室关于 2009 年改革进展情况和 2010 年改革工作的汇报,最高人民法院、中央编办、人力资源和社会保障部分别就改革行政和民事执行体制,加强政法力量建设,完善政法干警工资和职业保障制度三项改革做的汇报进行了讨论。周永康同志在听完大家的发言以后指出:“按照党的十七大要求,在中央正确领导下,经过各方面的共同努力,2009 年深化司法体制改革工作取得了新的进展,中央确定的 60 项改革任务全面启动。”这个 60 项改革任务大家都知道是 2008 年中央关于司法体制改革那个文件里确定的。“其中,完善人民陪审员制度、司法公开制度、司法考试制度,加强人大对司法工作的监督,建立党外人士行使民主监督司法职能的工作渠道和机制,建立刑事被害人救助制度,改革政法干警招录体制、培养体制等十几项任务已经出台实施方案并在有序进行,其他各项改革也都在按计划有序进行,改革成效初步显现,也为下一步改革奠定了坚实的基础。实践证明,中央关于深化司法体制改革的决策部署是完全正确的。虽然改革难度大,但是只要坚持从大局出发就没有统一不了的认识;只要坚持改革创新精神就可以找到解决问题的办法;只要着眼解决人民群众最关心最直接最现实的利益问题就能够得到人民群众的认可。"周永康强调:"随着社会经济建设持续快速发展,民主法治进程加快推进,人民群众对社会公平正义的要求越来越高。"我觉得这个判断都是我们需要高度关注的,还有就是"利益诉求和权益保障的双重愿望越来越迫切,并且都汇集到了政法机关",就是所有的矛盾纠纷都汇集到了政法机关这一块儿,为什么呢?因为政法机关就是干这个事的,国家设立政法机关就是来干这个事的。当然你说行政机关比如政府这一块儿,它承担不承担解决社会矛盾纠纷的任务呢?它也承担,它是通过另外一种方式,比如说它是通过行政执法的方式。但是政法系统,尤其是司法机关,社会的矛盾纠纷都会到你这儿来。

西方有一个司法理念,这个理念要求是相当高的,就是"法院或者法官不得拒绝审判",凡是提交到法官面前的属于司法性质问题的案件和纠纷都得处理它。最近我在研究的一个问题就是1907年《瑞士民法典》第1条。为什么要研究这样一个条款呢?因为《瑞士民法典》第1条是专门关于法律适用的规定,它规定了3个条款,第1款规定的是所有的案件只要在本法中能找到相应规定的都要依照本法;第2款规定的是"当没有法律规定的时候,法官可以依照习惯法来办案";第3款还规定了没有习惯法的时候法官把自己当作一个立法者来根据已有的规则作出决定。当然它有一个附加条款是"在使用上一条款的时候,法官必须遵循公认的学说和惯例。"我今年去瑞士联邦研究所访问,专门研究1907年《瑞士民法典》第1条。我和瑞士的学者交谈,问为什么《瑞士民法典》在1907年立法的时候要规定这一条,他们解释说当时法律的覆盖面还是很有限的,所以必须给习惯法留下一个地位。当然这一条是一步一步推:所有的案件都要按法律,没有法律就要按照习惯法办,法官可以按习惯法办,这个实际上就是给法官一个授权,没有习惯法怎么办?法官就要把自己扮演成一个立法者作出判断。它是试图穷尽各种手段要把案件解决,就是凡是提交到法官面前的案件都要把它解决掉。当然这个主观动机是好的,就是法官不得拒绝审判,这个条款直接载入《法国民法典》的就是"法官不得拒绝审判"。当然在其他国家没有太明显的表达。《瑞士民法典》这一条主观上就是要把所有的纠纷解决掉,但有一个前提:必须是法律性质的或者是司法性质的案件。不能把鸡毛蒜皮的事情都让它来解决,不是这个意思。我们现在搞的一些改革措施，包括“司法为民”，在这方面的理解上有些偏差，似乎什么问题法院都得解决。司法是有要求的，包括关于司法独立的国际文件也讲得非常清楚，就是必须是司法性质的案件。那什么是司法性质的案件？这个取决于各个国家不同的法律规定。哪些案件、哪些纠纷属于司法性质的？哪些案件不属于司法性质的？它是由各个国家的法律规定的。我举一个比较简单的例子，比如通奸这个问题，在过去的刑事法律里把通奸作为一个犯罪行为。那么把通奸从刑事法律中去掉之后，它至少就不是一个司法性质的问题。当然这几年在法律的修改过程中不断有人呼吁应该把这个问题纳入进来，应该把它法律化等等，这只是一些立法建议而已，至今法律没有规定这个，它就不是司法性质的问题。那它属于什么性质的？它属于司法之外的问题，属于道德范畴的问题，或者属于政纪要解决的问题，它至少不属于司法性质的。但是凡是属于司法性质的问题要把它解决掉，所以人民群众对社会公平正义的要求越来越高，利益诉求和权益保障的双重愿望越来越迫切，都汇集到了政法机关。我们公安这个部门可以说是在政法第一线上的，因为法院毕竟还不告不理，不管是刑诉案件还是民诉案件，它不告不理，告不到法院来就不处理，现在虽然说“能动司法”，但是这个“能动司法”还是非常有限的，司法的本质还是不告不理，这个规律是不能打破的。但是公安每天都在第一线，所以最近在中央政法委召开的专家座谈会上，我就谈了个观点，我说现在司法确实引起了大家的关注，主要是司法案件太令人瞩目了，每一个影响大的案件经媒体一报道，然后引起全社会甚至全世界的关注，这个是很正常的，但是大家没有看到从法律实施这个角度来讲，我们更大更重的任务在哪里呢？在行政执法这一块。我做了个不十分恰当但比较形象的比喻：我们全国法院系统去年统计的数据是全国案件达到了1000万件，这个已经是破了纪录了。1000万件案件被中国法院受理，确实创造了一个前所未有的纪录，但是这个数字和行政执法比较起来可能只是九牛一毛。我们不要说别的，就是公安干警、全国的交警每天在道路上的执法行为的数字，可能就已经超过了法院一年的数字，这个是没法用数字衡量的。当然不能说我抓了个违章的才叫行政执法行为，每一个交通干警在那站岗，在那值班都是一种执法行为，交通警的出岗行为就是执法行为。在中国这么广袤的土地上，每天的行政执法行为，比如交警、工商、城管等，这个数字和法院的1000万是根本没法比的。所以我说，法律实施（不只是司法，司法引起大家关注是因为司法的特殊性，因为司法是形成案件，比如说刑事要达到一定程度才能形成案件，民事案件有些看起来可能小，但是它的社会影响大）的重点可能还在行政执法这个领域里面。在行政执法领域里面，公安恰恰又是最特殊的,因为整天面对老百姓。行政执法领域里面有几大行业是比较显性的,公安是最显性的,因为是直接面对老百姓的,当然还有工商,也是一个比较显性的行业。所以所有的矛盾、所有的问题都汇集到政法机关,期待着通过法治渠道得到妥善解决。

这样一种现象从不同的角度可能有不同的解读。从政法系统这个角度包括法院来讲,这几年简直受不了了。我跟一些法官交流,一位省高级法院的法官,是我们原来的学生,她说:“我们现在已经到了一个什么程度?我跟当事人讲,如果你接受了调解协议或者你撤诉,我请你吃饭。”我觉得这个话可以成为经典性语言。原来民间流传的“吃了原告吃被告”,现在我们的法官倒了过来,我们法官的心态是只要你能接受调解,能把这个案子撤诉,我请你吃饭。我觉得这反映了一个司法的现象,就是从我们这个工作的角度看,不管是哪个系统都觉得压力太大。但是从另一个角度我们来看这个问题,从社会的进步、法治的进步、公民权利意识的增长这些方面来讲,它至少是一个好的现象,至少说明了公民有这样一个权利意识,对自己的利益知道寻求法律的保护,而不至于大家都到街头上去。前些年我们研究群体性事件,我们提出把大家劝到法庭上来,把大家从大街上拉回到法庭上来,这是一个法治的渠道,一个公平的渠道,如果大家都上街去,麻烦就比较大了,社会管理和社会控制的难度也增加了。大家能够回到法庭上来,能够找公安机关,找法院,找检察院,来向你提出诉求,这个其实是好事情。周永康同志讲到:“新形势新任务和人民群众新需要相比,司法体制和工作机制还存在着许多的不适应。2011 年是深化司法体制改革的攻坚年,要进一步增强责任感、紧迫感,以攻坚克难的精神积极推进司法改革,促进司法公正,让人民群众切实感受到改革的成效。”司法公正不是一个空洞的概念,是建立在一个个个案的基础上。我们以前只以为案与案之间比较有公平问题,我们后来研究发现,公平问题、公正问题也存在于个案之中,个案之中也有公平问题。这个公正怎么理解呢?就是看是不是依法办案?公民在个案之中表达出来的权利是不是真正得到了保护?该履行的义务是不是得到了履行?从刑事犯罪这个角度来讲,犯罪人的犯罪是不是得到了他应得到的惩罚?被害人的利益、损失和所遭受到的侵害是不是得到了合理的补偿?这就是个案中的公正。那么案件和案件之间也存在一个公正问题,这个公正就是一个比较,就是我前面所讲的同样类似的案件在不同的法院得到不同的判决,当事人很难接受。而且中国司法到现在为止面临着一个非常尴尬的局面,也是我们到目前为止也解决不了的一个问题:我们实行的是两审终审制(审判监督我们先不提它),两审终审制一旦作出判决,两个相类似的案件

(在我们看来是相似的案件)当作出不同的判决之后,我们没有任何机制对这两个案件的结果去评价。你可以说三道四,你可以说这个判得不对那个不对,但是我们所有的评价都没有法律意义,你只是评论而已,而且只是你个人的评论,除非通过审判监督机制改变了这个判决,才会产生法律意义。那么这样一来就有一个问题,就是说我们明显地看到这两个案件是相似的,是相近的,但是它是不同的判决,我们能说这个案件判得对,那个案件判得不对?我们没法拿一个案件的判决来与另一个案件的判决做比较,这就是中国司法现在面临的一个困境,没法解决,因为两审终审决定了它是一个终审判决,是一个生效判决,是一个要得到执行的判决。那怎么办呢?现在案例指导制度试图解决这个问题。它树立一个标杆,就是通过最高人民法院公布的"指导性案例"来解决,我们普通讲叫"典型性案例",它用的概念叫"指导性案例",如果法官遇到类似的案件,只要没有其他的特殊的情节,都要按照公布的指导性案例来办。但是这样一个制度到现在还没有出台,理论上有一个重大问题没法解决,就是案例的效力问题。案例的效力没解决,案例到底有没有拘束力?用我们通常的话讲就是它有没有强制力?有些人说案例必须要有强制力,没有强制力,搞案例指导制度没有意义。但是我们说你要赋予它强制力,你的法律依据是什么?你没有法律依据啊!因为在我们的《立法法》里面根本没有案例的位置,《立法法》中找不到案例的位置。《立法法》中最低位阶的就是自治规章和自治条例,还有国务院部门规章和地方政府规章,没有案例,怎么解决这个效力问题呢?最高人民法院也下了功夫、费了脑筋,最后在文件草案里这样写道:把案例作为司法解释的一种方式,通过案例来解释法律。这样一来它就获得了合法性,因为司法解释是 1981 年全国人大常委会《关于法律解释的若干问题的决定》中确认和授权的。1981 年的解释决定赋予司法解释以合法效力,这样我们的司法解释才能够在我们的审判工作中适用,我们最高人民法院、最高人民检察院才有权去做司法解释。《立法法》通过以后,有人对这个产生怀疑,问司法解释还有效力吗?因为《立法法》里面有一句话,这句话非常关键,就是:"本法所说的法律解释是指全国人大常委会作出的解释。这个解释和法律具有同等的效力。"因为《立法法》对法律解释只规定了一种,就是立法解释,所以大家对司法解释就产生怀疑,即司法解释还有没有效力?当时的立法背景比较复杂,《立法法》也试图解决司法解释问题,把司法解释纳入到《立法法》里面,但是因为当时争议比较大,所以就把司法解释问题回避了。可是没有任何一个法律文件说把 1981 年的解释决定这个效力废除,所以最高人民法院、最高人民检察院,包括国务院的解释就是来源于此。最高人民法院试图把案例作为司法解释的一种方式,主要是为了解决它的效力问题和它的合法性问题、权威性问题。不然的话效力问题难以解决。对于把案例作为司法解释的一种方式这一点我是有保留的,我总觉得这个是牵强的,当然我们今天不展开讨论这个问题。

所以我们说,司法体制改革涉及各个方面。周永康同志还要求:“按照中央的安排,对新安排的30项改革意见,要下决心在解决影响政法体制性、机制性、保障性障碍上取得重大进展,特别是要在实现司法资源优化配置上实现重点突破,要围绕社会矛盾化解、社会管理创新、公正廉洁执法三项重点工作加大改革和完善改革机制的力度,加强政法单位基层建设,各部门特别是牵头单位要对所承担的任务进行认真的梳理,深入扎实研究,高效有序推进。中央司法改革领导小组将继续定期进行汇报,协调解决有关重大问题。对已经出台的改革措施要及时跟踪掌握贯彻落实情况和人民群众的反应,确保取得预期成果。”以上是在今年(2010年)的1月15号中央第二次司法改革小组会议上周永康同志的讲话。

到了今年(2010年)的5月份,中央又召开了中央政法委第十三次全体会议和司法改革第五次专题报告会,这次会议是专门研究刑事诉讼证据问题的,周永康同志在会议上强调:“要不断完善刑事司法制度,不断提高执法办案水平,确保每一起案件都经得起法律和历史的检验。”这个提法都是有背景的,因为这几年我们出的怪事太多了,尤其像佘祥林案件、赵作海案件,还有我昨天在报纸上看到一个案件,有一个被判死缓的犯罪人到监狱里遇到了真凶。我觉得这简直就像讲故事一样,这样的事件在我们国家不断地发生。过去我们说冤假错案是在政治的高压之下产生的,比如从20世纪30年代初期产生的王明“左”的路线,江西的时候也有“左”的路线,还有后来的反右斗争、“文化大革命”等,那都是在政治运动之下、高压之下所形成的冤假错案。但是我们现在进入了法治国家建设的时期,竟然不断出现这样的被杀死的人又复活的案件,由鬼变成人了,就像过去听故事一样现在成了现实。昨天在北京,我看到《法制日报》的一个报道,一个被判死缓的犯人在监狱里面遇见了真凶,真正的凶手在监狱里面。所以周永康同志讲的“每一起案件都经得起法律和历史的检验”其实就是针对这样一些现象来说的,当然这主要还是指刑事案件,这样的刑事案件的不断出现值得我们高度关注。还有包括在银行自动取款机上取款的许霆案件,从无期改判为五年,这个幅度太大了,由原来的一审到最后这样一个大幅度的改变,确实很容易引起老百姓对我们司法权威的怀疑。这些重大案件,包括像成都孙伟铭的醉酒驾车案,都会引起大家对司法问题的高度关注。在这次会议上周永康同志强调："各级政法机关要按照中央关于深化司法体制改革的部署，不断完善刑事司法制度，依法行使司法权力，不断提高执法办案水平，确保办理的每一起案件都经得起法律和历史的检验。"所有的这些案件和证据制度是相关的，佘祥林案件，还有其他的案件，都是如此。法院的同志就讲，当时都指证了，因为尸体无法辨认了，让她自己家里人来辨认，家里人说这就是她，在无法辨认的情况下家里人根据他们所掌握的特征说这个尸体就是她，所以当时的定案好像都是有证据有依据可循的，但是事后，真正的被杀的人跑出来了，因此问题还是出在证据制度上。所以这一次司法改革会议是全国人大法工委、最高人民法院负责人分别就完善刑事诉讼证据制度起草制定了《关于办理死刑案件审查判断证据若干问题的规定》、《关于办理刑事案件排除非法证据若干问题的规定》。主要是两个证据的规定，为什么作这两个证据的规定呢？它也是针对我们前面说的这样一些影响太大的案件而言的。

这里面还有一个背景，就是我们有一段时间反对坐堂问证，全国有不少法院说什么坐堂问证和坚持证据就是照搬西方。如果我们不在证据制度上严格执行法律，就会不断出现冤假错案。所以，坚持证据制度不一定就是照搬西方，证据制度实际上是对案件负责的最关键的机制。因为我们说不管民事案件也好，刑事案件也好，证据是最重要的。老百姓过去说"打官司"是"打关系"（当然这是老百姓对我们司法工作、审判工作的一种讽刺和挖苦），真正的"打官司"打什么？打证据，国内外的司法审判都是如此。我们看国外的案件就是打证据，律师如果掌握了关键的证据，可以把整个案件扳过来。如果一个案件在审判中向着不利于被告人的方向走，但是律师拿出来一个关键性的证据，一下子就可以把案件扳过来。还有我们知道在很多的刑事案件中，司法鉴定是很重要的，很多案件的判决就取决于司法鉴定。当然司法鉴定的问题也比较多，我们知道的像湖南的案件，还有一个浙江的女的被杀的案件，连续做了六次司法鉴定，六次司法鉴定的结论都是不一样的，都是司法鉴定机构，尤其是在国家没有确认权威性的鉴定机构之前到底听谁的？这样一来法官的权力就大了。我这个法官想采信哪个就采信哪个，因为司法鉴定在法庭上是被作为证据呈堂的，而证据的采信权在法官手里。比如最近我们在讨论一个问题：交通事故处理，处理完了还有一些索赔问题，还有一些民事问题，我们交通警察所做的这个处理决定在法庭上就是一个证据，在大多数情况下我们的法官都会认可这个证据，但是我们也看到有的案件法官不认可这个证据，证据的采信权在法官手里。我们一直觉得司法鉴定不能这样，它还是要有一个权威性。

国家最近就设立了一批国家级的司法鉴定机构,第一批设立了10家。当然所有的司法鉴定机构都可以做鉴定,但如果鉴定结论不一致而僵持不下的时候,就由这个权威机构最后认定。很多案件除了其他的一些因素以外,司法鉴定结论直接影响到了一个案件的结果。所以证据制度是非常关键的,我们不能说前些年我们搞了一些证据制度就是学西方,这个我是不同意的。恰恰是由于你不坚持证据制度,你不在证据制度上下功夫,你的案件可能就经不起考验。所以周永康同志讲:"刑事诉讼证据是全部刑事诉讼的核心,完善刑事诉讼证据制度是中央确定的深化司法体制改革的一项重要的内容。有关部门在总结司法实践经验教训的基础上,经过一年多的深入调研,广泛听取各方意见,起草制定了两个规定,对于提高司法机关办案质量、维护司法公平效率必将发挥重要作用。所以各级政法机关要牢固树立惩罚犯罪与保障人权并重的观念。"这里的保障人权实际上就是犯罪人的人权,它是有专指的,就是不仅要惩罚犯罪,也要保护人权。因为犯罪人也有人权,一个被告人,一个罪犯,哪怕是死刑犯,他在诉讼过程中也有他的权利,对他的这个权利还是要保护的,这不是一般意义上的老百姓的人权或者公民的人权,"惩罚犯罪与保障人权并重"是在刑事诉讼过程中所强调的重点。所以周永康同志强调:"要牢固树立实体法和程序法并重的观念,把两个规定贯彻好、实施好。"

这次会议上周永康同志还讲了一些其他的内容,比如讲到:"改革开放以来,各级政法机关认真履行法定职责,坚持以事实为依据,以法律为准绳,依法办理了大量的刑事案件,为打击犯罪、保护人民、维护社会稳定和国家安全发挥了重要作用。特别是近年来,通过深入开展社会主义法治理念教育,改革司法体制和工作机制,规范执法行为,集中解决了涉访涉诉讼问题,加强政法机关之间的监督制约,广大政法干警公正文明廉洁执法的理念不断增强,政法办案水平不断提高。同时也要清醒地看到,司法实践中确有一些案件办理质量不高,甚至发生了个别冤错案件,侵犯了当事人的合法权益,损害了司法公信力。"大家知道,一个佘祥林案件,一个赵作海案件,一个"躲猫猫"案件,就这么一些案件,对我们司法机关、政法机关的威信损害非常大。前几天在河南洛阳讲这个问题,我就说中国现在政法系统(政法委统计的数字是加起来500万人),如果说我们法院一年处理1000万个案件,有万分之一的案件出了问题,或者说有一个案件出问题了,就是一个老鼠害了一锅汤。其实我觉得这个问题要分析。在国外交流时有学者问我对司法腐败这个问题怎么看,我说这个问题要具体分析,我们喜欢具体分析,不能用一个大概念把我们政法系统的500万人、我们法院系统每年受理的1000万案件都否定掉,我们不能说都是司法腐败。现在有的戏言说法官都是腐败的，我说开开玩笑可以，但这是不负责任的说法。为什么会形成这样的一种社会观念呢？就是一个案件出了问题，比如说出了一个黄松有，还是其他几个高院的院长出了问题，大家就认为这么高级的领导都出了问题，你下面的还能不出问题？这样的推理本身就是不符合逻辑的。我们说我们有问题，而且问题很严重，但是我们既不能把问题夸大化，也不能把问题缩小化，是什么问题就谈什么问题。我同外国学者讲，我们通过观察，发现中国这几年法院领导出事的大多数和执行有关，或者和分管执行有关。因为我们考察了很多法院，像武汉中院、深圳中院、重庆高院，包括黄松有案件，都是在执行过程中出的问题，所以我们说执行体系有问题。前些年法院直接做拍卖人，这里面肯定会出问题。去年最高人民法院作了个决定，就是以后拍卖一定要交出去，不能自己充当拍卖人，自己充当拍卖人，这里面一定会出问题。就像有些单位管基建的人就容易出问题，因为他们掌握着财物权力，我们管执行的这一块就容易出问题。大家现在说法院系统、政法系统成了一个高危行业，高危行业有两种含义：一个就是容易出问题，贪污受贿等这种同职业相关联的犯罪不断出现；另外一个是指现在压力太大，生理性的疾病和心理性的疾病不断出现。前几年北京昌平有一位法官写了一篇文章，在全国法院系统征文活动中获得了好评。当时，大家看了这篇文章以后一致认为文章写得好。他对一个基层法院所有法官的体检报告和心理的状况做了很详细的分析，分析了法院干警所面临的身体和心理的双重压力，这篇文章最后被评为一等奖。大家觉得高危行业容易出问题，太危险，有的人戏言说你不想腐败都不行。另外一个高危是案件激增、压力增大，有的人每天晚上都睡不着觉，抑郁症。所以所谓高危是两方面的情况：一方面是太危险了太容易出事了；另一方面就是身体的疾病、心理的疾病太多了。

周永康同志讲的“发生了个别冤错案件，侵犯了当事人合法权益，损害了司法公信力”，这样的个别性案件对我们政法系统的影响是很大的。他要求“每一个案件要经得起法律和历史的检验”。这个要求是很高的，就是我们不能出错，怎么样才能不出错？就是我们“既要遵守程序法，又要遵守实体法”。我个人的判断和实践部门的判断有点差异。我个人认为现在程序意识较过去有很大提高，一个是在立法工作中，一个是在司法工作中。政法工作中，行政执法工作中，大家好像有了程序意识，但是我在下面听到的恰恰相反，还是重实体轻程序。这个和我的感觉不太一样。尤其我们说立法，立法有一套程序，哪一个程序都不能少，比如说过去一个法案最多讨论三次，现在有些法案要讨论七八次，如果大家还有争议，继续讨论。像这次车船税法，原来法工委有人说要强行通过，这个我看未必，因为现在社会争议这么大，你要强行通过，下一步怎么做？所以法律争议如果太大，我们宁可把它放起来，哪怕继续争论，哪一天争论清楚了哪一天出台。立法的程序好办，有一步一步的规定。那么在司法和行政执法中，这个程序贯彻得到底如何？我感觉老百姓可能不懂程序，但律师懂程序，要是哪一个程序出问题了，律师会给你拿出来，程序违法就可以直接成为上诉的理由，哪怕实体再对，程序违法本身就构成上诉的理由，所以我的感觉就是程序意识还是有的，但是在下面听到的和我的判断还是不太一样，还是重实体轻程序。周永康同志的讲话还是要纠正这样一些情况，就是"既要注重实体法也要注重程序法，以对国家、对人民、对法律、对历史高度负责的精神始终把确保案件质量作为司法工作的生命线，始终坚持讲事实"。讲事实是讲什么？就是讲证据。大家知道关于"客观事实和法律事实"学界讨论几年了，争论不清。其实只要到法庭中来，客观事实是不存在的，就是法律事实。法律事实再进一步推又是什么？就是证据。所有的事实要靠证据来说话。现在有些问题从实体上来讲可能是不公的，但是没有办法，比如大家看过一些案例，一个人借了另一人十万块钱，他们是好朋友，是哥儿们，不打条子借了，过几年后需要钱去找对方还钱。对方不讲哥儿们了，就赖账，说："我没借过你钱啊！""你怎么没借过我钱啊，你明明借了我十万元钱！"但又没有其他旁证，然后就起诉到法院，法院说证据呢？他拿不出证据来。拿不出证据来怎么能证明他借了你钱呢？那你就干吃亏，你倒霉，没有办法。从实体上讲这不公平，但是从程序上讲，法院必须建立在证据的基础上才能作出判决来，没有证据怎么能说他就借给你钱了？我上次在洛阳还听到一个和上访有关的案件：某村一个人说他丢了两只羊，他怀疑邻居那一家偷了他的羊，他就去派出所报案了，说我怀疑那一家偷了我的羊。就这样一个案子，报案人仅仅说怀疑人家偷了他的羊，然后派出所在没有任何证据的情况下仅凭丢羊这一家人的举报就把那个人抓了，拘留了，首先这一步就做错了。你没有任何证据就凭他的一句话说我怀疑他偷了我的羊就把人家抓了，抓了以后，肯定拿不出证据来，最后就放了。放了以后被关进去的这个人就上访，上访后又把他抓了，抓了两次，后面还劳教三次，这个人就一直上访，最后怎么办呢？没有办法，因为大家知道现在国家的上访制度很严，就是一票否决制，还有通报制度，最后市委书记拍板 19 万把这问题解决了，两只羊赔了 19 万。所以我就说这个案件第一步就做错了，后面的每一步都有问题。在没有任何证据的情况下拘留他本身就有问题，后面还劳教，凭什么劳教他？理由是违反上访条例，这样的理由是不成立的。我在报纸上看到一个评论，说现在我们政法系统有些人有一种简单性思维，这个简单思维就是抓了人再说。好，你抓了人再说，你抓人容易放人难，你抓了一个人可能会给你后面留下无穷的隐患。所以我们说抓人必须要有证据，没有证据，仅凭一些怀疑抓人，后面留下的麻烦是比较多的。现在有些信访案件和这个思维有关系，所以我们说讲究证据是有它非常重要的意义的。这种简单性的思维容易给后面的工作带来一些隐患，所以周永康同志讲道："坚持讲事实、讲证据、讲法律、讲责任，精心办好每一起案件。凡是事实不清的不能定案，凡是证据不确实不充分的不能定案，特别是死刑案件，人命关天，必须实行最严格的办案标准，必须实行最严格的办案责任制，真正做到不错不漏、不枉不正。"我们前几年和丹麦有一个反酷刑的合作研究，国外叫"酷刑"，我们叫"刑讯逼供"，我查阅了一些案例，刑讯逼供案件导致被害人伤的死的案例很多。在许多情况下，没有证据就是靠拷打。我们现在的一些侦查机关还是信奉口供是"证据之王"。当然这几年有一些新的司法理念成长起来，就是"重证据"，在只有口供、没有物证的情况下，不能定案，这是一个非常大的进步。甚至我们还提到，你要真正做到人权保护和证据制度的原则，过去蒋介石在绞杀共产党的时候有一个口号就是"宁可错杀一千，不可放过一个"。我们要改变它，我们的刑事侦讯要改变为"宁可放过一千坏人，也不要冤枉一个好人"。我们能不能达到这样一个理念？当然我们说坏人不能放纵，好人不能冤枉。但是这个说起来容易，做起来很难。你觉得他是坏人，但在你没有证据证明的情况下，那你就得放。证据制度就要求这样。好人就更是不能冤枉了，没有证据更不能把他抓起来。所有的，不管是好人也好，坏人也好，都要建立在证据制度这个基础之上。所以强调证据制度并不是西方化的产物，这是中国打击犯罪，保护人权，保护人民正常的生活秩序，包括对我们司法公信力的提高，我觉得都是非常关键的因素。

第一个大问题我主要和大家交流了一下十七大关于司法体制改革的具体要求和中央对司法体制改革的一些安排与部署以及我们的理解。

第二个大问题：中国司法体制改革的简要历程以及取得的一些进展

第一个问题是司法体制改革的简要历程回顾。

我们简单地做一个梳理和回顾。司法体制改革是2002年党的十五大提出来的。"司法改革，从制度上保证司法机关依法独立公正行使职权"，这是十五大提出来的一个命题。十六大进一步提出了"推进司法体制改革的任务"，内容涉及了"司法机构设置、职权划分、诉讼程序、执行制度、司法行政管理、司法监督和队伍建设等”,明确提出了改革的目标是“建立保障在全社会实现公平正义的社会主义司法制度”。这些年不管怎么变,我觉得有一条主线是没有变的,就是公平正义这条主线没有变。当然随着形势的发展不断在添加内容,比如说“高效”,因为以前效率太低,积案太多。前几年,尤其是 2008 年、2009 年解决的问题是什么呢?就是超期羁押。刑事是超期羁押,民事是拖期审判,这也成为一个大问题,所以就提出要“高效”。这两年“权威问题”又成为比较突现的问题,大家觉得司法的权威越来越低。我个人觉得有个反差,这个反差特别大:一方面是司法的权力,包括政法委,包括像公安、法院和检察院的权力,大家觉得越来越大了;但另一方面,从社会的反映来看,司法的权威好像总是被怀疑。什么公信力问题,司法公信力问题,都被提了出来,司法权威受到挑战。这些挑战和几个方面的事情有关:一个就是司法系统的高官犯罪,像黄松有案件、张弢案件,还有像武汉中院、深圳中院,一次被判刑就十来个人。这样的案件不断地出现,尤其是法院系统这种负责干部、领导干部的案件不断出现,对司法公信力破坏很大。另一方面就是社会焦点性案件的不断增多,从最早的刘涌案件开始。我们过去在研究法律文化的时候,说要提高中国老百姓对法律的注意力,就是要把这个眼球吸引过来,那时候是我们的一个梦想,怎么样让老百姓对法律感兴趣。现在这个担心没有了。至少可以说,中国的普通老百姓,谈法律、谈案件的在大比例地增长。为什么会出现这种现象呢?因为我们的媒体。媒体的发达,使很多的法律事件,尤其是司法案件成为媒体的焦点。媒体有媒体的规律,媒体就是要吸引大家的眼球。什么样的东西吸引眼球,它登什么。而司法案件,社会性重大的案件,一些关乎老百姓的立法,包括这次的车船税立法,讨论得多热闹!一个事件发生,马上就会成为新闻焦点,包括像上海这次大火案件,马上成为全世界的焦点。昨天我看香港的凤凰卫视用了很长的时段在报道上海火灾的详细过程,他们的报道速度要比咱这儿的快些。这其实是个好事,至少媒体的这种规律对我们司法的关注度大大提高,对法治问题的关注度大大提高。但另一方面也给司法带来了很大的压力,尤其对未决性案件。前一段时间在北京有个专门讨论影响性案件的会议,我提出一个观点,他们媒体是不太同意这个观点的。我说我们对未决性案件还是不要轻易发表言论,因为你这个言论可能对办案人造成很大的压力。我一直有个观点,就是讨论案件主要应关注终审案件。为什么要关注终审案件呢?终审案件已经是最后的判决、最后的结果。大家说审判监督可以改判,那是很少的,基本上终审案件应该是最终的决定。对它的决定你可以发表一些意见和评论,这样不影响司法进程,而对未决案件,我们发表言论还是要尽量谨慎。当然我这个观点也许在学界比较保守，我的这一看法是建立在对审判制度和审判实践的理解上的。我们为什么要搞两审终审制？两审终审制我认为它就包含着一个含义：允许一审出问题，要不干吗要你二审啊？二审就是起纠错作用的，一审判的对的维持原判，一审判的有问题的通过二审来纠正。所以前几年我坚决反对二审对一审改判后，把被改判的一审定为错案。大家知道前几年搞错案追究制，按审判程序进行的二审对一审的改判，我认为不能把它定为错案。有的还把那种徇私枉法行为定为错案，那样的定性其实是对一种犯罪行为的放纵。我对错案的理解是：由于办案人员对案件的主观认识错误、对司法问题的认知能力较低等原因而出现的错误判决。而如果把徇私枉法理解为错案，徇私枉法是故意啊，是一种犯罪行为，你把它定为错案等于是放纵了这种犯罪行为。所以二审终审制建立的本身就是允许一审出问题，允许通过二审来纠正一审出现的问题。现在学界有人提出三审终审制。三审终审就是说，现在二审要搞开庭审，不能搞书面审，再增加一个三审，增加了当事人和法官面对面陈述和辩护的机会。这个三审终审是试图解决这个申诉机制难的问题，因为申诉机制取决于法院，法院认为这个案件有问题才受理。申诉受理的案件比例是很小的，一个案件要被申诉成功是很困难的。所以好多人终审以后说我要告倒你，但是他不知道这个艰难程度。申诉机制的启动以及最后的被受理、被改判，这个比率是不高的，他们都有一些统计数据，申诉案件被改变的也不到10%，当然各地的情况不太一样。所以，每一次党的代表大会对司法体制改革的目标都有不同的安排。

十六大提出了“建立保障在全社会实现公平正义的社会主义司法制度”。为了贯彻十六大精神，中央于2004年颁布了关于司法体制和机制的初步意见，对司法改革进行了全面部署。我印象中2004年是一个标志，为什么呢？2004年中央司法体制改革领导小组成立，也就这个前后吧，这是一个标志。在中国执政党内专门成立一个司法体制改革领导小组，而且设了办公室，设到了政法委，这在中国共产党的历史上是没有过的。所以，司法体制改革的问题已经被提到党的议事日程上来了。

到了2007年10月，党的十七大又提出了“深化司法体制改革，优化司法职权配置，规范司法行为，建立公正、高效、权威的社会主义司法制度”这样一个新的命题，为做好新时期司法体制改革指明了方向。为了贯彻十七大精神，2008年12月，党中央转发了《中央政法委员会关于优化司法体制和机制改革若干问题的意见》，确立了优化资源配置、完善宽严相济的司法政策、加强政法队伍建设、改革司法保障体制四个方面共六十项改革任务。所以，我们现在无论在国内还是在国外讲中国的司法体制改革,就是按照2008年确立的这四大司法体制改革任务来讲的。对于这四大任务,有些人觉得没有突破,但是我们觉得有些问题看起来好像是小问题,实际上是大问题。比如说政法经费问题,它就是个非常大的问题。最近我到一些地方讲课,像陕西的商洛市商南县、河南的洛阳市伊川县等也做了一些了解,他们反映说这几年通过中央政法委的努力,在政法经费和司法保障方面确实还是解决了很多问题,我听到的反映都是正面的。当然政法经费下一步怎么弄,我们还要继续研究。经费问题、队伍建设问题,这是最实质性的问题。一个机关如果连办公都维持不了,还办什么案,还提高什么案件质量,政法干警工作积极性都调动不起来怎么做,我们还是要看到它的重要性。当然有些人希望从体制上彻底解决问题,这都是一种乌托邦幻想。中国的改革是一种渐进式改革,必须从一些具体的方面做起,这些具体的方面都是很重要的。当然通过逐步地推进,我们最后能做到体制性的变化。比如说现在的司法地方化体制、行政化体制,它是一个宪法问题,它不是简单地靠我们自身能解决的问题,是一个宪法修改问题。当然这方面我们也提出了自己关于司法权宪法修改的意见,提了几年了。从具体操作来看,到目前为止,2008年提出的改革目标,在有些方面取得了一些进展。这个简要的历程,我们从2002年到现在,做一个简单的回顾,最后就落到了2008年中央这个文件上,里面提出了四大改革任务,四个方面共六十项改革任务。

第二个问题是想谈谈从2008年到现在我们做了些什么,也即从2008年以来我们在这四个方面取得的成效。

第一个是司法监督方面。

因为这个和优化职权配置都有一些关系。司法监督方面我们做了这么一些事情:

第一项是开展了量刑规范化工作,前一段在搞试点,现在好像要全面推开。这个量刑规范化既涉及人民法院,又涉及人民检察院,它是两家都涉及,将量刑规范纳入法庭审理程序,规范和制约法官自由裁量权。为什么要搞量刑规范化?因为同案不同判的情况太多。从大的方面来讲,我们前几年看到有的贪官可能贪2000万没有被判死刑,有的大概贪了几百万被判了死刑,他们不服的,他说:“比我数额多的人为什么没被判死刑而我被判了死刑?”我看过胡长清临死前的一个很长的报道。临死前他要在执行书上签字,他说我有两点不服:第一点是我把所有的问题都交代了,你们没有体现“坦白从宽,抗拒从严”的政策;第二点他说还有比他贪得多的人没被判死刑,为什么要对他判死刑?他说这两点我不服。“谁比你的多啊?”他说:“褚时健就比我贪得多。”

褚时健就是红塔集团的老总,所以他对这点不服。当然我们说判断案件不能仅仅从一个数量上判断,一个案件是非常复杂的,包括案件的侦讯过程,包括整个审判的过程,案件是一个综合的考虑,不能说他贪的数字高就比贪的低的判得重。但是老百姓不这样看问题,老百姓不知道这么多复杂的细节,包括贪官本人总是看到比他贪得多的人比他执行的刑期要低,他看到的是这一点。所以量刑规范化不仅是表现在大的贪官这一方面,也表现在一般刑事犯罪方面。我看到前几年关于两个案件的热点讨论,就是"受虐杀夫案",妻子长期受丈夫虐待,在忍无可忍的情况下把丈夫杀掉了。上海浦东新区法院判了一个案件,那个妇女被判了 14 年有期徒刑,被害人(她丈夫)家里人都向法院求情,讲那个丈夫多恶劣,怎么怎么虐待这个妻子,意思就是希望法院能够从轻处理,但是法院还是判了 14 年,大家知道再加 1 年就是有期徒刑的顶级刑了。而在内蒙古包头同样的一个"受虐杀夫案",凶手被判了 3 年有期徒刑 5 年缓刑。你看这个差距有多大!大家都是做政法工作的,都知道这个缓刑意味着什么。我对它的一个定位就是,只要你不再犯罪,你的人身是自由的,就是有条件地保持你的人身自由,和正常人没有区别。一个 14 年有期徒刑,一个 3 年有期徒刑缓刑 5 年,这个差距也太大了!有人为此辩护说,两个案件的情节不一样,杀人的过程、被害人的情况等都不一样,但所有这些加起来都不足以造成这么大差距,差距太大了吧!所以,这个量刑规范化主要就是为了解决"同案不同判"的情况。这其中重要的原因是我们法官有自由裁量权,刑罚的幅度是很大的,民事的就更大了,本身就包含了一个很大的自由裁量空间。所以,我觉得量刑规范化主要是为了解决这个问题。在这一方面最高人民法院先是发布了量刑指导意见的文件,而且从 2009 年 6 月就开始在全国 120 多家法院进行试点,同年 12 月下发了《新增十个罪名的量刑指导意见》。通过实行量刑规范化,使法官有了可供执行的办案标准,也使当事人和人民群众有了可供比较监督的办案标准,增加了量刑的公开度和透明度,从而有效地避免了暗箱操作的现象和人为因素的干扰,抑制人情案、金钱案、关系案的发生。量刑规范化的前期工作是江苏省高院搞的,它当时搞了一个量刑指导意见,也是为了解决这个问题。江苏省高院搞出来以后,在学界也是遭到了很多批评,认为这是搞机械化,什么电脑量刑。在最近的学术讨论中有一些学者还在批评这个做法,说这个量刑规范化现在走向了另一个极端,就是用电脑把相关的东西输入进去就成了。但最高人民法院的一位刑事法官批驳道:这是对量刑规范化不懂才会说这种话,他说他们根本没有真正理解量刑规范化所包含的含义。所以我觉得量刑规范化至少还是作为实现司法统一的一种手段。司法统一,我们不要小看这个问题,它实际上是一个直接涉及司法权威和司法公信力的大问题。这个道理在什么地方?很简单,就是我们是一个单一制的国家结构,中华人民共和国是由多民族构成的统一的国家,这在宪法中有表述,它是一个由多民族构成的单一制国家结构。单一制国家结构下的法律体系就只有一个。在大陆(不涉及港澳台),只有一个统一的法律体系,在这样一个统一的法律体系之下,司法肯定要做到统一。法律体系是什么意思?它就是一个法律标准,只有一部宪法、一部民法、一部刑法,不可能出现第二个刑法、第二个民法,所以法律标准应该是统一的,司法也应该保持统一。当然这个统一不能绝对化地来理解。比如说在受案标准上,我们东部和西部的司法政策是有相应规定的,这都是一种合理的安排。有人说中国发展不平衡,很难做到统一。在解答这个问题的时候我也考虑了很多,最后得出的结论有三点:第一,发展不平衡本身就要作为一个考量因素考虑进去;第二,发展不平衡我个人认为只能作为一个和财产有关的经济类犯罪的考量因素。但像暴力性犯罪、人身伤害案件就不能用发展不平衡来解释,这是解释不通的。只能说贪污的受案起点、盗窃的受案起点等和经济相关联的这些犯罪可以用发展不平衡来解释,因为国家也是有明文规定的;第三,也是最重要的一点,发展不平衡只能作为一个起点上的考量,到达一定的高点,就不能用发展不平衡来解释,不能说西部贪污 10 万元和中部贪污 10 万元不一样,即达到一定程度的时候,发展不平衡就不能作为抗辩理由了,它只能解决起点的问题,受案起点的问题。这次刑法修正案把一些死刑罪名消除了,但是对贪污、受贿这一类职务性的犯罪不能给它适用缓刑,最高院重审了一次,并没有把这一类犯罪的死刑取消,它还是有所保留和区别对待的。所以量刑规范化主要是解决这个问题,这是监督方面做的第一项工作。

第二项是改革和完善了审查逮捕制度。具体有:省级以下人民检察院审查逮捕职务犯罪嫌疑人由上一级检察院审查批捕;实行讯问犯罪嫌疑人全程同步录音录像;规范检察机关扣押、冻结款物工作等,大家叫作“上提一级”。“上提一级”给上级检察机关带来了很大的工作量,但是这个“上提一级”我觉得还是从监督这个角度提出来的。另外就是同步录音录像。同步录音录像说起来好像不是太难的事情,但是对于有些偏远地区、不发达地区来说,要做到是很困难的。中国政法大学有个课题组专门在做这个研究,他们知道购买一套设备也要几万块钱。对于一些基层的司法部门,要购买这个设备来同步录像是要花钱的,这笔钱从哪儿来?这是个问题,但是还是要做的。同步录音录像要解决什么问题呢?要解决多方面的问题。首先,它是一个公开化的手段,就是整个过程公开化。这个公开化有什么好处呢？因为我们刑讯逼供太多了。我在做一篇反酷刑问题的调研报告时看过一些刑讯逼供的案例，实在太残忍了。河北有一个案件，当事人被打死了，家属在认尸体时发现生殖器上都有电击的痕迹，认为有刑讯逼供，但是侦讯方不认账，说是被害人挣脱时撞的。为了查实情况，检方做了一个实验取证，找了一个和那个被打死的人身高、体重相同的人，用同样的方法把他绑起来，让他挣脱，他根本挣脱不了，所以证明这是假话。全程录音录像还有一个问题就是它对被告人也是一种限制，有些被告人今天说一套，明天说一套，反复无常也不行，它是对双方的一种限制，不只是监督我们的司法人员，它对被告人也是一种监督。它是公开化的一种手段，这种手段至少避免了我们以前有些问题说不清。被告人说司法人员打他了，侦查人员打他了，司法人员说没有，谁也说不清楚，那怎么办？有些东西靠实验可以做，有些东西是做不了的。没有证据，你不能轻易说司法人员采用了刑讯逼供，也不能这样去说。所以我觉得录音录像看起来虽然是一种手段，但是这种手段所带来的效益是有好处的。还有规范检察机关扣押、冻结款物的工作，例如最高人民检察院不断完善内外部监督机制，2006 年就制定了人民检察院扣押、冻结款物的工作规定，目前正在进一步修改完善。2009 年 12 月开展了扣押、冻结款物专项检查工作，彻底纠正了一批违规违法扣押、冻结涉案款物的问题，健全了扣押、冻结款物工作专项机制。这是监督方面所做的第二项工作。

第三项是加强了对看守所的监督检查工作。2009 年全国看守所建立督察监察工作机制，督察民警凭督察证件可以随时对看守所突击检查。在座的我知道有公安部门的同志，而且都是领导同志。过去的看守所很神秘，一般人是进不去的，最近搞的看守所工作公开化活动，对整个社会公开化。上个星期中国法学会还组织了一批法学专家到北京郊区看守所去专门参观。2009 年 6 月公安部在部分看守所部署开展对社会的开放工作，邀请了 6000 余名人大代表、政协委员和社会各界人士参观看守所，组织对新闻媒体开放活动 70 余次，取得了良好的社会效果。

第四项是改革和完善对刑罚执行活动的法律监督机制，建立刑罚变更执行同步监督机制。大家知道这个和“躲猫猫”事件是有关的。针对减刑、假释、暂予监外执行中存在的一些问题，最高人民检察院建立了关于减刑、假释法律监督工作的程序规定等文件，要求各级检察机关对刑罚变更执行进行同步监督，同时通过加强派驻监察，推行与看守所监管信息联网，强化对派出所执法活动的经常性监督和动态监督，以及对违法留所服役、服刑，违规使用戒具，体罚虐待、违法办理减刑、假释、保外就医等问题开展专项检查,有力地促进了看守所和监狱依法文明执法管理,维护了被监管人的合法权益。这几年监狱的问题也不断出现,“躲猫猫”等一些事件把监狱的问题暴露出来了。过去监狱对社会来讲是一个封闭的场所,大家根本不了解。因为在人权这个领域,国外对监狱这一块儿看得非常重,我们到丹麦去也参观过他们的监狱。因为监狱是犯罪人执行刑罚最好的一个观察场所。监狱如何对待一个犯人(过去叫“犯人”)体现了一个国家的人权程度和文明程度。这方面我们有了很大的改进,但还是有很大差距。

第五项是加强了人大对司法工作的监督,完善程序,落实责任,建立健全司法机关与党外人士沟通、通报、联络和联席会议制度,进一步加强党外人士对司法人员的监督。这个监督问题比较大。最近有几个场合都谈到要不要对个案监督,比如说人大要不要对个案监督,政法委要不要对个案监督,这个声音不一样。在中央政法委召开的一次专家座谈会上,有一个专家就讲到河北省的一个案件,说这个案件的办案法官觉得应该这样判,但是政法委要求那样判,最后这个法官拧不过,就违心地按照政法委的意见判了,最后她感觉到自己违背了职业良心,痛哭流涕。他讲完后,中央政法委的领导就说,其实政法委也不想过问具体案件,因为过问了以后,最后的责任还要由政法委来担。他说像河北省这样的案件只是个别性案件,但是我们知道,这种现象在全国还是比较普遍的。要不要监督个案?要不要对具体案件过问?这是一个问题。我在洛阳伊川讲课,政法委的同志说政法委要不协调,那出的问题更大了,好多案件都是在政法委的协调之下,错案才得到纠正,或者把它消灭在判决之前。各种观点可能都会有。但是我们从宪法体制来讲,即从执政党对司法工作的领导体制来讲,我的观点就是政法委对个案还是不应该过问。协调是必要的,党的领导到现在为止还是通过政治领导、组织领导和思想领导来实现,不管提法怎么变,这三大领导没有变。包括邓小平同志也讲党不要代替具体的政府工作,不要去代替、行使具体的权力。所以这个协调是需要的,尤其是像政法委这样作为执政党内设立的一个专门主管政法工作的机构,它对政法工作进行全面的协调,包括整个司法改革。有人认为不监督个案,这个协调的作用根本就发挥不出来。对于这些争议,我们还是要从法治、宪政这个角度来考虑。关于人大对个案的监督问题,前些年有很多争论,包括监督法在制定过程中也引起了很多讨论,最后还是搁置了,但是有些地方还是在搞一些试验和试点。

第六项是完善人民陪审员制度,充分发挥人民陪审员审理案件的作用,总结人民陪审员制度试点经验,推进监督员制度法制化。人民陪审员和人民监督员是人民法院和人民检察院两家不同的实行人民监督的方式，这里面的问题也很多。

第二个是在司法公开方面。

在司法公开方面我们也做了很多工作，制定和完善了相关的法律法规，深入推进公安执法、检察院监督、法院审判、对犯罪分子教育改造工作规范化建设等。比如说最高人民检察院研究起草了《人民检察院规范化管理指导性标准》和《检察业务工作操作标准》，并在全国 56 个基层检察院开展试点工作，搭建了规范化管理体制。公安机关针对易滋生腐败的热点岗位、重点环节推行治安案件公开调解、消防事故责任公开认定、道路交通事故公开处理制度。2009 年 5 月 1 日起实行的《火灾事故调查规定》，规定了认定前听取意见制度，认定后告知、救济制度，认定后案卷查阅制度等等。法院系统在这方面做的工作当然也很多了：2007 年发布了《关于人民法院执行公开的若干规定》，要求人民法院对案外人异议、不予执行的申请以及变更、追加被执行主体等重大执行事项，一般应当公开听证并进行审查。2009 年最高人民法院发布了《关于受理审查民事申请再审案件的若干意见》，规定人民法院审查申请再审案件，应组织当事人听证。后来在 2009 年 4 月最高人民法院又制定了《进一步加强民意沟通》的文件。到了 2009 年的 12 月，最高人民法院又发布了《司法公开六项规定》和《接受媒体监督的若干规定》两个文件。后面这两个规定在论证的时候我也去参加了，最高人民法院在成都开发区法院召开了一个课题的论证会议，因为成都开发区的设备是比较先进的，也现场演示了一下。当时我给他们提了个问题，我说能不能做到庭审现场直播，他们说做不到，最高人民法院选它作试点，就认为他们那里设备啊、制度啊，各方面都是比较先进的，它也做不到。我提了个问题，我说审判场所再大也是有限的，所以能做到直播的话空间就无限大了，他们说这个是很困难的，做不到。还有接受媒体监督，这两个规定出来以后反弹很大，网上有赞成的，也有反对的。有的说是倒退，表面上是搞公开审判，接受媒体监督，实际上是为了追究记者违法报道的责任，因为规定中有这样一条。我觉得在中国任何一个违法行为都要受到追究，这从法律上讲是没有问题的。当然现在媒体看到这样的字眼，就说表面上是接受监督，实际上是拒绝监督。还有哪些案件不能够公开还要有所规定。所以同样一个文件发布之后引起的反响是不同的，这个很正常，因为中国社会现在已经是一个多元化的社会，你想要舆论一律，这个很难做到。有一个人写了一篇评论文章，《报刊文摘》转载了，我觉得很尖锐，主要的意思是现在已进入多元化时代，不要再提“统一思想”了，说要想做到统一思想、舆论一律是很困难的。当然执政党试图通过各种教育统一大家的认识,使行动和步调保持一致,但是客观上要真正做到这一点不容易。

还有就是规范了政法机关窗口单位的服务工作,建立了一些服务窗口,比如对诉讼人设立一些方便,司法为民,执法为民,提供了网上咨询、网上办事服务,便民利民。还有一些接待日、开放日制度,巡视制度,还有人大代表、政协委员联系制度等等。最高人民检察院从2005年6月底至今共派出8批巡视组,对22个省级检察院领导班子及其成员进行了巡视。全国有30个省级检察院开展了巡视工作,22个省级检察院成立了巡视工作机构,做了很多工作,还有共派出巡视组449个,对783个下级检察院的领导班子及其成员进行了巡视。这是在司法公开方面开展的一些工作。

第三个是在优化职权配置方面。

在优化职权配置方面,做了以下一些工作:

首先是改革监狱体制。2009年8月,在山东烟台召开了全国监狱体制改革工作座谈会,明确提出2011年基本完成监狱体制改革目标任务,并对进一步加快监狱体制改革作出了全面部署。监狱体制改革的主要内容包括:(1)初步建立监狱经费全额保障制度。到2009年6月,在全国范围内第一次基本实现监狱经费按标准财政全额保障。这个主要是应对国外在人权方面对我们的攻击,说我们用犯人的劳动来养活监狱。(2)实行监企分开。目前,在2008年开始实行改革的17个省(区、市)和新疆生产建设兵团中,有14个省(区、市)把负责生产经营的管理机构从监狱分离出去,组建了监狱企业集团公司,实现了监企分开。(3)实行收支分开,实现监狱经费与监狱企业收入脱钩,实行收支两条线管理,形成了执法经费支出和生产收入分开的运行机制。(4)推进监社分开,逐步解决监狱办社会问题。监狱将自管的派出所、法庭和中小学校撤销或者移交给地方政府管理。(5)逐步落实配套政策,推进监狱体制改革不断深化。监狱企业解困工作取得积极进展,部分资不抵债的监狱企业实行了政策性关闭,诸多历史遗留问题也正在逐步解决。监狱体制也是一个很重要的改革的方面。过去监狱这一块儿一直是社会的高度机密场所,现在也逐渐有一个向社会公开化的过程。

其次是全面推行社区矫正试点,改进对犯罪人员教育改造的方式和效果,增进社会和谐。截至2009年底,全国共有27个省(区、市)、208个地(市、州)、1309个县(区、市)、14202个乡镇(街道)开展了社区矫正试点工作,累计接收社区服刑人员35.8万人,解除矫正17.1万人,现有社区服刑人员18.7万人。大家知道浙江诸暨的经验被推广,主要是社区矫正这一块儿,当然还有怎么样预防犯罪。

再次是改革司法鉴定体制，建立统一的司法鉴定管理制度，为进一步促进公正司法提供制度保障。我前面讲了司法鉴定的重要性。大概就是在上个月，全国设立了10家国家级司法鉴定机构。因为过去在认识上不统一，大家认为司法鉴定不应该有这样一个级别的高低，大家都是平等的，就跟那个律师所一样，律师所是即使你再大我再小，我和你也是平等的。但是司法鉴定和律师所不一样，律师所是服务性的，当然可能有的服务质量高一点有的低一点，而司法鉴定直接关系到司法的结果。所以过去一直没有一个权威的鉴定机构，我们没法做结论。像浙江一个女的被杀案，她到底是怎么死的，七个鉴定结论全不一样，没法弄。如果说有一个权威的鉴定机构，只要是权威，就要认定它。医学鉴定也是这样，医学鉴定没有权威，这个案件就很难定下来。所以凡是涉及鉴定这个问题的，必须要有权威性，因为它直接影响到案件的结果，所以我认为这个做法是对的。当然司法鉴定也有商业化的特点，因为它要收费。所以国家设的这个权威性鉴定机构，以后的生意肯定多了，它就会存在这个问题，大家是不是公平竞争？从保证公正审判这个角度来讲，确立国家级的权威司法鉴定机构是应该的，关键在于确定国家级司法鉴定机构资质时要严格把关。

最后是完善司法考试制度，有效缓解了中西部地区司法办案人员短缺问题。对中西部的具体措施包括：从2002年起实施放宽中西部地区考生报名学历政策，将中西部地区参加司法考试人员报名学历放宽到法律专业专科学历，并在录取时给予降分照顾，考试通过人员取得法律职业资格C类证书，限放宽地区使用。自2002年首次司法考试以来，全国先后有25个省份的1213个县（区、市）被列为放宽报名学历条件地方，放宽地区已覆盖全国大部分省份和近一半的县。八次国家司法考试，全国放宽报名学历地区共录取5万余人，为中西部地区增加法律职业人员储备拓宽了渠道。自2008年以来针对中西部法律职业人才短缺问题，国家主要采取了三个方面的措施：实施司法考试试点政策；修订国家司法考试大纲；允许“大四”学生报名参加考试，解决了法、检两院招录补员工作与司法考试时间脱节的问题。这个问题其实在咱们内地还不是太严重，比较严重的是像西藏、新疆这些地方。我们到西藏调研，听他们高院院长介绍，他们存在一个什么问题呢？本身考试过关率就很低，而且考生一旦过关了，马上就走人，就到内地做律师什么了，很难留住人。这个问题在他们那个地方是非常严重的，他们强烈要求中央给他们政策。另外，他们认为在考试科目上，有些考试科目对他们根本不适用，在他们那根本就没有知识产权的案件。我们有些学者解释说你现在没有并不意味着以后没有,考试还是要覆盖全面。他们说这样的考试对我们有什么用?国际法的内容对我们有什么用?海洋法对我们有什么用?我们连海都看不到。这都是对司法考试提出的一些问题。

第四个是在司法为民方面。

在司法为民方面做了以下工作:

首先是改革和完善民事、行政案件审判监督制度,切实解决“申诉难”问题。具体来看:一是明确了向上一级人民法院申请再审。二是进一步将再审事由明晰化、具体化。因为法院这几年关于再审的课题也做了不少,使受到错误裁判损害的当事人更加明确在什么情况下可以提起申请再审,尽可能地提供救济机会。三是明确了再审事由的审查程序和审查期限。四是延长了特殊再审事由的申请再审期间,有利于加强对当事人合法权益的保护。

其次是改革和完善民事、行政案件执行体制,切实解决“执行难”问题。大家都在第一线,执行难的问题是一个老大难的问题。当然法院也发了一些文件,做了一些决策:建立执行联动机制,探索分权制约、分段集约的执行工作运行机制,规范执行行为和程序,加强对执行工作监督,促进公正高效廉洁执行。执行出问题比较多,前面提到的几个倒台的院长都是和管执行有关。另外执行局长被抓的也不少,不断听到这样的消息。一个是执行体制,一个是执行难。执行难还有一个问题,刚才和那个院长聊的就是执行能力问题,有很多人没有执行能力,在没有执行能力的情况下你的判决书等于就是一张白条,没有办法解决的。执行难有两种情况:一个是没有执行能力,这个确实没辙,没招;另一个是有执行能力而不执行,这种情况我觉得我们现有的法律机制、法律手段用得太不足,我们其实有一个“拒不执行判决裁定罪”,但是我只看到过一个案例用了这个罪。有一个地方用了这个罪,大部分还有搞运动式的,就是公布黑名单,也起作用。我觉得有现成的法条,但是用得不多。我们总觉得犯罪是很严重的事,要达到很严重的程度才能定罪,而把这个不执行判决定为犯罪好像有点太过于严厉了,这其实都是认识上的误区。国外有时候看起来很轻的一件事情,都可能导致犯罪。前两天我看了一个案例,就是有一个国家某部部长,招待几个朋友,进商店以后发现自己身上没带现金,但有一张公务卡,这张卡只能用于公务消费,当时他一看周围没人,就用卡买了两瓶酒,然后就回去了。后来他报账的时候是以公务消费报账的。报账的时候财务人员发现他不对劲,包括卖给他酒的人也发现他不对劲。后来经过调查,他如实交代了。这篇报道的题目叫“两瓶酒撂倒一个部长”。所以,我们“拒不执行判决裁定罪”

应用得太少了。我觉得法院可以很好地适用这个条款，而且这类案件的示范效应很大，你判上一、两个，其他的人就要小心了，对有能力执行而逃避执行的这部分人是管用的。有的地方就采取在电视上曝光、公布名单或者限禁的措施，这些措施都是有限的。判上一两个人（当然必须达到犯罪的程度），这个示范效应是非常大的。所以，我觉得执行难就是两个方面的问题：没执行能力的问题和有执行能力而不执行的问题。对前一个问题我觉得真是没有办法解决，那就要看法律上怎么通过其他机制，包括对被害人的救助问题，将其提上日程。

还有就是改革人民法庭的程序，解决诉讼难问题。针对这些，我们都有些措施，因时间关系就不讲了。还有改革诉讼收费办法，减轻当事人负担，完善律师收费制度，制定律师收费指导性标准。在政法系统里有最大争议的就是诉讼收费办法。当时这个办法出来以后，在法院多数是不赞成的。当然从不同的角度可能有不同的观点。从国家的角度来说，是为了减轻当事人负担；从法院的角度来说，可能会给工作带来很多问题，包括调解减半，调解付出的代价比判决要成倍地增长。我去山东邹平，他们讲一个案件的调解可能要比判决付出十倍的努力，花费的精力要比判决多得多，但是收费是减半的，法官的积极性都没有了。不能说法官都是贪利的，但是至少利益机制没有跟上去。所以，这个办法在法院系统和在老百姓那里的反映不太一样。另外由国务院办公厅来制定这样一个办法，大家觉得在程序上也是有问题的。当然这个办法已经实行一段时间了。

还有就是建立刑事被害人救助制度，加大法律援助和司法救助的工作力度。这个刑事被害人救助制度在地方都在做一些试点，国家也发了一些文件，包括八部门联合发的《关于开展刑事被害人救助工作的若干意见》，规定了救助工作的总体要求、基本原则、救助对象、范围及标准等等问题。今年1月份，正义网做了一个司法改革年度报告，当时让我来评论这个问题。我说这个刑事被害人救助主要是个经费问题。现在有个什么现象呢？上面经常出一个政策，这个政策最后下到基层去了，经费都要由地方财政经费解决，这个问题就难办了。最近我看到一篇文章就是说，中央出了好多政策，最后都要基层来贯彻，都要基层来拿钱，基层有没有这个财政能力，这是一个问题。不只是我们的政法系统这样，其他一些领域也是这样一个现状。上面千条线，下面一条线，都要通过下面来贯彻。有些情况还好办，但一涉及财政经费这一块儿就比较难办，所以这都是比较大的问题。

另外还有开展"大接访"、"大走访"等活动，集中处理涉法涉诉信访案件，化解矛盾、纠纷等等这样一些问题。

所以从2008年以来,我们在司法体制改革的四个方面都取得了一些阶段性的成效,当然还是存在很多问题。

第三个问题我想简单地说一下司法体制改革的走向。

下一步司法体制改革的走向,从中央的部署来讲,还是要贯彻2004年的改革意向和2008年的改革方案,在今后一段时期里,司法体制改革还是这样一个总的任务和要求,但在一些具体问题上要有所突破,比如说在经费保障体制方面。这个经费保障体制现在是在中央政法委的努力下向财政申请了一些经费,解决了目前的问题,基层的反映还是不错的。但这个经费问题怎么能进入长期化?因为现在是分类负担,分类负担涉及中央和地方事权和财权的划分,涉及分事项、分区域、分部门投入等的问题。所以在地方差异极大的情况下要建立一个科学的体系是相当困难的。因此改革的复杂性不容轻视。你要一次钱可能比较容易,但要把它长期化,能不能做到这一点?当然我们的目标和我们对司法体制改革长远的一种设计,就是要打破地方化这个问题。打破地方化,至少司法系统的经费能够从中央财政一条线解决下去。中央财政拿钱,然后去采取措施,就是为了争取做到这一点。这一步不解决,地方化的问题、行政化的问题就很难解决。

还有一个就是铁路公检法系统的转制问题。这个问题涉及专门法院问题。专门法院的问题这几年其实一直在研究,我个人的看法是这个工作难度很大。专门法院除了军事法院有仍然保留的必要性,其他的可能都要归地方,因为它存在的理由已经不是太充足了。当然这个转制比较费劲,这里面涉及非常复杂的问题。最高人民法院的司改办也把它作为一项研究内容,有过一些前期的调研,海事法院走得比较早一点。

还有政法干警的招录培养体制。我们前面讲了,中央也采取了很多措施。现在有个冲突,这个冲突就是我们现在搞的这一套做法和大学本科毕业生就业可能形成一个冲突。有些职业像司法警察还比较好一点,但是像法官、检察官等,还是有比较高的职业化的要求,能不能达到这个职业化要求也是个很大的问题。当然中央政法委开始搞这个工作主要是想解决中西部人才短缺的问题,因为大学生不愿意去,你有什么办法?动员他也不去,你不能采取强制命令,所以我们从退役士兵里面来选拔优秀人才,送到学校里面去,也是要经过培训,经过学习,然后经过一定的考试来解决政法人员缺乏的问题。这种做法不能成为一个常态机制,因为司法职业是一个专业化程度比较高的职业。

还有一个就是涉诉信访。我在中央政法委座谈时提出了一个比较大胆的观点(这也是我在下面调研时听到的一个反映),我说能不能取消通报制度?因为这个通报制度压得各地都喘不过气来,而且有些当事人(信访人)恰恰在利用政府对信访、上访的害怕心理不断地提高价码。一个本来值两万块钱的房子经过三四次的上访最后要到80万元,这都是报纸公开登出来的。你们在地方第一线工作,这个经验和体会可能更多。这里有信访人的心理作用在里面,我们这样一套信访通报制度作为一个指标体系,令政法部门包括各级政府都不得安宁。我说能不能取消通报制度或取消一票否决制,把我们现在投入的精力、财力、人力转移,转移到哪一块儿呢?转移到信访的管理方面,就是放开信访,信访是公民的权利,你不能剥夺他的信访权。他上北京,上省城,你让他去。我们把重点放在研究信访中到底有多少人违法?到底有多少人犯罪?有违法行为制裁违法行为,有犯罪行为制裁犯罪行为。短时间的混乱肯定是有的,但是必须接受这样一个代价。不然在现在这样一个通报制度下,上访人利用政府对上访信访的恐惧心理来不断地要价。所以我在一次会议上坦率地讲,信访制度是中国共产党的一个文化遗产,这个制度的初衷是通过信访制度来了解民情。但现在信访到了这样一个地步,是有悖于初衷的。有时候我觉得是我们自己给自己制造了这个问题,坦率地讲是这样的。我们用于截访的费用是巨大的,前面我举的洛阳的案子就是两只羊被偷由于我们处理不当导致上访,最后以19万元才摆平。根子是因为有这个通报制度、一票否决制,这是我在基层调研时听到的。这是一个比较大胆的建议了。当然中央有中央的考虑,它害怕乱。所以我们就花钱买平安,甚至产生很多腐败,花钱来销号,有人说花50元销一个号,有人说花500元销一个号,这就产生了腐败问题。我们要从根上解决这个问题。还有我们一些领导人过去习惯于批示,对那种信访案件批示,起到的作用极其不好,一个批示可以带来成千上万人的上访。现在有个统计就是说今年信访量下降,大家分析这个原因,是不是和截访有关系?是不是和现在对调解的提倡有关系?

当然以上我谈的是个人的观点,不代表任何一方面。我认为解决这个问题要从根子上去解决,然后把我们现在所投入的精力投入到对信访和上访过程中的违法行为和犯罪行为的研究方面。我参加过人民大学一个博士生论文的答辩,他的论文的一个思路启发了我。他的论文是研究农民工的犯罪问题。过去有一种多数人的认识,认为农民工是城市犯罪率高的一个人群,尤其是城乡结合部。他想通过数据分析,看一下农民工的犯罪率是不是比城市居民高?结果研究的结论是相反的。因为农民工都以青壮年为主,二十岁到四五十岁,而城市的犯罪率研究把老年人、少年、儿童的人数都包括进去的,就是说它这个参照系和农民工的参照系根本不在一个基数上。这样一对照,好像是农民工、进城务工人员的犯罪率高,这是一个虚假的情况。所以他得出一个结论,从数字上看,农民工真正的犯罪率并不比城市居住人口的犯罪率高。这个问题就启发了我:如果我们把用于截访的、维稳的这些钱用来专门研究上访的人里面有哪些违法行为、犯罪行为,然后我们有针对性地对这些违法犯罪行为进行制裁,让正常的信访能进行。这样一旦取消通报制度,我们的压力就减轻了,也不怕上访了,那些不断增加要价的上访人的动力就没有了。现在我们政府给了他们一个动力,这个动力就是通报制度。这问题的症结不是很清楚吗?所以我们要分析这个问题,没有这个动力,他自然就不去了,把它回归到法治渠道上来。前几年我们研究群体性事件时就提出,把老百姓从大街上拉回到法庭中来,要做到这一点要花很大的功夫。这里面当然还有很多的工作了,我们还是要花很多的精力来做。

最后,我想谈谈下一步司法体制改革工作的指导思想和基本原则。

中央关于深化司法体制改革和工作机制改革的指导思想是:在继续抓好2004年和2008年中央确立的司法体制和工作机制改革事项的基础上,从人民群众的司法需求出发,以维护人民利益为根本,以促进社会和谐为主线,以加强权力监督制约为重点,紧紧抓住影响司法公正、制约司法能力的关键环节,进一步解决体制性、机制性、保障性障碍,优化司法职权配置,规范司法行为,建设公正、高效、权威的社会主义司法制度,为保障社会主义市场经济体制顺利运行,为中国特色社会主义事业提供坚强可靠的司法保障和和谐稳定的社会环境。这是我们的指导思想。

深化司法体制改革和工作机制改革遵循的基本原则有哪些呢?我想简单地梳理一下,这也是中央提出来的。

一是始终坚持党的领导。整个改革工作是在党中央的统一领导下,坚持科学决策、民主决策、依法决策,积极稳妥,循序渐进,总体规划,分步推进。

二是始终坚持中国特色社会主义方向。改革必须符合中国的国体和政体,确保有利于经济社会又好又快发展,有利于维护国家安全和社会稳定,有利于社会主义司法制度的自我完善和发展,有利于加强和改进党对政法工作的领导。

三是始终坚持从我国国情出发。国情就是初级阶段。我们提出的目标既不能高于这个初级阶段的目标要求,也不能低于这个要求,合适地把握一个度,这是一门学问。每项措施都要和初级阶段这个国情相适应。

四是始终坚持群众路线。改革必须充分听取人民群众的意见,充分体现人民的意愿，着眼于解决群众不满意的问题，自觉接受人民的监督和检验，真正做到改革为了人民、依靠人民、惠及人民。这个话好说，事难做，问题出在什么地方？我们每一步司法改革的具体措施，比如说我们法院审判，怎么样才能做到使人民满意？怎么测度？山东省高院周玉华院长提出让人民满意就是“让当事人满意”，当时围绕这个专题开了一个学术讨论会，我们也提了个问题：“当事人有被告有原告，尤其是像民事纠纷，怎么能让他双方都满意啊？”所以这个问题还得好好研究，当事人是有两造的，不管是刑事还是民事，都是有两造的，甚至还有多个当事人，怎么能使胜败双方都满意呢？要做到这一点是相当难的。怎么样来解读这个命题？使人民满意，怎么来测度，怎么测量？根据什么说它是使人民满意的？当然有些案件的社会反响非常强烈，非常大，许霆案件判决以后，大家一致认为机子出问题了，弄了那么多钱就判了无期，这合理吗？“民意”是经常会变化的，在几个场合里我们讨论过这些问题。什么是民意？民意如何去测度？网络是民意吗？我以“孙伟铭案件”作为例子，在一审没有判死刑之前所有网民全都将矛头指向孙伟铭，痛骂孙伟铭太恶劣了，因为他醉酒驾车撞死了四个人。一审判决判了他死刑之后，网民的同情心又出来了，觉得判得太重了，然后又一边倒，倒向另一边，说这个判决不合理，说他这个人多好，他父母多么勤劳善良，为了给他赎罪借了40多万元给被害人方面等等。我说民意是随时在变的，民意怎么测度？这对我们做政法工作的人来说确实是个考验。网络就代表民意吗？那不上网的人怎么办？民意有没有？民意是有的。但是民意怎么样证实？什么是真正的民意？这个问题确实太难了。我们不能说在我们这个地方搞一个民意测验，我们不能说为一个案件搞一个民意测验。我们做不到这一点，所以这就对法官、司法人员、政法人员提出了很大的考验。

五是始终坚持统筹协调。司法改革主要是在中央政法委司法改革领导小组的统筹下进行的。每一项改革工作都要进行安排。当然我们看到各基层单位改革的积极性前些年都很高，也出现了不少名堂的改革，有人形容改革乱象丛生。我们提出一个建议，这个建议后来也被法院“三五改革方案”采纳了，就是改革试点还是要搞，不能束缚大家的手脚，但是应该给一个授权。为什么呢？因为改革经常是和现行法律相冲突的，有了授权就可以搞试验。通过这样一个程序解决这一类的问题。不然改革和法律的冲突永远解决不了，会一直处在矛盾中，一改革就要冲撞现行法律，要么就按兵不动，要么就冲撞现行法律。所以“三五改革方案”有一个提法就是各地方法院的改革要向最高人民法院报批。但是有些改革在实践中并没有报批。

六是始终坚持依法推进改革。这一点还是要强调的,尤其我们政法系统、司法系统,是中国法律的最核心的守卫者。我们这一块儿要是不依法,那其他领域的问题就更严重了。所以,我们要依法推进改革。对某些改革措施我们可以通过一个授权机制。通过试点试验,像河南的先例判决制度,天津的判例指导制度,成都的示范性案例制度,实际上都是对案例指导制度所进行的试验。经过授权大胆地试验,都是为了解决实际问题。因为基层的改革都是为了解决实际问题,不是为改革而改革,是遇到问题了,我们想办法解决这些问题。

今天时间也差不多了,我想今天上午就和大家交流这么些内容,非常感谢大家,也非常高兴能有这么一个机会。

中国的司法改革和法律实施

——挪威人权中心的演讲*

我是第一次来到奥斯陆，第一次来到挪威，我非常高兴，也非常兴奋！感谢奥斯陆大学法学院挪威人权中心"中国项目"对我的邀请，给了我一个向各位学习和交流的机会。感谢各位今天的光临！你们能够参加今天的讨论是我莫大的荣幸。我还要特地感谢周勇先生的精心组织和安排，以及为今天的演讲而做的辛苦的翻译工作。欢迎各位有机会能够去中国，去北京，到中国社会科学院法学所做访问。去年奥斯陆大学法学院有个代表团去法学所做访问和交流，因此我认识了一些朋友，而且交流得非常好。

今天我和各位交流的题目是"中国的司法改革和法律实施"。下面我想就进入今天的主题。

讨论"中国的司法改革"，会有不同的理解。

第一种理解是：中国的司法改革是伴随着中国的法制现代化运动开始的，它的起点可以追溯到"清末变法"，自那时就开始了法制现代化和司法现代化的运动，因为中国的司法现代化是中国法制现代化的一个组成部分。根据我们对"现代化"的理解，就是从传统向现代转化、从传统社会向现代社会的转型。从"清末变法"至今100多年来，有三种思潮一直伴随着司法现代化和法制现代化的过程。清末以来，中国的法制现代化和司法现代化主要以移植西方的制度为主要的特征。但是在这个过程中，有一些非常复杂的混合因素掺

---

* 《河北法学》2012年第6期发表。此文是作者应奥斯陆大学法学院挪威人权中心的邀请于2010年6月24日在该中心发表的"中国的司法改革和法律实施"的学术演讲。参加演讲会的有挪威人权中心的研究人员以及奥斯陆大学传媒与信息学院等研究人员。演讲会由挪威人权中心中国项目高级项目官员尤莉娜女士主持。感谢奥斯陆大学法学院研究员周勇先生的周到安排和翻译；感谢研究生魏书音同学为整理此文所付出的辛劳。作者做了校正。——作者注

杂于其中，有来自西方现代司法的一些元素，还有来自中国几千年来深厚的传统司法元素。西方现代的司法元素主要是以对抗制和形式理性为特征，而中国传统的司法元素主要是以行政司法合一、情理法结合以及以和为贵这样一些法律传统作为解决纠纷的主要机制。还有一个不能忽略的重要元素，就是以 20 世纪 20 年代(1921 年)登上中国历史舞台的中国共产党所引入和产生的“社会主义原则”，以及以“马锡五审判方式”和“司法为民”这样一种思想为主导的司法元素。这三大因素交织在一起，相互冲击，相互影响，相互交融，形成了 100 多年来整个中国司法的走向和特征。有人把这个叫作“中国司法改革的第一波”，这是对司法改革概念的一种解释。

第二种理解就是我们现在所讲的“中国的司法改革”，它是另外一个含义。它是以 1979 年开始的中国改革开放作为起点的。1979 年中国改革开放，法制现代化进入到一个新的阶段，司法改革和司法现代化也随着法制现代化进入了一个新的改革进程。我们现在说的司法改革是有一定指标体系和文件体系的。中国的最高人民法院从 1998 年到现在已相继颁发了三个“五年改革纲要”:第一个五年改革纲要的名字就叫作《司法改革纲要》，是从 1998 年到 2003 年，大约提出了 30 项改革任务；第二个五年改革纲要是从 2004 年到 2008 年，大约有 50 项改革任务；第三个改革纲要是从 2009 年到 2013 年，大约有 60 项改革任务。中国的最高人民检察院也有类似的三年改革规划。在中国，还有一个重要的事情发生在 2004 年前后，中国共产党的中央政法委员会作为牵头机构，成立了一个“中央司法改革领导小组”，由它来负责对全中国的司法改革作出一个部署和安排。我们作为学者，曾有个提议，建议由中国的“议会”——全国人民代表大会来成立这样一个“司法改革领导小组”会更好一些。还有一个标志性的文件，就是 2008 年 11 月中国共产党中央政治局通过了中央政法委的一个“关于司法改革”的文件，这是 60 年来中共中央首次以政治局名义审查并通过的一个关于司法改革问题的文件。在此之前，在 2002 年中国共产党的第十六次全国代表大会上就提出了一个推进司法改革的决策，2007 年的中共十七大又提出了深化司法体制改革这样一个任务。这一次中央政治局讨论的关于司法改革的文件是对前两次代表大会关于司法改革任务的一个具体部署，所以在这个文件之后，几个相关的部门像最高人民法院、最高人民检察院还有司法部等都出台了相应的改革文件。因此有人把自 1979 年到现在的司法改革叫作“中国司法改革的第二波”。

我想和各位讨论的是：要想了解中国的司法改革，不能不了解中国的“官方”对司法改革的部署。因为中国的司法改革走的是“从上到下”的改革路径，而不是“从下到上”的改革路径，中国的司法改革是在官方的部署之下来开展的。当然我们也会看到，“从上到下”的司法改革进路也吸收了民间的、学术界的还有司法界的讨论意见。所以我认为，要了解中国的司法改革，我们首先要了解从国家这个层面对司法改革提出的任务和要求，以及最高人民法院、最高人民检察院这两大主要的司法部门对改革提出的部署。

下面我想同各位讨论的是有关中国司法改革最新的进展情况。中央政法委的文件将司法改革确定为四大方面的任务：

第一个方面的任务就是优化司法职权配置。这里面涉及法院的执行权问题，还有检察院对职务犯罪的侦查权，这个权力现在也受到很多质疑。还有看守所的问题，看守所现在属公安管理，是不是要转移到司法行政部门？民事执行权是不是还要留在人民法院？因为现在执行难主要是指的这一块。

第二个方面的任务就是落实宽严相济的刑事政策。可能大家会意识到，这是典型的中国式语言，但是这个政策在具体的审判过程中是被应用的。现在讨论的问题非常尖锐，最近我参加最高人民法院的一些学术活动，像死刑犯能不能走刑事和解的路子等等，都是在宽严相济这个政策之下的讨论。其实在法院也有很多的案例。上个星期，西安法院判了一个案件，是一个青年把传销组织的两个人中的一个捅死了，一个捅伤了，这个案件法院认为有罪，属防卫过当，但是最后免于刑事处罚。因为这个案件表达了法院对传销组织的一种否定性态度。传销组织在中国法律中是非法组织，最后被告人赔偿了死亡的和受伤的人 3400 元。这个就体现了宽严相济的刑事政策在具体司法中的应用。

第三个方面的任务是加强司法队伍建设。尤其像中国西部，法官缺乏，公安人员缺乏（因为在中国“政法”这个概念包括公安），大学毕业生一般不愿意到西部去。所以这几年中国也想了一些办法，包括在司法考试中对西部降低分数线，这样西部过关的人就相对增加，包括像西藏、新疆这样的地方。更大的一个措施就是（这个措施是有争议的，但是现在正在实施）从部队转业的军人里面选一些转业军人到大学法学院去学习，当然要承担一定的任务，有名额，然后经过学习以后再参加司法考试，有的可以参加公务员考试，然后进公安、进法院。

第四个方面的任务就是关于司法经费的问题。包括法院、检察院，经费问题一直也是困扰司法发展的一个大问题，由此也滋生了很多腐败现象。比如有的法院为了创造收入，吸收案源，增加诉讼费用，提高法院的财政收入，在一段时期法院成了创收的单位。大概是从 2008 年国务院关于诉讼费用收费办法颁布以后，更加加剧了法院的财政负担，因为它是降低的趋势。所以国家想从财政上彻底解决这个问题，提出应该由中央财政和地方财政来解决司法经费问题。但是发一个文件容易，真正要落实下来是很困难的。司法经费的问题有一些进展，但是还需要做很多工作。这是从中央方面提出的关于司法改革的四大任务。

还有一些具体的制度我简要介绍一下：关于民事执行制度的完善；推进司法公开制度；建立刑事被害人救助制度；促进裁判统一制度，因为中国这几年频繁出现"同案不同判"的问题。中国从 2005 年开始研究案例指导制度，我也参与了这个研究，但是到现在为止这个制度还没有被正式地推出。在中国有 13 个省高级法院，还有许多的市、县级法院都进行了试验。我前一段得到的消息是，这个制度可能很快会推出来。它的一个初级的目标就是要实现"同案同判"，裁判统一。我对这个制度的评价是很高的，它隐含着司法独立性、排他性，用案例来实现一些以前实现不了的目标。还有司法过程中的监督制度，中央都有一系列的安排。所以中国司法改革面临的任务很多，内容也很多。但是因时间关系我可能不能详细介绍，待会儿如果有兴趣，我们可以详细讨论。

下面我想讲讲各位可能感兴趣的司法改革中涉及的人权保护问题：

第一个问题是刑事被害人救助制度。中国有个统计，在大概 80%的刑事附带民事判决中受害人一方得不到赔偿。这样一种状况对受害人一方造成很大的生活困境。这个问题这几年也引起了高度的重视，最关键的一个问题还是经费保障、经费来源的问题。因为现在被害人救助制度把财政的负担交给了地方政府，由地方政府负责经费保障。

插问：你讲的刑事被害人的人权的情况，他被害是由于国家权力的侵害，还是指个人或者其他的侵害？

回答：这个不是指国家赔偿，是犯罪人对被害人的侵害。国家赔偿问题最近也在研究，有学者提出在财政预算中应该专门有这样一项，就是"国家赔偿财政预算"。我们刚才讲的刑事被害人，主要是犯罪人对刑事被害人的赔偿。

第二个问题是监狱服刑犯人的人权保护问题。因为在中国监狱出现了几起服刑人死亡事件，这种死亡带有一种非正常性，所以也引起了国家的高度关注，对相关的监狱管理人员也给予了刑事制裁，还包括一些行政处分。

第三个问题是关于未成年人犯罪的审判，和未成年人犯罪记录消除制度。

第四个问题是中国开展了一个量刑建议制度，就是起诉方（公诉方）提出一个量刑建议；还有法院定罪和量刑分别进行审理，原来是一揽子，这样更加细化了对犯罪人的权利保护。

还有一个问题就是律师的权利受到关注。因为律师在法庭中不能说没有地位，但是地位很低，法官可以听，也可以不听，律师在庭审中处于一个很弱的地位。我看到一个报道，最高人民法院的一位副院长和律师协会一些律师开座谈会，主题是“怎样建立律师和法院在庭审中的合理关系”，过去这个是没有的。人权保护方面还有其他一些内容，我想主要和大家介绍这些。

下面我想就中国的法律实施情况向大家简要介绍一下：

中国的法律实施主要有三种途径：

第一个途径是公民守法，这是一种常态化；

第二个途径是通过行政机关的行政执法，这个可能占据了法律实施很大的一块儿；

第三个途径就是通过司法，这是一个非常重要的途径。

下面我想着重就中国法律实施中的司法谈一下我自己的观点。我曾经对中国的司法地方保护主义作过一些研究。我研究的结论是中国出现司法地方保护主义这样一种现象的根源在宪法上。因为中国的宪法规定了中国地方法院由中国地方人大产生这样一种途径，所以这种司法地方保护主义的根源在宪法方面而不在其他方面。而且我提出这种现象要改变，因为司法地方保护主义和司法独立是直接相冲撞的。我最后研究的结论是中国司法要改变地方保护主义问题，解决司法权的地方化问题，就要回归到一种理念上去，即司法权是国家的权力。所以我提出一个“司法权国家化”的司法改革思路，这个“司法权国家化”主要是针对“司法权地方化”而言的。要解决这个问题，应该修改相关的宪法条款，从宪法上切断“司法权地方化”的根源以及有可能造成对司法独立进行干预的一些宪法条款的规定。比如说应该恢复中国 1954 年宪法的一个条款：“人民法院审理案件，只服从法律。”还有就是地方法院不能由地方产生，法院系统应该采取垂直性这样一种路径，可能对解决地方化问题有好处。围绕这些问题，我提出了六条宪法修改建议，也通过一些途径(因为我们社科院是国家的智囊机构)，反映给有关的决策部门。中国宪法自 1982 年颁布之后，已经经过了 4 次修改，但有关司法的内容没有动。所以我在各种场合包括中国国内的各种场合讲，只要这个问题没解决，我们还是要反复讲。

因为时间关系我就给大家介绍这些内容。非常希望能够听到各位对我刚才介绍的内容或提出的问题进行的批判。

提问与回答：

提问一：司法内部腐败问题。

回答：司法腐败是个很大的问题，中国有关这方面的讨论也不少。司法官员腐败可能有很多类型，我们注意到有一个类型是和案件执行有关的。因为中国，已经有一些法官像深圳法院有多名法官包括主管执行的副院长在内被追究刑事责任。因为执行涉及标的物、拍卖之类的，过去曾经有一段时间法院直接进行拍卖，这些问题出现太多以后，法院为了解决这个问题，搞了一个委托评估和拍卖制度，就是法院不能直接拍卖，要把这个交给评估机构和专门的拍卖机构来执行，这样来切断法院直接和财产发生联系的途径。其他类型的腐败因为类型不一样，解决的方法也不同。中国在这个方面应该说解决的决心是很大的，只要发现，立即处理，该刑事处罚的刑事处罚，该行政处罚的行政处罚。

提问二：我很感谢您刚才的演讲。我是从媒体这个角度来看，我知道中国最近通过了《政府信息公开条例》，因为我们挪威的媒体对这个问题比较关注，而且我们经过了很多次对话讨论，所以我想请教这个问题。从我们这边来讲，我们尽可能地训练我们的律师运用信息公开法，从政府那边得到我们希望得到的信息，这是我们对我们的记者进行的重要的培训工作。我们看到，中国的信息公开法给记者很有限的空间，希望借助这样一个途径得到相关信息，您觉得前景会怎么样？

回答：谢谢您的问题！中国《政府信息公开法条例》颁布以后，在中国发生了许多案件。有一些公民要求去查阅政府的信息，被拒绝，还有几位公民要求北京机场高速道路管理机构公开自它收费以来的所有账务，也是被以各种理由拒绝。这类案件从《政府信息公开条例》颁布以后有十几起。有些起诉到法院，法院不受理。您提的这个问题和另外一个问题密切相关，就是中国的《国家保密法》，这个法也是刚刚被修订的。因为被拒绝的主要理由就是涉及国家机密或者商业秘密。到底它属不属于国家机密或商业秘密，一旦到法院，法院就应该有一个判断标准。所以在这次保密法的修改过程中大家提了很多意见，就是保密范围太大，保密过于宽泛，动不动就以“国家机密”作为理由拒绝公民公开的要求。所以随着对“国家机密”和“商业秘密”这些概念的破解，如果政府方面说这是国家机密，就必须拿出合法性的依据，如果没有依据，那就不能以此作为理由。这个问题在中国是一点一点地推进，比如说关于财政预算，过去政府部门像财政部都以“国家机密”为由不公布信息，但是现在，财政部开始有限地把财政预算的单子放到网上去了。所以说中国的改革是渐进的，一点一点地往前走。所以我想您提出的问题，记者的权利，媒体的权利，只要不属于国家机密或者商业秘密这个范畴，都可以公开。另外，政府官员的观念和技术体系可能要做进一步的完善。

提问三：感谢您的演讲！我想提三个问题：第一个问题是在司法改革过程中共产党的作用和地位和国家的作用之间的定位关系；第二个问题就是我听你说最高人民法院关于司法改革的情况，所以我想请您再详细地介绍一下最高人民法院在司法改革中的作用和影响；第三个问题是我听您提到司法队伍建设，司法队伍建设可能是两个问题，一个是质的问题，一个是量的问题。是法官能进的太少，还是说质量上太低？就质和量上请您给我们具体介绍。

回答：非常感谢您提出的三个问题！

第一个问题，司法改革中共产党的作用和国家的作用，这个问题在我们中国这几年也是被作为一个重大问题在研究。我曾经主持过一个国家社科项目就是依法执政和执政能力建设的研究。从政治学原理来讲，一个政党不能代表国家，政党不等于国家。但是在中国，共产党作为执政党，它颁发的许多政策和纲领是要在国家的生活里面去实现的。尽管如此，我们还是认为政党也好，执政党也好，不能和国家等同。在中国有一个流行观念叫"党和国家"。党和国家的概念是应该分开的。按照这个观点，党的领导人和国家领导人也应该是分开的。但是在具体人选上，我们大致计算了一下，党的九个中央常委，有三个人没有担任国家职务，其他人都担任有国家职务。这是我们一直以来试图在理论上把它讲清楚的问题，就是党和国家不能一体化。共产党的地位和作用过去和现在都有个定位，即三大定位：一个是政治领导，一个是思想领导，一个是组织领导。党不能过于具体地介入国家事务，但是现在的情况是具体介入得太多了。所以在我们学者的概念里，国家概念就应该是全国人大，全国人大可以代表一个国家或者政府，就是这样一个政权体系。

第二个问题，最高人民法院在司法改革中的作用，您提的这个问题非常重要。因为这个涉及对司法的理解。在西方，司法专门指法院，但是在中国的宪政安排上，司法是两部分，即法院和检察院。从案件判决来讲，法院是终极性的。所以在中国，虽然法院没有替代司法这个概念，但是许多人谈司法改革问题的时候就只谈法院，很少谈检察院，检察院对这一点很不满意。另外，最高人民法院在司法改革中起到了引领作用。我举个例子：去年最高人民法院发布了一个文件，是关于多元纠纷解决机制的，题目是"诉讼与非诉讼相衔接"。这个文件涉及诉讼之外的许多种类的调解机制如何获得司法确认的问题，这样来解决司法之外的调解机制的效力问题，涉及国务院有十几个部委来参与其中,我是作为专家顾问受他们邀请参加了研究过程。最高人民法院在司法改革中连续发布了三个五年改革纲要,牵动了全社会的司法改革。

您提的第三个问题是司法人员的问题。从量上来讲中国现有法官大体是20万,这个量应该说已经不少了。中国地域大,人口多,层级也多,关于中国法官的具体数据都有很多的研究。但是谈到中国法官的质,不可用一言以蔽之,就是不能简单地下结论。比如在最高人民法院和一些省的高级法院,现在有很大数量的法学博士、硕士在里面做法官,一些发达地区的基层法院也有许多高学历的法官。但是发展不平衡,在中西部一些地区,法官还是很缺乏的。另外,法官成分也比较复杂。过去一些老的法官没有受过正规的法律职业教育,但是经过这一二十年的培养,老的法官要逐渐退出法官队伍。大概再过十年左右,应该都是法学院毕业的、通过司法考试的这些人成为法官队伍的主体,但是这些人面临的另一个问题是缺乏经验。还有一个问题是学历里面也有掺水的成分,包括曾经选调一些人到法学院学习,这里面都是有水分的。所以这里一个是知识结构、经验的问题,还有一个是各方面的因素。但是总体上来讲,总的趋向是受过正规法学教育的人会逐渐替代原来的法官队伍。谢谢!

提问四:在中国的司法改革过程中,对被拘留者的权利问题和非法证据排除问题,您怎么看?

回答:谢谢您的问题!我觉得您的问题可能要从两个方面回答,一个是被拘留者的权利,一个是证据问题。证据制度也是这几年诉讼法关注的重点问题。您的问题我觉得主要是涉及刑事诉讼中的证据问题。关于非法证据的判断,现在主要在法官,就是一个证据能不能采信主要看法官的判断。比如说今年初,最高人民检察院为了打击职务犯罪,就是官员的犯罪,颁布了一个规定,说检察机关在侦查中可以使用过去只有侦查部门才能采取的一些手段,比如窃听、录音等。当时这是最高人民检察院的一个副检察长的谈话。他发表谈话以后,我立即意识到这不是一个小问题,因为它涉及《刑事诉讼法》关于证据的种类和使用一种新的侦查手段的问题。在国家法律没有修改之前,最高人民检察院有没有权力为自己设置这样一个证据取得渠道?还有一个就是前几年争论比较多的录音录像到底能不能作为证据材料?这个争议比较大。录音录像在案件审判中能不能作为证据采用,我看到的案例都是互相矛盾的,有的在民事里面,有的在刑事里面。在民事诉讼里面有的录音录像被作为证据采用,有的就不被采用。所以刑事审判中和民事审判中,关于证据的采信目前诉讼法在诉讼种类上没有做大的修改,证据的采信权还是在法官手中。所以我认为在现在讨论的《刑事诉讼法》和《民事诉讼法》修改中，有关的证据问题应该作为重点的问题讨论。因为许多案件的判决最后其实就是集中在证据上。在中国有句话叫作“打官司就是打证据”。还有另一句讽刺的话就是“打官司就是打关系”。因为在广东话里面“打官司”的发音和“打关系”很像。所以我觉得证据应该是整个判决的核心要素。好，谢谢您的问题！

提问五：我有好多问题，现在我选两个问题：一个就是最高人民法院的作用，案例指导制度；另一个比较关注的劳工权益纠纷在中国量比较大，我有一个想法就是在中国会不会建立一个特别的法院来处理这类纠纷？

回答：非常感谢您的问题！

第一个问题就是最高人民法院的作用，提到了案例指导制度。我觉得你把这两个问题联系起来是非常有价值的联想。因为在中国学者中的或者民间甚至有些法官中有一个评价，就是法院不像法院。中国司法有两大问题：一个是地方化，一个就是行政化。它的行政化是说最高人民法院像一个行政机关，而且在法院系统里上下级之间的运作也像一种行政运作。按照法律规定，法院之间没有上下级关系，它是一种审判监督关系，就是审级关系。所以他们现在提出的一个口号我觉得很有意思，就是：使法院像法院，回归法院。怎么回归呢？就是回到案件上去，用案件来统一全国的审判事务。关于案例指导制度，我的研究是它不是照搬判例法，而是它借鉴了判例法的一些做法，就是从全国各级法院遴选一些具有典型性、经典性、普及性、推广性的案件，然后由最高人民法院成立一个叫案例遴选的工作机构，挑选出他们认为值得作为指导性案例的一些案例，最后经过最高人民法院审判委员会讨论通过，在最高人民法院公报上向全国公布。凡是被公布的案例叫作指导性案例，这样的案例对全国各级法院同类型案件的审判具有一定的约束性。如果下级法院有同类案件不援引、不遵循这个案例，要作出理由说明。这个文件已经研究了五年还没有出台，最主要的问题也是焦点性问题，就是这些案例对以后的案例具不具有强制力和拘束力。最高人民法院的意思是想让它具有拘束力，切实的拘束力。这个制度一旦正式推出，后案的审判可以把前一案例直接写进判决书里。这是案例制度初步的一个设计，这样保证全国同类型的案件得到同样的判决。

第二个问题关于劳工权利案件会不会有特别的法庭，您谈的这个问题在去年最突出。因为去年金融危机，在中国，大量外资企业或者依赖国外订单的企业遇到的问题特别多，仅广东的东莞市在几个月内涉及劳工纠纷（我们叫合同纠纷，其实也是劳工纠纷）的案件就增加了 6000 多件。劳工纠纷案件会不会设立特别法庭，这个问题目前我们还没有太多的考虑。中国现在大类型的就是刑事庭、民事庭、知识产权庭，还有我前面提到的少年法庭是专门审理少年犯的，它是根据这种案件判决的主体来设计的一个特别的法庭，还有行政庭，这是法院的主流。除了知识产权以外，其他的根据具体案件类型设法庭的还没有，也不排除今后会有考虑。但是在法院内部已经形成专业法官分类，专业法官专门审理一定类型案件，比如说有专门审理婚姻家庭案件的法官等。专业法官有具体而丰富的经验，所以劳工权益类型也会形成专门的法官，但是要成立专门的法庭可能还需要很充分的论证。好，谢谢你！

中国特色社会主义法律体系的成果

——韩国驻中国大使馆的演讲*

尊敬的大使先生，各位女士，各位先生，下午好！

谢谢韩国大使馆的邀请！很高兴有机会向各位介绍一下中国特色社会主义法律体系的成果。

中国作为一个以制定法为法律传统和主导的国家，一个完善的法律体系的建设是整个法制体系运转的基础和前提。下面，我向各位介绍一下中国特色社会主义法律体系建设的基本状况以及所取得的成果。

一、中国特色社会主义法律体系已经形成

在 2011 年 3 月 10 日北京召开的中国第十一届全国人民代表大会第四次会议上，中国全国人民代表大会常务委员会委员长吴邦国宣布：中国特色社会主义法律体系已经形成。吴邦国委员长讲到：新中国成立以来特别是改革开放 30 多年来，在中国共产党的正确领导下，经过各方面坚持不懈的共同努力，我国立法工作取得了举世瞩目的巨大成就。一个立足中国国情和实际、适应改革开放和社会主义现代化建设需要、集中体现党和人民意志的，以宪法为统帅，以宪法相关法、民法商法等多个法律部门的法律为主干，由法律、行政法

* 此文是作者于 2011 年 10 月 22 日应韩国驻中国大使馆邀请出席韩国驻华大使馆召开的“中国法制说明会”并在会议上发表的“中国特色社会主义法律体系的成果”的主题演讲。韩国驻华大使馆的官员、在华留学生、企业家代表等 100 多人参加了会议。——作者注

规、地方性法规等多个层次的法律规范构成的中国特色社会主义法律体系已经形成，使国家经济建设、政治建设、文化建设、社会建设以及生态文明建设的各个方面实现有法可依。

"2010年形成中国特色社会主义法律体系"是1997年中国共产党第十五次全国代表大会提出的一个中国法制发展的战略目标，是中共十五大确立的"依法治国，建设社会主义法治国家"治国方略的一个重要组成部分。在此后召开的中共十六大、十七大，又继续重申了这样一个法制发展的战略目标。经过十多年各方面坚持不懈的共同努力，中共十五大提出的到2010年形成中国特色社会主义法律体系的立法工作目标如期完成。

中国特色社会主义法律体系的形成，是中国社会主义民主法制建设史上的重要里程碑，是中国特色社会主义制度逐步走向成熟的重要标志，具有重大的现实意义和深远的历史意义。

二、中国特色社会主义法律体系的基本框架

（一）中国特色社会主义的立法体制："一元，两级，多层次"的立法体制

要了解中国特色社会主义法律体系的基本框架，首先就需了解中国特色社会主义的立法体制。根据我们对中国特色社会主义的立法体制的研究，我们将它归纳和总结为"一元，两级，多层次"的立法体系。中国现行的立法体制，既不同于联邦制国家结构的二元或多元的立法体制，也不同于一般的单一制国家所采用的纯粹的一元立法体制，而是集中了两种立法体制的一些特点，并结合中国的具体情况，独创了一种"一元、两级、多层次"的立法体制。

所谓"一元"，是指根据中国宪法的规定，中国是一个单一制的统一的多民族国家，因此，中国的立法体制是统一的、一体化的，全国范围内（大陆）只存在一个统一的立法体系，不存在两个或两个以上的立法体系。

所谓"两级"，是指根据宪法的规定，中国立法体制分为中央立法和地方立法两个立法权等级。

所谓"多层次"，是指根据宪法的规定，无论是中央级立法，还是地方级立

法，都可以各自分成若干个层次和类别。

以上无论是中央级立法各层次，还是地方级立法各层次，它们之间并不是平行的，而是存在着一个制约关系或位阶关系。这种制约关系或位阶关系的一般原则是“下位法服从上位法”，层次低的法不得同层次高的法相冲突，相抵触。具体而言，按照《立法法》的规定，它们之间的制约关系或位阶关系呈现为以下的格局：

宪法具有最高的法律效力，一切法律、行政法规、地方性法规、自治条例和单行条例、规章都不得同宪法相抵触。（《立法法》第 78 条）

法律的效力高于行政法规、地方性法规、规章。行政法规的效力高于地方性法规、规章。（《立法法》第 79 条）

地方性法规的效力高于本级和下级地方政府规章。省、自治区的人民政府制定的规章的效力高于本行政区域内的较大的市的人民政府制定的规章。（《立法法》第 80 条）

（二）中国特色社会主义法律体系的基本框架

中国特色社会主义法律体系是以宪法为统帅，以宪法相关法、民法商法等多个法律部门的法律为主干，由法律、行政法规、地方性法规等多个层次的法律规范构成的一个法律体系。因此，在中国特色社会主义法律体系中，宪法是统帅法，是根本法，是母法。中国于 1982 年通过了现行宪法，此后又根据客观形势的发展需要，先后通过了 4 个宪法修正案（分别是 1988 年、1993 年、1999 年和 2004 年 4 次修宪通过的 31 条修正案）。

除宪法和 4 个宪法修正案外，截至 2011 年 7 月底，中国已制定现行有效的法律 239 部。这 239 部法律是中国特色社会主义法律体系的主要内容，它们代表了国家层面的立法，即全国人大的立法和全国人大常委会的立法，在宪法上的准确表述就是“基本法律和基本法律以外的其他法律”。按照中国宪法和立法法的立法权限划分，基本法律由全国人大制定，基本法律以外的其他法律由全国人大常委会制定。这 239 部法律被分布在以下 7 个法律部门：宪法相关法、民法商法、行政法、经济法、社会法、刑法、诉讼与非诉讼程序法。

按照中国的宪法和立法法，除法律之外，中国的法律渊源还有：行政法规、地方性法规、自治条例、单行条例、规章（国务院部门规章和地方政府规章）等等。其中：

行政法规 700 多件，这是由中国的国务院颁布的。

地方性法规8800多件，这是由省、自治区、直辖市和较大的市的地方人民代表大会制定和颁发的。

自治条例和单行条例700多件，这是由民族自治地方的人民代表大会制定和颁发的。

规章20000多件，这是由国务院各部门以及有地方性法规制定权的地方政府颁发的。

以上就是中国特色社会主义法律体系的基本框架和结构。

三、今后的任务：继续完善中国特色社会主义法律体系，注重保障和促进法律规范的有效实施

中国特色社会主义法律体系的形成并不意味着立法工作的结束，今后中国的立法任务依然十分繁重，但立法工作的重点将会逐渐发生以下一些变化：将从注重制定与修改并重，逐步转向更加注重法律法规的修改完善；将从注重经济领域立法，逐步转向更加注重社会领域立法和其他领域立法的均衡发展；将从注重创制法律规范，逐步转向更加注重提高立法质量，更加注重保障和促进法律规范的有效实施。

中国将会坚持以往的成功经验和有益做法，在新的起点上进一步加强和改进立法工作，推进科学立法、民主立法，不断完善中国特色社会主义法律体系，更加注重法律的有效实施，维护宪法和法律的权威和尊严，推进依法行政和公正司法，增强全社会的法律意识和法治观念，全面实施依法治国基本方略，努力建设社会主义法治国家。

后记 读万卷书,行万里路

中国有句脍炙人口的古谚曰:“读万卷书,行万里路。”这大约是我们的先辈对读书人应该具有的人生修炼之所需、之必备、之境界。但是,对于古人来说,要做到这一点,要完成这一修炼,是很困难的。我大概算了一下,一个人每天读一本书,一年读三百六十五本,十年读三千六百五十本,大约需要读三十年,才能做到“读万卷书”,何况每天读完一本书是不可能的。因此,“读万卷书”可能是古人的一种“修辞”,一种理想的境界;我们再来看“行万里路”。在交通不发达的古代,靠老式的交通工具,我不知道如何来计算,才能做到这一点。何况,古人说的“行”,应该指的是“步行”,即用双脚来走,这就难度更大了,除了极少数的人外(像著名的徐霞客先后用 24 年的时间走了 5 万里路),很少有人能达到这一目标。因此,如同“读万卷书”一样,“行万里路”也可能是古人的一种“修辞”,一种理想的境界。

尽管如此,丝毫不影响我们的先辈在这句古谚上所寄托的人生理想。这种人生理想通过书章典籍以及民间文化形式等被传递给了后来人。近读梁启超在写给子女的家书中,也用这句话激励他们。但如同古人一样,用相同的方式和标准来计算,现代的人也是难以企及。古人做不到,现代的人同样也做不到。现代的人借助于迅捷的交通工具可以日行千里甚至万里,但这同古人所说的“行万里路”的意趣也相去万里;同样,现代的人借助于电脑网络等工具可以日览群书,但那同古人所讲的“读万卷书”更不是一回事。

如是,“读万卷书,行万里路”原本就是一种“修辞”,一种理想的境界,我们就不可用苛刻的标准来要求古人以及现代的人。但我们不能不认真对待这句古谚上所寄托的一种人生理想。这种人生理想,按我粗浅的理解,就是“知行合一”。“读万卷书”是为了知,获得知,达到知;“行万里路”是为了行,身体力行,实践行。当然,“知行合一”可能还包含着行为、行动等意。这应该是字面的理解。除此，“知行合一”可能还包含着更为深层的意蕴，即“知行同一”或“知行统一”。知决定着行，知指导着行，所谓“思想是行动的先导”；行符合于知，践行于知，所谓“行动受思想的支配”。这是“知行合一”的更高境界。20世纪二三十年代，中国的陶行知先生在南京晓庄师范的生活教育实践、晏阳初先生在河北定县的平民教育实践、梁漱溟先生在山东邹平的乡村建设实践等，都堪称为践行“知行合一”的典范。

现代社会有一句在书斋间流行的话叫“在路上”，它的直白的字面上的意思是“行进在路上”。这是一种物理学上的解释。每一个行进在路上的人都是“在路上”。但从人生来讲，每一个人从他来到这个世界，到他离开这个世界，这个人生的全过程都是“在路上”。由此，我们每一个人都是“在路上的人”。人生的过程就是一个无止境的不停歇的过程。所谓“生命不息，奋斗不止”，虽有些悲壮，但确实如此。

本书《思想的记录——刘作翔法学演讲选》就是一本“在路上”的作品。它择选了我从 1994 年以来的部分学术演讲记录稿。1994 年，我应时任河南大学法律系副主任陈金钊师弟的邀请，赴开封讲学一周，开启了我的讲学生涯。[①] 此后的 10 多年间，我先后应邀在国内的 130 多所大学法学院系，政法单位以及香港大学法律学院，香港大学亚洲研究中心，法国埃克斯—马赛法律，经济与科技大学欧亚研究所，挪威奥斯陆大学法学院挪威人权中心，韩国驻中国大使馆等举办学术演讲和学术讲座 180 多次（本书后的“附录一”对这些大学和政法单位等有详细的罗列）。有的大学和单位还多次应邀前往。这些学术演讲和讲座的参加人数从多至几千人到少则一二十人不等，几百人参加的居多。参加人数最多的一次是 2006 年 8 月 17 日在西藏大学的演讲，有 3000 多人参加，这是我迄今为止演讲参加人数最多的一次，也可能是中国法学会自 2006 年开展“百名法学家百场报告会”活动以来迄今参加人数最多的一场报告会，地点在西藏大学的体育馆（这可能是拉萨市最大的室内聚会场所）。我当时考虑场地太大，有点空旷，担心后面的人听不见，就扯着嗓子对着

① 如果单从形式意义上讲，我的正式演讲生涯可以往前追溯至 1987 年。是年 9 月，我硕士研究生毕业后到中共陕西省委宣传部工作。适逢中共十三大召开，省委组织十三大报告宣讲团，我被分派至延安，在延安地委的大礼堂内为几百名延安地区的党政干部做十三大的辅导报告，讲初级阶段理论、党的基本路线、经济体制改革、政治体制改革等。但这次演讲是政治辅导报告，还算不上真正意义的学术演讲。——作者注

麦克风大声地讲。主持演讲会的西藏大学校长房灵敏教授中途还专门到后面去听了听，回来后悄声告诉我说话筒效果很好，后面能听见。这是我印象最深的一次演讲。

早年的演讲和讲座也没有什么录音，大都没有记录下来。后来的演讲和讲座单位开始有了录音并整理了出来，有几篇是经由我的学生整理出来的，这才有可能将这些"在路上"的作品记录了下来并呈现于世。它是"思想的记录"，记录下了10多年来我对一些法学专题性问题的所思所想所感所悟。这些学术演讲和讲座成为我的学术经历和学术生涯不可分割的组成部分。我对那些邀请过我的单位和朋友表示诚挚的感谢。每每想起这些出行和经历，使我感到丝丝暖意，其中的点点滴滴铭记在心。

说到演讲，有不同于写作文章时的自身特点。我发现，同文章写作相比，由演讲记录而形成的"演讲稿文体"，是我更为喜欢的一种文体表达方式。当然，大多数学术演讲和讲座的主题都是作者研究过或正在研究的内容，也有邀请单位给出的一些命题。不论是哪种内容，演讲时都会有一些临场发挥和解释，它具有一种现场感、交流感、对话感，有灵性，活泼，自由，挥洒自如。它避免了写作文章时有可能会出现的呆板、僵化、套路化，甚至新八股化(当然，这可能同每位作者的文风、文字修养、语言能力，甚至知识体系相关，并不能否认有将文章写得很漂亮、很优美、很生动的作者)。因为当演讲时，你面对的是活生生的人，他们的专注感动着你，他们的表情感染着你，他们对演讲中一些典型甚至怪异的案例所表达出的惊讶刺激着你也激励着你，他们偶尔表示出的漠然、漫不经心、打瞌睡，甚至个别人的离场也使你沮丧并考验着你(我想每一位演讲者即使"最优秀的"演讲者都会碰到过和遭遇过这种情况)。尤其是每场演讲后的交流和对话，是我最喜欢的部分。听讲者有时提出的问题是你在研究和思考时所没有想到的，会激发你的思辨，更启发你对问题的进一步的深入思考。

本书后附有两个附录，一个是《当代中国法学名家》一书中所刊登的作者的介绍，一个是作者的作品目录。这两个附录大体上反映了作者20多年的学术概况和学术生涯，记载了20多年间作者走过的学术道路。其中"附录一"中所详列的在130多所大学和政法等单位的180多次的学术讲学访问活动和参加过的100多次的学术会议，既是作者的学术经历和学术生涯的组成部分，也是想通过这种方式向那些邀请过作者的单位和朋友表示诚挚的感谢；"附录二”中所详列的作品目录，既是作者的学术记录，也是想对这些作品的发表和出版付出过辛勤劳动的编辑老师和朋友以及所在的出版社、杂志社和报社表示诚挚的敬意和衷心的感谢。

感谢北京理工大学谢晖教授将此书忝列由他主持的“法意文丛”；感谢厦门大学出版社出版本书；感谢厦门大学出版社编辑甘世恒先生为此书的出版所付出的辛勤劳动；感谢书中提到的以及那些未知的同学对录音整理所付出的辛勤劳动。

刘作翔

2013 年 5 月 23 日于北京

附录一 《当代中国法学名家》* 一书中的“刘作翔”介绍

个人简况

刘作翔，1956年9月16日出生，甘肃省平凉市人。1983年、1987年先后毕业于西北政法学院法律本科(法学学士)和法理学专业研究生(法学硕士)，1998年获中国社会科学院研究生院法学博士学位，1995年起先后担任西北政法学院教授、法理学硕士研究生导师、《法律科学》杂志主编等，2000年2月调任中国社会科学院法学研究所工作，曾担任法社会学研究中心主任，法理学研究室主任，现担任二级研究员、教授、法学理论专业博士生导师、博士后流动站合作导师、法学研究所学术委员会委员、《环球法律评论》杂志主编、中国社会科学院院级特殊学科“法社会学学科”负责人。获国家人事部“1996年度国家级有突出贡献的中青年专家”称号，国务院1997年度“享受政府特殊津贴专家”称号，国家七部委“全国百千万人才工程”1995/1996年度第一、二层次人选称号等。2004年被中国社会科学院推荐并被中组部确定为“中央联系专家”。2004年入选首批“当代中国法学名家”，并被收入法学文献——《当代中国法学名家》一书。

刘作翔教授的主要研究领域和研究方向有法理学、法律文化理论、法社会学、民主法治理论、法学发展问题等，获各类学术奖30多项，其中省部级以上奖10多项。

刘作翔教授担任中国法理学研究会副会长，中国社会学会法律社会学专业委员会副会长，中国儒学与法律文化研究会常务理事、董必武法律思想研究会常务理事，北京市法学会法理学研究会副会长，北京市人大常委会立法咨询专家，山东省东营市中级人民法院顾问，河北省廊坊市中级人民法院专家咨询委员会委员，重庆市荣昌县人民法院咨询专家，中国审判理论研究会司法改革专业委员会委员，中国人民大学法学院“多元化纠纷解决机制研究中心”学术顾问。

---

* 《当代中国法学名家》编辑委员会编:《当代中国法学名家》(全四卷)，人民法院出版社2005年第1版，现为第2版(修订版)文稿。

刘作翔教授先后兼任西北政法大学、西南科技大学、吉林大学、吉首大学、国立华侨大学、浙江警官职业学院、江苏大学、上海师范大学、华东政法大学、西安财经学院、甘肃政法学院等院校兼职教授和客座教授，宁夏社会科学院特约研究员，吉林大学法学理论教学团队（首批国家级教学团队）建设工作顾问。

学术成果

刘作翔教授先后主持和完成了国家社科重点项目《执政能力建设和依法执政研究》、最高人民法院重点课题《中国的案例指导制度研究》、中国法学会委托项目《群体性事件的防治》等10余项课题，现正在主持中国社会科学院院级重大课题“中国法治进程中的权利冲突及其立法司法解决机制研究”。

1985年以来，刘作翔教授先后在《法学研究》、《中国法学》、《求是》、《法律科学》、《法学》、《法制日报》、《检察日报》等报刊发表文章260余篇，其中被《新华文摘》全文转载5篇，被《新华文摘》“论点摘要”摘登3篇，目录索引16条，被中国人民大学报刊复印资料《法学》、《宪法学·行政法学》、《法理学·法史学》、《诉讼法学·司法制度》、《中国政治》、《毛泽东思想研究》、《邓小平理论·“三个代表”重要思想》、《社会主义研究》等全文复印转载50多篇，被《高等学校文科学报文摘》杂志转摘6篇，被《中国社会科学文摘》转载1篇，被《中国社会科学文摘》“论点摘要”摘登2篇，被其他报刊转摘10多篇。

刘作翔教授出版个人学术专著7部，代表著作为：《法律文化理论》（商务印书馆1999年出版）、《我之法学观——刘作翔文章选》（湘潭大学出版社2008年出版）、《思想的碎片——刘作翔法学言论选》（中国法制出版社2012年出版）、《迈向民主与法治的国度》（山东人民出版社1999年出版）、《法理学视野中的司法问题》（上海人民出版社2003年出版）、《法治的路径——项目研究报告（2001—2006）》（山东人民出版社2008年出版）。

刘作翔教授主编学术专著《法与公平论》（西北大学出版社1995年出版）、《多向度的法理学研究》（北京大学出版社2006年出版），主编法律硕士教材《法理学》（社会科学文献出版社2005年出版）、《中国社会科学院法学博士后论丛》（第一卷）（中国政法大学出版社2004年出版）、《法律与社会论丛》第一卷“法律实施的理认与实践研究”（社会科学文献出版社2012年出版）、《立党为公、执政为民的法理学研究》（中国政法大学出版社2005年出版），参编教育部、司法部、中国社会科学院研究生院等《法理学》统编教材7部，参编其他法学著作、教材、工具书、论文集等60多部。

人才培养

1992 年至 2000 年 2 月，刘作翔教授在西北政法学院工作期间，担任法学理论专业硕士研究生导师，先后给法理学专业、刑法专业、法律史专业等研究生讲授过法理学、法律文化理论、西方法学原著选读等课程，在导师组共同指导过 57 位研究生，其中直接负责指导的有 8 位研究生，至 2001 年 7 月，这 8 位研究生已全部获得硕士学位。

1997 年至 2010 年期间，刘作翔教授受聘为中国人民大学法学院、中国社会科学院研究生院法学系、吉林大学法学院、山东大学法学院、中国政法大学法学院、浙江大学法学院、中山大学政治学院等院校约 100 多位法学博士生评议审阅博士论文并参加博士论文答辩等，受邀参加中国社会科学院世经政所、吉林大学法学院、清华大学管理学院 3 名博士后出站答辩，指导访问学者 5 名。

2002 年 5 月，刘作翔教授被批准担任中国社会科学院研究生院法学系法学理论专业博士生导师；2003 年 9 月开始招收博士研究生，至 2010 年已毕业并获得法学博士学位的 8 名，正在指导的博士研究生 3 名；2004 年至 2011 年间，指导 11 名法律硕士研究生，现已毕业并获得法律硕士学位的 10 名，正在指导的法律硕士研究生 1 名。

2002 年至 2011 年，刘作翔教授作为中国社会科学院法学研究所博士后流动站合作导师，指导 19 名博士后研究人员的研究工作，现已有 14 名博士后研究人员出站，正在指导的有 5 名。

学术演讲及参加学术会议等学术活动

从 1994 年起，刘作翔教授先后应邀在国内 130 多所大学法学院系和部分省市区县的人大、法院和其他政法机关访问、讲学和学术演讲，听讲者为法学院教师、本科生、硕士生、博士生、法官、检察官、律师等，在有的院校多次演讲，前后演讲计 180 多场次。讲学和学术演讲的学校和单位先后有：

河南大学法律系、山东大学法学院、中南政法学院、江西省司法学校、苏州大学法学院、南京师范大学经济法政学院、陕西省政法管理干部学院、陕西省人大、西安市人大、长安县人大、杭州大学法学院、陕西师范大学研究生会、西安建筑科技大学法律系、浙江大学法学院、宁波大学法律系、西南政法大学、重庆商学院法律系、吉林大学法学院、清华大学法学院、山东大学威海分校法律系、湖南大学法学院、中国青年政治学院法律系、西北第二民族学院法律系、厦门大学法律系、吉首大学法学院、湘潭大学法学院、湖南师范大学法学院、广东商学院、中山大学法学院、浙江大学法学院、吉林大学法学院、中国政法大学、中央司法警官学院、苏州大学王健法学院、中国人民大学法学院、山西财经大学法学院、浙江警官职业学院、浙江工商大学法学院、中国社会科学院研究生院法律硕士专业研究生班、郑州大学法学院、华侨大学法学院、厦门大学法学院、吉林大学法学院、西南政法大学研究生院、重庆大学法学院、厦门大学法学院、西南政法大学渝北校区、南京大学法学院、南京大学浦口校区、南京师范大学法学院、南京师范大学仙林校区、江苏大学医学院、扬州大学法学院、暨南大学珠海学院、贵州大学法学院、江苏科技大学人文学院，江南大学法学院，苏州大学王健法学院、西北工业大学妇女发展与权益研究中心、中国社会科学院研究生院博士生必修课程“法学前沿”、青岛大学法学院、江西财经大学法学院、上海师范大学法政学院、上海大学法学院、江苏大学法学院、西北政法学院研究生部、法理学研究生专业、西北政法学院南校区法学本科生、湖南科技大学法学院、湘潭大学法学院研究生、湖南师范大学法学院研究生、赣南师范学院政法学院、上海交通大学法学院、西藏大学、山东大学法学院研究生、华侨大学法学院、华侨大学哲学专业研究生、厦门大学法学院、福建师范大学法学院、南京大学法学院法理学研究生、南京师范大学法学院、河海大学法学院、山东经济学院法学院、山东大学威海分校法学院、烟台大学法学院、鲁东大学法学院、国家法官学院民商法裁判文书培训班(2007)、国家行政学院中山市政法系统培训班、东南大学法学院、西南科技大学法学院、上海师范大学法政学院研究生、华东政法学院研究生院、上海财经大学法学院、华东政法学院松江校区、安徽师范大学政法学院、内蒙古自治区“全区政法系统领导干部学法用法培训班”、新疆维吾尔自治区法学会和律师协会“全区法官律师培训班”、甘肃省平凉市人民法院、国家法官学院 2007 年第五期全国法院预备法官培训班、国家法官学院 2008 年第六期全国法院预备法官培训班、国家法官学院民商事裁判文书培训班(2008)、浙江省法官学院基层法院副院长培训班、山东省高级人民法院“建设公正高效权威的社会主义司法制度”学术论坛、青岛市法学会诉讼法学研究会名家讲座第一讲、国家法官学院 2008 年第七期全国法院预备法官培训班、西南民族大学法学院本科生、西南民族大学法学院研究生、中央民族大学法学院、南京大学法学院案例研究中心第一讲、南京师范大学法学院、南京审计学院法学院、江苏大学法学院、苏州大学王健法学院主办的江苏省高等学校“法学方法与部门法研究”高级研讨班第一讲、吉林大学法学院博士生、研究生，国家法官学院第五期全国法院民商事裁判文书研修班、山东大学威海分校法学院“法律方法论坛第56期”、烟台大学法学院、赤峰市元宝山区政法系统、沭阳县人民法院及政法系统、上海师范大学法学院研究生、国家法官学院“第一期法官助理培训班”、西安财经学院法学院、同济大学法学院、甘肃政法学院、国家法官学院“第二期西部地区部分法院法官助理培训班”、国家法官学院第六期全国法院民商事裁判文书研讨班（2009）、上海市社会科学院研究生部法学专业、西南科技大学法学院、商洛市中级人民法院、洛阳市伊川县政法系统干警第二期培训班、中国浦东干部学院“山西省阳泉市和晋中市政法干部培训班”、上海师范大学法政学院研究生、上海财经大学法学院博士生、中国社会科学院法学研究所廊坊教学基地法律硕士研究生、珠海市法学会“第三届珠海法学论坛”、中国社会科学院法学研究所“研究员论坛”、西北政法大学、河南省法官学院、西南科技大学法学院“天府人文讲坛·法学名家系列讲座”、山东大学威海分校教务处、团委“迎校庆110周年系列学术报告”、陕西省高级人民法院、安阳市中级人民法院、三门峡市湖滨区人民政府、山东法官培训学院、宁夏社会科学院、江西省高级人民法院、北方民族大学法学院、南通市海安县人民政府、西南科技大学庆祝建校六十周年“百场报告会”、北京大学法学院人大与议会研究中心、北京大学法学社、大连海事大学法学院、南开大学法学院、西安市雁塔区人民检察院、西北政法大学“中国法治之路”学术沙龙、银川市中级人民法院、吉林省社会科学院、甘肃政法学院“第二届陇籍法学家论坛”、西北师范大学法学院、华东理工大学法学院、同济大学法学院、上海师范大学法学院、中国社会科学院研究生院良乡校区、广东工业大学法学院、中山大学法学院、西南政法大学法理学专业教师和博士生、云南大学法学院、上海师范大学法政学院法理学研究生和博士生、上海财经大学法学院博士生、郑州大学法学院法理学专业研究生和博士生、郑州大学国际学院等。

2000年以来，刘作翔教授先后应邀参加全国政协、民盟中央、民革中央、中组部、中国人权研究会、中国法学会、国家体改委、司法部、民政部、全国人大法工委、中央政法委、国务院法制办、教育部、最高人民法院、国家法官学院、法律适用杂志社、人民司法杂志、人民法院报社、中国审判杂志社、民主与法制杂志社、海南省高级人民法院、青岛市中级人民法院、金华市中级人民法院、东营市中级人民法院、珠海市中级人民法院、赣州市中级人民法院、深圳市中级人民法院、南昌市中级人民法院、北京市第一中级人民法院、江西省高级人民法院、山东省高级人民法院、滕州市人民法院、江苏省高级人民法院、泰州市中级人民法院、东莞市中级人民法院、浙江省高级人民法院、吉林省高级人民法院、上海市第一中级人民法院、廊坊市中级人民法院、威海市中级人民法院、环翠区人民法院、乳山市人民法院、徐州市中级人民法院、沭阳县人民法院、扬州市中级人民法院、成都市高新开发区人民法院、荣昌县人民法院、赤峰市元宝山区政法系统、陕西省高级人民法院、重庆市高级人民法院、福建省高级人民法院、福州市中级人民法院、淮安市人民法院、汉中市汉台区人民法院、洋县人民法院、临沂市中级人民法院、平顶山市中级人民法院、宁夏回族自治区高级人民法院、中国应用法学研究所、广西壮族自治区高级人民法院、桂林市中级人民法院、潍坊市中级人民法院、太原市晋源区人民法院、湖州市吴兴区人民法院、青海省高级人民法院、南通市港闸区人民法院、牡丹江市人民检察院、广东省人大、广州市人大、广州市萝岗区人大、宁波市政法委、宁波市社会科学院、山东省法理学研究会、江苏省法理学研究会等部门和单位召开的各种类型学术研讨会及座谈会。2008 年，刘作翔教授受邀担任最高人民法院和欧盟、联合国开发署以及亚洲开发银行等合作的“多元纠纷解决机制”课题组专家顾问，2007 年 9 月 3 日—14 日，参加由中组部等 4 部委组织的在中国浦东干部学院举办的“高级专家理论研究班(第 2 期)”。

1996 年 11 月，刘作翔教授应香港大学法律学院邀请赴香港大学讲学、访问半个月，分别在香港大学法律学院、亚洲研究中心发表演讲；2002 年 11—12 月，应法国埃克斯—马赛法律、经济与科技大学之邀，在该大学欧亚研究所访问、讲学 1 个月；2009 年 2—3 月，应邀在日本早稻田大学比较法研究所做访问学者交流 1 个月；2010 年 5—8 月，在瑞士弗里堡大学联邦研究所做访问学者 3 个月；2010 年 6 月 24 日，应邀在奥斯陆大学挪威人权中心发表“中国的司法改革和法律实施”的学术演讲；2011 年 10 月 22 日，应邀在韩国驻中国大使馆发表“中国特色社会主义法律体系的成果”的学术演讲。

2001 年以来，刘作翔教授先后赴丹麦哥本哈根、香港、加拿大温哥华、意大利威尼斯、日本北海道、斯洛文尼亚、中国澳门、中国台湾等参加国际学术会议、人权司法对话活动等。

1986 年以来，刘作翔教授参加中国国内全国性及地区性各类国际国内法学学术研讨会上百次。

主要学术思想观点

刘作翔教授的主要学术思想观点体现在他以下的著述中：

1. 法理学是一门关于法的一般理论的思维性科学和学科。法理学的这一性质决定了法理学具有以下几个鲜明的学科特征：抽象性、概括性、一般性、普遍性、理论性。21 世纪的中国法学，应深刻把握法理学的性质和特点，并在此方面作出自身的努力，反对对法理学一味的实用功利之要求，使法理学真正成为一门有独立的内涵和思维的理性之学。①

2. 法律文化是一个宏观的法学新思维，它渗透在人类的法律实践活动之中。法律文化既体现在作为隐性的法律意识形态之中，也体现在作为显性的法律制度性结构之中。法律文化既是历史文化的遗留，也是现实的人类创造。过去人们创造了法律文化，今天人们仍在发展着法律文化。法律文化是一种集历史与现实、宏观与微观、静态与动态、观念与制度在内的宏观的整体性文化。②

3. 20 世纪的中国法律文化，伴随着中国社会的转型，也经历了一个由传统向现代、由封闭向开放、由一元向多元的历史转型和发展时期，正在向现代化迈进。21 世纪的中国法律文化将在世界法律文化体系中居于重要的地位，成为多元并存的世界法律文化体系中不可忽视的、具有光彩的一支重要文化。③

4. 法律作为一种人造物，是有自身的理想的。法律的理想，就是指作为人格化了的法律所要追求的最终目标和所要达到的最终目的。法律的理想不是停留在理念之中，而是体现在人类所创制的实在法体系之中。法律的理想的具体内容有：追求正义的实现，追求秩序的实现，追求人类生活的幸福，追求法治的实现。法律有自身的理想，法学有自身的理想，法学家更应有自身的理想。理想有多种多样，但追求法治应成为法学家所有理想中之最高理想。④

5. 法治社会应对公权力和私权利确立两个法治原则。这两个法治原则是：对公权力，法无明文规定（授权）的，不得行之；对私权利，法无明文禁止（限制）的，不得惩之。这两个原则应作为我们建设法治国家和法治社会的重要原则渗入我国的立法、守法、执法、司法、法律监督等法制建设的诸环节中去，并将它们作为判断公权力行为和私权利行为的重要依据。⑤

---

① 见《法理学研究的一般特点及其功能》，载《法律科学》1996 年第 6 期。

② 见《法律文化理论》，商务印书馆 1999 年版。

③ 见《法律文化理论》，商务印书馆 1999 年版。

④ 见《法律的理想》，载《法学研究》1994 年第 6 期。

⑤ 见《法治社会中的权力与权利定位》，载《法学研究》1996 年第 4 期。

6. 法律与道德之间存在着一种既相互适应、相互吻合，又相互冲突、相对保持距离的特性。法律在总体上同道德相适应，但在某些方面它又相对独立于道德要求。在法治领域，道德问题应主要在立法环节加以解决，立法是对公认的社会道德因素的确认过程。立法一旦确定，司法环节就应以法律为标准，尽量排除道德因素的介入，因为道德因素一旦被引入，就会破坏立法中已经确认的道德因素，给法治带来破坏和冲击。这正是司法中坚持法律标准的实质所在。①

7. 转型时期的中国社会秩序结构形态表现为一种极为复杂的情况，刘作翔教授将之概括为由“法治秩序”与“人治秩序”、“礼治秩序”、“德治秩序”、“宗法秩序”等组合而成的“多元混合秩序”。这是一种“实然社会秩序”，它同国家所确立的“法治秩序”这一“应然社会秩序”存在着较大的差异。如何实现由“实然社会秩序”向“应然社会秩序”结构的转变，是中国在实现法治国家目标的进程中要面临的并要解决的主要问题。②

8. 跳出“周期率”，要靠民主，更要靠法治。这是刘作翔教授在分析比较了毛泽东和邓小平在民主思想上的异同之后所得出的一个结论。这一结论内含了民主和法治之间难以分割的“孪生”关系，也是在分析了新中国民主政治建设方面的经验教训之后，所得出的一个理论观点。③

9. 在中国的法治进程中，权利冲突已经成为一个非常普遍的法律现象广泛地存在于法制的各个环节之中，尤其存在于司法审判和日常生活中。要解决好权利冲突问题，有几个关键点应该强调：其一，最重要的是要确立一个权利平等保护的观念，而这一看似已经解决的问题，其实还存在着很大的认识误区；其二，权利冲突的解决是一个法制机制的综合性作用过程，而不只是靠一个单一的法制机制的解决手段；其三，在综合性的法制机制中，作者更加看重和强调立法对于解决权利冲突的作用和意义。④

10. 司法独立作为一项人权原则和法治原则，已被国际社会广泛接受，并且已经成为一项国际标准。中国在其宪法和普通法中，也对司法独立作了原

---

① 《法律与道德：中国法治进程中的难解之题》，载《法制与社会发展》1998 年第 1 期。

② 《转型时期的中国社会秩序结构及其模式选择》，载《法学评论》1998 年第 5 期，《新华文摘》1999 年第 2 期全文转载。

③ 《跳出“周期率”，要靠民主，更要靠法治——邓小平民主法治理论对毛泽东思想的继承和发展》，载《中国法学》1995 年第 2 期。

④ 《权利冲突的几个理论问题》，载《中国法学》2002 年第 2 期。

则性的确认和规定。但是，由于中国司法上存在着较为严重的地方保护主义，形成了“司法权地方化”的格局，破坏了法制的统一和司法独立原则的实施。中国司法上地方保护主义有其深厚的体制性根源和思想文化根源。解决中国司法上地方保护主义问题就需要彻底地改造形成“司法权地方化”的体制性因素，以“司法权国家化”作为司法体制改革的思路，以此来进行相应的司法制度设计。①

11. 对于一个处在转型时期的社会而言，国家法和“民间法”的关系是一个绕不开的难以回避的理论问题和现实问题。作者通过对发生在现实中的中国和外国的一些“民间法”案例的分析，得出一个结论，即“民间法”是具体的，而非抽象的。由此可见，我们很难在极其抽象的意义上对“民间法”作出一种理论解说和评判。并由此进而认为，在国家法和“民间法”之间，不存在抽象的普遍法则，只存在具体的案例中所体现和表现出的国家法和“民间法”的孰是孰非的问题和判断。刘作翔教授的这一结论是针对近几年国内学术界在国家法和“民间法”问题的讨论中对“民间法”无限褒扬的趋向以及对“民间法”所表现出的一种抽象而虚无的理论评判的研究趋向。他认为，在国家法和“民间法”之间，重要的不在于它叫什么，而在于它是什么。②

12. 中国实行案例指导制度，是为了在保持制定法的法律体制下，以依法司法为主要的司法模式，借鉴判例法制度中对我们有用的和有益的东西，以弥补制定法之不足，而不是推倒重来，完全和彻底地改造我们既有的法律体制和司法体制。实行案例指导制度，是一个折中的制度选择。它既表达了我们所欲实行的是一种“案例”指导制度，而不是完全的“判例”指导制度，同时，也表明我们同过去有不同，要将“案例”上升到能够“指导”以后法院审判工作的地位，而不是过去的仅仅起到“参考”的作用。案例指导制度是一种有创新的制度，但不是一种新的“造法”制度，它在本质上仍是一种法律适用活动和制度。因此，我们实行的案例指导制度，是以制定法为主，案例指导为辅，在不影响制定法作为主要法律渊源的前提下，借鉴判例法的一些具体做法。它是一种能够体现中国特色并顺应世界两大法系逐渐融合发展大趋势的制度变革举措。案例指导制度蕴涵着以下几个法律的价值：节约司法资源，提高司法效率；实

---

① 《中国司法地方保护主义之批判——兼论“司法权国家化”的司法改革思路》，载《法学研究》2003 年第 1 期。

② 《具体的“民间法”——一个法律社会学视野的考察》，载《浙江社会科学》2003 年第 4 期。

现同案同判、法制统一的目标，最终实现司法公正；体现司法主动解决社会纠纷的功能，变司法的被动为主动，发挥司法改造不合理制度的功能和能动性；提高司法水平和司法能力，遏制司法腐败。①

13. 扩大公民有序的政治参与是实现和发展社会主义民主的一条有效途径。人民当家作主的社会主义国家本质最有利于公民的政治参与，公民的政治参与应该“依法、有序”地进行。要真正实现人民当家作主的社会主义民主的本质要求，我们还需要从制度建设上不断探索人民实现民主权利和权力的具体方式，健全和完善有利于扩大公民有序政治参与的具体制度建设，在广泛的经济生活、文化生活、社会生活等领域，人民实现民主的方式和公民参与政治的方式还有其他许多形式，尚有很大的空间和余地，需要我们不断地去探索。②

14. 我们应该对法理学中的关于正式的法律渊源和非正式的法律渊源的分类理论进行反思。在法律将诸如习惯、政策等作为法律缺位时的行为依据以及司法解释等作为裁判依据之后，再将它们看作是非正式的法律渊源已经失去了理论和法律根据。③

15. 习惯的未来命运——习惯应作为纠纷解决补充手段进入立法或司法解释的一般性规定。虽然习惯在中国的立法和司法中有一些确认（无论是《物权法》的第 85 条还是最高人民法院的司法解释），但都是个别性规定，都是有特指的。我们应该从立法上解决，将它变为一般性规定。首先在民事法律中有个突破，在民事立法中明确规定习惯的法律地位，将现在的《民法通则》的第 6 条“民事活动必须遵守法律，法律没有规定的应该遵守国家政策”修改为“民事活动必须遵守法律，法律没有规定的应当遵守国家政策，国家政策没有规定的可依当地习惯”，形成一个三位阶规范结构：有法律时依法律，没法律时依政策，没政策时依习惯。这样从民法的基本原则上彻底解决习惯的地位问题。这样的规定可以从民事行为上一揽子解决问题，把原来《物权法》的第 85 条的特别性规定变为一般性规定，使它成为所有民事行为的法律规定。随后，在刑事法领域、行政法领域也应该给习惯应有的法律地位，使习惯成为整个法律体

---

① 《案例指导制度的理论基础》，载《法学研究》2006 年第 3 期。

② 《扩大公民有序的政治参与——实现和发展社会主义民主的一条有效途径》，载《求是》杂志 2003 年第 12 期。

③ 《特殊条件下的法律渊源——关于习惯、政策、司法解释、国际条约（惯例）在法律中的地位以及对“非正式法律渊源”命题的反思》，载《金陵法律评论》2009 年春季卷。

系以及司法过程中的规范类型，发挥其应有功能和作用。[①]

16. 依法执政是依法治国基本方略在党执政问题上的具体体现，加强党的执政能力建设的关键在于依法执政的贯彻实行。依法治国是治国方略，依法执政是执政方略。依法治国是党提出的关于国家的治国方略，侧重于国家和社会事务；依法执政是党提出的关于中国共产党作为执政党的执政方略，侧重于执政党对国家的领导和执政事务。但两者在所依之法上是重合的，即都要依据宪法和法律，并且，在总体目标上是一致的，即都要依法办事，都是为实现建设社会主义法治国家这一目标而努力。加强党的执政能力建设的关键在于依法执政的贯彻实行。[②]

代表作简介

著作

1.《法律文化理论》（独著），商务印书馆 1999 年 5 月版，2001 年 4 月第 2 次重印，2004 年 7 月第 3 次重印，2010 年 4 月第 4 次重印，2010 年 7 月第 5 次重印，2011 年 3 月第 6 次重印。

作者从 1985 年起开始研究法律文化等问题，其侧重点是有关法律文化的基本理论，先后在《法学研究》、《未定稿》、《政治与法律》、《法律科学》、《社会科学评论》、《法学》、《法商研究》等刊物发表了 10 多篇有关法律文化系列学术论文。1992 年 11 月，作者在陕西人民出版社出版了个人学术专著《法律文化论》一书（该书是我国出版的第一部有关法律文化基本理论的学术著作）。在上述成果中，作者着重研究了法律文化的概念、结构、特征、类型，法律文化冲突，法律文化的社会化，法律文化现代化等基本理论问题，对一些问题提出了自己的观点，并初步构建了法律文化基本理论的体系框架。

法律文化问题在 20 世纪 80 年代中期是我国法学界的一个新课题，因此，研究此问题以及诸理论本身具有创新性。上述研究成果发表后，产生了较大影响，受到法学界一些专家的较高评价。许多大学法学院系将此书作为本科生或研究生教学参考书，该书所提出的观点，被一些研究者作为我国法律文化

① 《习惯作为一种特殊条件下的法律渊源及其在司法中的适用》，载《南京大学法律评论》2009 年秋季卷。

② 《加强党的执政能力建设与依法执政》，载《中国浦东干部学院学报》2008 年第 5 期。

理论的重要观点所引用和评介。一些法理学教材都引用了该书的观点，并将该书作为教学和阅读参考书。该书于 1994 年 5 月被评为陕西省法学会优秀法学成果一等奖；1995 年 4 月获陕西省人民政府颁发的"陕西省第四次社会科学优秀成果一等奖"（这是本次评奖中法学学科唯一的一等奖）。

1998 年 2 月，作者在原有的研究基础上写成博士论文《当代中国法律文化的理论与实践研究》（23 万字），获专家好评，并通过博士学位论文答辩。阶段性成果先后在《法学》、《法商研究》、《法律科学》、《法学评论》等杂志发表，多篇文章被中国人民大学复印资料及《新华文摘》全文转载。此论文以《法律文化理论》为书名，由商务印书馆 1999 年 5 月正式出版发行，并于 2001 年 4 月、2004 年 7 月两次重印。此书是作者的代表作之一，集中反映了作者关于法律文化理论的研究成果。

2.《迈向民主与法治的国度》（独著），山东人民出版社 1999 年 6 月版，2004 年 1 月第 2 次重印，2005 年 1 月第 3 次重印。

此书集中反映了作者关于民主、法治、法学等问题的系列性思考和研究成果，全书分上、中、下三篇。

上篇：关于法律的理想的研究

在此篇中作者系统地表达了关于建立一个理想的法律模式的宏观思考。

1992 年起，作者开始思考并研究"法律的理想"问题，几年内，先后在《法学研究》、《法商研究》、《法律科学》、《政治与法律》等刊物上发表了 6 篇有关此问题的系列学术文章。这些文章系统地表达了作者关于建立一个理想的法律模式的宏观思考。1995 年 4 月，作者出版了个人学术专著《法律的理想与法制理论》一书。在上述研究成果中，作者提出了"法律的理想"是一个法理学应该研究的命题，并侧重研究了"法律的理想"之概念、内容、特征与相关法学概念的关系，法律的理想与理想的法律之关系，以及理想的法律模式建构原则、内容要件、形式要件等重要问题。上述成果发表后，因其创新性和开拓性的研究，受到国内法学界广泛关注。有 3 篇文章被中国人民大学报刊复印资料《法学》全文转载，《新华文摘》刊登了有关此研究的 4 条目录，《文摘报》简介了主要观点，《法学研究》在 1995 年第 1 期《1994 年中国法学研究回顾》一文中，将此观点作为"1994 年法理学研究新思维"予以简介，中国人民大学的法学博士生专为此文写了商榷文章。《法律的理想》一文于 1995 年获西北政法学院第三次优秀科研成果一等奖；获西安市委、西安市人民政府颁发的西安市第二次社会科学优秀成果二等奖；被评为司法部直属院校八五期间优秀论文，获证书，并被收入《优秀论文集》一书。1997 年，《法律的理想与法制理论》一书获陕西省教委人文社科优秀成果一等奖；1999年，获陕西省人民政府颁发的“陕西省第五次社会科学优秀成果二等奖”。这六篇关于法律的理想的研究文章，被收入作者于1996年6月由山东人民出版社出版的《迈向民主与法治的国度》一书中。

中篇：关于法治理念的研究

此部分集中了作者关于法治问题的思考成果，主要内容有：中国现代化与法制；法制现代化及中国的道路；从毛泽东到邓小平：关于民主与法治思想的异同与发展；法治社会中公权力与私权利的定位；法治社会中法律与道德的关系；法治社会中法律与公平问题；儒家义利观与现代法治的价值取向；理想与现实：法治秩序与多元混合秩序的冲突与选择；市场经济与法治社会中的政府职能；建立权力制约的法治机制；法律的作用及其局限性。其中：

(1)关于权力制约问题的研究

1988年起，作者开始研究权力制约问题，在《光明日报》1988年7月28日与张忍成合署发表了《应当建立决策者的法律责任制度》一文，此文在国内较早提出了“建立对决策者实行责任制约制度”的观点（此文被中国人民大学报刊复印资料《法学》全文转载）。此后，作者又先后在《理论信息报》、《人文杂志》、《政治与法律》等报刊继续深化对权力制约问题的研究。1991年作者在《法学研究》第5期发表了《廉政与权力制约的法律思考》一文，此文以邓小平关于“责任制”的系列论述为指导，从反对腐败、加强廉政建设的高度，侧重研究了权力制约机制，提出了建立“以责任制约为内约机制，以外部监督为外约机制，内外部相结合的权力制约体制”的思路和观点。上述成果受到学术界和有关方面关注：《文摘报》转载了有关观点，中国人民大学报刊复印资料《中国政治》卷全文转载了《政治与法律》发表的文章，中国社会科学院文献情报中心摘登了《法学研究》文章的主要观点。此观点也被一些研究者所引用。这一权力制约思路被此后的改革及立法实践所确认。《行政诉讼法》、《国家赔偿法》等，从理论上讲都是责任制的法律确认。今日许多权力部门（如政府、法院等），甚至企事业单位都纷纷建立以“责任制”为主的制约制度。此文被评为西北政法学院建校35周年优秀论文，收入《优秀论文集》一书中。该文1996年被评为陕西省教委人文社科优秀成果二等奖。《廉政与权力制约机制的法律思考》一文参加1998年5月由中国社会科学院法学研究所、政治学研究所等主办的“依法治国与廉政建设”全国研讨会，并被收入论文集，由中国法制出版社1998年出版，主要观点在《法学研究》1998年第4期刊登。

(2)关于邓小平“民主法治”理论的研究

1994年初，在学习邓小平文选中，作者撰写了2篇有关邓小平法制思想的文章，发表在西北政法学院院报及《理论导刊》上。1995年，作者与肖周录合署，在《中国法学》第2期发表了《跳出“周期率”，要靠民主，更要靠法治——邓小平“民主法治”理论对毛泽东思想的继承与发展》一文。该文从如何跳出“周期率”这一问题入手，系统地分析了毛泽东在跳出“周期率”问题上的理论贡献和实践贡献及重大失误，又从比较的角度分析了邓小平的“民主法治”思想，概括出了“跳出‘周期率’，要靠民主，更要靠法治”这一理论命题，还分析了邓小平的“民主法治”理论对毛泽东思想是如何继承的，又是如何发展的，提出了把“法治”作为跳出“周期率”的重要战略，同“民主”相结合，才算真正找到了跳出“周期率”的正确道路。此文发表后，受到学术界等的广泛关注，产生了重大反响：中国人民大学报刊复印资料《毛泽东思想研究》1995年第3期全文转载了此文；中纪委纪检研究所、中国监察学会《研究参考》1995年第7期转载了此文；中央党校出版社、中国警官大学出版社大型丛书《中国领导科学文库》全文收录了此文；中央党校出版社《邓小平理论研究文库》全文收入此文；由改革出版社1996年8月出版的北京市“三五”普法干部必读书《学习邓小平民主与法制思想》一书全文收入此文；《新华文摘》1995年第8期刊登了目录；此文入选参加了1996年1月中国法学会召开的“邓小平民主法制思想研讨会”。此文获陕西省法学会1995年“长安杯”优秀法学论文一等奖，并获得由《法学研究》杂志牵头、全国14家法学核心期刊参加的“中国法治之路”青年法律优秀论文评比二等奖(因一等奖空缺，此为最高奖)。

(3)关于公权力与私权利问题的研究

1996年4月，作者应邀参加了由中国社会科学院法学所举办的“依法治国，建设社会主义法治国家”学术研讨会，为大会提交了《法治社会中的权力和权利定位》一文。该文通过对我国权力与权利的一些案例分析入手，然后上升到理论的高度，提出了法治社会对公权力和私权利的不同的对待原则，受到与会者的关注。此文在《法学研究》1996年第4期发表，并被收入该次会议的论文集中，主要观点被《法学研究》1996年第3期的综述文章刊登，并被《新华文摘》1996年第7期转载。文章的主要观点被摘发在中国社会科学院《要报》(1996年第18期)和中国法学会《要报》(1998年6月18日第286期)上报中央有关部门。作者还以此为专题，先后在西北政法学院、苏州大学法学院、南京师范大学经济法政学院、陕西省政法管理干部学院、香港大学亚洲研究中心、陕西师范大学、西安建筑科技大学等校作了演讲，引起强烈反响，受到师生欢迎。该文1997年获西安市法学会优秀法学成果一等奖；1998年获陕西省教委人文社科优秀成果二等奖；1998年获司法部优秀科研成果三等奖；1998年被司法部评为部直属院校“九五”期间优秀论文，收入《优秀论文集》一书；1998年获中国法学会征文二等奖。为了贯彻中央提出的依法治国、建设社会主义法治国家的战略决策和精神，作者在《法律科学》1996年第3期组织了《中国法治实现方略》的笔谈会，邀请全国一些知名法学家参加，此笔谈稿刊发后引起较大反响，《新华文摘》1996年第8期全文转载了10篇笔谈文章，中国人民大学报刊复印资料《法学》1996年第7期全文转载了16篇笔谈文章。

关于转型时期的中国社会秩序结构及其模式的研究——

作者在1998年第5期《法学评论》发表的《转型时期的中国社会秩序结构及其模式选择》一文，提出了对当代中国社会秩序结构的判断和认识。作者认为，转型时期的当代中国社会秩序结构形态表现为一种极为复杂的情况，作者将之概括为由“法治秩序”与“人治秩序”、“礼治秩序”、“德治秩序”、“宗法秩序”等组合而成的“多元混合秩序”。作者认为这是一种“实然社会秩序”，它同国家所确立的“法治秩序”这一“应然社会秩序”存在着较大差异。如何实现由“实然社会秩序”向“应然社会秩序”结构的转变，是中国在实现法治国家目标和进程中要面临的并要解决的主要问题。此文发表后，在学术界产生重大反响：《新华文摘》1999年第2期全文转载；中国人民大学报刊复印资料《法理学·法史学》1998年第12期全文转载；《新华文摘》1999年第1期刊登目录；《高等学校文科学报文摘》1999年第1期转摘。1999年，此文获西安市委、市人民政府颁发的“西安市第三次社会科学优秀成果一等奖”。

下篇：关于法学新思维

此部分集中反映了作者对中国法学的发展趋向问题、法理学问题、法学学问题、法学发展争鸣问题、中国法学教育模式问题、中国法学教育法改革等问题的思考，最后是结语：展望21世纪。

从1994年起，作者先后撰写并发表了《我们需要什么样的法理学》(《法学》1994年第8期)、《我国法理学发展的外部环境与内部条件》(《法律科学》1995年第3期)、《追求科学、追求真理、追求理想》(《中国法学》1994年第2期)、《多元的时代与多元的法学——迈向21世纪的中国法学走向》(《学习与探索》1995年第3期)、《关于几个法学问题的思考》(《中国法学》1995年第6期)、《世纪之交的中国法学应重视法学学问题的研究》(《法学》1996年第4期)、《法理学研究的一般特点及功能》(《法律科学》1996年第6期)、《世纪之交中国法学研究问题前瞻》(与刘鹏飞合署，《法学研究》1999年第4期)等系列性文章，就法理学和中国法学的发展及未来走向等问题提出了自己的看法。

上述成果引起法学界关注，五篇文章被中国人民大学报刊复印资料全文复印转载。其中《多元的时代与多元的法学》一文发表后，先后被《新华文摘》1995 年第 8 期和中国人民大学报刊复印资料《法学》1995 年第 7 期全文转载。此文被评为西安市法学会 1995 年度法学优秀论文特等奖；被评为 1996 年度全国法理学年会优秀论文奖。1995 年，为了将法理学的改革与发展引向深入，作者在《法律科学》第 3 期组织了一次以“法理学的改革与发展”为主题的笔谈会，得到全国一些法理学专家的热烈响应并撰写了稿件。文章刊发后，受到法学界好评，中国人民大学报刊复印资料《法学》卷 1995 年第 7 期全文转载了笔谈会的全部文章。

3.《法理学视野中的司法问题》(独著)，上海人民出版社 2003 年 7 月版。

关于此书的主要内容及评价，可见此书出版后由中国社会科学院法学研究所胡水君博士撰写的一篇书评。书评题目为《维护权利和法治的“案例法理学”——读〈法理学视野中的司法问题〉》，发表在《中国社会科学院院报》2004 年 2 月 10 日第 2 版。书评如下：

司法是法治的重要环节，也是一种重要的权利救济机制。因此，在我国提出并实施“依法治国”方略的过程中，司法不可避免地成为了学界关注的热点问题。在时下关于司法以及司法改革的各种讨论中，刘作翔教授新近出版的《法理学视野中的司法问题》(上海人民出版社 2003 年 7 月版)要算是一本很有特色的优秀学术著作。该书给人印象最深的特点在于对权利和法治的极力维护以及在方法论上的案例分析尝试。

《法理学视野中的司法问题》分为八篇，重点考察了司法理论和实践中的“公权力与私权利”、“法律标准与道德标准”、“国家法与民间法”、“权利冲突”、“司法地方保护主义”、“刑讯逼供”等问题。在关于公权力与私权利的定位上，作者归纳了两条法治原则：一是“对公权力，凡法无明文规定(授权)的，不得行之”；二是“对私权利，凡法未明文禁止(限制)的，不得惩之”。在法律与道德的关系问题上，作者提炼出法治社会的另外一条重要原则：“道德评价不能代替法律评价，应当尽量避免道德评价在执法和司法过程中的介入。”在关于国家法与“民间法”的讨论中，作者通过对大量中外案例的精心选择和编排，旗帜鲜明地指出了“民间法”的残忍、野蛮、愚昧、落后的一面，以此对学术界不分具体场合、一味抽象笼统地褒扬民间法这一趋向作了尖锐批评。在权利冲突问题上，作者对“合法性、正当性权利之间所发生的冲突”作了长篇阐述，并在此基础上提出了解决权利冲突的三条法治原则：“一是权利平等保护的原则；二是在特定情况下社会利益优先的原则；三是一般利益优于特殊利益，并兼顾特殊利益的原则。”此外，作者在书中还对司法地方保护主义和刑讯逼供作了批判。针对司法地方保护主义，作者重申了司法独立这一当今国际社会的重要法治原则，并提出了“司法权国家化”的司法改革思路。针对刑讯逼供，作者倡导一种观念变革，即由过去信奉的“决不放过一个坏人，也不冤枉一个好人”转变为“宁可放过一个坏人，也不冤枉一个好人”。

难能可贵的是，无论是对权力与权利、法律与道德、权利冲突等司法理论问题的讨论，还是对司法地方保护主义、刑讯逼供等司法实践中不良做法的批判，作者都始终坚持了保障人权、张扬权利、力行法治、追求进步等“现代法律理念”。这些构成了该书的主线，也是作者的一贯主张。早在1995年，作者就曾在一篇很有影响的论文中指出：“跳出‘周期率’，要靠民主，更要靠法治”。1999年，作者出版了《迈向民主与法治的国度》一书，从书名即可看出作者对民主与法治的热切期盼。在《法理学视野中的司法问题》一书中，权利和法治理念继续得到了深入贯彻。书中关于权力授予与限制的程序化原则、对道德介入司法的排斥、对“民间法”残忍面的揭示、对权利冲突广泛而深入的关注、对司法地方保护主义和刑讯逼供的批判，无不体现出作者对人和公民权利的维护、对法治的捍卫。作者在书中也曾直接指明这一点，他说：“权利意识是现代法律意识的核心，一切政治、经济、文化、人身等方面的利益均表现为法律上的权利。甚至可以极端地说现代法治意识就是权利意识，权利意识的发展变化体现了现代法治意识的发展变化。”

值得特别指出的是，该书对上述问题的讨论一改一般法理学著作的“纯”理论分析模式，而在研究方法上引入了案例分析。这是该书在方法论上的新颖之处。法理学是一门理论性很强的学科，理论思辨和概念分析有时是必不可少的。但单纯的理论分析有时也会带来一些问题，例如，它可能使长青的生活失去原有生机而成为灰色的理论，也可能使具体问题被置于笼统的抽象话语之下而导致理论与实际的脱节，等等。案例分析在一定程度上恰可弥补这些不足，通过现实生活中的一些活生生的案例，来引出某些重大理论问题，进而对其作更深层次的理论分析，这样既可以使理论变得生动，也可以使理论更加贴近实际、贴近我们现实的日常生活，还可以在新闻纪实作品与法学之间建立一座桥梁，促进对法律现象的跨学科研究。《法理学视野中的司法问题》中有关“民间法”的讨论，最足以说明案例分析的独到之处。为了批评学术界对所谓“民间法”的无限褒扬趋向，作者不惜冒着“片面”之名，不厌其烦地列举了中外六大类似案例，以此来提醒人们，在现代社会，“民间法”并不都如田园诗般温馨浪漫，它们也可能是野蛮残忍的，并进而从理论上指出，“民间法”是具体的，对国家法与“民间法”的是非判断只有放在具体层面才具有真实意义。作者的这一批判准而有力，体现出“片面的深刻”，而这正是通过个案分析来实现的。

由于运用了大量司法案例，《法理学视野中的司法问题》读来让人觉得生动活泼，加之作者条理清楚的理论分析，更能激发起读者对许多问题的深入思考。例如，尽管作者站在维护权利和法治的立场上反对在司法过程中用道德标准代替法律标准，但我们从该书的相关讨论中仍然可以知道另外一种主张在司法过程中考虑道德因素的意见。这一分歧在很大程度上既体现出传统和现实因素对现代法治的困扰，也体现出现代法治的内在困境。该书论及的“权利冲突”现象，其实也体现着法治框架内部的一种矛盾。关于这些问题的讨论，在促使我们朝维护权利和法治的道路努力迈进的同时，在另一方面也促使我们进一步思考法治的代价和“形式法治”的风险。作者在书的结尾提到，对真理的追求，“只有过程，而没有终结”，对于书中提出的这许许多多极有价值的问题，作者的讨论或许并不在于通过给出相应的回答来终结真理，而是为了给追求真理的过程提供新的路径和方法。

论文

1.《法治社会中的权力和权利定位》，《法学研究》1996 年第 4 期。

该文的主要观点在《法学研究》第 3 期综述文章中刊登，并被《新华文摘》1996 年第 7 期转载。此文获西安市法学会 1996 年度优秀法学成果一等奖；获 1998 年陕西省教委人文社科优秀成果二等奖；获 1998 年司法部优秀科研成果三等奖；获中国法学会 1998 年征文评比二等奖；获陕西省法学会 1993—1998 年法学优秀成果一等奖；1998 年 7 月被评为“司法部直属院校‘九五’期间优秀论文”，荣获证书，并收入司法部直属院校“九五”期间优秀论文集《政法论丛》(法律出版社 1999 年 6 月版)一书。

该文提出的主要观点是：法治社会应对公权力和私权利确立两个法治原则。这两个法治原则是：对公权力，法无明文规定(授权)的，不得行之；对私权利，法无明文禁止(限制)的，不得惩之。这两个原则应作为我们建设法治国家和法治社会的重要原则渗入到我国的立法、守法、执法、司法、法律监督等法制建设的诸环节中去，并将它们作为判断公权力行为和私权利行为的重要依据。

2.《转型时期的中国社会秩序结构及其模式选择》，《法学评论》1998 年第 5 期。

此文被《新华文摘》1999 年第 2 期全文转载；中国人民大学报刊复印资料

《法理学·法史学》1998年第12期全文转载;《新华文摘》1999年第1期刊登目录;《高等学校文科学报文摘》1999年第1期转摘;1999年,此文获西安市委、市人民政府颁发的"西安市第三次社会科学优秀成果一等奖"。

该文的主要观点是:转型时期的当代中国社会秩序结构形态表现为一种极为复杂的情况,作者将之概括为由"法治秩序"与"人治秩序"、"礼治秩序"、"德治秩序"、"宗法秩序"等组合而成的"多元混合秩序"。这是一种"实然社会秩序",它同国家所确立的"法治秩序"这一"应然社会秩序"存在着较大差异。如何实现由"实然社会秩序"向"应然社会秩序"结构的转变,是中国在实现法治国家目标和进程中要面临的并要解决的主要问题。

3.《法理学的定位——关于法理学学科性质、特点、功能、名称等的思考》,《环球法律评论》2008年第4期。

此文被《新华文摘》2009年第1期全文转载;中国人民大学复印报刊资料《法理学·法史学》2008年第10期全文转载。

该文的主要观点是:多少年来直至现在,在法理学的研究以及法理学教科书中,我们给法理学这门学科赋予了一个不恰当的定位,总是认为法理学与部门法学是指导与被指导的关系。这样的定位使我们陷入了一个认识误区,也是法理学者自己给自己下了一个"套",使中国的法理学研究一直受到部门法学的责难,成为部门法学经常"攻击"的口实。其中一个最大的且经常性的责难是"法理学无用论",认为法理学对部门法学乃至法律实践提供不了什么可指导性的理论和学说。其实,这样一种责难根源于对法理学学科性质和学科特点的认识上。法理学应该是一门独立的法学学科,它有其自己的知识体系,有其独立存在的价值。法理学与部门法学都是法学学科中平等的一员。但它们之间有区别,其中最大的区别是:部门法学是以某一个单一的部门法体系为依托和研究对象,而法理学则以所有的法律制度和法律现象为依托和研究对象,视野更开阔。因此,我们一方面不可把法理学抬到"云端"的高度,另一方面,在我们把法理学回归到自己应有地位的同时,也不能降低其特有的功能,必须肯定法理学有其独立存在的必要与价值。

附录二　刘作翔教授作品目录(1985—2013.5)

(一)著作、教材、工具书等(35 项)

(二)论文集(80 项)

(三)文章(263 篇)

(一)著作、教材、工具书等(35 项)

《法律文化论》(独著),陕西人民出版社 1992 年版。此书获陕西省人民政府颁发的"陕西省第四次社会科学优秀成果一等奖"(1995 年 4 月);获陕西省法学会颁发的"陕西省法学会第四次法学优秀成果一等奖"(1994 年 5 月)。

《法律的理想与法制理论》(独著),西北大学出版社 1995 年版。此书系陕西省哲学社会科学规划重点课题和西北政法学院社科研究重点课题,获陕西省教委 1997 年度人文社科优秀成果一等奖;获陕西省人民政府颁发的"陕西省第五次社会科学优秀成果二等奖"(1999 年);获陕西省法学会 1993—1998 年法学优秀成果一等奖。

《法律文化理论》(独著),商务印书馆 1999 年版,2001 年 4 月第二次重印,2004 年 7 月第三次重印,2010 年 4 月第四次重印,2010 年 7 月第五次重印,2011 年 3 月第六次重印。

《迈向民主与法治的国度》(独著),山东人民出版社 1999 年版,2004 年 1 月第二次重印,2005 年 1 月第三次重印。

《法理学视野中的司法问题》(独著),上海人民出版社 2003 年版。

《法治的路径—— 项目研究报告(2001—2006)》(合著),山东人民出版社 2008 年版。

《我之法学观——刘作翔文章选》(独著),湘潭大学出版社 2008 年版。

《思想的碎片——刘作翔法学言论选》(独著),中国法制出版社 2012 年版。

《法理学》(主编),社会科学文献出版社 2005 年版。此书系中国社会科学院法学所法律硕士研究生通用教材。

《中国社会科学院法学博士后论丛》(第一卷,主编),中国政法大学出版社2004年版。

《立党为公、执政为民的法理学研究——中国法学会法理学研究会2004年主题学术征文》(主编),中国政法大学出版社2005年版。

《多向度的法理学研究》(主编),北京大学出版社2006年版。

《法与公平论》(与邵诚教授共同主编),西北大学出版社1995年版。此书系陕西省哲学社会科学规划重点课题。

《依法治国基本方略》(著作人之一),学习出版社2001年版。此书系中宣部"跨世纪干部学习丛书"之一,作者与王海山合作承担该书的第4、6、7章的写作。

《法学基础理论》(参编),中国政法大学出版社1994年版。此书系司法部高等政法院校规划教材,在全国使用,获司法部"普通高等学校法学优秀教材二等奖"(1996年5月)。

《法理学》(参编),法律出版社1996年版。此书系司法部组织的全国司法学校统编教材,在全国司法学校使用。

《法理学》(编写人之一),法律出版社1997年版。此书系司法部"九五"重点规划教材"现代法学教材"之一,在全国使用。

《法理学》(参编),高等教育出版社、北京大学出版社1999年联合出版。此书系教育部"面向21世纪课程教材"。2002年此书获教育部优秀教材一等奖。

《法理学》(第二版,参编),高等教育出版社2003年版。

《法理学》(参编),法律出版社1996年版。

《法理学》(参编),经济科学出版社2000年版。此书系中国社会科学院研究生院教材。

《法学专题讲座》(参编),国家行政学院出版社1999年版。此为国家行政学院公务员培训系列丛书,作者与李步云教授合作撰写其中的法学基础理论内容。

《法理学》(第三版,著作人之一),法律出版社2007年版。此书系普通高等教育国家级规划教材系列。

《法理学》(第三版,参编),高等教育出版社2007年版。

《法理学》(第四版,参编),高等教育出版社2011年版。

《法理学》(参编),清华大学出版社2008年版。

《法治理想的追求——李步云教授学术思想暨七十华诞志贺》(第一主编),中国政法大学出版社2003年版。

《新华词典》(2001年修订版),商务印书馆2001年版。作者与王兰萍合作承担“法律词条”内容的修订,共495个词条,并作审稿人。

《新华新词语词典》,商务印书馆2003年版。作者与王敬波合作承担“法律新词语”的撰写任务,并作审稿人。

《法律词典》(撰稿人),中国社会科学院法学研究所编辑,法律出版社2003年版。

《中国审判实务大辞典》(大型工具书),法律出版社1994年版。此书由最高人民法院、中国法学会等主编,作者为25分编副主编。

《国家公务员知识手册》(副主编),陕西人民出版社1988年版。此书系陕西省哲学社会科学“七五”规划课题,并获得陕西省第三届社会科学优秀成果三等奖。

《法理讲义——关于法律的道理与学问》(上、下),北京大学出版社2010年版。作者承担共两章的写作。

《社科大讲堂》(法学卷),经济管理出版社2010年版。

《法律与社会论丛》第一卷“法律实施的理论与实践研究”(主编),社会科学文献出版社2012年版。

(二)论文集(80项)

以下80项论文集中,收有作者的文章:

《企业法讲话》,陕西人民出版社1988年版。

《西部改革发展思考》,陕西人民出版社1988年版。

《马克思主义法理学》,山东大学出版社1990年版。

《基本国情与基本路线》,陕西人民出版社1990年版。

《行政体制改革与转变政府职能》,社会科学文献出版社1994年版。

《儒学与法律文化》,复旦大学出版社1994年版。

《论语的现代法文化价值》,上海交通大学出版社1995年版。

《架起法系间的桥梁》,苏州大学出版社1995年版。

《法制现代化研究》(第一卷),南京师范大学出版社1995年版。

《儒家义利观与市场经济》,上海社科院出版社1996年版。

《走向二十一世纪的法理学》,云南大学出版社1996年版。

《依法治国、建设社会主义法治国家》,中国法制出版社1996年版。

《走向法治之路》,中国民主法制出版社1996年版。

《依法治国与精神文明建设》,中国法制出版社1997年版。

《儒家思想与现代道德和法治》，吉林人民出版社1998年版。
《政治中国》，今日中国出版社1998年版。
《法制现代化研究》（第四卷），南京师范大学出版社1998年版。
《依法治国与廉政建设》，中国法制出版社1999年版。
《法制现代化研究》（第五卷），南京师范大学出版社1999年版。
《依法治国与司法改革》，中国法制出版社1999年版。
《法理学论丛》（第一卷），法律出版社1999年版。
《21世纪的亚洲与法律发展》，南京师范大学出版社2001年版。
《司法改革论评》（第二辑），中国法制出版社2002年版。
《法学教育：比较与省思》，中国档案出版社2002年版。
《比较法在中国》（第二卷），法律出版社2002年版。
《清华法治论衡》（第三辑），清华大学出版社2002年版。
《法制现代化研究》（第八卷），南京师范大学出版社2002年版。
《法治社会之形成与发展》，山东人民出版社2003年版。
《司法改革报告》，法律出版社2003年版。
《社会转型与法治发展》，黑龙江人民出版社2003年版。
《财经法律评论》（第一卷），法律出版社2003年版。
《如何根除酷刑》，社会科学文献出版社2003年版。
《中国法理学精粹（1978—1999年卷）》，机械工业出版社2004年版。
《中国法理学精粹（2003年卷）》，机械工业出版社2004年版。
《判例制度研究》，人民法院出版社2004年版。
《法律与全球化：实践背后的理论》，法律出版社2004年版。
《中国法治发展报告No.1（2003）》，社会科学文献出版社2004年版。
《法治与21世纪》，社会科学文献出版社2004年版。
《中国法理学精粹（2004年卷）》，高等教育出版社2004年版。
《改革司法——中国司法改革的回顾与前瞻》，社会科学文献出版社2005年版。
《人权法评论》（第一卷），北京大学出版社2005年版。
《华侨大学法学论丛》（第一卷），厦门大学出版社2005年版。
《中国法理学精粹（2005年卷）》，高等教育出版社2005年版。
《科技反恐与科技创安》，北京燕山出版社2006年版。
《“人权入宪”与人权法制保障》，团结出版社2006年版。
《中国法理学论坛》，中国人民大学出版社2006年版。

《法律大讲堂——中国当代法律名家讲座》,北京邮电大学出版社 2006 年版。
《国家·宗教·法律》,中国社会科学出版社 2006 年版。
《法律与人文》,法律出版社 2007 年版。
《依法治国与和谐社会建设》,中国法制出版社 2007 年版。
《纪念中国社会科学院建院 30 周年学术论文集·法学研究所卷》,方志出版社 2007 年版。
《全球化与多元法律文化》,社会科学文献出版社 2007 年版。
《依法治国十年回顾与展望》,中国法制出版社 2007 年版。
《法理学讲演录》,法律出版社 2007 年版。
《法治百家谈——百名法学家纵论中国法治进程》(第 1 辑),中国长安出版社 2007 年版。
《审判前沿问题研究——最高人民法院重点调研课题报告集》(上下册),人民法院出版社 2007 年版。
《法学家茶座(精华本)》(第 1 卷),山东人民出版社 2008 年版。
《法理学与部门法哲学理论研究》,上海人民出版社 2008 年版。
《习惯在民事审判中的运用》,人民法院出版社 2008 年版。
《民主法治之道》,中国社会科学出版社 2008 年版。
《法苑撷英》(纪念法学所建所 50 周年学术论文集),中国社会科学出版社 2008 年版。
《依法治国与深化司法体制改革》,社会科学文献出版社 2008 年版。
《司法之道:以当事人为本》,人民法院出版社 2008 年版。
《中国法治 30 年:1978—2008》,社会科学文献出版社 2008 年版。
《全球化背景下的法治研究》,南京大学出版社 2008 年版。
《廊坊经验的启示——多元纠纷解决机制研究》,人民法院出版社 2009 年版。
《民生问题与司法公正》,上海财经大学出版社 2009 年版。
《中国法学高影响论文评介》(1978—2008),上海交通大学出版社 2009 年版。
《全面落实依法治国基本方略》,中国社会科学出版社 2009 年版。
《司法改革与法院工作创新》,河北人民出版社 2009 年版。
《法治民主》,天津人民出版社 2010 年版。
《转型期法治报告》,法律出版社 2010 年版。
《人民法院能动司法制度建设初探》,人民法院出版社 2011 年版。
《曲折 磨难 追求——首届中国法学名家论坛学术论文集》,北京大学出版社 2011 年版。

《法治新视野:比较法的分析》,社会科学文献出版社2011年版。
《审判研究:案例指导制度专题》,法律出版社2011年版。
《北京市法学会优秀法学研究成果选编(2010)》,九州出版社2012年版。
《聆听法治——在最高学术殿堂》,中国人民公安大学出版社2012年版。
《论社会管理创新》,中国社会科学出版社2012年版。
《马克思主义法律思想中国化理论与实践研究》,中国法制出版社2013年版。

(三)文　章(263篇)

《论法律文化》,载《法学研究》1988年第1期。此文获陕西省法学会颁发的“陕西省法学会第三届法学优秀成果一等奖”(1991年);被评为“司法部直属院校‘七五’期间优秀论文”(1994年),荣获证书,并收入《司法部直属院校“七五”期间优秀论文集》(北京理工大学出版社1994年版)一书。

《廉政与权力制约的法律思考》,载《法学研究》1991年第5期。此文被中国社会科学院文献情报中心《学术论文活页文选》摘登;被评为西北政法学院校庆35周年优秀论文,收入《西北政法学院校庆35周年优秀论文集》一书;获陕西省1996年度人文社科优秀成果二等奖。

《法律的理想》,载《法学研究》1994年第6期。此文被中国人民大学复印报刊资料《法学》1995年第2期全文转载;《文摘报》1995年1月12日简介;《法制日报》1995年8月30日作简介;《新华文摘》1995年第3期刊登目录;《法学研究》1995年第1期《1994年中国法学研究回顾》一文将此作为“1994年法理学研究新思维”予以简介。此文获西北政法学院第三次优秀科研成果一等奖(1995年);获西安市委、市人民政府颁发的第二次社科优秀成果二等奖(1996年2月);1996年12月被评为“司法部直属院校‘八五’期间优秀论文”,荣获证书,并收入《司法部直属院校“八五”期间优秀论文集》(法律出版社1996年版)一书。

《法治社会中的权力和权利定位》,载《法学研究》1996年第4期。主要观点在《法学研究》1996年第3期综述文章中刊登,并被《新华文摘》1996年第7期转载。此文获西安市法学会1996年度优秀法学成果一等奖;获1998年陕西省教委人文社科优秀成果二等奖;获1998年司法部优秀科研成果三等奖;获中国法学会1998年征文评比二等奖;获陕西省法学会1993—1998年法学优秀成果一等奖;1998年7月被评为“司法部直属院校‘九五’期间优秀论文”,荣获证书,并收入司法部直属院校“九五”期间优秀论文集《政法论丛》(法律出版社1999年版)一书。

《世纪之交中国法学研究问题前瞻》(与刘鹏飞合署),载《法学研究》1999年第

4期。《新华文摘》1999年第10期刊登目录。

《中国司法地方保护主义之批判——兼论“司法权国家化”的司法改革思路》,载《法学研究》2003年第1期。《中国社会科学文摘》杂志2003年第3期“论点摘要”摘登,《中国社会科学文摘》杂志2003年第6期“热点问题”栏目转载。

《案例指导制度的理论基础》(与徐景和合署),载《法学研究》2006年第3期。中国法学会《法学文摘》2006年8月10日第13期转摘。

《现代法律观念的培植是实现法治国家的观念基础》(纪念依法治国基本方略实施十周年笔谈),载《法学研究》2007年第4期。

《传统的延续:习惯在现代中国法制中的地位和作用》,载《法学研究》2011年第1期。

《依法治国与依宪治国的法理意蕴》(笔谈稿),载《法学研究》2013年第2期。

《跳出“周期率”,要靠民主,更要靠法治——邓小平“民主法治”理论对毛泽东思想的继承与发展》(与肖周录合署),载《中国法学》1995年第2期。此文发表后,被中国人民大学复印报刊资料《毛泽东思想研究》1995年第3期全文转载;中共中央党校出版社、中国警官大学出版社大型丛书《中国领导科学文库》收入此文;中央党校出版社《邓小平理论研究文库》全文收入此文;中纪委纪检所、中国监察学会《研究参考》1995年第7期转载;由改革出版社1996年版的北京市“三五”普法干部必读书《学习邓小平民主与法制思想》一书全文收入了此文;《新华文摘》1995年第8期刊登目录。此文受邀参加了中国法学会1996年1月“邓小平民主法制思想研讨会”;获陕西省法学会1995年“长安杯”优秀法学论文一等奖;1996年4月获全国“中国法治之路”青年法律论文评比二等奖(此是最高奖,一等奖空缺)。

《关于几个法学问题的思考》,载《中国法学》1995年第6期。中国人民大学复印报刊资料《理论法学·法史学》1996年第3期全文复印转载。

《追求科学、追求真理、追求理想》(笔谈),载《中国法学》1994年第2期。《新华文摘》1994年第8期刊登目录。

《权利冲突的几个理论问题》,载《中国法学》2002年第2期。《新华文摘》2002年第7期目录索引。《中国社会科学文摘》2002年第4期“论点摘要”摘登。此文被列入“中国法学类高影响论文评介前50”(1978—2008),收入上海交通大学出版社2009年4月出版的《中国法学高影响论文评介》(1978—2008)一书中。此文获中国社会科学院法学研究所2003年度优秀科研成果三等奖。

《法与社会公平的文化透视》，载《现代人报》1989 年 1 月 3 日。《新华文摘》1989 年第 3 期全文转载。

《转型时期的中国社会秩序结构及其模式选择》，载《法学评论》1998 年第 5 期。《新华文摘》1999 年第 2 期全文转载；中国人民大学复印报刊资料《法理学・法史学》1998 年第 12 期全文转载；《新华文摘》1999 年第 1 期刊登目录；《高等学校文科学报文摘》1999 年第 1 期转摘。1999 年，此文获西安市委、市人民政府颁发的“西安市第三次社会科学优秀成果一等奖”。

《多元的时代与多元的法学——迈向 21 世纪的中国法学走向》，载《学习与探索》1995 年第 3 期。《新华文摘》1995 年第 8 期全文转载；中国人民大学复印报刊资料《法学》1995 年第 7 期全文转载。此文获西安市法学会 1995 年度优秀法学论文特等奖，并获 1996 年度全国法理学年会优秀论文奖及证书。

《法理学的定位——关于法理学学科性质、特点、功能、名称等的思考》，载《环球法律评论》2008 年第 4 期。《新华文摘》2009 年第 1 期全文转载。中国人民大学复印报刊资料《法理学・法史学》2008 年第 10 期全文转。《检察日报》2008 年 9 月 11 日转摘。

《案例指导制度的定位及其相关问题》，载《苏州大学学报》（哲学社会科学版）2011 年第 4 期。《新华文摘》2011 年第 21 期全文转载。

《法律文化的结构层次》，载中国社会科学杂志社《未定稿》杂志 1988 年第 1 期。

《扩大公民有序的政治参与——实现和发展社会主义民主的一条有效途径》，载《求是》杂志 2003 年第 12 期。香港《信报》2003 年 6 月 25 日对此文有评论；中国人民大学复印报刊资料《社会主义论丛》2003 年第 8 期全文转载。

《从陕西看经济不发达地区政治体制改革的战略对策》（研究小组集体撰写），载《红旗》杂志 1988 年第 6 期。

《应当建立决策者的法律责任制度》（与张忍成合署），载《光明日报》1988 年 7 月 28 日。中国人民大学复印报刊资料《法学》1988 年第 8 期全文转载。此文获陕西省机关工委“大家谈改革”征文二等奖。

《依法执政是依法治国的具体体现》，载《光明日报》2005 年 8 月 2 日第 5 版。

《法学教育应提倡案例教学法》，载《中国法制报》1986 年 4 月 7 日。

《改革我国法学教学法的构想》，载西北政法学院《教学研究》1985 年第 4 期。

《现代化与法制》，载西北政法学院院刊 1985 年 12 月 15 日第 3 版。

《福泽渝吉的法律思想》,载《外国法学研究》1986 年第 1 期。
《略论韩非法概念及其特征》,载《西北政法学院学报》1986 年第 2 期。
《浅议法律人才的培养》,载西北政法学院《教学研究》1986 年第 3 期。
《论法的本质》,载《全国首届青年法学工作者学术讨论会论文集》,陕西省法学会 1986 年印制。
《各国立法有关新闻出版自由的限制性法律规定》(与马岭合署),载《外国法学研究》1987 年第 1 期。
《法律文化有几种类型?》,载《社会科学报》1987 年 4 月 30 日。
《政治体制改革的目标、措施、办法》,载陕西《支部生活》杂志 1987 年第 11—12 合期。
《中国现代化进程中的法律文化传播》,载《社会科学评论》1988 年第 8 期。
《试论法律文化的结构层次》,载《西北政法学院学报》1988 年第 1 期。
《“代表意识”小议》,载《陕西日报》1988 年 4 月 6 日。
《当代中国法律文化的冲突与选择》,载《政治与法律》1989 年第 1 期。
《改革要求建立决策者的法律责任制度》,载《法学内参》1988 年第 4 期。
《权力没有约束,就会腐化——决策者法律责任的追惩》,载《深圳法制报》1988 年 8 月 13 日。
《为什么说四项基本原则是立国之本,改革开放是强国之路》,载《共产党人》1988 年第 8 期。
《社会主义初级阶段西部地区政治体制改革的战略选择》(研究小组集体撰写),载《理论导刊》1988 年第 11 期。
《权力制约新思路:用责任制约权力》,载《理论信息报》1989 年 5 月 1 日。《文摘报》1989 年 5 月 18 日转载。
《民主乎? 集权乎? ——理论界关于新权威主义的论争》,载《理论导刊》1989 年第 4 期。
《法律观念对实现法律制度的影响》,载《西安经济报》1989 年 10 月 7 日发表。
《怎样采取有效措施逐步缓解分配不公的社会矛盾》,载《支部生活》杂志 1989 年第 12 期。
《关于 21 世纪的对话——读〈展望 21 世纪〉》,载《西北大学学报》(哲社版)1990 年第 2 期。
《温斯坦莱法律思想述评——读〈自由法〉》,载《法律科学》1990 年第 2 期。
《观念变革:西部经济起飞的精神动力》,载《劳动周报》1990 年 9 月 28 日。
《在社会主义法制建设中应当重视权利问题》,载《当代法学》1990 年第 4 期。

《从法律文化角度看社会治安综合治理》,《法学内参》1991年第5期。

《关于建立责任制约机制的思考》,载《人文杂志》1991年第2期。

《中国现代化与法制》,载《理论导刊》1991年第3期。《新华文摘》1991年第6期刊登目录。

《法律文化冲突的原因与形式》,载《法律科学》1992年第5期。《学术研究动态》1992年第5期转摘。

《研究权力制约问题的理论价值和实践意义》,载《政治与法律》1992年第1期。中国人民大学复印报刊资料《中国政治》1992年第2期全文转载。

《法律遇到了挑战》,载《现代人报》1992年10月27日。

《建立适应社会主义市场经济的法律新体制》,载《法学内参》1993年第1期。

《法律文化现代化初探》,载《西安石油学院学报》(社科版)1993年第1期。

《中国法律文化现代化的历史动力及其转换机制》,载《法律科学》1993年第3期。

《建立社会主义市场经济新体制,应积极吸收和借鉴西方法律文化》,载《社会科学报》1993年9月3日。

《试论新旧体制交替中的政府职能转变》,载《陕西日报》1993年10月13日。

《以新的姿态跨入二十一世纪》,载《法律科学》1993年第5期。

《他山之石,可以攻玉——关于西方法律文化的借鉴问题》(笔谈),载《南京社会科学》1993年第5期。《新华文摘》1994年第1期刊登目录。

《市场经济条件下政府职能的几个问题》,载《政法论坛》1994年第1期。中国人民大学复印报刊资料《法学》1994年第5期全文转载。

《法律的理想与相关法学概念关系的法理学分析》,载《法律科学》1994年第4期。《高等学校文科学报文摘》1994年第5期转摘;《新华文摘》1994年第9期刊登目录。

《私法文化与行政权力》,载《长白论丛》1994年第4期。

《法制:现代化建设的重要保证——学习邓小平同志的法制思想》,载《理论导刊》1994年第6期。

《我们需要什么样的法理学——比较·借鉴·革新》,载《法学》月刊1994年第8期。

《法制现代化进程中的中国法律教育》,载《中外法学》1994年第5期。

《理想的法律模式之建构原则》,载《法商研究》1994年第6期。

《法律的理想与理想的法律》,载《政治与法律》1995年第1期。《新华文摘》1995年第4期刊登目录。

《理想的法律模式建构之内容要件》,载《法律科学》1995 年第 2 期。中国人民大学复印报刊资料《法学》1995 年第 7 期全文转载;《高等学校文科学报文摘》1995 年第 3 期转摘;《新华文摘》1995 年第 5 期刊登目录。此文获全国"中国法治之路"青年法律论文评比优秀奖。

《理想的法律模式建构之形式要件》,载《法商研究》1995 年第 2 期。中国人民大学复印报刊资料《法学》1995 年第 7 期全文转载。

《我国法理学发展的外部环境与内部条件》(笔谈),载《法律科学》1995 年第 3 期。中国人民大学复印报刊资料《法学》1995 年第 7 期全文转载。

《试论司法公平的实现》(与雷贵章合署),载《政法论坛》1995 年第 3 期,收入《依法治国论文集》,吉林人民出版社 1997 年版。

《行政执法公平实现的具体条件》(与张洪明合署),载《法学》月刊 1995 年第 6 期,收入《依法治国论文集》,吉林人民出版社 1997 年版。

《行政执法行为中的公平要求》(与张洪明合署),载《南京大学法律评论》1995 年秋季号。中国人民大学复印报刊资料《宪法·行政法》1996 年第 1 期全文转载。

《公平:法律追求的永恒价值——法与公平研究论纲》,载《天津社会科学》1995 年第 5 期。

《多元化是法理学发展的必由之路》(笔谈),载《政治与法律》1995 年第 6 期。

《现代化外向型城市法制建设环境要素分析》(与郭微、李少堂合署),载《理论导刊》1996 年第 5 期。

《儒家义利观与现代法的价值取向》,载《长白论丛》1996 年第 1 期。

《现代企业制度的产权特征》(与鲁吉安合署),载《当代经济科学》1996 年第 1 期。

《关于我国国有企业产权制度改革的法学思考》(与鲁吉安合署),载《黑龙江政法管理干部学院学报》1996 年第 2 期。

《世纪之交的中国法学应重视法学学问题的研究》,载《法学》1996 年第 4 期。中国人民大学复印报刊资料《理论法学·法史学》1996 年第 6 期全文转载。

《坚持学术性是办好学报的关键》,载《三秦论坛》1996 年第 1 期。

《法律的作用及其局限性》,载《法制与社会发展》杂志 1996 年第 2 期。《高等学校文科学报文摘》1996 年第 4 期转摘;中国人民大学复印报刊资料《理论法学·法史学》1996 年第 6 期全文转载。

《神圣的宪法权利与"社会公德"的冲突》,载《法学》1996 年第 3 期。《新华文摘》1996年第5期刊登目录。

《实现法治必须坚持的两个法治原则》(笔谈),载《法律科学》1996年第3期。中国人民大学复印报刊资料《理论法学・法史学》1996年第7期全文转载。

《实现法治:我们的理想与追求》,载《政治与法律》1996年第5期。《新华文摘》1997年第1期"论点摘要"摘登;《甘肃日报》1997年5月24日转载。

《产权概念的法理学分析》(与鲁吉安合署),载南京师范大学《法制现代化研究》1996年卷。

《取消免予起诉是向法治的回归》,载《法制周报》1996年4月23日。

《私权利:一个值得重视的法治领域》,载《东方》杂志1996年第4期,收入《政治中国》一书,今日中国出版社1998年版。

《二十世纪中国法制的现代化》,载《社会科学报》1996年10月10日。

《20世纪的回顾与展望》,载《法律科学》1996年第5期。中国人民大学复印报刊资料《理论法学・法史学》1996年第11期全文转载。

《法理学研究的一般特点及其功能》,载《法律科学》1996年第6期。中国人民大学复印报刊资料《法理学・法史学》1997年第2期全文转载;《高等学校文科学报文摘》杂志1997年第1期转摘;《新华文摘》1997年第1期刊登目录。

《中国法律文化现代化需走整体性协调发展的道路》,载《北京法制报》1997年4月30日。

《法律责任的概念分析》(与龚向和合署),载《法学》1997年第10期。中国人民大学复印报刊资料《法理学・法史学》1998年第2期全文转载。

《20世纪中国法律文化现代化的历史回顾及问题思考》,载《法制现代化与中国经济发展》,南京师范大学出版社1997年版。

《法律与道德:中国法治进程中的难解之题》,载《法制与社会发展》1998年第1期。《新华文摘》1998年第5期刊登目录;中国人民大学复印报刊资料《法理学・法史学》1998年第5期全文复印。此文获陕西省法学会1997年优秀论文一等奖。

《从文化概念到法律文化概念》,载《法律科学》1998年第2期。中国人民大学复印报刊资料《法理学・法史学》1998年第5期全文复印。

《作为方法论意义的法律文化——关于"法律文化"的一个释义》,载《法学》月刊1998年第6期。中国人民大学复印报刊资料《法理学・法史学》1998年第8期全文转载。

《作为对象化的法律文化——法律文化的释义之一》,载《法商研究》1998年第4期。《新华文摘》1998年第11期刊登目录。

《法治化:中国企业集团发展的必由之路》(与郭安元合署),载《当代经济科学》1998年第3期。

《建立对权力的责任约束机制》,载《检察日报》1998年6月15日。

《中国法学面临新世纪的挑战》,载《检察日报》1998年7月13日。

《世纪之交中国法学面临的挑战》,载《世纪论评》1998年第3期。《新华文摘》1998年第8期刊登目录。

《发现思想,传播思想——学术刊物的重要使命》(笔谈),载《南京大学法律评论》1998年秋季号。

《法制系统中的公平要求及体现》,载《法制日报》1999年4月29日。

《迈向新的高度,迎接新的世纪》(《法律科学》杂志扩版主编寄语),载《法律科学》1999年第1期。

《迈向民主与法治的国度》,载《法律科学》1999年第3期。

《迈向21世纪的中国法律文化》,载《高等学校文科学报文摘》1999年第2期"首次书摘"栏目。

《法制现代化概念、释义和实现目标》,载《宁夏社会科学》1999年第3期。

《中国法制现代化的历史道路》,载《西江大学学报》1999年第2期。

《"应然"与"实然":观察当代中国社会秩序结构的一个新视角》,载《法制日报》1999年7月1日。

《思想的价值与法治的理念》,载《法制日报》1999年7月22日。

《追求法治:法学家之最高理想》,载《法制日报》1999年8月5日。

《十八年前的一段回忆》,载《法理学与比较法学论集——沈宗灵学术思想暨当代中国法理学的改革和发展》,北京大学出版社2000年版。

《好的法律环境是前提》,载《经济参考报》2000年5月17日。

《建立宪法诉讼制度的设想》,载《检察日报》2000年7月27日。

《建立政府决策的法治机制》,载《检察日报》2000年11月2日。

《我国公民的法律意识状况及其特点》(与王海山合署),载《岳麓法学评论》第1卷(2000年),湖南大学出版社2000年版。

《中国公民权利意识的现状》,载司法改革专辑第1卷第1辑《司法审判动态与研究》,法律出版社2001年版。

《遵循先例:原则、规则和例外——卡多佐的司法哲学观》(上),载《判例与研究》2001年第1期。

《遵循先例：原则、规则和例外——卡多佐的司法哲学观》（下），载《判例与研究》2001 年第 2 期。

《公开：沟通政府与人民的渠道——信息公开专家谈》，载《法制日报》2001 年 6 月 3 日。

《西部大开发与法制建设》（上）（与刘瀚合署），载《北京市政法管理干部学院学报》2001 年第 2 期。

《西部大开发与法制建设》（下）（与刘瀚合署），载《北京市政法管理干部学院学报》2001 年第 3 期。

《来自西部一线的报告》（书评），载《中华读书报》2001 年 7 月 18 日。

《丈夫是否享有生育权》，载《检察日报》2001 年 10 月 9 日。《浙江法制报》2002 年 4 月 2 日转载。

《"2010 年形成有中国特色法律体系"的思考》，载《上海市政法管理干部学院学报》2001 年第 5 期。《公安文摘参考》（四川）2001 年第 6 期转摘。

《忽略程序正义的代价——新闻"暗拍"与公民隐私权的冲突》，载《检察日报》2001 年 10 月 26 日。

《到底是谁的失误——关于周期率的思考》，载《文汇读书周报》2001 年 11 月 17 日。

《入世与改变观念》，载《法制日报》2001 年 12 月 16 日。《中国供销合作经济》杂志 2002 年第 4 期转载。

《西部大开发法治环境建设的几个主要问题》，载《法律与社会》2001 年第 5 期。

《完善我国民族区域自治法律法规体系的设想》，载《法学杂志》2001 年第 6 期，被选入《法学杂志》2002 年精选文章英文版。

《权利冲突何以如此之多》，载《检察日报》2002 年 2 月 23 日。

《由两起铁路赔偿案引发的思考》，载《检察日报》2002 年 3 月 19 日。

《权利冲突：一个应该重视的法律现象》，载《法学》2002 年第 3 期。中国人民大学复印报刊资料《法理学·法史学》2002 年第 5 期全文复印转载。

《权利冲突：一个值得重视的法律问题——权利冲突典型案例研究》，载《浙江社会科学》2002 年第 3 期。

《在经验事实与公理之间——对几个观念的反思》，载《群言》2002 年第 6 期。

《法律理想与法律文化》（访谈录），载《湘江法苑》第 5 卷，湘潭大学法学院 2002 年 5 月印制。

《法理学视野中的法的适用》，载《法律适用》2002 年第 7 期。

《法治精髓:权利的平等保护——对"权利优先"理论的批判》,载《法制日报》2002年7月21日。

《社会组织的人性基础和存在意义——一个法理的阐释》,载《法学》2002第9期。《高等学校文科学报文摘》2002年第6期转摘。

《刑讯逼供·沉默权·实验取证——一起"实验取证"与"刑讯逼供"交锋的案例及其分析和思考》,载《学海》2002年第6期。中国人民大学复印报刊资料《诉讼法学·司法制度》2003年第3期全文转载。

《司法权属性探析》,载《法制日报》2002年9月22日。

《法治的事业需要法学期刊的支撑》(笔谈),载《法学》2002第10期。

《张扬权利何来"过分"》,载《检察日报》2003年3月11日。浙江省人民广播电台"西湖之声"栏目2003年3月17日全文转播。

《"小广告"引发的法律争议》,载《检察日报》2003年3月18日。

《"体检标准"体现权利保护》,载《检察日报》2003年3月25日。

《中国法制:回望方知渐行远》(采访记),载《时事报告》2003年第3期。

《保障罪犯权利从更新观念开始》,载《检察日报》2003年4月15日。

《是正当管理还是"非法侵入"》,载《检察日报》2003年4月29日。

《权利冲突的"正当性、合法性"辨析》,载《检察日报》2003年5月13日。

《多元共存:对21世纪中国法律文化的展望》,载《新疆律师》2003年第2期。

《具体的"民间法"——一个法律社会学视野的考察》,载《浙江社会科学》2003年第4期。《方圆》杂志2003年第11期全文转载。

《记录下思想的碎片》(《法律科学》创刊20周年笔谈),载《法律科学》2003年第5期。

《感受儒雅——献给导师李步云先生》,载《金陵法律评论》2003年春季号。

《寻求理性下的生活秩序——关于SARS的一点思考》,载《中国社会科学院研究生院学报》2003年第4期。

Equal Protection of Rights: The Idea ,Belief and Essence of the Rule of Law——Critique of the Theory of "Priority of right"CHINA LEGAL SCIENCE 2003.

《陪审权的司法权属性》,载《人民法院报》2003年10月27日。

《质疑"滥诉"之说》,载《检察日报》2003年12月16日。

《关于我国司法改革的建议》,载中国社会科学院《信息专报》2003年第50期。

《关于我国司法改革的建议》,载《中国社会科学院要报·领导参阅》2003年第33期。

《反恐与个人权利保护》，载《法学》2004 年第 3 期。
《奥斯丁、凯尔森、拉兹的法律体系理论》，载《金陵法律评论》2004 年春季卷。
《信息公开、知情权与公民隐私权的保护》，载《学习与探索》2004 年第 4 期。中国人民大学复印报刊资料《宪法学·行政法学》2004 年第 10 期全文转载。
《"先例判决制度"在中国的实践》，载《判例与研究》2004 年第 4 期。
《"先例判决制度"引起的学术争论》，载清华大学法学院《法律对策研究通讯》2004 年第 4 期。
《科学的现代化理论应是全方位的》(民盟中央"科学发展观"专题座谈会发言摘要)，载《群言》2004 年第 8 期。
《邓小平的民主法治理论及其价值》，载《人民法院报》2004 年 8 月 22 日。中国人民大学复印报刊资料《邓小平理论、"三个代表"重要思想》2005 年第 1 期全文转载。
《中国正在进步——通过案例的观察、感悟和批驳》，载《法学家茶座》第 7 辑，山东人民出版社 2004 年版。
《不可行性研究与政协民主监督》(民革中央"不可行性研究与政协民主监督"学术研讨会发言摘要)，载《团结》2004 年第 6 期。
《民主之道：扩大公民有序的政治参与》，载《东吴法学》2005 年春季卷，法律出版社 2005 年版。
《宪法关系与宪法性法律关系》(与马岭合署)，载《西北大学学报》(哲学社会科学版)2005 年第 4 期。中国人民大学复印报刊资料《宪法学·行政法学》2005 年第 10 期全文转载。
《法理学的功能》，载《中国社会科学院院报》2005 年 8 月 9 日第 2 版。
《标本兼治群体性事件》，载《人民论坛》2005 年第 11 期。
《法律文化冲突论》，载《黄河口司法》2005 年第 4 辑。中国石油大学出版社、人民法院出版社 2005 年版。
《现行户籍制度下的权利保障——翟妹华一案之法律反思》，载《检察风云》2006 年第 1 期。
《平等权问题》，载《学习时报》2006 年 1 月 2 日第 5 版。
《中国的立法程序》，载哈萨克斯坦《法律研究》2006 年。
《为案例指导制度尽一份力》，载《人民法院报》2006 年 3 月 20 日。
《我国为什么要实行案例指导制度》，载《法律适用》2006 年第 8 期。
《平等权问题种种》，载《法学家茶座》第 10 辑，山东人民出版社 2006 年版。

《我们为什么要实行案例指导制度?——通过几起案例来看实行案例指导制度的必要性》,载《法学家茶座》第11辑,山东人民出版社2006年版。

《从“头巾法案”等看政教分离原则和宗教平等权的意义》,载《学习与探索》2006年第5期。

《案例指导制度有其必要性》,载《人民法院报》2006年12月1日第10版。

《应允许用判例断案》,载《民主与法制》2007年第1期。

《司法和谐:目的还是手段?》,载《人民司法》2007年第5期。

《我国法治发展的基本态势》(与冉井富合署),载《中国社会科学院院报》2007年7月31日第7版。《北京日报》2007年8月20日全文转载。

《法理学与部门法学的关系》(发言摘登),载《社会科学报》2007年9月13日第3版。

《旁听生的回忆》,载《中国审判》2007年第12期。

《公平问题和权利的平等保护》(2007年3月5日中国社会科学院研究生院博士生课程“法学前沿”讲座整理稿),载《中国社会科学院研究生院学报》2008年第1期。中国人民大学复印报刊资料《宪法学·行政法学》2008年第6期全文转载。

《权利冲突及解决冲突三原则》,载《北京日报》2008年2月18日理论版。

《一切权力属于人民》(采访文章),载《北京日报》2008年3月10日理论版。

《案例指导制度中的案例适用问题》(与徐景和合署),载《湘潭大学学报》(哲学社会科学版)2008年第2期。《法制资讯》2011年第5期转载。

《法理学前沿思考——兼谈法理学学科性质、特点及功能》,载《中国社会科学院院报》2008年3月27日第8版。

《习惯的价值及其在中国司法中面临的问题》,载《法律适用》2008年第5期。中国人民大学复印报刊资料《诉讼法学·司法制度》2008年第8期全文转载。

《法官的发型是否需要统一》,载《解放日报》2008年6月30日第20版。《法制资讯》2012年第5期转载。

《法制现代化进程中的中国法律教育》,载贵州大学法学院《求索》2008·春夏卷(法学教改专号),贵州大学出版社2008年版。

《试药人:一个特殊人群的健康权保护问题》,载《政治与法律》2008年第9期。《中国社会科学文摘》2009年第2期“热点聚焦”栏目转载。

《权利的平等保护》(2008年3月24日中国社会科学院研究生院博士生课程“法学前沿”讲座整理稿),载《云南大学学报(法学卷)》2008年第5期。

《加强党的执政能力建设与依法执政》，载《中国浦东干部学院学报》2008年第5期。中国人民大学复印报刊资料《中国共产党》2009年第1期全文转载。

《关注民生也要警惕"民粹主义"》（"首届法院院长论坛暨'民生问题与司法公正'研讨会"评论发言摘登），载《社会科学报》2009年2月26日第3版。

《利益平衡的适用领域和范围》（"第二届法院院长论坛暨'利益平衡与司法公正'研讨会"评论发言摘登），载《南方周末》2009年6月25日第31版和《法制日报》2009年6月17日第12版。

《特殊条件下的法律渊源——关于习惯、政策、司法解释、国际条约（惯例）在法律中的地位以及对"非正式法律渊源"命题的反思》，载《金陵法律评论》2009年春季卷。

《习惯作为一种特殊条件下的法律渊源及其在司法中的适用》，载《南京大学法律评论》2009年秋季卷。

《传统文化与法官司法》（书评），载《人民法院报》2009年9月19日第4版。

《权利平等保护的几个理论问题》，载《甘肃政法学院学报》2010年第1期。

《学者热议"尊严说"，关键是公民在人格上的平等》，载《北京日报》2010年3月22日第17版。

《人格平等是"让人民生活得更有尊严"的关键》，载《学习时报》2010年4月5日第5版。《潍坊日报》2010年4月18日转载。《共产党员》杂志2010年第10期转载。

《转型期法治问题》（会议发言），载《中国政法大学学报》2010年第2期。

《司法权宪法修改意见》（会议发言论点摘要），载《法制与社会发展》2010年第2期。

《审判中的"利益平衡"法》，载《北京日报》2010年6月7日第19版。

《经验基础上的理性，理性关照下的经验》，载《中国审判》2010年第6期。

《法治的脚步如此矫健》（访谈录），载《检察日报》2004年7月26日。

《法律没有自己的历史——马克思恩格斯关于法律的社会本质的深刻揭示》，载《甘肃政法学院学报》2010年第6期。

《由隐性到显性：一个需要关注的现象》，载《法治论坛》2010年第4辑。中国法制出版社2010年12月出版。

《建立中国特色案例指导制度的创举——学者、律师热议〈关于案例指导工作的规定〉》（采访记），载《中国审判》2011年第1期。

《民事习惯法与法律文化》（会议发言），收入《当代中国民事习惯法》一书，法律出版社2011年出版。

《审判公开是一项公民权利》(专家点评),载《法制日报》2011年2月12日第5版。

《司法与民意的关系辨析》,载《北京日报》2011年2月28日第17版。

《社会规范如何进入法律之中》,载《中国社会科学报》2011年3月1日第10版。

《中国法治国家建设的战略转移:法律实施及其问题》,载《中国社会科学院研究生院学报》2011年第2期,《高等学校文科学术文摘》2011年第3期转载;《新华文摘》2011年第13期"论点摘编"载登。

《如何认识司法的特性》,载《学习时报》2011年3月21日第5版。

《法学教育和研究的新理念:终身学习与实践性》,载《河北法学》2011年第4期。

《利益平衡在司法中的适用领域和范围》,载《法律适用》2011年第5期。

《幸福是法律和司法的最终价值目标》,载《学习时报》2011年5月16日第5版。《法制资讯》2012年第10期转载。

《司法规律及其相关问题》,载《河北法学》2011年第12期。中国人民大学复印报刊资料《法理学·法史学》2012年第2期全文转载。

《"周期率"是一种历史现象,而不是一个历史规律——关于"周期率"问题的词语新争议及其历史哲学之诘辩》,载《甘肃政法学院学报》2011年第6期。

《习惯与习惯法三题》,载《哈尔滨工业大学学报》(哲学社会科学版)2012年第1期。

《法治文化的几个理论问题》,载《法学论坛》2012年第1期。

《关注实践:中国法理学研究观念与研究方法的转型》,载《中国社会科学报》2012年1月11日第7版。

《关于开展案例法哲学研究的几点思考》,载《法律适用》2012年第2期。

《强化和提高规则意识是法律实施的关键》,载《人民法院报》2012年3月30日第5版。

《社会管理创新中的法律观念创新和法律制度创新》,载《国家检察官学院学报》2012年第2期。收入《论社会管理创新》一书,中国社会科学出版社2012年版。

《社会转型亟须法理学转型》,载《北京日报》2012年4月16日第20版。

《踏上法律写作之路》,载《北京日报》2012年5月14日第20版。

《法律规范的审查机制》(笔谈稿),载《国家行政改革》2012年第3期。

《规范体系:一个可以弥补法律体系局限性的新结构体系》,载《人民法院报》2012年7月20日第5版。

《中国的司法改革:问题与趋势》,载《甘肃政法学院学报》2012年第4期。《高等学校文科学术文摘》2012 年第 5 期转摘。

《人民法官职责的践行者》，载《人民法院报》2012 年 8 月 3 日第 5 版。

《对“司法公信力问题”的三点思考》，载《人民法院报》2012 年 8 月 31 日第 5 版。

《民主是分层次的——关于民主的三点认识》，载《法学家茶座》2012 年第 3 期，总第 36 辑。

《在思想家的世界里徜徉》，载《法制日报》2012 年 9 月 5 日第 11 版。

《司法公开有助于破除司法神秘》，载《人民法院报》2012 年 9 月 14 日第 5 版。

《规范体系：一个新的结构体系概念》，载中国法学会《要报》2012 年第 18 期（总第 693 期），2012 年 9 月 24 日。

《中国的司法改革和法律实施》，载《河北法学》2012 年第 12 期。

《关于中国宪政问题的几点思考》，载《中国社会科学院研究生院学报》2012 年第 6 期。

《关于司法基础理论的思考》，载《人民法院报》2012 年 11 月 30 日第 5 版。

《法律职业共同体的意义》，载《人民法院报》2012 年 12 月 14 日第 5 版。

《不能把形式法治看得太低》，载《北京日报》2012 年 12 月 24 日第 20 版。《人民法院报》2013 年 2 月 27 日第 5 版“观点”栏目摘发。

《做法律思想的发现者和传播者》，载《人民法院报》2012 年 12 月 28 日第 5 版。

《“案结事了”及其他》，载《人民法院报》2013 年 1 月 18 日第 5 版。

《规范体系：一个新体系结构的思考》，载《东方法学》2013 年第 1 期。

《回眸：学者刘作翔的龙年案头书》，载《北京日报》2013 年 2 月 18 日。

《追求法治是法学家的最高理想：重塑对法治的信念，坚定对法治的信心》，载《甘肃政法学院学报》2013 年第 1 期《“第二届陇籍法学家论坛”综述》。

《写作与阅读》，载《法学家茶座》2013 年第 3 期，总第 38 辑。

《对法律职业共同体的认识和理解——兼论中国式法律职业共同体的角色隐喻及其现状》（与刘振宇合署），载《法学杂志》2013 年第 4 期。

《对法律实施问题的几点认识》，载《人民法院报》2013 年 4 月 26 日第 5 版。

《平等的观念源自何处》，载《人民法院报》2013 年 5 月 3 日第 5 版。

《规则意识缺失，症结在哪里》（访谈），载《北京日报》2013 年 5 月 13 日第 18 版。

《关于司法权和司法体制的宪法修改意见》，载《法学》2013 年第 5 期。

图书在版编目(CIP)数据

思想的记录:刘作翔法学演讲选/刘作翔著.—厦门:厦门大学出版社
(法意文丛)
ISBN 978-7-5615-3529-5

Ⅰ.①思… Ⅱ.①刘… Ⅲ.①法学—文集 Ⅳ.①D90—53

中国版本图书馆 CIP 数据核字(2012)第 160966 号

厦门大学出版社出版发行
(地址:厦门市软件园二期望海路 39 号 邮编:361008)
http://www.xmupress.com
xmup @ xmupress.com
厦门集大印刷厂印刷
2013 年 10 月第 1 版 2013 年 10 月第 1 次印刷
开本:720×970 1/16 印张:26.75 插页:2
字数:466 千字 印数:1～1 200 册
定价:52.00 元